Wissenschaftliche Untersuchungen
zum Neuen Testament

Begründet von Joachim Jeremias und Otto Michel
Herausgegeben von
Martin Hengel und Otfried Hofius

61

Drei
hellenistisch-jüdische
Predigten

Ps.-Philon, „Über Jona", „Über Jona" (Fragment) und „Über Simson"

II

Kommentar
nebst Beobachtungen zur hellenistischen Vorgeschichte
der Bibelhermeneutik

von

Folker Siegert

J. C. B. Mohr (Paul Siebeck) Tübingen

Die Deutsche Bibliothek – CIP-Einheitsaufnahme

Siegert, Folker:
Drei hellenistisch-jüdische Predigten : Ps.-Philon, "Über
Jona", "Über Jona" (Fragment) und "Über Simson" / von Folker
Siegert. – Tübingen : Mohr.

2. Kommentar nebst Beobachtungen zur hellenistischen
   Vorgeschichte der Bibelhermeneutik. – 1992
   (Wissenschaftliche Untersuchungen zum Neuen Testament ; 61)
   ISBN 3-16-145758-7
NE: GT

© 1992 J. C. B. Mohr (Paul Siebeck) Tübingen

Das Buch wurde von Gulde-Druck in Tübingen aus der Times Antiqua gesetzt, auf alterungs-
beständiges Werkdruckpapier der Papierfabrik Gebr. Buhl in Ettlingen gedruckt und von der
Großbuchbinderei Heinr. Koch in Tübingen gebunden.

Herrn Prof. Dr. Drs. h. c.

Martin Hengel

meinem verehrten Lehrer
in Dankbarkeit
gewidmet

Inhaltsverzeichnis

Vorwort

Dieser Band soll einlösen, was die „I" auf dem Titelblatt des Übersetzungs-
bandes „Drei hellenistisch-jüdische Predigten" vor elf Jahren versprochen
hatte. Der Untertitel ist gegenüber dem von 1980 um einige Worte kürzer
geworden: Das Fragment „Über die Gottesbezeichnung ..." (*De Deo*), das sich
als Teil eines verlorengegangenen echten Philon-Traktats erwies, mußte ausgegliedert werden. Ich habe es in Band 46 der gegenwärtigen Serie separat
behandelt. Somit rückt das *De-Jona*-Fragment, nunmehr begleitet von einem
armenischen Midrasch über die „Verkündigung Jonas in Ninive", auf in den
Rang eines dritten zu kommentierenden Textes.

Bereichert wird der gegenwärtige Band ferner um ein Kapitel über die antike
Homerexegese und deren Vorbildcharakter für die jüdische (und christliche)
Schriftauslegung. Hier hat sich meinem staunenden Auge Neuland aufgetan,
auf das ich von der theologischen Sekundärliteratur in keiner Weise vorbereitet
war. So ist der gegenwärtige Band in manchem ein Nachtrag geworden zu der
genannten Untersuchung über Philon. Diese wiederum erlaube ich mir an all
den Stellen zu nennen, wo ich mich nicht wiederholen wollte. Man möge mir
die Pedanterie in Verweisen, auch Selbstverweisen, nicht verübeln; sie entspricht dem Schicksal von Kommentaren, nicht gelesen, sondern eklektisch
„benützt" zu werden. In Fragen der Rhetorik und der Argumentationstheorie
habe ich gleichfalls auf ein früheres Buch von mir zurückgegriffen: das ihm
zugrundeliegende französische Standardwerk von Perelman ist bis heute nicht
ins Deutsche übersetzt.

Die Widmung dieses Bandes drückt den tiefen Dank aus, zu dem ich meinem
Mentor seit zwanzig Jahren, Herrn Prof. Dr. Drs. Martin Hengel, verpflichtet
bin. Herr Prof. Dr. Klaus Berger hat mich ermutigt, eine Vorform dieser Arbeit
der Theologischen Fakultät der Universität Heidelberg als schriftliche Habili-
tationsleistung vorzulegen; sein Kollege Prof. Dr. Christoph Burchard war der
Zweitgutachter. Die Kritiken, Korrekturen und Ergänzungen dieser drei Gelehrten sind dem Buch an ungezählten Stellen zugute gekommen; ich kann das
hier nur summarisch anerkennen. In Einzelfragen haben mich beraten die
Herren Prof. Dr. John Whittaker, Prof. Dr. David Runia, Doz. Dr. Reinhard
Feldmeier, Prof. Dr. Hermann Lichtenberger und andere, die an ihren Stellen
genannt sind. Herr Prof. Dr. Michael Stone hat mir aus dem noch unveröffent-
lichten Kommentar Hans Lewys zu *De Jona* die §§ 111–113 zugänglich gemacht. Möge ihnen allen dieser Dank genügen! Die Fernleihstelle der Woelm-

GmbH in Eschwege hat mir in freundlichster Weise den Abstand von den Universitätsbibliotheken zu überbrücken geholfen. Dem Mohr-Verlag in Tübingen verdankt das Buch die vollkommene Form.

Ein letztes Mal lege ich hier eine Feierabendarbeit vor, entstanden neben dem Pfarramt, dessen Erfahrungen ihr jedoch zugute gekommen sein dürften. Der Evangelischen Kirche von Kurhessen-Waldeck, meinem bisherigen Dienstherrn, sei gedankt für einen zweimonatigen Diensturlaub zur Fertigstellung des Manuskripts. Ein Gruß geht an die Theologische Fakultät der Universität Neuchâtel (Schweiz), insbesondere an das Kollegium der Professoren, das mich nunmehr in seinen Kreis erhoben hat.

Ein abschließender Dank gilt meiner Frau für ihre unterstützende Sympathie und meiner Familie insgesamt für die Geduld, in der sie die Zeiten meiner körperlichen oder geistigen Abwesenheit ertragen hat.

Eschwege-Niederhone, im Mai 1991   F. S.

Zitierkonventionen

Abkürzungen, die nicht im Literaturverzeichnis aufgelöst sind, finden sich in „Die Religion in Geschichte und Gegenwart", 3. Aufl., Tübingen: Mohr 1957−1965, am Beginn jedes Bandes. Der dortigen Liste füge ich hinzu: atl. = alttestamentlich, ntl. = neutestamentlich, Frg. = Fragment, m. E. = meines Erachtens, m. W. = meines Wissens, var. = Textvariante. Weitere Abkürzungen s. Literaturverzeichnis.

Die Transliteration des Armenischen richtet sich nach Dirk van Damme: A short classical Armenian grammar, Fribourg (Schweiz): University Press/Göttingen: Vandenhoeck & Ruprecht 1974.

In lateinischen Zitaten ist die Verwendung der Buchstaben j und v vereinheitlicht.

Eigennamen, auch *nomina sacra* im Griechischen, werden in allen eindeutigen Fällen groß geschrieben.

Die Umschrift griechischer Wörter (auch Namen) in lateinische Schrift richtet sich, wo nichts anderes eingebürgert ist, nach der lateinischen Konvention, jedoch unter Beibehaltung des *k* und der griechischen Endungen.

Antike Buchtitel werden möglichst in ihrer konventionellen lateinischen Form gegeben. Die Abkürzung philonischer Traktattitel folgt der Praxis in LCL, Studia Philonica usw.; vgl. die Liste in Siegert, Philon S. VII f.

Semitische Sprachen (Eigennamen und Buchtitel ausgenommen) werden in lateinische Kursivschrift transkribiert, wobei der *šwā'*-Laut und alle *matres lectionis* außer *ālef* ohne Wiedergabe bleiben. Die weiche Aussprache der *bgdkpt* wird nur bei *p/f* berücksichtigt.

Zitiertes, sofern es nicht schon durch andere Schrift hervorgehoben ist, steht in doppelten Anführungszeichen („..."), die auch für ungewöhnliche Ausdrücke dienen; metasprachliche Verwendung eines Ausdrucks ist durch ‚...' gekennzeichnet.

Übersetzungen aus fremdsprachiger Literatur (auch Bibel) sind, sofern undeklariert, meine eigenen. Für viele Texte können die „Jüdischen Schriften aus hellenistisch-römischer Zeit" (Gütersloh: Mohn 1973 ff.) mitverglichen werden; es genüge hier der summarische Hinweis.

Bd. I = Drei hellenistisch-jüdische Predigten. Ps.-Philon, „Über Jona", „Über Simson" und „Über die Gottesbezeichnung ‚wohltätig verzehrendes Feuer'", Bd. 1: Übers. aus d. Armen. u. sprachliche Erläuterungen von Folker Siegert. Tübingen: Mohr 1980 (WUNT 20). *De Jona* (*De J.*) wird nach Lewys Paragrapheneinteilung, *De Sampsone* (*De S.*) nach den Kapiteln der Erstausgabe zitiert.

1. Einleitung

1.1 Drei vergessene Texte

Es ist für den Theologen und Historiker des neutestamentlichen Zeitalters gewiß ein seltenes Vergnügen, Texte zu erforschen, über die noch keinerlei Kommentar besteht. Direkt am Rande des viel bebauten, ja längst zerpflügten Feldes der frühchristlichen Literatur wächst gewissermaßen noch eine Wildpflanze, geschützt durch den dornigen Verhau philologischer Unzugänglichkeit.

Über die armenische Sprachgestalt, in der *De Jona,* das kleine Fragment gleichen Namens und *De Sampsone* uns allein überliefert sind, und über deren besondere Probleme habe ich in der Einleitung zu Bd. I und anderweitig[1] schon das Nötige gesagt. In diesem zweiten Band sollen nun die armenistischen Fragen so weit wie möglich beiseite bleiben; dem Inhalt der Aussagen, ihrer Herkunft und möglichst auch ihren Auswirkungen gilt das Interesse. Ein Zurück-Denken wenigstens der Begriffe ins ursprüngliche Griechisch wird der Schlüssel zum Verständnis sein; den Text im ganzen zurückzuübersetzen wird jedoch angesichts der Unbekanntheit seines Autors und damit seines Personalstils unmöglich bleiben.

Beim Ausarbeiten des Kommentars unter diesen Gesichtspunkten hat sich herausgestellt, daß noch vieles aus dem Umfeld der drei Synagogenpredigten derzeit in der Vergessenheit schlummert. Die Autoren des 1. und 2. Jh. n. Chr., der Entstehungzeit des Neuen Testaments, unterliegen bei Theologen wie Altphilologen einer merkwürdigen Verachtung. Wer hat schon die Homer-Handbücher eines Heraklitos, Cornutus, ps.-Plutarch gelesen? Wer kennt die Traumsymbolik Artemidors, wer die mythographischen und doxographischen Sammlungen der hellenistischen Jahrhunderte von Palaephatos bis zu Stobaeus? Alles erhaltene Texte, wenn auch vom letztgenannten Werk, dem größten, „nur" noch fünf Bände übrig sind, mißbraucht als Steinbruch und verkannt in ihrem Charakter als Ordnung, als Kosmos des spätantiken Wissens. Der Umstand, daß die genannten Werke größtenteils nicht in modernen Übersetzungen vorliegen, wird sie wohl noch lange Zeit vor der Lektüre schützen.

Stattdessen werden in der Sekundärliteratur die Rabbinen in eine chronologisch unmögliche Vermittlerrolle zwischen Altem Testament und Christentum

---

[1] Siegert, Philon S. 1 und 7–10; Siegert in: ZKG 1989, 353 f.; 357 f., jeweils mit weiteren Literaturverweisen.

gedrängt. Wie mir scheint, ist die Weiterentwicklung der alttestamentlich-jüdischen Theologie, ja richtiger: die Entwicklung jüdischen Denkens zu dem, was man im Vollsinn des Wortes überhaupt erst ‚Theologie' nennen könnte, anders verlaufen; sie erfolgte hauptsächlich im griechischen Sprachraum. Hieraus erhellt denn auch das hohe Interesse, das wiederauftauchende Dokumente jenes interkulturellen Gesprächs für das historische Selbstverständnis der christlichen Theologie beanspruchen dürfen.

Durch die Erschließung der ps.-philonischen Predigten und ihren Vergleich mit Philon kommt nun – wie es in den armenischen Philon-Codices bereits der Zufall wollte – ein Höhepunkt jüdischer Eloquenz neben dem Höhepunkt jüdischer Philosophie zu stehen; dies sind die seit Isokrates und Platon rivalisierenden griechischen Bildungsideale innerhalb des antiken Judentums. Dem Historiker des neutestamentlichen Zeitalters eröffnen sich neue Einsichten in die Ursprünge der christlichen Predigt. Die Rückfrage nach den Quellen des verwendeten Gedankenguts wird darüber hinaus die sehr weit gehenden Konsensmöglichkeiten zeigen, die zwischen hellenistischer und jüdischer Gotteslehre bestanden.

Das wenige, was an Forschung über die drei hellenistisch-jüdischen Predigten bisher geleistet wurde, ist schnell aufgezählt. Die mehr geniale als genaue lateinische Übersetzung, die Awgerean, der Erstherausgeber, den armenischen Texten beigab, ist zu Zeiten, als man noch Latein las, verschiedentlich Gegenstand gelehrten Interesses gewesen. Vor allem A. F. Dähne[2] (1833), G. C. L. Großmann[3] (1841) und Jacob Freudenthal[4] (1869) sind hier zu nennen. Ulrich v. Wilamowitz-Moellendorffs Forschungen an der hellenistischen Diatribe· markieren einen Knick. Überlegen, wie er sich einem Freudenthal gegenüber fühlte, ignorierte er dessen jüdische Materialien und zog es vor, die christliche Kunst der Predigt direkt aus den Diatriben des Teles (3. Jh. v. Chr.) und seiner Nachfolger hervorgehen zu lassen[5].

Nach ihm haben in unserem Jahrhundert nur wenige Forscher die hellenistisch-jüdischen Predigten beachtet: Elias Bickerman[6], Yves-Marie Duval[7],

---

[2] Dähne, Bemerkungen 987–989 (über die nichtphilonische Verfasserschaft, mit einigen noch wenig treffsicheren Vermutungen zur Interpretation)

[3] De Philonis ... serie I 21 (zur Verfasserfrage, im selben Sinne). Den Hinweis auf Dähne und Großmann gibt Schürer III⁴ 693 Anm. 182f. Bei Schürer/Vermes, History s. Bd. III/2 S. 869 mit Anm. 238: zwei Sätze, drei Literaturangaben. Nichts zu Inhalt und Bedeutung der Texte.

[4] Schrift 9–11 und 145–147 (hauptsächlich zu Einleitungsfragen).

[5] Wilamowitz-M., Teles 313.

[6] Bickerman, Jonas 232 und sonst gelegentlich. Bickerman nimmt den Text für philonisch.

[7] Duval, Jonas I 78–82 (Paraphrase des lat. Textes mit interpretierenden Bemerkungen).

Gerhard Delling[8], Klaus Berger[9], Ulrich Fischer[10] sind die mir bekannten. Bei ihnen findet man einzelne Beobachtungen zur Interpretation. Ansonsten bleiben in der neutestamentlichen Forschung wie auch in der Judaistik unsere Texte − im Gegensatz zu jenem anderen ps.-Philon des *Liber antiquitatum biblicarum* − gänzlich ungenützt. Hartwig Thyen hat ein ganzes Buch über den „Stil der jüdisch-hellenistischen Homilie" geschrieben, ohne über eine einzige zweifelsfreie Homilie oder Synagogenpredigt zu verfügen[11]. Um so größer ist z. Zt. der Spielraum für quasi-formgeschichtliche Spekulationen über „Predigt" im neutestamentlichen Zeitalter.

So werden wir denn bei einem Faktor der Verwirrung, nämlich dem schlecht definierten, von Projektionen belasteten ‚Predigt'-Begriff der Exegese, insbesondere der protestantischen, mit unserer Einleitung einsetzen. Nicht zuletzt soll dabei der Titel des vorliegenden Bandes gerechtfertigt werden.

1.2 Gattungsbestimmung: ‚Predigt'

1.2.1 „Ein stark mythologisierter Predigtbegriff beherrscht seit langem" − wie Klaus Berger süffisant bemerkt[1] − „die neutestamentliche Forschung". Vor allem Martin Dibelius' „Formgeschichte des Evangeliums" redet viel von ‚Predigt', wo Bultmann, historisch korrekter, den griechischen Ausdruck ‚Kerygma' vorzieht. Es müßte ja stutzig machen und hätte bei Dibelius[2] einer Rechtfertigung bedurft, daß unser Wort ‚Predigt' in der Sprache des Neuen Testaments kein Äquivalent hat. Was Luther so übersetzt, kann im Urtext κήρυγμα heißen (z. B. Mt 12,41; 1. Kor 1,21) oder ἀκοή (Röm 10,17; Gal. 3,2; Hebr. 4,2); mit ‚predigen' gibt er κηρύσσειν, ἀγγέλλειν, διαμαρτύρεσθαι,

---

[8] HUCA 1974, bes. S. 157.

[9] s. u. zu *De J.* § 216f.; *De S.* 24 Exkurs I.

[10] Eschatologie 22−24 (mit einem zu seiner Frage negativen Befund, der bei näherer Kenntnis der Jona-Predigt nicht zu halten wäre).

[11] S. 7: „Es ist keine Synagogenpredigt in unbearbeiteter Form, so wie sie ursprünglich gehalten worden ist, auf uns gekommen." (*De J.* und *De S.* stehen nicht mehr in den Philon-Ausgaben unseres Jahrhunderts!) Ebenso irrtümlich Schütz, Predigt 5: „Wirkliche Predigten haben wir aus der Zeit des Neuen Testament nicht."

[1] Gattungen 1363, Anspielung auf die Ära der „Entmythologisierung". − Vgl. schon die Kritik des formgeschichtlichen ‚Predigt'-Begriffs bei Güttgemanns, Offene Fragen 88ff., 133ff. und bes. 190−194 (gegen Dibelius u. a.) und bei Donfried, Second Clement 19−34. Auf die von Güttgemanns geforderte Theoriediskussion brauchen wir uns hier nicht im Detail einzulassen: wichtiger als bessere Theorien sind zunächst einmal bessere Quellen.

[2] Formgeschichte, bes. S. 13−22. − Der Anhang S. 304 verdient noch herbere Kritik, wo der Bearbeiter dem Papias die Rede von einer „Predigt" des Petrus unterstellt, während der Urtext nur sagt: ὅσα ἐμνημόνευσεν (Frg. 2 bei Funk/Bihlmeyer/Schneemelcher, Apostolische Väter S. 136, aus Eus., *H. e.* III 39,15).

εὐαγγελίζεσθαι, λαλεῖν, διδάσκειν wieder[3]. Offenbar ist der paulinische und lutherische Grundsatz „Glaube kommt aus der Predigt" (so übersetzt Luther πίστις ἐξ ἀκοῆς Röm 10,17) ohne große methodisch-historische Bedenken in Formgeschichte umgesetzt worden.

Schlägt man in einem größeren deutsch-griechischen Wörterbuch, etwa Pape, unter ‚Predigt' nach, so findet man Umschreibungen wie ὁ ἐν δήμῳ λόγος, ὁ ἱερὸς λόγος, ὁ περὶ τῶν θείων λόγος, ἡ παραίνεσις. Die Wortgruppe ὁμιλεῖν / ὁμιλία (‚Umgang, Gespräch'), die erstmals in der Apostelgeschichte sich auf die Bedeutung ‚Lehrvortrag' zuzubewegen beginnt (1.2.5), ist hier, weil unklassisch, nicht berücksichtigt.

Der moderne Predigtbegriff, sofern man ihn zur Würdigung antiker Texte heranzieht – dies ist nicht illegitim[4], solange er einigermaßen definiert wird – müßte auf antike Verhältnisse passend gemacht und mit antiker Terminologie vermittelt werden. Historisches Bewußtsein umfaßt auch die verwendete Metasprache. Hier liegt das von Klaus Berger angemahnte Versäumnis. Daß der Versuch einer Definition nicht einfach sein wird, erhellt aus seiner eigenen Beobachtung: „Die spätere christliche Predigt hat... viele antike Gattungen zum Vorbild"[5], z. B. Aretalogie und Prosahymnus.

Auf jeden Fall gehört geklärt: meinen wir mit ‚Predigt' den Wortlaut einer Rede verkündigenden Inhalts oder meinen wir (auch) deren schriftliche Zusammenfassung im Kontext einer Erzählung oder einer Epistel? Wenn man sich, wie ich hier vorschlagen möchte, der Klarheit halber auf ersteres beschränkt und als „Sitz im Leben" die Mündlichkeit etwa eines Gottesdienstes angibt, dann haben wir im ganzen Neuen Testament keine einzige Predigt. Denn auch die Redebildungen in den Evangelien sind schriftliche Produkte, wie sie schon durch ihre Kürze verraten. Sie sind „Schreibe": keine Stenogramme, sondern redaktionelle Bildungen eines Schriftstellers.

Selbst die drei Kapitel lange Bergpredigt wäre, als Rede genommen, eine wunderliche Ansammlung von Brachylogien[6]. Sie verrät übrigens ihren Sammelcharakter durch die Schlußnotiz Mt 7,28: „Als Jesus diese Worte (λόγους) beendet hatte..." – Sollte es eine Rede sein, müßte stehen: τὸν λόγον τοῦτον

---

[3] Lothar Coenen, Art. ‚Verkündigung' 1283f. bemerkt mit Recht, daß hier bereits Luther neuzeitliche Vorstellungen in den Text einträgt. – Im Alten Testament hat Luther selbst qārā b- in Gen 4,26 mit ‚predigen' wiedergegeben, eine klare Fehlübersetzung, die erst in der Revision von 1964 korrigiert wurde.

[4] In Siegert, Argumentation 16f. habe ich die Angemessenheit eines modernen ‚Argumentations'-Begriffs zur Exegese antiker Texte ausdrücklich verteidigt. Nur ein jeglichen Theoriegewinn leugnender Historismus würde beim antiken *argumentatio*-Begriff stehen bleiben. Gleiches soll hier gelten für die Definition von ‚Predigt': sie muß sowohl antiken Verhältnissen angemessen sein wie auch dem heutigen Stand des Fragens und Wissens.

[5] Berger, Gattungen 1368

[6] Daß in Pasolinis Film „Das erste Evangelium" die Jesus-Reden des Matthäusevangeliums wörtlich als Sprechtext dienen können, beweist nur unsere heutige Vertrautheit mit ihnen, nicht ihre ursprüngliche Verständlichkeit als Rede an Massen.

oder τοιοῦτόν τινα λόγον. Es sind *dbārim, mellē'*[7], kein λόγος, um es in antiken Begriffen auszudrücken.

Auch nichttheologische Vertreter der religionsgeschichtlichen Forschung haben unter ,Predigt' oftmals nicht das verstanden, was ihnen als Text vorlag, sondern ihr eigenes Konstrukt daraus. Eduard Norden nennt in seinem Buch „Agnostos Theos" gleich das 1. Kapitel so: „Die Areopagrede als Typos einer jüdisch-christlichen Missionspredigt". Dabei würden die 9 Verse von Apg 17,22−31, quantitativ gesehen, noch nicht mal für ein Prooemium ausreichen. Was soll hier ,Typos' heißen, was ,Predigt'? Norden, sonst hochqualifizierter Rhetoriker, läßt Rücksichten aus dem Spiel, die, Jahrzehnte nach seinem Werk, allmählich nötig werden. Will man ihm aber, wie auch dem ganzen Forschungszweig, zugute halten, daß es doch um den Inhalt ging, so darf gefragt werden: Warum nennt sich das Unternehmen dann ,Formgeschichte' (oder, wie bei Norden im Untertitel, ,Formengeschichte')?

Ungezählte Male begegnet man in der Fachliteratur dem gleichen Verfahren, das Norden schon anwendete: einige inhaltlichen Topoi sogenannter Missionsreden, vielleicht noch gewisse rhetorische Mittel, die in der verkürzten Wiedergabe durchklingen, werden zusammengestellt, und schon ist die „Form" oder „Gattung" einer Predigt vorhanden − sei es bei den legendären kynisch-stoischen Wanderpredigern[8], sei es in hellenistisch-jüdischer oder gar rabbinischer Literatur[9]. In Wahrheit liegen hier bestenfalls Predigtsummarien vor; und Rückschlüsse auf eine ursprüngliche Sprechsituation würden größerer Vorsicht bedürfen.

Gegenprobe: Wollte man die eben referierte, hauptsächlich inhaltliche Definition der Gattung ,Missionspredigt', ,Synagogenpredigt' u. ä. gelten lassen, so wären unsere Texte keine Predigt. Denn sie passen überhaupt nicht in die Topik dieser sog. Buß- und Bekehrungspredigten hinein, obwohl die eine von ihnen, nach aller Wahrscheinlichkeit, am großen jüdischen Bußtag gehalten worden ist und auf ihre Weise starke missionarische Anliegen verfolgt[10].

---

[7] So die Peschitta. Für λόγος hatten die Syrer *mē'mrā'*.

[8] Klassisch hierfür ist Norden, Agnostos Theos, eine Pionierarbeit in mancher Hinsicht, die aber doch allzu abstrahierend die altchristliche Mission mit ps.-Heraklits Episteln, den Hermetica (!), Apollonios v. Tyana und anderem auf eine Stufe stellt (S. 129−133). Ähnlich Baeck, Predigt 61−64 und 72; Malherbe, Medical imagery 28 usw. − C. Schneider, Geistesgesch. II 1 läßt schon Xenophanes, Empedokles und Heraklit „Missionare" sein; und er bestimmt S. 4 hellenistische Missionsrede nach gewissen inhaltlichen „Schemata".

[9] z.B. meint Bornkamm, Glaube und Vernunft 595−598, „das vorgegebene Schema der hellenistisch-jüdischen Missionsspredigt" (so 597) habe die Briefe des Paulus geprägt. − Auch Thyen, Stil ist von diesem Verfahren abhängig, wenngleich er an entscheidenden Stellen doch lieber nicht von ,Homilie' (so sein Titel), sondern von ,Diatribe' spricht. − Zur rabbinischen „Predigt" s. u. 1.3.3.

[10] Über den Gebrauch von μετανοεῖν in *De J.*, der nicht den Thesen Nordens entspricht, vgl. den Kommentar zu *De J.* 85.

1.2.2 So schlage ich denn vor, unter PREDIGT eine gottesdienstliche Rede zu verstehen, gerichtet an eine körperlich anwesende, mehr oder weniger zahlreiche Gemeinde. (In einem Hauskreis kann man nicht predigen!) Mündlichkeit sei eines ihrer Kriterien − erst sekundär darf sie verschriftlicht sein −, ferner Verträglichkeit mit der Liturgie, womit, was den Inhalt betrifft, die Vertretung eines gemeinschaftlich-religiösen Standpunkts impliziert ist.

Festlegungen betreffs einer Struktur gehören nicht in unsere Definition.

Predigt sei diejenige Rede (λόγος), die Bestandteil eines Gottesdienstes sein kann, ein an die Gemeinde gerichteter Lehr- oder Festvortrag. Die „Lehre" braucht der Zuhörerschaft nicht neu zu sein; es kann genau die Lehre sein, nach der die Gemeinschaft sich definiert.

Damit liegen wir im Bereich der rhetorischen Großgattung ἐπίδειξις[11]. Diese kann, wie schon bemerkt, andere Gattungen in sich aufnehmen[12], wie überhaupt Gattungszuweisungen auf mehreren Ebenen stattfinden; selten ist mit einem Wort alles gesagt. Mit dem Terminus ‚Predigt' soll aber im folgenden jedenfalls Mündlichkeit und als „Sitz im Leben" eine gemeindliche Veranstaltung gemeint sein. − Was hingegen landläufig ‚Missionspredigt' o. ä. heißt, lassen wir, in Unkenntnis ihrer konkreten sprachlichen Beschaffenheit, unter ‚Verkündigung' laufen.

Wenn sich also an einer Straßenecke jemand hinstellt und ruft (ḲR' Jon 3,4): „Noch vierzig Tage, und Ninive wird zerstört!", so ist das im Sinne der Formgeschichte bzw. der Texttheorie keine Predigt, sondern ein (unerbetenes) Unheilsorakel, ein prophetisches Unheilswort.

1.2.3 Weiterhin wird eine Abgrenzung nötig gegen all das, was unter der Bezeichnung ‚Diatribe' weder kultischen Sitz im Leben noch Mündlichkeit notwendigerweise an sich hat. Was Thyens Buch und all seine Seitenstücke beschreiben, sind meist Diatriben, also Worte eines Lehrers an seine Schülerschaft[13], Worte, die nicht den Aufbauregeln förmlicher Reden vor großer oder hochrangiger Zuhörerschaft (Gerichtsrede, Lobrede, Suasorie…) entsprechen müssen, die aber im Kleinen sich aller rhetorischen Mittel der Vergegenwärtigung und des Hörer- bzw. Leserkontaktes bedienen, die die Redekunst zur Verfügung stellt. Ihre Stilebene ist die untere oder mittlere; Ethos ist in ihnen weit wichtiger als Pathos[14], welches letztere nur in große Auditorien paßt.

---

[11] Vgl. Siegert, Argumentation 111 (wo auch der Römerbrief dieser Großgattung zugerechnet wird) mit weiteren Verweisen. Berger, Formgeschichte 310−312 rechnet die „Epideixis/ Demonstratio" an dieser Stelle zu den erzählenden Gattungen; sie kann jedoch genausogut der „besprochenen Welt" des Diskurs angehören, wie Berger S. 101−106 mit Beispielen aus dem Röm. usw. belegt.

[12] Vgl. die Nachweise in Bd. I S. 6.

[13] So Siegert, Argumentation 111 nach S. K. Stowers.

[14] Näheres zum rhetorischen ‚Ethos' bei Siegert, Argumentation 26 f. mit Verweisen und Lit.

Vieles von dem jetzt Gesagten kann auch eine Predigt charakterisieren. In dem Maße jedoch, wie die Rede nicht an Schüler, sondern an große Auditorien ergeht, werden nach antikem Verständnis die Mittel des Pathos, also des hohen Stils, für sie obligatorisch. Es war eine Frage des Ausbildungsstands, bis christliche Prediger sich dieser Regel fügten (vgl. 1.3.4), ferner auch eine Frage der geeigneten Räume und überhaupt der soziologischen Bedingungen. Was all dies betrifft, so sind jüdische Prediger ihren christlichen Rivalen − das soll in diesem Buch gezeigt werden − um Jahrhunderte voraus gewesen[15].

Die Begriffe ,Diatribe' und ,Predigt' überschneiden sich also − das zu wissen, wird manchen Streit ersparen −, sie benennen aber auch jeweils Eigenes. Berger, Gattungen 1366 richtet gegen meinen Bd. I die Kritik: „Hier fällt F. Siegert der (falschen) üblichen Gleichsetzung von Diatribe/Dialexis und Predigt zum Opfer." Das gebe ich für *De Deo* zu, welches ich, nebst einer berichtigten Autorenzuweisung, konsequenterweise aus diesem zweiten Band ausgegliedert und separat behandelt habe, als Teil eines − freilich sehr predigtähnlichen[16] − Traktats von Philon.

1.2.4 Um so entschiedener möchte ich aber nun für *De J.* und *De S.* meine Behauptung aus Bd. I (S. 7) wiederholen, es handle sich um mitstenographierte tatsächliche Predigten. Bergers Argument (a.a.O., Fortsetzung des Zitats), „Hinweise auf das Improvisiertsein dieser ,Predigten' sind nicht allzu ernst zu nehmen, bzw. diese Hinweise sind selbst bereits zum Stilmittel geworden" besagt genau genommen ja nur dies: Improvisiertheit und alle sonstigen Anzeichen von Spontaneität *können* vorgetäuscht sein[17]. Niemand wird im Ernst eine Gattung oder einen Zeitraum angeben, in dem das immer der Fall sein müßte − so sehr die Rhetorik mit den Jahrhunderten immer raffinierter wurde.

---

[15] Der noch im 2. Jh. enorme Bildungsunterschied zwischen christlichen Gemeindegliedern, auch Amtsträgern, und der städtischen Bildungsschicht pflegt in der Patristik eher beachtet zu werden als in der neutestamentlichen „Literatur"-Geschichte. 1.Kor 1,26−29 und Apg 4,13 sind beileibe keine Hyperbeln oder Stilisierungen. Vgl. Magaß, Patristik 76f.; Magaß, Exempla 3 (mit weiterer Lit.).

[16] Die dort vorkommenden Ausdrucksmittel stilisierter Mündlichkeit sind bei Siegert, Philon S. 5 Anm. 12 zusammengestellt und mit anderen Belegen aus schriftlicher Diatribe verglichen. Sie reichen bis zu der Applikationsformel Ὁρᾷς πῶς...; (Z. 145ff.), der in der Epiphanias-Predigt (ps.-)Hippolyts − in etwa gleichem Abstand vom Textende − ein Εἶδες, ἀγαπητέ, πῶς... entspricht. Im dortigen Kontext begegnen, wie auch bei Philon Z. 145.147.149, rhythmische Klauseln; die *peroratio* verlangt Nachdruck.

[17] Ein Demosthenes-Beispiel *(Contra Leptinem)* habe ich in Argumentation S. 198 erwähnt. − Das kunstvolle Gestotter heutiger Pop-Ansager im Rundfunk oder Fernsehen ist das zeitgenössische Gegenstück. Es handelt sich um eine Ethos-Figur des niederen Stils. − Ein eklatantes Beispiel für den Selbstwiderspruch affektierter Ungekünsteltheit ist der Schluß von Gregorios' Thaumaturgos' Abschiedsrede an Origenes; dt. bei Winter, Origenes 121 unten. Vgl. S. XLII als Kommentar hierzu und Siegert, Argumentation 80 und 248−251 über das Phänomen der „Rhetorik gegen die Rhetorik".

Die Kunst des Improvisierens blieb, wie wir noch sehen werden, bis in die späteste Antike in hoher Blüte.

Das wichtigste Erkennungszeichen mündlicher Rede ist die Breite, die _copia verborum_. Noch heute sind Predigten oder Vorlesungsmitschriften meist eine schlechte Lektüre; sie sind für privates Lesen zu weitschweifig. Die Ausdrucksmittel der Stimme, Mimik, Gestik usw., die mancher im Detail widersprüchlichen Rede eine am Skriptum nicht mehr feststellbare Kohärenz verleihen, fehlen. – Was antike Verhältnisse betrifft, so sei hier nur auf Weische, Rhetorik verwiesen, wo die Breite des Ausdrucks geradezu als Erkennungszeichen rhetorischer – gegenüber philosophischer – Ausdrucksweise gewertet wird[18]. Vgl. auch das im Kommentar zu _De J._ § 43f. zu Bemerkende.

Manchmal lassen sich aus der Art des Hörerkontakts und aus selbstreflexiven Äußerungen des Sprechers (_De S._ 2, 4 Ende, 10, 26 Ende, 35 Ende) Indizien für mündliche Kommunikation gewinnen. Gleiches gilt für Verweise auf den liturgischen Rahmen – im Fall der Predigten[19]. Treffen eine Vielzahl solcher Anzeichen zusammen, so verdichtet sich die Wahrscheinlichkeit, daß wir es doch mit einem Stenogramm zu tun haben. Die Tätigkeit von Stenographen, bestellten wie nicht bestellten, in altkirchlichen Gottesdiensten ist gut belegt[20]; ihr verdanken wir ganze Migne-Bände. Dem Rückschluß auf das hellenistische Judentum[21] steht gar nichts im Wege.

Den genannten Kriterien entsprechen nun aber die Reden _De Jona_ und _De Sampsone_ weit mehr als alles, was bisher je in der Literatur als „Synagogenpredigt" vorgeschlagen wurde (vgl. 1.3). Wenn Gerhard Delling[22] in _De J._ c. 31–34 (= § 118–134) einen „Passus eingeschlossen" fand, „der in besonderer Weise predigtartigen Charakter hat"[23], und wenn er empfiehlt, „die ganze

---

[18] Weische, Rhetorik 24–27 und weiter. Alle Redesituationen, von denen Weische spricht, sind mündliche.

[19] Sicherlich kann auch dieser stilisiert sein: Dem ὥσπερ ἠκούσαμεν in _De Deo_ Z. 115, scheinbarem Rückgriff auf eine Textlesung, entspricht in der echten Taufansprache des (ps.-)Hippolyt c. 2 ein ἤκουες γὰρ ἀρτίως – dort Rückgriff auf den Tauftext Mt 3,13–17. Was Philon ins Literarische umsetzt und was die christlichen Prediger für die Liturgie der Kirche adaptieren, ist jeweils nichts anderes als die Praxis der griechischsprachigen Synagogenpredigt.

[20] Winter, Origenes XXVI; Norden, Kunstprosa II 536 mit Anm. 1; Marrou, Gesch. Der Erziehung 598 oben; Altaner/Stuiber, Patrologie 199. 201.205.433 u. ö.

[21] Eine hebräische oder aramäische Kurzschrift hat es m. W. in der Antike nicht gegeben. Von der großen Masse metrischer Predigten Ephraems des Syrers hingegen möchte ich mit Martin Hengel (mündlich) annehmen, daß es mitstenographierte Improvisationen sind. – Übrigens soll hier der Terminus ,hellenistisches Judentum' allein nach der Sprache definiert sein, deren man sich bedient, und nach dem Grad von Ἑλληνισμός = Sprachrichtigkeit, Eleganz, der dabei erreicht wird. (Vgl. Delling, HUCA 1974, 135.)

[22] HUCA 1974, 141.

[23] Warum nicht gleich die ganze Rede in der Rede, § 111–140? Delling gibt keine Kriterien an.

Schrift auf solche Züge zu untersuchen", so möchte ich hier, als Lösung der Aufgabe, einen durchaus positiven Befund vorlegen.

1.2.5 Machen denn die Texte selbst in ihrer Wortwahl Aussagen über ihre Gattung?

In meiner Übersetzung von *De Jona* begegnen die Worte ‚Predigt', ‚Prediger', ‚predigen' durchaus häufig[24]. Dies war ein wenig differenzierter Sprachgebrauch; denn es handelt sich fast ausnahmslos[25] um die Wiedergabe von *k'arozowt'iwn*[26] = κήρυγμα und seine Wortfamilie, also um keine im Sinne der obigen Definition getroffene Wortwahl. Diese Wortfamilie, die aus der Vorlage, dem Jona-Buch in der Septuaginta (dort 5mal), motiviert ist, bedeutet weder hier noch dort eine gattungsmäßige Festlegung. Aufschlußreicher ist *ban* = λόγος in *De S.* 4, einer Abschweifung (Digression) programmatischen Charakters: Reflexion des Redners auf seine Rede.

In *De S.* 10 charakterisiert sich die Rede selbst als *nerboɫean* = ἐγκώμιον[27]. Die in der Eröffnung von *De J.* (§ 1) begegnenden Verben ‚bewundern', ‚bestaunen', ‚loben' deuten in die gleiche Richtung. Οὐχ ἱστορίαν, ἀλλ' ἐγκώμιον nennt Philostorgios das 4. Makkabäerbuch[28], das damit als literarische Parallele zu unseren Bibel-Nacherzählungen benannt ist. In moderner Terminologie heißen derlei Texte, jene Urformen der Hagiographie, „biographisches Enkomion"[29].

Der Unterschied zwischen mündlicher und schriftlicher Rede ist, soweit ich sehe, in der Antike nicht in die Terminologie eingegangen, außer bei αὐτοσχέδιος, αὐτοσχεδίαστος = ‚improvisiert, improvisierte Rede' (unten 1.6.5). Er war offenbar nicht wichtig genug. Aus der Situation war jeweils klar, ob mit oder ohne schriftliche Zwischenstufe kommuniziert wurde. Erst die Fragestellung der modernen religionsgeschichtlichen Forschung macht den Unterschied interessant, ob der Entstehungsort eines gegebenen Textes der Gottesdienst war oder der Schreibtisch. Man vergleiche, was Ursula Früchtel so treffend über Philons „Schreibtischmysterium" gesagt hat[30].

---

[24] § 20.108(zweimal).114.137.140.150.157.185.186.193.205.213.219.

[25] Ausnahmen: § 114 (s. Hinweis in Anm. 219, z. St.) und § 205 (dort wörtlich: „lehren"; ohne Konjektur: „hören").

[26] Lehnwort, über das Syrische oder Persische ins Armenische gekommen.

[27] Dies ist im Text eines der wenigen Kunstwörter, wie sie in der späteren Hellenophilen Schule häufig wurden. Die künstlich gebildete Vorsilbe *ner-* entspricht ἐγ-. Zur steigenden Beliebtheit von Enkomien ab dem 1. Jh. v.Chr. s. Marrou, Gesch. der Erziehung 292 (unten) ff.; S. 295 über die Kunst des Improvisierens.

[28] *H. e.* I 1, laut Freudenthal, Schrift 13.

[29] Siehe Momigliano, Biography 82f. (viele Beispiele aus nichtjüdischer Lit.). Eine Übersicht über Arten der hellenistischen Biographie gibt Hamerton-Kelly in: Studia Philonica 1972, S. 11.

[30] Wiedergegeben bei Siegert, Philon 91–94. H. D. Betz, Hellenismus 26 spricht von einem „Lesemysterium".

Die eben benannte Vagheit haftet auch dem in späterem Griechisch häufigsten Ausdruck für ‚Predigt', ὁμιλία, an. ‚Umgang, Verkehr, Vertrautheit' sind zunächst die klassischen Bedeutungen, auch ‚Lehrgespräch' oder überhaupt ‚gelehrtes Gespräch'. Das Menander-Zitat in 1.Kor 15,33 ist in diesem Sinne noch klassisch. Aus jüdischer Literatur läßt sich den bei Liddell/Scott/Jones gegebenen Belegen noch Arist 122.130.171 hinzufügen oder Philon, *Jos.* 269, *LA* III 131. Bei ps.-Plutarch – um wieder einen nichtjüdischen Beleg zu nennen (*Vit. Hom.* 175) – ist aufschlußreich: Minos, der König der Kreter, habe mit Zeus verkehrt (ὁμιλεῖν), und in diesem (Offenbarungs-)Gespräch habe er seine Gesetze gelernt: ἡ δ' ὁμιλία νόμων μάθησις ἦν. (Moses „von Angesicht zu Angesicht" gegenüber JHWH wird zwar in der Septuaginta nicht mit diesem Wort bedacht, wohl aber dem Juden ein „Umgang", ὁμιλία, mit der Weisheit empfohlen, welcher klug mache; Weish 8,18). Der Aristeasbrief 128–171 insgesamt schildert bzw. ist in dem benannten Sinn eine solche „Homilie"[31].

Ab dem 2. Jh. n. Chr.[32] bildet sich dann ein rein monologischer Sinn heraus: ‚Lehrvortrag'. So bei IgnPol 5,1. Clemens v. Alexandrien (*Strom.* VI 6,52,3) zitiert (leider nur kurz) von dem gnostischen Schulhaupt Valentin eine Περὶ φίλων ὁμιλία, übrigens als „Schreibe": κατὰ λέξιν γράφει[33]. Aus Lampe, Lexicon *s. v.* ὁμιλία B.6 sind weitere Belege ersichtlich: Theophilos von Antiochien usw.

Der Ausdruck blieb vage; und auch seine nochmals eingeengte Bedeutung ‚Textpredigt, Vers-für-Vers-Exegese'[34] ist nie verbindlich geworden. Auf jeden Fall war kein rhetorischer Aufwand mit dieser Sammelgattung zwingend verbunden. Origenes, der erste mengenmäßig gut belegte „Homilet", hat durchaus getan, was man heute auf der Kanzel nicht mehr tun darf, er hat exegetische Vorträge gehalten[35]. Ebenso Chrysostomos *In Genesim, In Psalmos* usw.

---

[31] Vgl. Delling, HUCA 1974, 146. Weitere jüdische Belege bei Bauer/Aland, Wörterbuch s. v. ὁμιλία 2. Vgl. Norden, Kunstprosa II 541 f. über ὁμιλία / *sermo* ‚Gespräch' von Lukas bis zu den Kirchenvätern; I 399 auch ein Beispiel aus Plotin.

[32] Die Diodorus-Siculus-Belege bei Bauer/Aland, Wörterbuch *s. v.* ὁμιλία 2., die älter wären, überzeugen mich nicht.

[33] Ebenso das andere Zitat in *Strom.* IV 13,1: Οὐαλεντῖνος δὲ ἔν τινι ὁμιλίᾳ κατὰ λέξιν γράφει. – Norden, Kunstprosa II 545–547 würdigt Valentins „Homilien" als Beispiele rhythmisierter, mit antithetischen Pointen usw. ausgeschmückter asianischer Kunstprosa. Valentin, von Hause aus Alexandriner, belegt die gleiche Art religiöser Beredsamkeit, die wir in unseren Texten – vermutlich am selben Ort, zeitlich jedoch etwas früher (1.7) – vorfinden.

[34] Nach Öffner, 2.Klem. S. 56 ist dies eine Definition Melanchthons.

[35] Hierzu Winter, Origenes XXVIII; XXXII–XXXV. Vgl. auch Norden, Kunstprosa II 549: Origenes sei kein Rhetor gewesen, auch nicht Hieronymus. Selbstverständlich ist dies ein auf antike Maßstäbe bezogenes Urteil. Heutige Prediger würden Aufsehen erregen bzw. rasch den Vorwurf des „Rhetorischen" zu hören bekommen, wenn ihre Vorträge den sprachlichen Schmuck einer nach damaligem Geschmack schlichten Homilie erreichten.

Es bleibt also moderner Reflexion überlassen, die gottesdienstliche Predigt in der Antike von anderen Gattungen innerhalb des jüdisch-christlichen Traditionsstroms zu unterscheiden. Nicht ungeschickt schlägt Carl Schneider[36] hierzu vor, ‚missionarische Volkspredigt' von ‚rhetorischer Kultpredigt' nochmals zu unterscheiden. Das darf jedoch nicht ausschließen, daß auch im Kult mitunter kunstlos gepredigt wurde, etwa in der Art des 2. Clemensbriefs. In ländlichen Gemeinden wird es immer so gewesen sein.

Doch wenn wir bei dieser Unterscheidung bleiben, so wird klar, daß nur die zweite Sorte mit Beispielen belegt ist – jüdischen wie christlichen –; für die erste muß man sich weiterhin mit Rückschlüssen begnügen, wobei diesen, als Pflichtaufgabe, die Kritik des lukanischen (Ideal-)Bildes vom Ablauf der urchristlichen Mission vorauszugehen hat (vgl. 1.5 und 6.3.2).

Der Übergang zur zweiten Sorte von Predigt hat in nachbiblischen Zeiten stattgefunden, bedingt nicht nur durch das sich hebende soziale Niveau und damit den Bildungsstand der Christen, sondern auch durch das Aufkommen förmlicher Hallen für den Gottesdienst, Basiliken, ab dem 3. Jahrhundert[37]. „In einem Kultraum", so sagt Schneider[38], „hört natürlich die alte Missionspredigt schon aus inneren Raumgesetzen ganz von selbst auf."

Wenn nun aber unsere Texte, wie unten noch zu vermuten sein wird, in der alexandrinischen Judengemeinde entstanden sind, so wäre die dortige fünfschiffige Synagoge, das διπλόστοον[39], der gegebene Rahmen und schon rein akustisch die Erklärung dafür, warum hier mit solcher Penetranz die Mittel des hohen Stils, des Pathos eingesetzt werden.

Schneider nennt noch einen andern Grund, warum es (jüdische und bald auch) christliche ἐγκώμια geben mußte. Die religiöse Spielart dieser Gattung, die Aretalogie, war ja ringsum in weitem Gebrauch. „Man mußte den zahlreichen, bis in Julians Zeit beliebten Lobreden und Kunstpredigten auf Götter etwas entgegenstellen[40]." – Von hier aus versteht sich noch besser der Predigteinsatz von *De Jona*.

---

[36] Geistesgesch. II 3.

[37] Winter, Origenes S. XXIII; vgl. Lietzmann III 43. – Aus der Zeit Jesu und der Apostel wird berichtet, daß spontane öffentliche Diskussionen im Jerusalemer Tempel, u. z. in der „Säulenhalle Salomos", stattgefunden hätten: Joh 10,22ff.; Apg 3,1ff. Nach Apg 5,12 ist dort eine zeitlang der öffentliche Versammlungsort der Christen gewesen – und wohl auch der Ort begeisterter, noch nicht kunstmäßiger Redevorträge.

[38] a. a. O. (Anm. 36).

[39] Schürer/Vermes, History II 443 mit Anm. 68; Hengel, Proseuche 167. Vgl. unten 1.7.7. – Philon, *Leg.* 134 erwähnt alexandrinische Synagogen und unter ihnen die μεγίστη καὶ περισημοτάτη. – Die Stadt Tiberias in Galiläa hat eine Synagoge besessen, die so groß war, daß sie zugleich als Stadthalle diente: Josephus, *Vita* 277–303. Hengel, Hellenization 39 vermutet, daß sie ein Nachbau der alexandrinischen Großsynagoge war.

[40] Geistesgesch. II 8f. mit Bezug auf Aelius Aristides, Lobredner des Asklepios und des Sarapis, und auf Dion v. Prusas Zeus-Rede.

1.2.6 Was in der christlichen Kirche die missionarische Volkspredigt gewissermaßen ersetzt hat, ist die mit geringen stilistischen Ansprüchen ausgestattete, oftmals improvisierte „Homilie", die Textauslegung. Ihre Bezeichnung als „Gespräch" benennt schon die verhältnismäßig niedere Stilebene[41]. Die Vorstellung ist, es handle sich um einen Gedankenaustausch mit Personen, die der Sprecher kennt; es ist nicht die Massenkommunikation der großen Hallen und Arenen, das Fernsehen von damals, wo der Rhetor erst seinen ganzen Glanz entfalten konnte. Norden, Kunstprosa II 541–543 hat in diesem Sinne den Gegensatz zwischen der ὁμιλία einerseits und der rhetorischen πανήγυρις (bei Schneider: ἐγκώμιον) herausgestellt[42]. In den Kirchenväter-Ausgaben läßt sich der Unterschied noch an den Benennungen ὁμιλία / *sermo* einerseits und λόγος / *oratio* andererseits in etwa verfolgen. (Freilich konnte λόγος auch eine schriftliche Ausarbeitung meinen, als dem κεφάλαιον übergeordnete Einteilungsgröße; vgl. Apg 1,1).

Weitere Versuche, eine Differenzierung innerhalb jüdischer Predigtformen vorzunehmen (Freudenthal, Schrift 8f.) können hier übergangen werden; sie sind, angesichts der dürftigen Quellenlage, zu sehr ein *ad-hoc*-Produkt. Ein Gesichtspunkt indes unter den von Freudenthal vorgeschlagenen hat seine Berechtigung: es ist die Frage nach der Art des Textbezugs.

In hellenistischen Lehr- und Lobreden – soviel ist schon einmal aufschlußreich – gibt es einen solchen nicht. Die Homerexegese hingegen (Thema unseres 2. Kapitels) hat keine kunstmäßigen Lehrvorträge hervorgebracht, sondern nur Schriften. Die griechischen Philologen waren keine Prediger.

Die jüdische Beredsamkeit blieb, nach allem, was die Quellen erweisen, gebunden an den Text – sofern sie nicht dem Bericht und der Ausschmückung nachbiblischer Ereignisse gewidmet war. Selbst Philon in seinen philosophischsten Erörterungen bleibt Schriftausleger. James Parkes[43] betont mit Recht, daß hierin die Hellenisierung des Judentums selbst in Alexandrien, ihrem Zentrum, eine Grenze fand. Die Themapredigt hingegen, so hat Carl Heinz Ratschow einmal gesagt[44], ist „der Sündenfall der Kirche".

---

[41] Es ist schon viel, wenn Baeck, Predigt 62 diese Art von monologischem „Gesprächs"-Beitrag mit der διάλεξις = Diatribe gleichstellt, die in sich ein stilisiertes Gespräch war und durchaus eine gewisse Kunst, wenn auch nicht auf höchster Ebene, erforderte.

[42] Schneider, Geistesgesch. II 14f.

[43] Foundations 114. – Bei Philon machen die nichtexegetischen Schriften, soweit erhalten, nur ein Sechstel des ganzen Werkes aus (nämlich Bd. 6 bei Cohn/Wendland). Nimmt man das armenisch Erhaltene hinzu, verringert sich der Bruchteil.

[44] mündlich (Pfarrkonferenz Grebendorf b. Eschwege 13. 8. 1986). Vgl. den oben (1.2.5) zitierten Titel des Gnostikers Valentin.

1.3 Vergleichbare Quellen

1.3.1 Vieles ist in den letzten 120 Jahren als ‚Predigt' bezeichnet worden, was wegen gewisser Ähnlichkeiten zu den hier zu kommentierenden Texten Beachtung verdient.

Hier darf zunächst einmal Neh 8,7 f. (LXX: 2.Esr 18,7 f.) nicht ganz übergangen werden, jenes legendäre Urbild des Wortgottesdienstes, wo am Tag vor dem Laubhüttenfest – das wäre also der Versöhnungstag – bei der abschnittsweisen Verlesung des Gesetzes durch Esra Erklärungen der Leviten – in der Septuaginta: Esras – eingeschoben werden. Die Wortwahl im Urtext und in der Septuaginta läßt nicht erkennen, welche Art Rede man sich darunter vorstellen soll. Es dürfte eine eher charismatische als schulmäßig-gelernte Leistung gewesen sein, ähnlich wie im ersten Christentum. Aufschlußreich im Vergleich mit *De Jona* ist darum eher das folgende Kapitel, einen Bußgottesdienst schildernd, in dem ein langes Bußgebet ertönt (Neh 9,6–37 = 2.Esr 19,6–37), das eher eine Rede an das Volk ist – wie *De J.* § 111–140. Unter Auflösung aller Gattungsregeln geht es in eine Art schriftlichen Bundesschluß über; das Vorbeterpult wird zum Notariat. Es wäre m.E. eine Überforderung dieses reichlich konstruierten Textes, wenn er uns nähere historische Auskünfte über die erste Synagogenpredigt geben sollte.

So ist auch manches, was aus neutestamentlicher Zeit als Beleg einer griechisch-jüdischen Predigt benannt wurde, zweifelhaft gewesen und als Forschungsgegenstand kurzlebig. Es waren Eintagesfliegen darunter wie der 4. pseudo-heraklitische Brief, den Eduard Norden, Jacob Bernays folgend, eine zeitlang sogar für jüdisch gehalten hat[1]. Er ist eine Kurzdiatribe wie viele andere.

Der von Klaus Berger[2] ins Spiel gebrachte Neuphythagoreer ps.-Zaleukos hat kaum bessere Chancen. Der Text bietet nur das Summarium einer Paränese. Unter dem Titel Προοίμια νόμων werden einige Grundsätze zur öffentlichen Verlesung bestimmt[3]. Mit gleichem Recht könnte man den Text der

---

[1] Agnostos Theos 31 f.; 49; 389 f. (dort der Widerruf). Vgl. Malherbe, Cynic epistles 22–26; Text und engl. Übers. S. 190–193; dt. Übers. bei Rießler 474–476. Datierung: 1. Jh./1. Hälfte des 2. Jh. n. Chr. – Schmid/Stählin S. 624; Schürer/Vermes, History III/1 S. 694 f.

[2] Gattungen 1368–1370: „pythagoreische Bekehrungspredigt" (so 1368; nach Mitteilung des Textes heißt es dann vorsichtiger: „Anweisungen zur Bekehrungspredigt"). Das Verständnis des Fragments hängt stark vom ersten Satz ab, wo Berger m.E. den Infinitiv Perfekt πεπεῖσθαι (dt. „überzeugt sein") mißverstanden hat im Sinne eines noch zu leistenden Vorgangs. – Der Text, den er aus der veralteten Sammlung von Mullach zitiert, ist in besserer Edition bei Thesleff, Pythagorean Texts S. 226–228 zu finden. Für den Tradenten Stobaeus wäre gleichfalls als einzig verläßliche Ausgabe die von Wachsmuth/Hense anzugeben; nach ihr ist es *Anthol.* IV 2,19 (Bd. IV S. 123).

[3] Vgl. die Προοίμια νόμων des ps.-Charondas (Thesleff, Pythagorean texts S. 61–63; Introduction 113 u. ö.), eine Sammlung von Rechtssätzen, die ihre öffentliche Verwendung wie folgt vorschreiben: „Alle Bürger müssen diese Präambel kennen; und auf Festen nach den

Monumentalinschrift des Epikureers Diogenes von Oeonanda (in Lykien), ein philosophisches Testament auf 40 Metern Breite, als ‚Predigt' gelten lassen. Sie ist, wie der Kleine Pauly[4] schreibt, ein „Zeugnis für … den propagandistischen Eifer der Epikureer noch z. Zt. der Antonine". Was wir gar nicht wissen, ist, ob je solche Reden in „missionarischen" oder „gottesdienstlichem" Situationen (was immer das dann sein könnte) erklungen sind, und ob sie etwa gar diese Situationen im religionssoziologischen Sinne hätten definieren helfen.

Auch bei den folgenden hellenistisch-jüdischen, rabbinischen und christlichen Texten, die wir in den nächsten Abschnitten, der Sekundärliteratur folgend, Revue passieren lassen, bleiben entweder wichtige Fragen offen, oder die Antwort ergibt spezifische Unterschiede zu dem, was hier als ‚Predigt' bezeichnet werden soll.

1.3.2 Was den hier am meisten interessierenden *hellenistisch-jüdischen* Bereich angeht, so ist Jacob Freudenthals 1869 geäußerter These voll und ganz zuzustimmen, „daß lange Zeit vor dem Aufblühen der christlichen Kanzelberedsamkeit die religiösen Vorträge die klassischen Formen Griechenlands sich zu eigen gemacht haben und ihrerseits nicht ohne Einfluß auf die christliche Predigt geblieben sind"[5]. Er ist einer der wenigen, die sich *De J.* und *De S.* (in lateinischer Fassung) genauer angeschaut haben, muß sich jedoch den Einwand gefallen lassen, daß sein Haupttext, das 4. Makkabäerbuch, schwerlich eine Predigt ist, sondern eher eine von Anfang an schriftliche Diatribe[6].

Gesängen („Paeanen") soll sie lesen, wer vom Festleiter (ἑστιάτωρ = ἐστιάτωρ) dazu beauftragt wird, damit die Anordnungen jedem in Fleisch und Blut übergehen (ἐμφυσιοῦσθαι)"; S. 63 Z. 5–7. – Ich lasse die Frage, ob Derartiges jemals stattgefunden hat, auf sich beruhen; die pythagoreischen Texte, Pseudepigrapha großenteils, leiden an einem hohen Grad von Fiktionalität. Die Namensgeber dieser hellenistischen Produkte lebten in archaischer Zeit (7. oder 6. Jh. v. Chr.; s. Kl. Pauly unter Zaleukos bzw. Charondas). Ihre Legenden finden sich bei Diodorus Siculus, *Bibl.* XII 11–19 (Charondas) und 20f. (der eigentlich ältere Zaleukos). XII 20,2 bietet eine Fassung des Prooemiums des „Zaleukos". – Man mag diesen Beispielen entnehmen, daß der jüdische Wortgottesdienst mit seiner Gesetzeslehre (unten 1.4) irgendwie auch einem hellenistischen Verhaltensschema oder einer Erwartungshaltung entsprach. Max Mühl in: Klio 1929, 447 hält öffentliches Absingen der ursprünglichen Charondas-Gesetze für wahrscheinlich (in einer heute nicht mehr erhaltenen rhythmisierten Form), nimmt davon aber das viel spätere, kaiserzeitlichen Stoizismus widerspiegelnde Prooemium ausdrücklich aus (S. 118f.; 445).

[4] II 1579,41f. – Einen Hinweis auf epigraphischen Niederschlag philosophischer Lehre findet man auch bei Marrou, Gesch. der Erziehung 564 Anm. 4.

[5] Freudenthal, Schrift 6. Ebenso Wifstrand, Bildung 11: „Sie (die griechischsprachigen Juden, F. S.) wurden … die Lehrmeister der Christen, und dies sogar dort, wo man meist einen direkten griechischen Einfluß auf die älteste Kirche annimmt." – Er verweist auch auf die starken Diatribe-Elemente im Jakobusbrief.

[6] so Norden, Kunstprosa I 416 und überhaupt der neuere Konsens. Schlatter hatte noch versucht, aus dem 4.Makk eine zugrundeliegende mündliche Predigt zurückzugewinnen; s. Delling, HUCA 1974, 154 Anm. 154 *(sic.)*.

Nicht anders sind m. E. die Philon-Partien zu beurteilen, die v. a. Hartwig Thyen zum Gegenstand seines Buches[7] gemacht hat. Ein Echo damaliger Predigten und auch außersynagogaler Reden mag man bei Philon vielfältig vernehmen[8]; doch was tatsächlich Predigt war, bleibt für seine Leser Vermutungssache. Es gibt Passagen, deren *copia verborum* durchaus der Mündlichkeit und den Anforderungen der Massenkommunikation entsprächen; davon ist aber manches − wie die Aufzählung von 148 Eigenschaften des φιλήδονος in *Sacr.* 32 − eindeutig eine Schreibtischleistung; es „riecht nach der Öllampe".

Peder Borgen[9] hat einen viel beachteten Versuch unternommen, aus Philon (*Mut.* 253−263; *LA* III 162−168 u. a.)[10] *different homilies* zurückzugewinnen, die mit Joh 6,31−38 nicht nur inhaltlich, sondern auch durch ein *homiletic pattern* vergleichbar seien. Wir vermissen jedoch gerade bei ihm eine formgeschichtliche Definition seines ‚Predigt'-Begriffs. Auch hat er sich um Rhetorik und Kommunikationswissenschaft wenig gekümmert, die ihm doch das terminologische Handwerkszeug hätten stellen können. Mit seinen Ergebnissen ist m. E. nicht viel anzufangen[11].

Einige weitere, späte Texte, pseudepigraphe Briefe aus jüdischer Feder, werden unter 1.7.4 zu erwähnen sein. Es sind Diatriben in Briefform, Episteln.

1.3.3 Chronologisch ein wenig vorgreifend, kommen wir gleich auf *rabbinische* Texte zu sprechen, die gleichfalls Beispiele für Synagogenpredigt sein sollen. Die Unschärfe des Predigtbegriffs hat sich auch hier als Falle erwiesen. Ein und derselbe Autor, Leo Baeck, der erst ganz korrekt von „Inhaltsangaben und Bruchstücke(n) von Predigten − denn nur diese besitzen wir in unseren Midraschim" gesprochen hatte (Predigt 63), hat in MGWJ 1925 gemeint, „Zwei Beispiele midraschischer Predigt" (so der Titel seines Beitrags) vorstellen zu können: den Anfang von Bereschith Rabba (als Predigt von Rabbi Hoschaja) und den Anfang der Pesikta (als Predigt des Rabbi Juda ben Schimon).

Demgegenüber scheint mir doch, daß alles, was aus den sog. Homiletischen Midraschim in dieser Absicht hervorgeholt wird, nur verkürzte, auf ihr Gerüst reduzierte und zu einer Art Literatur umgearbeitete Predigten sind[12] − nicht

---

[7] Stil, bes. S. 41−45.

[8] Auf S. 10 Anm. 26 erklärt er (mit Hans v. Arnim), *Sacr.* 20ff. und *Plant.* 142ff. seien jeweils eine „mit Haut und Haar einverleibte hellenistische Prunkrede". Das macht, selbst wenn es stimmt, aus den entsprechenden Texten noch keine Predigt. Die Frage bleibt: Hat man so etwas in dieser Form in der Synagoge vorgetragen? Thyen würde die Frage wohl bejahen.

[9] *Bread from heaven*; Zitate im folgenden aus S. 99f.

[10] Auf S. 50 z. B. läßt er *LA* III 65−75 und 169−174 als *homily* gelten.

[11] Es sind alles Vagheiten wie etwa diese (S. 100): *Philo connects Old Testament quotations and fragments from the haggadah with Greek educational ideas,* oder S. 51, 2. Absatz, drei angebliche Charakteristica der von Borgen so genannten Homilien. Da wäre vieles ‚Homilie'.

[12] So Heinemann/Petuchowski, *Literature of the synagogue* 105−199 (mit übersetzten Textbeispielen). Zum Jona-Buch vgl. die 4 Spalten im Jalkut Schimoni 859a−860b: was dieser

unähnlich den *conceptus praedicabiles* der Barockzeit, Vorläufern unserer „Predigtmeditationen".

Nehmen wir den predigtähnlichen Passus aus Pesikta Rabbathi, c. 26, den Leo Prijs (Jeremia-Homilie) zum Gegenstand seiner Habilitationsschrift gemacht hat, einen sehr späten Text übrigens[13], verglichen mit dem Zeitraum des hellenistischen Judentums. Das Proömium ist dort nicht so extrem schulmäßig wie die gleich noch zu würdigenden; der Text insgesamt, trotz ständigen Zitierens quer durch die Bibel, hat erzählenden Grundcharakter. Leider gibt auch Prijs keine explizite Begründung seiner Einstufung des ganzen als ‚Homilie', außer den beiläufigen Angaben auf S. 21. Sollte er recht haben, wäre der Unterschied zur hellenistischen Synagoge jedenfalls gewaltig. Die Zitierwut dieses Rabbis hätte ihre Entsprechung weniger in hellenistischer Redekunst als in den Schriftbeweisen und Zitierketten der Stephanusrede (Apg 7,2–53) oder gewisser Paulus-Passagen (Röm 3,9–20; 9,6–11,12)[14], deren atemberaubendes Schlag-auf-Schlag-Verfahren heute noch fortlebt in dem Biblizismus gewisser Zeltprediger methodistischer Herkunft. Für ein antik-griechisches Pendant wäre am ehesten an die Buntschriftstellerei[15] der Kollektaneen und „Teppiche" zu erinnern; das sind Zitatesammlungen, jedoch nicht nur aus *einem* Buch und mit einem anderen Zweck. Aber ihr Ursprung bei den Sophisten bringt sie durchaus in die Nähe der Rabbinen. Passagen bei Paulus oder auch im Hebräerbrief, die eine ähnlich hohe Zitatendichte aufweisen, sind mit wenig Recht als Niederschlag einer bestimmten Predigtweise, richtiger jedoch als der einer bestimmten Diskurier- und Memorierpraxis, nämlich der des Lehrhauses, gewertet worden[16].

Eine Sonderdiskussion haben seit Bacher (Proömien) die *ptiḥtot* oder „Eröffnungen" der in den Homiletischen Midraschim zu findenden Exegesen ausgelöst, schriftgelehrte Kunstübungen, wo von einer inhaltlich denkbar entfernten Schriftstelle eine hermeneutische Brücke zum auszulegenden Haupttext geschlagen wird[17]. Auch nach Kenntnisnahme der ps.-philonischen Predigten bleibt, was den griechischsprachigen (hellenistischen) Zweig des Judentums betrifft, der von Thyen (Stil 75) ausgesprochene Befund gültig: „Derartige Proömien vermissen wir in unseren Quellen völlig."

„homiletische Midrasch" bietet, sind Kurzauszüge aus anderen Midraschim; es sind Predigtmaterialien.

[13] Er ist nachtalmudisch, wie schon Prijs' Untertitel angibt. Im Text vgl. S. 77. – Vgl. auch K.-E. Grözinger: Ich bin der Herr, dein Gott. Eine rabbinische Homilie zum Ersten Gebot [PesR 20], Frankfurt (Main) 1976 (Frankfurter Judaistische Studien, 2) *(non vidi)*.

[14] Der ganze Hebräerbrief wäre noch vergleichbar, dessen Autor, seinen Adressaten gemäß, den Schriftgelehrten spielt.

[15] Schmid/Stählin 785 ff. – Ein anderer Fall sind Bücher wie diejenigen Chrysipps, die – nach dem Urteil ihrer Kritiker zumindest – größtenteils aus Fremdem kompiliert waren (Nachweise vgl. folgende Anm.). Dort waren die Zitate gerade nicht kenntlich gemacht.

[16] Vgl. Siegert, Argumentation 157–164.

[17] Vgl. die umfangreiche Beispielsammlung bei Bill. IV/1, 178–184.

Die Prolepse, mit der die Simson-Predigt c. 1 einsetzt (sie ist ein geschickter Vorgriff auf das Ende des zu erläuternden Textes, das der Prediger bei seinem Extemporieren nicht mehr erreicht)[18], sollte mit diesen esoterischen Kunststücken nicht verglichen werden. Auch wenn man die letzteren als Niederschlag mündlicher Redeübungen werten will, gehören sie doch m. E. eher in den Lehrbetrieb einer rabbinischen Schulklasse als in den Synagogengottesdienst[19].

Die rabbinische Theologie einschließlich ihrer Homiletik (soweit wir von ihr überhaupt etwas wissen) ist das Ergebnis eines Rückzugs, einer Abstandnahme von der hellenistischen Welt (vgl. 1.7.3.). Mit *De J.* und *De S.* befinden wir uns sowohl zeitlich (mit Wahrscheinlichkeit) als auch der Entwicklung nach in einem früheren Stadium, das sich noch durch große Offenheit gegenüber der hellenistischen Kultur auszeichnet.

1.3.4 In der *christlichen* Tradition sind Predigten nur sehr zögernd verschriftlicht worden. Die Schilderungen des altkirchlichen Gottesdienstes, die wir haben – Justin, *Apol.* I 65–67, Tertullian, *Apologeticum* 39[20] usw. – sprechen von einer διὰ λόγου νουθεσία, von *exhortationes,* deren Stilebene noch kaum über entsprechenden Partien der neutestamentlichen Briefe gelegen haben kann und die darum eine schriftliche Aufzeichnung nicht wert waren – kunstlose Paränesen.

Als eine solche wird der sog. 2. Clemensbrief eingestuft. Diese angeblich „erste uns erhaltene Predigt vor einer christlichen Gemeinde"[21] wäre, wie sie selbst angibt (19,1), eine Lesepredigt. „Sie ist in schlichtem, man möchte sagen, schwerfälligem Tone gehalten, ohne rhetorische Kunst und Gewandtheit" (F. J. Winter)[22]. Sie ist gespickt mit Bibelzitaten, ohne jedoch einen Haupttext zu haben, dessen Auslegung sie wäre. Als Entstehungszeit wird die Mitte des 2. Jh. vermutet, oder noch etwas davor.

Rätsel bietet die Formulierung in 19,1: Ὥστε, ἀδελφοὶ καὶ ἀδελφαί[23], μετὰ τὸν θεὸν τῆς ἀληθείας ἀναγινώσκω ὑμῖν ἔντευξιν εἰς τὸ προσέχειν τοῖς γεγραμμένοις, ἵνα καὶ ἑαυτοὺς σώσητε καὶ τὸν ἀναγινώσκοντα ἐν ὑμῖν. Winter übersetzt (S. 11): „Darum, liebe Brüder und Schwestern, nachdem ihr das Wort des wahrhaftigen Gottes vernommen[24], lese ich euch diese Mahnrede vor, daß ihr achtet auf die Schrift, damit ihr euch selbst selig macht und den, der

---

[18] Der Spannungsbogen ist wirkungsvoll und sollte nicht, wie bei Freudenthal, „literarkritisch" aufgelöst werden. S. Kommentar z. St.

[19] Vgl. Sarason, JJS 1982, bes. S. 564/5.

[20] Hierzu Winter, Origenes XIIf.; zu Justin ebd. IX; Lietzmann II 122 und Kontext.

[21] Winter, Origenes XII; ebenso Altaner/Stuiber, Patrologie 88: „die älteste erhaltene christliche Homilie".

[22] a.a.O. (vorige Anm.). Vgl. Schütz, Predigt S. 8.

[23] Daß hier sogar die Schwestern mit angeredet werden, ist ein Moment der Feierlichkeit. Vgl. Jes 43,6 „Söhne"/„Töchter" (Parallelismus). Die gleiche Anrede begegnet im 2.Clem nochmals in 20,2, im Schlußkapitel.

sie euch vorliest." Letzteres wäre also eine Selbstreferenz des Predigers, ähnlich wie 15,1: καὶ ἑαυτὸν σώσει (der Hörer und Befolger dieser συμβουλία) κἀμὲ τὸν συμβουλεύσαντα. Aber warum liest er ab, wenn er doch selber da ist[25]?

Cicero bezeugt für Aeschines, daß er eine schon einmal gehaltene Rede vor anderen Zuhörern vorgelesen habe und daß diese sogar von seinem Vortrag *(actio)* sehr bewegt gewesen seien (*De oratore* III 56 § 213). Hier war offenbar förmlich eine Wiederholung verlangt worden. Darüber hinaus ist das Verlesen schriftlicher Beiträge *Ab*wesender öfters bezeugt und nichts Unnatürliches (Cicero a.a.O.; Philon, *Anim.* 9ff.); hier liegt der Ursprung der christlichen „Epistel": 1.Thess 5,27; Kol 4,16; vgl. 2.Kor 10,10.

Für 2.Clem 19 gibt es jedoch eine einfachere Erklärung: daß nämlich die c. 19 und 20 ein Zusatz sind, „Schlußworte eines Anagnosten"[26], und προσέχειν τοῖς γεγραμμένοις sich auf die Verlesung des eigentlichen Briefes, c. 1–18, bezieht. Dieser wäre demnach doch ein Brief und keine unter besonderen Umständen verschriftlichte Predigt. Er würde der schriftlichen, nicht der mündlichen Diatribe zugehören.

Zeitlich folgt um 160/70 die erste m.E. unbezweifelbare Predigt, das Passa-Enkomion des Apologeten Meliton, erhalten auf Papyrus. Das ist nun eine Prunkrede nach allen Regeln der Kunst, und zwar der „asianischen", ein reiner Prosahymnus. Hier beginnt, wie Altaner/Stuiber (Patrologie 88) es nennt, der „Einbruch der etwas berüchtigten asianischen Kunstprosa" in das Gefilde der christlichen Predigt[27]. Viele Kurzkola, rhetorische Fragen, Anaphern, Homoeoteleuta (Vorform des Reimes) usw. lassen diese Rede eher als ein Gedicht erscheinen, wie sie denn in der Sources-Chrétiennes-Ausgabe von Perler auch gedruckt worden ist.

Carl Schneider[28], der im 2. Clemensbrief noch beinahe die urchristliche Paränese[29] repräsentiert fand, würdigt Melitons Passa-Rede als das erste Bei-

---

[24] Anmerkung Winters hierzu: „Das vor dieser Homilie vorgelesene Schriftwort ist gemeint." Wengst, Schriften II 216f. und Öffner, 2.Klem 52–58 referieren verschiedene Versuche, diese Lesung bzw. die Lesungen zu identifizieren. Dieses Bemühen erübrigt sich bei der gleich noch zu nennenden literarkritischen Teilung des Briefes in 1–18 und 19–20.

[25] Leider vergißt auch Wengst, Schriften II 214–217, diese Frage zu stellen. Öffner, 2.Klem. S. 52 läßt die Stelle 19,1 einen Hinweis darauf sein, „daß die (ganze) Predigt ein der Versammlung von dem offenkundig nicht übermäßig redegewandten (und sicher auch nicht rhetorisch geschulten) Verfasser vorgelesen wurde". Und das im selben Jahrhundert, wo die charismatische Rede noch lebendig war (siehe Montanismus)? Wie nimmt sich da ein abgelesener Vortrag aus?

[26] So Walther Schüssler in: ZKG 1907, 4f. – Hinweis aus Jorg Salzmanns noch ungedruckter Tübinger Dissertation über den urchristlichen Wortgottesdienst. Donfried, Second Clement 14f., der Schüsslers Hypothese nicht übernimmt, geht dennoch von der Voraussetzung aus, daß der 2.Clem als Schriftstück entstanden ist, nicht als Predigt. Vgl. bei ihm S. 19ff.; 48.

[27] Man könnte noch genauer sagen: Meliton setzt da ein, wo der abschließende Schwung, die stark rhythmisierte, Kurzkola skandierende *peroratio* des Diognetbriefes (c. 11–12) endet. (Sie ist literarkritisch ein eigenes Stück; datieren kann man sie in die Zeit Melitons.)

spiel des andern Typs, der rhetorischen Kultpredigt. Es ist die Kultrede für die quartodezimanische Passa-Nacht (14./15. Nisan), jene Alternative zum heute üblichen Ostersonntag.

Trotz aller Anlehnung an jüdische Vorgaben nicht nur in der Handhabung des Kalenders, sondern auch im Gebrauch der typologischen und allegorischen Methode, ist sie voll Haß gegen das Judentum — eines der frühesten Beispiele undifferenzierter Beschuldigung der Juden (und Entlastung der Nichtjuden) für die Tötung Jesu[30]. Ihr Textbezug (Ex 12) wird gleich zu Beginn (§ 1) hergestellt und in § 12—34 in einer Paraphrase durchgeführt; im übrigen ist es jedoch eher ein Christus-Hymnus, Amplifikation der Kreuzigungs- und Ostergeschichte mit vielen Exkursen. Bibelzitate, die oftmals selbst hymnischen Charakter tragen (Prophetensprüche), sind geschickt eingeschmolzen.

War dies selbst innerhalb des Asianismus ein Extrem, so läßt sich die unter den Werken Hippolyts (schrieb zwischen 200 und 235) überlieferte Taufansprache Εἰς τὰ ἅγια θεοφάνεια[31] am ehesten unseren jüdischen Predigten *De J.* und *De S.* zur Seite stellen. Zwar ist sie, als Kasualrede und Ansprache an einen Einzelnen (und Vornehmen)[32], an Länge nicht vergleichbar und geht in den „hohen" Stilmitteln und im Pathos nicht so weit; doch ihr rednerischer Fluß mit Prosarhythmen usw. entspricht recht nahe der Art, wie auch unsere Synagogenpredigten gehalten sind.

Ihr Text ist Mt 3,13—17, ihre Hermeneutik — hier liegt nun wieder ein Unterschied zu *De J.* und *De S.* — diejenige Melitons, Philons, Aristobuls. Gleich zu Beginn, nachdem das Prooemium über die Themen der Schöpfung überhaupt und des Wassers im besonderen an den Bibeltext herangeführt hat, fordert sie dazu auf, die „soeben gehörte"[33] Bibelstelle nicht φυσικῶς aufzufassen, sondern οἰκονομικῶς — als Typologie, ja (da der „natürliche" Sinn negiert wird) als Allegorie auf die Heilsgeschichte. Dieses Allegorisieren auf der Zeitachse ist, wie anderweitig näher dargelegt[34], die christliche Alternative zu Philons Allegorisieren auf der Raumachse.

---

[28] Geistesgeschichte II 9 f.

[29] Sein Ausdruck ‚missionarische Volkspredigt' (oben 1.2.5) würde nicht mehr ganz passen; es ist die Predigt an eine bereits konstituierte Gemeinde.

[30] § 72—100, in der Tendenz dem PetrEv vergleichbar.

[31] ediert von Achelis in Hippolytus, Werke I (GCS), S. 255—263 der zweiten, getrennt paginierten Hälfte. — Altaner/Stuiber, Patrologie scheint diesen Text zu übersehen. — Harnack, Gesch. II/2, 217 Anm. 9 (vgl. I/2, 621) bringt stilistische Argumente gegen eine Verfasserschaft Hippolyts vor. Freilich müßte bei Stil-Argumenten stets bedacht werden, daß gebildete Autoren verschiedene Stile beherrschten und sich unterschiedlichen Auditorien anzupassen verstanden. — Nordens Bemerkungen (Kunstprosa II 547) sind einzuklammern: Eine Datierung in einer so frühen Zeit wie die des Hippolyts wäre ihm nicht unwahrscheinlich erschienen, hätte er *De J.*, *De S.* und Melitons Passa-Predigt gekannt.

[32] so Harnack, Gesch. II/2, 217. Auch daß es eine Einzeltaufe ist, spricht dafür.

[33] c. 2 (S. 258 Z. 2): ἤκουες γὰρ ἀρτίως; und etwas später: ταῦτα ἀκούων...

[34] Siegert, Argumentation 218—224, bes. 222 (Mit K. J. Woollcombe und J. Coppens).

Die Fragen der Autorschaft und damit der genaueren Datierung dieser Predigt sind offen. War es auch nicht Hippolyt, jener römische Bischof und Schismatiker, so gehört er doch — um eine Würdigung Hippolyts aus Eusebius zu zitieren (*H. e.* VI 20,1 f.) — zu den λόγιοι καὶ ἐκκλησιαστικοὶ ἄνδρες jener Epoche, die wir den „Frühkatholizismus" nennen. Winter[35] betrachtet die Epiphanias-Predigt (die er dem Hippolyt zuzutrauen gewillt ist) als „Beispiel eines wirklichen λόγος, einer kirchlichen Kunstrede, wie diese erst anderthalb Jahrhunderte später zu blühen begann."

Als Anlaß der schriftlichen Fixierung kann man vermuten, daß der reiche Täufling sich für seine große Stunde einen Tachygraphen mitgenommen hat — so wie in heutiger Praxis bei bestimmten Kasualien die Videokameras mit auffahren.

Erwähnt werden soll noch die vermutlich älteste erhaltene lateinische Predigt, ps.-Cyprian *De aleatoribus* oder *Adversus aleatores,* „Wider die Würfelspieler"[36]. „A. Harnack erklärt die Schrift für einen homiletischen Traktat, dem vielleicht eine wirklich gehaltene Rede zu Grunde liege, der aber von vornherein zur Verbreitung in den weitesten Kreisen bestimmt gewesen sei und auch an die Bischöfe der Gemeinden sich wende[37]." Wäre er von Cyprian, so gehörte er noch ins 3. Jh.; man verlegt ihn aber eher an das Ende des 2. Jh. und nach Rom. Er ist eine „in vulgärem Dialekt geschriebene, durch höchst altertümliche Citate sich auszeichnende Predigt" — so Harnack[38] —, die hier eigentlich nur für die Feststellung interessiert, daß der lateinische Westen in der Kirche sich noch schwerer tat, das kulturelle Niveau derjenigen Predigtkunst zu erklimmen, die in der hellenistischen Synagoge damals schon ihren Höhepunkt hinter sich hatte (vgl. 1.7.4).

Übrigens schließen alle vier jetzt genannten christlichen Predigten in ihrer überlieferten Form mit einem Amen, die ersten drei auch mit einer Doxologie (bei der vierten hätte sie auf den Kontext nicht gepaßt). Zum Fehlen dieser Elemente in unseren beiden jüdischen Predigten siehe den Kommentar zu *De J.* § 219.

1.4 Bezeugungen der Synagogenpredigt in der Antike

Es soll hier nicht versucht werden, die Anfänge des Synagogengottesdienstes aufzuspüren, die sehr im Dunkeln liegen[1], sondern nur um ein Detail. Die Bezeugungen des Synagogengottesdienstes sind oftmals auch Beleg für die

---

[35] Origenes S. XVII.

[36] in dt. Übers. bei Winter, Origenes S. 123—132.

[37] Winter, Origenes XIII; vgl. Harnack selbst in Gesch. I/2, 719.

[38] Harnack a.a.O. — Ähnlich Winter S. XV: „Sie zeigt stellenweise eine ziemliche Unbeholfenheit im Stil und Ausdruck, aber viel Kraft und Nachdruck."

[1] Parkes, Foundations 12—17 läßt, jüdischen Quellen so weit wie möglich folgend, die

Lesungen — gewöhnlich aus Tora und „Propheten" — und für die an eine der Lesungen ggf. sich anschließende Predigt. Billerbeck (IV 153–188, bes. 171ff.) hat das reiche Material gesammelt, auf S. 172 Anm. c auch die neutestamentlichen Stellen.

1.4.1 *Philons* beinahe hymnische Darstellungen des Synagogengottesdienstes, dem er — als populärer Parallele zu seiner eigenen Meditations- und Lehrtätigkeit — hohe Wertschätzung entgegenbrachte, hat Schürer/Vermes, History II 448 Anm. 102 katalogisiert und in vier Gruppen geordnet. Hier soll uns genügen, einige Beispiele herauszugreifen, die den Sitz im Leben unserer Predigten veranschaulichen können. Auch erfahren wir, was nach Philons Meinung der allgemeine Skopos einer Synagogenpredigt war.

In *Leg.* 156 erwähnt er die προσευχαί = Gebetsstätten, in denen sich die römischen Juden versammeln, „hauptsächlich an den heiligen Sabbaten, wo sie öffentlich in der Philosophie ihrer Väter unterrichtet werde". Er betont also den Lehrzweck der Predigt — ganz wie διδάσκειν Mt 4,23; Mk 1,21; 6,2; Lk 4,15.31; 6,6; 13,10; Joh 6,59; 18,20 — und qualifiziert deren Inhalt als ‚Philosophie'. Die jüdische Weisheit = Gesetzeskunde beansprucht ja, das bessere Pendant zur griechischen Philosophie zu sein — der praktischen Philosophie hauptsächlich, die damals das Hauptinteresse der mächtigen stoischen Richtung darstellte.

Von unseren Predigten paßt vor allem *De Sampsone* unter diese Überschrift; doch ist auch da der Charakter des Unterhaltsamen stärker ausgeprägt, als Philon anerkannt haben würde.

In seiner *Apologia pro Judaeis*[2] gibt er folgendes Idealbild eines Synagogengottesdiensts:

> „Er (Mose) hat vorgeschrieben, daß sie (die Juden) zusammenkommen (εἰς ταὐτὸν συνάγεσθαι)[3] und, mit Sitte und Anstand nebeneinandersitzend, die Gesetze hören, damit keiner (über sie) in Unkenntnis bleibt. Tatsächlich kommen sie stets zusammen und sitzen beieinander, die einen in tiefem Schweigen, außer wenn jemand dem Vorgelesenen einen Segensspruch hinzufügen (προσεπιφημίσαι) möchte; und von den Prie-

---

Synagoge als Reaktion auf das Babylonische Exil entstanden sein. Zum Synagogengottesdienst vgl. bei ihm S. 70–77; Bill. IV/1, 115f. — Die Grenze solcher Geschichts-Rekonstruktionen liegt, wenn nicht in der Zweifelhaftigkeit, so doch in der Vagheit der Quellenaussagen, allen voran der Legende von der „Großen Synagoge" in Aboth 1. Vgl. noch Hengel, Judentum und Hellenismus 145f. (mit Anm. 160); Schürer/Vermes, History II 423–463 (mit Bibliographie); Delling, Diasporasituation 44–47. Anfänge und frühe Bezeugungen werden in Neh 8,1–8; Esr 7,25; 2.Makk 15,9; 4.Makk 18,15f. u. a. gesehen. Synagogeninschriften sind aus Ägypten seit der 2. Hälfte des 3. Jh. v. Chr. vorhanden. Die Theodotos-Inschrift in Jerusalem (vom Anfang unserer Zeitrechnung) bestimmt eine Synagoge εἰς ἀνάγνωσιν Νόμου καὶ διδαχὴν ἐντολῶν.

[2] bei Eus., *Pr. ev.* VIII 7, 12f.

[3] Daher συναγωγή. In kirchlichem Griechisch sagte man später σύναξις, auch συνέλευσις für die gottesdienstliche Versammlung.

stern, wenn einer anwesend ist, oder von den Ältesten einer liest ihnen die Gesetze vor und erklärt sie ihnen Punkt für Punkt (καθ' ἕκαστον ἐξηγεῖται) bis spät in den Nachmittag[4]. Danach gehen sie auseinander, nachdem sie Kenntnis der heiligen Gesetze gewonnen und in der Frömmigkeit großen Fortschritt gemacht haben."

Mit solchen Schilderungen versucht Philon, das Bild vom Judentum als einem „Philosophenvolk" aufrecht zu erhalten, das eine zeitlang, hauptsächlich im 3. Jh. v. Chr., sogar einigen heidnischen Intellektuellen Eindruck gemacht hatte[5].

Doch lange vor ihm war es bereits mißlungen, die jüdische Selbstdarstellung auf das erforderliche ästhetische Niveau zu bringen. Man hat die Übersetzung „der Siebzig", die im 3. Jh. v. Chr. begonnen wurde, für eine missionarische Tat gehalten und sich gewundert, warum außer dem einen Zitat bei ps.-Longinos (*De sublimi* 9,9) so gut wie kein paganer Autor[6] die Septuaginta benützt. Warum aber auch? Wer etwas auf seine Bildung hielt, der las kein solch holpriges Griechisch. Die synagogale ἀνάγνωσις νόμου mußte es jedem griechischen Ohr peinlich klar machen, daß hier kein Vergleich war mit den Νόμοι Platons oder auch nur denen eines Charondas (die übrigens ihre öffentliche Verlesung auf Festen vorsahen, in einer der Synagoge nicht unähnlichen liturgischen Rahmung)[7]. Auch privat las man als „Grieche" weder fremde Sprachen noch Übersetzungen. Exotisches wurde für den griechischen Kulturkreis neu geschrieben: so tat es Berossos für Babylonien, Manethon für Ägypten, Josephus für die Juden – zu spät, um noch den Ruf eines „Philosophenvolks" für sie zu retten. *The failure of the LXX to arouse the interest of the pagan intelligentsia of the third century B. C. was the end of the myth of the Jewish philosopher,* urteilt Arnaldo Momigliano[8]. Das Barbarengriechisch der Septuaginta war für Nichtjuden eine noch schlimmere Zumutung als das später viel belächelte

---

[4] Vgl. Bd. I S. 6 über die Länge von Predigten in der Antike. Schütz, Predigt 16 und 20 erwähnt für die Alte Kirche Predigten von ein, ja zwei Stunden Länge.

[5] Belege bei Hengel, Judentum und Hellenismus 464–473; die Texte jetzt bei Stern, Authors Nr. 5.14.15. – Ein spätes Echo solcher Selbstdarstellung des Judentums als einer Art Philosophie oder Brahmanentum findet sich in Numenios' Wort von Platon als einem Μωυσῆς ἀττικίζων: Stern, Authors II Nr. 363; Siegert, Philon 109 Anm. 9 (Zeit: 2. Jh. n. Chr.).

[6] Zwei weitere Anspielungen oder minimale Zitate bei Galenos (Stern, Authors II Nr. 376) und Porphyrios (ebd. Nr. 466) sind besprochen bei Siegert, Philon 113f. Überhaupt hatte sich Prophyrios, wenn auch in polemischer Absicht, in das Buch Daniel eingelesen (wie aus des Hieronymus Daniel-Kommentar hervorgeht) und bibelkundig gemacht. – Ps.-Longinos war Anti-Asianer; das mochte ihn bewogen haben, an „Mose" wenigstens die Schlichtheit zu rühmen. Die wenigen Nachwirkungen der Septuaginta in paganer Literatur sind aufgeführt bei May, Schöpfung 49 Anm. 37; ausführlicher und mit Besprechung bei Hengel, Judentum und Hellenismus 464–473.

[7] S. o. 1.3.1 Anm. 2. Zwar ist dieser Text selbst kein literarisches Meisterwerk – beginnend mit einigen stark auf Dorisch stilisierten Zeilen, fährt er bald in schlichter κοινή fort –; doch kontrastiert er immer noch positiv gegen das mit Hebraismen beladene Griechisch der Septuaginta.

[8] Alien wisdom 92; dt. Übers. S. 113. Vgl. unten 2.2 zu *De Deo* Z. 51.

unliterarische Idiom der Evangelien[9]. Auch der Stil der jüdischen Sibylle, des ps.-Orpheus, des „Tragikers" Ezekiel und anderer — um von prosaischen Kompositionen wie den zahlreichen Apokalypsen zu schweigen — war nicht derart, daß diese Schriften in der Folgezeit außerhalb von Eusebius' apologetischem Sammelwerk *Praeparatio evangelica* viel zitiert worden wären[10]. Josephus gesteht (*Ant.* XX 263), die korrekte Aussprache des Griechischen nie erlernt zu haben[11]. Die griechische Ausgabe seines „Jüdischen Krieges" hat er zur stilistischen Feile einem sprachkundigen Assistenten übergeben (*C. Ap.* I 50).

Was sich aus solcher Kritik bzw. Selbstkritik ausnehmen läßt, sind unter den erhaltenen Quellen einzig gewisse alexandrinische Produkte: Arist., 2.Makk. ab 2,19; 3.Makk., 4.Makk., Philon und eben unsere hellenistisch-jüdischen Predigten.

Zurück zu Philon: aus all seinen Äußerungen über synagogale Predigt geht hervor, daß sie Gesetzeslehre war, sich also normalerweise auf die Tora-Lesung bezog. Von der Ausnahme einer Predigt über „Propheten" (im weiten Sinne von *nbi'im*) wird unten die Rede sein (1.6.1).

1.4.2 Mit all diesen Beobachtungen befinden wir uns in der διασπορὰ τῶν Ἑλλήνων, der unter den Griechen zerstreuten Judenschaft, wie Johannes (7,35) sie nennt (‚Griechen' = ‚Griechisch sprechende Nichtjuden'). Aus dem Neuen Testament erfahren wir mehr über diese Diaspora.

Sie stand mit dem Mutterland in engem Kontakt, wie nicht nur die jährlichen Pilgerströme beweisen (Apg 2,9—11; Jos., *Ant.* XIV 110), sondern auch der eben zitierte Johannes-Vers: μὴ εἰς τὴν διασπορὰν Ἑλλήνων μέλλει πορεύεσθαι (Subjekt: Jesus) καὶ διδάσκειν τοὺς Ἕλληνας; Solcher vom Mutterland ausgehender Lehreifer bedeutet natürlich nicht, daß die jüdischen Diasporagemeinden nicht ihre eigenen Lehrer gehabt hätten — wie unsere Predigten beweisen. Nur sind die Namen dieser Lehrer nicht in den Talmud eingegangen, auch nicht — mit Philons Ausnahme — in die christliche Überlieferung.

In welcher Weise soll das διδάσκειν τοὺς Ἕλληνας vorgestellt werden? Werden jüdische Lehrer, zumal radebrechende Palästiner, in den Hörsälen hellenistischer Städte das Wort erhalten haben? Viel wahrscheinlicher ist, daß

---

[9] Norden, Kunstprosa II 480—485; 513—532. Vgl. 2.2 zu *De Deo* Z. 5.

[10] Ganz ohne Echo blieb Sosates, der „jüdische Homer", wie er in der einzigen überlieferten Erwähnung genannt wird (Schürer/Vermes III 559 Anm. 74). Man weiß nicht, ob er überhaupt biblisch-jüdische Themen dargestellt hat. Die Vermutung liegt nahe, daß auch bei ihm die dichterische Qualität für antike Ansprüche nicht ausreichte. Am besten sind, wegen inhaltlichen Interesses der Christen, die Sibyllinischen Orakel erhalten. Dort wird gerade mit Mühe das Metrum eingehalten; Dichtungen, die auch nur entfernt neben Homer stehen könnten, sind es nicht.

[11] Man lernt sie auch heute nicht auf der Schule. Das Wort ὁμιλία z. B. hatte in gebildeter Aussprache nicht die Struktur ∪ ∪ − −, sondern ∪ − ∪ −, mit einer Hebung des Sprechtons auf der vorletzten Silbe.

Johannes hier den gewöhnlichen Synagogengottesdienst meint und seine Predigt. Der Gottesdienst in den Synagogen war nämlich nichtexklusiv, d. h. öffentlich[12]. Die nichtjüdischen Teilnehmer redete man höflich mit ‚Gott Verehrende', ‚Gott Fürchtende' an. So Paulus im pisidischen Antiochien in der Eröffnung des Apg 13,16−41 uns mitgeteilten Predigtsummariums:Ἄνδρες Ἰσραηλῖται καὶ οἱ φοβούμενοι τὸν Θεόν, ἀκούσατε. In V. 26 heißt es noch deutlicher: Ἄνδρες ἀδελφοί, υἱοὶ γένους Ἀβραὰμ καὶ οἱ ἐν ὑμῖν φοβούμενοι τὸν Θεόν.

Die ganze Szenerie ist aufschlußreich. „Nach der Lesung der Tora und der Propheten", so heißt es, schicken die Synagogenvorsteher zu Paulus und zu Barnabas und fordern sie auf: „Wenn ihr einen λόγος παρακλήσεως an das Volk[13] bereit habt, so sprecht!" (V. 15) Danach steht Paulus auf[14], gibt ein Handzeichen als Bitte um Aufmerksamkeit und spricht, übrigens erst nach der zweiten Lesung − ganz wie es im christlichen Gottesdienst geblieben ist. (Nicht Tora, sondern Propheten − oder schließlich die hinzugefügten Evangelien − hat man ausgelegt.)

Lukas gibt uns eine immerhin 25 Verse lange Zusammenfassung dessen, was Paulus (nach seinem Verständnis) bei solchen Anlässen sagte. Wiederum ist es in meinen Augen ein fragwürdiges Unterfangen, wenn in neuerer Forschung aus dieser Passage und einigen Wort- und Strukturparallelen quasi-formgeschichtlich die Gattung eines λόγος παρακλήσεως herauspräpariert wird. Obwohl Lawrence Wills, der dies tut[15], zum Eingang seines Beitrags die oben (1.2) referierte Kritik neuerer Formgeschichtler an einem ungeklärten ‚Predigt'-Begriff seinerseits referiert und zu teilen scheint − auch warnt er vor anachroni-

---

[12] s. Siegert, Gottesfürchtige 138f. Ein schöner Beleg für die Beteiligung von Gottesfürchtigen, darunter zahlreichen städtischen Ratsherrn, am jüdischen Gemeindeleben ist die neugefundene Synagogeninschrift von Aphrodisias in Karien: Reynolds/Tannenbaum, Aphrodisias 48−66.93−122. Dort wird auch klar, daß das epigraphische Wort für die in Apg 10,2 usw. genannten „Gottesfürchtigen" θεοσεβεῖς lautete. (Mein Aufsatz hatte dies noch bezweifelt.) − Auch christliche Gottesdienste waren öffentlich; schon 1.Kor 14,23f. erwähnt Nichtzugehörige, also Heiden, als Teilnehmer. Mehr bei Harnack, Mission I 451 in der Fußnote.

[13] λαός für ‚Gemeinde' ist noch heute der im Griechischen übliche Ausdruck.

[14] Parkes, Foundations 71 betont den Unterschied zu Lk 4,20, wo Jesus sich zum Sprechen in der Synagoge setzt. Ob dies nun für das jüdische Mutterland typisch ist, wogegen in der hellenistischen Diaspora die Prediger standen (letzteres bei Philon, *Spec.* II 61), wäre noch eine Untersuchung wert. Der Unterschied ließe sich aus der griechischen Rhetorik, die auch die Gestik mit umfaßte (s. u. bei Anm. 17), gut erklären. Jüdische Lehrer haben sich offenbar durch Zurückhaltung auf diesem Gebiet von der populären Sprechweise in der Familie und auf den Märkten unterschieden. − Auch was die Gemeinde betrifft, sind noch Fragen zu klären. Sie *sitzt* in den oben (1.4.1) zitierten Philon-Zeugnissen (Rom, Therapeutenkolonie). Wäre das auch für die alexandrinische Riesensynagoge denkbar? Auf Stuhlreihen? Auf dem Boden? − Im christlichen Gottesdienst ist schon früh die Abwechslung von Sitzen und Stehen eingeführt worden: siehe die „Apostolischen" Konstitutionen II 57, MPG 1, 730 mit Anm. 43 z. St. Doch könnte der ostkirchliche Brauch des Stehens im Gottesdienst älter sein.

[15] Wills, HThR 1984. Vgl. die zustimmende Stellungnahme C. Blacks, HThR 1988.

stischen Rückschlüssen aus rabbinischer Literatur —, verfällt er dann doch in das spekulative Verfahren, verschiedenerlei Texte aufgrund gemeinsamer Merkmale (z. B. bezeichnet sich der Hebräerbrief 13,22 selbst als λόγος παρακλήσεως) aufeinander zu projizieren, um daraus ein Schema mündlicher Rede zu gewinnen. Er nennt es *The form of the sermon in Hellenistic Judaism and early Christianity* — so der Titel seines Beitrags — und liegt im Ergebnis meilenweit neben dem, was wir als tatsächliche hellenistisch-jüdische Predigten hier kennenlernen. Das Schema ‚Beispiele — Schlußfolgerung — Ermahnung‘, das er rekonstruieren und verallgemeinern möchte, hat mit *De J.* und *De S.* (die er natürlich nicht kennt) keine Ähnlichkeit. —

Nehmen wir noch, näher am Zentrum des Judentums, ein Beispiel aus Galiläa hinzu, aus Nazareth. Dort nimmt Jesus — nach Lk 4,16ff. — an einem Synagogengottesdienst teil, „und er stand auf, um zu lesen. Und es wurde ihm das Buch des Propheten Jesaja gebracht" (V. 16f.). Jesus wählt dann selber die Stelle aus — es ist Jes 61,1 f. [16] —; „und als er das Buch (wieder) zusammengerollt und dem (Synagogen-)Diener gegeben hatte, setzte er sich nieder, und die Augen aller in der Synagoge waren auf ihn gerichtet." (V. 20) Vom Inhalt seiner Predigt erfahren wir, in einem Satz: „Heute ist diese Schrift erfüllt vor euren Augen."

In Palästina zumindest predigte bzw. lehrte man also im Sitzen (vgl. oben bei Anm. 14). Der Ausdruck *jšibā*, ‚Sitz‘ — vgl. gr./lat. *cathedra*, ‚Lehrstuhl‘ — hält es noch heute fest. Für den hellenistischen Bereich wäre die Vorstellung jedoch befremdlich, ein Enkomion würde im Sitzen gehalten. Dort hatte der Redner auch optisch etwas zu leisten; dies um so mehr, je größer der Raum war, den er zu füllen hatte (s. 1.2.5). Die *actio* [17] brauchte Bewegungsfreiheit: siehe allein die Regeln für den Gebrauch der Füße und für verschiedene Arten des Stehens in der breit angelegten Gestik Quintilians (XI 3, 124—128). Sitzen gilt ihm als Ausnahme für mindere Anlässe (ebd. 134f.).

Ein festes Amt eines Predigers gab es im Judentum nach all den erhaltenen Quellen nicht. „Einer der Erfahrensten (τῶν ἐμπειροτάτων) erhebt sich und führt das Beste und Nützlichste aus, womit das ganze Leben zur Besserung fortschreiten kann", so schildert es Philon (*Spec.* II 61). Auch aus der Alten Kirche erfahren wir, daß erst im Laufe des 3. Jahrhunderts das Predigen Vorrecht — und Pflicht — der Bischöfe und Presbyter wurde [18].

---

[16] Die Haphtaroth gelten hier noch nicht als fixiert. — Über die Bedeutung, die gerade Jesaja im Urchristentum, Mose gegenüber, gewann, s. Siegert, Argumentation 162—164.

[17] Lausberg, Handbuch § 1091, nach Cicero, *De oratore* III 56ff. (§ 213ff.). — Freilich haben die christlichen Prediger die Vorschriften und Kunstregeln, die für antike Redner galten, nicht ungebrochen übernommen. Norden, Kunstprosa II 550 berichtet aus einem Hirtenbrief einiger Bischöfe gegen Paul von Samosata, dem ein Zuviel auf diesem Gebiet angelastet wird. — Offenbar waren auch die Ideale des (sitzenden) palästinischen Lehrers (vgl. Anm. 13) und des Philosophen mit seiner sehr beherrschten Emotionalität in Geltung.

[18] Winter, Origenes VII—XII; XXIVf.; Lietzmann III 294f. u. ö.

1.5 Zur Entwicklungsgeschichte der christlichen Predigt

Vom ersten Weitersagen des Evangeliums bis zur gelernten Rede vor versammelter Gemeinde fand eine längere Entwicklung statt, von der hier nur soviel gesagt sein soll, daß sie sich in Parallele begab zur längst vorhandenen griechischsprachigen jüdischen Predigt.

Wie weit hier direkte Nachahmung im Spiel war, bleibt der Vermutung überlassen. Der Judenchrist Apollos, gebürtiger Alexandriner, ἀνὴρ λόγιος und „mächtig in den Schriften" (Apg 18,24; vgl. 1.3.4 zu Hippolyt) mochte in Ephesus und in Korinth, wo er wirkte, manches erzählt oder den dortigen Christengemeinden in eigener Person vorgemacht haben. Lukas berichtet, daß er in der Synagoge von Ephesus (die sicher nicht die kleinste war) geredet habe (Apg 18,25) sowie „öffentlich" in Achaja gegenüber den Juden. Δημοσίᾳ dürfte hier wiederum, da die Juden sich gewiß nicht auf freiem Markt mit ihm über Schriftauslegung stritten, die Teilöffentlichkeit der Synagoge meinen.

Die Anfänge christlicher Predigt[1] lassen sich im Neuen Testament in etwa drei Wortfeldern feststellen. Das eine, das bereits im Zusammenhang mit Johannes dem Täufer und Jesus begegnet[2], ist das um κηρύσσειν: Apg 8,5; 9,20; 10,42; 19,13; 20,25; 28,31; in einer Äußerung über den jüdischen Gottesdienst der Synagoge Apg 15,21 (vgl. hierzu Röm 2,21); bei Paulus noch: Röm 10,8.14f.; 1.Kor. 1,23 usw.; dazu κῆρυξ 1.Tim 2,7; 2.Tim 1,11[3]. Um diesen Ausdruck im antiken Sinne zu verstehen, blicken wir in die Verweislisten des *Onirocriticon* Artemidors. Dort finden wir (I 56, S. 63 Z. 5f. Pack): τὸ δὲ κηρύσσειν τὰ αὐτὰ τῷ σαλπίζειν σημαίνει – ‚verkünden' bedeute soviel wie ‚trompeten'; damit ist alles andere als eine intellektuelle Leistung gemeint. (Vgl. unten den Kommentar zu *De J.* § 33 über die Trompete.)

Das andere, weniger ausgeprägte, dafür aber dem Wirken der Urkirche reservierte Wortfeld ist das des Gesprächs: ὁμιλεῖν Apg. 20,11[4]; 24,26[5]; διαλέ-

---

[1] Es gibt eine umfangreiche spekulative Literatur hierüber, z. B. Schmeller, Diatribe 94f. mit weiteren Verweisen. Vgl. Siegert, Argumentation 163 (gegen Scroggs' Rekonstruktion zweier gattungsmäßig zu unterscheidender Homilien aus Röm 1–11). Kritik weiterer solcher Rekonstruktionsversuche oben in 1.2.1; 1.3.2; 1.4.2.

[2] Vorher, im AT, hatte κῆρυξ und κηρύσσειν noch kaum theologische Bedeutung; vgl. ThW III 693.698–700 (J. Friedrich). Die Besprechung von *C. H.* I 27–29 ist dort anachronistisch vor die Nennung der LXX-Stellen geraten (S. 697f.). Man kann doch wohl den Sprachgebrauch des NT nicht aus den Hermetica ableiten!

[3] Es zählt zu den Auswirkungen der Dialektischen Theologie, daß dieses Wortfeld im deutschen protestantischen Sprachgebrauch wieder herrschend geworden ist. In katholischen Gottesdiensten kann man hören: „Verkündigung" – als Titel der Abkündigungen.

[4] Ort und Zeit sind hier jeweils bezeichnend: der 1. Tag der Woche (Sonntag) und ein „Obergemach", ὑπερῷον. Paulus ist der Sprecher; seine Ausführungen dauern die ganze Nacht bis zum Morgengrauen. Vgl. 6.3.2 über die sehr eingeschränkte Öffentlichkeit urchristlicher Verkündigung. – Wenn die Ansprache des Paulus in V. 7 als λόγος bezeichnet wird, so ist aus der Situation klar, daß es keine *oratio* im technischen Sinne gewesen sein kann.

[5] Hier wird das Verbum vom Hörer, Felix, gebraucht. Das Substantiv für ‚Hörer' war im Griechischen ὁμιλητής. – Mehr über die hier genannten lukanischen Stellen s. o. unter 1.3.4.

γεσθαι Apg. 17,2.17; 18,4.19; 19,8.9 ἐν τῇ σχολῇ Τυράννου (vgl. unten 4.3.2); 20,7.9; 24,12.25. Hier liegt wohl eine Wurzel des späteren Terminus ὁμιλία für ‚Predigt' (oben 1.2.5).

Das dritte, andersartige Wortfeld ist das der Charismenlehre: λόγος σοφίας, λόγος γνώσεως, προφητεία, ἑρμηνεία γλωσσῶν 1.Kor. 12,8−11; προφητεῖαι, γλῶσσαι, γνῶσις ebd. 13,8; ἀποκάλυψις, γνῶσις, προφητεία, διδαχή ebd. 14,6; προφητεία, διδασκαλία, παράκλησις Röm 12,6−8. Spätere Briefe betonen die Pflicht des Gemeindevorstehers zur „Lehre": 1.Tim 4,11; 6,2b (vgl. 2,12 das Verbot an die Frau, solches zu tun); 2.Tim 2,2; 4,2ff. − Lehrauseinandersetzungen[6] gewinnen neben der eigentlichen Mission erkennbar an Wichtigkeit.

Friedrich Julius Winter stellt die Entwicklung so dar[7]:

„Wenn ursprünglich Zungenreden, Prophetie und Lehre als gesonderte Arten(,) zu der Gemeinde zu reden(,) nebeneinander gestanden hatten, so war schon vor Origenes die Predigt immer ausschließlicher zur Lehrrede geworden und hatte das Moment der Prophetie in sich aufgenommen, während das Zungenreden ganz zurückgetreten war."

Bei Origenes wird dann vollends − so Winter − ‚Prophetie' mit ‚Erbauung' gleichgesetzt. So hat es sich − möchte ich hinzufügen − in der Geschichte der Kirche ja oftmals wiederholt: Erweckungen, die wieder spontanes Reden auslösten, verebbten entweder, oder sie verfestigten sich in Schulbildung/ Konfessionsbildung/Gelehrsamkeit. Vom charismatischen Zeugnis kam die Christenheit immer wieder auf die festgelegte, von wohlpräparierten Lehrern weitergegebene Lehre[8].

Die erste einigermaßen übersichtliche Darstellung des altkirchlichen Gottesdienstes, Justin, *Apol.* I 65−67, gibt noch einen Übergangszustand wieder: εἶτα παυσαμένου τοῦ ἀναγινώσκοντος ὁ προεστὼς διὰ λόγου τὴν νουθεσίαν καὶ πρόκλησιν τῆς τῶν καλῶν τούτων μιμήσεως ποιεῖται (67,4). Das ist noch die in freien Worten erfolgende Paränese, die nach und nach von der Texthomilie (1.2.5) abgelöst wurde.

Was gleichzeitig und zwangsläufig erfolgte, war, daß die christlichen Lehrer bei wachsendem Auditorium und sich hebendem Bildungsstand des Klerus sich der Methoden der Rhetorik bedienten[9]. Norden, Kunstprosa II 512f. be-

---

[6] In 1.Tim 1,4ff., 2.Tim 4.3f. u.ö. ist die Frontstellung gegen einen sich bildenden Gnostizismus zu erkennen.

[7] Winter, Origenes XXVIf.; ähnlich VIf. − Aus der Sicht des Philologen und Stilisten vgl. Norden, Kunstprosa II 534−545 und weiter, mit vielen Belegen.

[8] So wurde die Bezeichnung διδασκαλεῖον, die sonst gelegentlich für die Synagoge steht, auch für den christlichen Gottesdienstraum übernommen: s. LSJ *s. v.* διδασκαλεῖον 1. (Athenagoras). Auch die von Harnack, Mission I 367 Anm. 3 genannte Eusebius-Stelle (*Demonstratio evangelica* I 6,56) gehört m.E. hierher. − Und ähnlich wie das Judentum, bezeichnete sich bei den Apologeten auch das Christentum als eine Art von (ethischer) Philosophie: Harnack, Mission I 271; Wifstrand, Bildung 21 usw.

[9] Der Vorgang war den Zeitgenossen bewußt und blieb nicht ohne Gegner. Noch Gregor v. Nazianz, zum Erzbischof von Konstantinopel erhoben, mußte sich gegen den Vorwurf zur

schreibt, welch rigorose Stilerfordernisse an öffentliche Rede in der Spätantike
bestanden und welcher Zwang die frühkatholische Kirche drängte – wie hoch
auch immer sie von der Einfachheit der Evangelien denken mochte –, die
Rhetorik zu übernehmen. Der Gnostizismus, zumindest der alexandrinische,
jener gefährliche Konkurrent, erhöhte diesen Druck; denn er ging, wie sich an
Valentin erweist (1.2.5), zeitlich noch voraus.

Daß der hier benannte Unterschied in der Größe und damit im Anspruchsni-
veau der Auditorien im Bewußtsein der antiken Öffentlichkeit durchaus verankert war, lehrt uns die 156. „Fabel" Aesops (Chambry): Ein Sänger, der sich im
Echo seiner häuslichen Wände groß vorkommt, versagt kläglich auf der Bühne
des Theaters. Schlußsentenz: „So dünken sich einige von den Rednern groß in
den Schulräumen (ἐν σχολαῖς); doch sobald sie die öffentliche Karriere versuchen (ἐπὶ τὰς πολιτείας ἀφίκωνται), erweisen sie sich als Versager."

Die neutestamentliche Wissenschaft hat weithin ein völlig naives Bild davon,
was in der griechischsprachigen Kultur, zumal in den Städten, „öffentliche
Rede" bedeutete. Es war nicht wie bei Jesus, der sich in den Fischerkahn setzte
und „anfing, sie zu lehren". Die Areopagrede des Paulus, wie Lukas sie uns
berichtet (Apg 17,16–34), ist gerade dadurch historisch plausibel, daß sie mit
einem Mißerfolg endet. Lukas erweckt den Eindruck, die Vertagung bzw.
Ablehnung weiteren Kontaktes habe am Thema der Auferstehung gelegen;
doch war dieses griechischen Hörern seit Platon vertraut und weder anstößig
noch langweilig. Eher findet sich die Erklärung bereits in Apg 17,18: „Was will
uns dieser Körnchenleser[10] eine Rede halten[11]?" Mit einer sprachlichen Leistung vom Rang eines Enkomion hätte Paulus sich Hörerschaft gesichert; was
er jedoch – bei all seiner im Disputieren erprobten Eloquenz – zu bieten
vermochte, wurde ästhetisch-stilistisch der Situation nicht gerecht.

Noch um das Jahr 200 mußte sich die römische Christenheit einen Vorwurf
gefallen lassen, der sicher auch an vielen Orten des Orients gegolten hätte: sie
sei ein „schlupfwinkliges, lichtscheues Volk, stumm gegenüber der Öffentlichkeit, jedoch geschwätzig in den Winkeln"[12] (Minucius Felix, *Octavius* 8). Die
Darstellung des Christengegners Celsus dürfte richtig sein, wonach die Kirche

---

Wehr setzen, er habe der griechischen Rhetorik Einlaß gewährt in die Kirche, und er wurde
auf die ungebildeten Fischer des Evangeliums hingewiesen. „Den Fischern", so war seine
Antwort, „wäre ich gefolgt, wenn ich wie sie hätte Zeichen und Wunder tun können; nun aber
blieb mir nur meine Zunge, und sie stellte ich in den Dienst der guten Sache." (Norden,
Kunstprosa II 543, nach *Oratio* 36,4, MPG 36,269 B).

[10] Ich übergehe die philologischen Probleme dieses wenig belegten Wortes. Nordens Bemerkung z. St. (Agnostos Theos 333) ist am Ende unzutreffend: hier spricht nicht „das Volk",
wie schon der Optativ erweist, sondern die Bildungsschicht. Das hat Lukas, glaube ich, ganz
richtig beobachtet.

[11] λέγειν (*dicere*) einmal im gefüllten Sinn genommen.

[12] *latebrosa et lucifuga natio, in publicum muta, in angulis garrula.* Magaß, Exempla 3
hierzu: „Es hat 3–4 Jahrhunderte gedauert, daß Christen und ihre öffentliche Rede in den
Rezeptionsmodus der alten Welt eingingen."

des 2. Jh. sich aus Berufsständen wie Textilarbeiter, Schuster und Walker rekrutierte, häufig auch aus Haussklaven[13]. „Dementsprechend spielte sich auch die christliche Predigt im Souterrain des sozialen Lebens ab", folgert Carl Andresen[14], „in den Frauenkemenaten, den Schusterwerkstätten und den Walkereien."

Die wenigen Gebildeten, die es in der frühen Kirche auch gab und denen man z. B. Platonkenntnisse zutraute[15], haben dem Christentum noch nicht zu demjenigen gesellschaftlichen Rang verholfen, der die Benützung kommunaler oder gar die Unterhaltung eigener Hallen ermöglicht hätte. Erst ab Meliton, einem späten Apologeten, sind Predigten in der Art eines öffentlichen λόγος nachweisbar.

Das Ergebnis der im einzelnen sicherlich komplizierten Entwicklung ist dieses: hundert, wenn nicht zweihundert Jahre später langt die christliche Predigt da an, wo die jüdische schon zur Zeit eines Philon und seiner anonymen Zeitgenossen gewesen war. Der Hellenisierung des Christentums ist eine solche des Judentums vorausgegangen.

1.6 Anlaß und Stil von De Jona und De Sampsone. Probleme des „Asianismus"

1.6.1 Wir greifen nun die Einleitungsfragen im engeren Sinn auf, die unsere Predigten betreffen.

Während für *De S.* kein besonders hoher Anlaß sich ausmachen läßt (Ri 13,2−25 ist im rabbinischen Perikopenkalender Haphtara zu Num 4,21−7,89, dem Nasiräatsgesetz), ist es für *De J.*, wie schon bemerkt (Bd. I S. 7), nach aller Wahrscheinlichkeit die *haftārā* am Nachmittag des Versöhnungstages[1]. Das Zeremoniell ist vorüber; der letzten Lesung wird noch eine populäre Dreingabe angehängt, ehe das Laubhüttenfest mit seinen ersten Vorbereitungen sich nahtlos anschließt. Aus den aschkenasischen Synagogen späterer Zeit wissen wir, daß die Ehre, den *mafter-Joine* vorlesen zu dürfen, hoch begehrt war; sie wurde sogar versteigert[2].

---

[13] Origenes, *C. Cels.* III 55; vgl. Andresen, Logos 174.

[14] a.a.O. (vorige Anm.).

[15] ebd. 184f., nach Origenes, *C. Cels.* V 65; VI 19.

[1] Ebenso Freudenthal, Schrift 11 (zu unserem Text), wo freilich in Anm. 4 auf die Möglichkeit hingewiesen wird, daß nach Mischna, Taanith 2,1 auch an Fasttagen Jona gelesen wurde. Doch paßt der fröhliche Charakter unserer Predigt mehr auf eine Zeit *nach* geleistetem Fasten. − Rabbinische und patristische Belege für eine Verwendung des Jona-Buches am jüdischen Versöhnungstag und Übergang zum Laubhüttenfest gibt Duval, Jonas I 94 Anm. 121; 98 Anm. 146; 104 Anm. 187.

[2] Eliasberg, Erzählungen 333. − Zum Diaspora-Ritual des Versöhnungstages in neuerer Zeit vgl. Soetendorp, Symbolik 176−185.

Die Feier dieses Tages in der antiken Diaspora, also abseits des Tempels, ist gut bezeugt[3]. Als der Tempel nicht mehr steht, sagt die Mischna: „Tod und der Versöhnungstag versöhnen – zusammen mit Buße" (Joma 8,8).

Das Ritual des Tages brachte zunächst – natürlich – die Lesung von Lev 16 mit sich, und als *haftārā* Jes 57,15 ff. – Lesungen des Nachmittags, womit der Tag ausklang, waren Lev 18 und Jona[4]. James Royse hat aus der Struktur von Philons *Quaestiones* mit viel Scharfsinn und m. E. erfolgreich erwiesen, daß die *pārāšijjot* des einjährigen Zyklus – sie sind in unseren masoretischen Bibelausgaben durch ein hebräisches *P* voneinander getrennt – auch schon für das damalige Alexandrien galten[5]. Mit Vorsicht kann man Gleiches auch für die *haftārot* annehmen, ohne daß Philon, der nur die Tora kommentiert, hierfür Anhalt geben könnte. In 4.Makk. 18,10−19 hat Perrot[6] eine frühe Vorstufe zu *haftārot* erblickt, wobei das in diesem Zusammenhang begegnende Verbum διδάσκειν auf deren Auslegung, nicht nur Verlesung, hinweist. Schäfer, Gottesdienst 394−397, der gleichfalls für vorchristlichen Ursprung der Tora- und der Prophetenlesungen plädiert, macht hierfür als ältere Quelle 2.Makk. 15,9 geltend, und natürlich, wie überhaupt die Fachliteratur, die einschlägigen Stellen des Neuen Testaments: beide Lesungen in Apg 13,15 (s. o.); regelmäßige Tora-Lesung jeden Sabbat Apg 15,20; Prophetenlesung Lk 4,16ff. und Apg 13,27 (τὰς φωνὰς τῶν προφητῶν τὰς κατὰ πᾶν σάββατον ἀναγινωσκομένας).

Wenn Perrot sagt (Lecture 126), für Ägypten seien lediglich die Tora-Lesungen bezeugt, so ist dies der Eindruck, den Philon erweckt (vgl. 1.4.1). Für ihn ist alle Predigt Gesetzeslehre. Von der mehr unterhaltsamen, rabbinischer Haggada ähnelnden Predigt, wie wir sie hier in *De J.* und *De S.* bezeugt finden, hätte er offenbar wenig gehalten[7]. Für Philon mußte Predigt *ernst* sein: vgl. 1.6.3; 4.1.1.

Ganz kurzschlüssig wäre es, aus der Etymologie *haftārā* = ‚Entlassung' zu folgern, der Synagogengottesdienst sei damit zu Ende gewesen[8]. Er war es nicht, wenn nach der 2. Lesung noch zur Gemeinde gesprochen wurde. Man

---

[3] Delling, Diasporasituation 43f. – Aus Philon s. *Mos.* II 23f.; *Spec.* I 116, dort auch zur nichtexklusiven Bedeutung des Tages.

[4] Perrot, Lecture 265.

[5] Royse in: Studio Philonica 4 *(passim)* verifiziert im Detail die Hypothese, die Ralph Marcus im Vorwort zu Philons *QG* S. XIII−XV geäußert hatte. – Die rabbinischen Midraschim hingegen folgen den *sdārim* (*S* in den Bibelausgaben), die, viel kürzer, einen etwa 3jährigen Zyklus ergeben.

[6] Lecture 123/4. Vgl. oben 1.4.1 Ende.

[7] Das schließt nicht aus, daß sie nicht gerade in Alexandrien geblüht hätte! Philon ist nur *ein* Vertreter des alexandrinischen Judentums.

[8] In Schürer/Vermes, History II 452 wird der Anschein erweckt. – Eine Analogie aus der Liturgik: Die römische Messe erhielt ihre Bezeichnung von den ehemaligen Schlußworten *Ite, missa est...*, die sich auf die Absendung des Krankenabendmahls durch einen Diakon bezogen. Doch ist sie schon seit langem mit diesen Worten nicht zu Ende. Liturgien wachsen; sie bekommen Jahresringe, wie Bäume.

mag Lk 4,16ff. historisch in Zweifel ziehen als einen Reflex auf die Tatsache, daß in christlichem Bibelverständnis Mose mehr oder weniger durch Jesaja abgelöst wurde[9] und durch den „Propheten" David; doch Apg 13,15, wo keine bestimmte Stelle zitiert wird, sondern lediglich „nach der Lesung der Tora und der Propheten", also nach Ende der Liturgie, eine Redeaufforderung an die anwesenden Gäste ergeht, bleibt damit außer Verdacht.

Die christliche Liturgie ist ja dadurch entstanden, daß an den so gewordenen Ablauf wiederum ein Teil angehängt wurde, die Mahlfeier. Lange Zeit war die Zäsur als Entlassung der Katechumenen noch spürbar.

1.6.2 Zu hohen Anlässen gehörte der hohe Stil (Quint. V 14,34). Der Versöhnungstag war gewiß ein solcher Anlaß; und der in unseren Predigten gepflegte Stil ist der des sog. *Asianismus*. Ein kleinasiatischer Grieche namens Hegesias (4./3. Jh. v. Chr.) soll ihn aufgebracht haben[10]; nach anderer Meinung war es Demetrios von Phaleron[11] (um 300 v. Chr.). „Hauptmerkmale ... sind Vermeidung der klassischen Periode, Verwendung kurzer, stark rhythmischer Kommata (Satzglieder), Wortspiele und Reime sowie sehr gewagte Metaphern"[12] − das war ein Haschen nach Klangmitteln, angesichts dessen sich schon damals die Geschmäcker schieden[13].

Alles eben Genannte können wir in unseren Predigten wiederfinden. Gewagte Metaphern und Analogien: *De J.* § 24 Jona als der „Aufruhr des Meeres"; § 30f. Analogie zwischen Seesturm und Waldbrand[14]; § 100 eine Analogie zwischen der Fügsamkeit des Propheten und einem Wildpferd[15]; *De S.* 1 die

---

[9] Hierzu Siegert, Argumentation 162−164.

[10] Kl. Pauly, Art. ‚Hegesias' 2. (Hans Gärtner). Vgl. Norden, Kunstprosa I 134ff.

[11] Vgl. Norden, Kunstprosa I 127.

[12] Kl. Pauly a.a.O. (Anm. 10) (Abkürzungen aufgelöst, Klammer von mir). Vgl. Norden, Kunstprosa I 132ff.; 423ff.; II 556ff. u.ö.

[13] Aus alter Kritik und Polemik zitiert Norden, Kunstprosa I 126ff.: „Hurengewand der Rede" usw.; Wilamowitz-M., Atticismus 31 „Kastratenstil" usf. − Eine gewisse Gegenbewegung ist seit ntl. Zeit der am früheren attischen Dialekt, also an Platon und an den 10 kanonischen „Attischen Rednern" ausgerichtete Attizismus, dem freilich nicht jeder Kritiker des Asianismus beitrat − z.B. nicht der Autor *De sublimi* (ps.-Longinos), auch nicht Plutarch. − Ulrich v. Wilamowitz-Moellendorff hat unter dem Titel „Asianismus und Atticismus" seinem Konkurrenten Norden am Zeuge zu flicken versucht, worauf Norden, Kunstprosa I Anhang S. 10f. eingeht. Die Details interessieren hier nicht. Ich möchte nur meinerseits Wilamowitz widersprechen, wenn er (Asianismus S. 22) schreibt: „Sobald das Christentum sich der Bildung erschließt, regiert auch in ihm der Classicismus." Er kannte Meliton noch nicht und auch nicht dessen jüdische Vorgänger, die das Gegenteil belegen. Seine Feststellung ist nur insofern richtig, als jede Art von Rhetorik und Stilbewußtsein eine Entfernung von der sich weiterentwickelnden Volkssprache bedeutete.

[14] Vgl. bei Norden, Kunstprosa I 385.437 den gorgianischen Topos von der „Seeschlacht auf dem Lande" und der „Landschlacht zur See".

[15] Das Paradox liegt hier in der Formulierung. Der Rahmensatz lautet: „Wie ein Wildpferd ... dahinstürmt, ... so war (nun) auch der Prophet ... fügsam und geduldig geworden."

Begierde als Balken, die Triebe als Riemen. Wortspiele und Reime: s. Bd. I
Anm. 10. 65. 67. 78. 264. 322. 405. 426. 434f.; 485. 544. 595. 850. 872.

Selbst die für den Asianismus spezifischen Prosarythmen sind bei der Probe
einer Rückübersetzung automatisch zutage getreten; s. u. zu *De J.* 111−113.
Was deren jüdischen Gebrauch betrifft, so begegnen die ersten Beispiele in
späten Schriften der Septuaginta[16]. Der Jude bei Celsus pflegt ihn[17] und − wie
könnte er fehlen − Philon. Obwohl er, der große Wiederkäuer, auch das Urteil
der Gegner des Asianismus kolportiert, die Rhythmen würden die Hörerschaft
verwöhnen und verweichlichen (*Plant.* 159)[18], schreibt er doch eben in jener
Passage hemmungslos rhythmisch (*Plant.* 139−169; Thema ist: die Trunkenheit), ebenso *Sacr.* 20−ca. 44 (mit nachlassender Dichte). Auch *De Deo*
lieferte Beispiele[19], u. z. jeweils am Ende dessen, was in gedruckter Wiedergabe des Textes ein Absatz wäre[20].

Es mag nicht ohne Interesse sein für den Neutestamentler, an dieser Stelle zu
erfahren, was m. W. in den größeren Kommentaren zur Apostelgeschichte,
auch in den Grammatiken und Stilistiken des Neuen Testaments nirgends
erwähnt wird: daß wir in der Apostelgeschichte des Lukas ein blühendes
Beispiel der rhythmischen Schreibart besitzen. Es ist die Abschiedsrede des
Paulus in Ephesus (20,18b−35), ein Textstück, das auch in der bescheidensten
Übersetzung noch Eindruck macht durch den Ausdruck ganz starker Gefühle
der Verbundenheit des Paulus mit seinen Gemeinden (Ethos-Komponente).
Der anschließende Kniefall zu gemeinsamem Gebet ist eine der rührendsten
Stellen im ganzen Neuen Testament. Dies sind die letzten Worte des Paulus in
Freiheit, die *peroratio* zu seiner gemeindegründenden Wirksamkeit. Von der
Peroratio sagt Lausberg: „Während der Affektgebrauch in den übrigen Rede-
teilen gemäßigt ist, können in der *peroratio* alle Affektschleusen geöffnet
werden" (Handbuch § 436). Das hieß für einen „Asianer" − nun werden wir
auch Lukas als einen solchen kennenlernen −, daß nunmehr Prosarythmen
obligatorisch wurden, also Cretici (– ∪ –) oder überhaupt Häufungen langer
Silben, Mittel des Nachdrucks. Wir notieren sie gemäß den Kunstregeln (unten
S. 176 Anm. 4); und siehe da: jedes Kolon der Rede ab V. 19 schließt rhythmisch − sofern wir uns die Freiheit nehmen, an einigen Stellen von der bei
Aland bevorzugten Lesart abzuweichen:

---

[16] Weish 11,2ff. (Beginn der großen σύγκρισις c. 11−19); 2. Makk 15,38ff. (Epilog mit
einem kaum verhaltenen Selbstlob des Autors). Am elaboriertesten ist der Prolog zu Sirach:
vgl. die Angaben im Apparat bei Rahlfs.
[17] Origenes, *C. Cels.* II 55 Anfang u. ö.
[18] Vgl. Barnes in: Latomus 1973. Ein deutlicher Fall von „Rhetorik gegen die Rhetorik".
Vgl. 1.2 Anm. 17.
[19] Z. 44.50.113.134.145.147.149.
[20] Es gibt eine Fülle klingender Textgliederungsmittel im alten Griechisch. Vgl. den Aufsatz von Parunak: Oral typesetting, auf den ich in Argumentation 257, Punkt 6.7 hingewiesen
habe, und weitere dortige Verweise.

V. 19 τῶν Ἰουδαίων (– ∪ –/– –)

20 καὶ κατ' οἴκους (– ∪ –/–)

21 κύριον ἡμῶν Ἰησοῦν (–/– ∪ –/–)

22 εἰς Ἰερουσαλήμ (– ∪ –)

συναντήσοντά μοι μὴ‿εἰδώς (– ∪ –/–) (Verschleifung des Hiatus μη εἰ-)

23 διαμαρτύρεταί μοι (– ∪ –/–)

θλίψεις με μένουσιν: dieser Text ist wegen der Kakophonie με – με[21] von vornherein verdächtig. Der Apparat bei Aland bietet an:

θλίψεις σε μένουσιν ἐν Ἰερουσαλήμ (– ∪ –)[22]

24 οὐδενὸς λόγου ποιοῦμαι τὴν ψυχήν (– – – – – – –)

τὸν δρόμον μου (– ∪ –/–)

παρὰ τοῦ κυρίου Ἰησοῦ (– ∪ –/–)

τῆς χάριτος τοῦ Θεοῦ (– ∪ –)

25 οὐκέτι ὄψεσθε τὸ πρόσωπόν μου‿ὑμεῖς πάντες (–/– ∪ –/– – ×) (mit Krasis, wie V. 22)

διῆλθον κηρύσσων τὴν (– – – – – –) βασιλείαν (der Mehrheitstext fährt fort): τοῦ Θεοῦ (– ∪ –)

26 τοῦ αἵματος πάντων (– ∪ –/– –)

27 ἀναγγεῖλαι πᾶσαν τὴν βουλὴν τοῦ Θεοῦ ὑμῖν (– – – – – – – –/– ∪ –/– –)

28 παντὶ τῷ ποιμνίῳ (– ∪ –/– ∪ –)

ἔθετο ἐπισκόπους ποιμαίνειν τὴν ἐκκλησίαν τοῦ Θεοῦ (– – – – – –/– ∪ –/– ∪ –)

διὰ τοῦ αἵματος τοῦ‿ἰδίου (– ∪ –/– ∪ –) (mit Krasis)

29 λύκοι βαρεῖς εἰς ὑμᾶς – ∪ –/– – –

τοῦ ποιμνίου (–/– ∪ –)

30 ἀναστήσονται‿ἄνδρες λαλοῦντες διεστραμμένα (–/– ∪ –/– ∪ –/– ∪ –/– ∪ ∪)

ὀπίσω αὐτῶν (nur 2 Längen zählbar wegen Hiatus zum vorangehenden Wort. Das Ausbleiben von Rhythmus scheint negativen Inhalt zu unterstreichen.)

31 μνημονεύοντες (– ∪ –/– ×)

οὐκ ἐπαυσάμην (– ∪ –)

ἕνα ἕκαστον (Variante zusätzlich:) ὑμῶν (– ∪ –/–)

32 ἡγιασμένοις πᾶσιν (– ∪ –/– ×)

33 ἐπεθύμησα (nur 2 Längen – – ×; vgl. aber folgendes)

34 ὑπηρέτησαν αἱ χεῖρες αὗται (– ∪ –/– ∪ –/–) (elaborierter positiver Gegensatz zum negierten V. 33)

35 ἀντιλαμβάνεσθαι τῶν ἀσθενούντων (– – –/– ∪ –/–)

κυρίου Ἰησοῦ (– ∪ –/–)

ἢ λαμβάνειν –/– ∪ – (selbst ein ungeschriebenes Jesuswort kann rhythmisch schließen).

Die „preziösen" Ausdrucksmittel sind in dieser Passage auch sonst auffällig: viele Media, das seltene Partizip Futur usw. – Lukas gibt sich alle Mühe, den Eindruck – bei der gebotenen Kürze ist es natürlich nur ein Eindruck – einer

---

[21] Zum Verbot solchen Silbengleichklangs s. Quintilian IX 4,41f.; Lausberg, Handbuch § 693.

[22] Bei Jackson/Lake, Beginnings III 196 im Apparat unter *Antiochian* erfährt man die noch elegantere Lesart der Majuskeln L, P und 049: δεσμά με καὶ θλίψεις μένουσιν –/– ∪ –/×). Ist hier bewußt weiterstilisiert worden?

klangvollen Rede zu geben und läßt darin den Apostel ein Stück hinter sich. Es
dürfte schwer sein, in des Paulus eigenen Briefen eine vergleichbare Partie zu
finden − obwohl Henry Cadbury in Lake, Beginnings V 412 hier *the nearest
approximation to Pauline language* sieht. Paulus ist doch kein Rhetor vom Fach,
sondern, was solche schulmäßigen Technica betrifft, ἰδιώτης τῷ λόγῳ (2. Kor
11,6; Siegert, Argumentation 250).

Beispiele für asianische Eloquenz aus Ägypten im besonderen bieten der
Gnostiker Valentin (oben 1.2.5) und der Schluß des *Poemandres* (*C. H.* I 31
und 32).

Zu den Unsitten des Asianismus, die noch heute die Lektüre der Texte
erschweren, gehören die häufigen Katachresen[23] und Neologismen[24] auf semantischem, die Auflösung klaren Satzbaues auf syntaktischem Gebiet[25]. Zu
letzterem sind, außer vielen Partien bei Josephus (dessen Bearbeiter sich in
dieser Hinsicht offenbar viel Mühe gegeben hat), aus dem Neuen Testament die
wenigen Worte zu vergleichen, mit denen Apg 24,2b−8 die Rede des Tertullus
stilistisch treffend, ja karikierend zusammenzieht; auf kürzestem Raum kommen erstaunlich viele Anakoluthe zustande. In den Deuteropaulinen hat das
Bemühen um hymnische Erhebung Gebilde hervorgebracht wie Eph 3,14−21
− wohltuend kontrastiert hiergegen die Ordnung, die etwa die Einheitsübersetzung durch Klären der syntaktischen Beziehungen hineinbringt. Gleiches zu
tun, sah auch ich mich in Bd. I meist genötigt; der „asianische" Charakter ist
den Predigten damit z. T. verlorengegangen.

Man mag sich noch fragen, ob eine derart verschnörkelte und der Alltagssprache entrückte Ausdrucksweise einem antiken Massenauditorium verständlich war.

Es gibt jedoch Anhaltspunkte dafür, daß damalige Hörer einer griechischen
Rede, auch Illiteraten, über ein weit größeres passives Sprachvermögen ver-
fügten als etwa heutige Leser des NT Graece[26]. Mit den Jahrhunderten und mit

---

[23] Vgl. Bd. I S. 4; Norden, Kunstprosa I 137.440.442 u. ö. − Meine Übersetzung in Bd. I hat
vieles hiervon geglättet; vgl. die Anm. 60.75.153.318.347.421.459.576.664.842 u. ö.

[24] Vgl. Bd. I Anm. 525/600.635.640; ferner, zum 4.Makk, Norden, Kunstprosa I 420.

[25] Norden, Kunstprosa I 295.298f. u. ö. − Vgl. den total zerdehnten Nebensatz in der
Präambel des Rosetta-Steines (196 v. Chr.), der von Z. 9−27 reicht und sich mit „und ... und
... und ..." bis zum Ende der Präambel (Z. 36) in einem gänzlich unperiodischen Hauptsatz
hinzieht. (Engl. Übers. bei Danker, Benefactor S. 208f.). − Motiv zu solcher Auflösung der
Syntax war offenbar das Bestreben, sich ungewöhnlich und unerhört auszudrücken. Norden
bringt das Beispiel einer Inschrift, wo ein Personenname, für den tausend Jahre lang die
Syntax ’A, (Sohn) des B, aus C’ gegolten hätte, folgendermaßen verändert wird: „Des B A,
aus C." − Andere Motive sind die manchmal ganz pedantische Hiatusvermeidung (s. Schmid/
Stählin 392 Anm. 5) oder − in umgekehrter Richtung − ein gewisser Naivismus, eine stilisierte
Spontaneität (Wifstrand, Bildung 38f.).

[26] Siegert, Argumentation 109.243−245; zur Verständlichkeit von Wortspielen ebd. S. 46
Anm. 77 (nach N. Hugedé). Auf keinen Fall darf man die aktive Sprachkompetenz, wie sie
sich in Papyri und Ostraka ausdrückt, zum Maßstab der passiven nehmen.

fortschreitender Entfernung der Alltagssprache von der Kunstsprache der Schulen erreichte dieses dann freilich seine Grenze. Belege aus römischer und späterer Zeit, wie Prunkreden über die Köpfe hinweggingen, hat Norden gesammelt[27]. Im lateinischen Afrika hat insbesondere Augustin beklagt, wie sehr die Schere zwischen Bildungssprache und Volkssprache, der lateinischen in diesem Fall, aufging[28]. Mitten im Zeitalter der großen Kirchenväter und -redner bemerkt Origenes (*C. Cels.* VI 2)[29], Platon befinde sich nur mehr in den Händen derer, die Literaten sein möchten (ἐν χερσὶ τῶν δοκούντων εἶναι φιλολόγων μόνον); Epiktet dagegen könne von jedermann (ὑπὸ τῶν τυχούντων) verstanden werden.

Ob nun unsere Predigten ihrem Auditorium voll verständlich waren, wird man schwer ermessen können. Die Antwort müßte sogar davon abhängen, in welches Jahrhundert man sie setzt. Soviel kann man aus inneren Gründen jedoch vermuten, daß der Prediger auf die Grenze des gerade noch Verständlichen zielte – die Balance zwischen *docere* und *delectare*. – Vgl. unten zu *De J.* § 111–113.

1.6.3 Zu den positiven Leistungen der asianischen Beredsamkeit gehört, auch für heutige Leser, das Geschick in der psychologischen Beobachtung. Was in Bd. I, S. 2 (Mitte), angeregt durch Passagen wie *De J.* § 24.28–33.41.112, *De S.* 8.11.28.31.32 schon bemerkt wurde, das bestätigt Norden (Kunstprosa I 329) als Stärke des Asianismus. Man vergleiche nur Charitons Kallirhoë-Roman in seinen ausgesprochen genauen psychologischen Motivierungen[30] und seiner Manier (hier ist die rhetorische Amplifikation unverkennbar), Gefühle regelrecht zu inventarisieren, listenartig aufzuzählen[31]. Wir werden unten im Kommentar diesen Roman, den ältesten in griechischer Sprache erhaltenen – er ist zum Neuen Testament etwa zeitgenössisch[32] – in vielen Details heranziehen können. Er verkörpert uns diejenige Eloquenz des Erzählens und Unterhaltens, die von jüdischen Schöpfungen wie dem 3. und 4. Makkabäerbuch oder unseren Predigten angestrebt wurde.

---

[27] Kunstprosa I 518/9 Anm. 1; II 559; Gronau, Poseidonios 112.

[28] Norden, Kunstprosa II 535–537.624. An letzterer Stelle zitiert Norden aus Augustins *Enarratio in Psalmos* eine Bemerkung zu Ps 36 (Vulgata), V. 26: *Melius in barbarismo nostro* (das *in* ist schon ein Barbarismus) *vos intelligitis, quam in nostra disertitudine vos deserti eritis* (das Wortspiel muß wieder den Könner zeigen).

[29] Kontext ist eine Verteidigung des niederen Stils bzw. der Abwesenheit jeglichen Stils in der Bibel.

[30] III 7,6; IV 1,4; V 4,2; VI 6,1. – Dem können andrerseits Handlungssprünge gegenübergestellt werden, die uns unmotiviert erscheinen.

[31] V 8,3; VIII 5,8, jeweils vierfache *distributio*.

[32] Auf S. 8 seiner dt. Ausg. datiert Karl Plepelits das Werk auf die Zeit zwischen dem 1. vorchristlichen und frühen 2. chr. Jh., am ehesten in die Mitte des 1. Jh. n. Chr. Diese Datierung ist mit der für *De J.* und *De S.* zu gebenden (unten 1.7.6) identisch.

Überhaupt ist die Unterhaltsamkeit im Inhalt wie in der Darbietung in unseren Predigten ganz auffällig[33]. Der Redner teilt offenbar nicht die Reserven gegenüber dem Hörgenuß, die wir bei strengeren Theologen antreffen. James Parkes zitiert aus Berachoth 8a einen Amoräer für die Meinung, die Halacha sei der eigentliche Ort der Anwesenheit Gottes. Es werden Beispiele von Rabbinen genannt, die es schicklicher fanden, zum Beten in ihrem Studierzimmer zu bleiben, als in die Synagoge zu gehen – sie mochten offenbar sich nicht mit Haggada aufhalten[34]. Philon legt in seiner Schilderung einer Idealgemeinde, der Therapeuten, großen Wert auf den Ernst der Predigt[35]. Origenes erklärt in einer seiner Homilien, es sei Gottes unwürdig, wenn eine Predigt den Zuhörern zu gefallen suche[36]. – Unsere Texte vertreten die gegenteilige Auffassung; sie verkörpern diejenige Einstellung zu Sinnenfreude und menschlicher Emotionalität, die den Rhetor vom Philosophen unterscheidet.

1.6.4 Eine Frage, die für die Verfasserschaft von Bedeutung sein könnte, ist diese: Sind *De Jona* und *De Sampsone* sprachlich und stilistisch gleich?

Inhaltliche Gesichtspunkte würden nicht ausreichen, sie verschiedenen Autoren zuzuschreiben. Zwar sind die Unterschiede, besonders was die Haltung zu Heiden (und Gottesfürchtigen) betrifft, durchaus gravierend; doch könnte dies von den Unterschieden im Thema und im Predigttext herrühren (vgl. Bd. I S. 7). Aufgabe eines Redners war es ja, zu amplifizieren, zu imponieren, zu insinuieren bis hin zum Verzicht auf eigene Meinung und auf Wahrheit überhaupt[37]. Zwar wird dies in den Synagogen nicht so extrem geschehen sein wie in Gerichtsreden oder auf Herrschergeburtstagen; dennoch bleibt es schwierig,

---

[33] Duval, Jonas 79 bemerkt, an rhetorischer Breite übertreffe *De J.* auch Hieronymus; vergleichbar sei nur die Jona-Predigt des rhetorisierenden Bischofs Basilius v. Seleukia.

[34] Parkes, Foundations 71. Aus der Fußnote im Soncino-Talmud (dort Berachoth S. 41) entnimmt er die Deutung, der Synagogengottesdienst sei diesen Rabbinen zu „populär" gewesen.

[35] Der Lehrvortrag des Ältesten in *Cont.* 31 entspricht ganz der asketischen Lebenseinstellung der Therapeuten; er bemüht sich nicht um δεινότης λόγων, „wie die Rhetoren oder die jetzigen Sophisten", sondern um Genauigkeit des Inhalts, „die nicht außen an den Ohren hängen bleibt, sondern durch den Gehörssinn in die Seele dringt und dort fest verbleibt". – Zu „Genauigkeit" vgl. Siegert, Philon 96.133: Paradoxerweise verbirgt sich hinter diesem Ausdruck die Willkür des Allegorikers. Es ist das Einbringen philosophischen und überhaupt wissenschaftlichen Schulguts in die Metaphorik der Bibel. Wie anders sind in diesem Punkt die hellenistisch-jüdischen Predigten beschaffen!

[36] *In Ezechielem homilia* 3,3 (MPG 13,689f. bzw. Ausgabe Baehrens S. 350f.); Hinweis Norden, Kunstprosa II 549 Anm. 1.

[37] Quintilian VI 2,4f. (von der Gerichtsrede): *ubi vero animis judicum vis adferenda est et ab ipsa veri contemplatione abducenda mens, ibi proprium oratoris opus est.* – Vgl. Siegert, Argumentation 250 mit Anm. 11.

rhetorisierende Bibelausleger wie etwa Philon oder Hieronymus mit sich selbst in Einklang zu bringen[38].

Leider wird auch durch Betrachten der rein sprachlichen Seite der Befund in unseren Predigten nicht klarer. Das häufige Vorkommen z. B. von *k'arozel, k'arozowt'iwn* = κηρύσσειν, κήρυγμα in *De J.* (vgl. 1.2.5) ist weniger auf den Prediger als auf seinen Text zurückzuführen.

Bezeichnender mag es sein, daß *De J.* mit größerem Geschick Zwischenüberlegungen des Predigers einkleidet in Reden handelnder Figuren, wohingegen der *De-S.*-Redner öfters ausdrücklich auf seine Rednertätigkeit reflektiert (unten 1.6.5) und damit ein − nicht so elegantes − Gliederungsmoment einbringt[39]. Das wiederum erklärt sich mit der Überschrift, die *De S.* als improvisierte Rede bezeichnet, woraus sich schließen läßt, daß *De J.* sorgfältiger vorbereitet werden konnte[40]. So ist es auch für den Versöhnungstag glaubhaft. (Vgl. 1.6.1 zur Vergabe des *mafter-Joine.*) *De S.* kann einen beliebigen Anlaß im Jahr gehabt haben.

Im Textbezug sind die Predigten etwas unterschiedlich, doch nicht so sehr, wie Freudenthal (Schrift 10−12) es hinstellt. Direkte Zitate begegnen in *De J.* nur viermal: § 47.104.144.192 und noch ein fünftes Mal, wenn man die Jona/Joel-Verwechslung § 137 positiv rechnet. An sonstigen Bibelzitaten kommt § 8 hinzu (Dan.) und § 176 (Jes.).

Hingegen in *De S.:* 13 wörtliche Zitate des Predigttextes (1.15.16. 27.30.31.39 [zweimal] .41 [zweimal] .42 [dreimal]); andere Zitate: 18 (Ex.), 24 (Jes.), 25 (Gen.), 44 (Pred.), ferner jenes rätselhafte profane Zitat in c. 18 Ende. Vor allem das wiederholte Aufgreifen derselben Schriftstelle in c. 15f., 30f. und 41f. fällt gegenüber *De J.* auf als ein Element des theologischen Schulbetriebs. Aber vielleicht wollte. der Prediger es bei *De J.* populärer machen; ein Mann seines Bildungsstandes hat mehrere Ausdrucksregister zur Verfügung.

Alle beide Predigten sind keine Homilien im strengen Sinn, daß sie ihrem Text Satz für Satz nachgingen. Dies scheint vielmehr bei der Predigt der Fall gewesen zu sein, aus der das *De-Jona*-Fragment stammt.

Die Hermeneutik von *De J.* und *De S.* ist gleich: kein Allegorisieren; Moralisieren nicht in Form von Gebotsparänese, sondern im Aufstellen von Vorbildern und Leitbegriffen. Auch die Hauptbegriffe, teilweise Modewörter der

---

[38] zu Hieronymus vgl. Farrar, Interpretation 222f.; 228−234. − Bei Philon sind die Selbstwidersprüche z. T. systematisch zu erklären, aus dem Bestreben, ins Übersinnliche vorzudringen; vgl. Siegert, Philon 11 und 40 (zu νοητῶν).

[39] Man kann *De J.* geradezu nach diesen Redeeinschüben gliedern, nicht jedoch *De S.* − Vgl. unten im Kommentar die jeweiligen Gliederungsübersichten. Rückkommensformeln in *De S.*: nach dem doppelten Anfang c. 1/2 ist es c. 4 Ende, 10 ganz, 26 Ende, 35 Ende.

[40] Darauf mag zurückgehen, daß in *De S.* streckenweise recht eintönige, gleichbleibende Satzanschlüsse mit *zi* (ὅτι, γάρ) und *ard* (οὖν) vorwiegen, ferner das Füllwort *berel* (Bd. I Anm. 650.668.672).

Zeit, sind beiden gemeinsam: πρόνοια, φιλάνθρωπος (auch in _De S.:_ 3.4.6.11); Gott als „Arzt" (_De J._ § 5–7; _De S._ 7); die Gottesbezeichnung τὸ κρεῖσσον (s. u. 6.2.8). Vergleichbar ist schließlich auch das populärwissenschaftliche Niveau der Ausgestaltungselemente: Die Theorie des Rausches in _De S._ 32 ist der des Schnarchens von _De J._ § 33 ebenbürtig.

Wie immer man also die Frage, ob es ein oder zwei Redner seien, beantworten will, es besteht kein zwingender Grund, sie nach Zeit oder Ort, Bildungsschicht oder Schule auseinanderzuhalten.

1.6.5 Ein kleiner, aber strittiger Unterschied besteht zwischen den beiden Predigten, zumindest der Überschrift nach, in der Angabe bei _De Sampsone,_ es sei eine improvisierte Rede.

Wir haben, finde ich, keinen Grund, daran zu zweifeln. Sicher wurde in griechischer Eloquenz manches, auch die Ausdrucksmittel der Spontaneität, simuliert – Lausberg, Handbuch § 276 β: _dissimulatio artis_ –; nichtsdestoweniger war die Kunst tatsächlichen Improvisierens gleichfalls hoch entwickelt und blieb es bis in späteste Zeiten. Bidez, Julian 125 erwähnt einen Rhetor Prohaeresios, einen gebürtigen Armenier, der zur Zeit Julians in Athen Aufsehen erregte und fast wie der Gott Hermes gefeiert wurde. (In Rom errichtete man ihm ein Bronzestandbild.) „Seine berühmteste oratorische Glanztat bestand darin, daß er eines Tages vor den völlig verblüfften Stenographen eine lange improvisierte Rede, die er gerade gehalten, wortwörtlich wiederholte"[41].

Innere Hinweise auf Improvisiertheit sind in _De S._ einige Gewagtheiten wie schon das „kopfüber" einsetzende Prooemium[42], ferner eine Reihe von kleineren Widersprüchen[43], wie sie freilich auch in _De J._ begegnen[44]. Häufige Rückkommensformeln verraten eine gewisse Kompositionsschwäche: 2.4.10.35.42.

Als Vergleich, wie weit die Unordnung in extemporierten Reden gehen konnte, mag etwa die ps.-basilianische Homilie über die Arche Noahs (de Vis, Homélies coptes II 205–241) aufschlußreich sein. Da kommen einige Mönche zu dem Prediger (einem Bischof?) und bitten ihn: „Erkläre uns die Arche Noahs!" Nicht weniger als sieben Anläufe[45] nimmt der Prediger. Erst ab dem

---

[41] Quelle: Eunapios, _Vitae soph._ 10,4,5–10,5,4.

[42] Hierzu Awgerean in der Ausgabe unseres Textes S. 549 Anm. 4. Freudenthal, Schrift 141 versucht diesen Sachverhalt „literarkritisch" durch Ausgrenzen eines angeblich versetzten Fragments zu erklären.

[43] c. 6 ≠ 7 (Bd. I Anm. 533); 19 Anfang ≠ 20 Ende (ebd. Anm. 622).

[44] § 23 ≠ § 38 (Bd. I Anm. 28); § 114 ≠ § 139. Vgl. noch Wiederholungen wie § 20 und 22; 146 und 151; 28–31 und 35 f., 38 (Schilderungen des Seesturms); die zweimalige Darstellung der Tiefseefahrt § 63–98 und 163–174 sowie Vorgriffe und Vertauschungen der Reihenfolge (Prothystera) in § 31.52.99.131. All diese Dinge können freilich auch so beabsichtigt sein.

[45] Siehe die Rückkommensformeln im Text von de Vis S. 207,13 f.; 208,5 f.; 209,1 f.; 212,4 f.; 213,7 f.; 215,8 f.; 218,10 f.; 223,11. Die Predigt ist aus dem Griechischen übersetzt, also keineswegs koptischer Unbildung anzulasten.

vorletzten dieser meist recht gewaltsamen Übergänge kommt er überhaupt auf das gewünschte Thema zu sprechen.

Demgegenüber erweist sich der Prediger von *De Sampsone* jedenfalls als Könner — sagen wir, ein Mann im Format zwischen Prohaeresios und jenem Bischof. Improvisiertes Sprechen war ein Ideal der Redekunst seit ihrem Anfang[46]. Noch in christlichen Kirchen war es oftmals so, daß Bischof und Presbyter — ab dem 3. Jh. hatten sie allein das Recht zu predigen, und ihre erhöhten Sitze waren im Chorraum — sich beim Predigen ablösten. Nach dem Wink des Bischofs traten sie nacheinander in Funktion, wobei der Bischof sich das Schlußwort vorbehielt[47]. Im Stenogramm einer Predigt des Origenes über 1.Kön 25,1—44 (die Totenbeschwörerin von Endor, gewiß kein leichter Text)[48] ist noch seine Frage an den Bischof aufgezeichnet, welche der vorangegangenen vier Lesungen er auslegen solle. Der Bischof beantwortet die Frage mit einem Zeichen, und Origenes fängt an[49]. Die meisten Homilien des Origenes sind improvisiert[50].

Vielleicht hat in ähnlicher Weise der Prediger von *De S.* plötzlich einzusetzen und auf Wink des Synagogenvorstehers wieder aufzuhören gehabt. Lang genug war ja, wenn man *De J.* zum Maß nimmt, seine Rede durchaus.

1.7 Herkunft und Datierung der ps.-philonischen Predigten

1.7.1 *De J.* wird in der Überschrift als philonisch bezeichnet. Für *De S.* ist dies zwar nicht der Fall; jedoch ist ein einziger kurzer Satz aus c. 20 auch griechisch bezeugt, und dort trägt er den Namen Philons[1]. Die Zuschreibung zu Philons *De Gigantibus* ist zwar falsch (wenn auch für Simson nicht ohne Sinn); was sie belegt, ist, daß schon in der griechischen Tradition auch diese Predigt als philonisch galt. In der armenischen tut sie es insofern, als *De S.* stets mit *De J.* und meist auch mit *De Deo* (und zwar in dieser Reihenfolge) verkoppelt vorkommt.

---

[46] Kennedy, Persuasion 5 (Belege und Lit. zum 5.—4. Jh. v. Chr.).

[47] Winter, Origenes XXIII.XXV; Lietzmann III 294f.; Schütz, Predigt 15. Quelle sind die Apostolischen Konstitutionen II 57,6 (MPG 1, 729/30).

[48] allerdings ein damals vieldiskutierter: wir besitzen noch Auslegungen von Hippolyt (Bd. I/2 S. 158f. Achelis), Origenes, Eustathios v. Antiochien, Gregor v. Nyssa (diese drei in KlT 83, 1912), Diodor v. Tarsus (in Catenen), Theodoret v. Kyrrhos (MPG 80, 589—596) — um nur die griechischen zu nennen.

[49] MPG 12,1012—1028; Parallelen zu unserer Beobachtung werden angegeben in Sp. 1011 Anm. 1. Text auch in KlT 83 (Erich Klostermann), S. 3—15.

[50] Nach Schütz, Predigt 11 sind es alle außer den frühen Predigten über Lukas.

[1] Die komplizierten Überlieferungszusammenhänge sind jetzt mustergültig aufgeklärt in Royse, Spurious texts S. 89—92 zu *De S.* 20); vgl. S. 37 und 135 (zu *De S.* allgemein). — Zu *De Jona* enthält das Werk keine weiterführende Spur.

Der Inhalt beider Predigten spricht klar gegen Philon als Autor[2]. Selbst wenn man sich denken könnte, daß er für die Dauer einer Predigt auf seine Philosophie und seine allegorische Hermeneutik verzichtet, würde doch die Selbstverleugnung bei ihm kaum so weit gehen, daß er sein wissenschaftliches Weltbild hintansetzte, die Sonne als Scheibe bezeichnete (*De J.* § 128) und die Erde auf Stützen im Ozean stehen ließe (ebd. § 72). Gravierender noch, in zentralen Fragen der Gotteslehre, ob nämlich Gott sich wandeln könne oder nicht, zeigen sich zwischen *De Jona* und Philon gravierende Unterschiede (s. u. 6.2.10).

Die Identität des Verfassers bleibt also ungeklärt. Lediglich, daß es sich um (einen) Juden handelt, ist seit den ersten Bearbeitern, A. F. Dähne[3], C. G. L. Großmann[4], Jacob Freudenthal[5] u. a. unbestritten. Bleibt die Frage nach Zeit und Ort.

Sie kann nicht anders als durch Zusammentragen vieler kleiner, unbeabsichtigter Indizien beantwortet werden. Denn leider gilt, was Hartwig Thyen für die von ihm untersuchten Diatriben bereits feststellte (Stil 88): „Nirgends in unseren Quellen erfahren wir etwas über die konkrete Situation der Hörer, wie etwa in einigen ntl. Briefen oder in unserer heutigen kirchlichen Predigt."

1.7.2 Der Zeitraum, in dem *De J.* und *De S.* denkbar sind, ist zunächst ziemlich groß[6]. Frühestens ist es die Zeit des Aristobul, spätestens die jenes Patriarchensohnes, der noch bei Libanios Rhetorik lernte, also das 2. vorchristliche bis 4. christliche Jahrhundert.

Der in 2.Makk 1,10 schon erwähnte Aristobulos[7] – er schrieb zwischen 175 und 170 v. Chr. – ist der erste bekannte Jude, der sich absichtlich und auch erfolgreich um Ἑλληνισμός in Ausdruck und Inhalt seiner Schriften bemühte[8].

---

[2] Nur Bickermann, Jonas nimmt *De J.,* ohne näher darüber nachzudenken, als philonisch.

[3] Bemerkungen 986–989, zustimmend referiert von Schmid/Stählin 651.

[4] De Philonis ... serie I 21 f.

[5] Schrift 142.; 145 f. Insbesondere für die jüdische Herkunft von *De S.* gibt Freudenthal Argumente. Nicht alle mögen zwingend sein, sicher aber diese beiden: c. 38 der Haß gegen die „Unbeschnittenen" (vgl. c. 33.46) und c. 42: „wir..., seine (Simsons) Verwandte" (ὁμόφυλοι).

[6] Die Angabe „wahrscheinlich gegen Ende des ersten oder im Anfange des zweiten Jahrhunderts" bei Freudenthal, Schrift 10 ist pseudo-genau. Die Begründung lautet nämlich, es sei eine Weiterentwicklung gegenüber Philon feststellbar: „Text und Erklärung stehen nicht mehr unverbunden nebeneinander, sondern sind, wie in einer strengen Predigt, innig ineinander verwebt." Doch wieso sollte es Derartiges zu Philons oder Aristobuls Zeiten nicht gegeben haben? Der von Freudenthal festgestellte Unterschied ist einer der Gattungen, nicht der Zeiten.

[7] Hengel, Judentum und Hellenismus 295–307. Monographie: Walter, Aristobulos.

[8] Demetrios, ein Historiker, *the earliest Jewish writer in Greek whom we know* (Bickerman, Demetrios 77), schrieb noch ohne jeden Schliff, soweit sich aus den 6 Fragmenten bzw. verkürzenden Paraphrasen erkennen läßt. (Abgedruckt bei Holladay, Fragments S. 62–69, griech. und engl.). Wie viel sich noch zu wandeln hatte, lassen die *Antiquitates Judaicae* seines späteren Nachfolgers Josephus erkennen.

Letzter bekannter „Hellenist" in diesem Sinne ist, wie gesagt, der Sohn des Patriarchen, der noch um 390 in Antiochien sich bei Libanios zum Rhetorikunterricht anmeldete[9]. In dieselbe Zeit fallen die Chrysostomos-Predigten gegen die Juden[10], deren Polemik indirekt bestätigt, daß der Synagogengottesdienst attraktiv — und damit wohl kulturell hochstehend — gewesen sein muß.

Die Lösung des Judentums von der hellenistischen Kultur fand nur sehr zögernd und offenbar nicht freiwillig statt. Noch im 3. Jh. n. Chr. bezeugt — um ein Beispiel aus der Provinz zu nennen — die Synagoge von Dura/Europos (am Euphrat) mit ihrer reichen Bebilderung die Nähe zu ihr[11]; im 4. Jh. ist es die Synagoge von Sardes. In Palästina war die Kenntnis des Griechischen — trotz nachdrücklicher werdender Warnungen und Verbote der Rabbinen — noch im 4. Jh. weit verbreitet[12]. Erst die Zeit der christlichen Kaiser brachte mit systematischen Synagogenzerstörungen[13] einen solchen Verfolgungsdruck, daß das Judentum gezwungen war, sich zurückzuziehen. Der Gebrauch der griechi-

---

[9] Stern, Authors II S. 583; Text des Libanios-Briefes S. 595f. (Nr. 502). Die nicht ganz klare Formulierung ὁ παῖς σοι ἧκε δυνάμενος μανθάνειν, μετέσχε δὲ ἄρα μου ... wird von Stern wie auch von Seeck, Libanius 162, Avi-Yonah, Geschichte 228 und Meeks/Wilken, Antioch 62 (dort beste Übers.; zur Interpretation vgl. 59.66) in dem hier angenommenen Sinne gedeutet. Der Brief läßt erkennen, daß der Sohn ohne Einwilligung des Vaters zu Libanios kam; die Rhetorik-Ausbildung selbst stand jedoch nicht in Frage. Sie hat hier sicherlich wenig mit dem Synagogengottesdienst zu tun, mehr aber mit der Vorbereitung zum Diplomaten. — Wie sehr der Patriarch selbst ein Mann von griechischer Bildung war, weist Stern S. 581f. an entlegenen historischen und mythologischen Anspielungen nach, die die an ihn gerichteten Briefe des Libanios enthalten. Graetz, Gesch. der Juden IV 223 freilich stellt es als eine Ausnahme und politische Konzession dar, daß die Patriarchenfamilie sich so weit auf hellenistische Kultur einstellen durfte, sogar in Haartracht und Kleidung. Anders Avi-Yonah, der noch im 4. Jh. — trotz gewisser Verbote — den Gebrauch des Griechischen bei der palästinischen Stadtbevölkerung und bei den Gebildeten verbreitet findet. Vgl. unten Anm. 14.
[10] genauer: in die beiden ersten Jahre seines Presbyterats in Antiochien, 386/87 n. Chr. — Altaner/Stuiber, Patrologie 325; Meeks/Wilken, Antioch 83—127 (mit engl. Übers. der ersten und letzten der 8 Predigten).
[11] Schürer/Vermes, History II 443; Auswahlbibliographie ebd. S. 424. Goodenough, Symbols widmet ihr die Bde. 9—11. — Als etwa zeitgenössisch kann man die Inschrift im Theater von Milet betrachten, wonach die Juden dort eigene Sitzplätze hatten: Deißmann, LvO 391f.; Schürer/Vermes III/1, 167 (dort Datierung ins späte 2./frühe 3. Jh. n. Chr.).
[12] Simon, Verus Israel 39.49. 341—350; Avi-Yonah, Geschichte 72f.; vgl. 226: Rückzug im 5. Jh., nach der Enttäuschung mit Julian. De Lange, Origen 21f. und 133: Noch im 3. Jh. hatte Origenes keine Schwierigkeiten, mit palästinischen Rabbinen über Griechisch zu disputieren — womit die Frage, wieweit er überhaupt Hebräisch konnte, viel von ihrer Bedeutung verliert. — Reynolds/Tannenbaum, Aphrodisias 45.82—84 u.ö.: Nachdem das Judentum unter christlichem und moslemischem Druck seine werbende Haltung aufgab, setzte es Hebräisch als Sprache des Kultes und der Bildung westlich von Palästina erst im 4.—6. Jh. durch.
[13] Simon, Verus Israel 264f.: nach früheren Einzelfällen kamen planmäßige Synagogenzerstörungen erst mit dem 4. Jh., mit der entsprechenden Übermacht der Christen. Heidentempel und Synagogen wurden nun gleichermaßen als „Tempel des Irrtums" bezeichnet und behandelt.

schen Sprache in den Synagogen dauerte trotzdem in manchen Gegenden noch lange an[14]. Auf Kreta wurde noch — oder wieder — im 16. Jh. wenigstens die Jona-Lesung am Versöhnungstag auf Griechisch gehalten[15].

1.7.3 Kann man vom Inhalt der Predigten her sagen, ab wann sie nicht mehr in die Situation gepaßt hätten? Ist z. B. der Optimismus und Vorsehungsglaube von *De Jona* denkbar in der Zeit nach 70, kann er zeitgenössisch sein mit dem unsäglichen Schmerz, den das 4. Esrabuch über die Zerstörung Jerusalems ausdrückt und in dem erstmals (soviel ich weiß) ein Jude den Wunsch äußert, nicht geboren zu sein (4,12; 5,35; 7,62−74.116)?

Die Katastrophen des Judentums in den Jahren 66−70 (Judäa, Jerusalem), 115−117 (Ägypten) und 132−135 (der Bar-Kochba-Aufstand mit seinen Parallelen in Babylonien, Ägypten und ganz Nordafrika)[16] setzen keine absolute Grenze. Das Judentum hatte, zumindest in einzelnen seiner Vertreter, eine erstaunliche Fähigkeit, sich der Lage anzupassen und neuen Optimusmus zu entwickeln. Fälle von Apostasie werden uns aus dem 1. und 2. Jh. n. Chr. öfters berichtet; sie begegnen uns jedoch nicht nur in Zeiten politischer Wirren[17], sondern ebenso auch in gesicherten Verhältnissen[18]. Man kann an der Möglichkeit eines Vorsehungsglaubens, wie ihn *De Jona* in volltönenden Worten ausdrückt, nach den jüdischen Katastrophen zweifeln; man findet ihn jedoch bei Josephus (*Bell.* V 367.378.407.412[19]; VII 453 = Schluß) und in den rabbini-

---

[14] Das Zunehmen hebräischer Inschriften ab jener Zeit besagt nicht, daß man Hebräisch gesprochen oder vom Hören verstanden hätte, so wenig wie es das auf unseren dt. Judenfriedhöfen besagt. Über den Gebrauch des Griechischen in den Synagogen noch in amoräischer Zeit s. Treu in: Kairos 1973 (passim), zu Palästina im besonderen Meyer, Anthropologie 135−144. Nur ganz allmählich wurde der Synagogengottesdienst hebräisch. Noch Justinian hatte die − wohl von Juden selbst an ihn herangetragene − Streitfrage zu entscheiden, in welcher Sprache und nach welchem Text die Synagogenlesungen erfolgen dürften; und er entschied natürlich für die Septuaginta, mit einer kann-Klausel für Aquila und einem Verbot des Targum, welcher letztere von der kaiserlichen Kanzlei recht unzutreffend mit dem Wort δευτέρωσις (eigentlich Übersetzung von *mišnā*) bezeichnet wird: so Novelle 164; alles Nähere bei Colorni, L'uso del Greco (*passim*); vgl. auch Simon, Verus Israel 350 f.; Reynolds/Tannenbaum, Aphrodisias 84.

[15] Graetz, Gesch. der Juden IX 232: „Bei den Gemeinden auf der Insel Kandia war es von Alters her Sitte, wenigstens am Versöhnungstag Nachmittags den Propheten Jona in griechischer Sprache vorzulesen" (Hinweis Freudenthal, Schrift 11 Anm. 2).

[16] Das zweite und das dritte dieser Ereignisse ist, da wir hierzu keinen Josephus besitzen, historisch schlecht belegt. Ich folge der Darstellung Hengels in: Messianische Hoffnung 658−660. Hengel spricht von einem „Ausrottungskrieg", der schon in den Jahren 115−117 gegen das gesamte nordostafrikanische Judentum − von diesem selbst provoziert − wütete.

[17] Delling, Diasporasituation 60.88. Der SyrBar (41,3f.) bezeugt im frühen 2. Jh. n. Chr. Bewegung in beiden Richtungen.

[18] Delling 87 (aus Philon, *Virt.* 182). Man denke an Philons eigenen Neffen Tiberius Julius Alexander.

[19] Aussage jeweils: Die Vorsehung ist auf seiten der Römer. Mehr bei M. Grant, Jews 209f.

schen Schriften – etwas verhaltener vielleicht – wieder. Bill. I 946–948 ist hierzu auschlußreich, wo die rabbinischen Verarbeitungen der Tempelkatastrophe zusammengetragen sind: selbst am römischen Feldherrn Titus soll Gottes Gerechtigkeit sich noch gerächt haben.

Tatsache ist jedenfalls, daß Josephus, Teilnehmer und Augenzeuge des Jüdischen Krieges, den er hinterher literarisch beschrieben hat, im Sieg der Römer das Walten der Vorsehung erblickte[20]. Tatsache ist gleichfalls, daß Jochanan ben Zakkai, der sich in einem Sarg aus der belagerten Stadt tragen ließ (er wäre sonst nicht durch die jüdischen Wachen gekommen), um noch während des Krieges mit römischer Genehmigung die Gründung eines Lehrhauses und eines neuen Synhedrion in Jamnia (unweit Jaffa) vorzubereiten, planmäßig das Judentum vom Tempel löste und seinem Fortbestand eine neue, positive theologische Begründung gab[21]. Dies war der Anfang des Rabbinats, wie es bis heute besteht! Hier – und nicht zu Zeiten Jesu oder gar Hillels – erhielt der Titel ‚Rabbi' seine „amtliche" Bedeutung, und hier wurde für den Vorsitzenden des neuen, nicht politischen Synhedriums der Titel ‚Rabban', „unser Meister", eingeführt. *The new centre at Jamnia made the Temple unnecessary for Jewish survival,* bemerkt Michael Grant[22]. *To have stated this explicitly would have caused shock and horror. Yet Jamnia's succession to Jerusalem was accepted with general acquiescence.*

Abermals wußten die Rabbinen nach der Niederschlagung des jüdischen Aufstands von 135 sich den neuen Verhältnissen anzupassen, auch theologisch[23]. Titel und Einrichtung eines ‚Patriarchen' als Repräsentant des Judentums gegenüber den römischen Behörden scheint damals, in Absprache mit den Römern, eingeführt worden zu sein. Wir sehen im frühen 3. Jh. das Judentum in Blüte: Rabbi Juda I (gest. 217 in Sepphoris) vollendet die Mischna; und für Kleinasien, Bestandteil des griechischen Sprachraums, erweist die o.g. Synagogeninschrift von Aphrodisias (1.4.2, Anm. 12) ein starkes Engagement vornehmer Nichtjuden.

---

[20] Belege s. bei der vorigen Anm. – Delling, Diasporasituation 44 erwähnt Joephus' Mitfeiern früherer Tempelfeste und Rettungsjubiläen auch nach dem verlorenen Krieg: *Ant.* XI 292–295; XII 325. Der SyrBar, seinerseits eine Reaktion auf die Niederlage (und darum dem einstigen Zeugen der Zerstörung Jerusalems, Baruch, in den Mund gelegt), transponiert die Zukunftswerwartung aus dem Regionalen ins Kosmische. Vgl. M. Grant, Jews 206.

[21] Vgl. Graetz, Gesch. der Juden IV 11–26 und die unten folgenden Verweise auf M. Grant, Jews.

[22] Jews 207. Alon, Jews 269–343, der den Vorgang im Detail darstellt, benennt folgendes Paradox: Der römische Kommandant hat bei seiner Erlaubnis an Rabban Jochanan nicht geahnt, „daß er in dem Moment mit eigenen Händen die Frucht seines Sieges zerstörte: er erlaubte einem elenden, hinausgeworfenen Flüchtling, ein neues, geistiges Judentum zu schaffen, welchem es bestimmt war, das Römische Reich zu überleben" (269).

[23] Grant, Jews 258. Ebenso spricht Simon, Verus Israël 433 von der *survivance, après 135, d'un judaïsme très ouvert et très accueillant.* Prigent, Image 30f. betont die Stärke des Patriarchats als moralischer und religiöser Autorität gleich nach der Katastrophe.

Für die geistige Lage ab dem 2. Jh. sind zwei gegensätzliche Dinge bezeichnend: Das eine ist das Erstarken des Gnostizismus, eines verneinten Judentums. Hier mag mancher Apostat gelandet sein. Das andere aber ist die Hermetische Philosophie, eine Art Gnostizismus o h n e Ablehnung der Schöpfung und mit starken, positiven jüdischen Elementen[24]. Krisenstimmung innerhalb des Judentums verrät um jene Zeit der 4. Esra[25]. Doch war unser Synagogenredner zu gleicher Offenheit und Schonungslosigkeit nicht verpflichtet; vielmehr konnte er es als seine Aufgabe ansehen, die entgegengesetzte Stimmung zu erzeugen und Jonas Gefährdung auf der See und im Schlund des Meerestieres in ganz und gar „erbaulichem" Sinne zu erzählen.

Übrigens war eine öffentliche Rede, in griechischer Sprache gehalten, zu ganz anderer Vorsicht in politischen Dingen gezwungen als anonyme, verdeckt kursierende Apokalypsen. Die kritischen Töne in *De S.* 19 dürften für ihre Zeit und ihre Umstände mutig gewesen sein.

Wenn wir uns nun aber auf Alexandrien konzentrieren, den wahrscheinlichsten Entstehungsort unserer Predigten (s. u.), engt sich doch die untere Grenze des Datierungsspielraums etwas ein. Zwei fehlgeschlagene jüdische Aufstände in Ägypten, die Katastrophen von 117 und 135, haben vom dortigen Judentum rein physisch so wenig übriggelassen, daß die Voraussetzungen für eine derart blühende Synagogenberedsamkeit schon äußerlich nicht mehr gegeben gewesen wären. Es gibt Spuren vom allmählichen Wiederauftauchen des Judentums in Alexandrien im 2./3. Jh.[26]; doch wurde es nie mehr das, was es einmal gewesen war.

Der letzte Vertreter eines voll hellenisierten Judentums, den wir in Alexandrien feststellen können, ist der öfters schon genannte „Jude" bei Celsus, der sich in griechischer Sprache und asianischem Stil auf einen Disput mit den Christen einließ. Dies setzt kein geringes Selbstbewußsein voraus, zumal wenn gerade erst die alexandrinischen Judenpogrome geschehen waren. So muß man den (oder die) jüdischen Informanten des Celsus entweder in die knappe Zeit zwischen dem Aufkommen des Christentums in Ägypten und die jüdische Katastrophe dortselbst, oder ein Stück danach ansetzen, in zeitlicher Nähe zu Celsus, der sein Werk um 178 n. Chr. schrieb[27].

Inhaltlich ist an dem „Juden" bei Celsus bemerkenswert, daß er eine Logos-Lehre ähnlich der philonischen vertrat[28]. Anhand dieses Details läßt sich nun das allmähliche geistige *disengagement* des Judentums von der hellenistischen Kultur aufweisen. Denn als Origenes bei der Abfassung seines *Contra Celsum*

---

[24] V. a. in *C. H.* I *(Poemandres)*. – Lietzmann III 37.

[25] Vgl. Hengel, Messianische Hoffnung 682 mit Anm. 106: Im 4. Esra läßt sich das jüdische Ringen mit der Frage nach der Gerechtigkeit des Demiurgen erkennen. – Vgl. unten 1.7.4 Ende. – Spuren einer Auseinandersetzung mit Zweiflern zeigt auch *De S.* 24.

[26] De Lange, Origen 8f.

[27] So Kl. Pauly unter Kelsos.

[28] Origenes, *C. Cels.* II 31 Ende; vgl. Chadwicks Fußnote z. St. (S. 93 Anm. 3). Der Jude spricht hier im ‚wir'-Stil, äußert also nicht nur private Meinung.

seine jüdischen Gewährsmänner nach dieser Lehre befragte, wurde sie bereits abgestritten[29].

In Origenes' Zeiten fällt ein weiteres Zeichen jüdischen Abstandnehmens – bei aller äußerlich noch bestehenden Zusammenarbeit. Ein jüdischer Mitarbeiter des Origenes hat Spuren einer Re-Hebraisierung der Septuagintazitate in den Philon-Handschriften der Pamphilos-Bibliothek (wo Origenes arbeitete) hinterlassen[30]. Die Septuaginta-Übersetzung war ihm offenbar zu frei; er hat ihr das Barbarengriechisch eines Aquila – auch dies ein Zeichen der Zeit – vorgezogen.

So geht nach fast einem halben Jahrtausend jüdischer Bemühungen um Anteil an der griechischen Kultur – von Demetrios (gegen 200 v. Chr.) bis zu den Zeiten des Origenes (gest. 253/54) – die fruchtbare, wenn auch nicht unproblematische Verbindung wieder auf. Trennende Kräfte überwiegen – provoziert von innen, mächtig nun von außen. Marcel Simon beschreibt das Paradox der Entwicklung mit folgenden Worten[31]: *En fait, après 70 et 135, comme avant, deux tendances coëxistent dans le judaïsme: l'une étroite, intransigeante, isolationniste, l'autre large et tolérante. Ce n'est que très progressivement que la première finira par triompher. Elle n'est pas née du désastre: c'est elle, au contraire, qui a engendré les révoltes et la catastrophe.*

Wenn das stimmt, dann war es eine zusätzliche Ironie der Geschichte, daß an den entscheidenden Stellen konziliante, kompromißbereite Vertreter des Judentums wie Rabban Jochanan ben Zakkai die Weichen zu stellen kriegten. Später dann, unter christlichen Kaisern, waren die Juden nur noch Opfer einer von ihnen weder gewollten noch provozierten Entwicklung.

1.7.4 Aus den bisher gewonnenen Anhaltspunkten wird eine Entstehung und Aufzeichnung der Predigt *De Jona* (für *De S.* gilt das m. E. auch, aber in schwächerem Maße) nach dem 2. Jh. unwahrscheinlich. Wir müßten schon einige der Spätblüten des griechischsprachigen Judentums an Stätten wie Antiochien oder Aphrodisias (s. 1.7.2) bemühen, um bis ins 4. Jh. zu kommen.

Der äußere Befund, daß griechische Texte jüdischer Herkunft nach dem „Juden" bei Celsus nicht mehr bekannt sind – zumindest im Bereich des literarisch Bedeutsamen –, hat kaum noch zusätzliche Beweiskraft. Die theologische Literatur, die n a c h Philon etwa aus dem Judentum kam, konnte, wie Kurt Treu[32] bemerkt, von den Christen nur noch als Konkurrenz empfunden

---

[29] a.a.O. (vorige Anm.). Diese Informationen verdanke ich Ernst Bammel, Cambridge (mündlich). Vgl. seinen Beitrag „Der Jude bei Celsus", der die Fragmente des Juden in literarisch-stilistischer Hinsicht dem Buch des Origenes überordnet (277 f.).

[30] Nachweis in Barthélemy, Hoshaya Rabba (*passim*). Dieser Beitrag versucht, Philon-Kenntnis bei Hoschaja Rabba wahrscheinlich zu machen.

[31] Simon, Verus Israel 49.

[32] in: Kairos 1973, 127. Vgl. Colorni, L'uso del Greco 31: Die Kirche hatte jetzt ihre eigenen Schriftsteller. Auch Colorni warnt vor einem *argumentum e silentio,* was die vermeintliche Nichtexistenz griechisch-jüdischer Literatur ab dem 2. Jh. betrifft.

werden. Lediglich auf der kaum mehr literarischen Ebene der Apokalypsen, *vitae*, Testamente usw. scheint sich über längere Zeit hin christliche Gemeinde- oder Privatfrömmigkeit aus jüdischen Quellen erbaut zu haben, bis hin zur *Palaea historica* im byzantinischen 11. Jh. Das meiste des bei Rießler oder jetzt bei Charlesworth gesammelten pseudepigraphischen Materials spottet einer konfessionellen Einteilung nach Judentum und Christentum.

Die „offizielle" Theologie indes blieb geschieden, und Texte wie die unseren hatten nur unter dem anerkannten Namen eines Philon die Möglichkeit zu überdauern. Alles hingegen, was von den Äußerungen der hellenistisch-jüdischen Theologie nicht in den Lektürekanon der griechischsprachigen Kirche und ihrer Ableger aufgenommen wurde, verfiel der rabbinischen *damnatio memoriae*. Von Philon ist uns bei den Rabbinen nicht einmal der Name aufbewahrt[33].

Wir haben in lateinischer Sprache noch einige vermutlich späte jüdische Versuche, zu Heiden zu reden und ihnen die Verehrung des Einen Gottes nahezubringen: den „Brief des Hannas an Seneca"[34] und den „Brief des Mardochai an Alexander"[35]. Letzterer, Ende einer der vielen Fassungen des Alexanderromans, die sich über die Bibliotheken des Morgen- und Abendlandes ausbreiteten, trägt m. E. Spuren einer Auseinandersetzung mit dem Gnostizismus[36], was für eine Datierung nach Philon spricht. Der andre Text setzt sich durch seine Überschrift in die Zeit nach Nero. Die Erforschung dieser Pseudepigrapha steht noch am Anfang. Predigten in unserem Sinne sind es keine; auch liegt ihnen kein bestimmter Bibeltext zugrunde.

---

[33] Treu a.a.O. (vorige Anm.): „Die jüdische Tradition hat schon Philon nicht bewahrt und hätte auch spätere Autoren nicht behalten."

[34] Bischoff, Anecdota S. 1–9 (Einleitung und Text). Bischoff hält die Zeit um 325 n. Chr. für die untere Datierungsgrenze, weil danach die judenfeindliche Religionspolitik des römischen Staates einsetzte, zu welcher der Tenor des Textes nicht mehr paßt. Momigliano in: Athenaeum 1985, 217f. bemerkt, daß der Text – von ihm als *a letter or a sermon* qualifiziert – gar nicht an Seneca gerichtet ist, auch nicht als Fiktion; sondern es sind „Brüder" angeredet, worunter er „potentielle Proselyten" verstehen will. Die offenbar sekundäre Überschrift hat ihre Parallele in der erst im 4. Jh. nachweisbaren lat. Korrespondenz zwischen „Paulus" und „Seneca", von der sie wohl inspiriert ist.

[35] Text und Apparat bei Steffens, Historia S. 208 Z. 19 bis S. 219 (Ende des Buches). Vgl. dort die Einleitung S. VI–X (nur zu Codicologie und Überlieferung); S. XI: jüdischer Ursprung des Textes.

[36] S. 212 Z. 9 (mit Kontext) gegen den Vorwurf einer *fabrica imperfecta* des Kosmos; S. 216 Z. 7–11 (und Kontext) gegen den Vorwurf, die schöpferische Weisheit habe *improvise ac pro nichili* gehandelt. – Die Art, wie auf S. 214 Z. 18ff. Gott *post constructionem munda-n(a)e fabric(a)e* im Menschen seine *ymago et similitudo* (Gen 1,26f.) eingedrückt haben soll, entspricht genau der Deutung Philons; vgl. Siegert, Philon 106–108. Das wäre also ein kostbarer Beleg für die Nachwirkung philonischen oder überhaupt alexandrinisch-jüdischen Gedankenguts im späteren Judentum. Später kam noch die Anverwandlung des Neuplatonismus in jüdischer Mystik.

In syrischer Sprache verfaßt ist eine dem Apologeten Meliton zugeschriebene, im Inhalt aber fast rein jüdische Ermahnung zur Umkehr von den Götzen und zur Hinwendung zum wahren Gott[37], die dem begabten christlichen Redner, nach dem sie sich in den Handschriften nennt, bei ihrer plumpen, ja groben Art, einen Kaiser anzureden, auf keinen Fall angehören kann. Bar jeglichen Bemühens um rhetorische Anknüpfung, ist sie gattungsmäßig den vorgenannten Texten zuzurechnen, die gleichfalls ihre angeblichen Adressaten nie erreicht haben dürften.

1.7.5 Es gibt also in dem vermuteten Entstehungszeitraum keine direkt vergleichbaren Texte mehr, seien sie jüdisch oder christlich oder beides zugleich. So wenden wir uns den inneren Kriterien für eine Datierung zu, die das bisher Vermutete bestätigen werden.

Für die Zeit Philons und des Neuen Testaments spricht, daß sich in den Predigten keine Anhaltspunkte finden für einen Konflikt mit der römischen oder christlichen Herrschaft, auch kaum eine Front gegen gnostische Apostasie oder Konkurrenz. Man lese die Darstellung Gottes als „Herrscher" in *De J.* 111! – Am ehesten könnte die Art, wie *De S.* 16 von ‚Erkenntnis' redet, im Zusammenhang der Ablehnung von Engelnamen, eine Warnung vor Gnosis sein. Solche Gnosis gab es aber auch innerhalb des kirchlichen Christentums, ja bei Lk 1,19.26 – zu schweigen von jüdischer Engelspekulation.

Wenn *De J.* sich unberührt zeigt von der Diskussion um die Wunder-Frage, die gewisse Kreise in der 2. Hälfte des 2. Jh. n. Chr. beschäftigte (s. Kommentar zu *De J.* §63 und 64), so kann das schlicht am Desinteresse des jüdischen Rhetors an dieser Frage liegen.

Eher ist die Stellungnahme gegen gewisse Auswüchse des „griechischen Lasters" in *De J.* §106, sollte unser Kommentar z. St. das Richtige treffen, ein Hinweis auf Zustände des 1. Jh. n. Chr. Conybeare jedenfalls benützt Philons in *De vita contemplativa* vorgetragene Polemik gegen die gar nicht so „platonische" platonische Liebe, wie man sie damals verstand und praktizierte, als Argument für eine Datierung dieser zeitweise für unecht gehaltenen Schrift ins 1. Jahrhundert[38]. Ps.-Phokylides, aus dem wir im Kommentar eine Parallele anführen, wird in dieselbe Zeit datiert[39].

---

[37] Ausgaben und Einleitendes s. Altaner/Stuiber, Patrologie 63f.; Harnack, Gesch. I/1, 250f. Beide halten den Text für original syrisch. Datierung: „nicht später als im 1. Drittel des 3. Jh." (Harnack); „wahrscheinlich zur Zeit des Caracalla" (regierte 196–217 n. Chr.) (Altaner/Stuiber).

[38] Philo On the contemplative life 344f. Anm. 1.; vgl. 234: Zitat eines Briefes des Kaisers Tiberius (bei Tacitus, Annalen III 53) gegen den Luxus von Frauenkleidern und -schmuck bei Männern.

[39] in Charlesworth II 567f.

1.7.6 Ist eine Bezugnahme auf christliche Lehren erkennbar?

Wenn man will, durchaus nicht selten; doch dürfte das daran liegen, daß die betreffenden Lehren schon jüdisch sind. Das frappierendste Beispiel ist „Du erhörst ja die Sünder" in *De J.* § 71 (s. Kommentar). In § 182 gilt Gott als der „Erlöser Aller". Im Simson-Kommentar werden einige Ähnlichkeiten mit der altkirchlichen Christologie bemerkt: Exkurse zu c. 13.19.24. Das Selbstopfer Jonas in § 59 kann mit einem Seitenblick auf Christus in den Bibeltext eingetragen sein, hat aber auch bei Mose sein alttestamentliches Vorbild. Eher ist die Ablehnung jedes Gebetsmittlers in *De J.* § 114 und 117 eine Ablehnung der entsprechenden Rolle Christi in Röm 8,34 und Hebr 8, mithin eine Empfehlung noch direkteren Zugangs zu Gott in Gebet und Lebensweise des Judentums.

In *De J.* § 178 findet man den Ausdruck ‚Menschenjäger'; das kann gegen Mk 1,17 usw. gerichtet sein. Die abschätzige Bemerkung über Bibellektüre der Heiden, die wir in *De S.* § 42 finden, kann antichristlich gemeint sein. Aber immer: kann.

Meist besteht jüdische Ablehnung des Christentums einfach in Schweigen. So ist es seit der Antike die Regel; der Jude bei Celsus ist eine der wenigen Ausnahmen. – Wir vergleichen *De S.*: dort hören wir nichts zu dem Stichwort ναζίρ, das durch Ναζωραῖος Mt 2,23 usw. dem Schatz der jüdischen Wertbegriffe streitig gemacht worden war. (Der Ausdruck ἡ τῶν Ναζωραίων αἵρεσις – Apg 24,5 –, hebr. *nåṣrim,* wurde der wenig ehrenvolle Name der Christen.) – Nichts begegnet von den Verheißungsformeln, die sich um die Geburt des Kindes im Alten Testament und beim christlichen Weihnachtsfest zu ranken pflegten. Die Ablehnung einer Namensgebung für den Engel, die in *De S.* 15 aus Ri 13,17f. sehr hervorgehoben wird, könnte eine Spitze sein gegen die lukanische Weihnachtsgeschichte (Lk 1,19.26). Aber wieder: könnte.

Die Bewertung Jonas bei den Rabbinen schlug in amoräischer Zeit, also nach der Mischna, ins Negative um[40] – wohl wegen seiner Verwendung als Typos Christi. Gleichfalls wurde ab da die Reue der Niniviten in Zweifel gezogen. All das verstärkt unseren Eindruck, daß die ps.-philonischen Predigten, selbst wenn sie aufs Christentum in gewisser Weise bezug nähmen, nicht mehr im 3. Jh. denkbar wären. Nach all dem Gesagten belassen wir sie *im 1. vorchristlichen bis 2. christlichen Jahrhundert,* mit Schwerpunkt in der Mitte dieser Zeit[41].

---

[40] Allenbach, Jonas 100, auch zum folgenden.

[41] Man könnte vom rein philologischen Standpunkt einige Vokabeln dem entgegenhalten, die unser Prediger offenbar benützt und die für den angegebenen Zeitraum nicht direkt nachgewiesen sind (εἰδοποίησις/εἰδοποιία *De S.* 10; καρποδότης *De J.* 216). Doch tauchen bei einem Autor wie Philon eine ganze Reihe von Wörtern zum ersten Mal auf, z. B. das in *De J.* 95 rückerschlossene ἀνάγεννησις. (Mehr bei Wendland, Philos Schrift von der Vorsehung 113.) Die Autoren des „asianischen" Geschmacks waren in ihrer Wortwahl keineswegs konservativ, sondern überraschten ihre Hörer gerne mit Neologismen. – Auch wird sich das Bild der „ersten" Belege bei der Benützung des elektronischen Thesaurus Linguae Graecae (s. Lit.-Verzeichnis *s. v.*; Anwendungsbeispiel: Runia in: Studia Philonica 1991) noch ändern; sie ist mir nur technisch noch nicht möglich.

1.7.7 Zur *Lokalisierung* haben wir schon die Beobachtung gemacht (Bd. I S. 2), daß die Simson-Geschichte aus ihrem ländlichen Milieu in ein städtisches übertragen wird; vgl. c. 36. In *De J.* § 174 dringt gleichfalls ein Echo vom Lärm der Großstädte an unser Ohr. Das besagt freilich alles noch nicht viel; denn es ist ohnehin nicht anzunehmen, daß ein hochqualifizierter Rhetor wie der unsere (oder die unseren) sich auf dem Lande betätigt hätte – auch kaum, wie ich meine, in einer Stadt wie Jerusalem.

Zwar ist das Klischee vom „aramäischsprechenden" Judentum des Mutter-landes im Gegensatz zum „hellenistischen" Judentum der Diaspora von Martin Hengel kräftig korrigiert worden[42]: zahlreiche Inschriften erweisen Griechisch auch in Palästina als Gebrauchssprache; und es gibt Spuren von Gymnasien, Theatern usw. In Tiberias (Galiläa) stand eine Kopie der Riesensynagoge von Alexandrien[43]. Doch urteilt auch Hengel, daß ein literarisch und rhetorisch gebildeter palästinischer Jude wie Justus von Tiberias, den Josephus selbst als überlegen empfindet, eine Ausnahme gewesen sein muß. In Alexandrien, dessen Juden gerne „Bürger" werden wollten, gab es einen ganz anderen Anreiz, gut Griechisch zu lernen, als in Palästina, wo man es als *pidgin*-Sprache brauchte, um sich mit der Besatzungsmacht zu arrangieren[44].

Dies dürfte sich auch auf das Auditorium einer Synagogenpredigt ausgewirkt haben: *De J.* und *De S.* verlangen von ihren Hörern eine weit größere Sprachbeherrschung als jeder griechische Text, von dem man palästinischen Ursprung überhaupt annehmen kann[45].

So werden wir eher einen der Sitze hellenistischer Kultur in der jüdischen Diaspora ausfindig machen, um für unsere Predigten einen wahrscheinlicheren Ort anzugeben.

Da legt sich, mehr als alles andere, Alexandrien nahe. *Philo tells us that in his day Alexandria's lecture halls and theatres were crowded almost daily with auditors of discourses on virtue an other topics* (Robert Smith)[46]. Obwohl die

---

[42] Hengel, Judentum und Hellenismus 108 ff.; Hengel, Hellenization.

[43] Hengel, Hellenization 39. Folgendes S. 40.

[44] Das schließt nicht aus, daß in Palästina ein Rhetor wie Tertullus (Apg 24,1 ff.) sein Brot fand und daß Josephus dort seine entscheidende Ausbildung erhielt (*Vita* 7–12). Herodes I, ein großer Förderer griechischer Kultur, richtete in Jerusalem eine Bibliothek ein, die aus-reichte, daß Nikolaus v. Damaskus, sein Hofchronist, der 17 Jahre in Jerusalem lebte, dort seine Weltgeschichte schreiben konnte (Wacholder, Nicolaus of Damascus 81–86; Stern, Authors I S. 227–260 [Nr. 83–97]; Hengel, Hellenization 23 f.). Das quantitativ größte aller griechisch geschriebenen Geschichtswerke (leider nicht erhalten) ist so in Jerusalem vollendet worden. – Doch was folgt daraus für den Gottesdienst in denjenigen Jerusalemer Synagogen, die sich des Griechischen bedienten? Gelegentliche Erwähnungen eines Rhetors in rabbini-scher Literatur (s. Jastrow, Dictionary unter *L'JTWR*) helfen hier nicht weiter. Es wäre interessant zu wissen, wo Justus v. Tiberias, Josephus' überlegener Rivale (*Vita* 40), seine Kenntnisse erworben hatte, und womit er sein Brot verdiente.

[45] Laut Hengel, Hellenization 25 kommen in Frage: Est, Jdt, Tob, 1.2.Chron, Esr. Neh, Hhld, Pred (in der LXX-Übersetzung) sowie 1.Makk.

[46] Rhetoric 130.

Juden in dieser Stadt nur nach ihrer eigenen Meinung Vollbürger waren und
nicht im Urteil des Kaisers und seiner Behörden[47], mischten sie sich doch (oder
gerade deswegen) nach Kräften in deren Kulturszene. Wer hat sich's damals
schon geleistet, einmal wöchentlich nicht zu arbeiten, sondern in einem Hörsaal zu sitzen und sich geistig zu beschäftigen, außer den Reichen − und den
Juden! Für letztere freilich war dies kein Luxus, sondern durch Gesetz und
Brauchtum vorgeschrieben; und diesen Brauch wußten sie sehr „hellenistisch"
und publikumswirksam zu gestalten. Einige der genannten Hallen waren ihre,
allen voran das große διπλόστοον, das wir oben schon erwähnt haben (1.2.5).
Es soll − nach der Tosephta[48] − so groß gewesen sein, daß der Synagogendie-
ner, auf einer Ecke des βῆμα stehend, bei jedem Segensspruch mit einem Tuch
winkte, um das gemeinsame Amen der Gemeinde auszulösen. − In diesem
Ambiente kann man sich *De J.* und *De S.* sehr gut vorstellen.

Von einigen redebegabten jüdischen Alexandrinern haben wir noch Kennt-
nis: das ist − abgesehen von dem leider anonymen „Juden" (wenn es nicht
mehrere waren) bei Celsus − Philon, aus seinen Schriften genugsam bekannt,
und der in der Apostelgeschichte erwähnte Apollos (oben 1.5). Das 3. und 4.
Makkabäerbuch, deren Stil mancherlei Vergleiche erlaubt, sind nach aller
Wahrscheinlichkeit auch alexandrinische Schöpfungen, ebenso die „Weisheit
Salomos", deren c. 17 zu *De J.* §41 große Ähnlichkeit hat. *De J.* §64 (mit
Kontext) enthält eine Verarbeitung der bei den Juden gerade in Alexandrien
beliebten Alexandersage. −

Weiter im Norden stünde freilich auch Antiochien zur Verfügung, die Stadt,
deren Judengemeinde besonders in Johannes Chrysostomos' Tagen der Kirche
mächtige Konkurrenz machte und wohin der Patriarch seinen Sohn in die
Rhetorenschule schickte (1.7.2). An Rom, dessen Judenschaft, zunächst meist
freigelassene Sklaven, arm war und deren Treffpunkte, wie Juvenal spottet,
(teilweise) im Wald lagen[49], ist demgegenüber weniger zu denken. Ihr verdanken wir nicht ein einziges literarisches oder halbliterarisches Denkmal.

---

[47] Quellenübersicht hierzu bei Stern, Authors I S. 399−403; vgl. Feldmans Fußnote zu
Josephus, *Ant.* XIX 280−85 (LCL); Delling, Diasporasituation 49. Monographie: Kasher,
Jews; Schlußergebnis (S. 356f): die alexandrinischen Juden bildeten ihr eigenes πολίτευμα
(etwa: ‚Landsmannschaft'), das von der griechischen πόλις in Alexandrien rechtlich geschieden blieb. So regelte es v. a. das Claudius-Edikt vom Jahre 41 n. Chr. Das bedeutete immerhin
gewisse Vorrechte vor der einheimischen ägyptischen Bevölkerung, mit der die alexandrinischen Griechen gar keine Gemeinsamkeit empfanden. − Hengel, Judentum und Hellenismus
123 vermutet, daß der Zugang zu den Gymnasien der griechisch-alexandrinischen Polis für
Juden nicht ganz verschlossen gewesen sein kann − woher käme sonst der starke kulturelle
Einfluß?

[48] Toseptha, Sukka 6,4; Bill. IV/1, 122 Buchstabe g.

[49] Siegert, Philon 79 Anm. 4, nach Juvenal, *Satirae* VI 544f. (Stern, Authors II Nr. 299).
Natürlich hat es auch fest gebaute Synagogen gegeben; von einigen sind uns die Namen
überliefert (Schürer/Vermes, History II 445).

James Parkes urteilt, was die neutestamentliche Zeit betrifft: Ein hellenisiertes Judentum nach der Art eines Philon hat es überhaupt nur in Alexandrien gegeben[50]. Dies wird denn auch der wahrscheinliche Herkunftsort unserer Texte sein.

Über den Autor jeder der Predigten läßt sich nicht mehr sagen, als in den Worten enthalten ist, mit denen Origenes Anspruch und Ehrgeiz des von Celsus zitierten „Juden" kennzeichnet[51]: Es war ein Ἰουδαῖος ὡς φιλομαθής τις Ἕλλην καὶ τὰ Ἑλλήνων πεπαιδευμένος.

Eine soziologische Beobachtung können wir, an Martin Hengel anknüpfend[52], hiermit verbinden. Was unser Prediger, besonders der von *De Jona*, inhaltlich sagt, entspricht genau der Theologie und Lebenseinstellung der städtischen Oberschicht. Diese war „aus Gründen der Selbsterhaltung" loyal zur römischen Herrschaft[53]. Solche Loyalität kommt theologisch in der Betonung des Topos von der Vorsehung zum[54] Ausdruck. Die Unterschicht hingegen war, auch in Ägypten, „messianisch-politischen Hoffnungen hingegeben", wie sie sich in zahlreichen, kulturell gesehen sub-literarischen, Apokalypsen ausdrückt. Dort ist die Vorsehung, wenn von ihr überhaupt geredet wird, nicht erhaltend, sondern umstürzend am Werke, wobei es dem Leser freisteht, das Kosmische ins Politische zu übersetzen. Dies war Sprengstoff in den drei politischen Explosionen (oben 1.7.3), die die Selbstvernichtung der hellenistisch-jüdischen Kultur bedeuteten.

Wie anders redet da unser Prediger, für den die Welt, die er bewohnt, bereits sein „Ruheplatz" ist (*De J.* § 174)! Er hat, wie auch Philon, keine politische Eschatologie.

Dazu stimmt dann auch ein solches Detail wie seine Haltung zu Ärzten (*De J.* § 5: positiv). Sie ist ein sozialer Indikator. Und nicht zuletzt ist es seine überall hervortretende, hohe rhetorische Bildung.

1.7.8 Wie weit das bisher Gesagte auch für das *De-Jona-Fragment* zutrifft, bleibt angesichts der Kürze des Fragments schwer abzuschätzen. Jüdischer Ursprung wird angenommen[55], nicht nur weil es in einer Sammlung jüdischer Texte überliefert ist, sondern weil Ausdrücke wie „der Gerechte" (Bd. I Anm.

---

[50] Foundations 118. Dies wird mit Details unterstützt durch Simon, Judaïsme alexandrin 22. Vgl. im Kontext die Angaben zum römischen Judentum und zu anderen Diasporagegenden. Allerdings folgt Simon auf S. 30 (ebenso Simon, Verus Israel 67) einer m.E. gewagten Argumentation Dupont-Sommers, der das 4.Makk in Antiochien entstanden sein läßt — weil dort die Gräber der 7 makkabäischen Märtyrer verehrt wurden —, dies verbunden mit einer Spätdatierung des Buches ins 2. Jh. n.Chr.

[51] *C. Cels.* I 67.

[52] Messianische Hoffnung 666; hieraus die folgenden Zitate.

[53] Vgl. in *De J.* § 88.112−114.147 die gar nicht distanzierte Rede von „Königen" und „Herren".

[54] s.o. 1.7.3; unten zu *De J.* § 4.91.

[55] Freudenthal, Schrift 12.

479, für Jona) und „ungesetzlich" (ebd. Anm. 480) ungebrochen jüdischer Sprachgebrauch sind. Für eine vom Bisherigen abweichende Datierung haben wir keine Anhaltspunkte.

Vermutlich wurde das Fragment der *De-Jona*-Predigt beigefügt als Alternative zu dem anfechtbaren Detail in § 59, wo Jona sich selbst ins Meer stürzt. Darum ist als Autor ein anderer anzunehmen[56].

Als Übersetzung aus dem Griechischen erweist sich das Fragment z. B. im Gebrauch des unarmenischen *participium conjunctum*.

Das besondere Interesse dieses Fragments für die Geschichte der jüdischen und christlichen Predigt besteht darin, daß es eine andere Art von Schriftauslegung darstellt als die sehr breit expandierenden Paraphrasen *De J.* und *De S.* In kurzer Folge werden Jon 1,8; 1,11 und 1,12 zitiert und kommentiert, ehe eine Kette biblischer Beispiele einsetzt – letzteres dem Leser hellenistisch-jüdischer Schriften wieder sehr vertraut[57]. Dies ist – wenn es denn auch mündliche Rede war – eine förmliche Homilie im strengeren Sinne: eng am Text entlanggehend, doch mit der Freiheit zu kleineren Exkursen.

Hans Lewy hat in der Einleitung seiner *De-Jona*-Ausgabe, S. 6 Anm. 27, eine ähnlich strukturierte, auch inhaltlich vergleichbare Passage in einer Chrysostomos-Homilie *De poenitentia* nachgewiesen (s. u. 4.). Dort werden aus Jon 1,5 b.6.8 die Zitate genommen; es fehlt der Exempla-Katalog. Die Ähnlichkeit reicht nicht aus für die Annahme einer literarischen Abhängigkeit. Anders ist es mit dem Armenier Anania, von dem der nächste Abschnitt berichten wird: Er hat sicher die beiden armenischen Jona-Texte gekannt und benützt.

1.8 Zur Rezeptionsgeschichte

1.8.1 Abgesehen von der spärlichen Berücksichtigung in der Forschung haben unsere Texte – genauer gesagt: die beiden Jona-Texte – eine gewisse innerarmenische Wirkungsgeschichte gehabt, die hier abschließend erwähnt sein soll. Sie liefert einige Belege für das Verständnis der Predigten im frühen Mittelalter – die einzigen vor dem Einsetzen der historisch-kritischen Philologie.

Bereits die Anfügung des *De-Jona*-Fragments hinter der Jona-Predigt zeugt von geistiger Auseinandersetzung mit der letzteren, sofern die Annahme zutrifft (s. 1.7.8), daß es sich um eine Alternative zu dem anstößigen § 59 handelt, Jonas allzu dramatisiertem Selbstopfer, das sich von einem Suicid kaum unterscheidet.

---

[56] Freudenthal a.a.O. bemerkt, daß er in seinem Schriftgebrauch der *De-S.*-Predigt näher steht. Das trifft auch auf die Beschaffenheit der Exempla-Listen (s. u.) zu.

[57] Vgl. in unseren Texten *De J.* § 91–93; *De S.* 25 (dort mit Namensnennungen).

[1] Nachweis der Handschriften in Terians Ausgabe von Philon, *Anim.* S. 13 f. Anm. 28.

Hinzu kommen in der handschriftlichen armenischen Philon-Überlieferung zahlreiche Glossen − am Rand und separat[1] −, sämtlich inediert. Ich habe nicht versucht, herauszufinden, wieweit sie sich auch auf *De J.* und *De S.* erstrecken. Einiges, und wohl das Wichtigste, zitiert Awgereans Ausgabe in ihren Fußnoten; sie sind in Bd. I eingearbeitet.

1.8.2 Hingegen wird der Kommentar öfters Gelegenheit haben, auf einen kleinen armenischen Midrasch zu verweisen, die „Verkündigung Jonas". Sie liegt zeitlich später als die armenische Fassung von *De Jona*, verwertet aber ältere, meist noch jüdische Quellen. Die Berührungen mit *De Jona* sind vermutlich nur durch diese Quellen bestimmt. Der Leser kann sich mit Hilfe des Stellenindex sein eigenes Urteil bilden. Eine deutsche Übersetzung dieses bisher ziemlich unzugänglichen Textes findet sich als Beigabe am Ende von Abschnitt 3 dieses Bandes.

1.8.3 Was sonst von Awgerean und von Lewy in den Einleitungen ihrer jeweiligen Ausgaben an Hinweisen gegeben wird, reduziert sich bei näherem Hinsehen auf eine Predigt oder einen kleinen Traktat Ananias „des Übersetzers". Mit diesem Namen ist einer der Zeitgenossen und Mitarbeiter Mesrops gemeint, der mit seiner Bibelübersetzung der armenischen Literatur des „Goldenen Zeitalters" (5. Jh.) den Anstoß gab. Der Umstand jedoch, daß diese Predigt einige wörtliche Entlehnungen aus *De J.* und wohl auch aus dem *De-J.*-Fragment aufweist[2], u. z. aus deren armenischer Fassung, erweist eine so frühe Entstehung als unmöglich. Da es noch 13 armenische Kirchenschriftsteller gleichen Namens gibt[3], möchte ich vom Versuch einer Autorenidentifizierung Abstand nehmen.

Barseł Sargisean hat im *Bazmavēp* („Polyhistor"), der Zeitschrift der Venediger Mechitaristen, Jg. 1899, eine Artikelfolge über jenen legendären Anania geschrieben, worin er auch die uns interessierenden Passagen aus der ihm zugeschriebenen Jona-Predigt veröffentlicht, synoptisch neben den entsprechenden Abschnitten aus *De Jona*. Der Titel der Predigt, die nach Sargiseans Angabe[4] aus Johannes Chrysostomos, Ephraem und unserem *De Jona* kompiliert ist, lautet in deutscher Übersetzung: „Des seligen Anania, Lehrers der Armenier, Überlegung[5] Jonas des Propheten. Über Jona." Der Untertitel ist, auch in seiner Wahl der Präposition *(yałags)*, gleichlautend dem Titel unseres

---

[2] Dies sei zu der offenen Frage in Bd. I, S. 8 oben nachgetragen. Zu der anderen Frage, wie das *De-J.*-Fragment sich zu Chrysostomos verhält, s. u. 4.

[3] Sie sind aufgeführt in Dashian, Catalog S. 1057 a−c.

[4] Bazmavep 1899, S. 50 a−51 a. Sargisean ist Kenner der Patristik, nicht nur der armenischen; jedoch ist sein Artikel mit Vorsicht zu benützen, da er die wahre Datierung der „Hellenophilen Schule" (vgl. Bd. I S. 3) nicht kennt. Die Pseudepigraphie der von ihm veröffentlichten Textstücke bleibt ihm verborgen.

[5] Das Wort *xorhowrd* kann auch heißen: „Geheimnis".

De J. und dürfte ihm entlehnt sein. Textanfang: „Mit kurz zusammenfassenden Worten wollen wir übergehen..." Von der Art ist denn auch das Verhältnis jenes – eher bescheidenen – Traktats zu unserem *De Jona.* Alles daraus Interessierende ist dem Kommentar (unten 3. und 4.) einverleibt. Die Auswahl der übernommenen Passagen bei Anania, auch ihre Abschwächung, wo sie anscheinend als übertrieben empfunden wurden, gibt Hinweis auf Möglichkeiten und Grenzen ihres Verständnisses im Mittelalter.

Sind somit die obligatorischen Einleitungsfragen abgehandelt, muß ich noch um Geduld bitten für einen weiteren Einleitungsteil. Es gilt ein Kapitel aus der jüdischen Bildungsgeschichte nachzutragen, das nahezu unbekannt ist. Die Technik der jüdischen Schriftinterpretation, sei sie allegorisierend oder nicht, und vieles von ihren uns manchmal willkürlich scheinenden Assoziationen wird dann verständlich, wenn man den Übermittlungsweg kennt, auf dem sie ins Judentum gelangt ist.

2. Homer und Mose. Der Ursprung der jüdischen Schrifthermeneutik im Homer-Unterricht

2.1 Die stoische Homer-Exegese. Und wieder ein vergessener Text

Sehr vieles, womit unser Prediger seine biblische Vorlage ausschmückt und bereichert, ist aus griechischen Quellen belegbar, ist Gemeingut seiner Zeit. Dem Leser des folgenden Kommentars wird sich die Frage aufdrängen: Wird hier nicht die Religion des Alten Bundes hellenisiert – so wie man sagt, die Lehre Jesu sei durch Paulus, Johannes, den Hebräerbrief, die Apologeten usw. „hellenisiert" worden?

Sicherlich, doch in keiner anderen Weise, als die Griechen selbst ihren Homer hellenisiert, nämlich auf die Höhe des wissenschaftlichen und philosophischen Denkens der hellenistischen Zeit gehoben haben. Die jüdischen Theologen griechischer Sprache sind Nachahmer und Erben eines Bemühens, das der „Entmythologisierung" in der Mitte unseres Jahrhunderts analog ist – nur daß der kanonische Text, um dessen zeitgemäßes Verständnis es ging, Homer war.

Wir besitzen drei antike Handbücher zur Homer-Auslegung. Zwei davon sind in heutigen Theologenkreisen kaum, eines, das reichhaltigste, gar nicht bekannt. Selbst für Altphilologen und Philosophiehistoriker haben wir es nicht gerade mit Wohlbekanntem zu tun. Heinrich Dörrie (ZNW 1974)[1] zählt zu den wenigen, die in letzter Zeit auf den Vorbildcharakter der hellenistischen Homerauslegung für den jüdischen Umgang mit der Bibel hingewiesen haben. Von den älteren Autoren sind Paul Heinisch (Einfluß Philos 5–14) und Anne Bates Hersman (Greek allegorical interpretation 21 f.) zu nennen. Robert Lamberton hat in seinem Homer-Buch ein Kapitel Philon gewidmet, ein rühm-

---

[1] Tenor des Aufsatzes: Im Hellenismus ist, ausgehend von der These, „daß Homer über ein vollkommenes, seither keinem Menschen mehr zugängliches Wissen verfügte" (126/7), aus dessen Epen so etwas wie die „Bibel der Antike" (122) gemacht worden. Durch allegorische, etymologische u. ä. Auslegungskünste wurde er zum Schulbuch für alles passend gemacht – nicht anders als dann bei Philon die Schriften des Mose (133). Historisch greifbar ist dieses Phänomen in einigermaßen ausgebildeter Form erstmals in der dem Stoizismus verpflichteten „pergamenischen Schule" der Homer-Auslegung im 3. Jh. v. Chr. Es läuft aus in neupythagoreischen und neuplatonischen Anverwandlungen, die von Dörrie (m. E. zu Unrecht) als Höhepunkt der Entwicklung gesehen werden. (Vgl. Anm. 26 und 28.)

licher Vorgang[2]. Das Umgekehrte hingegen, daß Philon-Bücher einen Abschnitt Homer widmen würden, steht noch aus[3]. Zu Philons Vorläufer Aristobul bringt Nikolaus Walter (Aristobulos 124−141) einige Beobachtungen aus der Homerexegese bei, erwähnt jedoch den wichtigsten der jetzt vorzustellenden Texte nur in drei seiner vielen Fußnoten. Es handelt sich um

ps.-Plutarch, *De vita et poesi Homeri*

(im folgenden *Vit. Hom.* abgekürzt), ediert in Bd. 7 von Bernardakis' Ausgabe der sog. *Moralia* Plutarchs (1896), S. 337−462[4]. Dies ist eine textlich relativ gut erhaltene[5], in gepflegter literarischer κοινή geschriebene Abhandlung, die zu allen Wissenschaften der hellenistischen Zeit, angefangen von Poetik und Stilistik bis zur Philosophie und den verschiedensten Realien, aus Homer die *dicta probantia* liefert. Mir ist nichts bekannt, was den anerkannten Wissensschatz, das „Interpretationsuniversum"[6] der Spätantike knapper und zugleich anschaulicher darstellte, als diese Sammlung von Homerexegesen. Vor allem ist der leitende Gesichtspunkt des Werkes, seine Orientierung an einem klassischen Text der Vergangenheit[7], für unsere Vergleiche von Interesse.

---

[2] Die sonst bestens informierte Dissertation von Glockmann (Homer) hingegen nennt Philon nur im Vorbeigehen (S. 25 mit Anm. 1: Verweis auf Homer-Zitate bei Philon und dessen grundsätzliche Zustimmung zur Homer-Allegorese in *Prov.* II 40f.). Auf S. 31 begegnet die Erwähnung „griechisch-jüdischer Schriften" (aus E. Hatch); doch wird dieser Spur nicht weiter nachgegangen. Eine Verbindung zwischen ps.-Plutarch und Philon wird nicht hergestellt. − Zu Droge, Homer or Moses s. u. Anm. 13. Philon gibt nun mal nicht freiwillig zu erkennen, wie viel er den von ihm meist verächtlich genannten „Mythographen" (*Decal.* 55; *Spec.* I 28; IV 59) und dem von ihnen gesammelten Schulgut verdankt.

[3] Selbst Bréhier, der von der antiken Homer-Allegorese immerhin weiß (Philon 36), erwähnt nur das kürzeste der drei in Frage kommenden Handbücher, Cornutus. − Es ist schon viel, wenn J. Leopold in: Winston/Dillon, Two treatises 168−170 wenigstens auf zwei Seiten die Homer-Kommentare, auch ps.-Plutarch, zur Philon-Erforschung mit heranzieht; er registriert die gemeinsame exegetische Terminologie. − Etwas neben unserem Interesse liegt Boyancé, Echo des exégèses: Hier wird wohl das Fortleben griechisch-mythischer Vorstellungen bei Philon verfolgt, aber nicht die Technik von deren Verknüpfung mit gegebenen Texten.

[4] Den dort auf S. 329−336 vorausgehenden Text gleichen Namens, laut Diels, Dox. S. 98 ein Machwerk der byzantinischen Zeit, übergehen wir. Der griechische Titel lautet beide Male: Περὶ τοῦ βίου καὶ τῆς ποιήσεως Ὁμήρου. Er ist für unseren Text sekundär und insofern irreführend, als nur 3 Paragraphen das erstere, 215 hingegen das letztere betreffen.

[5] Man hat nicht − wie bei Cornutus und Heraklitos − das Problem, unsinnige Glossen aus dem Text auszuscheiden (wie in den jeweiligen Ausgaben mit eckigen Klammern geschehen). Allerdings existieren unterschiedliche Rezensionen (vgl. Anm. 28); Bernardakis hat sie nicht alle verglichen. [Vgl. Nachtrag S. 164: Hinweis auf eine Neuausgabe.]

[6] Zu diesem Terminus, den ich von Wim de Pater geborgt habe, s. Siegert, Argumentation 41 oben (mit weiteren Verweisen). Gemeint ist das mehr oder weniger zusammenhängende System von Werten und von Kenntnissen, das den Angehörigen einer bestimmten Kultur gemeinsam ist und in das sie neu Hinzukommendes einordnen − wobei sich jenes nach und nach verändert.

[7] Man vergleiche, was Marrou, Gesch. der Erziehung 246−249 über den beherrschenden Platz des Homerunterrichts im höheren Schulwesen der hellenistischen Zeit gesagt hat.

Obwohl dieser Text bereits mit der Erstausgabe des griechischen Homer[8] (1488) bekannt gemacht wurde, ist er, wie *De J.* und *De S.* auch, ein Geheimtip geblieben. Keiner der 162 Autoren des ThW hat ihn benützt[9]; nicht einmal Festugière, Révélation macht von ihm Gebrauch. Selbst die Autoren, die von der griechischen Homer-Exegese handeln, wie Heinisch, Dörrie, Walter oder Zeller (Geschichte III/1, 330—345), erwähnen ihn nur am Rande[10]; sie bevorzugen die unter eigenen Autorennamen überlieferten Abhandlungen des Stoikers Heraklitos *(Quaestiones Homericae)* und des Cornutus *(Theologiae Graecae compendium)*[11]. Der Kleine Pauly gönnt unserem Text nur eine kleine Parenthese (IV 948, 23—25); auch der nun schon alte Plutarch-Index von Wyttenbach, der manches Unechte erfaßt, aber nicht die Materialien von Bernardakis' 7. Band, versagt seinen Dienst. Wahrscheinlich ist es die völlige Unoriginalität in sprachlicher wie inhaltlicher Hinsicht, die dieser Schrift die Mißachtung der Philologen und Lexikographen[12], auch die der Religionsgeschichtler[13], eingetragen hat.

Eben diese Eigenschaft ist es aber, die sie uns wertvoll macht. Sie ist ein getreuer Spiegel des damaligen Schulguts, eine Darstellung des *universe of*

---

[8] so Diels, Dox. S. 98.

[9] Das gilt zumindest für die redigierte und gedruckte Fassung ihrer Beiträge. — Das Abkürzungsverzeichnis im 10. Band nennt zwar die Ausgabe von Th. W. Allen, doch bietet diese nicht mehr als die biographische Einleitung des Traktats (§ 1—3) und nichts vom ganzen Rest. Friedrich Büchsel, der im Art. ἀλληγορέω, ThW I 260—264, in Anm. 2 (S. 260) auf unseren Traktat hinweist, hat ihn nicht von innen gesehen.

[10] oder gar nicht, wie Leipoldt/Morenz. — Hingegen gibt es im altphilologischen Fach eingehende Untersuchungen zur *Vita Homeri*, v. a. Wehrli, Homer S. 3—40. Ältere Lit. ist dort S. 2, 6, 9, 18, 38 genannt; für neuere vgl. Lamberton, Homer, bes. S. 40—43 und Literaturverzeichnis. Der Art. ‚Allegorese' im RAC 1 (1950), Sp. 282—293 ist für ps.-Plutarch wenig ergiebig (Sp. 286).

[11] Für den ersteren hat Johannes Leipoldt Interesse zu wecken gesucht in: Fs. Sommerlath. Heraklitos verdient insbesondere deswegen Aufmerksamkeit, weil er der gleichen Gattung angehört wie Philons *Quaestiones in Genesim/in Exodum*, also deren hellenistisches Vorbild exemplifiziert. Vgl. Winston/Dillon, Two treatises S. 8—75: V. Nikiprowetzky zum Aufbau von *Gig.* und *Deus*).

[12] Auch im Literaturverzeichnis von LSJ fehlt sie. Erst das Supplement von 1968 nennt die Bernardakis-Ausgabe, aber wiederum nur eine Seite daraus. — Übersetzungen in moderne Sprachen scheint es kaum zu geben; mir ist nur — aus dem Literaturverzeichnis von Lamberton, Homer — ein 1801-5 entstandener Neudruck der frz. Übers. von Amyot bekannt.

[13] Zwei Fehlanzeigen — unter vielen nicht erwähnenswerten — seien hier gegeben: die eine ist Bousset, Schulbetrieb (ihr fehlt damit sozusagen das 1. Kapitel); die andere, besonders bedauerliche, ist Droge, Homer or Moses. Auch er übersieht die Bedeutung des hellenistischen Schulunterrichts und eines Zeugen wie ps.-Plutarch. Es scheint mir bezeichnend für die Interessenlage der religionsgeschichtlichen Forschung, daß die Viten Adams, Evas und aller erdenklichen heiligen und weniger heiligen Personen gelesen werden, aber keine *Vita Homeri*. Bei allem Interesse für die „Basis" der Vorstellungswelt sollten doch die Produkte der höheren Bildung nicht gänzlich den Altphilologen überlassen werden.

interpretation, das alle Absolventen höherer Bildung[14], Griechen ebenso wie Griechisch sprechende Juden, gemeinsam hatten. Und sie verfährt mit ihrer „Bibel", den homerischen Epen, nach genau der Hermeneutik, die wir aus Philon und aus den ps.-philonischen Predigten kennen; d. h. wir müssen jetzt, um der Chronologie willen, umgekehrt sagen:

> Das hellenistische Judentum hat seine Bibelhermeneutik aus dem griechischen Homer-Unterricht übernommen[15].

Diese Beobachtung, die unten mit vielen Details formaler wie inhaltlicher Art belegt werden soll, wird historisch um so plausibler, wenn man die Ähnlichkeit der Situation bedenkt, in der sich ein γραμματικός in der damaligen Schule einerseits und ein jüdischer Schriftgelehrter, der unter „Griechen" lebte, andererseits befand. Beide Kulturen, die griechische wie die jüdische, hatten ein gemeinsames Problem: ihr klassischer Autor – Homer (oder was man ihm zuschrieb)[16] bzw. Mose[17] (oder was seine Autorität mit ihm teilte) – war nicht mehr auf dem Stand der Zeit. Dem einen wie dem anderen wurde vorgeworfen, das Göttliche zu vermenschlichen (Problem der Anthropomorphismen) und rohe, unsittliche Anschauungen zu vertreten[18]. Schon Xenophanes von Kolophon hatte Homer und Hesiod beschuldigt, den Göttern Immoralität anzudichten (Frg. 21 B 11 Diels/Kranz); er hatte einen einzigen, „unter Göttern und Menschen größten" Gott postuliert, der weder leibliche noch geistige Ähnlichkeit mit Menschen habe (21 B 23; wir werden sehen, wie dieses Postulat von späterer Auslegungskunst mit dem Homer-Text vereint wurde). Platon hatte

---

[14] Genauer: Wer vom γραμματιστής, dem Lehrer in Lesen und Schreiben, zum γραμματικός, dem Interpreten der Dichter, fortgeschritten war (Marrou, Gesch. der Erziehung 235 ff.). Homer war bei allen beiden der beherrschende Schulstoff, Marrou 238–249.

[15] So möchte ich verallgemeinern, was Anne Bates Hersman, Greek allegorical interpretation 22 sagt: *Philo Judaeus hat the same ideas about his sacred literature that the Stoics had about theirs.* (Im übrigen ist ihr Buch eine ausführliche Einleitung zu Plutarchs allegorisierendem Traktat *De Iside et Osiride, Mor.* 351 C–384 C.) – Philon und sein Vorgänger Aristobul übernehmen die stoische Hermeneutik ganz und gar; der Prediger von *De J.* und *De S.,* obwohl er nicht allegorisiert, verdankt inhaltlich vieles dem Homerunterricht.

[16] Einige „Homer"-Verse der *Vit. Hom.* sind sozusagen Agrapha, nicht Bestandteil des homerischen Textkanons, wie ihn die alexandrinische Philologenschule festlegte. – Wir übergehen die zur Bibel durchaus analogen Authentizitätsprobleme, die das homerische Werk bereitet und die schon vor F. A. Wolfs Prolegomena (1795) Gegenstand gelehrter Debatten waren: vgl. Josephus, *C. Ap.* I 12.

[17] Wie sehr gerade im hellenistischen Judentum Mose als Verfasser (und nicht nur Empfänger) der Tora galt, hat Yehoshua Amir dargestellt; Amir, Philon 69 f., 72 f.; 77–106.

[18] Dörrie, ZNW 1974, 129: Die Homer-Apologetik der Stoiker hatte den Grundsatz: „er vermag nichts Unschickliches – ἀπρεπές – auszusagen", in ästhetischer wie ethischer Hinsicht. Wer ihn verteidigen wollte, war gezwungen zur Allegorisierung: πάντα γὰρ ἠσέβησεν, εἰ μηδὲν ἠλληγόρησεν, gesteht sein Apologet Heraklitos (1,1) ein: „er hätte alles in Gottlosigkeit verdorben, wenn er nichts allegorisch gesagt haben dürfte". Vgl. Walter, Aristobulos 126 (zu Homer) und 130 f. (zu Mose); Leipoldt/Morenz, Hl. Schriften 129 ff. (zu Homer) und 135 ff. (zu Mose).

den Homerunterricht aus seinem „Staat" verbannen wollen: *Res p.* 377 Cff.;
386 A ff.; 598 D ff. An letzterer Stelle wird bereits Homer-Apologetik von der
hier in Frage stehenden Sorte abgewiesen und dem Dichter, als Beobachter des
Sinnlich-Anschaulichen, die Ideenschau des Philosophen abgesprochen[19]. Platon hat sich damit nicht durchgesetzt (abgesehen von gelegentlichem Beifall,
etwa bei Josephus)[20] – außer im spätesten Platonismus, als dieser bereits in
Zauberei („Theurgie") ausartete: da verdrängten Platons Schriften, die nun
ihrerseits allegorisch umgedeutet wurden, die Epen Homers, allerdings nur,
um in die weit zweifelhaftere Nachbarschaft der „Chaldäischen Orakel" zu
geraten[21].

Es war die Stoa, die in ihrer Abgrenzung gegen den Platonismus und in ihrer
Suche nach einem Altersbeweis ihrer Dogmen nicht nur den „dunklen" Heraklit aufleben ließ[22], sondern auch Homer in Schutz nahm und die bereits
vorhandenen Ansätze[23] einer „Rettung" Homers durch Interpretation metho-
disch aufgriff. Gemäß einer alten, von Platon übrigens geteilten[24] Anschauung
von der Inspiriertheit der Dichter und der Überlegenheit der Vorzeit stellten sie
die These auf, Homer habe mehr und oftmals auch anderes im Sinn gehabt, als
seine Worte dem allgemeinen Verständnis preisgäben; er verfüge über höheres
Wissen, das nur Geschulte zu entschlüsseln vermöchten[25] – durch Allegorisieren. Besonders die sog. Pergamenische Schule (3./2. Jh. v. Chr.)[26] machte

---

[19] Im Gegensatz hierzu hatte Platon in seinen früheren Schriften Dichter durchaus für
inspiriert erklärt; s. Siegert, Philon 89 mit weiterer Lit. – Aristoteles übrigens war für Homer
des Lobes voll: *Poetica* 1448 b 34; 1451 a 23; 1459 a 31; 1460 a 5.19 und Kontexte.

[20] In *C. Ap.* II 255–257 polemisiert dieser gegen allegorische Rechtfertigung des Polytheismus, wie sie die derzeitige Mythenexegese betrieb, und gibt in diesem Zusammenhang Platons
Homer-Polemik recht.

[21] Proklos pflegte zu sagen: wenn es nach ihm ginge, würden alle Bücher außer Platons
Timaeus und den Chaldäischen Orakeln aus dem Verkehr gezogen. So Marinus, *Vita Procli* 38
(nach Whittaker, Proclus 278; vgl. Schmid/Stählin 975). Aus gleicher Haltung heraus wurde
schon bei Porphyrios und Iamblichos Platons Text Allegorisierungsgrundlage; siehe die diesen
Autoren gewidmeten Artikel im Kl. Pauly.

[22] Siegert, Philon 7.130.

[23] Walter, Aristobulos 125 Anm. 1; Zeller, Philosophie III/1, 331 Anm.; Leipoldt/Morenz,
Hl. Schriften 131.

[24] s. o. Anm. 19.

[25] s. u. das zum Stichwort αἰνίσσεσθαι Ausgeführte.

[26] Zeller, Philosophie III/1, 330–345; Schmid/Stählin 269–272; Walter, Aristobulos
124–149. Buffière in seiner Ausgabe des Heraklitos (S. XXXIV und 78 [frz.] Anm. 1) macht
insbesondere Apollodoros, Sohn des Asklepiades, einen Athener, Schüler u. a. des alexandrinischen Homer-Philologen Aristarchos, als gemeinsame Quelle der erhaltenen Homerexegesen namhaft: er schrieb 24 Bücher Περὶ θεῶν (heute verloren). – Die Stoiker haben die
Tradition aufgegriffen: von Zenon, Kleanthes und Chrysippos sind Homer- und Hesiodkom-
mentare in Fragmenten bezeugt. Es folgen, in nicht mehr genau ermittelbarer Reihe, Heraklitos, Cornutus und der in sich zusammengesetzte ps.-Plutarch. Die Tradition läuft aus im
Neuplatonismus, wo Platon und die „Chaldäischen Orakel" zur Allegorisierungsvorlage
werden (vgl. Anm. 21). Hierzu s. Dörrie, ZNW 1974; wobei Dörrie als „entfalteten" Platonismus würdigen möchte, was m. E. nur ein Beutestück ist aus der Ruine der zerfallenen Stoa.

daraus eine Methode, bis hin zu der Konsequenz (die im Judentum, auch bei Philon, nur selten galt), den ursprünglichen Sinn der Worte ganz fallen zu lassen: „Hier wird", sagt Leipoldt/Morenz, Hl. Schriften 131, „das erstemal in der Geistesgeschichte aus weltanschaulichen Gründen der Wortsinn beseitigt"[27].

Aus diesem − vorwiegend stoischen − Überlieferungsgut, wie es sich durch die Jahrhunderte angereichert hatte, ist die Schrift *De vita et poesi Homeri* zusammengestellt, über deren komplizierte Einleitungsfragen wir uns hier nicht aufhalten müssen[28]. Es genüge die Feststellung, daß wir es mit Unterrichtsstoff aus dem 3. vorchristlichen bis 2. christlichen Jahrhundert zu tun haben, wobei die Gliederung im „theoretischen" Teil erweist, daß an einen Grundstock von stoischen Lehren anderweitige Ansichten angehängt wurden. Folgender Aufbau läßt sich erkennen:

0. Einleitung (§ 1−6): Zeit und Ort Homers; seine beiden Werke.

   Übergang, Thema der weiteren Schrift (§ 6): Homer ist Lehrer jeglicher λογικὴ ἐπιστήμη καὶ τέχνη (= sprachlich vermittelbaren Wissenschaft oder Kunst); er gibt Beispiele sowohl für λέξεως πολυφωνίαν (Reichtum des Ausdrucks) wie auch τὴν ἐν τῇ πραγματείᾳ πολυμάθειαν (Reichhaltigkeit, Gelehrsamkeit des Inhalts), u. z. in:

1. Poetik (§ 7−90; Durchgang durch die rhetorische Terminologie)

2. theoretische Wissenschaften (θεωρητικὸς λόγος) (§ 91−160):

   2.1 Philosophie − allgemein anerkannte Lehren:

       2.1.1 Physik, Kosmologie, Götterlehre (§ 93−121)

       2.1.2 Anthropologie, Lehre von der Seele, Ethik (§ 122−144)

       2.1.3 Arithmetik, Musik (§ 145−148)

       Übergang: Über das Schweigen (§ 149)

   2.2 Philosophie − Sonderlehren einzelner Schulen (§ 150)

   2.3 Sprichworte und Worte späterer Dichter (§ 151−160)

---

[27] Klare Beispiele dafür liefert Heraklitos 11; 26,5 ff.; 28,4 f.; 30,4; 35,3; 36; 40,10 (vgl. die Anm. Buffières z. St.); 69. Der Grundsatz, nichts Unschickliches (ἀπρεπές) in der Götterlehre zuzulassen (26,5; 60,3) führt zum Uminterpretieren von ἀσελγεῖς ἔρωτες (68,8) wie dem Ehebruch des Ares mit Aphrodite. In 30,4 wird Aphrodite umbenannt zur ἀφροσύνη (so zu lesen) der vor Troia kämpfenden Barbaren, usw.

[28] Bernardakis in Bd. VII, S. IX−XLVII seiner Plutarch-Ausgabe hält sie für die Bearbeitung einer echten Plutarch-Schrift, nicht beachtend, daß gerade der Grundstock des „theoretischen" Teils der Vit. Hom. ein Dokument der von Plutarch gar nicht geschätzten stoischen Philosophie ist. − Dörrie, ZNW 1974, 131 mit Anm. 13, der sie „einem Platoniker des 2. oder des 3. Jh." zuweisen will und in ihr „das ganze Lehrgebäude des voll entwickelten Platonismus belegt" sieht, begeht, von seinem Lieblingsgegenstand, dem späten Platonismus, verleitet, einen analogen Fehler. Allenfalls handelt sich's um ein Produkt spätantiken philosophischen Synkretismus. Man lese, um den Vorgang der Fusionierung an einem Beispiel zu sehen. Vit. Hom. 122 mit seinem oberen Kontext. − Die beste Information über die literarkritischen Verhältnisse, also auch über parallele Fassungen des gleichen Schulguts, gibt Diels, Dox. S. 88−89. Nach seiner Meinung, der ich mich anschließen möchte, erhielt im ca. 2. Jh. n. Chr. eine ältere Sammlung von Homer-Allegorien (die in anderen Fassungen auch in der Schrift

3. praktische Wissenschaften (πολιτικὸς λόγος):
   3.1 Rhetorik (§ 161−174)
   3.2 Theorie der Rechte und Gebräuche (ἡ τῶν νόμων ἐπιστήμη) (§ 175−191)
   3.3 Kriegskunst und -ethik (§ 192−199; darin § 199 Sammlung von Vorbildern der Mannestugend für alle Lebensalter)
   (Im folgenden wird die Gliederung nun mehr und mehr undeutlich)[29]
4. Ärztliche Kunst und Diätetik (§ 200−211)
5. Wahrsagekunst (§ 212)
6. Verschiedenes (§ 213−217): Welche λογικὴ ἐπιστήμη ἢ τέχνη bleibt nun noch? − Tragödie, Komödie, Epigrammatik, Malerei
7. Epilog (§ 218): (nachträgliche) Widmung an die Musen; nochmalige Rechtfertigung des ethisch Anfechtbaren bei Homer: erst die Zweideutigkeit menschlicher Handlungen und Charaktere liefere die Fülle des Stoffs und stimuliere beim Hörer die Erkenntnis des Besseren (τῶν ἀμεινόνων γνῶσις).

In jedem Abschnitt ist die Abhandlung mit Homer-Zitaten gespickt oder doch wenigstens mit Hinweisen auf homerische Personen und Episoden. „Der Dichter", wie Homer vielfach schlechthin heißt (§ 213.217.218 u. ö.)[30], wird zum Lehrer für alles − ganz so, wie „der Prophet" (Mose) bei Philon oder die Tora bei den Rabbinen[31]. Er war also gewissermaßen die Bibel der Griechen − wobei man wissen muß, daß heilige Schriften, ἱερὰ γράμματα einzelner Kulte

des Heraklitos bzw. in Zitaten bei Stobaeus überlebt hat) den Autorennamen des Plutarch angeheftet − zum Glück; denn so ist sie uns erhalten geblieben. Vgl. ebenso Schmid/Stählin 368; 508 Anm. 2; 516. Der Grundstock der Schrift, d. h. das stoische Material im großen und ganzen, ist demnach bereits im 2. Jh. v. Chr. anzusetzen. Die Zuschreibung an Plutarch ist insofern inhaltlich motiviert, als auch dieser Ὁμηρικαὶ μελέται verfaßt hatte (Bruchstücke in Bd. VII S. 99−101 Bern.) sowie ὑπομνήματα zu Hesiod (ebd. S. 51−98). In einer Schrift: „Wie ein Jugendlicher Gedichte hören soll" (*Mor.* 14 D−37 B) nimmt auch er Stellung zu dem Sprichwort πολλὰ ψεύδονται ἀοιδοί (16 A; vgl. Aristoteles, *Met.* 983 a 4) und setzt τὸ μυθῶδες und τὸ ψεῦδος so gut wie synonym, rechtfertigt dann aber doch die Dichter aus ihrem Bedürfnis, die Hörer in Atem zu halten (ἡδονὴ καὶ ἔκπληξις − was heute Aufgabe der Unterhaltungsindustrie ist); Dichter können immer nur Vorstufe sein zur wahren Denkschule, der Philosophie (37 B). Beispiele allegorisierender Interpretation finden sich auch bei ihm (19 E ff.; 31 E), jeweils jedoch mit einer Spitze gegen die Stoiker, die nach Plutarchs Meinung viel zu weit gehen. − Auf einem anderen Blatt steht Plutarchs eigene Allegorisierung des Isis-Mythos in *De Iside et Osiride* (*Mor.* 351 C−384 C).

[29] Wenn man das hier als 4. und 5. Numerierte herausnimmt als Zusätze einer späteren Redaktion, erhält man m. E. eine für antike Verhältnisse wohlgegliederte Schrift.

[30] Ebenso Cornutus 12 (S. 12 Z. 5); 19 (34,13); 22 (42,19); Heraklitos 16,3; 22,12. Dieser Sprachgebrauch ist bei LSJ unter ποιητής II (a) schon ab Platon und Aristoteles nachgewiesen. − Vgl. noch ὁ θεολόγος für Homer unten zu Z. 56; dieselbe Kennzeichnung für Mose zweimal bei Philon: *Mos.* I 115; *Praem.* 53; vgl. θεολογήσας *Opif.* 12.

[31] Vgl. den Spruch Ben Bag-Bags in Aboth 5,25(22): „Wende sie (die Tora) und wende sie; alles ist in ihr" (Siegert, *Argumentation* 164). − Homer als Fachmann für alles: Schon Xenophon, *Conv.* 4,6 läßt einen Gesprächsteilnehmer sagen: „Ihr wißt ja, daß Homer, der Weiseste, fast über alles Menschliche gedichtet hat" − über Hauswesen, Sprechen zu großem Publikum, Kriegsführung und Staatskunst. Auch der Traumdeuter Artemidoros (2. Hälfte des

und Mysterien, verborgen zu sein pflegten, um allenfalls beim Jahresfest der
betreffenden Gottheit einer öffentlichen Verlesung zu dienen; so Leipoldt in
Fs. Sommerlath 13 sowie Leipoldt/Morenz, Hl. Schriften 88–114 und ff., wo
mehr über die Soziologie religiöser Lektüre in der Antike gesagt ist. Das heilige
Buch der Juden war also von ungewöhnlichem, nämlich öffentlichem Charakter – so etwas wie der Homer der Juden, nur eben nicht als Epos, sondern als
Gesetz.

Der häufigste Ausdruck für Homers Verhältnis zu späteren Denkern und
Wissenschaftlern ist in unserer Schrift das Wort ἀφορμή (,Anstoß, Ausgangspunkt'): πολλὰς ἀφορμὰς καὶ οἱονεὶ σπέρματα καὶ λόγων καὶ πράξεων παν-
τοδαπῶν hat Homer den Nachgeborenen hinterlassen, Poeten wie Prosaikern
(§ 6; vgl. 115.122.214 u. ö; ferner Heraklitos' Homer-Kommentar 68,9: φυ-
σικῆς θεωρίας ἀφορμὴν χαρίζεται).

Die Methoden nun, mit denen dem Homer-Text die Erkenntnisse und Fach-
ausdrücke späterer Wissenschaften „angeheftet" werden (προσάπτειν, sagt
ehrlicherweise der Epilog), sind diejenigen, die dann wieder bei Philon und
(schwächer) in den ps.-philonischen Predigten begegnen: Pressen der Worte,
bis sie irgendwelche kontextfremden Nebenbedeutungen hergeben, Etymologisieren, Allegorisieren und überhaupt Anachronismen aller Art, die späteres
Gedankengut den allemal dehnbaren Worten des Dichters als möglichen und
darum auch schon heimlich intendierten tieferen Sinn unterschieben.

Ein typisches Verbum für solche Zusammenhänge ist αἰνίσσεσθαι (*Vit.
Hom.* 100.101.126.201; vgl. unten zu Philon, *De Deo* Z. 135, ferner Josephus,
Ant. I 24)[32] = ,rätselartig (verschlüsselt) andeuten'. Vgl. αἰνίγματα in der
programmatischen Passage § 92. Dahinter steht die Annahme, Homer habe
seine Aussagen absichtlich verschlüsselt, also Aenigmata gedichtet[33]. „Ebenso
wie andere Dichter der Frühzeit – οἱ παλαιοὶ θεολόγοι – hat Homer die
Absicht gehabt, den zum Logos fähigen Menschen dieses Ur-Wissen zu offenbaren, den Banausen aber es vorzuenthalten" (Heinrich Dörrie)[34]. Genauso
äußert sich Philon zu Homers und Hesiods Gunsten in *Prov.* II 40f.[35]; ja

---

2. Jh. n. Chr.), der „den Poeten" gleich im ersten Satz seines Werkes zitiert, betrachtet diesen
als Autorität in seinem Fach: I 2 (S. 10 Z. 6ff.). Vgl. wiederum die Ὁμηρομαντεῖα der
magischen Papyri; unten zu *De Deo* Z. 51. – Auf tieferer gesellschaftlicher Ebene läßt sich
danebenstellen die jüdische Wahrsagerin und *interpres legum Solymarum* bei Juvenal, *Sat.* VI
543ff. (Siegert, Philon S. 79).

[32] J. Leopold in: Winston/Dillon, Two treatises 168–170 gibt eine Übersicht über die
gemeinsame exegetische Terminologie der Homer-Kommentare und Philons.

[33] So behauptet auch Cornutus 35 (S. 76 Z. 4f.) für Homer ein διὰ συμβόλων καὶ αἰνιγμάτων φιλοσοφῆσαι. – Zum Aenigma s. Lausberg, Handbuch § 899; Siegert, Argumentation
43 (Lit.).

[34] ZNW 1974, 132; vgl. 124. Die gleiche Haltung zum „Alten" und zu Dichterworten zeigt
z. B. auch Celsus, der den Christen dementsprechend Traditions- und Geschichtslosigkeit
vorwirft: Andresen, Logos 172f.

[35] Die Stelle wird übersetzt und besprochen bei Lamberton, Homer 49–51.

Clemens von Alexandrien läßt Homer – noch ganz in dieser Tradition – einen regelrechten Wahrsager sein – s. u. 2.2 zu *De Deo* Z.51, Stichwort χρησμός.

Andere typische Stichworte solcher Dichterauslegung sind – dem Philon-Leser wohlvertraut – ἐμφανίζειν ‚sichtbar machen‘ (§ 133; Heraklitos 39,12: ἐμφαντικῶς) und das Adverb ἐναργέστατα ‚ganz klar‘ (§ 123; Heraklitos 14,1; dort auch als Komparativ 53,5 und als Positiv 31,11), eine Verstärkungsformel in Zusammenhängen, die eben nicht so klar sind (siehe Beispiel).

Geht man all diesen Spuren historisch bis an ihren Anfang nach, so erweist sich, wie oben gesagt: Die Wurzeln der jüdischen – wie christlichen – Bibel-exegese liegen in der stoischen Homer-Apolegetik des 3. vorchristlichen Jahrhunderts. Auch die rabbinischen Auslegungsregeln und -gepflogenheiten sind demgegenüber keineswegs eine Neuschöpfung, sondern lassen sich aus entsprechenden Prozeduren der hellenistischen Rechtsanwälte, der Rhetoren, herleiten[36]. Es hieße also – um nur eine mögliche Anwendung anzudeuten – das Pferd am Schwanze aufzuzäumen, wenn man einen bewanderten Theologen wie Paulus aus den Besonderheiten rabbinischen Denkens heraus verstehen wollte[37] und nicht viel mehr aus dem Interpretationsuniversum der hellenistischen Welt, woraus das rabbinische nur ein spezialisierter und später Ausschnitt ist.

Unser Kommentar wird die Parallelen und auch die Kontraste notieren, die zwischen den Homer-Handbüchern und den hellenistisch-jüdischen Predigten bestehen. Neben der materialreichen *Vita Homeri* werden auch die – nun schon öfters erwähnten – Ὁμηρικὰ προβλήματα *(Quaestiones Homericae)* des Stoikers Heraklitos berücksichtigt sowie die Ἐπιδρομὴ τῶν κατὰ τὴν Ἑλληνικὴν θεολογίαν παραδεδομένων *(Theologiae Graecae compendium)* des gleichfalls Griechisch schreibenden Stoikers Cornutus, des Lehrers des Persius. Das erstgenannte Werk, ein Auswahlkommentar zu schwierigen Ilias-und Odysseestellen, ist nach deren Reihenfolge gegliedert[38], das letztere hingegen behandelt Götternamen: Uranos – Zeus – Hera – Posedon – Hades usw. Beider Textzustand ist nicht sehr gepflegt; die unsachlichsten Zutaten

---

[36] s. Siegert, Argumentation 157–164 (nach David Daube). – Der Unterscheidung von Wortsinn und dahinter verborgenem „Aenigma" in der Homer-Exegese entspricht als spätes rabbinisches Echo jene von *pšaṭ* und *drāš* (Bacher, Terminologie II 42 f.) sowie – zeitlich früher – die allegorisierende Auslegungspraxis der *pšarim* von Qumran (4Qflor; 4QpNah; 4QpPs 37). Rabbi Akiba beanspruchte die Freiheit, aus jedem einzelnen Buchstaben der Tora zahllose Halachoth herauszuallegorisieren (Bill. I 248), was Rabbi Jischmael ihm bestritt (Bill. III 136). – Wieviel inhaltliche Bekanntschaft mit griechischem Traditionsgut die rabbinischen Schriften verraten, ist aus Bill. IV/1 S. 405–414 zu ersehen; vgl. Hengel, Achilleus 51 f.

[37] Diese von Deißmann, J. Jeremias und anderen vertretene Auffassung wird in Siegert, Argumentation 158.243 in Frage gestellt, hauptsächlich aufgrund paulinischer Befunde.

[38] Vgl. die Angaben in 9,1 f., ferner Buffières Gliederung S. XI–XIX.

späterer Abschreiber sind von den Herausgebern durch eckige Klammern zum
Übergehen vorgesehen. Cornutus ist Philosoph; Heraklitos hingegen, auch
Stoiker, verrät die mindestens ebenso prägende Herkunft aus der Rhetoren-
schule in der sehr persönlich werdenen Polemik gegen die Homer-Gegner
Platon und Epikur in c. 76−79. Beide Autoren fallen in „unser" 1. Jh. n. Chr.
   Als Leser dieser Schriften oder doch Kenner ihres Inhalts lassen sich v. a.
Philon (s. u.) und Clemens von Alexandrien (*Strom.* V 14; VI 2 usw.) namhaft
machen. Weniger schulmäßig, was den Inhalt betrifft, in der Methode jedoch
ganz gleich exegisieren die von Hippolyt, *Ref.* V 7−11.20 zitierten Gnostiker,
deren Homer-Verwendung, zusammen mit angeblichen Rückgriffen schon des
Simon und des Markion auf den Dualismus des Philosophen Empedokles
(Hippolyt, *Ref.* VI 11; VII 29), Harnacks berühmter These vom Gnostizismus
als „akuter Hellenisierung des Christentums" (im Gegensatz zur schleichenden
Hellenisierung bei den Kirchenvätern; Harnack, DG I 250) recht zu geben
scheint. Nur sollte man sich bewußt halten − Harnack deutet es auf S. 146
immerhin kurz an −, daß nicht erst die Gnostiker oder die alexandrinisch-
jüdischen Religionsphilosophen die ihnen vorliegenden Überlieferungen mittels Allegorese modernisiert und systematisiert haben; vielmehr ist eine derartige Hellenisierung des klassischen Erbes durch dessen berufene Verwalter,
die Schullehrer, vorausgegangen. So war nun mal die Art, wie man Religiöses
damals literarisch darstellte. Man schmolz es ein in das allgemein gültige
Weltbild.

2.2 Anwendungsbeispiel: Philons *De Deo*

   Am besten läßt sich die These vom hellenistischen Ursprung der jüdischen
Schrifthermeneutik an solchen Auslegungen demonstrieren, die dem Bibeltext
durch Allegorisieren einen neuen Sachbezug geben. Das war das „Entmytholo-
gisierungsverfahren" der damaligen Zeit: Man nahm an, der Autor habe nicht
das gemeint, was er sagte, sondern etwas viel Gescheiteres. So ging es denn
auch der Bibel: obwohl die Mose-Bücher in weitesten Partien offenkundig
überhaupt keine Dichtung sind, wurden sie doch von gebildeten jüdischen
Lesern als solche genommen, als Text mit einem raffinierten Hintersinn.
   Aristobul in dem berühmten Fragment bei Eusebius, *Pr. ev.* XIII 12 macht
den Anfang; Philon ist innerhalb des Judentums − und dann der Kirche − der
Klassiker dieser Art von Auslegung. Da die hellenistisch-jüdischen Predigten
sich der Allegorisierung enthalten und nur anderweitig ihre Beeinflussung
durch den Literaturunterricht der Zeit verraten, soll im folgenden ein exempla-
rischer Philon-Text die These dieses Kapitels illustrieren. Ich wähle *De Deo* aus
Gründen der bequemen Kürze, mit der er die Hauptthemen philonischen
Denkens durchquert, aber auch, um zu diesem von mir bereits kommentierten
Text die nötigen Nachträge zu liefern.

De Deo Z. 5 νοητῶν (Kommentar S. 40)

Um die Transzendenz (εἰ νοητόν) des Zeus aus Homer herauszulesen, muß der Autor von *Vit. Hom.* 114 sich besondere Mühe geben; denn Zeus galt durchaus als sichtbar – s. u. den Exkurs. Er gewinnt einen Hinweis auf Transzendenz aus der gelegentlichen Aussage, Zeus habe „für sich" gesessen[1]. – Vgl. ferner unten zu *De Jona* § 125.

De Deo Z. 7 νοητοῦ ἡλίου (Kommentar S. 42)

In *Vit. Hom.* 105 besteht Helios, wie schon bei Aristoteles, aus einer κρείσσων οὐσία, ist ἔμψυχος καὶ ἀίδιος καὶ ἄφθαρτος – darum gut geeignet, um bei einem Autor wie Philon sinnliches Abbild des Göttlichen zu sein. Wie weit das Göttliche selbst Licht und Aether ist, s. u. zu Z. 56.

Der homerische Helios ist derjenige, ὃς πάντ' ἐφορᾷ καὶ πάντ' ἐπακούει (*Il.* 11,109 u. ö.). Hierzu vgl. *De J.* 21 mit Kommentar.

De Deo Z. 8 ἐγέννησεν (Kommentar S. 44) s. u. zu Z. 35 f.

De Deo Z. 11 εἰσελθεῖν (Kommentar S. 45)

Nach Heraklitos 76,1 ist es Homer, der „den Menschenseelen die ungangbaren und verschlossenen ... Pfade in den Himmel geöffnet hat".

De Deo Z. 12 δικαιοσύνη (Kommentar S. 46)

In *Vit. Hom.* 119 ist δικαιοσύνη gemeinsame Eigenschaft der Götter und Menschen (Verbum μετέχειν; vgl. zu Z. 35). In § 182 werden die drei platonischen Staatsformen πρὸς δικαιοσύνην καὶ εὐνομίαν verglichen, wobei der Königsherrschaft (βασιλεία) – ihr himmlisches Gegenbild war in der Antike wiederum Helios – der Vorzug gegeben wird. (Bis in die letzten Reste des Deutschen Duodez-Fürstentums ist diese Verknüpfung von Religion, „natürlicher" Ordnung und politischer Ordnung wirksam gewesen.) In *Vit. Hom.* ist die Monarchie des Zeus unter den Göttern Garantie der Ordnung (νόμος) im Kosmos[2].

Als Besonderheit bei Philon ist zu bemerken, daß die Gerechtigkeit im Judentum genau codifiziert ist, im Wortlaut der Tora. Der griechische νόμος-Begriff steht hingegen eher für das Übliche, das Brauchtum (vgl. ThW IV 1016/ 17 und ff.), wie auch aus den rechtstheoretischen Abschnitten der *Vit. Hom* (175–191) hervorgeht. Dort wird, was die konkreten Normen angeht, auf die

---

[1] Ich verzichte hier und im folgenden oftmals darauf, die homerischen Belege anzugeben, weil sie nach heutigen Maßstäben das nicht besagen, was antike Exegese ihnen abzugewinnen suchte. In Fällen, wo das Technische der Interpretation von Interesse ist, wird darauf hingewiesen.

[2] Der sonst übliche *locus classicus* für Monarchie, nämlich Οὐκ ἀγαθὸν πολυκοιρανίη ... (*Il.* 2,204 f.), zitiert bei Philon, *Conf.* 170, wird hier in § 145 für die Arithmetik verwendet.

jeweiligen lokalen oder regionalen Gebräuche und Satzungen verwiesen, welche jedoch in bestimmten Fällen (nämlich wo sie alt sind) göttliche Inspiration beanspruchen können: Von Minos heißt es in § 175, er habe im Gespräch (ὁμιλία) mit Zeus die νόμων μάθησις getrieben.

De Deo Z. 16 εὐλόγως (Kommentar S. 46)

Was ich im Kommentar als „Eigenart Philons" bezeichnet habe, nämlich die Heilige Schrift beim Zitieren zugleich zu loben, erweist sich als Brauch der Homer-Exegeten: Εὐλόγως εἴρηται Heraklitos 67,4; εὐλόγως allein 61,1; 69,10; 70,10; vgl. 4,3. Weitere Lobformeln: πάνυ γε μὴν ἀληθῶς 14,6; δικαίως 66,1; πιθανῶς (z. T. mit weiteren Verstärkungen) 11,2; 40,11; 69,16 und als Litotes οὐκ ἀπιθάνως 73,10. Auch Artemidor I 50 (S. 56 Z. 2) leitet ein Homer-Zitat ein mit ὀρθῶς εἴρηται. Cornutus zitiert einmal einen Vers unbekannter Herkunft mit καλῶς γὰρ εἴρηται τὸ … (28, S. 55 Z. 17). Immer ist klar, daß die jeweilige Schriftautorität eine schon bekannte und anerkannte Wahrheit nur bestätigen muß. Vgl. zu Z. 117 φυσικώτατα.

De Deo Z. 17 Γραφῆς (Kommentar S. 47)

Jüdisch ist an diesem Sprachgebrauch v. a. der Singular. Für den Plural vgl. *Vit. Hom.* 175, den Abschnitt über νόμος: Homer hat dieses Wort zwar nicht, aber er kannte sehr wohl „die Kraft der Gesetze, wenn auch nicht die schriftlich niedergelegte, so doch die in Sprüchen der Menschen überlieferte" (εἰ μὴ καὶ ἐν γραφαῖς ἀλλ' ἐν ταῖς γνώμαις τῶν ἀνθρώπων φυλασσομένην).

De Deo Z. 18 εὐτυχίαν (Kommentar S. 48f.)

Diese Rückübersetzung bestätigt sich zusätzlich aus der peripatetischen Tugendlehre, die *Vit. Hom.* 137 aus Homer zu gewinnen sich bemüht: Dort zerfällt die εὐδαιμονία (das ist der Oberbegriff) in
   vier Kardinaltugenden: φρόνησις, ἀνδρεία, σωφροσύνη, δικαιοσύνη,
   vier Tugenden des Körpers: ὑγίεια, ἰσχύς, κάλλος, τάχος,
   drei äußere Güter: εὐδοξία, εὐγένεια, πλοῦτος.
Letztere drei sind Gaben der Tyche, sind ἐκτὸς εὐτυχούμενα (§ 141) und somit genau das, was εὐτυχία im Philon-Text meint.

Im übrigen gelten die Güter der εὐδαιμονία in der *Vit. Hom.* insgesamt als Göttergeschenke. Die stoische Lehre wird zurückgewiesen, es sei αὐτάρκης ἡ ἀρετὴ μόνη πρὸς εὐδαιμονίαν: § 141 wendet sich, mit homerischem Beweis, gegen den in § 136 referierten homerischen Beweis der Stoiker. Was könnte stärker an das Verfahren späterer Theologen erinnern, das Ausschlachten der Schrift nach *dicta probantia*?

De Deo Z. 19 ἀπ' ἀρχῆς (vgl. Kommentar S. 49)

Vit. Hom. 144 stellt sich die sokratische Frage, ob Tugend lehrbar sei, und kommt auch hierin zu einem Kompromiß: Tugend sei zwar lehrbar, habe aber als Grundlage (ἀρχή) die gute Veranlagung (εὐγένεια) nötig. Diese werde durch Erziehung (παιδεία) vorangetrieben zur Vollkommenheit (εἰς τὸ τέλειον).

De Deo Z. 32f. τοῦ θείου μὴ μεταβαλλομένου εἰς ἄλλο τι εἶδος (Kommentar S. 51f.)

Wenn man bedenkt, daß auch ein Philon einmal Homer-Unterricht genossen hat, gewinnt diese Zeile jetzt einen Hintersinn – gegenüber den häufigen und wenig moralischen Verwandlungen des homerischen Zeus. Ich habe in *Vit. Hom.* keinen Versuch entdeckt, diese theoretisch zu rechtfertigen, was wohl auch nicht leicht gewesen wäre. Immerhin wird in § 113 begründet, warum und mit welchem Sinn der Dichter den Göttern Körper umgelegt habe (περιέθηκεν): Dies sei der Vorstellungskraft der Hörer zuliebe so gesagt; und es sei eine Art Körper (σώματος εἶδος) gemeint, die die Fähigkeit zu ἐπιστήμη und λόγος bedeute. – Vgl. noch zu Z. 121 sowie, zur Frage der Schicklichkeit, oben 2.1 Anm. 27.

Im Gegensatz zum Göttlichen sind die Elemente des Kosmos in ständiger Verwandlung begriffen; s. u. zu *De Deo* Z. 82.

De Deo Z. 35 ἀενάου καὶ ἀοράτου (Kommentar S. 52f.)

Die Verknüpfung dieser beiden Adjektive (vgl. 1.Tim 1,17) wäre keinesfalls im Sinne des Homer-Kommentators, sondern stellt eine dem extremen Platonismus verwandte Eigenheit des damaligen Judentums[3] gegenüber der auch in der Interpretation noch sinnlichen griechischen Götterwelt dar. Denn während für die ‚Ewigkeit‘ der homerischen Götter die Belege bei Homer so deutlich sind, daß *Vit. Hom.* 105.112 sie nur zitieren muß, so ist, wie der Kommentar zu *De Deo* schon bemerkt hat, ‚Unsichtbarkeit‘ für griechisches Denken kein eindeutiges Wertprädikat. *Vit. Hom.* 122 läßt ἀειδῆ καὶ ἀόρατον den Luftraum sein, den Aufnahmeort der abgeschiedenen Seelen, also den (für ihn nicht mehr unterirdischen) Hades. Ebenso Cornutus 5 (S. 4 Z. 17ff.) mit der Betonung, daß es sich um den erdnahen Luftraum handle[4]; ferner c. 35 (S. 74 Z. 5f.); Heraklitos 23,9–11; 41,9 und bes. 74,6. Etymologisch wird auf die dreisilbige Aussprache dieses Namens bei Homer (Ἀΐδης) hingewiesen: Cornutus 5, S. 5 Z. 2f.

---

[3] Vgl. noch das Paradox eines ἀόρατον καὶ νοητὸν φῶς am 1. Schöpfungstag bei Philon, *Opif.* 31. – Auch Josephus läßt sich anführen: In *Bell.* VII 319f. sind ἀόρατος und ἄφθαρτος Eigenschaften der Seele. Aus Philon selbst vgl. noch grundsätzlich *Opif.* 12, aus dem Platonismus Alkinoos, *Didask.* p. 161 (H.) Z. 38: ἀόρατον καὶ νοητὴν φύσιν und grundsätzlich ebd. p. 168 (H.) Z. 8–10. In 177,23 findet sich νοητὴ καὶ ἀϊδής gekoppelt, wobei ἀϊδής durch Itazismus, aber auch aus sachlichen Gründen mit ἀειδής zusammenfiel: S. 128 Anm. 386 der Ausg. Whittaker.

[4] Hekate, die Mondgöttin, wird darum auch χθονία genannt und mit den καταχθόνιοι θεοί gemeinsam verehrt: Cornutus 34 (S. 72 Z. 15ff.).

Hier kommt ein altertümlicher Animismus zur Geltung, der insbesondere im späteren Neuplatonismus tragend wurde. Bei Philon ist er auch schon vorhanden; auch für ihn ist der Luftraum voller Seelen[5], wie überhaupt im Platonismus seit seinem Bestehen als Schule: s. Dillon, Middle Platonists 25 (Xenokrates, 4. Jh. v. Chr.), 178 (Philon) und 191 (Ammonios). Plutarch läßt seinen Sohn Lamprias in dieser Weise Platons Er-Mythos allegorisieren (*Mor.* 740 B/C zu Platon, *Res p.* 620 B), im Widerspruch gegen Platon selbst, der noch die homerische Unterweltsvorstellung hat (ebd. 621 B), wenngleich er sie zugunsten der östlichen Wiedergeburtslehre kritisiert (386 B–387 B) und erweitert.

Mehr über ἀόρατος und über die Sichtbarkeit der griechischen Götter s. u. zu Z. 56 mit Exkurs.

ebd. μετοχήν (Kommentar S. 53)

Ähnlich ist, wie oben zu *De Deo* Z. 12 gesagt, in *Vit. Hom.* 119 Gerechtigkeit (δικαιοσύνη) eine Eigenschaft, an der Götter und Menschen teilhaben (μετέχοντες φύσει). Dies zeigt gleichfalls die Oberherrschaft philosophischer Begriffe bei der Textauslegung. Es besteht eine Hierarchie: Begriffe – Götter – Menschen.

De Deo Z. 35f. ἄρρενα φύσιν (Kommentar S. 53–56)

Die gleiche Überordnung des „Männlichen" über dem „Weiblichen", wobei ersteres als θερμότερον das Energiegeladenere ist, findet sich in *Vit. Hom.* 202, verbunden wieder mit den Symbolen der Sonne (Helios, Masculinum) und des Mondes (Selene, Femininum)[6]. Cornutus 32 (S. 66 Z. 12ff.) möchte das gleiche im Gegensatz von Apollon als ἄρρην und θερμότερον ὢν πῦρ καὶ δραστικώτερον einerseits und Artemis andrerseits, der θήλεια, ἀμβλυτέραν καὶ ἀσθενῆ τὴν δύναμιν ἔχουσα ausgedrückt wissen.

Was die weltschöpferische Tätigkeit der Gottheit betrifft, so wird diese in *Vit. Hom.* 96 mit demselben halbmetaphorischen Wort wie bei Philon als γεννᾶν ‚(er)zeugen' bezeichnet, jedoch in genau dem (mythischen) Dualismus, den Philon in Z. 38 ablehnt. Es heißt nämlich beim Homer-Ausleger von der sexuellen Gemeinschaft des Zeus mit Hera: ἐξ αὐτῶν συνιόντων γεννᾶται τὰ πάντα.

Heraklitos, für den auch Hera, die Luft, als μαλακώτερον στοιχεῖον weiblich ist (15,3), legt Wert auf das Fernhalten jeglicher lustverbundenen Sexualität aus dem Götterhimmel (68,8–69,16), gemäß dem Grundsatz, nichts Unschickliches (ἀπρεπές) über die Götter zu reden (60,3; vgl. 26,5).

Das (tendenzielle) Ausschalten des Dualismus bei Philon bedeutet auch, wie

---

[5] s. Leisegang, Index unter ψυχή 13.: *aer est plenus animarum, quae sunt* ἄγγελοι, δαίμονες *etc.* (Fülle von Belegen).

[6] Ebenso Artemidor II 36 (S. 164 Z. 1–5): Selene, weniger „warm" als Helios, „bedeutet" die Wirksamkeit einer weiblichen Person.

wir sagten, das Fernhalten der Sexualität von der Gottesvorstellung: hier bleibt Philon dem alttestamentlichen Gottesbild treu. Das „Zeugen" eines Sohnes, wenn auch ohne Mutter, in der christlichen Dogmatik wäre demgegenüber eine Hellenisierung, wird allerdings in Apg 13,33, Hebr 1,5 und 5,5 aus einem Königspsalm (2,7) begründet.

De Deo Z. 36 δι' ἔλεον (Kommentar S. 57)

Vit. Hom. 132 läßt νέμεσις und ἔλεος als „vornehme Leidenschaften" (ἀστεῖα πάθη) auch für die Götter gelten; sie seien auch eines Zeus nicht unwürdig. – Hier ist für Philon als Juden typisch, daß das erste Glied dieses Begriffspaars bei ihm fehlt. Es ist abwesend von all seinen Schriften, wie auch von der Septuaginta. (Die christliche Theologie blieb auf dieser Linie: Auch Lampe, Lexicon hat das Wort nicht.) Die alttestamentliche „Rache" Gottes an seinen Feinden, d. h. an den Feinden Israels, heißt niemals νέμεσις, sondern ἐκδίκησις, worin nicht die Wurzel ‚Zorn', sondern die Wurzel ‚Recht' steckt.

De Deo Z. 37 τοῖς λόγον ἔχουσι (bisher nicht kommentiert)

Das Exklusive in dieser Formulierung wird deutlich, wenn man die in 2.1 zum Stichwort αἰνίσσεσθαι zitierte Bemerkung Dörries heranzieht, Homer habe „den zum Logos fähigen Menschen" sein Ur-Wissen offenbaren, es den Banausen aber vorenthalten wollen (ZNW 1974, 132). – Mehr unten zu *De Deo* Z. 135.

ebd. παραστῆσαι

– ein typisches Verbum in interpetierenden Zusammenhängen; vgl. Heraklitos 34,2 ἀκριβῶς παραστῆσαι und weitere Formen von παριστάναι 13,2; 23,1; 41,3; 70,2. Reichliche Belege bei Cornutus sind aus dem Index der Ausg. Lang ersichtlich. – Bei Philon vgl. *Opif.* 96.103.129.134; *LA* I 34 (zweimal).43 usw.

De Deo Z. 37 f. οὐσίαν (Kommentar S. 57)

Dieses Wort gebraucht für Materielles, nämlich für die Elemente, auch *Vit. Hom.* 97; Heraklitos 15,3; 23,13; 26,6; 50,4; 56,6; 58,3; 67,2 (dort ist ἀρχέγονος καὶ πρώτη οὐσία synonym zu ἄμορφος ὕλη!)[7]. Auch bei Cornutus (17, S. 28 Z. 16) ist οὐσία ‚Materie', und zwar schon ehe sich diese nach Gröberem und Feinerem differenziert.

Den Ausdruck ἄμορφος ὕλη finden wir bei Heraklitos 43,7; 65,6; 66,7; 67,2. Auch der Mittelplatonismus hatte das platonische Wort ἄμορφος aus *Tim.* 50 D; 51 A mit ὕλη gekoppelt: Alkinoos, *Didask.* p. 162 (H.) Z. 36. Im Stoizismus, anders als im Platonismus, ist jedoch klar, daß aus Materie geschaffen wird. Die

---

[7] Noch unmöglicher, gemessen an den griechischen Ursprüngen, ist in 74,1 die Rede von einer ἀφανὴς καὶ νεκρὰ φύσις. Der Mißbrauch griechischer Terminologie bei Philon, unten unter 6.1.6 erwähnt, wundert den Philon-Leser jetzt nicht mehr so sehr.

Frage nach deren Herkunft wird nicht gestellt, oder vielmehr: die Materie in ihren wechselnden Zuständen von Ordnung und Unordnung gilt als ewig. Mit dieser der Bibel widersprechenden Vorstellung hatte sich Philon infolgedessen auseinanderzusetzen (*Aet.*, unvollendet).

De Deo Z. 38 θεοπλαστεῖν (Kommentar S. 59f.)

Was Philon im Sinn hat, wird deutlicher beim Lesen der φυσικῶς gegebenen, am materiellen Kosmos festgemachten Mythendeutungen eines Cornutus, Heraklitos und ps.-Plutarch. Der 2. Band von Festugière, Révél. nennt es im Untertitel: *le dieu cosmique*. Philon, *Conf.* 173: τινὲς haben aus Bewunderung für die Schönheit des Kosmos dessen beste Teile, insbesondere den gesamten Himmel, zu Göttern erklärt (θεοὺς ἐκάλεσαν). So bezeichnet schon der Schlußsatz des platonischen *Timaeus* (92 C) den Kosmos als θεὸς αἰσθητός. Dies wird bildlich ausgeführt in dem unten zu Z. 56 zu zitierenden orphischen Fragment 168. Eine Doxographie einschlägiger Ansichten bietet Origenes, *C. Cels.* V 7; vgl. Chadwicks Fußnoten z. St.

De Deo Z. 41f. μαθητῇ καὶ γνωρίμῳ δικαίῳ (Kommentar S. 61)

Ebenso erkennen auch die Stoiker in guten Männern „Freunde der Götter", was sie nach *Vit. Hom.* 143 aus Homer haben. Amphiaraos und Odysseus sind die Beispiele, wobei letzterer nach *Od.* 3,52 auch als ἀνὴρ δίκαιος bezeichnet wird. − Ähnlich Noah in *De Jona* § 94, Simson selbst in *De S.* 46.

De Deo Z. 43 τῷ Πρώτῳ Ἡγεμόνι (Kommentar S. 65f.)

In *Vit. Hom.* 119 heißt es von der − mit einer Polis verglichenen − Welt, es beherrsche sie (ἐξάρχειν) der „Vater der Götter und Menschen", Zeus. Er ist als πρῶτος θεός der ἀρχηγός. (Vgl. noch das zu *De Deo* Z. 12 über seine „Königsherrschaft" Gesagte).

Hier verdient bemerkt zu werden, daß Zeus, obwohl „Vater" und „Urheber", doch bei weitem nicht so betont Schöpfer des Kosmos ist wie der κοσμοποιός bei Philon (Z. 41) und überhaupt im Judentum. Das geht in *Vit. Hom.* schon aus dem Aufbau hervor: Der „theoretische" Teil beginnt in § 93 die Kosmologie mit der Elementenlehre; erst danach fließt allmählich die Götterlehre und der Name des Zeus mit ein.

De Deo Z. 46f. ἄρρητος (Kommentar S. 68)

Homer gilt in *Vit. Hom.* 149 sogar als Lehrer des Schweigens, mit der Begründung: „Barbarisch ist das Geschrei, hellenisch ist das Schweigen". Recht gewagt zitiert der Interpret hierzu *Od.* 14,466, wo ἄρρητον ἔπος eine Äußerung meint, die besser unterblieben wäre.

Das ist natürlich dem Geschmack der Zeit geschuldet. Ps.-Longinos, *De sublimi* 9,2 sagt im Hinblick auf Homer, *Od.* 11,543−563: „Das Schweigen des

Aias in der ‚Totenbeschwörung' ist in seiner Größe erhabener als alles, was Rede wird" (Übers. R. Brandt).
Daß das Schweigen ebensogut oder eher noch ägyptisch ist als hellenisch, läßt sich z. B. aus Mahé, Hermès II 300.455 entnehmen, mit Belegen aus ägyptischer Weisheit und Mystik. Festugière, Révél. IV 76 würdigt das mystische Schweigen als Gemeingut der religiösen Literatur des späten Hellenismus. Er erinnert auch an die gnostische Hypostase der Σιγή⁸. – Vgl. noch ἀπόρρητος bei Heraklitos 6,6 (unten zu *De Deo* Z. 51)

De Deo Z. 48–50 Hofzeremoniell; βασιλικὴ ἀρετή (Kommentar S. 71–78)
Wie wir oben (zu *De Deo* Z. 12) gesehen haben, war für den Homerphilologen die βασιλεία die beste Herrschaftsform; denn das hatte Homer eindeutig gesagt (*Vit. Hom.* 182f.). Damit verbindet er die platonische Lehre von den drei Arten von Herrschaft samt ihren jeweiligen Entartungen:

βασιλεία   Entartung: τυραννίς
ἀριστοκρατία   ὀλιγαρχία
δημοκρατία   ὀχλοκρατία.

Nur die βασιλεία hat direkten göttlichen Auftrag, wie aus Homer belegt wird.
(Daß Zeus selbst bei Homer nicht βασιλεύς heißt, mag damit zusammenhängen, daß dieses Wort seinerzeit eher das Oberhaupt eines Clans bezeichnete als den absoluten Herrscher hellenistischen Zuschnitts. – Hesiod. *Theog.* 886 hat dann das Wort auch für Zeus.)

Z. 49 (Exkurs) θεός von τιθέναι (Kommentar S. 74)
Diese schon alte Etymologie (Herodot II 52) lautet bei Cornutus 1 (S. 3 Z. 1): θεοὶ θετῆρες καὶ ποιηταὶ τῶν γινομένων.

De Deo Z. 51 χρησμός (Kommentar S. 78)
Während der nüchterne Römer Cornutus keinen Sinn hat für mysterienhafte Stilisierung, findet sich diese um so stärker bei Heraklitos, z.B. in 6,6; 33,1; 64,4; 76,1 (ὁ μέγας οὐρανοῦ καὶ θεῶν ἱεροφάντης Ὅμηρος); am stärksten wohl in 53,2: Εἰ δ' ἐθελήσοι τις ἐνδοτέρω καταβὰς τῶν Ὁμηρικῶν ὀργίων ἐποπτεῦσαι τὴν μυστικὴν αὐτοῦ σοφίαν „wenn jemand, tiefer in die homerischen Orgien hinabsteigend (*sc.* am Schreibtisch bzw. vor dem Pult des Literaturlehrers), Augenzeuge seiner mystischen Weisheit werden will…" – Übrigens begegnet in solchen Zusammenhängen öfters das Verbum παραδιδόναι: 34,8; 48,7; 49,3.

---

⁸ Seinen Belegen lassen sich zahlreiche aus dem Nag-Hammadi-Schrifttum hinzufügen: Siegert, Nag-Hammadi-Register S. 300; vgl. S. 72 zum koptischen Pendant (das offenbar nicht so sehr im terminologischen Sinne verwendet wurde).

Wenn Philon dem ganzen jüdischen Volk zutraut, Priester der Oekumene zu sein („Was der Priester für die Stadt bedeutet, das bedeutet für die ganze bewohnte Welt das jüdische Volk", *Spec.* II 163, nach Ex 19,6), so ernennt Heraklitos in noch universellerem Sinne alle Homer-Leser zu Priestern seiner göttlichen Worte: ἱερεῖς δὲ καὶ ζάκοροι τῶν δαιμονίων ἐπῶν αὐτοῦ πάντες ἐσμὲν ἐξ ἴσου (79,13).

Was den Begriff χρησμός im besonderen angeht, so ist eine Praxis der Homer-Leser zu vergleichen (die sich mit Vergil dann in der lateinischen Welt fortgesetzt hat)[9]: Χρῶνται μέν τινες πρὸς μαντείαν τοῖς ἔπεσιν αὐτοῦ, καθάπερ τοῖς χρησμοῖς τοῦ θεοῦ (*Vit. Hom.* § 218, Schlußsatz). So zitieren die griechischen Zauberpapyri auch Homerverse, ja sie bieten regelrechté Ὁμηρομαντεῖα (VII 1−52 nach H. D. Betz, Hellenismus 179). Noch Clemens von Alexandrien hält Homer für einen Seher, wenn auch für einen unfreiwilligen: Ὅμηρος ἄκων μαντεύεται (*Paed.* I 6,36); und in den *Stromata* (V 14,46) sagt er sogar: „Homer erhielt eine genau treffende Sehergabe", ἔτυχεν μαντείας εὐστόχου.[10]

Mit den damals umlaufenden Orakelsprüchen hatten die homerischen Sentenzen immerhin die hexametrische Form gemeinsam, auch das Alter, echtes Alter sogar.

Hier sei als Kontrast zum Judentum, dessen „Mose" noch höheres Alter beanspruchen konnte, die unvergleichliche sprachlich-ästhetische Überlegenheit jenes poetischen „Orakels" der Griechen hervorgehoben. Was die Lektüre der *Vita Homeri* noch heute zum Genuß macht, sind die immer wieder eingestreuten Homerverse, deren Ungezwungenheit und Frische mit nichts zu vergleichen ist, was spätere Zeiten in epischer Form hervorgebracht haben. Das gilt bis herab zu den Sibyllinischen und sonstigen Orakeln. Der diesen gegenüber nochmals himmelweite Rückstand, den das hebraisierende Übersetzungsgriechisch der Septuaginta aufweist, war gegenüber einer so sehr auf schöne Form achtenden Kultur wie der griechischen durch nichts auszugleichen. (Vgl. oben 1.4.1.)

Hier erklärt sich eine stilistische Verschiedenheit zwischen Philon und den Predigten *De J.* und *De S.*: letztere, bemüht, hellenistischen Kriterien sprachlichen Niveaus zu genügen, *können* nur wenige und kurze Septuaginta-Zitate enthalten. Der kulturelle Rückstand des eigenen, weder metrischen noch sonstwie schönen Orakels wäre sonst hörbar geworden.

Ein ähnliches Problem entstand den christlichen Kirchenvätern aus der stilistischen Bescheidenheit der Evangelien. Sozomenos berichtet von einem

---

[9] s. Kl. Pauly V 1199,3−31.
[10] Hinweis Pépin, Christianisme et mythologie 39. − Platon rückt bei Clem. Alex. im selben Kontext (*Strom.* V 14, § 108,2) in die Nähe der Propheten: ὁ Πλάτων μονονουχὶ προφητεύων ...

Vorfall um das Wort κράββατος, das ein Vorleser durch σκίμπους ersetzen wollte.[11]

νενομοθετῆσθαι: Auch der Homer-Ausleger bezeichnet seinen Poetentext als νόμος (Richtschnur) der Wahrheitssuche: ὑπὸ νόμῳ τῶν ποιημάτων τὴν ἀλήθειαν ἰχνεύωμεν (Heraklitos 3,3). Es war stoische Lehre, daß göttliche Offenbarung sich auf drei Arten mitteile:

> „die zweckmäßige Einrichtung der Natur,
> die mythologischen Erzählungen − und
> die Existenz staatlicher Gesetze" −

so Wehrli, Homer 52 (vgl. 55) nach SVF II Nr. 1009 (bes. S 300. Z. 11 f.). Zu ersterer gehört das Naturgesetz/Naturrecht, der φυσικὸς νόμος, den Cornutus erwähnt (19, S. 34 Z. 18). Mehr unten im Kommentar zu *De J.* § 4.

Jüdisches Selbstbewußtsein konnte leicht hieran anknüpfen − man vergleiche etwa Thema und Durchführung von Philons *De opificio mundi*. Die stoische Auffassung wurde nur insofern überboten, als die in den Gesetzen des Mose vernehmbare Gottesstimme von jenseits, „oberhalb" des Kosmos kommen sollte: ἐπάνω *De Deo* Z. 54; ebenso und etwas bildhafter noch *De J.* 4 und 21. Vgl. *Vit. Hom.* 175 (in 1.2.5 zitiert): Minos lernt seine Gesetze von Zeus. Bei Cornutus hingegen kommt nur die Erdgöttin, Demeter, als Gesetzgeberin vor (21, S. 56 Z. 18ff.: ἀρχηγὸς νόμων καὶ θεσμῶν).

Was griechischem Denken angesichts der jüdischen Auffassungen vom Mose-Gesetz schwerfiel, war nicht der Offenbarungsanspruch, sondern die Eigenart, daß „Mose" selbst kleinste Kleinigkeiten des täglichen Lebens geregelt hatte. (Modernes Befremden hat das Judentum *a religion of pots and pans* genannt.) Dies war, so urteilt Yehoshua Amir[12], für philosophisches Denken der Antike auf keinen Fall rückführbar auf eine überkosmische Macht.

Und in der Tat bedurfte es aller allegorischen Künste eines Philon, um z. B. das für griechischen Geschmack häßliche Gebot der Beschneidung wenigstens den eigenen Volks- und Glaubensgenossen gegenüber als höhere Weisheit zu erweisen (*Spec.* I 1−12).

De Deo Z. 54 πτηνῷ ἅρματι (Kommentar S. 80 f.)

Die berühmte Stelle aus Platons *Phaedrus* (246 E), wonach Zeus auf einem geflügelten Wagen das Gefolge der Götter anführt, wird vom Rhetoriker Hermogenes (Περὶ ἰδεῶν λόγου I 6, S. 246 Rabe) als Semnologie gewertet, als

---

[11] Nachgewiesen bei Lampe, Lexicon unter κράββατος 1. − Eine Blütenlese zum Problem der neutestamentlichen „Barbarismen", paulinischen „Cilicismen" usw. s. Siegert, Argumentation S. 255; vgl. S. 6 Anm. 5.

[12] Jb. f. bibl. Th. 1987, S. 70. Amir untersucht Ursachen der Judenfeindlichkeit in der Alten Welt.

„Würdigmachen" des Aussageinhalts, u. z. mit Hilfe der ἀλληγορικαὶ μέθο-
δοι. Er würdigt hier ein rhetorisches Ausdrucksmittel Platons, das die Homer-
ausleger ihrem „Dichter" zugute gehalten haben – und Philon dem „Gesetzgeber".

De Deo Z. 54f. ἐπάνω παντὸς τοῦ κόσμου ... καθῆσθαι (Kommentar
S. 81f.)

Nach den eben gemachten Bemerkungen soll nun das in Oben/Unten einge-
teilte gemeinantike Weltbild in unser Blickfeld rücken, u. z. so wie es im
Homerunterricht gelehrt wurde. Ganz ähnlich, wie ps.-Aristoteles in *De mun-
do* die gängige Meinung seiner Zeit zusammenfaßt, so ist auch bei Cornutus (6,
S. 7 Z. 13f.) die Erde ein Stein mitten im Kosmos, dessen Äußerstes der heiße
Aether bildet. Letzterer ist die Sphäre des Zeus und des Helios (s. u. zu Z. 56).
Philon überbietet auch hier: der Aether ist ihm nur der Stoff der göttlichen
„Kräfte"; der „Seiende" hingegen sitzt über oder außerhalb der äußersten
kosmischen Sphäre, wie zum vorigen Lemma schon gesagt.

De Deo Z. 55 ὁ Πατήρ (Kommentar S. 82)

vgl. oben zu Z. 43. – Das homerische Zeus-Epitheton πατὴρ ἀνδρῶν τε
θεῶν τε wird von Philon in *Prov.* II 15 zitiert und für eine dreifache Analogie
ausgenützt: Wie ein Vater zu den Kindern, so verhält sich der König zur Polis
und Gott zum Kosmos[13]. Das ist ein absolut unorigineller Gedanke (vgl. den
De-Jona-Anfang); bezeichnend für unseren Beweiszweck ist seine Begründung
im Homer-Text.

De Deo Z. 56 ἤρτηκεν ἐξ ἑαυτοῦ πάντα (Kommentar S. 83)

Vit. Hom. 94 referiert eine merkwürdige Interpretation von *Il.* 8,10–27, eine
Götterschelte des Zeus, für die schon Platon (*Theaetetus* 153 C/D) eine allegori-
sche Interpretation kannte. Die Schelte lautet etwa so: ,Wenn ihr nicht pariert,
werf' ich euch noch tiefer als in den Hades hinunter[14]; und wenn ihr euch auch
alle an eine goldene Kette hängen würdet – ihr könntet mich nicht von den
Höhen des (himmlischen) Olymp herunterziehen.'
Die Interpretation macht aus Göttern Elemente: Die Kette symbolisiert den
Abstand zwischen Himmel (außen) und Erde (innen); an ihr hält der Himmel
(Zeus) Meer und Erde hoch, daß sie schweben (ἀνασπάσειν, ὡς πάντα μετέω-
ρα γενέσθαι). – Was statt der „Kette" physikalisch einzusetzen ist, eben diese
Frage beantwortet Philon in *De Deo* und sonst mit seiner „Kräfte"-Lehre.

---

[13] Lamberton, Homer 52 (zu korrigieren). Die Philon-Stelle ist bei Eusebius im griech.
Original zitiert, jedoch ohne Erwähnung Homers: *Pr. ev.* VIII 14 (laut VIII 13 Ende einer
Zusammenfassung).
[14] V. 16 nennt die drei „Stockwerke" dieses Weltbildes in einer Zeile: Οὐρανός, γαῖα,
Ἅιδης. Letzteren siedelt jedoch der Interpret, wie oben zu Z. 35 gesagt, in der Luft an.

Bis in späteste Antike hat diese Allegorisierung Gültigkeit gehabt. Noch Proklos in seinem *Timaeus*-Kommentar zitiert „den Theologen" (Homer) für die mit der Goldenen Kette symbolisierte Lehre (Text bei Kern, Orphicorum fragmenta S. 199 Nr. 166).

Noch kühner scheint uns ps.-Plutarch in § 97, wo er eine andere Scheltrede des Zeus an Hera alles Lächerlichen entkleidet, um ihr einen gewaltigen kosmologischen Gedanken zu unterstellen. In *Il.* 15,16–20 droht Zeus seiner Gattin, die eben die Tötung Hektors erfolgreich bewerkstelligt hat, die Wiederholung einer ihr früher schon erteilten Strafe an, wo er ihr einst zwei Ambosse an die Füße gebunden und sie mit Fesseln am Aether aufgehängt hatte. Die beiden Ambosse – so erfahren wir nun – sind (τουτέστι) Erde und Meer, befestigt an den Füßen der Hera = ἀήρ, welche an Zeus = αἰθήρ hänge (κρέμασθαι)[15]. Ebenso Heraklitos 40,1–14; dort (5) auch die Rede von den beiden βάσεις des Kosmos, was bei Heraklitos die schweren Elemente Wasser und Erde sind; Philon hat den Ausdruck wörtlich genommen und die „Füße" der kosmischen Cherubim so benannt (*De Deo* Z. 118ff.).

Cornutus 17 (S. 26 Z. 14ff.) gibt die gleiche Deutung, entschuldigt aber zugleich den homerischen Wortlaut als μύθου παλαιοῦ ἀπόσπασμα. Tatsächlich kann man sich beim Lesen der Texte des Eindrucks nicht erwehren, daß Philon, verglichen mit den Allegoristen homerisch-göttlicher Wutausbrüche, sein Ergebnis anhand der alttestamentlichen Cherubim weit eleganter erreicht hat.

Gleichfalls aus dem Homer-Unterricht erklärt sich m. E. die im Kommentar S. 83 zitierte gnostische Stelle[16], die zu der Vorstellung vom „Hängen" des Kosmos am Aether (dem entmythisierten Zeus) nur noch das Interpretament ,Pneuma' hinzufügt. –

Exkurs: Der sichtbare Zeus und der unsichtbare Gott der Bibel

Hier tritt nun ein fundamentaler Unterschied zwischen griechischer und jüdischer Gottesauffassung zutage, wie er offenbar gerade vom hellenistischen Judentum benannt und betont worden ist.

Der ,Aether' der griechischen Kosmologie war nichts Unsichtbares, sondern er war das helle, strahlende Gewölbe über uns – heute würde man sagen: das diffuse Licht in der Atmosphäre. Er war die Kugel aus Licht, das – zumal im Mittelmeerraum – alles zu überwölben scheint, nachts als Sternenglanz, ver-

---

[15] so zu akzentuieren. – Der Kommentar von Faesi/Franke zu *Il.* 15,17 weist darauf hin, daß die homerischen Auseinandersetzungen zwischen Zeus und Hera einen naturmythischen Hintergrund haben: das Gegeneinander der Elemente im Gewitter. – Da wäre also in der Spätantike aus einem Naturmythos Naturphilosophie geworden, eine durchaus plausible Hypothese.

[16] Als Kommentar dazu s. Wolbergs, Hymnen S. 23–26; Text S. 5 Nr. 43.

deckt höchstens durch Wolken, von denen man weiß, daß sie vergleichsweise flach über der Erde ziehen und daß ihre Feuchtigkeit früher oder später gänzlich von der Erde angezogen wird. M. a. W.: Der griechische Zeus war sichtbar, im Gegensatz zum „unsichtbaren" Hades (bei Homer dreisilbig: Ἀΐδης; vgl. zu Z. 35).

Nach Herodot (I 131) sollen es die Perser gewesen sein, die gegen das Abbilden von Göttern in Menschengestalt Einspruch erhoben, „indem sie das ganze Himmelsgewölbe ‚Zeus' nannten" (τὸν κύκλον πάντα τὸν οὐρανοῦ Δία καλέοντες). Heraklitos (23,7) zitiert die Verse des Euripides:

Ὁρᾷς τὸν ὑψοῦ τόνδ' ἄπειρον αἰθέρα
καὶ γῆν πέριξ ἔχονθ' ὑγραῖς ἐν ἀγκάλαις;
τοῦτον νόμιζε Ζῆνα, τόνδ' ἡγοῦ θεόν.
(Frg. 941 Nauck)
„Siehst du dort oben diesen grenzenlosen Aether,
der die Erde rings umfaßt in feuchter[1] Umarmung?
Den laß gelten für Zeus, den halte für Gott!"[2]

(überwörtlich übersetzt). Dies ist eine Grundthese hellenistischer Theologie. Formuliert im 5. Jh. v. Chr., zustimmend wiederholt z. B. bei Cicero (_De natura deorum_ II 2 § 4) und Clemens von Alexandrien (_Strom._ V 14, § 114,1)[3], wird sie noch im 5. Jh. n. Chr. dem Sammelwerk des Johannes Stobaeus (_Anthol._ I 1 § 2) als erste inhaltliche Aussage an die Spitze gesetzt.

Porphyrios (bei Euseb) und Stobaeus überliefern uns das orphische Gedicht Nr. 168 (Kern S. 201 f.), wo der ganze Kosmos als Körper des Zeus gilt, dessen Haupt, der hellscheinende Himmel, sichtbar sei:

τοῦ δή τοι κεφαλὴ μὲν ἰδεῖν καὶ καλὰ πρόσωπα,
οὐρανὸς αἰγλήεις … (Z. 11 f.)

---

[1] Dies war ursprünglich eine Anspielung auf den Regen, der nach älterer Auffassung – also ehe man Hera als ἀήρ allegorisierte – „aus Zeus" kam. (Belege im Thesaurus unter Ζεύς Sp. 21 C/D.) Selbst bei den Stoikern begegnet gelegentlich noch die Identifikation des Zeus mit dem Element der Luft: SVF II 1100; vgl. 1076 (S. 315 Z. 19, im Gegensatz zu Z. 16).

[2] Vgl. Buffières Anm. 6 z. St.: klassisch-griech. Parallelen. – Artemidors Traumbuch I 34 teilt ein: Τῶν θεῶν οἱ μέν εἰσι νοητοὶ οἱ δὲ αἰσθητοί; Zeus fällt hierbei unter die αἰσθητοί. Je nach dem Element, das die Gottheit beherbergt, gibt es „ätherische", „himmlische" und verschiedenerlei mit dem Erd- und Wasserelement verbundene Gottheiten. Die „ätherischen" und die „himmlischen" zählen sämtlich zu den sinnlich wahrnehmbaren: εἰσὶ δὲ οὗτοι αἰσθητοὶ πάντες (S. 157 Z. 14). – Auf diesem Hintergrund erhält das Wort ἐπουράνιος, bei Homer schon für „himmlische" Götter gebraucht, in jüdischem Gebrauch eher die Nuance ‚überhimmlisch' (die sprachlich möglich ist, vgl. Thesaurus _s. v._); so vielleicht schon 2.Makk 3,39. Mehr bei Delling, Diasporasituation 73. Allgemein vgl. ThW V 497–501 (Art. οὐρανός), wo jedoch die schöne Philon-Stelle _Gig._ 62 übersehen wird: ἄχρις αἰθέρος καὶ ἔτι παραιτέρω. Dort gibt es – pluralisch – ἐπουράνια zu schauen, _Virt._ 12. – Die _Acta Johannis_ 112 (S. 212 Lipsius/B.) differenzieren dann ausdrücklich zwischen ἐπουράνια und ὑπερουράνια.

[3] mit dem interpretativem Hinweis im oberen Kontext: „die Tragödie zieht (die Aufmerksamkeit) ab von den Idolen und lehrt, zum Himmel aufzublicken".

Sein νοῦς sei der Aether, womit er alles hört, alles spricht (Z. 17). Es folgt ab Z. 22 die Beschreibung seines – aus den übrigen Elementen bestehenden – „Körpers".

Auch hierin steckt Homer-Exegese. Denn längst ehe griechische Philosophen sich den Aether-Begriff zu eigen machten, hieß der homerische Zeus „Aether-Bewohner", αἰθέρι ναίων (*Il.* 2,412; 4,166; *Od.* 15,523). Die bei Stobaeus, *Anthol.* I 1 zusammengestellten Gottesaussagen sind denn bis § 26 alle mehr oder weniger „ätherisch"; es folgt bis § 29 der kosmische Gott (jeweils mit Für und Wider) und erst in § 30 ein hermetischer Text (CH IV 1), der dem bisherigen grundsätzlich widerspricht und die Unsichtbarkeit und Immaterialität Gottes behauptet. (Es folgen Texte über Gottes Vorsehung und kosmische Aufsicht.)

Dies ist eine „steile" und jedenfalls späte These. Noch für das Alte Testament, dessen hellenistisch-jüdische Interpretation hier eingeflossen sein dürfte, gilt, wie Rudolf Bultmann richtig gesagt hat (Exegetica 182): „Der Gedanke der Unsichtbarkeit Gottes im strengen Sinne ist überhaupt kein alttestamentlicher. Das griechische ἀόρατος hat kein hebräisches Äquivalent." Auch die Septuaginta, die dieses Wort gelegentlich hat, verwendet es nie für Gott (vgl. ThW V 369,20). Das Unsichtbare ist das nicht Seiende (Gen 1,2 LXX; JosAs 12,2). JosAs 12,1 drückt sich ganz griechisch aus, wenn es den Schöpfer anredet als ὁ ἐξενέγκας τὰ ἀόρατα εἰς τὸ φῶς.

Seit ihrer klassischen Zeit hat die griechische Philosophie auf die Frage, ob Gott/das Göttliche unsichtbar sei, mit Ja und Nein geantwortet. In Xenophons *Mem.* IV 3, einem Compendium griechischer Theologie im Munde des Sokrates, ist „der den Kosmos Ordnende und zusammenhaltende" (hier Masculinum und Singular!) einerseits sichtbar (ὁρᾶται), nämlich in seinen Werken; als der οἰκονομῶν allerdings ist er ἀόρατος ἡμῖν. Es folgen die bis in die christliche Apologetik hinein klassisch gewordenen Analoga: Die Sonne läßt sich gleichfalls nicht betrachten, u. z. aus Übermaß an Licht; und die Seele des Menschen ist auch unsichtbar und nichtsdestoweniger höchst wirksam, sie ist sein Bestes (§ 13 f.)

Der Gott der gängigen antiken Anschauung ist zwar unerreichbar, aber nicht unsichtbar: er ist φῶς οἰκῶν ἀπρόσιτον (1.Tim 6,16). Licht ist sein Kleid (Ps 104[103],2), wobei ‚Licht' in griechischem Verständnis als der reine Licht-Stoff gedacht wird, als αἰθέρος ἄβατον φῶς (Euripides, *Phoenissae* 809 bzw. 816/ 822). So lehrte auch die bei Stobaeus, *Anthol.* I 25,7 zitierte Homer-Auslegung (vgl. *Vit. Hom.* 105), Helios sei nicht Feuer, sondern etwas noch Besseres: φῶς καθαρώτατον.

So weit immerhin konnten auch griechische Götter entrückt und transzendent sein – aber niemals so weit, daß ihre Schönheit nicht in Standbildern hätte dargestellt werden können, ja müssen[4]. Das Bilderverbot (Ex 20,4f.) war es,

---

[4] Selbst der extrem platonische Standpunkt des Maximus v. Tyrus in *Diss.* XVII (Τί ὁ θεὸς κατὰ Πλάτωνα), wonach das Göttliche ἀόρατον und ἄρρητον sei, nur dem νοῦς sichtbar (§ 9,

das die jüdische wie die christliche Religionsgemeinschaft für alle Zeit hinter den größten Errungenschaften der griechischen Kultur, ihrem wirksamsten Darstellungsmittel, zurückbleiben hieß. Seine philosophische Rechtfertigung in der Aufwertung des Wortes ἀόρατος zum Gottesprädikat dürfte eine spezifische Leistung des hellenistischen Judentums gewesen sein.

Das Neue Testament stimmt bei – Röm 1,20; Kol 1,15; 1.Tim 1,17; Hebr 11,27 –, das rabbinische Judentum ebenso: Verweise bei Bill. III 31 f., der auch die jüdische Sybille mit heranzieht (Sib. III 12; IV 12; Frg. I 8).

Wenn in hellenistischer Theologie Zeus außerdem als νοητόν gilt – vgl. oben zu Z. 6 –, so heißt dies, daß er zusätzlich eine Aufgabe an das Begreifen stellt[5]. Diese Aufgabe hat die stoische Kosmologie, die darum auch Theologie war, sich zu eigen gemacht.

Das erklärt nun wiederum, wie Hekataeos, nicht minder als Juvenal (zitiert im Kommentar zu *De Deo* S. 79. 83) und andere, die etwas über den jüdischen Gott zu sagen versuchten, ohne selbst Juden zu sein (Celsus in: Origenes, *C. Cels.* V 6) diesen mit dem *summum caelum* identifizierten. Das Göttliche, nach griechischer Auffassung, ist weder außerweltlich noch unsichtbar.

Man sieht, auf welche Verständnisschwierigkeiten die jüdische Lehre vom „unsichtbaren" Gott – in *De J.* vertreten in § 125f. – stoßen mußte. Th. Korteweg hat sie dargestellt in seinem Aufsatz zu Joh 14,8: „Zeig uns den Vater" (in: Vermaseren, Studies 74 ff.). Das Göttliche und Gute, das für die Griechen zugleich das Schöne war, konnte nicht unsichtbar sein.

Philons Lehre von den beiden „Kräften" war, auf diesem Hintergrund gesehen, alles andere als eine intellektuelle Spielerei; sie war ein genialer Kompromiß. Die „Kräfte", als Aether-Element gedacht und Θεός und Κύριος benannt, waren griechischen Augen als kosmische Mächte zeigbar. Um so höher saß dann der „Seiende" und gänzlich Unsichtbare über ihnen[6].

---

u. z.) durch Übersteigen (ὑπερκύψαι – ein platonisches Wort) des Himmelsgewölbes und der Himmelskörper (§ 10), gibt doch zu, daß das sinnlich-Schöne teilhat (μετέσχεν) am übersinnlich-Schönen. Es ist das Anbequemen an menschliche Schwäche der Wahrnehmung, was Götterbilder theoretisch rechtfertigt (§ 3; ebenso VIII 2). Νοῦς und αἴσθησις hängen ja unter sich zusammen (§ 7). – Die Praxis jedenfalls hat aus der Not eine Tugend gemacht.

[5] Diese Aufgabe stellt als Syllogismus dar Mark Aurel (Marcus Antoninus) XII 28: „Wo hast du die Götter gesehen oder woher kennst du sie, daß du sie verehrst? – Erstens sind sie sogar sichtbar (καὶ ὄψει ὁρατοί εἰσιν). Zweitens habe ich nicht einmal meine Seele je gesehen, und ehre sie doch. So ist es auch mit den Göttern: daraus, daß ich ihre Wirkung („Kraft") immer wieder erfahre, erkenne ich, daß sie sind, und erweise ihnen Ehrfurcht." – Das *C. H.* XIV,3 das zunächst, dem Judentum näher, Gott ἀόρατος sein läßt, konstruiert einen paradoxen Syllogismus: „Dazu schafft er, daß er sichtbar sei. Nun schafft er stets: also ist er sichtbar." Ebenso XI 22. Das ist wohl nur noch ein Lippenbekenntnis zur „Sichtbarkeit" antiker Götter. Gänzlich metaphorisch spricht *C. H.* V 2f.; dort ist Gott durch νόησις zu „sehen". Vgl. Maximus Tyrius in der vorigen Anm.

[6] Zum Verständnis dieses Verfahrens, religiöse Grundaussagen in Erfahrung zu verankern, sei auf Christian, Meaning and truth in religion, bes. S. 185–209 verwiesen.

Theophilus von Antiochien hat es in seiner apologetischen Schrift *Ad Autoly-cum* schwerer, auf die Frage „Zeig mir deinen Gott" (I 2) zu antworten. Gott ist sichtbar − so antwortet er − nur für diejenigen, die die „Augen der Seele" (den Verstand) offen haben. Zur Förderung solch inneren „Sehens" verweist er dann (I 5) auf die Analogie Gottes zur Seele[7]: Beide sind nur aus ihren Wirkungen erkennbar. − So begleitet das Bemühen, den Gott des Bilderver-bots denkbar, vielleicht sogar denknotwendig zu machen, die christliche Theo-logie bis heute. Und der Aetherglanz des antiken Zeus kehrt in verwandelter, nochmals gereinigter Form wieder als der Goldgrund der Ikonen, das „unge-schaffene Licht" des Tabor, des Berges der Verklärung (vgl. Mk 9,3 parr.).

De Deo Z. 56f. ἔρεισμα, στῦλος (Kommentar S. 84)

Während bei Chrysipp die Erde noch ὑπέρεισμα des Kosmos sein konnte (SVF II 527, S. 168 Z. 18−20), heben bei den späteren Stoikern die „Säulen" ab und beginnen zu schweben oder gar zu hängen. Bei Heraklitos (40,13) in seiner eben besprochenen Wiedergabe der gängigen Allegorisierung von Homers Goldener Kette sind die „Füße" der Hera das untere Ende der Luft, ihre unterste Schicht, an welcher wiederum Zeus die Massen des Wassers und der Erde aufgehängt hat (ἀπήρτηκε) − das „hängende" Weltbild[1], das Philon nur zu übernehmen brauchte.

Die Rede von ‚Säulen' wird in solchen Kontexten metaphorisch; es sind im allgemeinen Sinne zusammenhaltende Kräfte gemeint. Cornutus 26 (S. 28 Z. 12−14): ἔχειν δὲ κίονας μακρὰς τὰς τῶν στοιχείων δυνάμεις, καθ' ἃς τὰ μὲν ἀνωφερῆ ἐστι, τὰ δὲ κατωφερῆ. Also: das Gleichgewicht der Kräfte zwischen den ungleichen Elementen heißt hier ‚Säulen'. Die Vorstellung des ‚Hängens' ergibt sich daraus, daß die stärksten Kräfte auf der Peripherie des Kosmos gedacht werden, der Sphäre des Göttlichen.

De Deo Z. 59 φωνήεντα καὶ λογικά (Kommentar S. 85)

Die Homerexegese entwickelte ähnliche, auch nicht ganz klare Vorstellun-gen. Bei Heraklitos (13,1) geben die Sonnenstrahlen einen Klang, wie es ja von den Geschossen des Helios bei Homer heißt. Ob hier an die Weltharmonie gedacht ist, die ja nicht mit den Ohren, sondern mit dem Verstand wahrgenom-men wird? Der Grundsatz lautet jedenfalls (12,9): οὐ κωφὸς οὐδ' ἄφθογγός ἐστιν ὁ κόσμος.

Cornutus, der in c. 16 Hermes als „Boten" und „tönende" Stimme der Götter entmythisiert − mit Bezug nämlich auf die menschliche Rede (S. 21 Z. 20 mit

---

[7] Dasselbe Argument s. o. in Anm. 5 bei Mark Aurel. Vgl. noch oben, 2.2. Anfang, Anm. 3
[1] Dies gilt trotz der Bezeichnung der beiden „unteren" Elemente, Wasser und Erde, als βάσεις (40,5). Die „Füße" (πόδες) in 40,13 sind ebenfalls hängend gedacht. Auch Cornutus kann die Bezeichnung „Fundament" (θεμέλιος) für die Erde nur noch mit der Einschränkung ὡς übernehmen: c. 6, S. 7 Z. 16.

Kontext) –, läßt diese Götterbotschaft vor allem darin bestehen, daß von allen Lebewesen allein der Mensch vernünftig und sprachfähig erschaffen ist. Nach c. 17 (S. 30 Z. 8–10) jedoch sind auch die φωνητικὰ ζῷα, also die Tiere, die Laute zu geben vermögen, auf ihre Weise logosbegabt.

In Philons Traktat *De animalibus* vertritt sein (nur schriftlich anwesender) Gesprächspartner Alexander diese These (§ 12–71), wird aber im folgenden stark korrigiert: Tierstimmen haben nicht viel zu tun mit der allgemeinen Vernünftigkeit der Natur. Im *De-Deo*-Kommentar S. 107 habe ich schon den Eindruck festgehalten, daß Philon mehr in Worten als im Inhalt seiner Aussagen Stoiker bleibt.

De Deo Z. 64f. πνεῦμα (Kommentar S. 86–88)

Die menschliche Seele wird als ein πνεῦμα, eine gottgegebene Kraft vorgestellt in *Vit. Hom.* § 127; vgl. 122.128. Etymologisch gilt sie als „Abkühlung" (ψῦξις, von ψύχειν) des Pneumas. Vgl. unten zu Z. 121.

De Deo Z. 72 ἑρμηνεύεται (vgl. Kommentar S. 95f.)

Das Verfahren der Etymologie (heute würde man unterscheiden zwischen einer echten, genetischen, und einer nur zufälligen klanglichen Ähnlichkeit)[2], der Allegorisierung von Hause aus nahe verwandt, findet bei unseren Homer-Interpreten reichlich Verwendung. Ein Beispiel für die erste Sorte ist in *Vit. Hom.* § 175 die Ableitung des Wortes νόμος von νέμειν (hier geht es um den Nachweis, daß Homer, trotz der Abwesenheit des Wortes νόμος von seinen Gedichten, doch den Begriff schon gehabt habe); für die zweite Sorte stehe § 124 δέμας ‚Leib' von δέω ‚binde' – zum Erweis des platonischen Satzes, der Leib sei die Fessel der Seele. Ähnlich § 131 u. ö. – Das Buch des Cornutus ist gegliedert nach Götternamen und geht aus von deren Etymologien.

ebd. τύποι (Kommentar S. 95)

Heraklitos 65,4: „Es herrschte gestaltlose Untätigkeit, bis die allschöpferische, weltgebärende (κοσμοτόκος) ἀρχή einen für das Leben heilsamen (σωτήριος) Typos (ein)zog und dem Kosmos den Kosmos (die Ordnung) gab." Sehr klar ist diese Auskunft nicht, insbesondere nicht das Syntagma ἑλκύειν τύπον; der obere Kontext (65,1f.) macht jedoch klar, daß die „Urmutter des Alls"[3] (die Materie) ein schlammiges ἀτύπωτον war, οὐδέπω κεκριμένοις

---

[2] Zur Etymologie und überhaupt zum Evidenzwert des Gleichklangs in griechischen Ohren (vgl. neuerdings Heidegger) s. Siegert, Argumentation 43 (mit Verweis auf ein aramäisches Beispiel, Dan 5,1); 46 Anm. 77; 161; 235 mit Anm. 46. Zu stoischen Etymologien im besonderen s. Walter, Aristobulos 125 Anm. 4 (Lit.).

[3] Ein absoluter Anfang war für die Griechen nicht denkbar (und ist es vielleicht überhaupt nicht): entweder der Kosmos ist ewig (wechselt allenfalls seine Zustände), oder die Materie ist seine Vor- oder Urmutter (προμήτωρ bei Heraklitos). Während die biblische Schöpfungsge-

χαρακτῆρσιν εἰς τέλειον ἤκουσα μορφῆς „noch nicht durch bestimmte Prägungen zur Vollkommenheit der Gestalt gelangt".

Näheres über diese χαρακτῆρες ist bei Heraklitos nicht zu erfahren, auch nicht bei Cornutus, bei dem das Wort nicht begegnet (und auch τύπος nur einmal in nicht-kosmologischem Zusammenhang). Hier hat Philon weitergedacht.

De Deo Z. 73 εὐθυβόλως (Kommentar S. 96)

Vgl. das in 2.1 (Ende) zu ἐναργέστατα in *Vit. Hom.* 123 Gesagte.

De Deo Z. 77 f. εὐκοσμίαν τάξεως (Kommentar S. 98 f.; vgl. S. 65)

Ebenso ist in *Vit. Hom.* 114 Zeus der ἀεὶ διακοσμῶν τὰ πάντα. Bei Cornutus 1 (S. 2 Z. 5 f.) hat der Kosmos seinen Namen ἀπὸ τοῦ κάλλιστα διακεκοσμῆσθαι. Zeus (und nicht nur ein untergeordneter Demiurg) bewerkstelligt die διακόσμησις (17, S. 27 Z. 8 f.). Die Entstehung des Alls ist eine τάξις (7, S. 7 Z. 21 f.). – Deutlicher noch wird das Schöpfungskapitel (65) des Heraklitos: Dort entstehen Himmel und Erde, Festland und Meer durch Trennung (wie in Gen 1,6–10; die vier Elemente, „Wurzel und Urstoff des Ganzen", erhalten ἐν τάξει τὴν ἰδίαν μορφήν (65,5).

Der Mittelplatonismus pflegte, wie wir aus Alkinoos erfahren, die Schöpfungstätigkeit, das διακοσμεῖν höher anzusetzen als Platon: *Didask.* 10 läßt den „Ersten Gott" und „Vater" Ursache des Weltgeistes, des νοῦς der Weltseele sein, „welcher, geordnet (κοσμηθείς) vom Vater, die gesamte Natur in diesem Kosmos durchwaltet/strukturiert (διακοσμεῖ)", p. 165 (H.) Z. 2 f. – Zur Vermeidung des stoischen Materialismus unter gleichzeitiger Beibehaltung von dessen Hauptaussagen wird ein nicht ganz einfaches System von Mittelinstanzen eingeführt; so auch bei Philon.

De Deo Z. 82 πῦρ (Kommentar S. 100–105)

Vit. Hom. 97 ergänzt die Zuordnung des Aethers zu Zeus durch jene andere, die ihn „Feuer" sein läßt – beides insofern Synonyme, als an feinstoffliche Energie gedacht ist. So § 96: Ζεὺς δ' ὁ αἰθήρ, τουτέστιν ἡ πυρώδης καὶ ἔνθερμος οὐσία. Cornutus 19 (S. 33, Z. 12 f.): ὁ μὲν γὰρ αἰθὴρ καὶ τὸ διαυγὲς καὶ καθαρὸν πῦρ Ζεύς ἐστιν. Heraklitos 26,6 f. unterscheidet ganz stoisch das „ätherische Feuer", das die oberste Schicht (αἰώρα) des Alls bildet, vom erdnahen Feuer „bei uns". Ersteres werde von Homer dem Zeus und dem Helios zugeordnet, letzteres dem Hephaestos, dessen Esse infolgedessen angefacht werden muß, um nicht zu erlöschen. Vgl. 58,2 den Gegensatz zwischen ἀκήρατος φλόξ und θνητὸν πῦρ. Selbst die aristotelische Spekulation, daß

---

schichte etwas Vor-Zeitliches zu denken versucht (die Sonne und die Zeitmessung kommen ja erst am vierten Schöpfungstag ins Spiel, Gen 1,14), heißt es bei Heraklitos 65,2 schlicht: Παλαιοὶ γὰρ ἦσάν ποτε χρόνοι...

Sonne, Mond und Sterne nicht ganz so leicht sein können wie der ganz außen befindliche Aether, begegnet als Homer-Interpretation bei Heraklitos 23,13. Kein Zweifel, daß Philon diese Lehren gehört hat. Er läßt es uns direkt erkennen, wenn er in seiner Materialsammlung *De aeternitate mundi* die „Lahmheit" des Hephaestos ganz so allegorisiert, wie wir es aus Heraklitos kennen *(Aet. 127)*[4].

ὁδῷ βαδίζον: Seit Heraklit wird dieser Auf- und Abweg als Verwandlung der Elemente gedacht. Die Stoiker interpretierten ihn des näheren als periodischen Wechsel zwischen reinem Feuer (Ekpyrose) und einem von Feuer bis Erde reichenden Mischzustand. Diese μεταβολή der Elemente begegnet bei ps.-Plutarch in § 99.101; bei Cornutus in c. 4 (S. 4 Z. 9f.) und 17 (S. 28,12f.; 29,15.19, z. T. verbal: μεταβάλλειν) und bei Heraklitos in c. 22,4 und 43,7 (mit Zitat Heraklits, des Vorsokratikers: πυρὸς ἀμοιβὴ τὰ πάντα). Zusätzlich zu den im Kommentar S. 101 gemachten Angaben sei hier noch die breite Wirkungsgeschichte dieses Theorems wenigstens angedeutet: SVF II 318; 413 (S. 136 Z. 20f.); 430 (S. 141 Z. 32ff.); Stobaeus, *Anthol.* I 17. Selbst in die griechische Bibel hat es Eingang gefunden: Weish 19,18−21 (Schluß des Buches!). Offenkundig ist noch die ‚Wandlung' in der römisch-katholischen Abendmahlslehre von hierher bestimmt.[5]

De Deo Z. 84 παρατέθεικεν

Kleine Korrektur: Der Aorist wäre hier richtiger gewesen. In vergleichbarem, nämlich interpretierendem Kontext sagt Heraklitos (41,9) προσέθηκε.

De Deo Z. 87 θείους εἰκόνας (Kommentar S. 106−108)

Philon verfremdet griechischen Sprachgebrauch; so bemerkte der Kommentar. Hellenisch ist demgegenüber die Würdigung der konkret-ästhetischen εἰκόνες καὶ ἀγάλματα θεῶν in *Vit. Hom.* 113. Kontext ist dort ihre Rechtfertigung als Darstellungen der Götter in Menschengestalt. Vgl. das oben zu *De Deo* Z. 32f. Bemerkte.

---

[4] Hinweis Lamberton, Homer 52. Der Apparat der Cohn/Wendland/Reiter-Ausgabe z. St. zitiert ausführlich griechische Belege.

[5] Der Terminus heißt in der griechischen Theologie noch heute μεταβολή. Im lateinischen Bereich haben die Festlegungen des Mittelalters, die zum Begriff einer „Transsubstantiation" führten, eine Physik dogmatisiert, die dem Differenzierungsvermögen und dem Kenntnisstand der hellenistischen Zeit entspricht. Damals empfand man bei der These, ὅτι τὰ στοιχεῖα εἰς ἄλληλα μεταβάλλεται (so bei Stobaeus, *Anthol.* I 20,8 die Überschrift über einen Auszug aus Platons *Timaeus* 49 B−E) nichts Besonderes; man stützte sich auf die Phänomene des Gefrierens, Verdampfens usw. − Vgl. noch das Nebeneinander all dessen, was sich bei Lampe, Lexicon unter μεταστοιχειόω, μεταστοιχείωσις findet. Heutzutage kann man diese Terminologie im Ernst nicht mehr physikalisch auffassen.

De Deo Z. 89 Μωυσῆς δὲ (Kommentar S. 109)

Dieser„bekannte Topos der jüdischen Apologetik", wie ich das angeblich überlegene Wissen des Mose im Kommentar genannt habe, wird uns nach einem Blick in die hellenistischen Homerkommentare und -apologien noch bekannter vorkommen. Heraklitos läßt Homer den Urheber und Lehrer (ἀρχηγός, διδάσκαλος) aller Philosophie sein; auch die Wissenschaftler späterer Zeiten hätten von ihm noch viel profitiert: 4,4; 22,2; 34,8. Für ihn kann Platon mit der Ὁμηρικὴ θειότης nicht wetteifern (76,16). Selbst Epikur hat „bei Homer gestohlen" (79,2). Heraklitos' Werk ist eine ausdrückliche Apologie (ἀπολογία 6,1; vgl. λόγον ἀποδοῦναι 30,3 und zu beidem 1.Pt 3,15). Seine Frontstellung richtet sich gegen philosophischen Dünkel (der Verfasser ist eher Rhetor) und gegen Ignoranz überhaupt.

Inhaltlich ist der Eingangs- und Programmsatz der *Vita Homeri* zu vergleichen; s. o. 2.1 und unten zu *De Deo* Z. 135.

Kaiser Julian, der beide apologetischen Traditionen kennt, die hellenistische wie die jüdische (erstere s. *Epist.* 36, 422 D/423 A; ferner seine Homer-Allegorisierung − Stichwort αἰνίττεσθαι − in *Epist.* 80, 395 A), verwirft natürlich die letztere: Für ihn hält Mose den Vergleich mit Platons *Timaeus* nicht aus (Bidez, Julian 99). Schon Porphyrios (bei Eusebius, *H. e.* VI 19,4) hatte sich dagegen gewandt, in einer Vorlage wie dem Mose-Text tiefsinnige αἰνίγματα zu suchen.

Das Faktum dieser Polemik ist wenig bemerkenswert; wohl aber ihre Zeit: noch im 4. Jh.! Ein halbes Jahrtausend lang haben die Argumente des Homer-Unterrichts der heidnischen, jüdischen und christlichen Religionsgemeinschaft als Arsenal gedient.

ebd. τηλαυγέστερον wie oben Z. 73 εὐθυβόλως

De Deo Z. 90f. σωτηρίως / Z. 91 σῴζειν (Kommentar S. 110f.)

Σωτηρία als Aufgabe des ἄρχων in der Stadt siehe *Vit. Hom.* 178. Das Wort kommt bei Homer nicht vor; es wird ihm, als politisches Modewort der hellenistischen Zeit (wie heute ‚Sicherheit'), angehängt.

Weiteres s. u. zu dem Begriffspaar σωτηρία − διαμονή in *De Deo* Z. 148.

De Deo Z. 104 ἀναλίσκοι ἂν (Kommentar S. 114)

Mit kaum weniger Phantasie als Philon kommt Cornutus auf den Gedanken, den homerischen Briareus so zu etymologisieren: „Er nimmt (αἴρειν) sich gleichsam zur Speise (βορά) die Teile des Kosmos" (17, S. 27 Z. 16f.). Diese Andeutung wird in dem nur skizzenhaften Schulbuch leider nicht weiter ausgeführt.

De Deo Z. 108ff. γῆς οὐσίαν ... πυρὸς ... ὕδατος ... τὴν ἀερώδη (Kommentar S. 116f.)

Dieser Gemeinplatz wurde natürlich auch von der Homerexegese traktiert: *Vit. Hom.* 93 bzw. – fast wörtlich gleich wie an unserer Stelle – § 97: Zeus erhielt die πυρὸς οὐσίαν, Posedon die des Wassers, Hades die der Luft. (In dieser ebenfalls verdrehten Reihenfolge werden sie genannt, wobei die Erde, als das einzige „unbewegte" Element, hier ausgelassen ist.) Weitere Belege s. o. zu *De Deo* Z. 37 οὐσία und unten zu Z. 128 στοιχεῖα (jeweils aus Cornutus und Heraklitos).

De Deo Z. 117 Φυσικώτατον (Kommentar S. 118)

oder besser: φυσικώτατα (vgl. Philon, *Abr.* 214)[6]: Genau wie Philons Bibel, so sind auch die Epen Homers das Vorbild nicht für logische[7], wohl aber für physikalische und ethische Lehrmeinungen[8] gewesen: Οὕτω μὲν οὖν πρῶτος Ὅμηρος ἔν τε ἠθικοῖς καὶ φυσικοῖς φιλοσοφεῖ (*Vit. Hom.* 144 Ende; vgl. 218).

Cornutus 35 (S. 75 Z. 4) verwendet φυσικώτερον (Adverb) für physiko-theologische Entmythisierung seines Textes, ganz wie hier. Auf Schritt und Tritt begegnet φυσικῶς, φυσικότερος, φυσικὴ θεωρία, φυσικωτέρα θεωρία bei Heraklitos: 14,3; 16,5; 25,1.12; 26,13; 43,7; 46,1; 56,1; 58,4; 66,10; 68,9; 75,2. Homer enthält φυσικὰ δόγματα (22,1) θεολογεῖ τὰ φυσικά (24,4); seine Mythologie „ist eine Naturkunde wert", ἠξίωται φυσιολογίας 72,1.

De Deo Z. 117ff. πόδες – πρόσωπον (Kommentar S. 118–122)

Zu πόδες siehe zunächst das oben zu Z. 56 über die Füße der Hera Gesagte samt der Bemerkung, daß Philon für diese offenbar schulmäßige Allegorese in seinem heiligen Text eine glücklichere Vorlage fand.

Den Kosmos in Analogie zu bringen zum menschlichen Körper, war auch in der Homer-Exegese üblich. Cornutus 20 (S. 35 Z. 121ff.): das Oberste des menschlichen Körpers, der Kopf, entspricht dem Obersten im Kosmos, dem Aether. (Beides sind die Stellen, von denen aus gesteuert wird.) Der Gott Pan, unten zottig, oben menschenartig, bedeutet τὴν τῆς γῆς δασύτητα im Gegensatz zu dem ἐν τῷ αἰθέρι ... ἡγεμονικὸν ... τοῦ κόσμου. So ist er denn, seinem Namen gemäß, ein Abbild des Alls.

Zu der im Kommentar S. 119 Anm. 28 dargestellten kosmischen Hierarchie, Grundlage des Makrokosmos-Mikrokosmos-Denkens, bietet *Vit. Hom.* 133 die Entsprechung: μέσος θεοῦ καὶ θηρίου γέγονεν ἄνθρωπος.

De Deo Z. 117f. κατώτερον – ἀνώτερον (Kommentar S. 122)

Einen Kompromiß zwischen der mythischen Auffassung eines Oben und Unten im Kosmos und der wissenschaftlichen eines Außen und Innen sucht *Vit.*

---

[6] Hinweis von D. Runia in: VigChr 1989, 400.

[7] gegen Dörrie, ZNW 1974, 31, der offenbar den Ausdruck λογικὴ ἐπιστήμη ἢ τέχνη in § 6 und 213 unseres Textes mißverstanden hat. Vgl. oben die Gliederung der *Vit. Hom.*

[8] Vgl. Walter, Aristobulos 125 über diese beiden Allegorisierungsrichtungen schon bei Zenon und Chrysippos, mit weiterer Literatur.

Hom. 94 aus Homer zu gewinnen: „Daß die Erde das Unterste von allem ist, werden wir sehen; denn da die Welt kugelförmig ist, so hat der alles umgreifende Himmel (ὁ περιέχων τὰ πάντα οὐρανός), wie man mit Recht sagen kann, die oberste Stelle inne; die Erde aber, die von allen Seiten (her gesehen) in der Mitte ist (ἐν μέσῳ οὖσα πανταχόθεν), ist unterhalb des Umgreifenden." − Es folgt als „Schriftbeweis" die Stelle mit den an einer Kette aufgehängten Göttern, die wir zu Z. 56 gewürdigt haben. − Ähnlich formuliert Heraklitos 39,12: ἐν κύκλῳ περιέχων ὁ αἰθήρ; ihm gegenüber ist die Erde die Mitte (μεσαιτάτη) des Kosmos (36,5).

Auch hier ist Philon mit den Cherubim und überhaupt mit der Einrichtung des Jerusalemer Tempels als Allegorisierungsvorlage glücklicher gewesen, zumal eine Abbildbeziehung zwischen irdischem und himmlischem Heiligtum ohnehin in das „Interpretationsuniversum" der Alten Welt gehörte (Kommentar S. 119).

De Deo Z. 120 οὐρανός (Kommentar S. 122f.)

Die synonyme Verwendung dieses Wortes auch für ‚Aether' findet sich bei Heraklitos 41,1: Hera (etymologisiert als ἀήρ) schwört bei Erde, „Himmel" und Wasser.

De Deo Z. 120f. ἀπὸ τῶν περάτων (die beiden folgenden Worte sind zu streichen[9]) ἐπὶ τὰ πέρατα (Kommentar S. 123f.)

Daß die Welt e i n e sei und begrenzt (ὅτι εἷς ἐστιν ὁ κόσμος καὶ πεπερασμένος), diesen stoischen Lehrsatz gewinnt *Vit. Hom.* 103 aus Homers Rede von πείρατα ... γαίης καὶ πόντοιο (*Il.* 8,478−481). Der Zusammenhalt der Welt, ihr δεσμὸς ἄρρηκτος, ist für Heraklitos (40,14) die τῶν ὅλων ἁρμονία, dargestellt bei Homer durch die Fesselung der Hera − s.o. zu *De Deo* Z. 56. − Anders *De J.* 66 (s.u.).

De Deo Z. 121 τέτανται (Kommentar S. 124−126)

Das Verbum ἐκτείνεσθαι vom aktiv werdenden Pneuma begegnet in *Vit. Hom.* 131 (S. 405 Z. 7 Bern.). Das Gegenteil solcher „Ausdehnung" ist die Abkühlung, ψῦξις (vgl. oben zu Z. 64f.).

Bei Cornutus (9, S. 9 Z. 18f. – vgl. unten zu *De J.* § 21) heißt Zeus σωτήρ mit folgender Begründung: διατέτακεν εἰς πᾶσαν δύναμιν καὶ σχέσιν „er erstreckt sich in jede Bewegung und Lage" καὶ πάντων αἴτιος καὶ ἐπόπτης ἐστίν. Vom Hermes Ἀγοραῖος heißt es c. 16 (S. 15 Z. 4f.): ἀπὸ τῆς ἀγορᾶς διατείνει − vom Markt aus „erstreckt" er sich − auch in die Käufer und Verkäufer hinein, weswegen er der Schutzgott (ἐπιστάτης) des Handels sei.

Selbst von Hera wird gesagt (c. 17, S. 27 Z. 1): τείνεται κάτω ὁ ἀήρ, wobei das Passiv hier typisch sein dürfte für eine weibliche Gottheit.

---

[9] Übersetzungsdoublette von mir.

Noch bei Proklos, in seinem oben zu *De Deo* Z. 56 zitierten *Timaeus*-Kommentar, finden wir diesen kosmologischen Gebrauch von τείνειν. Er sagt von Homers Goldener Kette: οὗτός ἐστιν ὁ κρατερὸς δεσμός ... διὰ πάντων τεταμένος.

Zeus und Hera, also Aether (Feuer) und Luft, sind, was ihre Bewegungszustände betrifft, bei ps.-Plutarch beide κοῦφοι καὶ κινούμενοι (*Vit. Hom.* 96, unter offenkundigem Verzicht auf die aristotelische Anschauung vom „unbewegten" Göttlichen). Man kann hier sehen, daß philonische Mittelinstanzen, wie eben die „Kräfte", gewisse griechische Gottesvorstellungen an sich ziehen, um sie vom „Seienden" fernzuhalten.

Was den Logos angeht (Exkurs z. St.), so begegnet Hermes in dieser Rolle natürlich auch in der Homer-Exegese. Zu Z. 59 („vernünftige" Schöpfung) und 121 (Hermes der Händler) war hiervon schon die Rede. Cornutus 16 (S. 20 Z. 18−21): „Hermes ist der Logos, den zu uns aus dem Himmel die Götter sandten (ἀπέστειλαν), indem sie allein den Menschen von allen Lebewesen der Erde vernünftig (λογικός) erschufen." − Ebenso identifiziert Heraklitos Hermes, den Logos, mit der Gottesgabe des menschlichen Sprachvermögens: c. 55; 59,9; 67,5 (die Überzeugungskraft); 72,5. Vgl. Apg 14,12: Paulus als „Hermes".

In *Vit. Hom.* 126 hat Hermes/Logos die besondere Funktion eines Totenrichters, der die Seelen der vernünftigen Menschen von denen der unvernünftigen (welche weiterhin der Seelenwanderung verhaftet bleiben und in Tiere eingehen müssen) unterscheidet. Vorlage ist dort die Episode mit Kirke, die des Odysseus törichte Gefährten in Schweine verwandelt.

Phallische Wirksamkeit wird an Pan dargestellt: er repräsentiert mit seiner Lüsternheit für Cornutus die σπερματικοὶ λόγοι (27, S. 49 Z. 9−11). Nach Identifizierung des Pan mit Priapos heißt es weiter (S. 50 Z. 18−20): „Die Größe seiner Geschlechtsteile erweist (ἐμφαίνει) die in dem Gott überschüssige σπερματικὴ δύναμις."

All dieses disparate Vorstellungsgut hat Philon zusammengezogen und folgendermaßen geordnet: Der „Seiende" hat seinen Logos, der für ihn arbeitet − als ordnende Macht in der Schöpfung −; durch ihn „erstreckt" sich seine „Männlichkeit", sprich Wirksamkeit, bis in die untersten Schichten des Kosmos hinein.

Die gnostischen Naassener, die ja in die gleiche Schule gegangen sind, haben ihrerseits das in Rede stehende Vorstellungsgut allegorisierend-entmythisierend mit der Bibel verbunden. Ihre Umdeutung der „Rute" des Kyllenischen Hermes im Sinne eines Szepters der Herrschaft (ῥάβδος in Ps 2,9) wird referiert bei Hippolyt, *Ref.* V 7, 29−33.

De Deo Z. 124 ἐγκεκολπισμέναι (Kommentar S. 126)

Die Metapher vom ‚Umarmen' bietet in gleichem, nämlich kosmologischem Zusammenhang auch das Euripides-Zitat bei Heraklitos 23,7 − s. o. zu *De Deo*

Z. 56. Man kann ferner den unteren Kontext der zuletzt zitierten Cornutus-Stelle mit vergleichen, wo von der Fülle von Früchten in seinen Armen (ἡ ... ἐν τοῖς κόλποις αὐτοῦ παγκαρπία) die Rede ist (c. 27, S. 50 Z. 20).

De Deo Z. 125 ἄνω μετέωρα αἰρόμενα siehe zu Z. 56f.; *De Deo* Z. 126 περιέσχηκεν siehe zu Z. 56 und 117f.

De Deo Z. 127 ἀπὸ τῶν φυσικῶν (Kommentar S. 129)

Solche sind auch bei Heraklitos erwähnt (38,6), einmal auch ausdrücklich der berühmtere Namensvetter des Verfassers, ὁ φυσικὸς Ἡράκλειτος (43,7). Die Lehre des Empedokles von den Gegensätzen wird in 49,3 und 69,8 herangezogen, an letzterer Stelle unter Namensnennung ihres Urhebers.

Ps.-Plutarch steht nicht zurück; er zieht gleichfalls Empedokles namentlich heran (*Vit. Hom.* 99); vgl. folgendes.

ebd. τινὲς ἐλθόντες (Kommentar ebd.)

Beträchtliche Mühe ist darauf verwendet worden, Näheres über die jüdischen Allegorese-Lehrer Philons herauszukriegen. Hier haben wir im Wortlaut, was seine *griechischen* Allegorese-Lehrer ihm gesagt haben, ermittelbar ohne alle Spekulation. Die jüdischen Lehrer im Allegorisieren, die Philon gelegentlich in Andeutungen erwähnt (einiges wissen wir ja über seinen literarischen Vorfahren Aristobulos), scheinen demgegenüber nicht viel Neues hinzugebracht zu haben, außer einem stärkeren Akzent auf der Ethik, einer Ethik des Gesetzesgehorsams.

De Deo Z. 128 στοιχεῖα (Kommentar S. 129)

Ebenso benützen auch die Homer-Ausleger dieses Wort, um am Poetentext physikalische Lehren festzumachen: *Vit. Hom.* 93 und 97−99; Cornutus 3 (S. 4 Z. 4); 26 (48,13); Heraklitos 23 (ganz), 40 (ganz) u. ö.

ebd. φιλίαν καὶ νεῖκος (Kommentar S. 129−131)

Früher als Empedokles, so sagt unser Ausleger, hat dies Homer schon angedeutet (αἰνίσσεσθαι): *Vit. Hom.* 99−101. Die homerische Göttin Harmonia meint natürlich die ἁρμονία ... ἐξ ἐναντίων (§ 102), letztere beiden dargestellt durch Ares und Aphrodite. Ganz ebenso Heraklitos 69,8 (unter Namensnennung des Empedokles, der die Urheberschaft dieses Gedankens nun an Homer abgeben muß) und 49,3, dort auf den Schild des Achilles bezogen. − Mit einem Lächeln liest man bei Clemens von Alexandrien (*Strom.* V 14,104,4, offenbar aus jüdischer Quelle), Homer seinerseits habe die im Schild des Achilles dargestellte Kosmopöie κατὰ Μωυσέα entworfen...

De Deo Z. 135 αἰνίττονται (Kommentar S. 135)

Im Kommentar hatte ich dieses Wort bei Philon einen „Reflex seiner eigenen Hermeneutik" genannt. Richtiger wäre, zu sagen: ein Reflex der von ihm übernommenen Homer-Hermeneutik. In *Cont.* 17 ist es der Homertext selbst, den er unter Verwendung dieses Stichworts zitiert und auslegt[10]. Die in 2.1 gegebenen Beispiele für αἰνίσσεσθαι bei ps.-Plutarch und Josephus lassen sich leicht vermehren aus Cornutus 1 (S. 2 Z. 8), 17 (28,1 und 30,7f.), 18 (32,14) sowie durch αἰνίττεσθαι, ὑπαινίττεσθαι, προαινίττεσθαι, αἴνιγμα, αἰνιγματῶδες bei Heraklitos 24,5; 33,9; 40,9; 46,7; 53,4; 60,3; 66,6; 72,7. Der Gegenbegriff ist κυρίως ὀνομάζειν (40,14). – Bei Artemidoros (IV 71, S. 292 Z. 10ff.), wo das Gegensatzpaar heißt: αἰνίσσεσθαι / ἁπλῶς λέγειν, wird die Schultfese kolportiert, es sei davon auszugehen, daß die Götter normalerweise sich in Rätseln äußern: εἰκὸς τοὺς θεοὺς τὰ πολλὰ δι᾽ αἰνιγμάτων λέγειν. Für Artemidor liegt hier der Ausgangspunkt für seine Freiheiten beim Traumdeuten.

Die Grundthese der Homer-Hermeneutik, deren Auswirkungen wir hier behandeln, hat oftmals etwas Exklusives an sich; der Priester-Hermeneut läßt sich nicht in die Karten gucken. Seine Kunst hat etwas Verblüffendes und soll es offenbar haben. So ist es bei den von Dörrie, ZNW 1974 zugrundegelegten Autoren, die alle einen Hang ins Geheimnisvolle oder wenigstens ins Elitäre haben. Einer unserer drei Homer-Interpreten macht hierbei jedoch eine bemerkenswerte Ausnahme: ps.-Plutarch. Zwar erklärt er gleich im Proömium (*Vit. Hom.* 1), sein Dichter sei „der Zeit nach den Meisten, dem Vermögen nach Allen voraus" (πρῶτος wie Joh 1,15; vgl. noch oben zu *De Deo* Z. 89). Doch erhält dieser Gedanke eine anti-elitäre Wendung in der programmatischen Aussage (§ 92), Homers αἰνίγματα seien so beschaffen, daß die Gelehrigen (φιλομαθοῦντες) in ihnen „mit einiger musischen Unterhaltung" (μετά τινος εὐμουσίας ψυχαγωγούμενοι) die Wahrheit finden, daß aber auch „die Ungebildeten nicht verachten, was sie nicht zu verstehen vermögen" – da es mit Reiz und mit einer allgemein empfundenen Grazie gesagt ist.

Hier scheiden sich in gleicher Weise Philon und der Redner unserer Synagogenpredigten. Philon liebt den exklusiven Habitus, schlüpft ins Gewand des Hierophanten und verachtet das, was unsere Predigten mit so hoher Kunst betreiben: die Unterhaltung der Massen[11].

De Deo Z. 135f. χρησμῶν Μωυσαϊκῶν (Kommentar S. 133; S. 31 Anm. 121)

Zu χρησμός s.o. zu Z. 51. – Das Herkunftsadjektiv Μωυσαϊκός, sofern richtig rückübersetzt (es gibt sonst nur christliche Belege), hätte seine Entsprechung in Ὁμηρικός bei Heraklitos 6,2; 18,1 (jeweils mit ἔπη); 53,2 (ὄργια); 76,16 (θειότης).

---

[10] Diese Allegorisierung – die homerische Skylla repräsentiere das Böse – findet sich auch in *QG* I 76 und *Fug.* 61; an letzterer Stelle mit dem Stichwort τὸ ποιητικὸν ἁρμόττειν „das Dichterwort passend machen".

[11] Vgl. 1.6.3; 6.1.1.

De Deo Z. 147 προνοίᾳ (Kommentar S. 135f.)

Die πρόνοια des Zeus und der Götter wird in *Vit Hom.* 115 und insbesondere 118 (ἐναργέστατα) bis 121 aus Homer erwiesen. Cornutus 20 (S. 35 Z. 6ff.) identifiziert Athene, die Διὸς σύνεσις, mit der πρόνοια. Sie ist aus Zeus' Kopf entsprungen, dem Sitz der Gedanken − im Kosmos! Denn wie der Kopf der oberste Körperteil ist, so ist der Aether, das Zeus-Element, das oberste und das ἡγεμονικόν im Kosmos[12]. (S. o. zu Z. 117ff.)

Heraklitos steht nicht zurück in dem Bemühen, die bei Homer wörtlich nicht begegnende πρόνοια wenigstens der Sache nach zu finden: In 48,5 (vgl. 66,7) gilt die Schöpfung der Welt als μέγιστα τῆς προνοίας ἔργα. Bei jedem konkreten Ereignis kann der Unterschied gemacht werden − begrifflich wenigstens −, ob es αὐτόματος ist oder θεόπεμπτος (6,5).

Die homerischen Götter kümmern sich, wie ps.-Plutarch bemerkt, durchaus um Einzelnes. Sie vermögen ein ἄλλως συμβαῖνον („was sonst eingetroffen wäre") aufzuhalten − so in *Vit. Hom.* 121 die Deutung von *Od.* 5,436−439, wo Athene selbst dem schiffbrüchigen Odysseus, als er von einer Woge überflutet wird, die Besinnung wiedergibt. − Vgl. zu Z. 151f.

De Deo Z. 148 εἰς σωτηρίαν καὶ διαμονήν (Kommentar S. 137f.)

Nicht erst für Philon, sondern schon für hellenistische Theologie ist die Schöpfung zugleich die Erlösung. Cornutus 9 (S. 9 Z. 14ff.): Zeus heißt Σωτήρ, weil er πάντων αἴτιος ist. In c. 1 (2,19f.) erklärt Cornutus die Sterngötter insgesamt für αἰτίους ... τῶν τοῦ ἀέρος μεταβολῶν καὶ τῆς σωτηρίας τῶν ὅλων − das wäre also nahezu dasselbe. Ebenso läßt Heraklitos die Weltschöpfung darin geschehen, daß die Materie einen σωτήριος τύπος („heilsame Prägung") empfängt (65,4). In anderem Zusammenhang ist es der λογισμός, symbolisiert durch Hermes, der all diejenigen rettet (σῴζει), die sich seiner bedienen (72,13). Auch dies − die Parallelität zwischen Weltordnung und Gedankenordnung − hat Philons vielfältige Rede vom ‚Logos' übernommen.

Zu διαμονή kann aus Heraklitos (25,2ff.) die διαμονὴ τῶν ὅλων aufgeführt werden, die durch die Harmonie der vier Elemente garantiert ist.

De Deo Z. 151f. (Kommentar S. 139), die „Wendung ins Erbauliche".

Vit. Hom. legt bereits in § 5 Wert auf die Aussage, daß die Götter sich um die Menschen kümmern: κήδονται καὶ οὐκ ἀμελοῦσι τῶν ἀνθρώπων οἱ θεοί. (Diese tröstliche Gewißheit hatte schon Sokrates seinen Schülern Platon − *Leges* 900 C/D; 902 E/903 A − und Xenophon − *Mem.* IV 3,3.9.12 − mitgegeben.) *Vit. Hom.* 117 stellt die Götter vor als ἀνθρώποις ὁμιλοῦντες (was Offenbarung bedeutet − oben zu Z. 12) καὶ συμπονοῦντες (vgl. oben zu Z. 36

---

[12] Cornutus muß einschränken: „die Alten" und manche Späteren hätten das Denkvermögen im Kopf angesiedelt. Zenon, der Vater der Stoa, und Chrysipp verlegten es nämlich in die Brust: SVF I Nr. 148; III S. 217 Z. 20−24.

die „edlen" Affekte der Götter). Belegstelle ist *Od.* 17,485−487, ein Zitat, das auch bei Philon wörtlich begegnet (*QG* IV 2, zitiert und rekonstruiert im *De-Deo*-Kommentar S. 9).

ἀπέστειλεν: In den Homer-Kommentaren wird Hermes, der Götterbote, „gesandt": Cornutus 16 (S. 20 Z. 18 ff.): τυγχάνει δὲ ὁ Ἑρμῆς ὁ λόγος ὤν, ὃν ἀπέστειλαν πρὸς ἡμᾶς ἐξ οὐρανοῦ οἱ θεοί ... τὸν ἄνθρωπον λογικὸν ποιήσαντες, „Hermes ist zugleich der Logos, den zu uns vom Himmel die Götter sandten" − allerdings in sehr allgemeiner Weise: „indem sie den Menschen vernünftig machten". In ähnlicher Mission sieht Heraklitos (28,2 f.) Hermes und Isis, δύο ἄγγελοι θεῶν, tätig.

Es gibt aber auch gezieltere Missionen. Bei Heraklitos (59,9) schickt (ἀπέστειλεν) Homer dem Achilles einen Logos − nach 55,1 mit Hermes zu identifizieren − als παράκλητον (Ermunterer, Ratgeber). So werden in der hellenistischen Welt Götterbotschaften mit Worten beschrieben, wie wir sie heute nur noch aus der Bibel gewohnt sind. −

Als Nachtrag zu diesen Nachträgen sei noch etwas erwähnt, was im *De-Deo*-Fragment zufällig nicht vorkommt, aber anderwärts bei Philon (z. B. *Opif.* 89−110) eine große Rolle spielt: Zahlenspekulation. Auch diese wurde mit Homers Hilfe getrieben: *Vit. Hom.* 145[13]; Heraklitos 14,6[14].

Soviel soll zu Philon genügen − als Hinweis darauf, was er alles im Homer-Unterricht, dem damaligen Griechischunterricht der Oberstufe, zu lernen bekam und offensichtlich auch gelernt hat. Sein *proprium* − hier erst kommen auch jüdische Lehrer in Betracht − liegt hauptsächlich in der Neuverknüpfung des vorhandenen Wissens mit dem biblischen Text und in der Durchführung eines strengeren Monotheismus. Der hellenistische Götterhimmel ist in den „Kräften" aufgehoben; besondere Botschaft bleibt die Jenseitigkeit des − wer sich's vorstellen kann − außerkosmischen „Seienden". Die platonische Gefahr, daß der Kosmos damit in den Schatten des Nichtseienden absinkt (Kommentar S. 71), wäre den Homer-Auslegern fremd; sie mag u. a. Philons Ruf als „Platoniker" begründet haben.

Mehr als das jedoch sind Philons Schriften ein getreuer Spiegel des Schulguts seiner Zeit sowie der Art, wie man dieses auf kanonische Texte zu beziehen

---

[13] Zur dortigen Hervorhebung der Zahl 9 als „vollkommenster" Zahl (wobei jedoch noch nicht an eine Überbietung der 8 kosmischen Sphären gedacht ist, wie im Gnostizismus) bemerkt Bernardakis im Vorwort S. XV, daß nicht erst Porphyrios (*sc.* in seiner Plotin-Ausgabe, den „Enneaden") sie zu solchen Würden erhoben habe, sondern schon Plutarch. Zumindest gibt dieser in *Mor.* 744 A eine fast gleichlautende arithmologische Begründung. − Dies sei gegen eine Spätdatierung dieses Abschnitts oder gar des ganzen Traktats hier nachgetragen.

[14] Weiteres, schon aus dem älteren Stoizismus, bei Heinisch, Einfluß Philos 10 mit Anm. 1.

verstand. Natürlich sind wir nicht gezwungen zu meinen, Philon habe seine Kenntnisse von Philosophie und Wissenschaften ausschließlich im Literaturunterricht erworben. Es mag sein, daß er darüber hinaus bei spezialisierten Rhetoren und Philosophen, den Professoren der Zeit, Schüler und Hörer war. Jedoch steigt die historische Forschung ein Stockwerk zu hoch ein, wenn sie erst auf dieser Ebene den geistigen Austausch Philons mit seiner heidnischen Umwelt wahrnimmt.

Was nachgeholt werden müßte – in diesem Abschnitt ist das Möglichste getan worden –, wäre die Kenntnisnahme der Schulbücher, deren Inhalt ihm nachweislich in seiner Ausbildung vermittelt wurde. Sie übertreffen an Rang und Einfluß auf sein Denken alles, was wir an außerbiblischem jüdischem Schrifttum sonst haben.

Sofern für ein Glied des jüdischen Volkes die Möglichkeit höheren Schulunterrichts gegeben war – für viele Verfasser jüdischer und auch christlicher Pseudepigraphen war sie das anscheinend nicht –, war dieses Wissen in jener Reichhaltigkeit und synkretistischen Form, wie wir es bei Philon und seinen Weggenossen antreffen, zugänglich.

Der Prediger von *De J.* und *De S.*, der sich weniger leicht in die Werkstatt der Gedanken blicken läßt, wird sich ebenfalls als Abkömmling jener allgemeingriechischen Bildung erweisen. Nur allegorisiert er nicht und vermeidet in seinen Ausführungen den Anschein des Technischen. Umso kräftiger rhetorisiert er die biblische Geschichte. Er erklimmt darin ein Niveau, wie es erst in langer, auf den Literaturunterricht folgender Übung erreichbar war.

Übersicht über De Jona

(Reden in der Rede, sofern sie über Einzelsätze hinausgehen, sind eingerückt angegeben.)

A. Einleitung

§ 1−4 Lob der Prophetie als eines Werkzeugs der Vorsehung

B. Jonas Beauftragung, Flucht und Rettung (Jon 1)

§ 5−7 Die „Krankheit" Ninives und die Paradoxie des Heilmittels
§ 8f. Jonas Erwählung zum Propheten; seine zu heilende „Schwäche"
  § 10−19 Gottesrede an Jona: Schönheit und Schäden Ninives
§ 20−22 Jonas vergeblicher Entschluß auszuweichen
§ 23−27 Jona besteigt das Schiff und löst einen Seesturm aus
§ 28−31 Schilderung des Seesturms
§ 32−34 Jona wird im Schlaf entdeckt
  § 35−37 Rede des Kapitäns an Jona
§ 38−40 Jonas Versuch, sein Gewissen zu beruhigen
§ 41−46 Ermittlung gegen Jona, Verurteilung durch Los
  § 47−53 Rede der Seeleute an Jona
§ 54f. Jonas Entschluß zum Selbstopfer
  § 56f. Jonas Antwort
  § 58 Jonas Selbstgespräch
§ 59 Jona stürzt sich ins Meer
§ 60−62 Gedanken des Predigers über Jonas Bestrafung und Gottes Menschenliebe
§ 63f. Jonas Rettung im Seetier
  § 65f. Apostrophe an Jona
§ 67f. Jona benützt das Seetier zu seinem Gebet

C. Jonas Gebet im Seetier (Exkurs des Predigers anstelle von Jon 2)

§ 69−72 Exordium: Dank für die Möglichkeit zu beten
§ 73 Jonas Einsicht und Reue
§ 74−76 Narratio der wunderbaren Rettung
§ 77−81 Jonas Strafe als Exempel
§ 82−84 Jonas Bitte um Befreiung
§ 85f. (nochmals) Jonas Einsicht und Reue
§ 86b−88 Jonas Bitte, in die Heilige Schrift einzugehen
§ 89f. Gottes Allgegenwart und Allmacht
§ 91−95 Beispiele aus der Geschichte Israels
§ 96 Jona-Wunder und Auferweckung der Seele
§ 97f. Das natürliche Wunder von Schwangerschaft und Geburt

3. Kommentar zur Predigt „Über Jona"

§ 1f. *Von denen ... Ich jedoch)* Hier gibt uns der Prediger eine indirekte Gattungsbestimmung: Lobrede (ἐγκώμιον, vgl. 1.2.5), enthalten in den Stichworten *bewundern, bestaunen, loben.* Er ist sich dessen bewußt, daß er Vorgänger hat, wie ja überhaupt das epidiktische Genus die Wiederholung und Ausschmückung von bereits Dargestelltem ist. Man kann, außer *De S.* 10, den Anfang der *Vita Apollonii* des Philostratos vergleichen: Οἱ τὸν Σάμιον Πυθαγόραν ἐπαινοῦντες...; ebenso den Anfang der 15. Jeremia-Homilie des Origenes (MPG 13,428 D): „Diejenigen, die die Propheten selig preisen und in solchem Seligpreisen gleiches Los mit den Propheten zu erhalten wünschen..." (usw.). Es fehlt dort aber der Gegensatz zu einem *Ich jedoch,* sondern es wird nur in allgemeinen Worten vor dem allzu wörtlichen Eintreffen eines solchen Wunsches gewarnt.

Das Lob der Poeten wegen ihres Nutzens ist ein alter griechischer Topos: Aristophanes, *Ranae* 1030−1036: Orpheus lehrte τελετάς, Musaeos Heilkünste, Hesiod Landarbeiten, und der göttliche Homer (ὁ δὲ θεῖος Ὅμηρος) lehrte τάξεις, ἀρετάς, ὁπλίσεις ἀνδρῶν, also Kriegskunst. Was hier noch *distributio* ist in Form einer Verteilung auf vier verschiedene Personen, hat später Homer als d e r Dichter alles auf sich gezogen (oben 2.1).

Die *Vita Homeri* ist im ganzen ein Lobpreis ihres göttlichen Dichters, aus dem sie, dank verfeinerter Interpretationskunst, für alle Gebiete des menschlichen Lebens Lehren gewinnt.

Im besonderen wird Hermes, der Götterbote, selig gepriesen (*Vit. Hom.* 138; hier μακαρίζειν). So ist es auch hier ein Gottesbote, der den Anlaß gibt zum Loben − aber nicht seiner eigenen Tugenden, wie bei Hermes, sondern zum Lob dessen, der ihn sandte.

Ich jedoch: Solches Hervortreten der 1. Person Singular weist Wifstrand, Bildung 39 dem rhetorischen Stil des 2. Jh. n. Chr. zu (seine Beispiele: Favorinus und der Apologet Tatian)[1]; wir können jedoch, als Autor eher des 1. Jh., Chariton hinzugesellen: *Callirhoë* I 1,1; VI 9,4; VIII 1,4 und 8,16. Berger,

---

[1] Wifstrand, Bildung 39: „Ein anderer typischer Zug (des 2. Jh. n. Chr., F. S.) ist, daß der Redner in der ersten Person Singularis stark hervortritt. Er sagt nicht: „lächerlich ist auch des Pherekydes Weiberklatsch", sondern „ich lache auch über den Weiberklatsch des Pherekydes"; er sagt nicht: „warum werden wir Christen gehaßt, wenn wir nicht den Gebräuchen gewisser Menschen folgen wollen", sondern „warum werde ich gehaßt, wenn ich nicht...""

Formgeschichte 110 kennzeichnet solches *ich glaube* als Element der Diatribe. – Vgl. noch § 6, 26, 33, 100 u. ö.

Die Leistung dieses Redeanfangs besteht, aufs Ganze bezogen, darin, die an dem Kommunikationsgeschehen Beteiligten zusammenzuführen: die Bibelleser – ob in- oder außerhalb der anwesenden Gemeinde –, den Ausleger und Gott *(auch denjenigen, der ... zu loben ist)*. Das Jona-Buch ist in dem Plural *Propheten* mit enthalten; seine Hauptperson wird ab § 8 hervortreten.

Was wir vermissen, ist eine ausdrückliche Anrede an die Synagogengemeinde (vgl. Bd. I S. 6). Sie könnte im Laufe der Überlieferung verloren gegangen sein; doch hat auch das Gebet Jonas § 69–98 weder Anrede noch Amen. Ausdrücklich angeredet werden in § 103 die Niniviten; sonst finden sich hin und wieder beiläufige (appositionelle) Anreden: § 111.153.183. – Reden ohne Anrede bietet auch Chariton, *Callirhoë* I 2,2; II 4,5; III 4,5.

Unser Prediger hat eine auffällige Scheu, die Namen[2] ‚Gott' oder ‚Herr' zu gebrauchen. Er begnügt sich mit Umschreibungen, oder vielmehr: er bemüht sich um Kennzeichnungen[3], vielleicht, weil er sie für aussagekräftiger hält, jedenfalls aber aus jüdischem Respekt vor dem Zweiten Gebot.

Das in § 2 angeschlagene Thema des Gotteslobs, Grundthema des synagogalen ἐγκώμιον, wird als *inclusio* am Ende wiederkehren (§ 216 ff.).

vor allen geistbegabten Propheten) Wie weit die stoisch-mechanistische Inspirationstheorie eines Philon (s. nächstes) hier mitzudenken ist, bleibe dahingestellt. Weit weniger Anleihen bei hellenistischer Philosophie macht die Lehre von den sieben Gaben des Heiligen Geistes in *De S.* 24 f., s. d.

Zither/Zitherspieler; Haus/Baumeister; Schiff/Steuermann; Werkzeug/Geschick zu seiner Bedienung) Dies sind alles Standardvergleiche der griechischen Gotteslehre seit Platon; vgl. aber auch Ps 104(103), 1–3. In Weish 13,1 ff. werden diese Analogien zu der Aussage verdichtet, der Schöpfer könne und müsse aus seinen Werken ἀναλόγως (V. 5) erkannt werden – die These von der natürlichen Gotteserkenntnis, die in unserer Predigt § 125–135 ausgebreitet wird.

Analogien aus dem Bereich der Technik waren in hellenistischer Zeit beliebt (Drögemüller, Gleichnisse 248) – bis hin zu der Bezeichnung Gottes selbst als τεχνίτης: Weish 13,1, Philon, *Opif.* 135 usw. (vgl. Siegert, Philon 101.113); Stobaeus, *Anthol.* I 49,44 = C. H. Bd. IV S. 2 Z. 7 (Hermetisches Frg. Κόρη κόσμου § 4). Mehr unten zu § 14.

---

[2] Ein ‚Name' wird definiert als ein Wort, das nur einen individuellen Bezug hat – weswegen Θεός in Texten des Monotheismus korrekterweise groß zu schreiben wäre, wie man auch ‚Allah' groß schreibt. – Vgl. Kamlah/L., Log. Propädeutik 31 f., 103 f.

[3] Eine ‚Kennzeichnung' ist eine Zusammensetzung (ein Syntagma) aus Wörtern, die selbst keine Namen sind, in dieser Zusammensetzung aber als Name fungieren (Kamlah/L., a.a.O.). Beispiele wären ‚der Allmächtige', ‚der Schöpfer des Himmels und der Erde'.

Hinter *Zither/Zitherspieler* steckt möglicherweise eine ähnlich mechanistische Inspirationslehre wie bei Philon (vgl. Siegert, Philon 88–91); sie kehrt in einer – wie mir scheint – unbewußten Parodie in § 68 unserer Predigt wieder, wo Jona in der Weise eines Zitherspielers die Zunge des Seetiers zum Sprechen bringt.

Zum wohleingerichteten *Haus* als Analogon für den Kosmos, das wiederum auf den *Baumeister* schließen läßt, hat Wendland, Philos Schrift von der Vorsehung 10 Anm. 1 reichlich Belege aus Ps.-Aristoteles, Philon, Cicero, Seneca u. a. zusammengetragen. Selbst der scharfe Religionskritiker Kritias, ein Verwandter Platons, läßt den Himmel – den ein schlauer Mensch zur Wohnstätte fiktiver Götter erhoben habe – gelten als

Χρόνου καλὸν ποίκιλμα τέκτονος σοφοῦ (Frg. 88 B 25, V. 34 Diels/Kranz),

ein „schönes Gemälde des Chronos, eines weisen *Baumeisters*".

Über Schiff und *Steuermann* siehe Kaiser, Steuermann, bes. S. 100: „Der ‚Steuermann des Weltalls' ist wie der ‚Demiurg' eine bedeutsame Neuschöpfung Platons" (*Politicus* 272 E). Die Belege aus der hellenistischen Literatur sind Legion[4]. Für die Übernahme ins Judentum steht bereits Weish 10,4.6. In unserem Text ist diese Analogie durch die auszulegende Geschichte von Jonas Seefahrt besonders naheliegend.

Das Neue Testament spricht nur im Hinblick auf die Gemeinde von κυβερνήσεις, Steuermannsbegabungen (1. Kor 12,28). In christlicher Literatur ist dann die Kirche das „Schiff", das Gott durch das „Meer" der Welt steuert (Kaiser, Steuermann 175.212; H. Rahner, Symbole 313 ff.).

Das *Werkzeug* – letztes Glied in der vierfachen Analogie – wird, zur Steigerung wohl, nicht einfach nur gegen seinen Verfertiger kontrastiert oder gegen den, der es handhabt (das wäre der vielbenützte Künstler/Kunstwerk-Topos, vgl. Siegert, Philon 112 f.), sondern gegen *denjenigen, der das Geschick zu seiner Bedienung verleiht.* Philons platonisch-hierarchisches Denken kennt die Abstufung, daß über dem Künstler die Kunst sei – als das eigentlich Bewirkende; er ist nur der Empfänger der Ausbildung (*Mut.* 122) –; Gott aber, ὁ μόνος ἐπιστήμων θεός, ist die ἀρχὴ καὶ πηγὴ τεχνῶν καὶ ἐπιστημῶν (*Migr.* 40–43). So öffnet sich nun in unserem Text durch die Einbeziehung Gottes die Schere des Vergleichs; die Analoga treten auseinander, und die anthropologische Aussage von § 3 wird vorbereitet, wonach die Seele auch nicht Verfertige-

---

[4] Zu poetischer Literatur vgl. noch Drögemüller, Gleichnisse 132–134; zu Philon: Kuhr, Gottesprädikationen 52 u. ö. unter ἡνίοχος, ἡνιοχεῖν, κυβερνήτης, οἰακονομεῖν, πηδαλιουχεῖν; dazu Kaiser, Steuermann 169 ff.; 210; 220 f. – Philon läßt insbesondere den Logos als „Steuermann" des Kosmos tätig sein. Belege bei Leisegang, Index unter κυβερνήτης. – In hellenistischer Kosmologie haben gleichfalls die kosmischen Hemisphären ihren „Wagenlenker" (ἡνίοχος): Siegert, Philon 80 f. – Literaturgeschichtliches und -psychologisches zu der hier genannten Metaphorik s. Meichsner, Steuermannstopos.

rin des Körpers ist, sondern nur Bedienerin. Gott, der Schöpfer der Seele (unten § 97f.), läßt diese den Körper gebrauchen. Die Indirektheit dieses Verhältnisses begründet menschliche Freiheit zum Gehorsam oder Ungehorsam, wie sie sich an den Niniviten wie auch an Jona selbst erweist. Gott wählt ärztliche (§ 4ff.) und pädagogische (§ 9) Mittel, um hier zu steuern, nicht den Meißel des Bildhauers, auch nicht das Plektrum des Zitherspielers (vgl. § 68 als Kontrast).

§ 3 *Körper / Seele, die ihn bewegt)* Platon, *Phaedrus* 245 E hatte die Seele als „das sich selbst Bewegende" definiert, also die Fähigkeit und den Antrieb zur Bewegung in den Lebewesen[5]. Dieses geradezu göttliche Vermögen lud zu der Analogie ein, die z. B. Cicero im *Somnium Scipionis* ausdrücklich zieht: *Ut mundum ex quadam parte mortalem ipse Deus aeternus, sic fragile corpus animus sempiternus movet* (*De re publ.* VI 24). – Hier aber wird die Analogie in einer besonderen Richtung ausgezogen: Gott ist in den *geistbegabten Propheten* (§ 2) als das Bewegende anzusehen, das sie zu ihrer Tätigkeit *anregt* (armen. *šaržem* = κινέω, σείω, σαλεύω, ASA), wenn wir den Kontextzusammenhang so interpretieren dürfen.

§ 4 *die Gesetzgebung)* ἡ νομοθεσία, wie Röm 9,4, also der für alle Welt gültige Gotteswille, wie ihn Israel aus der Tora kennt.

Durch die Übersetzung des hebräischen *torā* durch griech. νόμος hatte jüdische Frömmigkeit allerlei Querverbindungen zu philosophischen, insbesondere kosmologischen Anschauungen der Griechen gewonnen (vgl. Siegert, Philon 65.78f.). Schon der platonische Demiurg war ja eine Art Gesetzgeber gewesen (*Tim.* 41 E; 42 D), was der Mittelplatonismus unter stoischem Einfluß verstärkte; s. Alkinoos, *Didask.* p. 172 (H.) Z. 10 mit Whittakers Anm. 320 z. St. In gleicher Terminologie polemisiert Plutarch gegen einen naturphilosophischen Traktat des Chrysippos mit der Bemerkung, dieser sei ἀντινομοθετῶν τῷ τοῦ κόσμου νομοθέτῃ (*Mor.* 1044 C). Unzählige Male wird in der griechischen Literatur die Pindar-Stelle zitiert:

Νόμος ὁ πάντων βασιλεὺς / θνατῶν τε καὶ ἀθανάτων   (Frg. 169)[6]

– wobei hier ursprünglich νόμου eine recht vage, zwischen Schicksal und „Recht" des Stärkeren schwankende Sache ist. Deutlicher schon bezeichnet der Zeus-Hymnus des Stoikers Kleanthes jenen obersten Gott der Griechen als

---

[5] Leisegang, Gnosis 22f.: Den Pflanzen sprach man eine „Ernährungsseele" zu, den Tieren eine „Sinnenseele", den Menschen schließlich eine „vernünftige Seele". Vgl. auch R. Grant, Miracle 8f. – Zum griech. Leib/Seele-Dualismus im besonderen und zu seinen Denkschwierigkeiten bei der Übernahme uns Judentum s. Hengel, Judentum und Hellenismus 361–364.

[6] Herodot III 38 (Ende); Platon, *Gorgias* 484 B; Aelius Aristides, *Oratio* 45 bzw. II 68; Celsus bei Origenes, *C. Cels.* V 34 (Ende); Clem. Alex., *Strom.* II 4 § 19,2 (dort mit Bezug auf Christus); Plutarch, *Mor.* 780 C.

νόμος μέτα πάντα κυβερνῶν[7]. Die stoische Lehre von der Zweckmäßigkeit des Weltaufbaus und der Zielstrebigkeit (Teleologie) allen Geschehens gab hierzu die nähere Ausführung. So wie bei den Juden der νόμος mit der σοφία synonym gesetzt wurde (Grundgedanke der späteren Weisheitsbücher), so war er bei den Stoikern mit dem λόγος, also der Weltordnung, so gut wie synonym[8]. An der Schwelle zum Neuplatonismus bemächtigt sich Maximus von Tyrus der Lehre von einem universalen νόμος, läßt aber dessen Träger einen immateriellen Noῦς sein (*Dissertationes* VII 12).

Jüdische Theologie setzt an dieser Stelle, schon seit den Spätschriften der Septuaginta, Gottes „Weisheit" ein. Ein anonymes jüdisches Fragment bei Eusebius, *Pr. ev.* VII 3 läßt den νόμος in der Stadt ebenso wie den κυβερνήτης auf dem Schiff oder den τεχνίτης in seinem Handwerk als Analoga gelten für die Θεοῦ σοφία, welche aus all diesen Dingen − Weish 13,5 wird zitiert − erkennbar sei.

Nun führen die Schauplätze der Jona-Geschichte, die beide außerhalb Israels liegen, unseren Prediger von selbst auf den stoischen Gedanken des Naturrechts und der natürlichen Sittlichkeit, ebenso wie auf den fast gemeinantiken Gedanken der natürlichen Gotteserkenntnis. Die Heiden auf dem Schiff wie in Ninive werden nicht mit der Tora konfrontiert, sondern werden auf die in ihnen selbst liegenden Erkenntnismöglichkeiten hingewiesen: so ausführlich § 118−136 als Rede der Niniviten selber.

Jüdische Weisheit hat sich hier stoischem Denken stark genähert. Im Mittleren Platonismus hingegen, bei Celsus beispielsweise, wird νόμος konsequent im Plural gebraucht. So bei Plutarch: Es gibt verschiedene νόμοι, aber nur einen λόγος und eine πρόνοια im Kosmos (Barrow, Plutarch 82). Polemisch wird diese These angewendet bei Celsus: Jedes Volk hat sein eigenes Brauchtum und Lebensgesetz, das jüdische auch; keines aber ist berechtigt, seinen νόμος in ein anderes Klima zu exportieren und einer anderen Tradition überzustülpen (Origenes, *C. Cels.* V 25f. usw.; Andresen, Logos 189−200). Damit werden jüdische und christliche Religionsausbreitung grundsätzlich bestritten. −

Die hohe Bedeutung des νόμος-Begriffs macht es auch für die *Vita Homeri* notwendig, sachliche Entsprechungen und Synonyme für dieses bei Homer nicht belegte Wort in dessen Dichtungen zu suchen (§ 175ff.): um so nachdrücklicher verweist sie z. B. auf εὐνομίη in *Od.* 17,487. Ihre Position ist hier eher die platonische.

---

[7] SVF I Nr. 537, Z. 2 (vgl. Z. 24.35.39, vom Anfang des Gedichts an gezählt). − Chrysipp seinerseits paraphrasiert die Worte Pindars (Frg. 169), denen auch er viel nachgedacht hat (SVF III 314). Er hat Pindars und Heraklits Andeutungen systematisiert. Die Inhaltsverzeichnisse in SVF II und III geben die Rekonstruktion dieses Systems.

[8] Siehe SVF I 162 = III 4 und überhaupt die in SVF IV S. 100a/b zusammengetragenen Definitionen und Grundsätze; ferner Zeller, Philosophie III/1, 145.

Schiff) Zu dieser in der Antike unübersehbar oft benützten Analogie bzw. Metapher, die für alle Arten von gefahrvollen, Geschicklichkeit fordernden Unternehmungen stand, siehe z. B. H. Rahner, Symbole 314–330; dort 319 ff. auch zur Metapher des ‚Staatsschiffes' und 331 ff. zu christlichen Weiterentwicklungen. Wenn unser Redner die göttliche *Gesetzgebung* mit einem Schiff vergleicht, so meint er das unsichtbare *Lenken* der Kosmo-Polis durch das ihr eingegebene Gesetz (stoisch; vgl. Philon), aber auch – wie wir später sehen werden – durch konkrete, geschichtliche Eingriffe: § 67 (in der Form einer rhetorischen *correctio*) und § 99. Die Erziehung des Propheten, Thema ab § 9 und dramatischer Inhalt der Predigt wie auch ihrer biblischen Vorlage, fällt unter diese letzte Rubrik.

Für die allgemein-kosmologische Verwendung der Schiffs-Analogie und all dessen, was damit zusammenhängt, haben wir aus hellenistischer Zeit reichlich Belege. Ps.-Aristoteles, *De mundo* 400 b 6–9:

Ὅπερ ἐν νηΐ μὲν κυβερνήτης,
ἐν ἅρματι δὲ ἡνίοχος,
ἐν χορῷ δὲ κορυφαῖος,
ἐν πόλει δὲ νόμος,
ἐν στρατοπέδῳ δὲ ἡγεμών,
τοῦτο Θεὸς ἐν κόσμῳ.

Noch ausführlicher, wenn auch von eingeschränkterer Anwendung, ist die Sammlung von gleichbedeutenden Analogien bei Philon, *Abr.* 272: Ὡς κυβερνήτης μὲν ἐν νηΐ / ἄρχων δ' ἐν πόλει / στρατηγὸς δ' ἐν πολέμῳ / καὶ ψυχὴ μὲν ἐν σώματι, νοῦς δ' ἐν ψυχῇ / καὶ πάλιν οὐρανὸς μὲν ἐν κόσμῳ, Θεὸς δ' ἐν οὐρανῷ – so unterscheide sich der Weise von der übrigen Menschheit.

über allem sitzt, hoch erhaben, der Steuermann ...) Außer dem zu § 1 f. Genannten vgl. – fast wörtlich – Philon, *Conf.* 98; *Post.* 14 u. ö. – Dies ist die räumliche Vorstellung von Transzendenz – älter als die qualitative oder die erkenntnistheoretische –, hier metaphorisch ausgedrückt, wohingegen antike physikalische Theorie an das „heiße", kraftgeladene Äußere des Kosmos dachte im Gegensatz zu seinem kühleren, vermischten Innern, der Erde (vgl. Siegert, Philon 80 ff.; 118 ff.). Wenn der „Seiende" oberhalb seiner (Aether-) Kräfte gesehen wird, räumlich und qualitativ erhaben und unerreichbar für unser Verstehen (letzteres betont *De Deo* Z. 47), so ist begrifflich ausgeführt, was unser Text nur metaphorisch darstellt. In einer Hinsicht ist es sogar überboten; denn für den *De-Jona*-Prediger ist die Erkennbarkeit des „Lenkers" der Sonne kein großes Problem: § 128 f.

Im übrigen ist, wie Irene Meichsner (Steuermannstopos) dargestellt hat, *Steuermann* der bildliche Platzhalter für den Begriff der Autorität. Diese wird im folgenden durch Gottes *Vorsorge* inhaltlich begründet.

für alles Einzelne ... trifft er ... Vorsorge) Mit letzterem Ausdruck habe ich *varel* (ASA: κυβερνᾶν, διοικεῖν u. a.) übersetzt; es ist also noch nicht wörtlich, wohl aber inhaltlich von der Vorsehung die Rede. (In § 91 wird dann der Terminus *naxaxnamowt'iwn* = πρόνοια begegnen.) Eine Vorsorge für *Einzelnes* begegnet in der Antike als biblischer, aber nicht leicht philosophischer Gedanke (Siegert, Philon 135 f.). Philon äußert sich in seinen theoretischen Schriften ganz als Stoiker; in den historischen indes klingen auch andere Töne an. Den ägyptischen Statthalter Flaccus, einen Feind der Juden, läßt er einmal sagen, Gott habe sich an ihm persönlich zugunsten des jüdischen Volkes gerächt: *Flacc.* 170 (hier πρόνοια) und 191. Besondere Eingriffe der Vorsehung kennt auch *Leg.* 220 und 336 (dort πρόνοιά τις).

Bei Stobaeus schließt das Kapitel, das Gott und der Vorsehung gewidmet ist, mit einer kleinen, aus Epiktets Diatriben zitierten Doxographie zu der Frage, ob es Götter gebe und inwieweit sie sich um die Menschen kümmerten (*Anthol.* I 1,40, aus Epiktet, *Diss.* I 12,1–7). Die Antwort Nr. 5, die mit der Autorität einer – frei gedeuteten – Homer-Stelle versehen ist, geht in die eben genannte positive Richtung. Deswegen ordne sich der Weise τῷ διοικοῦντι τὰ πάντα ebenso unter wie gute Bürger τῷ νόμῳ τῆς πόλεως.

c. 2, § 5 *der jede Stadt lenkt)* Hier, am Anfang der Textparaphrase, die mit allerlei Einlagen bis zum Ende der Predigt durchgehalten wird, begegnet erstmals ein Stichwort aus dem Predigttext: πόλις (Jon 1,2). Der hellenistische Gemeinplatz, daß die Welt von Gott gelenkt werde wie ein städtisches Gemeinwesen von seiner gesetzgebenden Körperschaft[9], wird hier in dem eben benannten Sinn ins Partikulare gewendet: für *jede* Stadt gilt dies wieder. Vgl. Am 3,1–6.

Das bekannte Dogma der Stoiker von der Einheit des Kosmos – Götter und Menschen eingeschlossen – in einer einzigen Polis wird in *Vit. Hom.* 119 ausdrücklich auf den Poeten zurückgeführt – wo Zeus nämlich die Themis beauftragt, die Götter zur Beratung zusammenzurufen. Denn „was sonst will er damit andeuten (ὑποδείκνυσιν), als daß nach der Weise einer Stadt (νόμῳ πόλεως) der Kosmos verwaltet wird (διοικεῖται) und daß die Götter voraus-(blickend) Rat halten, wobei der ,Vater der Götter und Menschen' den Vorsitz führt (ἐξάρχοντος)?" Dies wird als ein συμπολιτεύεσθαι der Götter mit den Menschen bezeichnet.

---

[9] Dieser Gedanke, in dem der politische Niedergang der Stadtstaaten in hellenistischer Zeit sozusagen philosophisch aufgefangen und neutralisiert wird, ist v. a. durch die Stoiker propagiert worden. Wie Arios Didymos (Diels, Dox. S. 464 Z. 22–24; SVF II 528) bemerkte, haben sie den populären Götterglauben – auch diesen galt es zu retten, nicht nur den Polis-Gedanken – dergestalt übernommen, daß sie die ganze Welt als eine Polis ansahen, in der die Götter die Regierung (ἡγεμονία) innehaben und die Menschen ihre Untertanen (ὑποτεταγμέ-νοι) sind. Vgl. SVF II Nr. 1127–1131; ps.-Aristoteles, *De mundo* 396b 1ff.; sowie – als jüdisch-monotheistische Variante und damit nahe an unserem Text – das Fragment bei Eusebius, *Pr. ev.* VII 8. Zum „Staatsschiff" findet sich weiteres bei Kaiser, Steuermann 136 f. und 208.

In jüdischer Abwandlung ist dieser philosophische Gedanke nicht nur mo-
notheistisch akzentuiert worden — in *De Jona* stärker noch als bei Philon, der
über Mittelinstanzen spekuliert[10] —, sondern es wird auch der „kosmische
Gott"[11] des (relativen) hellenistischen Monotheismus durch einen überkosmi-
schen Gott überboten. Darum *De J.* § 4: *über allem sitzt, hoch erhaben, der
Steuermann ...*; darum Philon, *De Deo* Z. 54f. das ἐπάνω παντὸς τοῦ κόσπου
... καθῆσθαι des „Seienden". Mit stoischem Vokabular wird hier ein eher
platonischer Gedanke ausgedrückt, die Entfernung (Transzendenz) des Einen
Gottes vom Kosmos. Vgl., im Kontrast, das zu *De Deo* Z. 56 oben Gesagte.
Zum Begriff des ‚Lenkers' oder ‚Aufsehers' s. u. den Kommentar zu § 21.

Ninive ... der Ursprung aller Städte) „Sie ist die große (= die größte) Stadt"
heißt in Gen 10,12 eine offenbar auf Ninive zu beziehende Notiz. Ausführliches
über ihre Gründung durch den angeblichen König Ninos und über ihre Größe,
die die aller später gebauten Städte übertreffe, erzählt Diodorus Siculus in
seiner *Bibliotheca historica* II 3.

wie ein tüchtiger Arzt ... für das Leiden der Stadt) Hier wird in ganz griechischer Weise die Schlechtigkeit (κακία, Jon 1,2) Ninives als ein *Leiden* gedeutet.
Platons These war: οὐδένα ἀνθρώπων ἑκόντα ἐξαμαρτάνειν (*Protag.* 345 D/
E; vgl. 358 B/C, *Gorgias* 468 C u. ö.): daß nämlich niemand etwas Böses will,
weil es böse ist, sondern weil er es in begrenzter Weise für etwas Gutes hält.
„Fürs Danebenschießen gibt es kein Ziel", sagt Epiktets Handbuch; „so ist
auch kein Böses in der Welt vorhanden" (c. 27; ... οὕτως οὐδὲ κακοῦ φύσις ἐν
κόσμῳ γίνεται). Simplikios, in seinem Kommentar hierzu, führt aus: „Niemand
hat Lust zum Ehebruch um des Ehebruchs willen" usw.; für ihn ist die κακία
ψυχῆς wie eine Krankheit (νόσος)[12]. Wer sich also fehlverhält, begeht einen
Fehler gegen sich selbst. So bereits Spr 8,36 (wohinter ägyptische Tradition
stehen dürfte); so Mark Aurel[13], so die „Lehren des Silvanus"[14], so Plutarchs
Traktat *De sera numinis vindicta* (*Mor.* 548A−568A), dessen Gedankengang
überhaupt mit *De J.* manche Ähnlichkeit hat. Weitere Autoren zu der These
Ὅτι οὐδεὶς ἑκὼν πονηρός zitiert Stobaeus, *Anthol.* II 9 (Demokrit, Musonius
und Spätere).

Freilich weiß unser Prediger, daß ‚Sünde' im biblischen Sinne ein gestörtes
Verhältnis (auch) zu Gott meint; doch sagt er das noch nicht hier, sondern erst

---

[10] Vgl. noch die Ablehnung eines Gebetsmittlers in *De J.* § 114, wohingegen Philon
zahlreiche — allerdings von oben nach unten wirkende — Mittelinstanzen kennt.

[11] So lautet der Untertitel von Festugière, Révél. II: *Le dieu cosmique.* S. o. 2.2. zu *De Deo*
Z. 38.

[12] *Commentarius in Epicteti Enchiridion* 27 (S. 74, Z. 6ff.; 47ff. Dübner).

[13] IV 26 (Dübner): Ἁμαρτάνει τις; ἑαυτῷ ἁμαρτάνει.

[14] N. H. VII 97,5f.: *röme gar nim monēros frblaptei mpefhēt.*

in § 12 und vor allem in der Bußpredigt, die die Niniviten sich selber halten: § 120 und 123 ff.

Gott *Arzt* zu nennen, ist schon eine biblische Metapher: Ex 15,26; Hos 11,3; vgl. Weish 16,12; Mk 2,17. Über menschliche Ärzte vgl. Sir 38,1−15. Philon, *Praem.* 33 f.: „Wie ein Arzt bei den schweren und gefährlichen Krankheiten manchmal Teile des Körpers abtrennt um der Gesundheit des Ganzen willen und der Steuermann bei drohenden Stürmen Last abwirft aus Vorsorge (πρό-νοια) für die Rettung (σωτηρία) der Mitfahrenden …, ebenso muß man die Natur des Alls stets bewundern …," denn: τρόπον εὐνόμου πόλεως ὁ κόσμος ἡνιοχεῖταί τε καὶ κυβερνᾶται σωτηρίως[15]. In *Deus* 63−69 vergleicht Philon Gott mit einem Arzt, der aus therapeutischen Gründen sogar Zwecklügen gebraucht − ein Gedanke, der gerade für die Jona-Geschichte mit ihrer nicht eintreffenden Prophetie (unten § 160 ff.) von Interesse ist. − In unserem Text ist in § 182 Gottes „ärztliche Kunst" eine Metapher auf seine Pädagogik; ebenso *De S.* 7.

Zur ärztlichen Kunst Gottes im Griechentum vgl. Kaiser, Steuermann 75.130.207 (Platon), Plutarch im schon genannten Traktat, *Mor.* 551 C ff. und 652 D, und die Rede von Apollon „dem Arzt" − die auch Philon kennt[16] − in *Vit. Hom.* 202, dem Abschnitt über die homerische Medizin. Dort gelten σωτηρία und ὄλεθρος der Menschen als Sache des Apollon und der Artemis, τουτέστι des Helios und der Selene. Religionsgeschichtlich gesehen, erweist sich hier innerhalb des Hellenismus eine Konzentration auf die „großen" Götter (die auch in Himmels- und Sternmächten repräsentiert waren), was freilich nicht ausschließt, daß ein Aelius Aristides noch im 2. Jh. n. Chr. eine ausgesprochen persönliche Beziehung zu Asklepios hatte. Unser Prediger gibt sich Mühe, dem universalen Gott der jüdischen Religion die Nähe einer der populären Rettergottheiten zu geben; vgl. § 115−117.

Was die christliche Rede von Gott als *Arzt* betrifft, so ist, außer vielen Heilungsgeschichten des Neuen Testaments, Lampe, Lexikon unter ἰατρός 2.3 heranzuziehen. Gnostisches s. Siegert, Nag-Hammadi-Register S. 82 oben. − Von den Jona-Auslegungen, die Duval, Jonas verarbeitet hat, wird in seinem Register unter *médecin* nur die unsere aufgeführt.

Soziologisch läßt sich beobachten, daß die Rede vom *Arzt* in den Ober-schichten einen besseren Klang hatte als in den unteren − denen ein Arzt niemals angehörte und finanziell oft auch unerreichbar war. Die Perikope von

---

[15] Prosarhythmus gibt dieser Aussage starken Nachdruck: 4 Längen + *Creticus* als Schluß. − Ihres stark stoischen Inhalts wegen ist sie in SVF II 1171 aufgenommen worden. − Weitere Stellungnahmen Philons zur ärztlichen Kunst s. Helmut Schmidt, Anthropologie 46 f. und 137 sowie Groß, Natur 66. Nach *LA* III 179 ist es gar nicht der Arzt, der einen Patienten heilt, sondern Gott selbst.

[16] *Leg.* 106.109; Kontext: Polemik gegen die Gottlosigkeit des Caligula gegenüber den eigenen Göttern.

der Blutflüssigen Frau erwähnt zu Beginn (Mk 5,25f. par.), daß diese ihr Vermögen an Ärzte verschwendet hatte. Laut Celsus war es ein Predigttopos im frühen Christentum: „Flieht die Ärzte!" (Origenes, *C. Cels.* III 75)[17]. Celsus wertet dies als Ausdruck der Wissenschaftsfeindlichkeit kleiner Leute. Philon hingegen, der Aristokrat, hat von Ärzten eine hohe Meinung, wie ein Blick in Leisegangs Index *s. v.* ἰατρός erweist. In *Spec.* IV 186 zieht er eine Parallele zwischen König und Arzt, wie hier, was natürlich nicht ausschließt, daß nicht Gott, der Retter (σωτήρ), als Seelenarzt (ἰατρὸς ψυχῆς) gegen irdische Ärzte kontrastiert werden könnte (*Sacr.* 70; vgl. die Zielsetzung der „Therapeuten" in *Cont.* 2). Weisheitsrede ist ein ἰατρὸς ἁμαρτημάτων (*Spec.* II 31) und Mose gleichfalls ein „Seelenarzt" (*Deus* 67; vgl. oben). Im übrigen wird er an zahlreichen Stellen als Lehrer der Medizin gewürdigt, nicht anders als Homer in *Vit. Hom.* 200–211.

§ 6 *als wäre es der Heilung entgegengesetzt)* Die ärztliche Metaphorik erlaubt es dem Prediger, das Paradox der nicht erfüllten Unheilsprophetie des Jona zu bewältigen (vgl. § 160ff.) – als einen Erweis von Gottes Pädagogik.

Zum Topos vom paradoxen Heilmittel vgl. Chariton, *Callirhoë* VI 4,5 sowie das folgende:

§ 7 *mit Feuer und Wasser)* Bekannter ist das herakliteische Paradox, daß die Ärzte „schneiden und brennen" (was sonst Methoden der Folter an Sklaven waren)[18] und dafür auch noch Lohn verlangen (Frg. 22 B 58 Diels/Kranz; aus Hippolyt, *Ref.* IX 10,3)[19]. *Wasser* als Heilmittel – nämlich Diätbestandteil – wird gelegentlich erwähnt[20]; aufschlußreicher jedoch scheint mir der kleine Traktat Plutarchs zu sein, „Ob Wasser oder Feuer nützlicher sei" (*Mor.* 955E–958E). Dort wird Wasser, als das natürliche Element, mit Feuer, dem erst künstlich in Gebrauch genommenen, in Kontrast gesetzt[21]. So dürfte auch hier *Wasser* stellvertretend für alle natürlichen (diätetischen), *Feuer* für alle künstlichen (chirurgischen, pharmazeutischen) Hilfsmittel und Methoden der

---

[17] Vgl. Andresen, Logos 170f.

[18] Karl Plepelits in seiner Ausgabe von Chariton, *Callirhoë*, S. 165 Anm. 30.

[19] Vgl. Platon, *Gorgias* 480 C; 521 E; Philon, *LA* III 226; *Cher.* 15; *Jos.* 76; ferner *C. H.* XII 3 und weitere Belege aus Cicero und Lukian bei Malherbe, Medical imagery 28f. (etc.) über das äußerst oft wiederholte Wort vom „Schneiden und Brennen" der Ärzte. Malherbe S. 24f. findet diesen Topos besonders häufig bei kynischen Popularphilosophen, so daß er meint (S. 31), beim Hören medizinischer Metaphern in christlicher Predigt hätten damalige Hörer mehr oder weniger automatisch Kyniker assoziiert.

[20] Neuburger/Pagel, Handbuch I 193 (aus Ps.-Hippokrates, *Epidemica* V 56).

[21] Vgl. auch *Mor.* 263 D/E (*Aetia Romana* 1): „Warum läßt man eine (Neu)verheiratete Feuer und Wasser berühren? – Vielleicht, weil von diesen das eine das männliche, das andere das weibliche Element oder Prinzip ist, und das eine (die) Anfänge der Bewegung beisteuert, das andere jedoch die Potentialität (δύναμις) (des) Substrats und (der) Materie." (Folgen andere Deutungen).

Medizin genannt sein. Sir 15,16 nennt in einer offenbar sprichwörtlichen Redewendung Feuer und Wasser als Gegensätze. Vgl. Josephus, *C. Ap.* II 211: die Pflicht, „Feuer, Wasser, Nahrung zu reichen". In Jes 43,2 begegnen Feuer und Wasser als entgegengesetzte Elemente, durch welche Gott sein Volk hindurchführt und errettet.

der Allweise) Πάνσοφος als Gottesepitheton entspricht nicht griechischem, sondern jüdischem Sprachgebrauch. Die ältesten Belege sind 4.Makk 1,12 und 13,19; Philon, *Plant.* 28. In christlicher Literatur wurde es dann häufig (s. Lampe, Lexicon *s. v.*). Anscheinend mußte die griechische Grundbedeutung von σοφός, nämlich ‚geschickt, schlau, raffiniert' erst einmal im Sinne der jüdischen Sophia-Lehre veredelt werden, ehe diese Bildung nahelag[22].

Substantiviert zur Gotteskennzeichnung *der Allweise* dürfte sie eine Seltenheit sein. Aus den Wörterbüchern geht kein Beleg hervor.

Retter, Rettung) Ebenso schon § 6: *retten und erhalten;* § 21 usf.: wir haben es mit einem Lieblingswort unseres Predigers zu tun[23], ja mit einem Lieblingswort der ganzen Epoche (Festugière, Révél. IV 106: „un τόπος classique"; Bréhier, Philon 235; Siegert, Philon 110f., 134f.; vgl. oben 2.2 zu *De Deo* Z. 90f.) Augustus wird auf einer griechischen Inschrift als σωτὴρ Ζεύς angeredet (CIG Nr. 4923, zitiert in ThW III 1055,2–5); und SALVS GENERIS HVMANI las man auf Münzen des Römischen Reiches[24].

Die große Bedeutungsbreite dieses Wortstamms im Hellenismus, die auch recht allgemeine Wahrheiten von einer „Erhaltung" der Welt durch natürliche und politische Kräfte einschließt, hat Werner Foerster im ThW VII 967–970 dargelegt; vgl. auch Kaiser, Steuermann 89.169, und über die Verwendung im römischen Kaiserkult Deißmann, LvO 311f.[25].

Im Gegensatz zu philosophischen Auffassungen, etwa in Ps.-Aristoteles' *De mundo* oder in naturphilosophischen Darlegungen Philons (vgl. oben zu § 4, Ende), ist in unserer Predigt jedoch ein konkretes und kontingentes Eingreifen Gottes gemeint, also nicht nur ein Erhalten in einer gewissen Ordnung, son-

---

[22] Plutarchs Formulierung πάνσοφον καὶ θεῖον δόγμα (*Mor.* 1103 E) bestätigt indirekt diesen Befund: Es ist nämlich Ironie, Spott über einen epikureischen Lehrsatz.

[23] In der dt. Übersetzung habe ich es seiner Häufigkeit wegen z. T. durch Synonyma ersetzt; vgl. Bd. I Anm. 350.

[24] unter Galba und Trajan; s. Barrow, Plutarch 144.

[25] Zu σωτήρ für einen politischen ‚Befreier' siehe Est 8,12 LXX und überhaupt Danker, Benefactor 299. 301 u.ö. – Zahlreiche Belege, auch inschriftliche, bietet Spicq, Supplém. 637–639. Götter als „Retter" ebd. 636. – Es scheint mir bereits eine Parodie zu sein, wenn Simonides, der „griechische Voltaire" (er lebte ca. 557/6 bis 468/7 v. Chr.; s. Kl. Pauly V 204) in einem fiktiven Weihepigramm den ‚Heilands'-Titel des Zeus zu einem Wortspiel erniedrigt (*Anthol. Pal.* VI 216): Σῶσος καὶ Σωσώ, Σωτήρ, σοὶ τόνδ' ἀνέθηκαν, / Σῶσος μὲν σωθείς, Σωσὼ δ', ὅτι Σῶσος ἐσώθη.

dern auch ein Retten a u s unterschiedlichen Gefahren – siehe den Katalog von Rettungen in § 91–95.

c. 3, § 8 *der Menschenfreund)* Mit φιλάνθρωπος wird hier der letzte der großen griechischen[26] Begriffe eingeführt, der zum Deutungsapparat der biblischen Nacherzählung gehört. Er gehört hauptsächlich der politischen Sphäre an und meint die Herablassung des Herrschers, die Milde seiner Regierung: so etwa Arist. 36.208.265.290 (neben ἀγάπησις, ἐπιείκεια). Vgl. βασιλέως φιλανθρωπία bei Chariton, *Callirhoë* VI 5,10 (vom persischen Großkönig); ebd. I 5,4 das humane Verhalten (φιλάνθρωπον) des Helden, unserem *De J.* 55 vergleichbar. Wie Ulrich Luck im ThW IX 107–109 darlegt, konnten in griechischer Literatur seit nachhomerischer Zeit auch Götter als ‚menschenfreundlich' bezeichnet werden – so Hermes, Asklepios, Apollon (Plutarch, *Mor.* 402 A), Kronos[27]. Die Gaben der Götter für das bedürftige Menschengeschlecht werden bei Xenophon als φιλάνθρωπα bezeichnet[28]; insbesondere das Feuer zeichne sich unter ihnen durch seine φιλανθρωπία aus (*Mem.* IV 3,3–7).

Ein φιλάνθρωπον ἦθος lobt an Zeus (!) *Vit. Hom.* 116. Beleg ist dort *Od.* 1,65–67 (und Kontext), wo Zeus sich von Athena erweichen läßt, Odysseus zu schonen und ihm die Heimkehr zu ermöglichen. Angesichts der Irrfahrt des biblischen Jona ist das keine ganz unbedeutende Parallele[29], wobei auch hier wieder der griechisch-philosophische Wertbegriff sich leichter auf den jüdischen als auf den griechischen Klassiker anwenden ließ. Trotzdem steht die griechische Priorität außer Frage.

Ein gemeinsamer Vorwurf war es ja, der Homer ebenso wie den biblischen Jona (s. u.) einer Verteidigung bedürftig machte: der der Menschenfeindlichkeit. Die *Vita Homeri* beansprucht darum in § 213, einer besonders apologetischen Passage, für Homer, er habe eine durchaus würdige und nicht menschenfeindliche Tragödie gedichtet (τραγῳδίαν σεμνὴν καὶ οὐκ ἀπάνθρωπον).

---

[26] Es gibt offenbar kein semitisches Äquivalent. Was Bill. III 268 zum Röm 9,16 (ἐλεῶν) und 292 zu Röm 11,32 (χρηστότης) zusammenträgt (zu φιλανθρωπία Tit 3,4 macht er III 667 keine eigenen Angaben, sondern verweist hierher), hat alles keinen dem Stamm ἀνθρωπentsprechenden Bestandteil. – Zu raḥum und raḥᵘmān vgl. die Epitheta Allahs im Koran: ar-raḥim ar-raḥmān, deren Vorgeschichte bis nach Ugarit zurückreicht; s. Charlesworth II 484 (zu Achikar). – Auch das Lateinische bot kein genaues Äquivalent: s. Gellius, *Noctes atticae* XIII 17 gegen die Gleichsetzung mit *humanus.* – Definitionen aus griech. Literatur bietet der Thesaurus unter φιλανθρωπία.

[27] Auf ihn bezieht sich der von Luck 108 Z. 15ff. zitierte Beleg aus Platon, *Leges* 713 D.

[28] Bei Homer waren es θεῶν ἐρικύδεα (sehr ehrenvolle) δῶρα: *Il.* 3,65; 20,265.

[29] Sie wird uns bildlich illustriert im Mosaik des Leontis Klubas, eines Juden, das dieser in Beth Schean (Skythopolis) „zu seinem Heil und dem seines Bruders Jonathan" legen ließ. Es ist ein Gebet um Errettung in Seegefahren, dargestellt an Szenen des gefährdeten Odysseus. Eine der drei Mosaiktafeln zeigt das Ziel der als so gefährlich empfundenen Seereise: auf ist der Gott Nil zu erkennen und die Inschrift ΑΛΕΞΑΝΔΡΙΑ. Abbildung und Besprechung bei Prigent, Image 154–158. Mehr über Homer im palästinensischen Judentum bei Hengel, Achilleus 50–52, mit Bezug auf dieses Mosaik.

In Platons „Gastmahl" (189 C/D) gilt Eros als θεῶν φιλανθρωπότατος, übrigens auch als ihr Arzt (ἰατρός). Pythagoras bezeichnet in einer bei Iamblichos zu findenden Rede (*De vita Pythagorica* 52)[30] Apollon und Eros als τοὺς φιλανθρωποτάτους τῶν θεῶν. Und schließlich wird dem θεός im singularisch-indefiniten Sinne, wie er v. a. in philosophischen Überlegungen der Spätantike begegnet, ein φιλάνθρωπον nachgerühmt: Plutarch, *Mor.* 780 F/781 A (mit Abgrenzung gegen den Mythos von einem „blitzeschleudernden" Zeus)[31].

Der jüdische Monotheismus wird hier also noch deutlicher, wenn er den einen transzendenten Gott als ‚Menschenfreund', ja de n ‚Menschenfreund' bezeichnete, wie in unserem Text. In der Septuaginta begegnet dieses Wort erst spät, v. a. in den Makkabäerbüchern, und in theologischem Kontext überhaupt nur zweimal, Weish 1,6 und 7,23, wo von der Weisheit (Gottes) gesagt wird, sie sei ein φιλάνθρωπον πνεῦμα[32]. Zögernd bahnt sich hier an, was bei Philon dann schon häufig[33], in unserem Text sogar thematisch betrieben wird: die Übernahme des griechischen Philanthropie-Begriffs in die Gotteslehre. So dann JosAs 13,1: πρὸς σὲ κατέφυγον, Κύριε, τὸν μόνον φιλάνθρωπον[34]; so *De S.* 3 (mehrmals) und 18.

Die Steigerung dieser Aussage bis dahin, daß sie das Thema von 40 Seiten wird – *De Jona* –, dürfte in der antiken Literatur einmalig sein. Bis zum letzten Wort (§ 219) gibt unser Prediger sich Mühe, die Menschenliebe des einen, biblischen Gottes aus der Schöpfung und aus geschichtlichen Ereignissen (wozu Jonas Abenteuer offenbar auch gezählt werden, § 95 f.) zu erweisen. Auch der Aufruf zur Buße, wie er in der Jona-Geschichte an die Niniviten, in der Jona-Predigt an die Synagogengemeinde ergeht, ist als Betätigung der göttli-

---

[30] Text bei de Vogel, Pythagoras 254; vgl. 82 f.; 105 mit weiteren Verweisen; 127 f. (Die Frage der Historizität dieser Rede braucht uns hier nicht zu kümmern.) De Vogel äußert die gleiche These wie Luck 107,12 ff. und 108,8 f., daß φιλάνθρωπος, -ία aus den theologischen Kontexten, in denen es zunächst zu Hause sei, nachher in ethische übergegangen sei.

[31] Der Widerspruch zu dem gleichfalls griechischen Grundsatz, das Göttliche sei neidisch (Belege in Plepelitz' Übers. von Chariton, *Callirhoë*, S. 177 Anm. 102) ist nicht so groß, wie er scheint. Der Götterneid erwachte erst, wenn Menschen, wie etwas Kroesos, göttergleiches Glück genossen.

[32] dt. etwa: „eine den Menschen nützliche/heilsame Energie/Wirkung". Zum Verständnis dieser seltsamen Wortgruppe vgl. Siegert, Philon 86 f.

[33] *Virt.* 77; *Spec.* III 36. Mehr bei Leisegang, Index s. v.; Kuhr, Gottesprädikationen 10.19.49.62 und Duchatelez, Philanthropie 236. Man kann hinzufügen: Philon, *QG* II 60 ὁ εὐμενὴς καὶ ἀγαθὸς καὶ φιλάνθρωπος καὶ μόνος σωτήρ (so Marcus' Rückübersetzung in der Fußnote), ebenso II 54 (S. 136), III 10 (S. 193: Gott als Menschenfreund und Arzt), IV 26 (S. 300). In IV 29 gilt Gottes Logos als φιλάνθρωπος, III 48 (S. 244) sogar die Natur. In IV 2 (S. 272) heißt von den beiden „Kräften" des „Seienden" (vgl. Siegert, Philon, Exkurs III) die eine ὁσιότης, die andere φιλανθρωπία (Marcus' Rückübersetzung). – „Philanthropie" der Tora bei Philon: *Spec.* I 129; II 71.78. 138.183 usw.; vgl. Delling, Diasporasituation 17; ferner Van Veldhuizen in: Reformed Review 1985, bes. 217 ff.

[34] JosAs 13,12 (Rießler: „Menschenfreund") findet keinen Rückhalt in Burchards Textausgabe, auch nicht in Charlesworth II z. St, und scheint auf einer späteren Lesart zu beruhen.

chen Menschenliebe aufzufassen (§ 219). – Vgl. die armenische „Verkünd. Jonas" S. 241.242.246.[35] 248 (Iss.).

Das Neue Testament gebraucht diesen Begriff nur zweimal: Apg 28,2 in allgemein-menschlichem und Tit 3,4 in theologischem Sinn; hierzu ThW IX 111,7–16 und Hengel/Lichtenberger, Hellenisierung 22 f. Die Kirchenschriftsteller haben ab Justin (*Dial.* mehrfach) und dem Diognetbrief (8,7) das Thema benützt und ausgebaut (Lampe, Lexicon *s. vv.*), stand ihnen doch, wie Tit 3,4 ja sagt, in Christus ein besonderer Erweis von Gottes Menschenliebe vor Augen.

Nun hatte unser jüdischer Prediger einen besonderen Grund, Gottes Philanthropie zum Thema zu machen. Sein Volk war nämlich in der hellenistischen Welt als „menschenfeindlich" (ἀπάνθρωπος, μισάθρωπος) verschrien: so bei Hekataeos v. Abdēra (um 300 v. Chr.; Stern, Authors I Nr. 11, S. 26), Diodorus Siculus (1. Jh. v. Chr.; Stern, Authors I Nr. 63)[36], Apollonios Molon (selbe Zeit; Stern, Authors I Nr. 49), Tacitus (Stern, Authors II Nr. 281) und anderen Schriftstellern[37]. (Ein Nachklang davon findet sich auch in unserem Text, § 185). Josephus versucht in *C. Ap.* II 257–261, diesen Vorwurf an Platon und die Griechen zurückzugeben.

Der Vorwurf ist, wie Emeric Trencsényi-Waldapfel meint (Apanthropie 131), die Reaktion auf die Abgrenzungs- und Rassenpolitik eines Esra und seiner Richtung, die sich gegen die mehr offene und universalistische Haltung des Ruth- oder Jonabuches durchgesetzt hat.

Auch die Ablehnung menschengestaltiger Götterbilder bei den Juden dürfte in diesem Sinne mißverstanden worden sein, wogegen schon Philon sich zu verwahren versuchte (Trencsényi-W., Apanthropie 136).

Mitarbeiter ... Gehilfen) Die griechischen Äquivalente für *kcʻord* und *arbaneak* wären (συγ)κοινωνός und ὑπουργός; so die für unseren Kontext passendsten Angaben bei ASA. ‚Teilhaber' wäre eine wörtlichere Übersetzung gewesen als ‚Mitarbeiter'. – Vgl. zu § 62 (διάκονος, ὑπουργός), ferner 1.Kor 3,9 (Paulus als Gottes συνεργός); 2.Kor 1,24; Kol 4,11; 3.Joh 8.

---

[35] Das dort verwendete Wort *mardkayin* (armen. Text S. 346) entspräche ἀνθρώπινος, ἀνθρωπικός (ASA), was einen gewissen Anthropomorphismus zum Vorschein bringt. – Lateinisch müßte man dieses Wort, genauso wie φιλάνθρωπος, mit *humanus* übersetzen, auch gegen des Gellius Einspruch (oben Anm. 26).

[36] In krassem Gegensatz zu dem in den Makkabäerbüchern sich ausdrückenden jüdischen Selbstverständnis wird hier der jüdischen μισανθρωπία (§ 3 des Textes) der βασιλεὺς μεγαλόψυχος Antiochos gegenübergestellt, der bei der Eroberung Jerusalems großmütig darauf verzichtet habe, das jüdische Volk auf einen Schlag zu vernichten (ἄρδην ἀνελεῖν), wie seine Ratgeber ihn drängten.

[37] Vgl. Simon, Verus Israel 243. Delling, Diasporasituation 15 f. gibt Belege für die antike Deutung jüdischer ἀμιξία als Menschenfeindlichkeit.

Wer gab den Propheten Wissen?) Vgl. auch Gen 41,38f.; Weish 7,15−21; 3. Esr 4,59f. ≙ Josephus, *Ant.* XI 64.

§ 9 *das Heil der Seelen)* hier im zweiten Teil pluralisch (armen. *hogwoc'n p'rkowt'iwn*), in § 71 auch singularisch *(anjins p'rkowt'iwn).* Vgl. 1.Pt 1,9 (σωτηρία ψυχῶν), wovon wohl unser dt. Wort ‚Seelenheil' herstammt. Dieser Ausdruck scheint weder im Alten Testament noch bei Philon vorzukommen (vgl. immerhin Leisegang, Index Sp. 759 b unten). Das von Denis, Concorcance erfaßte Schrifttum bietet ihn einmal, im Testament Hiobs 3,5 „zum Heil meiner Seele". Hier nun haben wir ihn wörtlich, wenn auch ohne die im 1.Pt vorwiegende eschatologische Befrachtung. (Zu 1.Pt. 1,9 vgl. ThW VII 996,9 mit Anm. 134). Eine entfernte Parallele nennt der Thesaurus aus Thukydides I 136: σωτηρίας... τῆς ψυχῆς ἀποστερῆσαι (Bd. 1 S. 123 Z. 10 ed. Hude), wo jedoch die nur einmalige Setzung des Artikels ein Zusammennehmen der beiden Nomina verbietet: „die Seele gab die (Hoffnung auf) Rettung verloren". − Im Neuen Testament vgl. weiter Mk 8,35 par.; Mt 10,39; hier ψυχή = ‚Leben'. Was die Vorstellung eines Durchrettens der Seele ins Jenseits betrifft, diese findet sich schon im Er-Mythos bei Platon ausgedrückt, auch in ihrer mythischen Form gerechtfertigt: *Res p.* 614 A−621 D (Schluß des Buches). Hierzu H. D. Betz, Hellenismus 193−197; eine antike Interpretation − entmythisierend, etymologisierend − finden wir bei Plutarch, *Mor.* 740 B/C. In Platons „Gesetzen" 909 A erfolgt Erziehung im Gefängnis ἐπὶ ψυχῆς σωτηρίᾳ. Die Nähe zu unserem *De J.* 71, wo Jona im Gefängnis des Seeungeheuers Buße tun muß und gleichfalls den Ausdruck *Seelenheil* in seinem Gebet gebraucht, ist so groß, daß sie vielleicht nicht mehr als Zufall gelten darf, sondern als Reminiszenz des Predigers an die Platon-Stelle. − Ein auf Platon direkt verweisender σωτηρία-ψυχῆς-Beleg bei Plutarch ist mir vorerst unauffindbar (*Mor.* „674 B" in Wyttenbachs Index). Im Neuplatonismus haben wir die Formulierung dann in Proklos' *Timaeus*-Kommentar (zitiert von Hans Windisch im HNT IV/2, S. 22, zu Jak 3,6). Das ThW, zuverlässig wie es in solchen Dingen ist, weiß nichts davon (siehe VII 996; IX 653, jeweils zu 1.Pt 1,9); Spicq, Supplém 629−639 enttäuscht ebenfalls. Wie noch öfters in diesem Kommentar zu zeigen sein wird, ist ein scheinbar christlicher Begriff vorher bzw. unabhängig schon von hellenistischen Juden gebraucht worden, und vorher von Griechen. Zum vorliegenden Fall wäre noch anzumerken, daß der in σωτηρία ψυχῆς liegende Platonismus sich in eschatologischen Kontexten bis heute als wirksamer erwiesen hat als die kompliziertere Vorstellung des Paulus vom Auferstehungsleib, 1.Kor 15,35−50.

wenn er glaubte, vor dem unentrinnbaren Gott fliehen zu können) Der Bibeltext sagt einfach: καὶ ἀνέστη Ἰωνᾶς τοῦ φυγεῖν (Jon 1,3). Unser Prediger schaltet Überlegungen Jonas und vor allem eine ausführliche Gottesrede ein, ehe bei ihm, nach weiterem Zögern (§ 20), Jonas Flucht zur Tat wird (§ 22).

Gottes „Unentrinnbarkeit" ist das zweite theologische Hauptthema dieser Predigt. Auch in der Nacherzählung des 4. Jona-Kapitels wird es, durch einen Rückgriff auf die Seefahrt-Geschichte (§ 163–178), kräftig hervorgehoben. Aus dem Alten Testament vgl. Ps 139(138); Weish 16,15; zu rabbinischer und patristischer Exegese s. Duval, Jonas I 89, *Vitae prophetarum* 10,6 und die armenische „Verkünd. Jonas" S. 245 (Iss.). – Wenn Philon die Flucht, d. h. das freiwillige Aufgeben der Verbindung zu Gott für möglich erklärt (*Post.* 9f.), so ist sein Beispiel nicht der zum Propheten beauftragte Jona, sondern Kain. Über die Motive zu Jonas Flucht siehe zu § 20.

c. 4, § 10 *und spricht ihn folgendermaßen an)* Über die Art und Weise solchen Sprechens reflektiert der Prediger so wenig wie der Bibeltext. In seiner geistigen Umwelt hingegen gab es ausdrückliche Theorien über Orakel (z. B. SVF II 1181–1216) sowie mythische Erzählungen über seufzende, schwitzende, ja sprechende Götterbilder. Plutarch, der delphische Priester und Vertreter aufgeklärter Religiosität, kritisiert sie in einem Exkurs seiner *Coriolan*-Biographie (c. 38). Er unterscheidet ein physisch-akustisches Sprechen, wofür auch Gott geeignete materielle Sprechorgane brauche, von einem inneren „Sprechen", einem πάθος ἐγγινόμενον τῷ φανταστικῷ τῆς ψυχῆς, wie es insbesondere denen widerfahre, die freundschaftlich und „empathisch" Gott verbunden sind. Vgl. Philon, *De Deo* Z. 5ff.; 41f.

§ 11 *Siehst du die prächtige Ähre, das Land . . . ?)* Das „Lob des Landes", eine typische Amplifikationsaufgabe für den Redner, wird von Philon, *Abr.* 134 in ganz ähnlichen Ausdrücken gesungen: βαθύγειος καὶ εὔυδρος usw. (dort auf das Land um Sodom bezogen). Vgl. die „Verkünd. Jonas" (Issaverdens) S. 241, wo übrigens ausdrücklich das Land um Ninive mit dem Land um Sodom verglichen wird. (Vgl. zu § 106.)

§ 12 *Dank)* als Lebenssinn vgl. § 18.124.216f. – Hier wird der Zusammenhang des 1. mit den übrigen Geboten bedacht: Menschen, die ihren Schöpfer vergessen, kehren sich auch gegeneinander; denn – wie Philon sagt – τῆς γὰρ αὐτῆς φύσεώς ἐστιν εὐσεβῆ τε εἶναι καὶ φιλάνθρωπον (*Abr.* 208).
Nach *Vit. Hom.* 184 sind die homerischen Helden darin vorbildlich, daß sie opfern, beten, den Göttern Geschenke weihen und sie mit Gesängen ehren; Homer ist auch ein Lehrer der εὐσέβεια[38].

Wohltäter) wörtlicher: ‚Beschenker'; *šnorhōl* ist aktives Partizip eines Verbums, das χαρίζομαι, δωρέω, χορηγέω entspricht (ASA). Obwohl also nicht

---

[38] Als Gegengabe hierfür, εὐσεβείας ἀμοιβήν, erhalten die Frommen die Unterstützung der Götter, τὴν παρὰ τῶν θεῶν ἐπικουρίαν. – Der ältere Gedanke, daß durch Opfern der Zorn der Götter beschwichtigt werden müsse, kommt hier nicht mehr vor.

direkt der politisch-theologische Terminus εὐεργέτης genannt ist, sei doch auf
die umfangreiche Studie von Danker, Benefactor verwiesen, die das ganze
Wortfeld aus literarischen[39] und epigraphischen Quellen erhebt (S. 324f. zu
σωτήρ, S. 329f. zu φιλανθρωπία, -έω, S. 330−332 zu λειτουργεῖν, χορηγεῖν),
mit dem Ergebnis übrigens, daß das neutestamentliche Gottesbild geprägt sei
vom antiken Wohltäter-Ideal (S. 493).

§ 13 der Himmel ... der Mond ... die Sonne) ausführlicher § 126−134. Daß
die Sonne auch undankbare Seelen mit ihren Strahlen bescheint, gehört dem
antiken Wohltäter-Topos an, wie man in ntl. Kommentaren zu Mt 5,45 sehen
kann. Klostermann, Matthäus 195 zitiert Seneca, De beneficiis IV 26,1: si deos
... imitaris, da et ingratis beneficia; nam et sceleratis sol oritur et piratis patent
maria. Aus Bill. I 374.376 (zu Mt 5,45) vgl. die rabbinischen Bemerkungen zu
Ps 145,9.

Nach Ertrag bringen sind in Bd. I die versehentlich ausgelassenen Worte
nachzutragen: die Bäume ausschlagen, ...

Durch den Empfang kann auch übersetzt werden: (obwohl) sie (es) empfingen.

§ 14 mit Augen ... sehen sie nicht, und ihre Ohren haben sie ... verschlossen)
biblische Redeweise: vgl. Jes 6,9 (mit zusätzlichem Verstockungsauftrag; so
wiederholt Mk 4,12 par; Lk 8,10; Joh 12,40; Apg 28,26f.), Jer 5,12; Ez 12,2.

Ihre Zunge hingegen) Der auch in Jak 3,1−10 rhetorisch gestaltete Topos −
hier jedoch, mehr als im Jakobusbrief, mit einem humorigen Unterton.

zur Erkenntnis des Baumeisters) Das Thema der natürlichen Gotteserkenntnis, in § 2 schon angeklungen, wird in § 125−135 ausführlicher begegnen; dort
werden wir auf den hellenistischen Hintergrund solchen Denkens genauer zu
sprechen kommen.
    Was Baumeister betrifft − lt. ASA und Azarian entspricht arowestawor
griechischem τεχνίτης, also eher: Verfertiger − so finden sich gleichbedeutende
Ableitungen derselben Wurzel in § 126.129.217; vgl. das zu § 2 Bemerkte sowie
Siegert, Philon 113.
    Im Alten Testament (LXX) kommt dieses Wort als (metaphorische) Gottes-
kennzeichnung nur an späten, apokryphen Stellen vor: Weish 13,1; vgl. 7,21
(τεχνῖτις von der Weisheit) und die zwischen Masculinum und Feminimum
textlich schwankenden Stellen 8,6 und 14,2. Aus dem Neuen Testament ist nur

---

[39] Aus Chariton, Callirhoë ist VII 5,15 zu nennen, die förmliche Verleihung des εὐεργέτης-
Titels durch den persischen Großkönig. Vgl. IV 5,8; VIII 4,5.

Hebr 11,10 zu nennen: Gott als τεχνίτης καὶ δημιουργὸς der himmlischen Polis. Philon hingegen hat diesen Ausdruck in theologischem Sinn häufig (Leisegang, Index *s. v.*): hier dürfte Platons Rede von einem τεκταινόμενος (= δημιουργός) der Welt (*Tim.* 28 C; vgl. 33 B) und die stoische Würdigung der Natur als τεχνική mit eingegangen sein: Siegert, Philon 100 (oben).

Auch Cicero nennt in *De natura deorum* I 8 § 18 den *opificem aedificatoremque mundi, Platonis de Timaeo deum*[40]. Wir erinnern uns, daß dieser „Demiurg", ein göttlicher „Handwerker", in Platons *Timaeus* eine untergeordnete Gottheit war. Hand anzulegen, so sagt er an anderer Stelle (*Politicus* 259 E), sei eines Architekten unwürdig. In unserer Predigt nun, wie auch bei Philon, kommt er durch die Fusionierung platonischer und stoischer Gottesvorstellungen in recht engen Kontakt mit der Materie. Während Philon dann doch Platoniker bleibt, indem er den „Seienden" ober- und außerhalb der wirkenden Kräfte des Aethers, genannt „Gott" und „Herr", in sich ruhen läßt, wird hier, in *De Jona*, ohne philosophische Bedenken Gott zum *Verfertiger* der Welt.

Galenos hingegen differenziert: Zeus ist kein Schöpfer (ποιητής), als wäre er Handwerker (χειροτέχνης), „sondern indem er als Ganzer die ganze Materie durchdringt, ist er aller Dinge Demiurg" (SVF II Nr. 323a). So ist auf stoische Weise der Makel der „Handarbeit" (die bei griechischen Philosophen ja verachtet war) vermieden. – Anders differenzieren einige der christlichen Autoren, die in Lampe, Lexicon unter τεχνίτης (dort nachgewiesen seit den Apologeten) zitiert sind: Ihre Unterscheidung ist die zwischen einem ποιητής *(ex nihilo)* und einem τεχνίτης (aus vorhandener Materie). May, Schöpfung VII, 22f. u.ö. verficht mit guten Gründen die These, daß diese Unterscheidung nicht schon in 2.Makk 7,28, sondern erst in Quellen des 2. Jh. n. Chr. zur Klarheit kommt.

c. 5, § 16 *verschiedene Lebensalter ..., Greise/Männer/Kinder)* Es ist ein Manierismus, sie in dieser Reihenfolge aufzuzählen, und ein gesuchter Chiasmus zum Folgenden (bis § 17). – Über die verschiedenen Einteilungen des menschlichen Lebens in zwei, drei, vier, ja bis zu zehn Stufen, wie sie in der Antike im Umlauf waren, informiert erschöpfend Boll, Lebensalter; für die Dreiteilung s. S. 94−101.

Aus der Septuaginta ließe sich 4.Makk 18,6−9 hinzufügen; aus Philons Schriften vgl. *Aet.* 58[41]; aus *De Sampsone* c. 21. Die gängigen Ausdrücke

---

[40] Hinweis Wettstein II 425 zu Hebr 11,10. Platon selbst hat den Ausdruck τεχνίτης nicht in diesem Sinne verwendet (Runia, Timaeus I 82). Die bei Wettstein zitierte *Timaeus*-Formel δημιουργὸν τοῦ κόσμου καὶ τεκταινόμενεν αὐτόν, gewonnen aus *Tim.* 28 C und 68 E, belegt immerhin das Partizip.

[41] für das Dreierschema. In *Opif.* 103−105 bevorzugt Philon – um der Sabbatzahl 7 willen – Siebenerschemata, 7×10 oder 10×7 Jahre. Mehr bei Helmut Schmidt, Anthropologie 40.136. – Wie bei vielen Belegen, die Boll beibringt, so ist auch hier die ἀκμή wegen ihrer qualitativen Überlegenheit über die beiden anderen in der Reihenfolge besonders gestellt. –

hießen νεότης, ἀκμή, γῆρας. Gellius, *Noctes Atticae* X 28 unterscheidet *pueritia* (bis 17 Jahre), *juventa* und *senecta*. *Vit. Hom.* 199 findet auch bei Homer die Lebensalter unterschieden und jeweils gewürdigt, und zwar mit männlich-militärischen Vorbildern: solche gibt es für den ἀκμάζων, νεώτερος, μεσαιπόλιος[42] und γέρων. Das macht, wenn man das für kriegerische Taten noch nicht verantwortliche Kindesalter hinzuzählt, insgesamt fünf. Demnach wären die obigen Dreierschemata in Wahrheit als Viererschemata zu verstehen, sofern nämlich die Kindheit nicht miterwähnt ist. Aber *peu importe;* es handelt sich nicht um Philosophie, sondern um rhetorische Amplifikation. Hierbei passen die Kinder auf das Schiff weit weniger als später (§ 143) in die Stadt Ninive.

ihre Sünden) ausführlicher dargestellt in § 104–107.

§ 18 *weder mir gegenüber ... noch untereinander)* So wie man die Zehn Gebote in Pflichten gegenüber Gott und solche gegenüber den Menschen aufteilen kann (Philon, *Spec.* II 63), so wird das δίκαιον in *Vit. Hom.* 184 zusammengefaßt in θεοὺς σέβειν und γονέας καὶ οἰκείους τιμᾶν[43].

den Elementen eine Last) vgl. § 24 f., wo das erzürnte Meer die Last Jonas nicht erträgt. – Umgekehrt sagt die Heldin in Charitons *Callirhoë,* eine gute, edle Dame: „Ich werde eine leichte Last für das Schiff sein" (III 5,5). – Bei Homer (*Il.* 18,104; *Od.* 20,379 – zitiert bei Platon in der Apologie des Sokrates 28 D[44]) – ist ἄχθος ἀρούρης Metapher für einen nichtsnutzigen Menschen; vgl. im Thesaurus ἄχθος γῆς im selben Sinne.

ihr sinnloses Leben) Das armenische *anmit* kann stehen für ἄνους, ἄφρων, ἀσύνετος, ἀνόητος, μωρός. Vgl. noch das zu § 12 Gesagte. In § 19 soll diese Sinnlosigkeit gesteigert oder überhaupt bewußt gemacht werden durch Abschneiden jeder *Hoffnung auf Zukunft.*

c. 6, § 20 *besann er sich auf ... die Prophetengabe und sah die Stadt ...)* Von solchem Sehen spricht ebenfalls Raschi (zu Jon 1,3; *rā'ā).* Gegenüber dem Bibeltext, der für Jonas Flucht keinerlei Motive nennt, wirkt es auf Anhieb

---

In anderem Interesse haben die Lebensalter-Allegorien der Kirchenväter, die von einem „geistlichen Wachstum" (nicht: Altern) sprechen, dem dritten Alter den höchsten Wert gegeben: s. Lamirande, Ages de l'homme (*passim).*

[42] episches Wort („mittelgrau") für das menschliche „Mittelalter".

[43] Dies ist noch die alte Familienethik, die allenfalls auf Polis und Volk ausgedehnt wurde. Jesus hat sie bekanntlich mit dem Gebot der Feindesliebe (Mt 5,44 par.) in Frage gestellt. Paulus greift auf sie zurück, wenn er mahnt, zunächst den „Verwandten" (οἰκεῖοι) des Glaubens Gutes zu tun (Gal 6,10).

[44] Hinweis bei Amir, Homer und Bibel 84.

verblüffend, wenn unser Ausleger sagt: er war doch Prophet, er konnte in die Zukunft blicken! Dahinter steht freilich ein Verständnis von Prophetie, das sie nicht ein bestimmtes, von Gott aufgetragenes Wort sein läßt, sondern eine Art Hellseherei[45]. Lk 7,39 bezeugt dies als populäre Vorstellung; vgl. JosAs 22,13; 23,8 und v. a. 26.6 von Levi, dem Ur-Leviten.

Der Prediger muß später (Duval, Jonas 78 Anm. 48 bemerkt es) den Weitblick des Propheten wieder begrenzen; denn der Bibeltext setzt voraus, daß Jona das ihn selbst betreffende Ende der Geschichte nicht kennt. So heißt es denn in § 22, Jona habe sich dem (weiteren) Wissen um die Zukunft „durch die Flucht entzogen".

In griechischer Religion waren „Propheten" als Göttersprecher – manchmal selbst Götter, manchmal Menschen – und μάντεις als die Ergründer des Zukünftigen eine bekannte Einrichtung. Die Stoiker hatten eine Theorie über die „technische" (konventionell-gelernte) wie auch die „nicht-technische" Mantik. Für letztere war die innere Stimme, das δαιμόνιον des Sokrates, ein Beispiel. S. Helmut Krämer in ThW VI 783–795, bes. 789,38 ff.; SVF I 174; II 1187–1216. Der Homer-Unterricht vermittelte diese Lehren: *Vit. Hom.* 212.

Und wie wenn er nicht der Diener des Herrn geworden wäre . . ., floh er) Die theologischen Richtungen im Juden- und im Christentum unterscheiden sich danach, welche Motive sie Jonas Flucht anlasten bzw. zugute halten. Die älteren Rabbinen zeigten für Jona viel Verständnis: er ahnte – so sagen sie[46] –, daß die Niniviten eher zur Buße bereit sein würden als Israel selbst; und er wollte eine Beschämung Israels, ja Gottes Zorn über sein Volk verhindern. Manche rechtfertigen sogar Jonas Flucht als etwas ungemein Edles und stellen sie auf eine Stufe mit Moses Angebot eines stellvertretenden Selbstopfers (Ex 32,32)[47]. Das ist innerhalb des Judentums als Selbstkritik gesagt. Eines andern Geistes Kind ist Ambrosius, wenn er in *De fuga saeculi* 4 (§ 19) Jonas Flucht als eine Flucht vor Welt und Sünde lobt, als einen „Aufstieg des Geistes/Gemüts",

---

[45] Nach den Angaben Helmut Krämers im ThW VI 795,14 ff. (die jedoch von 784,1 ff. eingeschränkt werden) hätte sich im profanen Griechisch dieser Gedanke nicht an den Ausdruck προφήτης geknüpft, sondern an den des μάντις. Die Beispiele von konkreter Zukunftsschau, die Rudolf Meyer unter demselben Stichwort προφήτης κτλ. im ThW VI 823 f. aus Josephus beibringt, bestätigen dies, soweit ich sie nachgeprüft habe; sie gebrauchen nämlich den Ausdruck μάντις und anderweitige Umschreibungen. – Unser Text verwendet hingegen eindeutig *margarē, margarēowt'iwn* = προφήτης, προφητεία.

[46] Belege bei Bill. I 643.646; ThW III 411 (beide mit Hinweis auf die Bezeichnung Jonas als „vollkommener Gerechter" im Midrasch zu Ps. 26 § 7); Allenbach, Jonas 100 (mit dem Hinweis, daß seit den Amoräern die Bewertung ins Negative umschlage); Komlós, Jonah legends 58; Bickerman, Jonas 239 f. (mit Hinweis auf ähnliche Gedanken bei Kirchenvätern – dort als Spitze gegen das Judentum, natürlich gegen das jeweils zeitgenössische; hierzu wieder Rahmer, Traditionen II, Jona S. 14 f.); Duval, Jonas I 89–91 (und zu Kirchenvätern 93.97.333; II 599 f.).

[47] So v. a. in der Mechilta zu Ex 12,1 (Bill. I 643/4 = Bill. II 280 Buchstabe i).

der ihn zum Typos Christi (Mt 12,40) geeignet mache. (Vgl. Duval, Jonas I 186.)

In starkem Gegensatz zu solchen Überlegungen auf seiten derer, die es Jona wohl gerne nachgetan hätten oder auch haben, steht der tadelnde Unterton, mit dem unser Bußprediger hier Jon 1,3 paraphrasiert. Seiner Meinung nach geht es Jona nur um sich selbst. In § 160f. sagt er es deutlich: Jona empfand es als persönliche Schmach, daß „seine" Prophetie nicht eintraf[48]. Ähnlich motiviert die „Verkünd. Jonas" (Issaverdens S. 242) seine Weigerung.

Auch in rabbinischen Kommentaren wird, wenngleich mit geringerer Betonung, Jona dieses Motiv zugeschrieben[49]; ebenso bei Kirchenvätern (Duval, Jonas I 111; II 477.597). Dagegen steht die geradezu chauvinistische Auffassung, die Reue der Niniviten könne nur Heuchelei gewesen sein und ihr Überleben unverdient. So sagen es manche Amoräer (Allenbach, Jonas 100 mit Anm. 7ff.; Duval, Jonas I 95; Bill. I 648), die damit Jona voll rehabilitieren, im übrigen aber Gott zumuten, daß er sich nach Jon 3,10 habe täuschen lassen.

Eingangs wurde schon gesagt (1.7.3−6)[50], daß das rabbinische Judentum des 3. Jahrhunderts ein anderes, verschlosseneres Gesicht zeigt als das der Zeit davor. Unser Text ist das Beispiel einer einladenden, weltoffenen Haltung, wie sie in jenem Milieu nur noch schwer denkbar wäre. − Textintern gesehen erklärt sich die hier vorgenommene Akzentsetzung aus dem Oberthema der göttlichen Philanthropie: Jona, Identifikationsfigur für die Hörer, muß diese Tugend erst noch lernen, und zwar in der Ausführung eines Auftrags gegenüber den (sonst leicht negativ gesehenen) Heiden.

Diener ist hier dasselbe Wort wie in § 62 (s. d.; vgl. ferner die Synonyme in § 8 Ende), zu unterscheiden von *Knecht* in § 43: siehe dort.

§ 21 *Gründer des Universums)* etwa: ὁ τῶν ὅλων/πάντων κτίστης, eine schon in der Septuaginta gebildete Gotteskennzeichnung (Sir 24,8; 2.Makk 1,24; vgl. 7,23; 4.Makk 11,5; vgl. 5,25). Arist. 16 bietet diese Gottesbezeichnung als Element eines möglichen Konsenses mit dem Griechentum. Dort sagt der Verfasser zum Ägypterkönig: τὸν γὰρ πάντων ἐπόπτην καὶ κτίστην θεὸν οὗτοι (die Juden) σέβονται, ὃν καὶ πάντες, ἡμεῖς δέ, βασιλεῦ, προσονομάζοντες ἑτέρως Ζῆνα καὶ Δία − „sie verehren den Hüter und Gründer aller Dinge, den auch alle (verehren), wir (Griechen) aber unter verschiedenen Namen − ‚Zeus' oder ‚Dia'". Das Nebeneinanderstellen der homerischen Flexionsalternativen ist sicherlich Anspielung an die Etymologisierung beider bei Platon, *Cratylus* 396 A/B (... δι' ὃν ζῆν ἀεὶ πᾶσι τοῖς ζῷσιν ὑπάρχει), popularisiert durch die

---

[48] Dort korrigiert sich dann auch, wenn ich recht sehe, das Vulgärverständnis von Prophetie als bloßer Prognose, indem nämlich dargelegt wird, wie Gott durch sein Wort doch zu seinem Ziel kommt (§ 185 bis Schluß).

[49] V. a. die Pirke Rabbi Eliezer 10,4ff. (Ginzberg, Legends IV 247.252; Bill. I 644).

[50] Vgl. Siegert, Gottesfürchtige 109f.

Stoiker (SVF II Nr. 1061–1063 u. ö.: Chrysipp; vgl. Cornutus 2, S. 3 Z. 5–9),
wiederholt in ps.-Aristoteles' *De mundo* 401 a 12–15 usw.
Werner Foerster (ThW III 1024,9 ff. und 1026,56 ff.) bemerkt, daß das Wort
κτίστης, eher als δημιουργός, auf die Setzung eines absoluten Anfangs paßt.
Somit hätte diese Aussage eine größere Reichweite als die in § 14 gebrauchte
Metapher τεχνίτης. – Aus Philon vgl. *Spec.* I 294, Virt. 179 u. ö., zum christlichen Sprachgebrauch 1. Pt 4,19 (κτίστης) und Stellen mit κτίζειν: Eph 3,9; Kol
1,16 usw.; ferner Lampe, Lexicon unter κτίστης. Weiteres bei May; Schöpfung; vgl. zu § 14.

der Lenker (wörtlich: *Aufseher) des Alls)* Auf Parallelen innerhalb der Predigt habe ich in Bd. I Anm. 24 schon hingewiesen; vgl. ferner das oben zu § 4
und 5 Gesagte. Im Bibeltext, Jon 1,3, ist nur die Rede von φυγεῖν ... ἐκ
προσώπου Κυρίου. Hier nun kommt eine griechische Gottesbezeichnung ins
Spiel: ἐπόπτης. Bauer/Aland, Wörterbuch *s. v.* gibt Belege seit Pindar (*Nemea*
9,5/11).
Nachdem bereits die Psalmen und das Hiobbuch verschiedentlich davon
gesprochen hatten, daß Gott alles „beaufsichtigt" (ἐφορᾷ), übernimmt die
Septuaginta in ihren Spätschriften auch das griechische *nomen agentis:* ὁ
πάντων ἐπόπτης Θεός. So Est 5,1a (Zusatz); 2.Makk 7,35; 3.Makk 2,21.
Bereits zitiert wurde (oben zu § 21) die ausführliche Parallele aus Arist. 16.
Philon erwähnt in *Prov.* II 49 zunächst das Amt des Ephoros im alten Sparta,
eines Mannes, dessen Kontrolle nichts entging (man fühlt sich an Zustände im
calvinischen Genf erinnert), und nimmt dies dann als Analogie für das Verhältnis Gottes zur „großen Polis", der Welt[51]. In *Opif.* 11, *Abr.* 41, *Mut.* 39.216 und
wohl auch *QG* II 60 (S. 148 Marcus) nennt er Gott einen ἔφορος τοῦ παντός.
Ganz ähnlich Josephus, *Bell.* IV 543, der übrigens auch den spartanischen Titel
kennt (*Ant.* XIII 166). Dies beweist, ebenso wie *De S.* 13 (vgl. Bd. I Anm. 567),
daß dieser Ausdruck damals einen guten Klang hatte.
Stobaeus, *Anthol.* I 1,34 bringt unter der Überschrift Ὅτι πάντα ἐφορᾷ τὸ
θεῖον eine längere Passage aus Epiktet (*Dissertationes* I 14,1–10). Die *Dissertationes* des Maximus von Tyrus (XVII 9–12) sagen ihrerseits vom Göttlichen,
das sie als νοῦς auffassen: πάντα ἐφορᾷ; Gott als βασιλεὺς μέγας und νόμος
der ganzen Welt „gewährt denen, die sich überzeugen lassen, Heil (σωτηρίαν),
das in ihm liegt" (§ 12).
Der Mittelplatoniker Celsus hingegen hat im Sinne seines zu § 4 („Gesetzgebung") schon dargestellten Partikularismus den theologischen ἔφορος-Begriff
so verwendet: Jeder Teil der Erde hat von Anfang an seine eigenen göttlichen
„Aufseher"; und es wäre Frevel, diese zugunsten eines einzigen zurückzudrän-

---

[51] Trotzdem gibt es auch für ihn Dinge, wo Gott nicht hinsieht: *QG* IV 26 (Ende), zitiert bei
Siegert, Philon 139.

gen, wie in jüdischer und christlicher Religionsausbreitung geschah. So hatte, wie wir sehen, die jüdische Rede von „dem" *Lenker des Alls* etwas nicht Selbstverständliches an sich[52]. Bei Homer ist, wie *Vit. Hom.* 105 aus *Il.* 3,277 und *Od.* 11,109 zitiert, Helios derjenige, ὅς πάντ᾽ ἐφορᾷ καὶ πάντ᾽ ἐπακούει[53]. Er erhält die göttlichen Attribute ‚beseelt, ewig, unvergänglich'. Sein Abbildverhältnis zum Göttlichen überhaupt wurde in 2.2 zu *De Deo Z.* 7 gewürdigt. Philon zitiert die Homer-Stelle mit gleicher Interpretation in *Jos.* 265[54]. Da Helios, nach *Vit. Hom.* 105, nicht Feuer ist, sondern ἑτέρα τις κρείσσων οὐσία, also Aether, besteht eine materielle Identität mit Zeus (vgl. oben zu *De Deo Z.* 56). Die Konsequenz jedoch, die beiden theoretisch zu identifizieren, wird vom Ausleger offenbar gescheut. Er ist Interpret, nicht Kritiker des Polytheismus.

Cornutus geht weiter. In c. 9 (S. 9 Z. 17–19; vgl. 2.,2 zu *De Deo Z.* 121) heißt Zeus Σωτήρ, weil er sich in alles Bewegte und Ruhende erstreckt (διατέτακεν εἰς πᾶσαν δύναμιν καὶ σχέσιν – ganz stoische Terminologie) und insofern aller Dinge Ursache und Aufseher (ἐπόπτης) ist. Cornutus zitiert in c. 11 (11,18ff.) die obige Homer-Stelle leicht verändert, so daß nicht des Helios, sondern des Zeus Auge alles beaufsichtigt.

Dies zeigt, wie die hellenistische Theologie der jüdischen – wohl unbewußt – entgegenkam. Zur Hermeneutik verändernden Zitierens, einem dem Neutestamentler wohlbekannten Problem, sei noch bemerkt, daß Cornutus seine Veränderung mit dem etymologisierenden Wortspiel Διὸς ὀφθαλμός – διὰ πάντων διήκουσα δύναμις abzustützen versucht. So ist später im Rabbinat vielfach gearbeitet worden: Veränderung der Vokale, Austausch von Buchstaben.

In der jüdischen Sibylle ist Gott ganz betontermaßen der Unsichtbare, der alles sieht (Sib. III 12; IV 12; Frg. I 3f.; 8). Frg. III 42 nennt den βασιλῆα Θεόν, τὸν πάντ᾽ ἐφορῶντα[55]. Als erzählender Text ist das 2.Makkabäerbuch zu nennen. Dort hat Israel seinen Wächter, der zugleich „Allaufseher" ist und Israels Feinde hart zu bestrafen weiß: ὁ παντεπόπτης Κύριος θεὸς τοῦ Ἰσραήλ (9,5). Weish. 7,23 rühmt ein göttliches πνεῦμα πανεπίσκοπον und Sib V 352 den ἄνακτα Θεὸν πανεπίσκοπον.

Christlicher Sprachgebrauch hat ἔφορος und ἐπόπτης erst in nachneutestamentlicher Zeit sich angeeignet (vgl. Lampe, Lexicon *s. vv.*). Das Verbum

---

[52] Vgl. Andresen, Logos 197 f.

[53] JosAs 21,11 gebraucht in seinem Zitat dieses heidnischen Theologumenon unser *nomen agentis:* Ἡλίου..., ὅς ἐστιν ἐπίσκοπος (oder ἐπόπτης? – der griech. Text ist rekonstruiert) πάντων.

[54] Lamberton, Homer 52.

[55] Dem könnte man viele griechische Beispiele zur Seite stellen; zwei sollen genügen: Aesop, Fabel 244 (Chambry): ἡ γὰρ θεία δίκη ἐφορᾷ πάντα; für das Femininum ἐπόπτειρα (gebraucht für Adrastea, die „Aufseherin" über Werden und Vergehen) Stobaeus, *Anthol.* I 49,44 (= hermetisches Fragment 23 in C. H. Bd. IV) § 48 (S. 16 Z. 18 Nock/F.).

ἐπεσκέψατο ‚er hat (freundlich) heimgesucht' aus dem Lobgesang des Zacharias (Lk 1,68) ging den Substantiven voraus. Mehr im ThW II 601 mit Kontext. Für ἐπισκοπή im Sinne eines ‚hilfreichen Eingreifens' Gottes s. Gen 50,24 etc. bis hin zu Weish 3,7; PsSal 10,4, 11,1.6; im NT Lk 19,44; 1.Pt 2,12. – Weitere Belege bei Bauer/Aland, Wörterbuch sind dann spezialisiert auf das Apostel- und Bischofsamt. Auch pejorative oder zumindest neutrale Verwendungen sind dort nachgewiesen.

Ἐπίσκοπος hingegen, das hier auch in Frage kommt, findet sich im 1.Petrusbrief (2,25) in der Aussage, Christus sei der „Hirte und Aufseher eurer Seelen". Wolfgang Beyer hat im ThW II 604,37ff. den pagan-griechischen, 610,14ff. den hellenistisch-jüdischen Gebrauch dieses Wortes dargestellt. Die Belege reichen von Homer (*Il.* 22,255) bis zur jüdischen Sibylle. Auch hier braucht der Homerausleger nicht zu fehlen. In Cornutus 20 (38,1f.) werden Zeus und die seinem Haupte entsprungene Athene, seine φρόνησις, als ἐπίσκοποι τῶν πόλεων bezeichnet. Synonymität von ἔφορος und ἐπίσκοπος findet man bei Philon, *Mut.* 39 und 216.

Den Angaben läßt sich ferner JosAs 15,7 hinzufügen: Dort gilt Aseneth, Symbol der μετάνοια, als ἐπίσκοπος (Fem.) πάντων τῶν παρθένων; „sie liebt euch sehr und bittet für euch zu aller Stunde den Höchsten". Es bleibt dem Leser überlassen, dies für einen jüdischen oder für einen christlichen Beleg zu nehmen. Zumindest im frühen Christentum läßt ihm sich manches zur Seite stellen, v.a. 1.Clem 59,3, wo ἐπόπτης und ἐπίσκοπος neben κτίστης als Gottesprädikate gebraucht werden. Mehr bei Lampe, Lexicon unter ἐπίσκοπος I B (adjektivisch, auch vom Auge Gottes) und II A.2 (substantivisch). Ebenso unter ἔφορος 2.a.

seine Macht sichtbar werden lassen) ein biblischer Gedanke: Ex 9,16 (zitiert in Röm 9,17) usw.

und der Stadt die Verkündigung um so gewisser machen) ein Gedankensprung: denn im Ninive der Jona-Geschichte, auch der hier nacherzählten, verlautet überhaupt nichts von Jonas Rettung – wohl aber vor der Synagogengemeinde, die vom Prediger als Teil eines aktuellen Ninive angesprochen wird. Vgl. oben zu § 5.

§ 22 *ans offene, weite Meer*) Diese Fluchtrichtung ist bedeutsam auf dem Hintergrund der zumindest bei den Rabbinen ausdrücklich zu findenden Voraussetzung, daß Gott sich im Himmel und auf der Erde, nicht aber im Meer offenbare[56]. Schließlich ist ‚Meer' ja der biblische Sammelname für alle chaoti-

---

[56] Pirke Rabbi Eliezer 10 Anfang; Bill. I 644; Ginzberg, Legends VI 349 Anm. 27. – Eine noch engere Ansicht vertritt die Mechilta zu Ex 12,1, daß Gott sich nämlich nur im Lande Israel oder da, wo Juden wohnen, offenbare (Bill. I 643 = Bill. II 705).

schen und gottwidrigen oder doch ohne Gottes Auftrag tätigen Mächte – so von der hebraisierten *ti'amat* Gen 1,2 bis zu „Das Meer ist nicht mehr" Apk 21,1.

Zwar wissen auch die Rabbinen Ps 139,7–12 zu zitieren, oder Spr 15,3 („an jedem Ort sind Gottes Augen"); und Gottes Macht auch über das Meer wird nicht bestritten (vgl. Ps 33,7; 95,5; 117,3 u. ö.). Doch daß sich Gott auf dem Meer offenbart, das wäre neu und geschieht auch im Jona-Buch nicht. Stattdessen wirkt, bei den Seeleuten wie bei Jona, das Gewissen (§ 34ff., bes. 41), analog zu dem späteren Vorgang in Ninive (§ 118.135).

c. 7, § 23 *Dreiruderer)* Richtiger spricht die „Verkünd. Jonas", S. 243 (Issaverdens) von einem „Handelsschiff". Rahmer, Traditionen II, Jona S. 17 erwähnt den bis zu Hieronymus hin beachteten Unterschied zwischen dem masoretischen Text, wonach (wenn man ihn ganz wörtlich versteht) Jona das ganze Schiff gekauft hätte und infolgedessen reich gewesen sein müßte, und der Septuaginta, die *śikrāh* in τὸ ναῦλον αὐτοῦ (also des Jona) verbessert. (Vgl. Ginzberg, Legends VI 349 Anm. 28.) Unserem Prediger liegen solche Spekulationen fern. Sein einziger Text ist die Septuaginta.

§ 24 *den Bestimmungsort)* Auf eine Lokalisierung von Tarschisch verzichtet unser Prediger, wie ihn auch die in jüdischen wie christlichen Midraschim reichlich erspekulierten Details über Person, Herkunft und Ende des Propheten Jona nicht interessieren.

und mit ihm den Aufruhr des Meeres) Vgl. das *Carmen de Jona* 74: *En ego tempestas* (Jona!). Der Rest des Hexameters lautet, noch hyperbolischer: *ego tota insania mundi.* Das zeigt m. E. deutlich, daß zumindest hier nicht kausal, sondern symbolisch gedacht wird[57]: Jona verursacht nicht den Sturm, sondern er s t e h t für die Sünde, die Gottes Zorn samt dessen äußeren Zeichen hervorruft[58].

So wäre wohl, in Übereinstimmung mit dem Bibeltext, auch unsere Stelle zu interpretieren. In Jon 1,4 heißt es nämlich: „Und der Herr erregte ein Blasen über das Meer". – Dieses „Der Herr erregte" übergeht unser Prediger jedoch[59]; denn er legt, aus einem offenkundigen psychologischen Interesse heraus, alles Gewicht auf etwas im Bibeltext gar nicht Angesprochenes, die *Wogen*

---

[57] Zu diesem Unterschied vgl. Siegert, Argumentation 68 f.

[58] Vgl. die Allegorisierung des Seesturms auf das schlechte Gewissen des verstockten Sünders im Midrasch Jona, referiert bei Duval, Jonas I 107.

[59] Das scheint in der Auslegungstradition überhaupt üblich gewesen zu sein. Duval, Jonas II 612 hält unseren Text noch für einen der beiden deutlichsten und sagt: *Seuls un texte juif* (nämlich unsere Predigt) *et l'In Ionam de Jérôme attribuent cette tempête à son véritable auteur.*

der Erregung (eine in griechischer Literatur unzählig häufige Metapher)[60] beim Propheten. Diesen metaphorischen „Wogen" entsprechen die Wogen des Meeres in einer noch zu klärenden Weise.

Exkurs zu § 24: Die Auslösung des Seesturms — Naturmythos? rhetorische Hyperbel?

De J. § 24—59 hat starke Anklänge an den archaischen Gedanken, daß das Verhalten des Meeres einen Bezug habe zur moralischen Verfassung der Schiffsinsassen. Der attische Redner Antiphon erhärtete einmal die Schuldlosigkeit eines Angeklagten mit dem Argument, er sei doch heil von einer Seefahrt heimgekommen (*Oratio* V 82; nach Bickermann, Jonas 235). Als Diagoras von Melos (5. Jh. v. Chr.), zubenannt ὁ ἄθεος, auf einer Schiffsreise in einen Sturm geriet, klagten die verängstigten Seeleute, *non injuria sibi illud accidere, qui illum in eandem navem recepissent;* worauf Diagoras auf andere Schiffe zeigte, die in der gleichen Seenot waren, und fragte: „Glaubt ihr denn, auch auf diesen Schiffen fahre Diagoras?" So Ciceros Bericht[1].

Mindestens unter den Intellektuellen war also der Zusammenhang zwischen Seestürmen oder ähnlichen Naturereignissen und menschlicher Schuld eine strittige Sache. Griechischer Volksglaube, wenn wir Aesops Fabeln hierfür als Zeugen nehmen dürfen (Nr. 48 Chambry) bejahte ohne weiteres die Verbindung: δι' ἕνα ἀσεβῆ — heißt es von einem Seesturm — συναπώλοντο καὶ ἀναίτιοι.

Im Alten Testament finden wir, in positiver Hinsicht, eine Teilnahme der Schöpfung am Ergehen des Gottesvolkes ausgedrückt, u. z. als poetische Ausgestaltung des Exodus-Wunders. „Das Meer sah es (das Volk) und floh ... Die Berge hüpften wie die Lämmer ..." (Ps 114 [113], 3—6). Das ist indes keine Darstellung von Gefühlen, sondern meint das Zurückweichen der Schöpfung vor dem allmächtigen Gott. Ebenso Ps 98(97), 7—9: „Das Meer brause und was darinnen ist, ... die Ströme sollen frohlocken[2], und alle Berge seien fröhlich vor dem Herrn."

---

[60] Monographie: Kahlmeyer, Seesturm, dort insbesondere S. 19—22 „Erregte Seele = bewegtes Meer": Homer, Il. 9,1—8 usw. „Wogen der Leidenschaft": Chariton, *Callirhoë* III 2,6 — Drögemüller, Gleichnisse 91f.; 131f. „Ganz allgemein liegt ... kein Interesse an typischen Vorgängen vor (wie im alten Epos), sondern ein Interesse an besonderen Vorgängen (so auch an seelischen), besonderen Zuständen (die auch aus einer seelischen Befindlichkeit resultieren können ...), besonderen Bewegungen" usw.: so auch Drögemüller 119; vgl. 245.

[1] Cicero, *De natura deorum* III 37 § 89; Text auch in Diagoras (ed. Winiarczyk) S. 12 Nr. 34.

[2] Gegenüber der Lutherbibel, die ich hier zitiere, sagen Urtext und LXX noch anthropomorpher: „die Flüsse sollen in die Hände klatschen"!

Auch nach griechisch-antiker Auffassung reagiert die Natur nicht selbst auf die moralische Verfassung von Menschen oder auf deren Gewissen, sondern sie ist ausführendes Organ des Götterwillens bzw. -zorns. Nur in frühen Zeiten des Animismus konnte beides dasselbe sein. Die entwickeltere Auffassung haben wir in Aesops 45. Fabel (Chambry): Dort flieht ein Mörder, um der Blutrache zu entgehen, bis an den Nil, wo ihn ein Wolf bedroht. Er steigt auf einen Baum, wird aber von einem Drachen bedroht; er läßt sich in den Fluß fallen und wird von einem Krokodil verschlungen. Schlußsentenz: „Die Geschichte macht klar, daß den Menschen, die unter einem Götterfluch stehen (Terminus ἐναγής), weder das Erd-, noch das Luft-, noch das Wasserelement (στοιχεῖον) sicher ist." (Vgl. die *Elemente* in *De J*. 27.)[3] In Longos' Roman „Daphnis und Chloë" ist es der Hirtengott Pan, der ein Seeräuberschiff mit einem Sturm heimsucht. Zusätzlich erscheint er (ὤφθη) in Person, um sich als Urheber der Strafe zu erkennen zu geben (II 26 und Kontext).

So ist auch die Gedankenbrücke in unserem Text. Wenn wir sauber ausformulieren wollen, was der Prediger überspringt (siehe den Gedankenstrich in der Übersetzung), müssen wir sagen: Nicht der Prophet, nicht seine Schuld oder sein Schuldbewußtsein erregen den Seesturm, sondern Gott; denn „die Schöpfung, die dir, ihrem Schöpfer, dient, steigert ihre Kräfte (ἐπιτείνεται), um die Schuldigen zu bestrafen, und hält sie (die Kräfte) zurück (ἀνίεται), um denen Gutes zu tun, die auf dich vertrauen" (Weish 16,24, Einheitsübersetzung). Das *Carmen de Jona* sagt denn auch, es sei nicht verwunderlich, wenn derjenige, der auf dem Lande vor Gott floh, ihn in den Wellen fand –

si Dominum in terris fugiens invenit in undis (V. 27).

In diesem Sinne wäre der in § 27 entstehende Eindruck zu korrigieren, die Elemente wirkten hier selbständig und aus eigenen Motiven. Dies ist zunächst Folge eines rhetorischen Anthropomorphismus, nahe der Prosopopöie. Ihm gegenüber ruft der Ausdruck *Diener* in § 27 den in Weish 16,24 deutlicher dargestellten Zusammenhang ins Bewußtsein.

Hans Dieter Betz hat in seiner Untersuchung über die „Engel der Wasser" von Apk 16,4 den religionsgeschichtlichen Hintergrund eines „Redens" der Elemente ausgeleuchtet (Hellenismus 56–69). Aus seinen Belegen sei, als unserem Text nächstverwandter, Philon, *Spec*. I 266 angegeben.

Daß sich bei unserem Prediger der Seesturm beinahe verselbständigt und über vielerlei Amplifikationen bis § 59 anhält, liegt an dessen Interesse an der Darstellung außergewöhnlicher und insbesondere seelischer Vorgänge, das er

---

[3] Empedokles erklärte von sich selbst, er sei (aufgrund von Seelenwanderung) ein solcher Flüchtling: Frg. 31 B 115 Diels/Kranz. Die beiden Kontexte, in denen das Fragment überliefert ist, geben weitere Aufschlüsse: Plutarch, *Mor*. 607 C bietet philosophische Parallelen; Hippolyt, *Ref*. VII 29 erklärt Empedokles zum geistigen Vater Markions: die Lehren von der „flüchtigen" Seele und von der Schöpfung als einem Schauplatz des Streites hätten beide gemeinsam. – Zur Aesop-Fabel vgl. noch Marrou, Gesch. der Erziehung 254.

mit der ganzen hellenistischen Literatur, Epos[4], Lyrik[5] und Prosa[6], teilt. In den *Argonautica* des Apollonios Rhodios wird die über das Meer sich senkende Nacht mit dem abendlichen Zur-Ruhe-Kommen der Menschen in den verschiedensten Lebenslagen verglichen (III 744—750); und Medeas verliebte Ungewißheit gleicht reflektiertem Licht, das auf einer bewegten Wasseroberfläche glitzert (ebd. 756—760)[7]. *Erregung* ist auch das Thema, das unser Prediger mit aller ihm zu Gebote stehenden Anschaulichkeit darstellt.

---

§ 25 *Einen Stein nahmen sie an Bord)* Hier muß ich die Anm. 29 in Bd. 1 widerrufen: Tatsächlich wurde in der Antike bei Seestürmen Ballast abgeworfen (ἀποφορτίζεσθαι), um ein Vollaufen des Schiffes zu verhindern. So sagt es nicht nur der Bibeltext (Jon 1,5), sondern auch Achilles Tatius in seiner Seesturmschilderung (S. 90,14f. Hercher: ῥίπτειν τὸν φόρτον); so Philon (*Praem.* 33), so das Testament Hiobs 18,7. Die Belege – aus dem Thesaurus *s. v.* ἀποφορτίζομαι leicht zu vermehren – lassen oft nicht erkennen, ob es sich um eine planmäßige und physikalisch sinnvolle Maßnahme handelt (Athenaeus, *Dipn.* 37 C ἀποφορτίσασθαι τὰ περιττὰ τῶν φόρτων spricht dafür, ebenso das Abwerfen in drei Raten in Apg 27,18.19.38), oder um eine religiös motivierte Panikhandlung, eine Art Opfer an die Dämonen der See: so scheint mir das völlige Entleeren des Schiffes in Aesops 311. Fabel und sonst gemeint zu sein. In metaphorischem Gebrauch steht ἀποφορτίζεσθαι für das Loswerden von etwas Lästigem – und nicht etwa Wertvollem –, also für ein innerlich erleichterndes „Abwerfen"; so z. B. die übrigen Stellen bei Philon (*Mut.* 168; *Spec.* II 15; *Praem.* 157).

Wettstein II 472 (zu Apg 3,2) führt die Geschichte von den schweren Türflügeln des Nikanor-Tores am Jerusalemer Tempel an, deren einer beim Antransport aus Alexandrien (Nikănor, der Stifter, war alexandrinischer Jude) bei einem Seesturm über Bord geworfen und trotzdem auf wunderbare Weise in Akko (Jonas Hafen) angekommen sei. (So weit auch Bill. II 624 Buchst. e.) „Manche aber sagen, ein Geschöpf im Meer habe ihn verschlungen und (wieder) ausgespien auf das Trockene" — so Joma 38a in sicherlich bewußter Wiederholung der Verben aus dem Jona-Buch. Die Legende geht so weit, daß

---

[4] s. o. Anm. 60. Vom alten Epos sagt Drögemüller, Gleichnisse 92, es habe an der Sichtbarmachung seelischer Vorgänge noch kein Interesse gehabt. – Ihm verdanke ich das im Text folgende Beispiel.

[5] Man denke nur an Catulls Liebeslyrik, z. B. in der 2. Elegie.

[6] So Norden, Kunstprosa I 329 über die Historiker der Kaiserzeit. Übergehen will ich die in dieser Hinsicht sicherlich auch interessanten hellenistischen Romane.

[7] Scheffers Übers. z. St. merkt an: Vergil, *Aeneis* VIII 18—25, wo dieser Vergleich übernommen wird. – Man bemerke auch das Paradox, daß ein und dasselbe Element – Wasser – sowohl für Ruhe als auch für Unruhe das Analogon abgibt, und das im selben Kontext. Ähnlich maniriert ist *De J.* § 30.

sie sagt, Nikanor habe das Selbstopfer zur Beruhigung des Meeres angeboten; daraufhin sei ihm das Über-Bord-Werfen des anderen Türflügels erspart geblieben.

der die Verkündigung aufgenommen hatte) Dies ist wieder die psychologische Metaphorik unseres Predigers: der Verkündigungsauftrag lastet in dem Propheten wie ein zu schwerer Stein in einem Schiff.

§ 26 *dem Vergessen seiner Trübsal)* Zur Wohltat des Schlafes im Kummer vgl. die vorhin aus Apollonios Rhodios zitierte Stelle, *Argonautica* III 747 f.; ebenso Chariton, *Callirhoë* III 3,14 (Vergessen von Kummer im Schlaf). – Weiter hierzu § 32–34.

§ 27 *das Meer … bat … den Schöpfer und war in Angst)* Zu diesem Anthropomorphismus siehe den vorigen Exkurs, ebenfalls zur Rolle der *Elemente* als *Diener* (sc. Gottes – so wäre es auch ohne Lewys Konjekturvorschlag zu verstehen). Zu letzterem Wort, *Diener* (armen. *spasawor*), vgl. ferner unten zu § 62.

Einen ähnlichen Natur-Anthropomorphismus, diesmal mit dem Land-Element, leistet sich Chariton, *Callirhoë* III 3,10f.: Die Besatzung eines Piratenschiffes geht im Seesturm zugrunde, denn „das Land wollte die Gottlosen nicht aufnehmen" (Übers. Plepelits).

c. 8, § 28 *sie breiteten die Hände aus zum Gebet)* die bekannte antike Gebetshaltung, vgl. Bill. II 261 u. ö.; 1.Tim 2,8. Im Vergleich zu Jon 1,5 („sie riefen empor, jeder zu seinem Gott") und zu den Midraschim (Bill. I 645) fällt auf, daß hier jeder Bezug auf Polytheismus vermieden ist. Die ganze Predigt enthält kaum einen Hinweis auf heidnische Religiosität (außer § 150). Rechnet der Prediger mit Juden als Schiffsbesatzung[1]? Beim Losewerfen werden die Seeleute sogar ausdrücklich als *fromme Männer* bezeichnet (§ 46). Nicht berücksichtigt ist in unserer Predigt ihr abschließendes Opfer an JHWH (Jon 1,16), das freilich – fern vom einzig legitimen Kultort Jerusalem – nur exegetisch-dogmatische Schwierigkeiten machen konnte; vgl. Duval, Jonas I 73 Anm. 15.

Was das Gebet von Heiden betrifft, so hat Mal 1,11 („Vom Aufgang der Sonne bis zum Untergang ist mein Name verherrlicht unter den Heiden" – Erfüllung von Ps 113(112),3 –, „und an jedem Ort wird meinem Namen Räucheropfer dargebracht und reines Schlachtopfer…") eine theologische

---

[1] belegt z. B. in der Mischna, Baba Bathra 5,1 (Regeln für den Verkauf oder Kauf eines Schiffes – mußten ja wohl, im Gegensatz zu den rein theoretischen Bestimmungen rituellen Inhalts in anderen Traktaten, einen Anlaß haben); Stern, Authors III S. 49 Anm. 6 (zu einem Bericht, wo jüdische Seeleute auftreten) mit weiteren Verweisen.

Diskussion ausgelöst. Justin, *Dial.* 117,1 ff. deutet um: die Gebete der Diaspora-Juden seien gemeint. Delling, HUCA 1974,167 Anm. 247 sieht hierin eine von Justin übernommene jüdische Deutung, d. h. Einengung. Auch Rabbinen waren dagegen, hier heidnischen Gottesdienst gewürdigt zu sehen (ebd.).

Philon ist in *Spec.* II 44−46 bereit, „sowohl bei den Griechen wie bei den Barbaren" ἀσκηταὶ σοφίας anzuerkennen, die tadellos leben, „Naturbetrachter" sind, Kosmopoliten usw.; doch wird er unter deren geringer Zahl (ebd. 47) kaum Seeleute erwartet haben.

die Winde bliesen ... gegeneinander) Im folgenden kommen nun einige sehr konventionelle und schulmäßige Details rhetorischer Seesturm-Schilderungen zum Einsatz[2]. Dieses hier hat seine literarische Geschichte vom Zusammenstoß des Notos und des Zephyros in der Ilias 11,305−308 bis hin zu Quintus v. Smyrnas *Posthomerica* II 217 f., VIII 59−66 und XI 228−232[3].

Der äußeren Verwirrung entspricht in unserem Schiff die innere. Der *Steuermann* läßt *das Ruder los,* ganz wie bei Achilles Tatius, S. 90,21 f.[4]: Τέλος ὁ κυβερνήτης ἀπειπὼν ῥίπτει μὲν τὰ πηδάλια ἐκ τῶν χειρῶν ... Dort Ausdruck äußerster Verzweiflung, ist es hier zugleich Auftakt zum Gebet. − Zum Technischen vgl. Apg 27,15.17.

Der Seesturm, ein typischer Gegenstand rhetorischer ἔκφρασις (Schilderung; Norden, Kunstprosa I 285 f.), kehrt in dieser Weise auch in christlichen Jona-Predigten wieder: Duval, Jonas I 61 mit Anm. 238; II 508 Anm. 851; 535; 548. Am nächsten steht hier die Predigt des rhetorisierenden Bischofs Basilius v. Seleukia (in Isaurien; 5. Jh. n. Chr.). Vgl. auch − für die Poesie, nicht für die Details − das *Carmen de Jona* 28−52.

Von anderer Art sind die der Allegorisierung entstammenden Amplifikationsmittel, wie sie Duval, Jonas II 460−468 in christlichen Predigten nachweist. (Jüdische Allegorisierungen der Jona-Geschichte auf die Beziehungen zwischen dem menschlichen Körper und seiner Seele erwähnt Rosmarin, Art. Jona 274).

§ 29 f. *die Hitze des Sturms ... Wie ein größerer Brand, wenn er einen Wald ergreift...)* Die Verschachtelung zweier so gegensätzlicher Analogien − als Nebeneinander haben wir sie in Jak 3,4 f. − war ein Kunststück, wie es die Sophisten liebten[5]. Bei Chariton, *Callirhoë* VI 8,2 begegnen nebeneinander Wildbach und Feuersbrunst; Drögemüller, Gleichnisse 65 bemerkt in Apollo-

---

[2] Norden, Kunstprosa I 329 Anm. 1: Schilderungen von Bränden „waren in den Rhetorenschulen beliebt"; Belege aus Tacitus und Seneca Rhetor.

[3] Hinweise aus Vian, Comparaisons 40. Thema des Vergleichs ist jeweils das Schlachtengetümmel. In unserer Predigt hingegen illustriert der Seesturm die innere Lage des Propheten.

[4] Anders in den *Argonautica* des Apollonios II 70−74, wo der Steuermann dank seiner Erfahrung die Lage meistert.

[5] Vgl. oben 1.6 Anm. 14 (Gorgias).

nios' *Argonautica* IV 1537−47 „ein Landbild, das in eine Seeszene ‚eingehängt' wird". Traditionelle Brücke für diese uns paradox anmutende Verbindung von Feuer und Wasser dürfte der Umstand gewesen sein, daß beides, Seesturm wie Waldbrand, seit Homer Analogon (Bildhälfte) war zur Schilderung von Kriegsgetümmel (Drögemüller 109−111). Quintus von Smyrna verwendet denn auch diese Kombination von Analogien mehrfach in seinen Schlachtenschilderungen: *Posthomerica* V 385−394; VIII 360−368; XIII 480−495 (Vian, Comparaisons 35 f.). Demgegenüber nehmen sich Bibelstellen wie Ex 9,23 f. (Hagel und Feuer bei der 7. ägyptischen Plage) oder Apk 1,14 f. („Augen wie Feuer ... Stimme wie das Tönen vieler Wasser") eher zufällig aus.

Carl Wunderer hat an Polybios, also einem Prosaiker, beobachtet, wie er Analogien dem homerischen Epos entnimmt − darunter auch die des Seesturms und des Waldbrandes[6]. Übereinstimmend mit dem, was wir oben zu § 24 schon gesagt haben, findet er bei Homer das Interesse eher auf der Veranschaulichung einer äußeren Handlung liegen, bei Polybios hingegen auf der „Erklärung einer inneren Handlung oder eines seelischen Zustandes". Das trifft alles aufs Genaueste auf unseren jüdischen Prediger zu: die Homer-Verarbeitung wie das Psychologisieren.

Für die Popularität psychologisierender Deklamationen in der Spätantike mag sprechen, daß sich selbst in Aesops Fabeln eine solche verirrt hat (Nr. 62 Chambry).

c. 9, § 32 f. *das Schnarchen)* ist eine Zutat der Septuaginta (Jon 1,5 f. ἔρρεγχεν für *jērādēm*), deren Sinn Trencsényi-W., Apanthropie 129 f. in folgendem ermittelt hat: Der Schlaf des Propheten, ursprünglich Sorglosigkeit ausdrückkend und Gleichgültigkeit gegenüber dem Schicksal der Heiden − so die selbstkritische Tendenz dieses jüdischen Buches −, mußte abgewandelt werden in dem Moment, wo man das Buch durch Übersetzung auch heidnischen Lesern in die Hände gab. So machten die Übersetzer durch das komische[7] Motiv des Schnarchens den Propheten auf feine Weise lächerlich und versuchten zugleich, einem Vorwurf gegen das Judentum, den ein nichtjüdischer Leser allzu einfach aus dieser Stelle hätte entnehmen können, die Spitze zu brechen.

Unsere Predigt nimmt das Motiv jedenfalls von seiner komischen Seite. Die hinter solchen komischen Einlagen − auch die beiden Tiefsee-Exkurse *De J.* § 64 ff. und 163 ff. gehören dazu − stehende Theorie erfahren wir aus *Vit. Hom.* 214 anhand von Beobachtungen am Poeten. Der Ausleger nennt die Beispiele des hinkenden Hephaestos in der Ilias und des Phaeaken-Liedes in der Odyssee

---

[6] Polybios-Forschungen 78 f.; 97; 106 f. (Waldbrand); 82 (Seesturm-Analogie für eine aufgewiegelte Masse). − Das folgende Zitat S. 107.

[7] Siehe die Belege im Thesaurus unter ῥέγχω. Übrigens ist Komik in der LXX eher eine Seltenheit: Siegert, Argumentation 52 Anm. 113 − Plutarch, *Mor.* 198 E überliefert den Ausspruch des Älteren Cato, „er hasse einen Soldaten, der beim Marschieren die Hände, beim Kämpfen die Füße bewegt; ῥέγχει δὲ μεῖζον ἢ ἀλαλάζει."

(wo Ares mit Aphrodite *in flagranti* gefangen wird) und folgert daraus: „Überhaupt ist es der menschlichen Natur eigen, nicht nur sich anzuspannen (ἐπιτείνεσθαι), sondern auch nachzulassen (ἀνίεσθαι), damit sie angesichts der Mühen des Lebens durchhält. Solche Aufheiterung des Gemüts (θυμηδία) ist auch beim Poeten zu finden." −

Nach einer Notiz in der Suda *s. v.* ῥέγκουσι (so die attische Form bei in Aristophanes, *Nebulae* 5) steht dieses Verbum für den tiefen Schlaf, im Gegensatz zur Schlaflosigkeit der Besorgten. Das scheint plausibel und erweist die Psychologie unseres Predigers als brüchig, der doch Jona in heller Erregung hatte auf das Schiff laufen lassen. Anders gesagt: der (wenig psychologische) Text holt ihn wieder ein.

Der rabbinische Midrasch gibt − auf dem schon benannten Hintergrund, daß Jona die Buße Ninives voraussieht und damit eine große Schmach für das unbußfertige Israel und auch für ihn, den „Lügenpropheten" − eine etwas andere psychologische Erklärung, die aber genauso wenig zu tiefem Schlaf passen dürfte: *bṣārat nafšo,* „im Kummer seiner Seele" (eine Formulierung aus der Josephsgeschichte, Gen 42,21) sei Jona eingeschlafen (Pirke Rabbi Eliezer 10,32; ebenso Midrasch Tanchuma, *wajjiḳrā'* 8, S. 5b Z. 1; Bill. I 645). In einer Weiterentwicklung dieser Tradition sagt Mohammed im Koran 37,145: „er war krank" (Schreiner, Muhammads Rezeption 155).

§ 33 *Denn wenn der Mund geschlossen ist . . ., dann wird . . . der Atem beengt . . . So pflegt es ja auch bei der Trompete zu gehen.)* Vergeblich habe ich in medizinischen Werken des Altertums, Galenos insbesondere[8], nach einer derartigen Theorie des Schnarchens gesucht. Sie ist wohl eine *ad-hoc*-Erfindung unseres Redners, nicht anders als die quasi-Theorie des Rausches in *De S.* 32 (Ende) oder die des Erwachens aus einem Scheintod in Charitons *Callirhoë* I 8,1[9]. Kongenial erweist sich die Paraphrase des Armeniers Anania, die wir nach Sargisean in: Bazmavep 1899, S. 52a, 1. Absatz, hier in Übersetzung wiedergeben:

„Und absteigend in einen Winkel des Schiffes, schlief er im (Schiffs)bauch den Schlaf der Schwere, von schwarzen Gedanken ringsum auf sein Lager gefesselt. . . . Und seine Atmung, von Kummer beschwert, füllte die Durchgänge der Arterien, und durch die engeren Bahnen abwechselnd (?) saugend und pressend, röchelte er beim Luftholen, überführt von seinen Gewissensbissen."

All dies hat mit Naturwissenschaft, auch mit Medizin, nichts zu tun, sondern ist rhetorische Amplifikation nach dem einzigen Maßstab der Phantasie.

---

[8] Er ist durch den Indexband der Kühnschen Ausgabe erschlossen und umfaßt, in Form von Zitaten, viel älteres Material, bes. von Hippokrates.

[9] Hintergrund solch wortreich verkleideten Nichtwissens ist die Verachtung empirischer Künste und Kenntnisse, wie sie die griechisch Gebildeten, Rhetoren wie Philosophen, meist gemeinsam hatten. Ein Beispiel aus Plutarch, der deren viele liefert, gibt Barrow, Plutarch 64.

Doch hat sie einige Ähnlichkeit mit dem, was Aristoteles' Akustik über die Tonerzeugung bzw. -färbung in der Trompete schreibt (803 a 24−27) und was wiederum mit dessen allgemeiner Theorie der Stimmerzeugung übereinkommt (800 a 1−7; vgl. Philon, *Deus* 84). Nach Tarr, Trompete 13(−18) wurde in der Antike die Trompete noch gar nicht geblasen, sondern gerufen, als eine Art Sprechmuschel zur (magischen) Verzerrung der menschlichen Stimme. Artemidor I 56 bestätigt dies im 2. Jh. n. Chr.: „... was einer mit dem Mund spricht, der dieses Instrument (sc. die Trompete) bedient ..." In jedem Fall kannte man noch nicht die Wirkweise der schwingenden Membran − weder die der Lippen, die beim Trompete-Rufen noch gar nicht gebraucht wurden, noch die der menschlichen Stimmbänder[10]. Beim Menschen traute man der Zunge sowohl die Stimmerzeugung zu als auch die gesamte Artikulation (Xenophon, *Mem.* I 4,12)[11]. Für den Homer-Ausleger Heraklitos gilt die Zunge als „das einzige Organ des Sprechens" (72,19)[12]. Damit gewinnt der Passus über die „Beherrschung der Zunge" in Jak 3,2−8 erst seine Dichte und Deutlichkeit. Noch im *Asclepius* 20 (vgl. Festugière, Révél. II 530 Anm. 3) begegnet uns diese Auffassung, woran sich erweist, daß wir es mit weit gestreutem populärwissenschaftlichem Schulgut zu tun haben.

unter dem Zwang des Gerichts) Selbst im Schlaf noch beengt dem Propheten sein schlechtes Gewissen die Atemwege. − In ähnlicher Weise ist auch § 61 *Gericht* eine Tätigkeit des menschlichen Gewissens, dem freilich äußerer Zwang, von Gott kommend, nachhilft.

Zwangslagen auszumalen, gehört zu den Emotionalisierungstechniken des hellenistischen Romans. Jüdische Texte wie die Märtyrergeschichten des 3. und 4. Makkabäerbuchs oder das Kapitel über die Plage der Finsternis in Ägypten Weish 17 (unten zu § 41, Ende) erweisen sich in ihrem literarischen Bestreben als Ausdruck eines Zeitgeschmacks, wenn man einen echten Roman danebenhält wie Charitons *Callirhoë:* III 3,17 „unter dem Zwang des brennenden Durstes"; III 4,15 „Zwangslage", 5,6 „schreckliche Alternative" usw. (Übers. Plepelits). Genau so redet unser Prediger in § 60 von einer „Zwangslage", in § 62 von „auswegsloser Gefahr", in § 146 von einem „sich gefangen wissen" usw.

---

[10] Für sie gab es im Altgriechischen noch kein Wort, wie sich mir beim Nachsuchen in mehreren deutsch-griechischen Wörterbüchern (auch Pape) erwiesen hat.

[11] Das hängt sicher mit der vorne liegenden Artikulation des klassischen Griechisch zusammen. Insbesondere das ϱ wird in der armenischen Schrift meist als *ř* transkribiert (Flatterzunge), das ῥ als *hř*.

[12] Weitere Belege zur klassisch-antiken Stimm- und Tonerzeugungstheorie bei K. Schneider, Die schweigenden Götter 59 (zum Problem, wie Götter denn reden könnten); Stoisches bei Helmut Schmidt, Anthropologie 66 mit Anmn. 474 S. 153.

c. 10, § 38 *das Wehgeschrei der Männer, das Weinen der Kinder)* Mit „der Menschen" hätte ich *mardkann* besser übersetzen sollen, oder, da die *Kinder* dagegen kontrastiert werden, „der Erwachsenen". Die Konvention solcher Schreckensdarstellungen, die ὀλολυγμὸς γυναικῶν, ἀλαλαγμὸς ἀνδρῶν vorsieht (Achilles Tatius S. 90,12—14 Hercher; ganz ähnlich Synesios: Stern, Authors III S. 53 Z. 93 f.) ist hier durch die Erwähnung von *Kindern* womöglich noch übertroffen.

Einen Nachklang unserer Stelle in der Jona-Predigt des Armeniers Anania bringt Sargisean in: Bazmavep 1899, S. 52 a, 2. Absatz.

§ 39 *So sind die Menschen...)* Weniger fein, dafür dramatischer stellt Achilles Tatius S. 91 (Hercher) den Egoismus der Einzelnen in Gefahr dar, ihr gegenseitiges Behindern und Einander-Umbringen. Hieronymus, *In Jonam* (zu Jon 1,6; vgl. Duval, Jonas 79 zu unserem Text) stellt gleichfalls, aber nicht so ausführlich, psychologische Erwägungen an. Besonders fein und über bloßes Moralisieren hinausgehend[13] finde ich die Beobachtung, daß Jona *versuchte, von sich abzulenken.* Vgl. § 43.

§ 40 *Trost am Pech der andern)* Diese psychologische Beobachtung ist alt:

Solamen miseris socios habuisse malorum,

sagt ein lateinisches Sprichwort. Bei Büchmann, Geflügelte Worte S. 492 findet es sich in einem ganzen Nest ähnlicher Sentenzen, bis zurück zur Schlußmoral der 191. Fabel Aesops (ed. Chambry): οἱ δυστυχοῦντες ἐξ ἑτέρων χείρονα πασχόντων παραμυθοῦνται – „wem es schlecht geht, der tröstet sich daran, wie andere noch Schlimmeres erfahren".

c. 11, § 41 *daß das Gebet durch Sünden vereitelt wurde)* Diese Auffassung übernimmt fast wörtlich der Jona-Traktat des Armeniers Anania (Sargisean in: Bazmavep 1899, S. 52 a, 3. Absatz). Sie ist, im Munde der Seeleute, ein allgemein-religiöser Gedanke: wer sich der Gottheit nahen will, auch mit einem Gebet, der muß rein sein. Ein Jude denkt hierbei an die zahlreichen Vorschriften der Tora, wie sich die Gemeinde zum Gottesdienst vorzubereiten habe. Als jüdische Überzeugung zitiert Joh 9,31: „Wenn jemand fromm ist und seinen (Gottes) Willen tut, auf den hört er." Hierzu Bill. II 534 f. – Vgl. Jak 5,16 (Luther): „Des Gerechten Gebet vermag viel."

Das Bittgebet eines in Sünde geratenen Menschen ist – wo keine rituellen Sühnemittel zur Verfügung stehen – eine verwerfliche, zum Scheitern verurteilte Sache; vgl. Ps 90(89),8 f. und Spr 15,3—9. In Sir 1,25 lesen einige Codices: „Eine Abscheu ist die Gottesverehrung des Sünders."[14] Anders dann bei uns in § 71.

---

[13] gegen Duval 79 (z. St.): *commentaire moralisant.*
[14] Die Ausg. Rahlfs bevorzugt die Lesart des Codex B: „...dem Sünder".

Auf diesem Hintergrund gewinnt der Anfang von Jonas Bittgebet (§ 69–71) Profil: Jona beruft sich auf seine Rettung als ein Zeichen dafür, daß sein Gebet überhaupt erlaubt ist; und er benützt – das ist jetzt nicht nur eine Phrase – das Seetier, Instrument seiner Rettung, als seinen *Fürsprecher* (§ 68).

Gewissenserforschung) wörtlich ‚Lebenserforschung‘, wie in Bd. I Anm. 53 erwähnt. Auf die umfangreiche Literatur zu συνείδησις brauchen wir nicht näher einzugehen, weil dieser Begriff weder in *De J.* noch in *De S.* auftaucht. Zum Phänomen der moralischen Selbstprüfung, worin ja in der ganzen Antike das Judentum samt dem von ihm stammenden Christentum an der Spitze stand[15], gefolgt vom (hauptsächlich lateinischen) Stoizismus und vom Neupythagoreismus[16], haben Max Pohlenz (Kl. Schriften I 360–363) und neuerdings Hans-Joachim Eckstein (Syneidesis) eine Übersicht gegeben. Aus beiden ist zu entnehmen, daß ein Autor wie Philon an unserer Stelle den ihm bereits geläufigen Begriff des συνειδός oder der συνείδησις eingebracht hätte. Doch auch ohnedies hat unser Prediger zwischen Jon 1,6 und 1,7 einen Gedanken eingefügt, der der fortgeschrittenen Reflexion seiner Zeit entsprach.

Sehr ähnlich, auch in der rhetorischen Ausarbeitung, ist das Kapitel Weish 17, das die Wirkungen der 9. ägyptischen Plage, der Finsternis, auf die Ägypter selbst beschreibt. Die Stichworte „eingeschlossen" (V. 2), „Vergessenheit" (3), „flüchten", „Getöse" (4), das Kranksein derer, die heilen sollten (8), die „Feigheit, unter Druck gesetzt vom Gewissen" (hier συνείδησις) (10) u. a. m. erinnert an die Seesturm-Schilderung unseres Textes; es läßt die gleiche rhetorische, ja homiletische Schule erkennen[17] – bis hin zu der psychologischen Schlußaussage (20): ἑαυτοῖς δὲ ἦσαν βαρύτεροι σκότους (Einheitsübersetzung: „Doch mehr als unter der Finsternis litten sie unter ihrer eigenen Angst"). –

Die Homer-Auslegung des Cornutus würdigte Hermes als „Engel", denn „den Willen der Götter erkennen wir aus den vernunftmäßig uns eingegebenen Grundgedanken" – wobei (κοιναὶ) ἔννοιαι ja ein Grundbegriff des stoischen Lehrgebäudes ist; in κατὰ τὸν Λόγον soll der mythische Götterbote aufgehoben sein (c.16, S. 22 Z. 1–3). Dies ist die völlig undramatische, rationalistische Lehre vom Gewissen, die wir – ohne terminologischen Aufwand – in *De J.* 118 und 120ff. am Werke sehen werden.

---

[15] Als Zweck des Sabbats nennt Philon, *Opif.* 128 u. a. τὸν τοῦ συνειδότος ἔλεγχον.

[16] Zu den letztgenannten vgl. de Vogel, Pythagoras 187f. mit Text (Iamblichos, *De vita Pythagorica* 40) S. 275: Selbstprüfung im täglichen Morgen- und Abendgebet des Philosophen.

[17] Die Rhetorik des Romanschreibens wird in Reinkultur verkörpert von Charitons *Callirhoë*-Roman (s. o. 1.6.3). Dort ist es die Folter, die einem Verbrecher das Gewissen (τὸ συνειδός) weckt: III 4,13. Vgl. oben zu *De J.* § 33 Ende.

§ 43 *Er nannte sich ‚Diener des Herrn')* Sklave des Herrn hätte ich richtig
sagen müssen; denn jetzt wird – anders als in § 8.20.62 usw., wo die gewählte
Ausdrucksweise Freiwilligkeit impliziert, der härtere Ausdruck δοῦλος (ar-
men. *caray)* aus der Septuaginta (Jon 1,9) übernommen, wie es die in § 9 u. ö.
ausgedrückte Lehre von der Unentrinnbarkeit des Prophetenauftrags verlangt.
Die christlichen Ausleger haben das nicht immer genau gesehen und dem
Propheten eine hier nicht gegebene Freiwilligkeit, ja Bekennermut zugetraut
(Duval, Jonas I 73).

Zur Abweichung der Septuaginta vom Urtext („ich bin ein Hebräer") und
auch vom Targum („ich bin ein Jude") s. Trencsényi-W., Apanthropie 131 und
133: universalistischer Zug; Ablenkung von Judenhaß.

§ 43f. *verschwieg er)* richtig beobachtet an Jon 1,9. Durch eine kleine Um-
stellung erhöht der Prediger die Dramatik: Im Bibeltext haben die Seeleute
bereits in V. 7 die Lose geworfen; hier aber führt die unvollständige Antwort
Jonas und die damit noch nicht beendete *Panik der Schiffsbesatzung* erst zum
Losewerfen und zur erneuten Befragung des Propheten.

Diese bis § 59 reichende Amplifikation, die mehrere Übungen des Predigers
in Prosopopöie und im *genus judiciale* einschließt, steht natürlich im Widerspruch zum Handlungszwang einer *Panik.* Doch übergeordnet war für den
Synagogenredner der Zwang zur Breite.

§ 44–46 *aus Ratlosigkeit verfällt man aufs Los)* wörtlich: „aus dem Suchen
wird das Los gefunden". – Während christliche Kommentatoren das Losverfahren gelegentlich kritisiert haben[18], hält unser Prediger es für eine Übung
frommer Männer (vgl. zu § 28); und Gott gilt ihm hier fraglos als *oberster
Richter.* (Anders wäre es bei Philon, dem ein Eingreifen Gottes ins Einzelne
theoretisch schwer denkbar ist – s.o. zu § 4, Ende –; er bezeichnet das
Losverfahren als eine „unsichere" und „zufällige" Sache.)[19] Doch nur zu gut
paßt hier das Losewerfen in den Ductus der Steigerung, und zwar in ein
Verfahren, das man die ‚rhetorische Klimax' genannt hat[20]: In der – nicht
unbedingt logischen – Sequenz *Panik – Ratlosigkeit – Los – ertappt werden*
ist jeweils das Folgende schlimmer als das Vorangehende. – Die gleiche Figur,
etwas kürzer, in § 76.

---

[18] Duval, Jonas I 207 Anm. 176; vgl. seinen Index unter *sort.* – Umgekehrt betont
Origenes in einer Homilie über das Losewerfen, nach einer Zusammenstellung atl. Beispiele,
daß „auch" die Heiden Lose kennen, und verweist hierzu auf unseren Text (*In librum Jesu
Nave homilia* 23.2; ed. Baehrens S. 440 Z. 12–20; MPG 12,935 B).
[19] Belege bei Leisegang, Index unter κλῆρος 1.
[20] Beispiele und Lit. zu diesem in der Antike sehr häufigen Ausdrucksmittel bei Siegert,
Argumentation 152.

Zu κινεῖσθαι im Sinne von ‚eine Meinung haben' vgl. den genau gleichen Sprachgebrauch bei Artemidor I *prooem.* (S. 2 Z. 8).

§ 47 *wie die Schrift sagt)* Siehe 2.2 zu *De Deo* Z. 17 zum Sprachgebrauch im Hellenismus. Der Singular, wie er an unserer Stelle vom armenischen Text festgehalten wird, (*girn* = ἡ γραφή) scheint eher jüdischer Sprachgebrauch zu sein (vgl. ThW I 750, 32–43) gegenüber dem – auf beiden Seiten üblichen – αἱ γραφαί.
Berufung auf die *Schrift* erfolgt in *De J.* noch in § 86 und 145; in *De S.* häufiger: c. 11 Ende, 18, 24–27, 38–44; an letztgenannter Stelle mit technischer Auslegung. Die jeweiligen Einleitungsformeln wechseln, gemäß dem hohen stilistischen Anspruch der Predigten, weit stärker als bei Paulus oder bei den Rabbinen.

c. 12, § 48 *du bist die Ursache dieses Sturms!)* vgl. Exkurs zu § 24.

Nun sind wir aber nicht begierig ...) Die Humanität der Seeleute hat den Armenier Anania beeindruckt, der sie in seiner eigenen Jona-Predigt (Sargisean in: Bazmavep 1899 S. 52a Abs. 4) auf den Begriff bringt: *mardasēr* = φιλάνθρωπος; auch der Gegenbegriff *anmardi* = ἀπάνθρωπος begegnet, wie in *De J.* 51. – Das Darstellungsmittel sind in unserer Predigt die Reden; sie ersetzen ganz den im Bibeltext Jon 1,13 erwähnten Versuch, an Land zurückzukommen. Die Pirke Rabbi Eliezer 10,39ff. (Bill. I 645; Ginzberg, Legends IV 248) hingegen amplifizieren und iterieren vor allem das „Was sollen wir tun?" aus Jon 1,11, mit jeweils folgenden Handlungsversuchen. Demgegenüber erweist unser Prediger ganz und gar seine Herkunft aus der Rhetorenschule. Er vergißt über Klimax und Amplifikation sogar gänzlich die Würdigung von Jonas erstem Missionserfolg, dem Opfer und dem Gebet der Seeleute „zum Herrn" (Jon 1,14.16)[21].
Rhetorisch bezeichnet, handelt es sich bei diesen Redeeinschaltungen um das *genus deliberativum,* ganz wie bei Chariton, *Callirhoë* II 8,2–5, 11,1–3 und III 2,7–9 deliberative Reden die Handlung unterbrechen, oder vielmehr: sie in dehnender Weise dramatisieren.

§ 50 *Zeugen sind der ... Himmel ... und die ... Erde)* „Himmel und Erde können ursprünglich in einer Argumentationsreihe als Zeugen auftreten" (Magaß, Natur 111). Über die gedanklichen Voraussetzungen vgl. die im vorigen Exkurs mitgeteilte Aesop-Fabel 45 über den Mörder, den die Elemente nicht

---

[21] Daß Gottesfürchtigen ein solches Opfer auch außerhalb Jerusalems gestattet war, s. Siegert, Gottesfürchtige 141 (aus rabbinischen und inschriftlichen Quellen, nach E. Bickermann). Die Rabbinen wie auch Hieronymus verfolgen die Frage, wo auf dem Schiff Opfertiere herkommen sollten: Rahmer, Traditionen II, Jona S. 18.

ertragen. Wir haben hier ein Element allgemeiner Religiosität in der Antike vor uns, kritisiert erst im Neuen Testament (Mt 5,34f.; Jak 5,12), enthalten jedoch im Alten, wo Himmel und Erde als Zeugen angerufen werden: Dtn 4,26; 30,19; 31,28; 32,1(2 LXX). In Mi 6,1f. ruft JHWH selbst die Berge, Hügel und Grundfesten der Erde als Richter an. Rabbinisches bei Bill. II 689 Buchst. c. – Auf manchen jüdischen Inschriften der Diaspora findet sich, als konventionell-polytheistisch formuliertes Äquivalent, zum Schluß die Schwurformel ὑπὸ Δία, Γῆν, Ἥλιον[22].

Homer darf nicht zurückstehen: *Il.* 15,36–38 = *Od.* 5,184–186 (vgl. noch *Il.* 3,277–279) bringt den Schwur bei „Erde, Himmel und Wasser des Styx". Sein Ausleger Heraklitos sieht hierin die physikalische Lehre von den Elementen bestätigt (23,4 mit Kontext); und er weist in 41,1 darauf hin, daß an erstgenannter Stelle Hera (für ihn = ἀήρ) selbst so schwört: in dem Fall sind alle vier Elemente (Himmel = Feuer) beteiligt. – Chariton, *Callirhoë* III bezeugt ein Schwören beim Meer, bei Aphrodite und Eros (2,5) und bei Zeus und Helios (1,8). „Euphrat, ich habe dich zum Zeugen!" ruft Kallirhoë in VI 6,2. Sie war vorher durch den Euphrat gegangen, hatte ihn also berührt[23]. Das macht den Schwur gültig – und macht einen Ausruf verständlich wie den folgenden: „Ich bin bereit, in den Himmel hinaufzusteigen, wenn das möglich wäre, und Zeus leibhaftig zu berühren, um dir zu schwören!" (III 2,5 Übers. Plepelits). – Vgl. Dtn 30,12f.; Röm 10,6f.

§ 51 *nicht ... Unmenschen)* s. o. zu § 48.

keine unabweisbare Bürde des Schicksals) Die Abweisung antiken Schicksalsglaubens einschließlich seiner „wissenschaftlichen" Fundierung, der Astrologie, war jüdisches Missionsanliegen (Baeck, Predigt, bes. S. 67; Festugière, Révél. II 521–585 zu Philon). Der armenische Text sagt es freilich nicht so klar wie meine Übersetzung; er lautet: *ew mah nawis canr ew tʿšowaṙakan hark ē očʿ beṙns* – „und der Tod dieses Schiffes ist nicht notwendig (ἀνάγκη, ἀναγκαῖον ASA) die schwere und elende Bürde (φορτίον, φόρτος u. a.)"[24].

§ 52 *ein Engel der Unterwelt)* Dies ist ein in der Septuaginta noch nicht, im späteren Judentum dann aber reichlich nachweisbares Mythologem. In Äth

---

[22] s. Hengel, Proseuche 174; Siegert, Gottesfürchtige 145 Anm. 5. – Vgl. Homer, *Il.* 3,104.

[23] Das Berühren der Geschlechtsteile beim Schwur in Gen 24,2.9; 47,29 – im Islam angeblich heute noch üblich – setzt die gleiche animistische Vorstellung voraus: Sitz geheimnisvoll-dämonischer Naturkräfte.

[24] Der Schluß dieses Satzes – rückübersetzt ἀναγκαῖον οὐ φορτίον – legt eine Attributbeziehung von ἀν. auf φ. nahe, die der Armenier dann mißverstanden hätte. – Somit findet die Beobachtung von Wifstrand, Bildung 31.99 keine Anwendung, wonach Metaphern, die mit einem Adjektivattribut und einem erklärenden Genitiv versehen sind (wie 1.Pt 5,4 „die unverwelkliche Krone der Ehren") typisch wären für das jüd. und chr. Schrifttum seit Philon. Unser Text ist weder von Philon abhängig noch (in diesem Punkt) sprachschöpferisch.

Hen 20,2 gilt nach der griechischen Lesart Uriel als „Engel des Tartaros"[25]; vgl.
66.1f., wo Strafengel die Macht haben, die Kräfte der Wasser zu entfesseln
bzw. zu bändigen (die Lesarten variieren). Bill. III 809 nennt den „Fürsten des
Gehinnoms" *(śar śel gēhinnām)*, IV 1088.1091 ebenso („ein grausamer Engel,
der die Vollstreckung der Strafen überwacht", auch mit dem Meer assoziiert);
III 696 und IV 1046 nennt den „Fürsten der Finsternis", III 819f. den „Fürsten
des Meeres" und schließlich IV 1028.1088 u. ö. Duma (‚Schlaf'), den Engelfürsten der abgeschiedenen Geister. Vgl. Ginzberg, Legends III 470 u. ö. über
Sammaël.

Es muß also keineswegs eine Anspielung an Heidentum in dieser Äußerung
der Seeleute erblickt werden, so sehr man auch – nicht was die Worte, aber was
die Vorstellung angeht – an den griechischen Hermes Psychopompos denken
kann, der die Seelen der Verstorbenen in die Unterwelt hinabführt (Homer,
Od. 24,1ff. usw.)[26]. In letzterem Fall hätten wir einen Euphemismus für den
Seemannstod.

oder vielleicht sogar ein stummes Seeungeheuer) rhetorische Vorwegnahme
(Prolepse), auch ein Amplifikationsmittel. Vgl. § 20 gegenüber 22, 31 gegenüber 59, 146 gegenüber 151 und das Prothysteron § 99.

c. 13, § 54 *der Menschenfreund)* Dieses Wort für den immer noch störrischen
Jona ist wieder eine Prolepse; denn erst in § 58f. errichtet Jona mit seinem
freiwilligen Tod (ich habe *Selbstopfer* übersetzt) das *Denkmal der Menschlichkeit*. Ebenso gilt bei Chariton, *Callirhoë* I 5,4 als φιλάνθρωπον, daß der Held
des Romans – dort ohne jedes Zögern – sich in einem improvisierten Prozeß als
erster zum Tode verurteilt.

Jünger Gottes) ašakert = μαθητής, ein in der Septuaginta noch fast unbekanntes Wort, ist in der griechischen Kultur jedoch seit der Sophistik und den
Pythagoreern verankert, so wie später *talmid* bei den Rabbinen (K. H. Rengstorf, ThW IV, 428−443). Bei Philon gilt Abraham und überhaupt jeder
wahrhaft fromme Jude als Θεοῦ μαθητής (vgl. Siegert, Philon 61).
Im Neuen Testament ist der Gebrauch des Wortes etwas anders: Es gibt
μαθηταί Jesu, auch des Mose, der Pharisäer oder Johannes des Täufers, aber
nicht „Jünger Gottes" – sofern man nicht den Ausdruck θεοδίδακτοι 1.Thess
4,9 hierher ziehen will.

---

[25] Davidson, Dictionary of angels S. 21b.: *Angel of the Abyss − usually identified as Uriel,*
the „angel set over the world and Tartarus." (Cf. Apsu, female of the abyss in Babylonian-
Chaldean mythologies), mit weiterer Lit.
[26] Den Zunamen ψυχοπομπός s. Gruppe, Religionsgeschichte II 1321 Anm. 1 mit vielen
Belegen.

§ 56 *Ihr habt mich zum Richter* ... *eingesetzt)* Was in der Rhetorenschule spielerisch jeden Tag geschah, zur Übung im *genus judiciale*, wird hier als Amplifikationsmittel eingesetzt. Die Handlungsweise der Seeleute, mit der sie sich ihrerseits in die gefährliche Nähe eines Selbstopfers bringen, ist ein starkes psychologisches Beweismittel ihrer eigenen Unschuld, eine Geste äußerster Selbstsicherheit. Zu einem Beispiel aus dem Neuen Testament, wo Jesus die Pharisäer über sich urteilen läßt (Mt 21,28), bemerkt das *Opus imperfectum* des ps.-Chrysostomos (MPG 56,848): *Quos reos proponit in causa, ipsos et judices petit, ut a nullo mereantur absolvi, qui se ipsos condemnant. Magna est fiducia justitiae, ubi causa adversario ipsi committitur.* Vgl. *De Jona* (Fragment), 2. Absatz, und den unten (4.) gegebenen Kommentar.

Die Beliebtheit von Gerichtsszenen – ihrer Dramatik wegen – im antiken Roman bezeugt Charitons *Callirhoë* V 4,4 (ganz Babylon als Gerichtshof); 6,1–6,8 (große Szene vor dem persischen Großkönig) und VI 1,5 (wieder ganz Babylon).

c. 14, § 58 *Was zögerst du noch, Prophet?)* Den bisherigen Reden schickt der Prediger eine Apostrophe an den Propheten nach, die sich § 59 als dessen Selbstgespräch erweist – ein ausgesprochen manierierter Überraschungseffekt. (Vgl. zu § 29 f.)

§ 59 *und stürzte sich in das wütende Meer)* anders als Jon 1,15, anders auch als im *De-Jona*-Fragment, aber wohl im Interesse des Selbstopfer-Gedankens, Gipfels der *Menschlichkeit* (§ 54), so geändert. Das könnte theoretisch eine versteckte Konkurrenz zur christlichen Verkündigung von Jesus sein; es ist aber auch ein altes, in hellenistischer Zeit viel dargestelltes ethisch-religiöses Ideal. Euripides' Alkestis brachte es auf die Bühne. (Mehr bei Hengel, Atonement, bes. S. 4–28.) Entferntere rabbinische Parallelen s.o. zu § 21 und Duval, Jonas 90 f.

Daß das *wütende Meer* durch ein Menschenopfer zu besänftigen sein würde, ist ein Motiv, das Bickerman, Jonas 236 in Volksdichtungen von Island bis Korea verfolgt hat (anhand von Stith Thompsons Motiv-Index). Vgl. die zu § 25 zitierte Nikanor-Legende.

c. 15, § 62 *zu seinem Diener)* spasawor = διάκονος, ὑπηρέτης, ὑπουργός, λειτουργός (ASA). Der Gegensatz zu *caŕay* = δοῦλος wurde oben zu § 43 angemerkt; dies wäre im alttestamentlichen Sprachgebrauch das übliche Wort für Propheten gewesen (LXX 3.Kön 14,18; 4.Kön 9,7; 14,25; 17,13 usw.). *Diener* hingegen sind im Alten Testament Naturmächte (Ps 103[102],21; 104[103],4), Könige (Weish 6,4) oder Priester (Sir 7,30). Jes 61,6 ist eine Weissagung über ganz Israel: ὑμεῖς δὲ ἱερεῖς Κυρίου κληθήσεσθε, λειτουργοὶ Θεοῦ. Das Neue Testament mit seiner Beauftragung der ganzen Gemeinde zum allgemeinen Priestertum übernimmt diesen Gedanken als Gegenwart

(Apk. 1,6; vgl. 5,10, jeweils Zitat aus Jesaja); und hier gibt es dann auch menschliche διάκονοι Θεοῦ (2.Kor 6,4; 1.Thess 3,2 var.), διάκονοι καινῆς διαθήκης, εὐαγγελίου, τοῦ Χριστοῦ (2.Kor 3,6; Eph 3,7 ≙ Kol 1,23; 1.Tim 4,6 ≙ Kol 1,7); vgl. noch 1.Kor 3,5 (διάκονοι δι' ὧν ἐπιστεύσατε) und Röm 15,8: Christus als διάκονος Περιτομῆς, was natürlich auch ein Gottesdiener ist, sonst gäbe es nicht den Gegenbegriff ἁμαρτίας διάκονος (Gal 2,17 als negierte Christusaussage).

Der biedere διάκονος-Artikel im ThW (II 88–93), der gedanklich schon an Gemeindeämtern orientiert ist, hat diese Zusammenhänge überhaupt nicht bemerkt: die Ausrichtung des Gotteswortes ist auch eine „Diakonie"; sie ist die dem διακονεῖν τραπέζαις noch vorgeordnete διακονία τοῦ λόγου (Apg 6,1–4)[27].

Diesem neutestamentlichen Gedanken kommt unsere Stelle näher als alles, was das Alte Testament mit der hebräischen Wurzel ʿBD oder rabbinischer Sprachgebrauch mit der Wurzel ŠMŠ (die auch für den ‚Dienst' der Priester galt) auszusagen vermochte.

c. 16, § 63 *mit einem neuen Schiff in Gestalt eines vorbeischwimmenden Seeungeheuers)* Κῆτος, im armenischen Text als Fremdwort erhalten, war eine ganz gebräuchliche Sammelbezeichnung größerer Meerestiere. So Aristoteles in seinen biologischen Schriften: „Delphine und Wale und alle derartigen κήτη" (697a 15f.; vgl. 521b 23f.; 566b 2; 718b 31f.). Die Lateiner hatten im selben Sinne *cētos, cētus, cēte* als Fremdwort. Plinius d. Ä. gebraucht in seiner *Naturalis historia* diesen Ausdruck ganz unbefangen und trägt keine Bedenken, die Nachricht von einem *cetos sescentorum pedum longitudinis et trecentorum sexaginta latitudinis* (das wären etwa 180×100 m!) weiterzugeben, das einmal „in einen Fluß Arabiens eingedrungen" sei (32,4 § 10). In 9,2 § 5–7 behandelt er diese Tiere ausführlicher. Die Unbekanntheit der Tiefsee – im *Carmen de Jona* 85 kommt das Ungeheuer *imo de gurgite* empor – ließ der Phantasie der Alten hier großen Spielraum; das bezeugen zahllose Mosaiken, Skulpturen, Gedichte und Erzählungen aller Art. Wie der auf dem Delphin reitende Mensch ein beliebtes Erzählmotiv war, so auch der vom Meermonster verschlungene und wieder ausgespiene[28]. Insbesondere von Herakles erzählte man, er habe, um Hesione von der Bedrohung durch ein solches Tier zu retten, einen Sprung in dessen Maul gewagt und das Tier von innen her zerschnitten

---

[27] Mehr hierzu bei Siegert in: Theol. Beiträge 1991.

[28] Komlós, Jonah legends 44f.; Bickerman, Jonas 236; Duval, Jonas II 732; Hieron., *In Jonam* (ed. Antin) S. 76f. Anm. 4; R. Grant, Miracle 72.162.169.191.248: Verfolgungen dieses Motivs durch die antike Mythologie und Sagenwelt. Schon Homer, *Il.* 21,22 sprach von einem δελφὶς μεγακήτης, der imstande sei, alle Meerestiere zu fressen, und vor dem sie rechtzeitig zu fliehen suchten.

(Homer, *Il.* 20,147; ausführlicher Lykophron, *Alexandra* 31−36)[29]. Plinius, *Nat. hist.* V 34 § 128 erwähnt eine entsprechende Aussetzung Andromedas an ein Meerungeheuer (Synonym *belua*), die bei Joppe (Jonas Hafen!) stattgefunden haben soll.

Exkurs zu § 63: Menschen im Meermonster − Zweifel und Leichtgläubigkeit in der Spätantike

Schon Gellius, *Noctes Atticae* X 12 hat Reserven gegenüber den *fabulae* des älteren Plinius geäußert: *Vana atque intoleranda auribus.* Zugleich bezweifelt er eine von des Plinius wohlklingenden Herkunftsangaben.

Was die Erzählungen über Herakles' Tötung des Meerungeheuers betrifft, so ist diese, mitsamt dem mythischen Traditionsgut der Griechen, seit dem 4. Jh. v. Chr. Gegenstand einer Mythenkritik gewesen, die uns eine gewisse − nicht umfangreiche, aber doch vielfach veränderte und angereicherte − Literatur Περὶ ἀπίστων beschert hat. Palaephatos[1], ihr ältester greifbarer Autor (sein sprechender Name ist wohl ein *nom de plume*), geht davon aus, daß Phänomene, die es „einstmals" gab, in den betreffenden Ländern auch heute auftreten müßten; er weigert sich, im „früher" einer mythischen Zeit andere Lebewesen und Naturvorgänge anzuerkennen als in seiner Gegenwart. Das Wunderhafte an alten Überlieferungen wird auf Mißverständnisse bei der Übermittlung zurückgeführt. Das κῆτος des Herakles z. B., so meint er, sei ein König namens Keton gewesen, „den die Barbaren Ketos nannten" − so c. 37 (38) Περὶ τοῦ κήτους. Er identifiziert es also mit dem historischen, aus Euripides bekannten Ägypterkönig.

Was unser Jona-Buch betrifft, so haben wir aus allen Zeiten Anfragen an seine historische Glaubwürdigkeit: *Wer wolts auch gleuben und nicht für eine lügen und meerlin halten, wo es nicht ynn der schrifft stünde?* − so Luther in seiner Jona-Auslegung (WA 19,219,26)[2]. Das ähnelt der Diskussion über das Hiob-Buch im Babylonischen Talmud (Baba Bathra 15a/b), wo aber einige Autoritäten für die These eintreten, es handle sich um einen fiktiven Text wie etwa das Nathan-Gleichnis.

---

[29] Schürer/Vermes, History II 33 f.; Hans Schmidt, Jona 3−12 (Herakles und Hesione) / 12−22 (Perseus und Andromeda), mit Abbildungen. Es ist kein Wunder, daß diese griechische Tradition bei den Kirchenvätern an die Jona-Geschichte nach und nach angeglichen wurde − bis hin zu dem byzantinischen Mönch Tzetzes, der Herakles drei Tage im Fisch verweilen läßt (so Komlós, Jonah legends 44). − Vgl. noch unten zu § 64.

[1] Seine Schrift ist in Auszügen erhalten. Ihr folgt in der Sammlung von Festa das Περὶ ἀπίστων eines Heraklitos und schließlich noch ein anonymes. In dieser dritten und wohl spätesten Schrift werden Platon (in c. 12) und Charax (in c. 15.16) als Zeugen für die Mythenkritik benannt; letzterer ist ein Autor der Kaiserzeit. So begleitet Mythenkritik die griechische Kultur seit ihren klassischen Tagen.

[2] Bickerman, Jonas 233 Anm. 5 hat diese Stelle mißverstanden.

Die heutige Auffassung, bestimmt durch die Religionsgeschichte, besagt, daß im Jona-Buch ein antikes Wandermotiv ohne weitere Prüfung (auch ohne eine Pflicht zur Prüfung) einfach übernommen und den Zwecken erzählender Verkündigung dienstbar gemacht wurde. Das hat jedoch nicht verhindert, daß die Jona-Geschichte, weil sie erzählt wurde, auch für faktisch und historisch genommen wurde, wie das Neue Testament (Mt 12,39−41 par.)[3] und sogar der Koran[4] noch bezeugen.

Zweifel regten sich zunächst nur bei Gegnern des Christentums wie Celsus; siehe Origenes, *C. Cels.* VII 53.57 (und mehr bei Bickerman, Jonas 232f.). Lukian, Celsus' Zeitgenosse, bringt in seiner ironischen „Wahren Geschichte" die Reise von Menschen in einem Fisch in einen Kontext mit einem schiffbaren Fluß aus Wein, einer Reise zum Mond und einer Fahrt zu den Inseln der Seligen (R. Grant, Miracle 72). Er läßt das Monstrum gleich das ganze Schiff samt den Insassen verschlingen (*Vera historia* I 30f.)[5]. Hierin liegt, wie ein Kenner

---

[3] Vgl. Irenaeus III 20,1; V 5,2. R. Grant, Miracle 169 zeigt überdies, daß auch die Geschichte von der Stillung des Seesturms (Mk 5,35−41 par.) nach dem Modell der Jona-Geschichte gebildet ist, ähnlich wie die von Jesu Wandeln auf dem See (Mk 6,45−54 parr.) nach Hi 9,8.11 und die von der Brotvermehrung (Mk 6,30−44 / 8,1−10 parr.) nach 2.Kön 4,42−44 − was die Frage nach einem eigenen historischen Kern zwar nicht gleich verneint, aber doch erschwert. − Daß wir mit dem gegenwärtigen Exkurs eine durchaus auch heute noch strittige Frage berühren, erweist Gottwaldt, Fehler in der Bibel? (1970) Er beginnt sein 1. Kapitel mit der Frage: „Warum ist Jona nicht erstickt?" (S. 7f.) − Zur Antwort beruft sich Gottwaldt auf Briefe eines Prof. Dr. Dr. Dr. Smith, der aerobe Bakterien „in der Magen- und Darmflora" (welchen Lebenwesens, wird nicht gesagt) gefunden hat: also habe auch Jona „in beschränktem Maß" Sauerstoff zum Atmen gehabt. „Daraus ergibt sich also, daß Jona im Magen des Pottwals" − für einen solchen hält G. das Tier − „nicht ersticken mußte" (S. 8). (Der eventuelle Unterschied zwischen dem Sauerstoffbedarf bzw. -ausstoß solcher Bakterien und dem Sauerstoffbedarf eines Menschen wird bei dieser wissenschaftlichen Beweisführung übergangen.) Ohne weiter Belege zu nennen, erklärt der Verf. es für „bestätigt", „daß mehrere Menschen in unserem Jahrhundert, die von einem solchen großen Fisch *(sic)* verschlungen waren, noch nach Stunden lebend befreit wurden" (ebd.). − Dröscher, Der Wal (ersch. 1987) befaßt sich in gleichem Geiste auf S. 115−121 mit dem Jona-Wunder. Unter Berufung auf Plinius d. Ä. konstatiert er zunächst das Vorkommen von Pottwalen im Mittelmeer in früheren Zeiten und interpretiert die Rettungstat des Tieres an Jona als im-Maul-Fassen und zur-Luft-Tragen, wie es Walweibchen manchmal mit frischgeborenen Jungen tun. „Einige Zeit", so meint er, hätte es Jona in dem zwei mal drei Meter großen Maul wohl aushalten können, „sofern das Tier nicht tiefer getaucht ist und drei Tage und drei Nächte lang gefastet" (S. 121).

[4] Hierzu Schreiner, Muhammads Rezeption; ferner Komlós, Jonah legends 55−61. Jona oder „Der mit dem Fisch" ist der einzige bei Mohammed namentlich genannte Prophet des Alten Testaments.

[5] Die Fortsetzung steigert das dann ins Unermeßliche: Im Maul des Tieres schwimmt eine Insel, auf der ein Tempelchen steht und auf der schon lange Menschen wohnen, denen gar nicht mehr auffällt, wo sie sind, usw. − auch ein Münchhausen hätte das nicht weiter zu treiben vermocht. Der ganze Rest des 1. Buches und der Anfang des 2. spielen in dem Monster, das von Zeit zu Zeit sein Maul öffnet und dabei Licht und Luft hereinläßt. − Daß

urteilte[6], eine Parodie auf gewisse Sagen, die Alexander den Großen umrankten. Vgl. den Exkurs zu § 64—68.

Dieser Spott von seiten einiger hervorragender Intellektueller aus der 2. Hälfte des 2. Jh. n. Chr. dürfte die Reaktion sein auf das, was Robert Grant (Miracle 73) die *neo-credulity* jener Zeit nennt, welche ja auch die Scharlatanerien eines Alexander v. Abonutichos oder die *Vita Apollonii (Tyanensis)* des Philostratos hervorbrachte. Selbst der christliche Autor Minucius Felix reiht sich um jene Zeit unter die Skeptiker ein, wenn er im *Octavius* 20 schreibt: *Majoribus enim nostris tam facilis in mendaciis fides fuit, ut temere crediderint etiam alia monstruosa, mera miracula* — nämlich nicht nur die spekulativen Deutungen von Göttermythen durch die Philosophen (wovon im oberen Kontext die Rede war), sondern auch die Geschichten von der Skylla, der Chimaera, der Hydra oder den Kentauren. Dem bithynischen Statthalter Hierokles, der den Christen Leichtgläubigkeit vorwirft (εὐχέρεια καὶ κουφότης πλείστη), antwortet Eusebius mit der Bemerkung, genau solche Wunder, die er (H.) in den Evangelien für unwahrscheinlich halte, glaube er einem Philostratos und meine, sie da geprüft zu haben (*Ctr. Hieroclem* 19). Von gleicher Art sind die Antworten auf heidnische Zweifel an der Jona-Geschichte bei Hieronymus, Augustin und Kyrill v. Alexandrien[7].

In der Regel war Parteilichkeit der einzige Maßstab. Zwar hatte bei den Griechen schon Hekataeos v. Milet, ihr erster namentlich bekannter Geschichtsschreiber (also vor Herodot), den Unterschied zwischen Wahrheit und Geschicht(ch)en (μῦθοι) auf den Begriff gebracht[8], und ein jüdischer Autor wie Josephus (*C. Ap.* I 23—25) greift, wo es ihm paßt, auf die Alternative ἀλήθεια / μυθολογεῖν zurück, wobei er übrigens als Motiv, die Wahrheit zu verlassen, die rhetorische λόγων δύναμις und das ἐπιδείκνυσθαι (Eindruck machen) benennt. Solche Einsicht hat jedoch weder bei ihm noch bei anderen Autoren des Altertums und des Mittelalters verhindert, daß man nicht doch,

---

gerade Lukian es war, der in der späten Antike den Maßstab historischer Wahrheit scharf zu formulieren vermochte (und hier also durch eine Parodie des Gegenteils unterstreicht), habe ich in Ling. Bibl. 55, S. 59f. gezeigt.

[6] Pfister, Kleine Schriften 5 und 131. Dort wird des weiteren die Beeinflussung Münchhausens durch Lukian festgestellt.

[7] Hieronymus, *In Jonam*, zu 2,2; Augustin, *Epist.* 102,30 (CSEl 34,570); Kyrill v. Alexandrien, *Commentarius in Jonam prophetam* (MPG 71,597—638; hier 616) — Hinweise von Bickermann, Jonas 233 mit Anm. 4; vgl. Duval, Jonas I 15.

[8] Bickerman, Demetrios 80. (Demetrios, im späten 3. Jh. v. Chr., ein Historiker, war der erste griechisch schreibende Autor des Judentums.) Der ganze Kontext bei Bickerman ist aufschlußreich für unser Problem. — Vgl. auch bei Momigliano, Alien wisdom 134 den Spott Strabons über den Klatschhistoriker Ktesias, den „Obersteuermann der Phantasie". — Beispiele seriöser Quellenkritik aus der Antike werden nicht sehr zahlreich sein, auch nicht bei dem jetzt noch zu nennenden Autor; trotzdem sei folgendes erwähnt: Plutarch weist am Ende seiner *Solon*-Biographie (c. 32) die Nachricht, Solons Asche sei rings um die Insel Salamis verstreut worden, zurück: sie sei διὰ τὴν ἀτοπίαν ἀπίθανος παντάπασι καὶ μυθώδης — obwohl Aristoteles und andere achtenswerte Männer sie niedergeschrieben hätten.

wo die eigene Sache oder Partei es forderte, „epidiktisch" geworden wäre. Der Begriff der „objektiven Wahrheit" ist jenen Zeiten fremd. Wenn Plotin seinem Schüler Porphyrios den Auftrag gab, eine angebliche Zoroaster-Apokalypse als literarische Fälschung zu erweisen, nachdem[9] dieser erfolgreich das wahre Datum des Daniel-Buches bestimmt hatte, so ging es dabei auch nicht bloß um neutrale Wahrheit.

All dies ist jedoch die Diskussion weniger Intellektueller. Die populäre Haltung wird sicherlich doch von Plinius d. Ä. repräsentiert, der in seiner *Naturalis historia* 9,4 § 11 aus einer namentlich genannten Quelle zu berichten weiß, an der Atlantikküste bei Cádiz sei eine *belua* angetrieben worden, bei der der Abstand der beiden Spitzen ihrer Schwanzflosse schon 16 Klafter betragen habe und die Länge des kleinsten ihrer 120 Zähne einen halben Fuß. Als man in Rom zur Zeit des Aedils Marcus Scaurus einmal einen Wal (das muß es gewesen sein) von 40 Fuß Länge ausstellte, ließen Plinius' Gewährsmänner sich weis machen, dies sei das Tier, dem, im Mittelmeer bei Joppe, Andromeda vorgeworfen worden sei (a.a.O.)[10]. Entsprechend zeigte man auch in Joppe den Andromeda-Felsen und Reste der Fesseln, mit denen sie daran gebunden gewesen sei (Hieron., *In Jonam,* zu Jon 1,3; Ausg. Antin S. 61 f. mit weiteren Verweisen; ferner Hieron., *Epist.* 108,8, wo das wiederum nur eine *fabula poetarum* sein soll). Bickerman, Jonas 234 berichtet aus unserem Jahrhundert, daß in der Jona-Moschee bei Mossul, nahe dem Ort des alten Ninive, noch immer angebliche Reste von Jonas Seeungeheuer gezeigt würden. –

Die rabbinischen Midraschim stehen an Phantasie hinter all dem nicht zurück. Sie erfinden Wunder über Wunder zum Jona-Buch hinzu[11], wobei ich jedoch vermuten möchte, daß die Fabulierlust der Rabbinen (in gewissem Sinne ein Pendant zur Allegorese, nämlich ein narratives Amplifizieren anstelle eines griechisch-diskursiven) keine historischen Ansprüche erhebt – ebenso wie vieles aus den halachischen Diskussionen, z. B. über den Opferkult im nicht mehr existierenden Tempel, hypothetischen Charakter trägt. Doch sind auch sie gegenüber Wundergeschichten, die ihren eigenen Auffassungen nicht entgegenstehen, von einer heute nicht mehr faßbaren Leichtgläubigkeit. Daß Menschen durch magische Mittel in Esel verwandelt werden könnten, diesen Glauben teilten sie mit vielen Lesern von Apulejus' Metamorphosen bis hin zum großen Augustin[12]; und so wird man Zweifel an Jonas See-Erlebnis bei

---

[9] So die Vermutung bei Momigliano, Alien wisdom 145, dem ich dieses Beispiel entnehme.

[10] Dieses Tier, aus dem Perseus seine Geliebte befreit haben soll, ist in 5,14 § 69 und 5,34 § 128 (s. o.) nochmals erwähnt, ebenso bei Jos., *Bell.* III 9 § 420 und anderen antiken Schriftstellern. Den ältesten Beleg für die Lokalisierung der Legende an der palästinischen Küste liefert der *Periplus* des ps.-Skylax aus dem 4. Jh. v. Chr.: Stern, Authors III Nr. 558; weiteres dort im Kommentar. Patristisches bei Duval, Jonas I 14f.

[11] Bes. die Pirke Rabbi Eliezer 10. s. Bill. I 645 f.; Komlós, Jonah legends 51 f.; Rosmarin, Art. Jona 273 f. – Vgl. im Babylonischen Talmud Baba Bathra 73 a–74 b; hierzu unten Anm. 59 zu *De J.* § 169.

[12] Hengel, Rabbinische Legende 18f. Anm. 22.

ihnen vergeblich suchen. Doch geben sie einen Ansatz zur Beantwortung der Wunder-Frage – sollte diese überhaupt gestellt worden sein – in der Bemerkung, Gott habe am fünften Schöpfungstag das Meerungeheuer zum Zweck seiner Begegnung mit Jona eigens erschaffen[13], bzw. allgemeiner: schon bei der Schöpfung habe Gott die Wunder mit seinen Geschöpfen vereinbart[14] – ein Zugeständnis an den sich bildenden Begriff eines Naturgesetzes[15].

Erst in späteren Zeiten beginnen die Ausflüchte. Ibn Ezra deutet im 12. Jh. den später öfters noch vertretenen Gedanken an, Jona habe das ganze Seeabenteuer nur geträumt[16]. Theophylakt und seine Gewährsleute waren ihm vorausgegangen: s. Duval, Jonas I 378 ff.

Unser Prediger geht auf derlei Fragen nicht ausdrücklich ein. Soweit sie vom damaligen Heidentum aus den Bibellesern gestellt wurden, finden sie immerhin in § 93–98, der Schlußpartie von Jonas „Gebet", eine apologetische Antwort: geschichtliche Ereignisse wie der Exodus und die (nach heutigen Maßstäben freilich legendäre) Rettung Daniels in der Löwengrube werden auf eine Linie gestellt mit Jonas Abenteuer und den ganz natürlichen Wundern von Schwangerschaft und Geburt.

Anders verfuhr die antike Homer-Exegese, Kind des griechischen Rationalismus. Die historische Glaubwürdigkeit ihres Autors war für sie insofern kein Problem, als sie Unglaubwürdiges und Anstößiges ohne großes Zögern durch Allegorisieren (unter Aufgabe des Wortsinns) behob. Um das größere Seegetier als Beispiel zu nehmen: Der Stoiker Heraklitos allegorisierte die Charybdis als „Ausschweifung" und die Skylla als „Schamlosigkeit", welche beide von

---

[13] Vgl. JosAs 12,11 τὸ κῆτος τὸ μέγα τὸ ἀπ' αἰῶνος; Ps 148,7. Mehr bei Duval, Jonas I 74.100, aus jüdischen und christlichen Quellen.

[14] Bill. I 645 mit Anm. 1; Komlós, Jonah legends 50 f.; Wolfson, Philo I 351 f. Anm. 24 (weitere Beispiele); 359.

[15] Hierüber thematisch R. Grant, Miracle. – Philostorgios, *H. e.* (ed. Bidez) S. 147,3–5 liefert ein Beispiel christlichen Kampfes gegen den sich bildenden Begriff eines Naturgesetzes: Erdbeben und Katastrophen – so sagt er – seien Beispiele, die zeigten, daß die Naturgewalten nicht einer φυσικὴ ἀκολουθία folgten, ὡς Ἑλλήνων παῖδες ληροῦσιν, sondern es seien Geißeln des göttlichen Zorns (Hinweis Bidez, Julian 338.) – Die stoisch-rationalistische Homer-Auslegung der *Vit. Hom.* 107 demgegenüber hatte Erdbeben rein physikalisch zu erklären versucht: die mit der Erde gemischten leichteren Stoffe verschaffen sich Ausgang. – Wolfson, Philo I 357 f. informiert über Lösungsvorschläge zu diesem Grundproblem bei Augustin und Thomas v. Aquin, die eine Gesetzmäßigkeit der Naturvorgänge so weit wie möglich gelten lassen wollen, ohne aber Wunder aufzugeben. – Aus den Kompromissen kommt man erst heraus, wenn man das Wunder nicht über die Durchbrechung der Naturgesetze definiert, sondern (wie Bultmann) als ein in der Wahrnehmung durch je bestimmte Personen Glauben weckendes Ereignis. Als Beleg gebe ich hier nur einen antiken Vorläufer zu diesem Gedanken, nämlich MartPol 15,1: θαῦμα εἴδομεν, οἷς ἰδεῖν ἐδόθη.

[16] zu Jon 1,1 (Z. 22 f.): „Alle Propheten außer Mose, nachdem die Herrlichkeit des Namens vor seinem Gesicht vorbeigezogen war (vgl. Ex 33,19), (empfingen) ihre gesamte Prophetie in Gesichten, ja in Träumen." (Hinweis Bickerman, Jonas 233 Anm. 7)

Odysseus, dem Vorbild der Tugend, gemieden würden[17]. Genau solche Ausmerzung des Anstößigen unter gleichzeitigem Gewinn nützlicher Lehren war das Motiv zur Ausbildung der allegorischen Auslegungskunst durch die Stoiker gewesen. *Vit. Hom.* 6 erklärt: Weil Homers Erzählung (διήγησις) zugegebenermaßen vielfach παράδοξος καὶ μυθώδης sei, müsse der Leser dazu ermuntert werden, μὴ παρέργως, ἀλλ᾽ ἀκριβῶς ("nicht nur obenhin, sondern genau") zu lesen, um nämlich zu entdecken, daß Homer in allen Wissenschaften bewandert war und zu ihnen allen mit seinen Worten die Anstöße und Keime (ἀφορμαὶ καὶ σπέρματα) lieferte. (Vgl. oben 3.1.)

Demgegenüber waren die jüdischen Ausleger gehalten, ihre heilige Urkunde, ihrem Charakter gemäß, grundsätzlich als historisches Dokument zu betrachten und nicht als Dichtung. Israels Glaube gründete sich ja nicht auf Ahnungen von Männern der Frühzeit, sondern auf Ereignisse, die diesen – und dem ganzen Volke – widerfahren waren und für die das Deuteronomium oder (Deutero-)Jesaja wiederholt zur Zeugenschaft aufruft. Man hatte keine Kriterien, solche Bücher hierbei auszunehmen, die andersartige Stoffe im Gewand historischer Berichte darbieten. Es waren Vertreter des Heidentums, Porphyrios insbesondere, die zur Bildung von Kriterien den Anstoß gaben.

Unberührt von all diesen Diskussionen, hat die Jona-Ikonographie[18] das Meereswunder und die Ruhe Jonas unter der Kürbisstaude zu Hauptmotiven der frühchristlichen Kunst werden lassen, was nicht gerade ein Beleg für Zweifel bei den damaligen Predigthörern ist. Beide Motive haben übrigens, in christlicher Verwendung zumindest[19], eschatologischen Bezug – und darin liegt ihr Interesse –: Rettung der Seele aus dem Tode und ἀνάπαυσις. Vgl. Exkurs zu § 86 sowie § 96.

---

[17] 70,10f.; vgl. Zeller, Philosophie III/1, 344. Zur moralischen Homer-Allegorisierung vgl. weiter Marrou, Gesch. der Erziehung 248.

[18] Hierzu vgl. u. a. Mitius, Jonas; Dassmann, Sündenvergebung 222–232 (mit Tafel 34–39); du Bourguet, Scènes bibliques (passim); Wischmeyer, ZKG 1981 (passim); R. Grant, Miracle 125 mit Abbildung gegenüber. Wischmeyer resümiert: „Das Beispiel des Jonas zeigt uns, daß Theologie und Frömmigkeit nahezu beziehungslos nebeneinander stehen konnten – lediglich vielleicht durch ein liturgisches Glied in der Gebetsliteratur verbunden" (178). In der Ikonographie mischen sich die Religionen leichter als in irgendwelchen Texten; neue Motive bilden sich nicht so rasch wie neue Begriffe. Der teils heidnische, teils christliche Bilderschatz insbesondere der Via-Latina-Katakombe (s. Tronzo, Via Latina catacomb, Fig. 1–114; Prigent, Image 315–344) spricht dafür, daß im Leben einzelner Familien sich Anschauungen vertrugen oder gar mischten, die nach jeweils offizieller Lehre unvereinbar waren.

[19] Zur Frage, ob es jüdische Jona-Darstellungen gegeben habe, gibt es von Allenbach, Jonas 101 eine negative, von Goodenough, Symbols II 225 und V 29f. eine positive Antwort. Letztere ist bei Goodenough Postulat, durchgehende Arbeitshypothese, die ihn auch für viele christliche Bildwerke ein jüdisches Vorbild vermuten läßt. In unserem Fall hätte er aus seinem Bildmaterial einen immerhin diskutablen Beleg anführen können, den Titus-Bogen in Rom (Hinweis M. Hengel). Dessen Darstellung der Menora aus dem Jerusalemer Tempel zeigt auf

§ 63 (Fortsetzung) ... *sog das Untier mit der Atemluft ein)* Mit dieser Darstellung des Vorgangs erspart der Prediger sich Spekulationen darüber, wie Jona wohl durch das Maul der gefährlichen Bestie hindurchgekommen sei. (Zu Ausmalungen dieses Details bei anderen Auslegern s. Duval, Jonas I 30f.)

§ 64 *Der Bauch des Ungeheuers war ein Haus)* Von hier bis § 99 erstreckt sich der *science-fiction*-Teil (wenn ich es so nennen darf) unserer Predigt, dem eine Wiederaufnahme in § 163—181 folgen wird. Hier liegt der „Unterhaltungswert" der Predigt, auf den es der Redner, getreu seinem Metier: *docere et delectare,* offenbar stark abgesehen hat. Spielerisch, wie das Meerestier den Propheten, trägt die Schilderung allerlei eingestreute theologische und moralische Lehren zu ihren Zuhörern.

Parallelen aus dem jüdischen Midrasch, v. a. aus den Pirke Rabbi Eliezer c. 10, finden sich bei Bill. I 645—649; Ginzberg, Legends IV 249f.; Rosmarin, Art. Jona 272—274 und Duval, Jonas I 100f. in Übersetzung bzw. Zusammenfassung. Dort fährt Jona unter der gesamten Erdscheibe hindurch, auch unter dem Jerusalemer Tempel, wo er sein Gebet beginnt. Die armenische „Verkünd. Jonas" (S. 244 Issaverdens) läßt ihn eine Seereise um Afrika und Indien machen. Mehr oder weniger erklären sich all diese Schilderungen als Expansionen von Details aus dem Gebet Jonas (Jon 2,3—10)[1], denen die frei waltende Phantasie eine ihnen sonst nicht eigene Anschaulichkeit unterlegt.

Daß der Bauch des Seetiers geräumig wie *ein Haus* gewesen sei, findet sich auch in christlichen Auslegungen (Duval, Jonas II 458.500). Im jüdischen Midrasch erreicht er die Größe einer Synagoge. In der „Verkünd. Jonas" (a.a.O.) betet Jona gleichfalls stehend, mit erhobenen Armen (vgl. zu § 28).

Doch nicht immer galt der Bauch des Seetiers als so bequem wie hier oder in §§ 80 und 163. In 3.Makk 6,8 wird Jona dort „geschmolzen" (τηϰόμενος); und der Jalkut zu Jona, c. 4, läßt ihm Mantel und Haar verbrennen (Bill. I 649). – Sextus Empiricus, der im späten 2. Jh. n. Chr. schrieb (vgl. vorigen Exkurs!), erwähnt unter den Albernheiten, die die von ihm verspotteten Grammatiker ihren Schülern beibringen, auch diese, „daß Herakles aus dem Seeungeheuer, das ihn für einen Augenblick verschlungen hatte, als er Hesione von ihm befreien wollte, kahl herausgekommen" sei (Marrou, Gesch. der Erziehung 247, nach *Adversus Grammaticos* I 255). Das gleiche Motiv, auf Jona bezogen,

---

deren Sockel im unteren Mittelfeld das Seeungeheuer: Goodenough IV, *Illustrations* (nach S. 235) Nr. 1. Der Text (Bd. IV S. 72; V S. 13.29.47) zieht Jona nicht in Betracht, genausowenig die Encyclopaedia Judaica Bd. 11 unter *Menorah,* Sp. 1355f. und 1363. Die Authentizität der Sockeldarstellungen wird, wie bei Goodenough, in Frage gestellt, denn sie passen nicht zu den Angaben im Babylonischen Talmud, Menachoth 28b u. ö. – Josephus immerhin in seiner Schilderung des Triumphzugs des Titus bemerkt, der goldene Leuchter aus dem Tempel sei „anders gewesen, als es bei uns sonst üblich ist" (*Bell.* VII 148).

[1] Die Pirke Rabbi Eliezer 10,50—72 verwenden in gleicher Weise Ps 97. Das ist rabbinische Amplifikationstechnik.

bei Kirchenvätern s. Duval, Jonas I 26 Anm. 65; 29 Anm. 84; bei Ibn Ezra s. Ginzberg, Legends VI 351 Anm. 36.

die Augen ein Spiegel dessen, was sich von außen zeigte) Die Paraphrase des Anania macht die Vorstellung noch deutlicher: „Und der Prophet, wie durch eine Fensterscheibe, sah durch die Augen des Meerestiers die großen Werke Gottes" (Sargisean in: Bazmavep 1899, S. 52a Abs. 6). Die Auffassung vom Sehen als einem von den Augen nach außen gehenden Vorgang liegt auch Mt 6,22 zugrunde: „Das Auge ist des Leibes Leuchte" (wo offenbar nicht unterschieden wird zwischen Gesichtsausdruck und Sehtätigkeit). Hier kann man zurückgehen bis zu den φωσφόρα ὄμματα in Platons *Timaeus* 45 B−46 C. Auch Chrysippos meinte, beim Sehvorgang sende das Auge „feurige Strahlen" auf sein Objekt (SVF II 866f.)[2]. Daß die Sehtätigkeit sich nicht in oder vor der Augenlinse abspielt, sondern in den Nervenbahnen dahinter, ist hier noch nicht erkannt.

Der *Spiegel* ist in unserem Fall, wo der Betrachter sich innerhalb des Tieres befindet, als eine Art Mattscheibe zu denken. So ist es jedenfalls in den Midraschim: Pirke Rabbi Eliezer 10,49 = Midrasch Tanchuma, *wajjiḳrā'* 8, S. 5b Z. 15f.: „Und es waren die zwei Augen des Schiffes wie Fenster . . ., die Jona Licht gaben." Das Wort, das jeweils nach *ḥallonot* ‚Fenster' folgt, bietet eine kleine philologische Kniffligkeit, deren Auflösung sich lohnen wird. Bill. I 645 möchte, mit Samuel Krauss, die (erst durch Konjektur entstandene) Buchstabenfolge 'MPMJWT, ein syrisches Wort, als ἐμφώματα lesen, was sich aber beim besten Willen aus keiner griechischen Wurzel ableiten läßt. Jastrow, Dictionary I 103b emendiert das gedruckte Wort 'PIMIWT (so die Pirke Rabbi Eliezer) als *åfsjānijjot* ‚Obsidiane'. Demgegenüber ist MPWTḤWT = *mfuttāḥot* ‚geöffnete' im Tanchuma eine offenkundige *lectio facilior*[3].

Die schwarze Farbe dieser Steine würde nun gut passen zur Farbe einer großen Pupille. Und tatsächlich nennt die *Naturalis historia* des Plinius (36,67 § 196) unter den Gläsern auch die *obsiana*, benannt nach dem „Stein, den in Äthiopien Obsius fand, von ganz schwarzer Farbe, manchmal auch von durchsichtiger, welche eine gröbere Sicht bietet und in Wandspiegeln statt Bildern Schatten wiedergibt *(crassiore visu atque in speculis parietum pro imagine umbras reddente).* − Genau so können wir uns im Sinne unseres Textes die

---

[2] Zur Geschichte dieser Auffassung s. Dihle, Auge; Gronau, Poseidonios 170−172. Eine Doxographie der vom Stoizismus abweichenden Meinungen gibt Kalbfleisch, Neuplat. Schrift S. 19. Porphyrios' Lehre von der „Sympathie" des Sehorgans mit dem Gesehenen gehört in die neuplatonische Tradition, die in Goethes Wort vom „sonnenhaften Auge" mündet. Büchmann, Geflügelte Worte 221 führt sie bis auf Plotin (*Enn.* I 6,9) und letztlich auf Platon (*Res p.* 508 B) zurück.

[3] Vgl. S. 78a unter *'MPWMIWT* (das ist offenbar Billerbecks Wort); dort die gleiche Emendation und Herleitung von *åfsjān*, ὀψιανός.

Augen des Seetiers als einen *Spiegel* (= Mattscheibe) *dessen, was sich von außen zeigte,* vorstellen[4].

Hinter all dem steht eine recht primitive, rein physikalisch-optische Auffassung des Sehvorgangs. Das Innere des Tieres wird als Leerraum betrachtet; von der Tätigkeit der Sehnerven und des Gehirns ist noch keine Ahnung vorhanden. Zwar hatte Aristoteles' Physiologie immerhin schon einzelne „Leitungen" (πόροι) zwischen Auge und Gehirn gefunden[5]; doch blieb es den alexandrinischen Ärzten Herophilos und Erasistratos (in der frühen Ptolemäerzeit) vorbehalten, ‚Nerven' im heutigen Sinn, νεῦρα αἰσθητικά, von Sehnen einerseits und Gefäßen andererseits zu unterscheiden (Schmidt/Stählin II 294 f.). Daß dieser Fortschritt auch im Laufe von Jahrhunderten nicht bis ins populäre Bewußtsein und auch nicht bis in die Ausführungen eines Rhetors durchdrang, ist um so weniger zu verwundern, als noch über tausend Jahre später die europäische Bildungselite es vorzog, bei den Naturkenntnissen eines Aristoteles stehenzubleiben.

wie eine Königskarosse) Wenn wir nun daran gehen, uns diese *geschickte, vollkommene Maschine* (§ 66), die mit ihrer *kupfernen Decke und den stählernen Wänden* (§ 79) verblüffend genau an ein modernes Unterseeboot erinnert, als ein Element von *science fiction* in neutestamentlicher Zeit zu würdigen, so mag uns das Stichwort *Königskarosse* einen Hinweis geben auf eine Wurzel dieses kuriosen Vorstellungsgebildes.

Exkurs zu § 64: Hellenistische „science fiction" und der Einfluß der Alexandersage

Die anonyme *Vita Alexandri,* ein gegen Ende des 3. Jh. v. Chr. in Alexandrien entstandenes, später auch nach (ps.-)Kallisthenes benanntes, in mehrere Fassungen zerfallendes und in viele Sprachen der alten und neuen Welt übersetztes Pseudo-Geschichtswerk, das teilweise die Form eines Briefromans hat, läßt nach einer der jüngeren Rezensionen im 2. Buch, c. 23–41, ihren Helden in einem angeblichen Brief[1] an seine Mutter Olympias (der Brief umfaßt 9 enggedruckte Seiten) seine Erlebnisse am „Ende der Welt" erzählen, nämlich am östlichen Wendepunkt seiner Eroberungs- und Erkundungszüge. Dort wird, nicht viel anders als in Lukians „Wahrer Geschichte", aber ohne deren Ironie, sowohl von einer Tiefsee- wie von einer Luftfahrt berichtet (c. 38,6–11; 41,8–12).

---

[4] Komlós, Jonah legends 59 referiert die arabische Tradition: *The fish was made transparent by God to enable Jūnus to see the miracles of the sea.*

[5] 743 b 36 bis 744 a 14 und weiter; vgl. 492 a f.; 495 a 11–18; 533 a 8–15.

[1] Die Alexanderbriefe müssen ein eigenes, für sich wachsendes Corpus gebildet haben, das fast gänzlich pseudepigraph ist: Barrow, Plutarch 161.

Der Wunsch nach einem solchen Abenteuer wird bei Alexander ausgelöst durch das Auffinden eines riesigen Krebses, der sieben enorme Perlen in sich trägt. „Bei ihrem Anblick kam mir der Gedanke, daß sie in der unzugänglichen Tiefe des Meeres entstünden. Da erfand ich mir einen großen eisernen Käfig und baute darin ein geräumiges gläsernes Faß ein, dessen Wand anderthalb Ellen dick war. In den Boden des Fasses ließ ich ein Loch machen so groß, daß es eine Menschenhand durchließ. Ich wollte nämlich hinuntertauchen und erfahren, was sich auf dem Grund jenes Meeres befände..." (II 38,6f., Übers. van Thiel). An einer Kette von 308 Klaftern Länge[2] wird Alexander nun hinabgelassen und kommt nach einigen Rückschlägen auch ans Ziel seiner Wünsche. Dort aber packt ihn ein Riesenfisch, zerrt ihn samt den an der Kette hängenden Schiffen eine Meile weiter und wirft ihn an Land, wobei die Kapsel zu Bruch geht. „Laß ab, Alexander, Unmögliches zu versuchen", sagt er, wieder zu Atem gekommen, zu sich selbst. Nichtsdestoweniger unternimmt er bald darauf, an einige große Vögel gebunden, eine Luftfahrt, so hoch, daß ihm beim Hinunterschauen die Erde nicht größer erscheint als ein kleiner Dreschplatz. Sieben Tagereisen vom Heer entfernt, kommt Alexander zur Erde zurück, halbtot; und mit gleichen Worten heißt es nun: „Nun nahm ich mir nicht mehr vor, Unmögliches zu versuchen" (41,13; Ende des Briefes).

Das ist etwa die gleiche Sorte Phantasie, wie sie unser Prediger betätigt, nur daß er sich sprachlich-stilistisch weit mehr Mühe gibt als die in dieser Hinsicht anspruchslose *Vita Alexandri*. Ein Detail führt er in der Wiederaufnahme § 163–175 besonders genau aus: die Tiefseeverhältnisse, wofür ihm der biblische Leviathan-Mythos vorlag. Im Alexanderroman (zitierte Fassung) heißt es nur: „Ich erblickte sehr viele Arten von Fischen, die mich umkreisten" (§ 10). Das Interesse liegt dort mehr auf der Technik als auf Gottes Schöpfung.

Historischer Auslöser dieser Spekulationen, die heute ja nun fast gänzlich in Tatsachenwissen übergegangen sind, waren Alexanders Eroberungs- und Erkundungszüge in den Osten; und zwar können wir möglicherweise noch das ursprüngliche Ereignis ausmachen, das zu den späteren Tauchkapsel- und U-Boot-Geschichten den Anstoß gab. Curtius Rufus, ein einigermaßen seriöser und jedenfalls eloquenter Schriftsteller aus der Zeit des Claudius, berichtet in seinen *Historiae Alexandri Magni* IX 9, daß Alexander, am Indus angelangt – dem östlichsten Punkt seiner Reise – und gepackt von einer *pervicax cupido visendi oceanum adeundique terminos mundi* es gewagt habe, ohne Führer (die waren ihm davongelaufen) den Indus hinabzurudern, um bis an den äußersten Ozean zu kommen. Das war im Jahre 325 v. Chr.[3] Lebhaft beschreibt Curtius

---

[2] Die genaue Zahl soll, als pseudo-historisches Detail, wohl Glaubwürdigkeit suggerieren. Parallelen hierzu aus biblischen Sagen und Legenden s. Siegert, Argumentation 41 Punktc (1.Sam 17,4; Est 1,1).

[3] Ausg. Vogel, Summarium S. XXVII (für Anfang des Jahres 325 v. Chr.). Bei Arrian, Ἰνδική VI 19 gibt der Hg. das „Spätjahr 326" an.

Rufus die Gefahren, als bei Flut das Meereswasser in den Fluß hereindrängt und die Seeleute, erst auf der Hut vor Klippen und Untiefen, jetzt in nicht mehr navigierbare Strudel geraten. (Von hier ist, meine ich, das Vermischen von *Trinkwasser* und *Salzwasser* in unserem Text § 170 bedingt.) Curtius Rufus nennt natürlich auch *beluae;* überhaupt seien die Gewässer voll gewesen von *monstra et irae deûm indicia,* wobei man dieses *et* durchaus in explikativem Sinne nehmen darf: Die Monstren sind Zeichen und Werkzeuge des Götterzorns. Das erklärt uns zusätzlich, weshalb der Anblick von Jonas Seetier so *schreckenerregend* gewesen sein soll, daß es *allein durch Furcht töten könnte* (§ 74).

In unserer römischen Quelle heißt es weiter, Alexander habe trotz allem es fertiggebracht, 400 Stadien weit ins Meer hinauszufahren; er nützte die schließlich einsetzende Ebbe dazu aus. „Als ihm endlich sein Wunsch gelungen war, brachte er den Schutzgöttern des Meeres und der Gegend ein Opfer dar und kehrte zur (Indus-)Flotte zurück."[4]

Wir können gefahrlos annehmen, daß die Nachricht von diesen Abenteuern in einer der *Vita Alexandri* ähnlichen oder vielleicht sogar in dieser Form unseren jüdischen Redner erreichte[5]. Alexander, „der als erster über die Griechen König war" (1.Makk 6,2), genoß bei den Juden ein gutes Renommee. Das 1.Makkabäerbuch beginnt mit einem Summarium seiner Feldzüge, in deren Verlauf er den Jerusalemer Tempel mit Weihegaben geehrt habe (1,1−9); und es sagt von ihm: καὶ διῆλθεν ἕως ἄκρων τῆς γῆς. Auch Josephus erwähnt ihn öfters, namentlich als angeblichen Verleiher des alexandrinischen Bürgerrechts an die Juden (*C. Ap.* II 35−37; *Bell.* II 18 § 487; Summarium der Alexandergeschichte, abgewandelt zu einer jüdischen Legende, *Ant.* XI 317−345)[6]. Friedrich Pfister hat die Würdigung Alexanders als einer Art Heiligen im alexandrinischen Judentum dargestellt: Alexander der Große 24−35[7]. Damit dürfte die Lektüre von Alexandersagen für einen hellenistischen Juden, besonders wenn er selbst in Alexandrien wohnte, hinreichend wahrscheinlich gemacht sein.

Die Überlieferungsgeschichte des Stoffs, nach unten weiterverfolgt, reicht bis weit ins Mittelalter. Noch das Anno-Lied, entstanden nach 1075, stellt in 23

---

[4] Andere, unspektakuläre Nachrichten über Alexanders Forschungsfahrt vor der indischen Küste s. Plutarch, *Alexander* 66; Diodorus Siculus, *Bibl.* XVII 104; am ausführlichsten Arrian, Ἰνδική VI 19; zu den Quellen des letzteren s. Schmidt/Stählin S. 749.

[5] Rabbinische Niederschläge der Alexanderlegenden s. Bill. IV/1 S. 410 Buchst. c; dort Erwähnung der Luftfahrt Alexanders.

[6] Zu dieser jüdischen Alexanderlegende s. Ralph Marcus' Anmerkungen zu Josephus, *Ant.* XI 317 und 325 (LCL) und ebd. Appendix C, S. 512−532; Bammel in: Fs. G. Wirth.

[7] Vgl. dens., Kleine Schriften 12 mit Anm. 37; 292−294: Auskünfte zur Überlieferungsgeschichte (innerhalb welcher *De J.* ein relativ früher Text wäre) und Nachweise bildlicher Darstellungen von Alexanders Luftfahrt bis in die Neuzeit.

Versen Alexanders Tiefseefahrt dar, erweitert durch neue Details[8]. Bildliche Darstellungen hat David Ross zusammengetragen[9].

———

c. 17, § 65 *Welchem Herrscher hat man jemals zugetraut ...?)* Antwort: nicht einmal Alexander dem Großen! (Vgl. vorigen Exkurs)

Abgrund der Welt / Tiefen des Meeres) aus Jon 2,3f. (κοιλία ΄Αιδου / βάθη καρδίας θαλάσσης) und 2,6 (ἄβυσσος ἐσχάτη)[1].

§ 66f. *Techniker, Maschine)* S. o. zu § 2 über die Beliebtheit der Technik im hellenistischen Zeitalter. Selbst Gott wird, dort wie hier, als τεχνίτης betrachtet.

die Grenzen der Erde) Während in § 173 und in der Alexandersage – auch in Philons *De Deo* Z. 120f.[2] – zunächst eine horizontale Vorstellung mit diesem Ausdruck verbunden wäre, wird hier vertikal gedacht. Πείρατα γαίης – so heißt bei Homer die unterste Tiefe des Tartaros (*Il.* 8,478–481; vgl. oben 2.2 zu *De Deo* Z. 120). Diese Stelle dürfte unserem Prediger im Sinn liegen, nicht anders als dem Dichter des orphischen Fragments 168 (S. 201f. Kern), Z. 30.

c. 18, § 67 *dem Anschein nach ... tatsächlich aber)* Wie *De S.* 6. In gleicher theologischer Anwendung haben wir diesen Gegensatz auch in 3.Makk 4,21 oder in Charitons *Callirhoë* III 3,12. Unser Prediger spricht metaphorisch von der *Hand Gottes;* bei Chariton heißt es: „... tatsächlich aber war das das Werk der Vorsehung" (Übers. Plepelits). Bei Chariton ist solche Rede insofern nicht selbstverständlich, als er ebensogut vom Walten des blinden Zufalls (τύχη) sprechen kann, z. B. – gleich im Kontext – in III 3,8.

§ 67f. *Er benützte den Mund der Bestie ... Seine Zunge ließ es* (das Meeresungeheuer) *zur Artikulation von Worten gebrauchen. Der Prophet bediente sie, wie ein Musiker sein Instrument mit dem Finger zupft)* Dazu hätte er schon Herkuleskräfte und übermenschliche Geschicklichkeit haben müssen! Tatsäch-

———

[8] Hinweis Pfister, Kleine Schriften 293 mit Anm. 36. – Den Text findet man z. B. bei Gernentz, Dichtung 170–173 (mittel- und neuhochdeutsch). – Zweifel an der historischen Glaubwürdigkeit der sog. Alexanderbriefe sind schon im Mittelalter aufgetaucht: s. Otto v. Freising, *Chronica*, ed. Hofmeister (MG SS, 2. Aufl. 1912) S. 97 Z. 30.

[9] Ross, Alexander Romance 384–397; Abbildungen S. 391–394 (aus mittelalterlichen Handschriften). Eines ist dort nicht nachgewiesen, was offenbar nur in unserer Jona-Predigt begegnet: Leviathans Sitzen auf den Meeresquellen (*De J.* 169).

[1] Zu dieser vom MT abweichenden Übersetzung s. Rahmer, Traditionen II, Jona S. 19f.

[2] Vgl. die Formel ἕως ἐσχάτου τῆς γῆς Jes 49,6 (zitiert in Apg 13,47; neu angewandt in Apg 1,8)

lich ist die Vorstellung von einer solchen Außenbedienung der Sprechorgane sonst von Gott belegt; vgl. das Sprechen von Bileams Eselin in Num 22,28.30. Als allgemeine Theorie prophetischen Redens gehört diese Auffassung nicht der Bibel an, sondern der Philosophie Platons, aus welcher Philon sie z. B. in *De Deo* übernahm (mit der Konsequenz, daß Theologie nunmehr ein rauschhaftes Lallen wurde)[3]. Plutarch, selbst delphischer Priester, hat sie belächelt (*Mor.* 414 E). Innerhalb des Christentums ist sie am ehesten im Montanismus heimisch geworden (Siegert, Philon 90). Der Gnostizismus, in dem nach Ausweis der Nag-Hammadi-Schriften reichlich gelallt wurde, bietet erwartungsgemäß gleichfalls den Topos vom πλῆκτρον: Der Beter empfindet sich als Gottes „Organ", sein Verstand sich als sein „Plektrum" (N.H. VI 60, 27−32 − ein hermetischer Text; vgl. noch *C. H.* XVIII 2). Das Pneuma macht die Zunge schwingen.

Übrigens haben wir hier dieselbe, noch keine Stimmbänder kennende Stimmerzeugungstheorie, die schon an § 33f. bemerkt wurde: alles, Ton wie Artikulation, wird von der Zunge bewerkstelligt.

Die armenische Jona-Predigt des Anania gibt unsere Passage unter Abmilderung der herkuleischen Anforderungen an den Propheten folgendermaßen wieder:

„Ja sogar wurde diese Bestie Mitarbeiterin des Propheten in Fasten und Beten. Denn jene drei Tage (lang) kostete sie nichts, sondern machte die Zunge geeignet, (sie) dem Propheten zu leihen zum Beten. Denn das Wort *(ban =* λόγος) des Propheten schlug wie ein Plektrum die Zunge des Seetieres an, und wie eine Lyra ließ es die bittere Unglücksklage zu Gott ertönen ... und er (sie?) prophezeit sein Getragenwerden in der Tiefe des Abgrunds, und (daß er) mitten aus den Mahlzähnen entrissen werde durch Gottes unbesiegliche Stärke" (nach Sargisean in: Bazmavep 1899, 53 a).

daß ein Meeresungeheuer Fürsprecher wurde) Als Sünder brauchte Jona einen; s. o. zu § 41. − Daher auch die Betonung von Zeichen der Gnade Gottes im Exordium des folgenden Gebets (§ 69−71)! Daß das Monstrum, sonst eher Zeichen göttlichen Zorns (voriger Exkurs), hinzugehört zu den Zeichen der Gnade, ist das unserem Text zugrundeliegende Paradox.

---

[3] Siegert, Philon 88−91. Auch die Bileam-Geschichte (Num 22−24) geht nicht so weit, dem „Mann, dem die Augen geöffnet sind" (24,3), den Verstand zu verschließen. − Burkhardt, Inspiration möchte Philon in Schutz nehmen vor dem Eindruck, er habe einfach eine griechische Inspirationstheorie übernommen (bes. 218−220). Sein Augenmerk liegt auf der Person des Mose, der bei Philon in gewisser Hinsicht, besonders in der Festlegung von Einzelbestimmungen, als Autor der nach ihm benannten Gesetze gilt. Jedoch berücksichtigt Burkhardt nicht, daß Philon gerade die Inspiration der Schriftpropheten (*De Deo* c. 6 zu Jes 6!) so extrem sieht, wie man es ihm anlastet; und seinen christlichen Lesern waren die Propheten bestimmender als Mose.

c. 19, § 69 *sein Bittgebet)* Mit Ausnahme von § 84 ist diese lange Rede (sie reicht bis § 98) eher eine Erörterung. Sie hat keine Anrede, kein Amen; nur die 2. Person Singular hat sie mit Gebeten gemeinsam. Dem „Gebet" der Niniviten § 115–140 geht sogar dies ab. Scheut sich der Autor, ein richtiges Gebet zu formulieren, damit sich seine Rede nicht mit den liturgischen Teilen des Synagogengottesdienstes überkreuzt? (An dem rabbinischen Verbot, Gebete aufzuschreiben, kann es nicht liegen; denn dieses ist eine mündliche Predigt.) Eher glaube ich, daß es die Gesetze des gehobenen Stils sind, die es dem Redner verbieten, mit den Gattungen zu wechseln (Norden, Kunstprosa I 88–91: Gebot der inneren, auch gattungsmäßigen Einheit der Rede). Die Bibelstelle Neh 9,5–10,40 (LXX: 2.Esr 19,5–20,40) mag auch ein Schlüssel sein; sie ist ein Bußgebet der Leviten vor dem Volk, das entgegen allen Gattungsgesetzen in eine Mahnrede und schließlich sogar – unter Verschwinden der angeredeten 2. Person – in die Niederschrift einer gemeinsamen Selbstverpflichtung ausartet. Historisch sind diese Kapitel voller Rätsel (1.3.1); unserem Prediger mögen sie ein Vorbild gewesen sein. Aus Philon ist das rein literarische Schlußgebet *Ebr.* 224 zu vergleichen sowie die rhetorischen Aufforderungen zum Beten in *Ebr.* 125 und *Sobr.* 64. Sowohl jüdische wie pagane Romanautoren muten ihren Lesern Gebete zu, die mit Beifall quittiert werden: Arist 184–186; Chariton, *Callirhoë* III 8,5.

Jedenfalls betreibt unser Redner eine ausgiebige *sermocinatio*[4], die sich jedoch – bis zum Ende der Predigt hin – niemals zum direkten Dialog zwischen Gott und Jona steigert, auch nicht in § 195. Vielleicht soll die Gemeinde die Antwort geben.

§ 70 *mit den Augen des Herzens)* Zu dieser platonischen Metapher für den menschlichen Verstand s. Siegert, Philon 40 f.

Nach einer im *Corpus Hermeticum* bezeugten Auffassung ist Beten eine Tätigkeit des Logos, eine (unblutige) λογικὴ θυσία (I 31; vgl. Röm 12,1 f.). Gegen einseitig „pneumatisches" Beten in Korinth opponiert Paulus mit dem Satz: Προσεύξομαι τῷ πνεύματι, προσεύξομαι δὲ καὶ τῷ νοΐ (1.Kor 14,15).

Über die Tätigkeit dieser inneren Augen bei der Erkenntnis Gottes aus der Natur äußert sich unser Autor in § 125 f.

§ 71 *Du erhörst ja die Sünder!)* wörtlich: „Denn du hörst auf die, die an Sünden schuldig sind" *(partawork' mełac'* = ἔνοχοι ἁμαρτημάτων / ἁμαρτιῶν) – eine erstaunliche Aussage, die man im Alten Testament kaum finden wird[5].

---

[4] = Sprechenlassen der im Text vorkommenden Personen: Lausberg, Handbuch I § 823,1 (monologische *s.*) und 2 (dialogische *s.*). Ähnliches ist an den Paulusbriefen schon öfters gewürdigt worden. Vgl. Siegert, Argumentation 235 (auch 115.133): die Stilisierung der problementwickelnden Partien als Dialoge.

[5] Vgl. Dan 9,18, unten (5.) zitiert zu *De S.* 3.

Der Jona-Psalm (Jon 2,3 „er erhörte mich") mag unseren Prediger zu dieser Verallgemeinerung ermutigt haben, die in gewisser Hinsicht — daß es nämlich keine Gebetsvoraussetzungen gebe — noch über den fünffachen Lobpreis der Güte und Langmut Gottes in Jon 4,2 hinausgeht. Oder soll immer hinzugedacht werden, die Buße habe Jona bereits von seiner Sünde gereinigt?

Jedoch sieht hellenistisch-jüdische Theologie in der Buße ein Zusammenwirken von Gott und Mensch. „Du hast mir Sünder Buße auferlegt", sagt das Gebet Manasses (V. 8; LXX ed. Rahlfs II S. 181). JHWH ist ein „Gott der Gerechten", woraus folgt, daß er denen, die nicht der Gerechtigkeit Abrahams, Isaaks und Jakobs gleichkommen, die Buße gewissermaßen erlauben muß, nämlich um seiner selbst willen (ebd.). Alttestamentliches Vorbild solcher Argumentation mit dem „Namen" Gottes ist Jes 63,16f., übrigens ein „Buß"-Aufruf an JHWH.

Vergleichbar im Inhalt, auch im argumentierenden Charakter, ist der 9. Psalm Salomos: Wem soll Gott „gnädig" sein, wenn nicht dem Sünder? (V. 7 und Kontext; LXX ed. Rahlfs II S. 481). Das ist fast eine Tautologie, aber doch keine selbstverständliche.

JosAs 11,10 und 12,15 erweitert alttestamentliche Aussagen über Gottes Güte und Bereitschaft zur Vergebung (etwa Ps 130(129), 3f.) vorsichtig um eine Nuance: er „rechnet Sünden nicht zu" und ist „langmütig angesichts unserer Sünden." Trotzdem mußte das Wort Jesu in manchen Ohren provozierend klingen, er sei „nicht gekommen, Gerechte zu rufen, sondern Sünder" (Mk 2,17 parr.). Der Punkt, bis zu dem das Judentum gehen konnte, scheint mir durch das eine Zitat markiert zu sein, das wir aus dem „Buch Eldads und Modads" besitzen (Herm Vis 2,3,4): „Nahe ist der Herr denen, die Buße tun (τοῖς ἐπιστρεφομένοις). Es ist ein situationsangemessenes Understatement des sündig gewordenen, nun aber büßenden Jona, daß er das Faktum seiner Buße im Gebet nicht in die Waagschale wirft. Erst die Buße aber verbürgt, was auch die rabbinische Lehre vom Gebet besagt: Das Gebet hebt göttlichen Beschluß auf (Bill. I 454 Buchst. g).

Übrigens verwendet unser Prediger nicht einfach ἁμαρτωλός (ThW I 324—330: pauschaler Ausdruck für selbstgewählte Gottferne, wie hebr. rāšā‘), sondern eine weichere Umschreibung. § 87f. bringt in vergleichbarem Zusammenhang zweimal mełowc‘ealk‘ = ἐξημαρτηκότες (vgl. ASA).

König) Hinter dieser Metapher für Gott stehen nicht nur Bibelstellen wie Jes 6,5 oder Ps 24(23),7—10, woraus in hebräischen Gebeten eine häufige Gottesanrede wurde, sondern auch der „König der Könige", der persische Großkönig, der die Vorstellungswelt des hellenistischen Monotheismus mitgeprägt hat: Ps.-Aristoteles, *De mundo* 398a 10—35; b 1ff. u. ö. (Zur Übernahme bei Philon s. Siegert, Philon 71—73; zum andersartigen Sprachgebrauch in vorhellenistischem Griechisch s. o. 2.2 zu *De Deo* Z. 48—50.) Der geradezu zeremonielle Kontext an unserer Stelle zeigt deutlich die spätantike Prägung des Gottesbildes nach dem Eindruck, den irdische Großkönige machten. Die Bußrede der Niniviten beginnt in § 111–117 mit ähnlichen Überlegungen.

Zeichen der Gnade) Dies ist *in nuce* eine Theologie des Gebets: Ein Gebet, das Gott *erlaubt*, hat auch Aussicht auf Erhörung. Für Jona gilt das Faktum seiner bisherigen Rettung als solche Erlaubnis. – Vgl. zu § 41.

Seelenheil) Siehe zu § 9.

zu rechtfertigen) im Armenischen nominal ausgedrückt: „die Rechtfertigungsrede wegen des Heils (meiner) Seele". Das Kunstwort *ardarabanowt'iwn*, nur an unserer Stelle belegt (ASA), ist offenbar eine Nachbildung des griech. δικαιολογία ‚Rechtfertigungsrede', das in der Septuaginta nur einmal (2.Makk 4,44), bei Philon gelegentlich auftritt[6].

§ 72 *Wenn du mich in ein Grab legen wolltest)* Dieses Extrem einer Zwangslage und eines Eingeschlossenseins (vgl. oben zu § 33 Ende; unten zu § 75) wird ausgemalt in Charitons *Callirhoë* I 8,3 f. mit Kontext und VI 7,8 f.

Wenn die ganze Erde herunterbräche) Sie steht nämlich auf Stelzen (§ 172; Jon 2,7), ist erbaut „über Wassern" (Ps 24[23],2).
Unser Autor hat nicht das wissenschaftlich-physikalische Weltbild eines Philon, sondern hält sich an die biblischen Angaben. Von gleicher Art war, unter den christlichen Schriftstellern, der Unterschied zwischen der alexandrinischen Schule, die sich bemühte, den Bibeltext durch Allegorisieren mit dem zeitgenössischen Wissen in Übereinstimmung zu bringen, und der antiochenischen Exegese, die mehr am Buchstaben blieb: Wifstrand, Bildung 53.

c. 20, § 73 *mein Heil verwirkt)* Zugehörigkeit zu Israel ist hier offenbar kein Argument mehr, bietet keine Garantie (vgl. Röm 9,6 ff.; hierzu Bill. III 263). In den Midraschim hingegen zeigt Jona dem Leviathan – wer weiß, wie – das „Siegel Abrahams", die Beschneidungsstelle, und Leviathan flieht zwei Tagereisen weit[7]: so rettet Jona sich und das Meerestier vor einem noch größeren Ungeheuer.
Inhaltlich vgl. Jon. 2,5: „Ich bin aus deinen Augen verstoßen."

begnügt er sich mit einer helfenden Strafe statt mit einer quälenden) Strafe hätte hier eingeklammert werden müssen; doch möchte ich lieber diese ganze Übersetzung, als zu frei, zurücknehmen. Wörtlich steht da: „begnügt er sich mit der Gestalt der Rettung anstelle eines Durchgangs", wobei mehrere dieser

---

[6] In *De S.* 26 (Ende) steht das gängigere Wort *apabanowt'iwn* ἀπολογία.
[7] Pirke Rabbi Eliezer 10,51–58 usw.; Bill. I 645; Ginzberg, Legends IV 249.

Wörter in sich mehrdeutig sind, ganz besonders das letzte, *anc'k'* (ASA: διάβασις, διέξοδος, δίοδος, πάροδος; Πάσχα; ἔκτρωμα; πάθος; ἀπόβασις, συμβαῖνον, συμβεβηκός). Christoph Burchard[8] schlägt vor, *anc'k'* für den „Durchgang" durch den Verdauungskanal des Seetiers zu nehmen, der dem Jona bei seinem Ausgespienwerden erspart bleibt.

hast mir verziehen) ist zu korrigieren: *wirst (mir) verzeihen.*

§ 74 *das Wegwerfen meines Körpers, wie man ein unbrauchbares Gefäß wegwirft) Gefäß* für ‚Leib' ist eine damals recht gängige Metapher: s. Bauer/ Aland, Wörterbuch unter σκεῦος 2. Unüberhörbar klingen hier auch Prophetenstellen an, die von Gottes souveräner Vollmacht zur Schöpfung wie zum Gericht sprechen: Jer 18,1−6; Jes 29,16 (vgl. 45,9); vgl. Weish 16,7.

die ... allein durch Furcht töten könnte) Über Monstren als Zeichen des Götterzorns s. vorigen Exkurs. Unser Meerestier wechselt von einem Zeichen und Werkzeug des göttlichen Zorns, was es normalerweise wäre, wunderbar zu einem *Garanten der Rettung* (§ 63) und zum *Fürsprecher* (§ 68). Vgl. zu § 41.

§ 75 *die Situation des Eingeschlossenseins)* ist ein Lieblingsthema hellenistischer ἐκφράσεις und Romane, wie aus 3.Makk 4, Weish 17 und Charitons *Callirrhoë* ersichtlich; s. o. zu § 41 Ende und 72.

§ 76 *Denn wer sieht jemanden)* S. o. 2.2 zu *De Deo* Z. 35 ἀοράτου: *unsichtbar* sein und im Hades (Ἀ-ίδης) sein ist dasselbe.

Wer ... wer ... wer ...?) Anapher mit rhetorischer Klimax (s. o. zu § 44). Die nächste Klimax folgt bereits in § 77. Zu τίς-Anaphern s. weiter zu § 124. Die Emotionalität der Passage ist mit 1.Kor 4,7 vergleichbar. Was hier aufs stärkste unterstrichen wird, ist Jonas alleinige Abhängigkeit von Gott.
wer greift von oben ein ...? Inhaltlich vgl. Hi 26,5 f., wonach selbst die Wasser und der Hades (so die Septuaginta) vor Gottes Einblick und Eingriff bloßliegen, und Ps 18(17),17: „Er sandte aus der Höhe und ergriff mich, / er nahm mich an aus vielen Wassern."

§ 78 *Weit davon entfernt, vor Sternen zu fliehen)* Man erwartet eher, im Sinne von Ps 139(138),8 f. oder von Chariton, *Callirhoë* III 3,7, „zu den Sternen zu fliehen" (vgl. Bd. I Anm. 135); oder stehen die ‚Sterne' hier metonymisch für ‚Schicksal'? Eine wörtlichere Übersetzung wäre diese: *Denn ich bin nicht vor Sternen geflohen, auch nicht, (weil) ich Nahrung finden konnte, auch nicht, um diesen Ort zu wechseln.* Sofern der Text nicht korrupt ist, könnte er demnach

---

[8] Vgl. Vorwort.

meinen: ‚Was ich getan habe, war weder das …, noch das …, noch das …, sondern eine klare Flucht vor Gott.'

§ 79 *Exempel)* siehe § 86

wie eine Röhre (wörtlich: Umhüllung) / *umgeben von einer kupfernen Decke und stählernen Wänden)* „Eherne Mauer" ist eine alte Redewendung für ‚Schutz durch höhere Macht', wie Albrecht Alt in: ZDMG 1932 ermittelt hat. Seine Belege reichen von den Amarna-Briefen über Jer 1,18 und 15,20 bis zu Horaz, *Epistula* I 1,60. Arist 139 läßt „Mauern aus Eisen" – metaphorisch – Schutz des Judentums sein vor Assimilation an seine heidnische Umwelt. – Im übrigen vgl. § 66 *eine geschickte, vollkommene Maschine* und den vorangegangenen Exkurs. Man wird in der antiken Literatur wohl kaum etwas finden, was der Beschreibung eines modernen U-Boots näher käme.

Der Armenier Anania verwendet unsere Stelle, aber mit Zurückhaltung: Jona ist in „kupfernen Wänden" und einer „Decke aus Stahl" eingeschlossen; das Tier trägt ihn „wie eine Königskarosse" (unser § 64) durch die Tiefen des Meeres und zeigt ihm „die erstaunlichen Werke Gottes" (Sargisean in: Bazmavep 1899,52a Abs. 5).

§ 80 *läßt mich die Bestie von ihrer eigenen Masse zehren)* Jona nimmt dem Tier nicht nur etwas von seiner Atemluft, wie in § 166 noch erwähnt werden wird, und nimmt ihm nicht nur durch Gebrauch seiner Mundwerkzeuge zum Sprechen die Möglichkeit der Nahrungsaufnahme (§ 67f.; 84), sondern er nagt auch noch innerlich an ihm. (Soll gemeint sein: als Mitesser in seinem Schlund?) In anderen Jona-Predigten und in den Pirke Rabbi Eliezer findet sich, eher schon moralisiert, das Motiv vom „Fasten" der Bestie (s. Duval, Jonas im Index unter *jeûne du monstre).*

§ 81 *wie im Spiegel)* zunächst in durchaus positivem Sinne, wie Weish 7,26, wo die Weisheit als „unverfälschter Spiegel von Gottes Wirken" gilt. Dann aber wird solches Sehen/Angucken überboten durch Einsicht *deutlicher als in einem Spiegel,* was an 1.Kor 13,9–12 erinnert.

c. 22, § 82 *Gefängnis)* So auch das *De-Jona*-Fragment, Abs. 1; ferner die Auslegung Theodorets von Kyrrhos (Duval, Jonas I 431 Anm. 76). Der Prediger schildert das Meerestier nunmehr als eine Art Umerziehungsanstalt.

§ 84 *Achte nun auf die doppelte Bitte)* Dies ist das eigentliche Gebet im „Gebet" (vgl. zu § 69). Jona, nunmehr wohlerzogen, zeigt sogar Mitgefühl für das Monster, in dem er schwimmt. – Später freilich ist sein Mitleid mit der Kürbispflanze nur schwer zu wecken (§ 197ff.), und noch schwerer das mit den Heiden in Ninive.

c. 23, § 85 *Büßerstrafen)* wörtlich ,Büßerqualen'. Der Anklang an römisch-katholische Bußlehre[9] wäre vielleicht eine Untersuchung wert; er scheint mir nicht zufällig zu sein. Jedoch sind hier keine vom Büßer selbst oder einem Beichtvater ihm auferlegten Mühen oder Einschränkungen gemeint — wenn-gleich es ersteres im Judentum schon gab[10] —, sondern Jonas faktisches, von Gott herbeigeführtes Eingeschlossensein im *Gefängnis* (§ 82.84) des Seetiers. Diese seine *Prophetenstrafe* (§ 78) wird als eine Art Ableistung und Sühne seiner Schuld aufgefaßt und von Gott akzeptiert. Vgl. noch Bill. III 445 zu 1.Kor 11,32 über Züchtigungen von Seiten Gottes.

Das armenische *apašxaroł* entspricht μετανοῶν (vgl. ASA), ein Wort, das hier in einer ausgesprochen späten Bedeutung begegnet. In der Septuaginta hatte für *šub* meist ἐπιστρέφειν gedient. In der Übersetzung des hebräischen Kanons stand es für jedwede Veränderungen in der Verhaltensweise, ganz wie das zunächst wenig theologische Wörtchen *šub*[11]. Später kommt μετανοεῖν auf für Bußleistungen, aktive oder passive. Im Aristeasbrief wird dem Pharao empfohlen, in seiner Regierung Gott nachzuahmen und mit milden, mäßigen Strafen „zur Buße zu führen" (§ 188; vgl. Röm 2,4: τὸ χρηστὸν τοῦ Θεοῦ εἰς μετάνοιάν σε ἄγει). Weish 12,2–10 breitet die Bußlehre weiter aus: Gott gibt durch Schläge „Gelegenheit zur Buße", τόπον μετανοίας. (Vgl. 4.Esr 9,12; Hebr 12,17.) In 2.Kor 7,9f. sagt Paulus: ἐλυπήθητε εἰς μετάνοιαν.

Der Jona-Text der Septuaginta repräsentiert noch das ältere Stadium. Μετα-νοεῖν kommt dort nur 3,9f.[12] und 4,2 vor (für *niḥam* und *šub),* jedesmal mit Gott als Subjekt. Von der Umkehr der Niniviten (im Urtext auch *šub)* wird 3,10 das Synonym ἀποστρέφειν ἀπό... gebraucht. Wenn also unser Prediger eine Form oder Ableitung von μετανοεῖν gebraucht (ASA gibt für *apašxarem* nur dieses Äquivalent), so ist dies gegenüber dem Jona-Buch eine Modernisierung

---

[9] Concilium Tridentinum, 14. Sitzung *De sacramento poenitentiae,* 9 (Denzinger Nr. 1693): dort wurde festgesetzt, *temporalibus flagellis a Deo inflictis et a nobis patienter toleratis* könne bei Gott „durch Jesus Christus" (?) Genugtuung geleistet werden. Das sei übrigens ein Erweis von Gottes Freigebigkeit und „größtes Argument für die (Gottes-)Liebe".

[10] wie TestRub 1,9f.; vgl. TestJud 15,3f. und Johannes Behm im ThW IV 988,33ff. (wobei Behm übrigens nicht hätte sagen müssen — Z. 31 —, solche Übungen seien „äußerlich": das Judentum verwahrte sich immer und mit gutem Recht gegen eine Verselbständigung der Innerlichkeit). – Eine geistige Bußleistung besteht in 4.Esr 8,47–49 darin, daß man sich selbst freiwillig Sündern gleichstellt.

[11] ThW IV 985–988. – In den sog. 7 Bußpsalmen (6, 32, 38, 51, 102, 130, 143), wie überhaupt im Psalter, sucht man es vergebens; auch das häufigere Synonym ἐπιστρέφειν bietet von den genannten Psalmen nur 51(50),15. Gemeinsam mit unserem Text ist ihnen der Ausdruck äußerer und innerer Not; als „Bußpsalmen" sind sie wohl deshalb ausgewählt worden, weil die Not dort mehr oder weniger als verdient angesehen wird.

[12] V. 9 (εἰ μετανοήσει ὁ Θεός — hier wäre ,Reue' Gottes Sache) wird in *De J.* § 144 so wiedergegeben: *zi ałač'esc'i — wörtlich: „ob er gebeten werden wird/soll".*

des Sprachgebrauchs — und inhaltlich die Verstärkung einer Tendenz, die sich in der Septuaginta eben erst andeutet[13].

Der Eindruck übrigens, μετανοεῖν/μετάνοια sei erst durch die Juden ein Begriff der religiösen Sprache geworden[14], wird, wie bisher schon manches, korrigiert bei Kenntnisnahme der Homerauslegung. Heraklitos 19,7 identifiziert die σὺν φρονήσει μετάνοια mit der Göttin Athene. Also: die Fähigkeit des Menschen, aufgrund seiner Vernunft „umzudenken" (ebd. 20,5f. – vgl. *De J*. 118), ist eine Göttergabe. Mehr bei *De J*. 135.

Als kuriose Parallele aus dem weiten Feld des Midrasch und der jüdisch-christlichen Pseudepigraphen sei noch das „Leben Adams und Evas" erwähnt. Dort büßt Adam 40 Tage lang im *Wasser* des Jordan, Eva 37 Tage lang im Wasser des Tigris für den Sündenfall, bis sie aufgeweicht sind wie Schwämme (c. 6–8; Charlesworth II 260). M. D. Johnson bei Charlesworth (z. St.) verweist auf Pirke Rabbi Eliezer 20, wo Adam aus gleichem Motiv sieben Wochen im Gihon zubringt. — All dies gibt der Seefahrt Jonas den zusätzlichen Charakter eines βάπτισμα μετανοίας.

§ 86 *möchte ich auch in der Heiligen Schrift zum Denkzeichen deiner Macht werden)* Der Gedanke Jonas an das Jona-Buch (vgl. § 192), ein kühn erscheinender Anachronismus[15], hat sein literarisches Vorbild bereits in Hi 19,23f. und Ps 87(86),6 LXX: Κύριος διηγήσεται ἐν γραφῇ λαῶν; Vulgata: *Dominus narrabit in scripturis populorum*. — Entfernt vergleichen kann man vielleicht das „Vorhersehen" der Schrift selbst in Gal 3,8.

In Charitons *Callirhoë* kommt der Topos vom „Gesprächsstoff werden" (V 5,3, pejorativ) wie auch vom „ruhmvolle Geschichte hinterlassen" (VII 1,8) als ein Element vor, das Höhepunkte der Handlung heraushebt. Bei Longos, „Daphnis und Chloë" II 27 ist es Eros, der die Absicht verfolgt, aus den Abenteuern der Chloë eine Erzählung zu formen (μῦθον ποιῆσαι).

Für *Denkzeichen* steht im Text wörtlich: „Erinnerung und Schrift" eine Hendiadys[16]. Vgl. weiter § 92 *Erinnerungszeichen* und 95 *Wahrzeichen der Wiedergeburt*.

---

[13] Freilich sind wir damit noch weit entfernt von μετανοεῖν als angeblichem Schlüsselwort orientalisch beeinflußter Bußpredigt, wovon Norden, Agnostos Theos 139f. schreibt. Unser Redner gebraucht das Wort nur sparsam — vielleicht weil es, wie Norden darlegt, in dieser Bedeutung kein gutes Griechisch war.

[14] Norden, Agnostos Theos 134–140; vgl. ThW IV 975/6.

[15] Ein solcher ist noch der Einheitsübersetzung bei Jes 34,16 passiert, wo der Satz „Forscht nach im Buch des Herrn, dort werdet ihr lesen" nicht etwa mit dem Hinweis auf die Septuaginta kommentiert wird, wo diese Glosse nämlich fehlt, sondern wo die Fußnote lautet: „Später wird man im Jesaja-Buch nachlesen und feststellen, daß das Gericht über Edom eingetroffen ist."

[16] Abweichend von meiner Anm. 150 in Bd. I halte ich inzwischen weder Awgereans noch Lewys Konjektur für nötig. Lewy zog *yišatak ew gir* (Prädikatsnomen zu *ełēcʻ*) zu *yišatakagir* zusammen, was nach Bedrossian, Dictionary ,Erinnerungsschrift' heißen kann — genau die

Besonders in literarischer Jona-Auslegung (die ikonographische setzt andere Akzente) ist Jona als „Paradigma des Prophetenschicksals" behandelt worden (so Dassmann, Sündenvergebung 226). Origenes, der in seiner Hesekiel-Homilie 6,2 (MPG 13,710 B; Ausg. Baehrens S. 379) zunächst Entscheidungsfreiheit auch für die von Gott beauftragten Propheten postuliert, meint dann aber, die *angustiae* Jonas seien „späteren" Propheten (er hält Jona für denselben wie 2.Kön 14,25) eine Warnung geworden, die sie beachtet hätten *(considerare)*[17].

Exkurs zu § 86: Das Zeichen des Jona

In einem Jesuswort des Neuen Testaments (Mk 8,11−13 par.; Lk 11,16.29−32 [Q] par.) begegnet uns, in unterschiedlicher Bedeutung, ein „Zeichen des Jona". Nehmen wir *De Jona* einerseits und die reichen patristischen und ikonographischen Materialien[1] andererseits hinzu, lassen sich vier Bedeutungen nebeneinanderstellen, die diesem Zeichen gegeben wurden. Jona war

1. der typische Prophet: sein Auftrag ist unausweichliche Pflicht;
2. der typische Mahner zur Buße − die Wirkung seiner wenigen Worte ist Zeichen für hohe Bereitschaft auch (und gerade) bei Heiden, sich zum Willen Gottes zu bekehren;
3. der typische Gerettete;
4. das Paradigma der Menschenfreundlichkeit Gottes.

Die vierte Bedeutung ist in *De Jona* vorrangig. Sie gibt die thematische Klammer der ganzen Predigt ab wie auch, auslegungsgeschichtlich gesehen, ihre unwiederholte Besonderheit.

Christliche Auslegungen akzentuieren anders: sie hatten ja eine geeignetere Illustration von Gottes Menschenfreundlichkeit in Christus. Sie geben dem Jona-Zeichen eine oder mehrere der drei anderen Bedeutungen, die, wie *De Jona* erweist, ebenfalls schon in jüdischer Theologie vorhanden waren.

Die erste Bedeutung, in *De Jona* ab § 9 vertreten und bis hin zu § 214, läßt Jona als Paradigma eines Prophetenschicksals gelten: Gott entläßt den Propheten nicht aus seinem Auftrag, bis dieser endlich ausgeführt ist. Das wird von Jonas abenteuerlichen Umwegen illustriert. In unserer Predigt ist dies die

---

Bedeutung der oben erwähnten Hendiadys −; doch wie mir jetzt scheint, dachte er dabei an das bei ASA einzig angegebene griech. Wort ὑπομνηματογράφος − verlockende Konjektur für einen Altphilologen. Doch geht sie zu weit.

[17] Origenes wendet sich damit gegen den Gedanken einer *necessitas aspirationis,* wie sie in unserem Text § 68 eher karikiert ist. (Vgl. noch oben Anm. 3.) Auch in unserer Predigt ist es offenkundig, daß nicht die Inspiration, sondern Gottes Erziehungsmaßnahmen den Propheten gefügig machen.

[1] Über erstere s. Duval, Jonas; über letztere Dassmann, Sündenvergebung 222−232 und überhaupt die im Exkurs zu *De J.* § 63, Anm. 18 angegebene Literatur.

Lehre, die Jona „für sich" lernt − in einer auf Identifikation angelegten rhetorischen Darstellung seiner Person.

Hierunter − wie unter (3) − fällt die ausführlichere der beiden Fassungen des Jesuswortes, Lk 11,16.29−32 par., die Analogie (Typologie) zwischen Jona und Jesus. Jona ist drei Tage und drei Nächte im Abgrund, Jesus drei Tage „und drei Nächte" (um der Analogie willen) im Reich des Todes: dieses ganz und gar ungewöhnliche Ergehen erweist den Boten und Träger besonderer Absichten Gottes.

Die Verallgemeinerung, die *De J.* § 97 f. vornimmt, steht dieser Bedeutung des Jona-Zeichens freilich entgegen: dort ist vom Schicksal jedes Menschen, nicht nur dem besonderen des Propheten, die Rede. Das Ausweiten der Analogie droht sie aufzulösen. − Umgekehrt muß in christlicher Anwendung die Analogie eingeschränkt werden: der erzwungenen Erfüllung des göttlichen Auftrages bei Jona steht eine freiwillige bei Jesus entgegen (Phil 2,6−11). Jedoch läßt der Kampf in Gethsemane (Mk 14,32−42 par.) erkennen, daß der Unterschied nicht so einfach ist. Es gibt auch für Jesus einen unausweichlichen Willen Gottes des Vaters: vgl. Mk 14,21 par.; 13,32 par. (die letzte Stunde kennt niemand, „auch nicht der Sohn"); Mk 10,40 par. (ἡτοίμασται ὑπὸ τοῦ Πατρός).

Die zweite Bedeutung ist in unserer Predigt, dem *jom-kippur*-Anlaß entsprechend, gleichfalls vertreten; sie wird hauptsächlich in § 103 ff. ausgebreitet. Im Christentum hat die literarische Theologie vor allem hier angesetzt: 1.Clem 7,7 usw.[2]

In seiner konzentriertesten Fassung − die freilich die anderen Bedeutungen des Jona-Zeichens ausschließt − begegnet dieser Aspekt in der kurzen und sicher älteren Fassung des Jesusworts, Mt 16,4. Dort stößt Jesus angesichts der Ungläubigkeit der Pharisäer und Sadduzäer den Seufzer aus: „Ein böses und ehebrecherisches Geschlecht verlangt ein Zeichen, und es wird ihm kein Zeichen gegeben werden, als (nur) das Zeichen des Jona. − Und er ließ sie stehen und ging fort." Mk 8,11−13 hatte in diesem Zusammenhang Jona noch nicht erwähnt, dafür aber die Verneinung als Schwur formuliert, also betont.

Mt 16,4/Lk 11,29 ist die Ablehnung jeden Zeichens in Form eines Paradoxes. Da die Pharisäer und Sadduzäer in ihrem Selbstverständnis ja wohl das Gegenteil des ninivitischen Publikums sind, muß ihnen der Vergleich peinlich sein und die Ablehnung ihres von Amts wegen berechtigten Anliegens, eine Beglaubigung gezeigt zu bekommen, doppelt provokant. *A fortiori* stuft der Vergleich sie gegenüber den Niniviten herab: Jene Heiden glaubten dem Propheten ohne jedes Zeichen; die Repräsentanten jüdischer Religion hingegen meinen es gerade ihrer Frömmigkeit und ihrem Amt schuldig zu sein, ungläubig zu bleiben.

---

[2] Mehr bei Dassmann, Sündenvergebung 223−225.

Dieser wertende Vergleich[3] beruht auf der Beobachtung am Bibeltext, daß Jona den Niniviten kein Wort von all seinen Wundererlebnissen erzählt, geschweige denn, daß er selber Zeichen und Wunder täte. Sondern er äußert nur einen Satz, eine einzige Drohung – die durch ihren inneren Wahrheitsgehalt überzeugt. (Zu letzterem vgl. *De J.* § 118f.)

Diese Deutung des Jona-Zeichens als eines nicht-Zeichens entspricht der älteren Fassung Mk 8,11–13, wo anstelle einer Erwähnung Jonas eine bloße – emphatische, beschworene – Verneinung steht: „... und aufseufzend in seinem Geiste spricht er: Was sucht dieses Geschlecht ein Zeichen? Amen, ich sage euch: diesem Geschlecht wird bei Gott[4] kein Zeichen gegeben werden. – und er ließ sie stehen, stieg wieder ein (ins Boot) und setzte über."

Der Abbruch der Kommunikation gehört jeweils zum Logion hinzu. Im biblischen Jona-Buch (3,4) gibt es gleichfalls keine Rückfragen mehr. Der *De-J.*-Prediger hat die Ecke nur insofern gerundet, als er Jona ausführlicher begründen und damit seine Rhetorenpflicht erfüllen läßt. Anders geht es in der mehr populären „Verkünd. Jonas" (Issaverdens S. 245) zu, wo Naturwunder die Rede des Jona beglaubigen. –

Keine Auslegung als nur die in Mt 16,4 enthaltene verwendet das Jona-Zeichen in solch paradoxer, negativer Weise. Die Kirchenväter pflegten keine „kerygmatische" Theologie, am wenigsten die anonymen Maler und Bildhauer, deren Werke im folgenden Punkt zu berücksichtigen sein werden.

Populär war einzig die dritte Bedeutung. In der Jona-Ikonographie ist sie beherrschend. Der drei- oder vierteilige Jona-Zyklus, der sich schon im 2./3. Jh. herausbildete – es ist der älteste christliche Bilderzyklus überhaupt[5] – setzt sich keineswegs aus den hier katalogisierten vier Bedeutungen des Jona-Zeichens zusammen, sondern illustriert nur deren dritte. Die Niniviten fehlen oftmals ganz; Jona und sein See-Abenteuer ist ganz und gar im Blickpunkt des Interesses, ist Träger der Identifizierungen.

Die Szenenfolge ist diese: (1a) Jona wird ins Meer geworfen/(1b) und verschlungen; (2) Jona wird an Land gespien; (3) Jona ruht in der Laube aus. Während für die konkrete Ausführung der erstgenannten Motive gewisse Herkules-Darstellungen Modell sein konnten, hat das letzte erkennbarerweise den mythischen Endymion zum Vorbild[6]. Vorstellungen von Ruhe und Wohlbefin-

---

[3] Zu dieser Argumentationsweise s. Siegert, Argumentation S. 70 oben.

[4] Der εἰ-Satz ist eine (unvollständige) Schwurformel; s. Bauer/Aland, Wörterbuch unter εἰ IV.

[5] Dassmann, Sündenvergebung 223: „Das Jonasbild ist im frühchristlichen Bilderkreis das beliebteste Motiv unter den alttestamentlichen Paradigmen, was die Häufigkeit seines Vorkommens angeht, und das einzige, das eine umfassende zyklische Ausweitung erfahren hat."

[6] So Wolfgang Wischmeyer mündlich. Ich danke ihm an dieser Stelle für eine eindrucksvolle Privatvorlesung über dieses Thema. – Zur Deutung der Jona-Ruhe s. Duval, Jonas I 33; über die mit Endymion verbundene Sepulkralsymbolik ebd. die exkursartige Fußnote 60 auf S. 24f.

den überhaupt (Jon 4,6: „und Jona freute sich ... mit großer Freude") verselbständigen sich hier zu einem Sinnbild endzeitlicher κατάπαυσις (JosAs 8,11; 22,13; Hebr 3,11−4,11 − aus Num 14,23 −) bzw. ἀνάπαυσις (Mt 11,28f. und hierzu 2.Clem 6,7; Apk 14,13). Mehr bei Delling, HUCA 1974, 156 mit Anm. 169.

Wir verfolgen hier die typische Entstehung eines *sensus plenior*. Das bloße Wort war nicht auszuhalten. Möglichkeiten einer Verbildlichung wurden ergriffen, wo immer sich die Anschlußstelle für ein bereits geschaffenes Motiv bot. Der „Gute Hirte", jene an Popularität gleichrangige Christusdarstellung der Anfangszeit, und das sonstige (schmale) Inventar der Katakombenkunst setzt sich gleichfalls aus bereits geprägten Motiven heidnischer Kunst zusammen. Das Besondere ist an den Jona-Darstellungen, wo sie christologisch oder eschatologisch zu nehmen sind (eines von beiden zumindest ist immer nötig), daß sie gegenüber ihrem Bibeltext einen besonders weiten Übertragungsweg voraussetzen, eben den *sensus plenior,* der so weit gehen kann, den ursprünglichen Sinn zu verdrängen und den Skopos des Textes durch einen ganz anderen zu ersetzen[7].

Sind wir somit im scheinbar ureigensten christlichen Bereich angelangt und an der Wiege der christlichen Ikonographie, so soll doch auch hier festgehalten werden, daß es jüdische Gedanken sind, die neu zusammengesetzt und angewendet werden. Denn auch für unseren Prediger ist Jona ein *Wahrzeichen der Wiedergeburt* (§ 95).

Im übrigen liegt für ihn, der wenig Sinn und Bedarf für Eschatologie hat (vgl. 1.7.7 Ende), der *Ruheplatz* im Diesseits: § 174.

---

§ 87 *Antwort an die Sünder) mełowc'ealk'* = ἐξημαρτηκότες[1], wie zu § 71 schon bemerkt. Dasselbe Wort auch § 88.138. − Unser Prediger lädt zu einer Verallgemeinerung der Erfahrungen Jonas ein, was für das geschärfte Sündenbewußtsein des nach-alttestamentlichen Judentums spricht. Vgl. 4.Esr 8,15−36.

Paulus hat in Röm 3,10−20 in gleichem Sinne Ps 14,1ff. = 53,2ff. verallgemeinert. Der Psalm selbst sprach von den Feinden Israels, vor denen das Gottesvolk zu schützen sei.

---

[7] Die schriftlich niedergelegten Jona-Interpretationen aus der Alten Kirche gehen verständlicherweise nie so weit. Vgl. Dassmann, Sündenvergebung 230 und oben Anm. 13 im Exkurs zu *De J.* § 63. Auch Dassmann betont die Unabhängigkeit der Jona-Ikonographie von der gleichzeitigen literarischen Exegese. Wie man sieht, ist die Zweigleisigkeit von Gemeindefrömmigkeit und akademischer Theorie bereits ein altes Phänomen.

[1] Offenbar hat hier der armen. Intensivstamm nicht kausative Bedeutung (ASA: *peccare facio*), sondern steht für die Vorsilbe ἐξ-.

Du strafst/du tröstest) Dies ist die Antinomie von Gerechtigkeit und Güte Gottes – vgl. Röm 11,22 und Kontext –, die bei Philon zu der Lehre von den zwei „Kräften", bei den Rabbinen zu der von den zwei „Maßstäben" JHWHs geführt hat; s. Siegert, Philon 73 f. – In § 138 bringt unser Prediger den Gegensatz in die Regel: *Obwohl streng zu den Sündern, ist er doch mild gegenüber Bittenden.* Das gleiche als Gebetstopos bei JosAs 11,18.

c. 24, § 89 *Wer von uns)* Im Sinne von § 87 wird weiter aktualisiert; der Prediger schließt sich und seine Hörer in die Person Jonas mit ein.

§ 90 *Versorgt er doch auch in der Erde die Bodentiere ...)* Das ist die aus vielen Psalmen (bes. 104[103], 29²) bekannte Aussage, daß Gott alle Lebewesen versorge und daß sein Atem sie belebe. Diese Lehre, der Philon ein kosmologisches Gewand umgeworfen hatte (Siegert, Philon 110 f.; 137 f.), wird hier als Aussage der (noch nicht so benannten) Biologie konkretisiert; so auch § 97.

c. 25, § 91−94 *Noah / Die Patriarchen des zweiten Geschlechts / die Hebräer / gerechte Männer)* Vgl. 3.Makk 6,6−8: die drei jungen Männer im Feuerofen / Daniel in der Löwengrube / Jona ἐν γαστρὶ κήτους; folgt Bitte für das gegenwärtige Israel. – Kataloge von Geretteten gehören zum festen Repertoire jüdischer und christlicher Jona-Auslegungen[3]. Besonders nahe liegt die Nennung des gleichfalls im Meer gefährdeten Noah: Duval, Jonas I 122.228. – Thyen, Stil 112−114 und Duval S. 96 f. vermuten als Hintergrund die jüdische Synagogenliturgie, mit Recht, wie aus den zahlreichen gschichtstheologischen Beispielkatalogen in den nahezu unberührt jüdischen Gebeten der „Apostolischen Konstitutionen" ersichtlich ist: VII 33,4−6; 37,2−4 (30-gliedrig!); 38,2; 39,3; VIII 5,3 f.; 12,21−26 (sehr ausführlich); Charlesworth II 678.684 f.; 687 f.; 693 f.

Bemerkenswert ist jedenfalls die Form einer Anrede an Gott. Delling, HUCA 1974, 143 f. nennt als Beispiele 3.Makk 2,4−8; 6,4−8 und weiter; Josephus, *Ant.* IV 43−45. Solche listenförmigen Lobpreisungen Gottes wären also in die Quasi-Liturgie des homiletischen Monologs übergegangen. Die synagogale Eloquenz verdankt sich nicht nur der Rhetorenschule, sondern auch der Übung des Gebets.

---

[2] Dort auch die Negativaussage: Wenn Gott seinen „Atem zurückhält", sterben die Lebewesen. So auch Hi 34,14 f. Noch anders Jes 40,7: das πνεῦμα Κυρίου selbst tötet (läßt verdorren); vgl. Ps 103(102),16.

[3] Duval, Jonas I 31 f. (dort Beispiele aus der Ikonographie), 96 f. (jüdische Belege), 80 Anm. 57 (zu unserer Stelle, die allerdings nicht ganz richtig verstanden ist) u. ö.; vgl. im Index unter *listes*.

An rein prosaischen *exempla*-Listen[4] ist darüber hinaus kein Mangel; Delling nennt Josephus, *Ant.* III 86f.; Weish 11,21−12,2; 15,1−3; 17,1 bis 19,22. In 4.Makk 18,11−13 und Kontext vermutet er einen „Gegenstand der häuslichen Unterweisung in der Diaspora" (143). Paränetische Bezugnahme auf die Patriarchen bietet auch 4.Makk 7,19; 13,12.17; 16,25 (Delling S. 153 Anm. 153).

Witzig wirkt demgegenüber die Negativ-Liste im *De-Jona*-Fragment (Ende): Pharao, die Rotte Korachs, Jona ... − alles Anti-Helden.

Solche Kataloge konnten ohne Namensnennungen geboten werden, wie auch in Weish 10,1−11.17; Philon, *Praem.* 166f. und sonst. Amir, Homer und die Bibel 85 sieht hierin einen Beleg für die Belesenheit bzw. die Bekanntschaft der Juden mit ihrer „klassischen" Literatur. Im übrigen haben wir hier das Stilmittel des Redens zu Wissenden, Eingeweihten[5]. Anders, namentlich, verfährt der Väterkatalog in *De S.* 25.

als Steuermann die Vorsehung) naxaxnamowt'iwnn = τὴν πρόνοιαν. Zu diesem Lieblingwort spätantiker Philosophie und Politik, das in § 4 schon einmal durch die Metapher *Steuermann* ersetzt war (und in § 135 wieder), siehe das zu § 4 Gesagte und oben 2.2 zu *De Deo* Z. 147. Der Gedanke ist in unseren jüdischen Quellen konsequent durchgeführt − wohingegen z. B. die Romanhandlung in Charitons *Callirhoë* in regelloser Abwechslung mal dem Zufall (τύχη) zugeschrieben wird, mal der − zu θεός (Sgl.) praktisch synonymen − πρόνοια: so III 3,10.12; 4,7.

In unserem *De-Jona*-Abschnitt begegnet der *Steuermann* in der dritten Person und hypostasiert gegenüber Gott, der in der zweiten Person angeredet ist. Ebenso Weish 14,3: Ἡ δὲ σή, Πάτερ, διακυβερνᾷ πρόνοια, mit Anspielung (V. 6) an Noahs Seeabenteuer.

die Patriarchen des zweiten Geschlechts) Hierin liegt eine Besonderheit, die unsere Liste von anderen vergleichbaren unterscheidet. Es sind hier nämlich nicht die drei Männer im Feuerofen aus Dan 3,21ff. gemeint, sondern (wie in Bd. I Anm. 165 schon bemerkt) Abraham, von dem der jüdische Midrasch Ähnliches erzählt. Die Bezeichnung *Patriarchen des zweiten (Geschlechts)* − die Ellipse ist aus § 91 (Ende) zu füllen − würde nicht passen auf Israeliten, die erst in der Exilszeit gelebt haben.

Parallelen zu der in Bd. I, Anm. 165 genannten Stelle aus dem *Liber Antiquitatum biblicarum* 6,15−17 bietet in Fülle die Ausgabe von Harrington/Cazeaux Bd. II S. 97; ebenso Ginzberg, Legends I 175f.; 201; 216f. mit Anmerkungen in Bd. V; Bill. III 35; 666f. u. ö. Zu den rabbinischen Quellen und außerdem zur Ikonographie siehe Appel, Abraham.

---

[4] Hellenistische Beispiele erübrigen sich; sie sind Legion. Auch dem Roman dienen sie als Amplifikationsmittel: Chariton, *Callirhoë* II 2,5 bietet eine dreigliedrige Liste von persönlichen Vorbildern für eine bestimmte Verhaltensweise: Zethos, Amphion, Kyros.

[5] s. Siegert, Argumentation 38 (vgl. 27) und 243 Anm. 9.

Aus all dem klärt sich auch der Plural *Patriarchen,* weil nämlich zur Zeit des Turmbaus zu Babel zwölf Fromme — so heißt es —, darunter Abraham, wegen ihrer Weigerung mitzubauen selber mit dem Feuertod im Ziegelofen bedroht wurden. Abraham war dann der einzige, der es auf den Test ankommen ließ; die anderen[6] nützten die Gelegenheit zur Flucht. — So lassen sich die *babylonischen Tyrannen* jetzt auch näher benennen: In erster Linie ist es Nimrod; ferner kann man Abrahams Vater Terach (lt. Jos 24,2 ein Götzendiener) und seine ganze Sippe hinzuzählen, mit der sich Abraham wegen ihres Götzendienstes verfeindet haben soll[7].

Während die Septuaginta diese legendären Zusammenhänge nur andeutet (Jdt 8,27), finden sie sich im Koran voll ausgebreitet (Sure 21,51−71).

Die Rede vom *zweiten Geschlecht* ist leider nicht ganz klar. Nach § 91 wäre die ganze nachsintflutliche Menschheit gemeint; § 92 hingegen weist auf die Kinder Abrahams, also das Judentum. Nun hatten wir bis jetzt keinen Beleg für eine Selbstbezeichnung des Judentums als *zweites Geschlecht;* mir scheint jedoch die des Christentums als „drittes Geschlecht" (s. Harnack, Mission I 259−289; Simon, Verus Israel 135 ff.) eine solche vorauszusetzen.

Die Gnostiker schließlich in ihrem Bedürfnis, alles Bisherige zu überbieten, haben sich als ‚viertes Geschlecht' bezeichnet (Siegert, Nag-Hammadi-Register S. 229, aus N. H. II 5 125,6 − Ausg. Böhlig/Labib S. 103), womit sie übrigens auch ihre historische Posteriorität zugeben.

§ 93 *an den König der gegenwärtigen Generation)* eine sicherlich nicht häufige Gotteskennzeichnung metaphorischen Charakters. Über *König* siehe den Kommentar zu § 71; *der gegenwärtigen Generation* ist vom Kontext nahegelegt, einem geschichtlichen Durchgang, der bei der Zeit Jonas (identifiziert mit der Gegenwart des Synagogengottesdienstes) endet. Man könnte auch *des gegenwärtigen Geschlechts* übersetzen und an ἡ γενεὰ αὕτη in Mk 8,12.38; Mt 11,16 par. usw. denken, wo Jesus das ihm zeitgenössische Judentum oder überhaupt seine Zeitgenossenschaft so bezeichnet; doch haben im Armenischen die Syntagmen *aṙaǰikay dars* (so der Text) und *azgs ays* (so die Bibelstellen) nicht viel gemeinsam.

dieses gegenwärtige Wunder) identifiziert abermals die Zeit Jonas mit dem Zeitpunkt der Predigt. Der Verweis auf ständig wieder stattfindende Wunder der Natur in § 96−98 soll diese Identifizierung offenbar stützen.

---

[6] Sie werden hier in der Bezeichnung ‚Patriarchen' mit eingeschlossen. Zur „weiteren Fassung der Bezeichnung Patriarchen spätestens im 1. Jh. n. Chr." nennt Delling, Diasporasituation 82 Anm. 562: 4.Makk 16,25 („Abraham, Isaak, Jakob und alle Patriarchen"); Apg 7,8 f. (Joseph und seine Brüder).

[7] So die Midraschim und die Apokalypse Abrahams 1−8 (Charlesworth I 689−693). Dort und auch in anderen Überlieferungen fällt Feuer auf die Götzendiener. − Hinter alledem steht die Etymologie *ur* = ‚Feuer'.

§ 94 *ein Mensch, der vom Licht überwältigt ist)* nämlich vom „Licht" der Gotteserkenntnis, das nur mit den „Augen des Herzens" (§ 70) wahrnehmbar ist – eine Anleihe des Predigers an hellenistisch-mystischer Sprache, wie sie in Philons *De Deo* Z. 5–28 in voller Blüte begegnet. Vgl. JosAs 8,9; Apg 26,18; 1.Pt 2,9 usw. usf.

ein Gerechter) wohl Noah, nach Gen 6,9; 7,1. Der Sprachgebrauch ist nicht auf das Judentum beschränkt; der homerische Held Odysseus galt auch als „gerechter Mann" – s. o. 2.2 zu *De Deo* Z. 41.

Es folgt jetzt die Erwähnung der wichtigsten biblischen Meerwunder: Noah in der Sintflut, der Zug durchs Schilfmeer, Jonas Fahrt im Seetier.

unerschüttert) wörtlich ‚ohne Sturm'; *anjmeṙn* = ἀχείμαστος (ASA), ein Wort, das bei Josephus, *Ant.* III 88 in ähnlichem Zusammenhang (Katalog von Rettungen aus dem Wasser) erscheint.

In naher semantischer Verwandtschaft befindet sich das Wort ἀσάλευτος, das in Hebr 12,28 in dem Syntagma „unerschütterliches Königtum" begegnet. Die Gnostiker bezeichneten sich später als das „unerschütterliche Geschlecht": Siegert, Nag-Hammadi-Register S. 228 unten.

§ 95 *zum Wahrzeichen der Wiedergeburt) verstin cnnownd* dürfte ἀναγέννη-σις wiedergeben[8]. Dies ist ein spätes Wort, erstmals nachgewiesen bei Philon, der in *Aet.* 8 diesen Ausdruck als Synonym zu dem von den Stoikern gebildeten (und von Philon ins Judentum eingeführten) παλιγγενεσία gebraucht. Anders als bei den Philosophen üblich, wendet er dieses letztere Wort mitunter ins Individuelle; am deutlichsten in *Cher.* 114: εἰς παλιγγενεσίαν ὁρμήσομεν, und zwar „als solche, die mit Unkörperlichen vergleichbar sind". Spezifisch auf Propheten gezielt ist die Rede von einer „zweiten Geburt" (armen. *erkrord cnownd*) in Philons *QE* II 46. Dort wird Mose an dem Tag, wo er zum Empfang der Gesetzestafeln den Sinai besteigt, zum zweiten Mal geboren, nämlich zum Propheten. Unser Text freilich macht eine allgemeine, nicht nur auf Propheten passende Aussage.

Der christliche Sprachgebrauch hat mit ἀναγέννησις hauptsächlich Taufaussagen verbunden (gemäß Joh 3,3ff.)[9], Eschatologisches mehr mit παλιγγενε-σία; s. Lampe, *Lexicon s. vv.;* Hermann Büchsel im ThW I 672,27–32;

---

[8] Dar armen. Compositum *veracnowt'iwn,* das in den Wörterbüchern (ASA, Azarian) griechischem ἀναγέννησις und παλιγγενεσία entspräche, war offenbar noch nicht gebildet. Wie in Bd. I S. 3 (gegen Lewy) und bei Siegert, Philon 10 Anm. 3 erwähnt, gehört diese Art von Composita (mit apokopierten Wörtern in der Funktion griechischer Vorsilben) meistenteils einer späteren Zeit an als der der armen. Philon-Übersetzer.

[9] Vgl. die metaphorische Rede von einer „Wiedererweckung zum Leben" unten zu *De J.* 153; ebenso JosAs 15,5 („von heute an wirst du erneuert, wiedergeschaffen, wieder lebendig

685–688[10]. Üblicher im jüdischen und christlichen Sprachgebrauch war ἀνάστασις, ein Ausdruck ohne notwendige philosophische Implikationen. Was aber wird „wiedergeboren" im Sinne unseres Textes? In § 96 mußte die Übersetzung das entscheidende Wort aus dem Kontext erst ergänzen. Mir scheint von einer Auferweckung oder *Wiedergeburt* der Seele die Rede zu sein, jedoch nicht im Sinne einer allgemeinen Seelenwanderung, sondern so, wie Philon es in der o. g. Stelle *Cher.* 114 gemeint hat, oder wie wir es bei Josephus finden (s. Delling, Diasporasituation 40).

Hier gilt es es nun wieder, hellenistisches Lehrgut zur Kenntnis zu nehmen, das sich an die Auslegung „des Poeten" knüpfte. Die *Vita Homeri* gewinnt (in § 122) das „edelste Dogma des Pythagoras und Platons", das von der Unsterblichkeit der Seele, aus Homer. Schon er soll die Seelen für unsterblich gehalten haben und den Körper (δέμας) für ihre Fessel (δεσμός)[11].

Die Frage, was denn das Unsterbliche sei am Menschen, erweist sich auch hier als kompliziert. Der entscheidende § 123, der textlich leider nicht ganz in Ordnung ist, scheint zu besagen, daß dem Odysseus in *Od.* 11,601 der verstorbene Herakles als εἴδωλον ἀποπεπλασμένον τοῦ σώματος (Konjektur) erschienen sei; denn das καθαρώτατον τῆς ψυχῆς ἀπελθὸν αὐτὸς ἦν ὁ Ἡρακλῆς – „das reinste der Seele (das wäre, nach § 122 und 127, das Pneuma)[12], welches entweicht, war Herakles selbst." – Damit ist die kurze Auskunft leider schon zu Ende.

[*Nachtrag:* Statt εἴδωλον ἀποπεπλασμένον τοῦ σώματος konjiziert die Ausg. Kindstrand εἴδωλον, ὅπερ ἦν ἀποπτάμενον τοῦ σώματος, was noch besser in den angenommenen Platonismus der Passage paßt. Das „Selbst" des Herakles, sein εἴδωλον, ist sein reinster Seelenteil, welcher sich vom Körper verselbständigt. Der Text bei Kindstrand fährt fort: οὐκέτι ⟨τι⟩ τῆς ἐκείνου ὕλης ἐφελκόμενον: Der Seelenteil hat nichts mehr von der Materie des Körpers an sich. – Die stoische Ekpyrose-Lehre hätte nur von einer Selbstverjüngung des Kosmos im ganzen, u. z. des materiellen Kosmos, gesprochen.]

Zum Verständnis muß hinzugesagt werden, daß in den kosmologischen Abschnitten dieses Homer-Handbuchs der Hades im Luftraum angesetzt wurde[13], ebenso wie auch für Philon die Luft voll ist von körperlosen Seelen[14]. Diese Vorstellung wurde später für die neuplatonische Zauberei fundamental (Kl. Pauly II 1305,39 ff.).

---

gemacht werden" – so der Engel zu Aseneth vor ihrem Eintritt ins Judentum); ebenso Paulus in Röm 11,11–15.

[10] Bestätigt durch Dey, ΠΑΛΙΓΓΕΝΕΣΙΑ 3–13.

[11] Vgl. oben zu *De Deo* Z. 72 (Etymologie). – Nach LSJ kommt δέμας von δέμω ‚baue'.

[12] Aus Philon vgl. *Opif.* 135 (die menschliche Seele ist ein unsterbliches, göttliches Pneuma), *Det.* 86 u. a.

[13] Vgl. oben zu *De Deo* Z. 35. Begründung ist die – sprachgeschichtlich nicht einmal falsche – Ableitung des Epithetons ἠερόεις (‚dunstig, neblig', bei Homer häufig mit dem Namen des Hades verbunden) von ἀήρ. – Vgl. die ἐξουσία τοῦ ἀέρος in Eph. 2,2.

[14] s. Leisegang, Index S. 59 a, Punkt 4.

Wenn unsere Wiedergabe von *Vit. Hom.* 123 richtig ist, dann stimmt jedenfalls damit überein, was § 128 unter Berufung auf Platon und Aristoteles
aussagt: die körperlose Seele behalte ein πνευματικὸν ἐκμαγεῖον („Abdruck")
ihres früheren Körpers. –
Zur Einwirkung der hellenistischen Homerexegese in der Frage der Unsterblichkeit der Seele auf Philon, Kirchenväter und Neuplatoniker ist Boyancé,
Echo des exégèses 169–173 zu vergleichen.

Exkurs zu § 95 f.: Auferweckung des Fleisches?

In Bd. I Anm. 175 habe ich vorsorglich Einspruch eingelegt gegen eine
christliche Vereinnahmung unserer Stelle als *de resurrectione carnis locus.*
Zweifellos haben die Kirchenväter und hat auch die christliche Ikonographie
die Rettung Jonas aus dem Meerestier und aus der Meerestiefe so allegorisiert[1]; doch sind im antiken Judentum zu viele Auferstehungs-Vorstellungen im
Umlauf gewesen[2], als daß man sich hier zuversichtlich festlegen könnte. Der
Kontext muß jeweils das Nähere erweisen; und der deutet in unserem Fall eher
auf die Lehre von einem getrennt vom (zerfallenden) Körper aufbewahrten
Lebenshauch: § 96. Weish 2,23–3,19 könnte dahinterstehen[3], vielleicht auch
– um einen sehr viel älteren Text zu nennen – Platons „Staat" 614 B – Ende.

Tiefere Schichten der Volksfrömmigkeit pflegten daneben auch im Judentum die Vorstellung von einem Wiederauferstehen des Körpers in seiner vorhe-
rigen Materialität (christlich bei Denzinger Nr. 16: *hujus carnis resurrectio-
nem): so der Jerusalemer Stadtälteste Razi in 2.Makk 14,46, der, bei der
Bestürmung der Stadt schwerverletzt, seine Eingeweide auf die Feinde herab-
wirft; „und während er denjenigen anrief, der Herr ist über Leben und Pneuma, er solle ihm diese (die Eingeweide) wiedergeben, verschied er auf diese
Weise." – Griechisch-gebildetem Empfinden hingegen hätte die Vorstellung
von einer Wiedergeburt des Fleisches widerstrebt, wie sich etwa bei Celsus
(Origenes, *C. Cels.* V 14 mit Chadwicks Anm. z. St.) sehen läßt. Wir wüßten
gerne mehr darüber, wie der Jude bei Celsus, immerhin ein gebildeter Mann,

---

[1] Reiche Belege bei Duval, Jonas I 35; Dassmann, Sündenvergebung 224–226; Mitius,
Jonas 5–8 (literarisch) und 97 f. (ikonographisch); zur Ikonographie speziell: du Bourguet,
Scènes bibliques 239. Dies ist die früheste Art, Christi Auferstehung darzustellen, gemäß der
Typologie Mt 12,39 f. – Vgl. oben den Exkurs zu § 63 (Ende) sowie das zu § 92 („Zeichen des
Jona") Gesagte.
[2] Bill. IV/2, 1166 ff.; Hengel, Judentum und Hellenismus 179; 357 ff.; Fischer, Eschatologie
255 ff., insbes. 258: „Man wird damit rechnen müssen, daß oftmals nicht weiter darüber
reflektiert wurde, wer oder was überhaupt Träger jener postmortalen Unsterblichkiet sein
würde."
[3] kaum jedoch Ez 37. Der Text spricht von vertrockneten Gebeinen; da war kein Lebenshauch mehr übrig. Es ist vielmehr Gottes Atem, ein erneutes πνεῦμα ζωῆς (wie Gen 2,7), das
in die toten Gebeine hineinbläst. Daran haben auch, soweit ich erkennen kann, die jüdischen
Ausleger nichts geändert; vgl. Bill. I 895 (wo das Ereignis als historische Tatsache genommen

sich ein ἀναστήσεσθαι ἐν σώματι (Origenes, *C. Cels.* II 77) vorstellte. Hätte er geantwortet wie Paulus in 1.Kor 15,35−49?

Ein Vergleich mit zeitgenössischen Texten ist dadurch erschwert, daß beide hier in Frage kommenden griechischen Wörter für *Wiedergeburt* gerne übertragen gebraucht wurden − in unserem Text z. B. § 184 *geradezu wiedergeboren.* Von den beiden Vorkommen des Wortes παλιγγενεσία im Neuen Testament meint nur eines, Mt 19,28, Geschehnisse des Jüngsten Tages (vgl. par.); das andere, Tit 3,5, spricht von der Erneuerung in der Taufe. In JosAs 8,9 wird die Konversion der Aseneth in einem Fürbittgebet mit den gewaltigen Ausdrücken ἀνακαίνισον, ἀνάπλασον, ἀναζωοποίησον belegt.

Beachtung verdient, daß Jona in unserem Text *aus dem Schlaf ... herausgeholt* wird, und daß dies das *Wahrzeichen der Wiedergeburt* sein soll. Das meint offenbar nicht zuletzt den „Schlaf" der Gottvergessenheit (wie Eph 5,14), der in § 153, in einer Rede der Niniviten, sogar als ‚tot sein' bezeichnet wird. Duval, Jonas I 109 faßt jüdische Jona-Allegorien zusammen mit dem Satz: „Am Anfang des Todes steht die Sünde des Menschen, der vor Gott flieht."

Im Neuen Testament vgl. 1.Thess 5,6ff.; Eph 5,14. Im Gnostizismus wurde *Schlaf* beliebte Metapher für den unbewußten Zustand der Nichtgnostiker; vgl. etwa Siegert, Nag-Hammadi-Register S. 54; 131/32.

───────

§ 96 *(einen Lebenshauch))* Es ist schade, daß das wichtigste Wort − zumindest das im Hinblick auf die eben diskutierte Frage wichtigste − elliptisch ausfällt. Man muß also *einen lebenden Atem,* wie es im selben Paragraphen bei Anm. 172 wörtlich heißt, auch hierher ziehen. Religionssoziologisch gesehen ist es unwahrscheinlich, daß unser Prediger sich eine der im vorigen Exkurs genannten drastischeren Vorstellungen zu eigen gemacht hätte; und wenn je, wäre ihm die Gelegenheit nicht entgangen, sie in rhetorisch wirksamer Weise hier auszubreiten.

aus der Erde geschaffen) Das ist wiederum rein biblisch. Gen 3,19.23, insbesondere Pred 3,21: Der Lebenshauch (πνεῦμα) der Tiere ist nicht anders als der der Menschen; niemand könne sagen, der Hauch der Menschen steige beim Tode auf, der der Tiere aber steige ab in die Erde. Gerade diese Konsequenz aber, die Ekklesiastes zieht, wird hier unter Berufung auf Jona bestritten: Der Hauch des Menschen wird wohl *der Erde wiederum in Verwahrung gegeben* (vgl. Hi 1,21; Sir 40,1); aber das ist nicht sein Ende. So syrBar 30; ps.-Philon, *LAB* 19,12.

Zu *in Verwahrung (yawandi saks* = παραθήκης χάριν) vgl. Ps 31(30),6 („in deine Hände befehle ich meinen Geist"), eine Stelle, die bei Lk 23,46 eschato-

───────

wird) und im Babylonischen Talmud Sanhedrin 92a (wo es als Vision gilt); vgl. ferner Hieronymus' Auslegung, MPL 25, 347−350. Eher sind die von Hieronymus mit herangezogenen ntl. Stellen Mt 10,28 und Röm 8,11 so verstanden worden.

logischen Bezug hat[4]. Im Midrasch Koheleth Rabba 5,10 § 1 beweist Rabbi Meir einem „Kuthäer" ein Aufleben der Toten aus der Analogie mit dem alltäglichen Vorgang des In-Verwahrung-Gebens und Zurückerhaltens.

nach seiner Trennung vom Leibe) Die Vorstellung ist, daß der „Hauch" erhalten wird, während der Körper zerfällt. Siehe 4.Esr 7,75 (von der Seele), 7,100 (ebenso) und 7,78 (vom Pneuma). In 7,80 und sonst häufig in den Pseudepigraphen begegnet die Vorstellung von himmlischen Kammern für körperlose Seelen. (Hierzu auch Bill. I 890.) Ob nun der *Hauch* später wieder einen Leib bekommen soll und vor allem: was für einen, darüber enthält sich unser Text jeder Spekulation. Jonas körperliche Unverletztheit, von christlichen Autoren für die *resurrectio carnis* in Anspruch genommen (s. o.), wird hier gerade nicht als Argument benützt.

Gewisse rabbinische Nacherzählungen der Jona-Geschichte lassen Jonas Seele im Fisch sich von ihrem Körper trennen und vor dem himmlischen Gerichtshof erscheinen, von wo sie wieder zurückgesandt wird. Für seine Qualen im Meerestier (vgl. zu § 64) sei Jona dann mit leiblicher Aufnahme in den Himmel, gleichwie Henoch und Elia, belohnt worden (Ginzberg, Legends VI 350 Anm. 32). Dies war jedoch, wie auch aus Bill. I 646f. hervorgeht, eine Minderheitsmeinung.

Im übrigen sind Tod und Wiedergeburt das, was die Mysterien ihren Initianden zu erleben gaben: Apulejus, *Metam.* IX 23 mit Kontext; hierzu H. D. Betz, Hellenismus 190.

§ 97 *beim rätselhaften Vorgang der Geburt)* Dies ist ein Thema, über das antike Menschen sich viel gewundert (vgl. Spr 30,19 MT) und viel Spekulatives geschrieben haben. Pred 11,5: Wie du nicht erkennen kannst, τίς ἡ ὁδὸς τοῦ πνεύματος und wie die Gebeine sich im Leibe der Schwangeren zusammenfügen, οὕτως οὐ γνώσῃ τὰ ποιήματα τοῦ Θεοῦ, ὅσα ποιήσει τὰ σύμπαντα[5]. Auf diesem Hintergrund ist unsere Stelle zu verstehen, die ansonsten, was den Wortlaut betrifft, äußerst dunkel ist, vieldeutig[6] und möglicherweise korrupt.

---

[4] In jüdischer Gewohnheit war sie ein Abendgebet: Bill. II 269.

[5] Rahlfs' Ausgabe konjiziert anstelle des letzten Worts den Hebraismus σὺν τὰ πάντα (σὺν für hebr. *et,* wie sonst gelegentlich in dieser Schrift). – Man bemerke die Wiedergabe der hebr. Form *ja'ªśe* mit griech. Futur ποιήσει, was eine zunächst sicher nicht gemeinte eschatologische Note hineinbringt.

[6] *oč mioy* „nicht durch irgendjemandes" (so meine freie Übersetzung in Bd. I) kann einfach Wiedergabe eines griech. οὐδενός sein; *merjaworowt'iwn* „Hinzutreten" ist bei ASA zunächst mit ἀγχιστεία ,enge Verwandtschaft' wiedergegeben, sodann auch mit ὁμιλία, παρουσία; *kargaw* kann auch Adverb sein: ἑξῆς, καθεξῆς, ἔπειτα (wörtlich heißt es: ,der Ordnung nach'); *argelowmn* ,Widerstand' (in Bd. I Anm. 177 sollte der Singular stehen) entspricht κώλυσις, -μα und ist in unserem Text das Haupträtsel. Aus den Wiedergaben für das Verbum *argelowm* (ASA: κωλύω, ἀποκλείω, ἐγκλείω, συγκλείω, συνέχω, ἐπέχω, φραγίζω) könnte man auch den medizinischen Terminus ἐποχή ,Stoppen, Zurückhalten' gewinnen, der aber schwerlich in den Kontext paßt.

Exkurs zu § 97: Geburt und Luft / Pneuma / Hand Gottes

Nach Awgereans Vorbild habe ich in Bd. I so übersetzt, daß antike Theorien von der Belebung des Embryos bzw. des neugeborenen Kindes durch Luft oder durch Pneuma in den Blick kommen — so wie Robert Grant, Miracle 89 sie mit Verweis auf Weish 7,2 f. darstellt. Vgl. Philon, *Somn.* I 136 und hierzu wieder Helmut Schmidt, Anthropologie 39 (mit Anm. 211 S. 135) und 53 (mit Anm. 100 ff. S. 145), ferner, zur vermuteten Herkunft dieser Gedanken und zu ihrem Wiederkehren bei Kirchenvätern, Gronau, Poseidonios 117. Die *Vita Homeri* spricht in § 127 sehr deutlich von einem außerkörperlichen Lebenshauch: eine ἔξωθεν πνοή entfacht (ῥιπίζειν) das Pneuma eines ohnmächtigen Kriegers und macht ihn damit wieder lebendig (ζῶντα αὐτὸν κατέστησε) — das wird aus der Episode von der Verwundung des Sarpedon (*Il.* 5,692—698) herausgelesen. Der medizinische Casus ist nicht ganz der gleiche wie in *De Jona*, was aber wenig ausmacht: hier wie dort wie auch in der Frage, was beim Tod geschieht (eben diskutiert), ist dasselbe animististische Erklärungsschema erkennbar. Die Juden haben es mit der Alten Welt gemeinsam.

Der pseudo-galenische, wohl von Porphyrios verfaßte Traktat *Ad Gaurum* über das Thema Πῶς ἐμψυχοῦται τὰ ἔμβρυα (hg. v. Karl Kalbfleisch; Übersetzung bei Festugière, Révél. III 265—302, Erläuterungen ebd. 186—188) gibt reiche doxographische Auskünfte. Porphyrios (wenn er es ist) zitiert zustimmend den „Theologen der Hebräer" für die Lehre, daß Gott dem menschlichen Körper, nachdem er schon fertig war, das Pneuma eingeblasen habe εἰς ψυχὴν ζῶσαν (11,1, S. 48 K. = Stern, Authors II Nr. 466; Zitat von Gen 2,7). Er schließt dem seine eigene, etwas abweichende Meinung an (11,2), daß der Körper sich eine seiner Beschaffenheit entsprechende Seele herbeiziehe. Hieran ist nicht so sehr die Auffassung bemerkenswert, daß die Luft voll Seelen sei (das glaubte auch Philon; Belege bei Leisegang, Index *s. v.* ψυχή 13), sondern daß hier eine φυσικὴ ἐμψύχησις, geleitet von der Anziehungskraft der Sympathie, das besondere Eingreifen eines Schöpfers überflüssig macht — genau das aber will unser jüdischer Prediger wahren.

Bei anderen Philosophen würde er dafür Beifall finden: So lehrt der Neupythagoreer (pseudo-)Ekphantos, der Mensch könne sich nur durch eine θεομοιρής τις ἐμπνοίησις vom Boden erheben[7]. Noch etwas allgemeiner sagt es der Paulus der Aeropagrede Apg 17,25, wenn er den Schöpfer erwähnt als

---

[7] Thesleff, Pythagorean texts S. 79 Z. 3—7. Zu den teilweise jüdischen Bestandteilen dieser spätantiken Mischphilosophie vgl. Thesleff, Introduction 49 ff. — Die Vorstellung ist natürlich uralt, so alt wie der Animismus, und weit verbreitet. Plutarch, *Mor.* 607 D — der untere Kontext der im Exkurs zu *De J.* 28 angemerkten Empedokles-Stelle — paraphrasiert des Empedokles weitere Worte in dem Sinne, daß die Seele „von woanders" komme und ihr Geborenwerden im Körper mithin eine „Reise in die Fremde" (ἀποδημία) sei. — Das Gleiche im Gespräch zwischen Rabbi Juda und „Antoninus" im Babylonischen Talmud, Sanhedrin 91 a/b.

αὐτὸς διδοὺς πᾶσι ζωὴν καὶ πνοὴν καὶ τὰ πάντα. Vgl. oben zu § 90 (Alttestamentliches).

Im Babylonischen Talmud, Nidda 31 a Z. 21—23 (Parallele: Midrasch Rabba zu Koheleth 5,10 § 2), wird erörtert: zur Entstehung eines Kindes trage der Mann dieses bei, die Frau jenes, Gott aber *ruᵃḥ u-nšāmā,* also den Lebenshauch, und (damit) „Schönheit des Angesichts", Gebrauch der Sinne, Sprechen u. a.

2.Makk 7,22 f. macht nun von diesem Topos einen höchst interessanten Gebrauch. Dort sagt die Mutter der sieben makkabäischen Märtyrer zu ihren zum Tode verurteilten Söhnen: „Ich weiß nicht, wie ihr in meinem Leib entstanden seid, noch habe ich euch Atem und Leben geschenkt ... Nein, der Schöpfer der Welt hat den werdenden Menschen geformt, als er entstand; er kennt die Entstehung aller Dinge." Und sie fährt fort mit einer Wendung des Gedankens in die Zukunft: „Er gibt euch gnädig Atem und Leben wieder (πάλιν ἀποδίδωσιν), weil ihr jetzt um seiner Gesetze willen nicht auf euch achtet" (Einheitsübersetzung). Ganz wie in *De Jona* wird also der *rätselhafte Vorgang der Geburt* zum Argument dafür, auch andere, noch nie gesehene Taten Gott zuzutrauen.

In den rabbinischen Schriften wird dieses Argument vielfach wiederholt und abgewandelt, z. B. Sanhedrin 91 a, 92 a; Midrasch Koheleth Rabba 5,10 § 2 usw.; Bill. I 552.895—897. Laut Taanith 2 a/b (Äußerung eines Amoräers) besitzt JHWH neben dem Schlüssel zum Regen und dem zur Geburt auch den zur (Wieder)belebung der Toten, *ṯḥijjat ham-mētim.* Vgl. Meyer, Anthropologie 129; im Kontext (128—133) wird dort auch der besondere „göttliche Schutz für das keimende Leben" aus rabbinischen Schriften gewürdigt — Thema in *De J.* § 206. Eine Analogie zwischen Geburt und Befreiung aus einem Gefängnis (vgl. *De J.* 82) — beides Anlässe, Gott zu danken — begegnet im Midrasch Wajjikra Rabba zu Lev 12,2.

In christlicher Literatur gelten die Vorgänge der Schwangerschaft und der Geburt gleichfalls als Argument für die — körperliche — Auferweckung der Toten; z. B. bei Justin, *Apol.* I 19 (Duval, Jonas 80). Kyrill v. Alexandrien zieht in seinem Jona-Kommentar (MPG 71,598—638, hier 617 A) die Analogie zwischen Jona und einem jeden Embryo, der auch im Wasser nicht erstickt: „er lebt aber auch so und wird bewahrt/gerettet (σῴζεται), durch Gottes Befehle wunderbar (παραδόξως) versorgt."[8]

Das Natürliche und das Wunder lagen für antike Menschen noch nicht so weit auseinander wie für uns heute. Abarbanel verteidigt die Glaubwürdigkeit des Jona-Wunders ebenfalls durch die Analogie mit dem Embryo, der neun Monate lang im Leib seiner Mutter lebt (Bickerman, Jonas 233 Anm. 7), also das Einzelwunder mit dem aus alltäglicher Erfahrung bekannten „Wunder" der

---

[8] Gleiches Erstaunen über die Wunder der Schwangerschaft auch im Midrasch Rabba zu Lev 12,2; s. u. zu *De J.* 124.

Natur. In Nidda 31a, Z. 25f. (der Kontext wurde oben schon zitiert) sagt ein Amoräer: Es gibt Wunder *(niflā'ot),* die unerklärlich sind und deren sich auch diejenigen, bei denen sie geschehen, nicht bewußt sind.

---

§ 98 *ein Beweis … , wie es sich mit der natürlichen Schwangerschaft verhält)* Es dürfte ein bloßer Manierismus sein, wenn unser Redner zum Schluß dieses Diskurses (der sich ein „Gebet" nennt) das Verhältnis von Beweis und zu Beweisendem umdreht. –

Den in Bd. I Anm. 181 gegebenen Belegen für μαρτύριον ‚Beweis' läßt sich hinzufügen: Jes 55,4 (David als „Denkzeichen" Gottes, μαρτύριον); 2.(4.)Kön 17,15 (die Worte der Propheten); Hi 15,34 (das Lebensende erweist den Gottlosen); Hebr 3,5 (Mose); 1.Tim 2,6 (Christus); Philon, *QG* IV 189 (der Bibeltext). In Philons *Flacc.* 70 sagt Flaccus, nachdem er Gottes Wirken im Kosmos allgemein und zugunsten der Juden im besonderen wahrgenommen hat: σαφὴς δ' ἐγὼ πίστις – „ich bin (in Person) ein klarer Beweis. Was ich in blinder Wut gegen die Juden getan habe, mußte ich selbst erleiden."

Jona wird als persönlicher „Zeuge" für Gottes Walten bezeichnet in *De J.* 175.

Eine ähnliche, wieder dem kosmologischen (nicht dem geschichtlichen) Bereich zugehörige Typologie[1] verbindet sich in unserem Text mit dem Stichwort *nšanak* ‚Zeichen': § 187.

Mit dem Schluß dieses sonderbaren „Gebets" (§ 69) lassen sich die entsprechenden Passagen in jüdischen Midraschim vergleichen, wo Jona gelobt, seinem Auftrag treu zu bleiben, und daraufhin in Freiheit gesetzt wird (Ginzberg, Legends IV 250; VI 350 Anm. 32; Bill. I 646). Hier jedoch fehlt alles Rituelle.

c. 26, § 99 *seinen früheren Verkündigungsauftrag)* wie Jon 3,2 LXX τὸ κήρυγμα τὸ ἔμπροσθεν.

§ 100 *Wie ein Wildpferd … so war nun auch der Prophet – geduldig geworden)* der Manierismus einer Analogie mit Kontrast, wie § 29–31 Seesturm/ Waldbrand. – Der Topos vom *Wildpferd* und vom *Geschirr* ist viel variiert worden; vgl. Jak 3,3 und die Kommentare (bes. Wettstein) z. St.

§ 101 *Eine Strecke von drei Tagemärschen)* So nach Jon 3,3 in einer Auffassung, die auch durch Hieronymus bezeugt ist (*In Jonam* z. St.; Duval, Jonas I 80

---

[1] Zur Unterscheidung dieser beiden Arten von Typologien – die eine ist mehr im Platonismus und bei Philon zu Hause, die andere im Hebr. und bei den Kirchenvätern – s. Siegert, Argumentation 218–224 (Lit.).

Anm. 59) und durch die „Verkünd. Jonas" (S. 245 Issaverdens). Der Urtext, dessen Sinn Hieronymus natürlich auch kennt und erwähnt, hatte die *drei Tagemärsche* als Angabe des Durchmessers (Hieronymus: des Umfangs) gemeint, und nicht als — mirakulös schnell zurückgelegte — Entfernung Ninives vom Mittelmeer.

„In den jüdischen Quellen ist — unseres Wissens — diese haggadische Deutung nicht erhalten", sagt Rahmer (Traditionen II, Jona S. 20), „wir erfahren sie nur durch Hieronymus" — und nun durch *De Jona.*

Noch anders harmonisiert (ps.-)Ephraem die differierenden Zahlenangaben: 40 Tage sei Jona von der Küste bis zur Stadt gelaufen, drei Tage habe seine Verkündigung gedauert. So das *Commentarium in Jonam prophetam* Sp. 239/ 240 (Lamy).

Für den Topos der Eile vgl. Chariton, *Callirhoë* VII 5,14: dort schafft der Held der Handlung zwei Tagesmärsche an einem Tag.

§ 102 *zu den Menschen)* nicht: ‚zu den Heiden'. Vgl. zu § 28.

c. 27, § 103 *und verkündete: ...)* Jonas Bußruf, der in der Bibel kaum einen halben Vers lang ist (Jon 3,4 b), wird hier bis § 107 expandiert. Hinzu kommt die Predigt der Niniviten selber, § 111—140.

Über Jona als Bußprediger (vgl. Mt 12,41 par.; 1.Clem 7,7; Justin, *Dial.* 107,2 usw.) siehe Dassmann, Sündenvergebung 223—227; oben Exkurs zu § 86.

Feststaat / Schmuck) wörtlich: „Kränze", wie Bd. I Anm. 194 f. bemerkt. Zum Wortfeld vgl. Jes 61,10; zur Sache Blech, Kranz 75—81; Bill. I 507—509.

§ 104 *hat... verkürzt)* Dem Verbum *karčatem* entspricht bei ASA συστέλλω — vgl. 1.Kor 7,29; dem damit verwandten *karčem* entspräche κολοβόω — vgl. Mk 13,20 par.

noch drei Tage) Wie immer diese Abweichung der Septuaginta vom Urtext zustande gekommen sein mag, ob durch Assoziation mit den drei Tagemärschen (vgl. zu § 101 und Rahmers These a.a.O.) oder mit Jonas drei Tagen im Meerestier (vgl. Justin, *Dial.* 107,2) — jedenfalls entspricht sie einem Katastrophen-Schema, wie wir es auch 3.Makk 2,25—6,40 (bes. 6,38) vor uns haben. Dort soll die alexandrinische Judenschaft innerhalb von drei Tagen vernichtet werden; und Engel Gottes verhindern im letzten Moment die Ausführung des Edikts. Die Rhetorik und romanhafte Breite dieser Passage erinnert in vielem an unseren Text.

§ 105 *Ihr kennt Gott nicht)* Dies als Vorwurf, wie Röm 1,18—2,16, beruht auf der Voraussetzung, daß die Erkenntnis Gottes und der wichtigsten Grundregeln des menschlichen Zusammenlebens[2] allen Menschen zugänglich sei. Dies war in der Antike vor allem eine These der Stoa; und ihr ältester Lehrer, zugleich der meistgelesene Autor für tausend Jahre, soll Homer gewesen sein: So jedenfalls nach der Interpretation, die uns in *Vit. Hom* 112 erhalten ist. Dieser Abschnitt formuliert – bezeichnenderweise n a c h der Elementenlehre, also als Folgerung aus der Physik – den Grundsatz: Θεοὺς εἶναι πάντες οἵ γε ὀρθῶς φρονοῦντες νομίζουσι, καὶ πρῶτος "Ομηρος. Dem Erkennbarmachen (γνώμη) dienen nach § 113 die homerischen Anthropomorphismen. – Es folgt bis § 121 eine philosophische Lehre von den Göttern und der Vorsehung. Daß Götterglaube und Rechttun zusammenhängen, wurde oben in 2.2 zu *De J.* § 18 aus *Vit. Hom.* 184 erwähnt.

Weiteres zur Gotteserkenntnis und zu ihrem Zusammenhang mit der Ethik bieten in *De Jona* die §§ 120 und 125–136.

Zur Schelttopik der §§ 105–107 vgl. Philon, *Abr.* 135f. (gegen die Sodomiten), Paulus Röm 1,24–32 und die Pirke Rabbi Eliezer 43 (Bill. I 647 unten). Zum festen Repertoire solcher Lasterkataloge – Lietzmann im HNT zu Röm 1,24 und andere Kommentare geben seitenlang Parallelen; weiteres bei Conzelmann, 1.Kor 121–123 – gehören Rechtsbeugung[3], Raub und homosexuelles Verhalten[4]. Wir heben im folgenden nur einen auffälligen Punkt heraus, den dritten.

§ 106 *(ihr) versucht Männern das Aussehen von Frauen zu geben)* Während im Alten Testament Travestie verboten war (Dtn 22,5)[5], ja sogar das Rasieren (Dtn 19,27), wurde in der hellenistischen Kultur das Schönheitsideal immer mehr androgyn[6], was in der bildenden Kunst zu einer immer größeren Annäherung beider Geschlechter bis hin zu einer Art Verschmelzung in den Darstellungen des mythischen Hermaphroditos führte[7]. Entsprechend geputzt und kos-

---

[2] Als solche wurden, in bezug auf Nichtjuden, nicht einmal die Zehn Gebote angesehen, sondern die sieben Noachidischen Gebote. Vgl. Schürer III 178f. Anm. 77; Schürer/Vermes III/1,172 mit Anm. 181; Bill. III 37f.; Siegert, Gottesfürchtige 121–125.

[3] Dieser Punkt scheint mir in Röm 1,28–31 (ποιεῖν τὰ μὴ καθήκοντα) um der Adressaten willen verallgemeinert zu sein: es handelt sich um kleine Leute, die kaum in der Position waren, größere Rechtsbrüche zu begehen. Insbesondere die römische Judenschaft war arm (vgl. Siegert, Philon S. 79).

[4] Petersen, ΑΡΣΕΝΟΚΟΙΤΑΙ hat m.E. richtig dargelegt, daß dieses und verwandte griech. Wörter nicht eine Person oder Gruppe nach ihrer Grundeinstellung charakterisieren wollen (wie dt. „die Homosexuellen"), sondern nur nach gewissen, nicht unbedingt gewohnheitsmäßigen Verhaltensweisen.

[5] Auslegungen dieses Gebots finden sich z. B. bei Philon, *Virt.* 18–21 (davon abhängig, bei Clem. Alex., *Strom.* II 18) und Jos., *Ant.* IV 301 (mit Anm. in der Loeb-Ausgabe).

[6] s.z.B. Wilamowitz-M., Asianismus 31 mit Anm. 2; Dover, Homosexuality, letzte 3 Tafeln vor S. 119 oder das Frontispiz bei Licht, Sittengeschichte.

[7] Licht, Sittengeschichte 101–104 mit Taf. 33 bei S. 336. Monographie: Delcourt, Hermaphrodite.

metisch verjüngt gingen damals viele elegante Herren der Oberschicht über die Straßen, eine Mode, gegen die z. B. Clemens v. Alexandrien eine flammende Scheltrede geschrieben hat (*Paed.* III 3)[8], die in Behauptungen gipfelt wie der: Wenn Christen „gleichgestaltet" sein wollen „dem Bilde des Sohnes Gottes" (Röm 8,29), dann müßten sie die Haare stehen lassen, auch die auf der Brust. Doch hat die Sache einen ernsteren Hintergrund, dem der folgende Exkurs gelten soll.

Exkurs zu § 106: Ninive und Sodom (Rom)

Daß Philons Lasterkatalog gegen Sodom (*Abr.* 135f., schon öfters zitiert) mit dem unseren so große Ähnlichkeit hat, spricht für eine Tradition, die beide Städte aneinander anglich[1]. Beiden biblischen Geschichten war das Wort *HPK* (LXX: καταστρέψαι) gemeinsam (Gen 19,21.25.29; Jon 3,4; 2.Pt 2,6), ein Wort, das übrigens auch einen sexuellen Hintersinn haben konnte (Bill. III 68/ 69). Kimchi bemerkt diese lexikalische Gemeinsamkeit und kommentiert zu Jon 3,4: „Ihre (der Stadt Ninive) Taten waren wie die Taten jener" (Hinweis Bickerman, Jonas 251 mit Anm. 70). Dieser Punkt aus Jonas Strafpredigt gehört also der Heidenpolemik an, oder genauer: er gehört zu den im Judentum häufigen Warnungen vor den Gefahren der hellenistischen Zivilisation. Philons Kritik an der paederastischen Ausrichtung von Platons „Gastmahl" (*Cont.* 57–63) geht in die gleiche Richtung.

In *Spec.* II 50 erinnert Philon an das mosaische Urteil über den παιδεραστῶν καὶ βιαζόμενος τὸν ἄρρενα τῆς φύσεως χαρακτῆρα παρακόπτειν καὶ μεταβάλλειν εἰς γυναικόμορφον ἰδέαν. Solches war in den Kybele-Mysterien, deren meist jugendliche Initianden sich verschnitten, eine heilige Handlung; *Spec.* III 40f. erwähnt es in einschlägigem Kontext. Noch im 4. Jh. hat die christliche Heidenpolemik des Ambrosiaster diesen Punkt wiederholt: *amisso viri et actu et habitu in muliebrem transformantur* (CSEL 50, S. 306 Z. 11 f.; vgl. 308,8 ff.)[2], mit Hinblick auf stadtrömische Verhältnisse.

---

[8] Das Thema ist in der kynisch-stoischen Diatribe längst üblich: s. z. B. ps.-Heraklits 7. Brief, c. 8 (Malherbe, Cynic epistles S. 204 Z. 19 und Kontext)

[1] Duval, Jonas II 496: *le rapprochement est habituel.* Das *Carmen De Jona* knüpft in V. 1ff. direkt an die Sodom- und Gomorrha-Geschichte an. Aus dem vorausgehenden Gedicht *De Sodoma* vgl. bes. V. 23.

[2] Die Zuschreibung dieses Werkes an den sog. Ambrosiaster s. Altaner/Stuiber 389f.

[3] Selbst ein Kaiser soll darunter gewesen sein, Heliogabalus (so *Historia Augusta* XVII 7,2), wobei es sich hier um den Kult der „Syrischen Göttin" handelt, eine Art von – nicht ganz – symbolischem Selbsttopfer. Die Grenze zwischen Luxus und archaisch-blutiger Religiosität wird in den von Antipathie geprägten Berichten verwischt. Sichtung des Materials bei Guyot, Eunuchen *passim*. Einen Beleg für den Luxus des Kaisers und der römischen Oberschicht gibt z. B. Statius, *Silvae* III 4,68–72. Daß Domitian (dessen Eunuchen Flavius Earinus das zitierte Gedicht seines Günstlings Statius besingt) das gewerbsmäßige Kastrieren gesetzlich verbot, mußte von den Kundigen als eine Art Witz verstanden werden: Cassius Dio wertet es als Hohn auf seinen Vorgänger Titus, der gleichfalls „sehr um die Verschnittenen bemüht war" (67,2,3).

Nun haben rohere Gemüter im alten Rom nicht nur aus religiösen, sondern aus Luxusgründen *versucht, Männern das Aussehen von Frauen zu geben.* Im ganzen Reich dürfte der Fall des Kaisers Nero bekannt gewesen sein, der für seine verstorbene — nämlich von ihm selbst getötete — Gattin Poppaea in der ganzen Stadt Ersatz suchen ließ und keinen ähnlicheren fand als einen jungen Mann: *Puerum Sporum, exsectis testibus, etiam in muliebrem naturam transfigurare conatus est* (Sueton, *Nero* 28). Antike Schriftsteller versichern uns vielfach, daß sich für solche halbe Geschlechtsumwandlung sogar Freiwillige, auch aus vornehmen Häusern, zur Verfügung gestellt hätten[3]. Es scheint sich hier um eine hauptsächlich in der Stadt Rom geübte Praxis zu handeln, die bei den Griechen[4], auch denen in Alexandrien[5], keine Befürworter fand.

Das Judentum war aufgrund von Dtn 23,1, auch Lev 22,24 (Bill. I 807) und anderen Stellen[6] stets eindeutig gegen solche Eingriffe in die Natur (= Schöpfung). Siehe z. B. ps.-Phokylides 187 und die in Charlesworth II 581 Anm. k von P. W. van der Horst hierzu gegebenen Verweise auf Philon, Josephus und den Talmud. Das Konzil von Nicaea schloß sich dem mit seinem 1. Kanon an (Seitenhieb auf Origenes).

Die Beobachtung also, daß wir es hier mit einem besonderen römischen Luxus der Kaiserzeit zu tun haben, mag uns nicht nur einen polemischen Unterton in *De Jona* hörbar machen; sie ist auch mitzubedenken, wenn man die äußerst heftige Ablehnung παρὰ φύσιν gerichteten Sexualverhaltens in Paulus' Römer-Brief (1,26−32; ἄξιοι θανάτου εἰσίν V. 32!) würdigen will.

Ihr haltet euch für Lehrer der Rechtmäßigkeit) Ebenso Röm 2,19ff. Wörtlich: *Rechtmäßiges meint ihr zu lehren;* es besteht also kein Anklang an die Qumran-Schriften.

c. 28, § 108 *und glaubten ihm)* Vgl. Jon 3,5: καὶ ἐνεπίστευσαν ... τῷ Θεῷ, was auch im Neuen Testament Mt 12,41 zitiert wird. Brandenburger, ZThK 1988, 183 f. hat darauf hingewiesen, daß hier, im Jonabuch, der charakteristische Gebrauch von πιστεύειν (v. a. im Aorist) beginnt, der im Judentum sowie in den Schriften des Neuen Testaments eine Neuausrichtung des gesamten Lebens bezeichnet. Vgl. Weish 12,2; Jdt 14,10.

Aus Judäa haben wir das Beispiel des Herodes, der ja jede römische Mode mitmachte: Josephus, *Ant.* XVI 230.

[4] Von Herodot (VI 32 u. ö.) bis Plutarch (*Mor.* 857 C) reichen die Zeugnisse der Verachtung für diese ungriechische, nämlich persische Praxis.

[5] Clem. Alex. in der zitierten Passage (*Paed.* III 3) erwähnt sie nicht. Auf einem anderen Blatt der Geschichte stehen die Eunuchen im späteren Byzanz, von denen noch die Suda (unter σπάδων) meldet. Byzanz war keine griechische Polis, sondern, auch in dieser Hinsicht, das „neue Rom".

[6] vgl. ThW II 763−765 (εὐνοῦχος).

§ 109 *aus derselben Prophetengabe heraus)* Vgl. das zu § 20 Gesagte. In der hier nun vorliegenden Nuance, wo *Prophetengabe* nicht Zukunftsschau ist, sondern Mahnung, Elenxis, verbindet sich mit dem griech. προφητεία nicht sehr oft. Aus der Septuaginta vgl. 2.Esr 5,1; 6,14 (LXX); Sir 46,20; aus dem Neuen Testament 1.Tim 4,14.

§ 110 *Volksversammlung)* Das Wort *žołovaran* entspricht συναγωγή oder ἐκκλησία; letzteres ist hier zutreffend. Wir erhalten eine Skizze der hellenistischen Polis, die weitaus zutreffender ist als etwa in der „Verkünd. Jonas" (Issaverdens S. 245), wo der König selbst sogleich vor der Volksversammlung redet. Hier bleibt der König zunächst entrückt; erst in § 142 wird er, gemäß dem Bibeltext (Jon 3,6), im Zusammenhang mit den Bußübungen erwähnt – dort dann an erster Stelle.

Einige nicht näher bezeichnete Sprecher, öffentliche Funktionäre (vgl. die μεγιστᾶνες in Jon 3,7), interpretieren die Situation. Es gibt keinerlei Rückfragen oder demokratische Prozeduren. Die symbuleutische Redegattung, die sich samt der Gerichtsrede in der alten Demokratie einst herausgebildet hatte, ist ganz durch die epidiktische verdrängt. (Auf tieferen sozialen Ebenen kommen die anderen rudimentär noch vor; so § 48–57 auf dem Schiff.) Freilich entspricht es so auch der Situation des Predigers selbst während des Synagogengottesdienstes.

Die *Volksversammlung* als Schaubühne dramatischer Höhepunkte einer Erzählung begegnet ebenso im griechischen Roman: Chariton, *Callirhoë* I 1,11; III 4,3–18; VIII 7,1–8,16 (= Schluß). Übrigens sagt Chariton ausdrücklich, daß der Volksversammlung auch Frauen angehörten (III 4,4; VIII 7,1); dazu S. 14 und S. 175 Anm. 93 bei Plepelits: die weniger politischen als vielmehr zeremoniellen Volksversammlungen der hellenistischen und römischen Zeit ließen von ihrer Zielsetzung her Frauen zu. – Ort der Versammlung ist das Theater: Im Laufe der Zeit waren alle hellenistischen Städte mit einem solchen ausgestattet worden (Plepelits S. 162 Anm. 11).

c. 29, § 111–113 *Vielleicht kommt ihr dahin, liebe Mitbürger ...)* Das Exordium dieser bis § 140 reichenden Rede in der Rede ist das stärkste Beispiel für „großen Stil" in unserer Predigt. Nichts wird gesagt, wie man es im Alltag sagen würde[1]. Infolge dessen ist bei wörtlicher Übersetzung ins Armenische ein

---

[1] Was unter alledem zu leiden hatte, war die Verständlichkeit (vgl. 1.6.2). Aber ein guter Redner war in der Spätantike keineswegs ein verständlicher Redner; sondern in erster Linie hatte er Kunst zu zeigen (Norden, Kunstprosa I 279; 285ff. u.ö.). Bei den Armeniern gehörte es bis in unser Jahrhundert zur Feierlichkeit einer Festrede, daß sie in gewähltestem Altarmenisch gehalten war; und es galt ernstlich als Lob, wenn man von einem Redner hinterher sagen konnte: „Er hat sehr gut gesprochen; man hat ihn kaum verstanden." (So erzählte mir P. Nerses Der-Nersessian 1980 in Venedig.)

unverständliches Galimathias entstanden, das nur noch die Bemühung um Feierlichkeit, aber keinen bestimmten Sinn mehr erkennen läßt.

Das letzte Mittel, diesen Sätzen noch einen Sinn abzugewinnen, ist die Rückübersetzung ins Griechische[2]. Sie geschieht hier nicht aus Übermut, sondern aus Verzweiflung. Leider haben wir ja keine Kontrollmöglichkeit an anderen griechischen Texten desselben Autors, wie etwa bei Philon der Fall wäre. Außerdem läßt die von vornherein verdorbene, „asianische" Syntax des Textes nicht mehr erkennen, wo spätere Überlieferung des griechischen und dann des armenischen Textes Korruptelen hinzugefügt hat[3]. Nur unter Berücksichtigung all dieser Bedenken darf der folgende Rekonstruktionsversuch Aufmerksamkeit beanspruchen.

Prosarhythmen[4], die ohne alle Absicht beim Rückübersetzen mit entstanden sind, werden in Klammern kenntlich gemacht.

Ἴσως ἂν[5] ὑμᾶς (– ∪ – / –), ὦ ἄνδρες πολῖται (– / – ∪ – / –), εἰς τὸ τῶν δικαίων[6] τὴν δοκιμὴν γνῶναι τοὺς ἄρχοντας καὶ μὴ λαμβάνειν[7] τὴν τοῦ τέλους ψῆφον θανάτου τὴν τοῦ δικαστοῦ (– – – – –), συνδραμεῖν εἰς τιμήν[8] (– ∪ – / – – –). (§ 112) Ἡ γὰρ πρὸ ψήφους θανάτου ὑπὸ τῶν δούλων εἰς τὸν

---

[2] Als Hilfe stand mir folgendes zur Verfügung: (1) eine schriftliche Stellungnahme von Prof. Christopher Stead, Cambridge, zu einem der Entwürfe dieser Rückübersetzung; (2) eine Kopie aus Hans Lewys unfertigem Typoskript seines Bd. 2 zu *De Jona*, u. z. Übersetzung und Kommentar zu § 111–113. Das ganze soll durch Prof. Dr. Michael Stone in Jerusalem ediert werden. Ich bedanke mich bei Prof. Stead, Prof. Stone und der Israel Academy of Sciences and Humanities für ihre bereitwillig gewährten Hilfen.

[3] Aus diesem Grund verzichte ich auf alle von Lewy vorgenommenen oder vorgeschlagenen Textänderungen; lediglich die Einfügung der Negationspartikel in § 112 und der Relativpartikel in § 113 scheint auch mir unumgänglich. Im übrigen folge ich Hs. A (bei Lewy: D), der sonst besten von allen.

[4] Sie bestehen in der Verwendung des *Creticus* (– ∪ –) oder in Folgen mehrerer Längen, beides Mittel der Emphase und des Nachdrucks. Die damit ja nicht aufgehobenen Akzente wurden gesungen, bei den „Asianern" mit Tondifferenzen bis zu einer Quinte. Näheres bei Norden, Kunstprosa I 135–137 (Hegesias); II 600.914–923; ferner I 135ff.; II 600 u. ö.; Lausberg, Handbuch § 1008–1015.1018–1020. Auf Zusatzregeln, die den Ersatz langer Silben durch je zwei kurze vorsehen, kann hier verzichtet werden. Ich setze als bekannt voraus, was in griechischer Hochsprache eine lange und was eine kurze Silbe war (Zeichen: – und ∪); × sei das Zeichen für eine quantitativ nicht gemessene Schlußsilbe.

[5] regierendes Verbum – des Erwartens – ausgelassen (Ellipse) oder ausgefallen (Textlücke). Lewy, der die Worte ἴσως – πολῖται (ohne ἂν) gleichfalls hat, schlägt Änderungen des Satzgefüges vor. – Für Ellipse des regierenden Verbums wäre ein Beispiel die in OGIS II Nr. 598 mitgeteilte Jerusalemer Tempelinschrift, die so beginnt: ΜΗΔΕΝΑ ΑΛΛΟΓΕΝΗ ΕΙΣΠΟΡΕΥΕΣΘΑΙ ...

[6] Man erwartet eher: τῶν δικαζομένων. Vielleicht soll die Buße für die Niniviten *Gerechtigkeit* bedeuten; vgl. § 116f.

[7] Subjekt jetzt: die Niniviten. Vielleicht wäre ein ἡμᾶς oder ὑμᾶς einzufügen. – Zur Wahl des Verbums vgl. LSJ unter λαμβάνω II 1 (a) und e.

[8] Mit Lewy, der hier gleichfalls τιμή im aktivischen Sinn von ‚Ehrerbietung' auffaßt.

βασιλέα γινομένη τιμὴ (– – –) τὸ ἐκ ψυχῶν τῶν τιμώντων (– – – – – –) γνήσιον διαμαρτύρεται (– / – ∪ –)· ἡ δὲ μετ' ἀπειλῶν προσφερομένη ἀποδοχὴ⁹ δολερᾶς κολακείας ὑπόνοιαν, οὐκ ἀγαπήσεως (– ∪ –), ἀποφαίνεται (– ∪ –)¹⁰. Τῷ μὲν γὰρ ἐδόκει μόνον τιμᾶσθαι (– – – –), ἀλλ' ⟨οὐχ⟩, ὥσπερ νῦν ποιοῦμεν (– – – – – – ×), ψυχῶν θεραπεύεσθαι χάριν (– – – ∪ ∪)¹¹. (§ 113) Οὐ μὴν ἀλλ' ἐκείνου θνητοῦ ὄντος, ἐκ τῶν ὑπὸ νόμους βασιλέων πιπτόντων (– – – –), ὃς ἔδωκεν τῇ πόλει πρόσταγμα θανάτου, εἰς δικαστοῦ ἄξιόν ἐστιν συνδραμεῖν τὴν τιμήν (– ∪ – / – – –), ⟨ὅπερ⟩ ψυχῶν τῶν τιμώτων τὸ γνήσιον (– – – – – – – / – ∪ –) διαμαρτύρεται (– / – ∪ –).

Übersetzungsversuch: *(Nun) werdet ihr ja wohl, liebe Mitbürger, damit die Regierung die Bewährtheit der Gerechten erkennt und (diese) nicht das endgültige Todesurteil des Richters empfangen, gemeinsam Ehre erweisen.* (Objekt offen; sollte vielleicht von einer Umschmeichelung des Boten, nämlich Jonas, gewarnt werden, im Sinne von § 114? Aber vgl. das weitere.) *(§ 112) Denn die Ehrerbietung, die vor dem Todesurteil von den Untertanen dem König entgegengebracht wird, bezeugt die Aufrichtigkeit, die aus dem Herzen der Ehrenden (kommt); die Zustimmung hingegen, die mit (= infolge von ?) Drohungen vorgebracht wird, läßt als wahres Motiv verschlagene Servilität, nicht Zuneigung, erkennen. Denn er (der König) will lediglich geehrt werden, jedoch <nicht>, wie wir jetzt tun, um des (Über)lebens willen Huldigungen empfangen. (§ 113) Doch da jener (der Bote), der der Stadt den Todesbefehl (über)gab, (nur) ein Sterblicher ist aus denen, die (selbst) unter Gesetze von Königen fallen, (so) gebührt sich's (nun für uns), den Richter gemeinsam zu ehren, <was> die Aufrichtigkeit der Herzen derer, die da Ehre erweisen, bezeugt.*

πολῖται) Hier mögen alexandrinische Juden ihre Lieblingsanrede durchgehört haben, mit der sie von den alexandrinischen Griechen nie bedacht wurden. Vgl., für Jerusalem, 2.Makk 9,19 u. ö.

τὴν δοκιμὴν γνῶναι) ähnlich auch Lewy (vgl. Anm. 2), der auf 2.Kor 2,9, Phil 2,22 und 1.Pt 1,7 verweist.

---

⁹ Stead (vgl. Anm. 2) gibt hier συναίνεσις zu erwägen, ein Wort, das zwar nicht von ASA, aber (bei einer Gegenprobe) von Azarian, Lexikon bestätigt wird. Es meint jedoch in erster Linie die *Zustimmung* von seiten eines Richterkollegiums – hier auf die Volksversammlung der Niniviten übertragen? Ein Vorteil dieser Wortwahl wäre noch die Hiatusvermeidung.

¹⁰ Lewys Emendation ins Aktiv war nicht nötig: ein Deponens ist überwörtlich übersetzt worden.

¹¹ *zšnorh* („Gnade", Akkusativ) ist überwörtliche Wiedergabe der Postposition (τινὸς) χάριν. Der Nachklapp zweier kurzer Silben, der den Regeln des Prosarhythmus entgegensteht, findet seine Erklärung möglicherweise in dem negativen Inhalt des Satzteils; vgl. in der Textanalyse von 1.6.2 die Verse 30 und 33. Unser Redner betreibt keine undifferenzierte Erzeugung von Wohlklang, wie auch Lukas nicht.

ἀγαπήσεως) Alle Monarchen wollen gerne „geliebt" sein. In diesem Fall, wo es sich um eine Analogie zu Gott handelt, klingt Dtn 6,5 mit. Zum Substantiv ἀγάπησις ‚Zuneigung' (an dieser Stelle besser als ἀγάπη ‚Nächstenliebe') vgl. Arist 44.265.270; ferner Mal 3,4 LXX (3,3 MT), eine allerdings targumartig veränderte und erweiterte Stelle, die recht dunkel ist.

Die Gegenüberstellung κολακείας / ἀγαπήσεως ist ein typisches Beispiel jener Psychologie, die wir auch im gleichzeitigen hellenistischen Roman finden. Chariton, *Callirhoë* IV 4,2: „Das jugendliche Ungestüm, das du jetzt an den Tag legst, zeugt jedenfalls mehr von Leidenschaft als von Überlegung". (Übers. Plepelits). Vgl. 1.6.3; 6.1.1.

Τῷ μὲν γὰρ ἐδόκει μόνον τιμᾶσθαι) eine klare Anspielung an das Erste Gebot, Zusammenfassung aller Gebote. Das folgende ist wohl eine abschätzige Charakterisierung aller Zweckreligiosität und δεισιδαιμονία.

Hans Lewys noch unveröffentlichter Kommentar (vgl. Anm. 2) gibt für § 111–113 eine Passage aus Chrysostomos' Homilien *De poenitentia* (VII 6; MPG 49, 332) zu vergleichen:

„Entschuldige dich vor dem Richter, bevor du ins Richthaus kommst! Oder weißt du nicht, daß alle, die ihren Richter beschwichtigen wollen, nicht erst im Prozeß selber um sein Wohlwollen bemüht sind; sondern vor dem Betreten des Richthauses … bemühen sie sich um das Wohlwollen des Richters? So ist auch vor Gott zur Zeit des Gerichts keine Gelegenheit mehr, den Richter zu überzeugen! Jedoch *vor* der Zeit des Gerichts kann man den Richter noch beschwichtigen."

Ähnlich scheinen auch in unserer Predigt die Ältesten auf eine letzte Frist hinzuweisen.

§ 114 *Auf keinen Fall sollten wir uns mit Bitten an den Prediger aufhalten)* In § 139f. wird dies dann doch noch erwogen, wohl um einer gerade willkommenen Steigerung willen. (Improvisiert unser Prediger?) Die Ablehnung eines Vermittlers an unserer Stelle könnte eine antichristliche Spitze sein, wäre aber auch inner-alttestamentlich aus Jer 7,16; 11,14; 14,11 (Verbot der Fürbitte an den Unheilspropheten) zu erklären. – Im Gnostizismus wurde aus anderen Gründen Fürsprache abgelehnt[12].

---

[12] nämlich wegen grundsätzlicher Ablehnung des Gnadenbegriffs. NH I *1* (Apokrypher Jakobusbrief) 11,13 ff.: „Wehe euch, die ihr eines Fürsprechers bedürft; wehe euch, die ihr Gnade nötig habt!" – Ebenso werden die Heilungswunder Jesu, das Werk des „Menschen" im „Menschensohn", relativiert: Wer geheilt wurde, wird in die Krankheit zurückfallen; „selig sind aber, die nicht krank waren, sondern die ‚Ruhe' kannten, ehe sie krank wurden" (= in den Kosmos und in den Körper kamen) – so 3,29–32.

die Geltung des Gesetzes) Gemeint ist hier der aus natürlicher Gotteserkenntnis bekannte Gotteswille. Vgl. § 14.105.118ff., ferner Röm 2,14; Jak
4,11−17.

c. 30, § 115−117 *den Herrn des Gesetzes durch Bitten zu bewegen / Nicht
ringen wir mit dem Willen anderer)* Gegenüber dem Polytheismus und vielleicht
auch dem Christentum empfiehlt sich hier der jüdische Glaube als direkter
Zugang zum Gesetzgeber des Kosmos.

Herr des Gesetzes) ist eine ungewöhnliche Gotteskennzeichnung, für die ich
keine Parallele weiß. In der Septuaginta gibt es unzählige Male das „Gesetz des
Herrn", und bei Pindar und in stoischer Weltanschauung das Gesetz als Herrn
(s. o. zu § 4). Zieht man δεσπότης mit in Erwägung[13], finden sich einige
Vorkommen, auch von Genitivverbindungen, in der Septuaginta, aber nicht
diese. (Vgl. K. H. Rengstorf in ThW II 46,30f. und Kontext). − Die nächste
Parallele liegt also wohl im Neuen Testament, wo Jesus sagt, der Menschensohn sei auch „Herr (κύριος) des Sabbats" (Mk 2,28 par.). Hierzu finden sich
wiederum bei Billerbeck keine Parallelen[14].

Die Lehre, daß *subalterne* (wörtlich: ‚partielle') *Machthaber* doch nur durch-
setzen, *was der Wille des obersten Königs ist,* begegnet bei Paulus in Röm
13,1−7; in erzählender Form bot sie schon z. B. das Danielbuch, bes. c. 4. −
Unser Text läßt in § 187 Landesgrenzen „Zeichen" göttlicher Machtbefugnis
sein.

§ 118 *Nun laßt uns überlegen)* Die Nähe dieser Passage und der §§ 120ff. zur
stoischen Lehre von der Gewissensstimme wurde oben zu § 41 (Ende) bemerkt. Vgl. die ἐκ λογισμῶν μετάνοια des Homerauslegers Heraklitos (20,6)
und das oben bei *De J.* 85 hierzu Gesagte.

c. 31, § 119 *daß wir die Wahrheit finden)* Solches Wahrheits-Pathos verbindet
die Bibel beider Testamente mit der platonischen Tradition. Ἀλήθεια δὴ
πάντων μὲν ἀγαθῶν θεοῖς, πάντων δὲ ἀνθρώποις ἡγεῖται, sagt Platon (Νόμοι
730 B), „Wahrheit ist Anfang alles Guten für Götter wie für Menschen". Diese
Einsicht geht schon bei Platon in ethische Richtung und natürlich auch bei
einem Stoiker wie Epiktet; hierzu gibt der Art. ἀλήθεια bei Spicq, Supplém.

[13] Für das hier stehende Wort *tēr* gibt ASA nur κύριος; Azarian, Lexikon übersetzt jedoch
umgekehrt δεσπότης auch mit *tēr*. Josephus hat oft δεσπότης benützt; es tritt bei ihm als
Ersatz des Gottesnamens und als Gottesanrede „deutlich ... an die Stelle von κύριος"
(Delling, Diasporasituation 71 Anm. 487). Vgl. ThW III 1083 Anm. 219.
[14] Herm.mand. V 2,1 schließlich (ἐὰν γὰρ ταύτης τῆς ἐντολῆς κυριεύσῃς) ist anders
gemeint: „Meistern" eines Gebotes durch Einhalten.

16–31 auf seinen ersten Seiten eine luzide Übersicht. Für die pythagoreische Tradition stehe das Zitat bei Stobaeus, *Anthol.* III 11,33: Wahrheitsagen macht gottähnlich.

Τὸ ἀληθεύειν τίμιον, sagt *Vit. Hom.* 186 mit Belegen aus „dem Dichter", die die wahrheitsgemäße, von Hintergedanken freie Rede preisen. – Das Problem, Wahrheit zu *finden* – εὑρίσκειν τὴν ἀλήθειαν –, ist nicht direkt an Homer-Zitaten zu illustrieren; es wird in *Vit. Hom.* 92, der Einleitung zum „theoretischen" Teil der Schrift, als Aufgabe der gelehrten Auslegung genannt.

Philon wiederholt griechischen Eifer des Suchens nach der Wahrheit, wenn er sagt, diese Suche sei an sich schon lohnend, auch wenn sie ihr Ziel nicht erreiche (*Post.* 21; Lessing hat die These wiederholt). Mit einer charakteristischen Verschiebung der Akzente wird in der Spätantike Wahrheit als Offenbarung erwartet – so im *C. H.* XIII 9 –, ja als eine Offenbarungs-Macht, die den Menschen vergöttlicht (hierzu vgl. R. Bultmann im ThW I 241,31ff.).

Die Stelle aus Platons „Gesetzen" muß klassisch gewesen sein; selbst ein so schwülstiger und auf Effekte bedachter Rhetor wie Eunapios (*Vitae soph.* 10,2 Ende) zitiert sie. (Im Apparat findet sich der Hinweis auf Julian, *Oratio* 6, 188 B.: diesem Autor kann man mehr Ernst zutrauen.)

Etwas anders beschaffen und weniger abstrakt ist die alttestamentliche Rede von der ‚Wahrheit'. Entsprechend dem hebr. *ᵉmet* ist, sofern es grundsätzliche Aussagen sind, immer die Treue zu Gott mitgemeint und damit auch die Loyalität zur Tora. Das steht auch hinter Aussagen wie Ps 31(30),6, Gott sei ein „Gott der Wahrheit", einer, der „Wahrheit liebt" Ps 51(50),8. „Bis zum Tode kämpfe um die Wahrheit!" fordert Sirach auf (4,28). Test Ruben 3,9: „Liebt die Wahrheit, Kinder, und sie wird euch bewahren!" Vgl. Test Dan 1,3; 2,1; 6,8 und die Rede vom „Tun der Wahrheit" in Test Ruben 6,9, Test Issachar 7,5 und Test Benjamin 10,3. – Diese Aussagen bzw. Aufforderungen werden im Johannesevangelium auf den Glauben als Verbindung zu Christus übertragen: In ihm „geschah Gnade und Wahrheit" (1,17); er sagt von sich: „Ich bin die Wahrheit" (14,6) und verheißt: „Die Wahrheit wird euch frei machen" (8,32). Die spekulativ-griechische Frage, was Wahrheit sei (im Munde eines römischen Politikers vielleicht nur die Skepsis des Pragmatikers ausdrückend), bleibt ohne Antwort (18,38). Rudolf Bultmann hat, über seinen ThW-Artikel hinaus, den religions- und philosophiegeschichtlichen Hintergrund dieser johanneischen Sätze in seinen Exegetica 124–197 detailliert dargestellt. Das mehr oder weniger gnostische Material, womit Bultmann den Sprachgebrauch der späteren hellenistischen Zeit charakterisieren will, ist durch Plutarchs Theologie zu ergänzen, wonach Gott Gerechtigkeit, Wahrheit und Milde ist (*Mor.* 781 A; vgl. unten zu *De J.* 216). Διὸ θεότητος ὄρεξίς ἐστιν ἡ τῆς ἀληθείας, μάλιστα δὲ τῆς περὶ θεῶν, ἔφεσις (*Mor.* 351 E). Das Streben nach ihr ist hohen Preis wert, auch den, sich als Schüler lächerlich zu machen und zu irren (*Mor.* 47 E).

Sowohl Plutarch wie auch Clemens v. Alexandrien (*Strom.* V 14 § 140,6) zitieren den Vers des Phokylides (Frg. 14 Bergk), edel sei es, viel zu irren, sofern man nur suche. – In solchen Worten blieb die platonische, nicht gnostisierte Wahrheitsauffassung bis in die Spätantike lebendig. Innerhalb des Judentums hat sie Verstärkung erhalten durch die wohl aus Persien kommende Erzählung von den Drei Pagen (3.Esr 3–4): Mächtiger als der Großkönig, als der Wein und als die Frauen sei die Wahrheit; „gepriesen sei der Gott der Wahrheit!" (4,10). Die Konsequenz, die der Großkönig im Kontext dann zu ziehen bekommt, liegt auf ethischem Gebiet: Einhaltung eines Versprechens (4,42ff.)

Auf dem Hintergrund dieses weitgespannten Netzes von Beziehungen und Anschlüssen vertritt unser Prediger eindeutig den jüdischen Wahrheitsbegriff, den einer Bindung an Gott und seinen Willen, auch wenn die Worte im folgenden stark stoisch klingen und von der Tora gar nicht die Rede ist. Es soll ja gerade – im Munde der Niniviten – die Einsicht weitergegeben werden, daß Gottes Wille, angefangen vom 1. Gebot (§ 120 spielt genauso darauf an wie vorher die Jona-Rede, § 105), die rechte Lebensführung und damit Rettung für alle Menschen bedeutet, nicht nur für bestimmte.

Euch ist bekannt, was ich euch jetzt predigen werde, sagte Jona in § 104. Das erkannte Gute auch zu tun, das ist die Aufforderung dieser fingierten Reden in Ninive und der tatsächlich gehaltenen in jener antiken Synagoge. Ποιεῖν τὴν ἀλήθειαν ist eine Wortverbindung, die nicht erst Johannes gebraucht hat (3,21; 1.Joh 1,6 – vgl. noch Röm 1,25), sondern sie ist jüdisch: Vgl. Neh 9,33 (= 2.Esr 19,33 LXX) von Gott, Tob 4,6 und PsSal 17,15 von Menschen.

Gegenüber dieser Entschränkung des praktischen Wahrheitsbegriffs von allem Partikularen sollte freilich noch darauf hingewiesen werden, daß die Antike auf dem Gebiet, das wir heute ‚objektive' Wahrheit nennen würden, wenn es also um Tatsachen geht (z.B. historische), hemmungslos parteilich war, wie oben zu § 63 bemerkt.

§ 120 *daß wir Menschen sind)* Daß Menschsein nicht nur ein Zustand sei, sondern eine Aufgabe, haben besonders die Stoiker gelehrt: SVF III Nr. 178–189. In populärer Form bietet diesen Gedanken folgende aesopische Fabel (Nr. 57 Chambry):

„Man sagt, die Tiere seien zuerst geschaffen worden, und es sei ihnen von Gott (Verschiedenes) geschenkt worden (χαρισθῆναι): dem einen Stärke, dem anderen Schnelligkeit, einem anderen Flügel; der Mensch aber habe nackt dagestanden und gesagt: ‚Mich allein hast du ohne Geschenk/Reiz (χάρις) gelassen!' Zeus aber habe gesagt: ‚Du bemerkst nicht deine Gabe, obwohl du die größte erhalten hast: Du hast Vernunft/Sprache (λόγος) empfangen, die mächtig ist bei den Göttern und bei den Menschen, mächtiger als die Mächtigsten und schneller als die Schnellsten.' Da erkannte der Mensch sein Geschenk, dankte auf den Knien (προσκυνήσας καὶ εὐχαριστήσας) und ging."

Ähnliches besagt die Lehre des Sokrates bei Xenophon, *Mem.* IV 3. Beginnend mit Beobachtungen über die Zweckmäßigkeit des Kosmos für die Menschen (Topoi: Tag/Nacht; Sonne/Mond; Jahreszeiten, nützliche Tiere u. a.) werden λογισμός und ἑρμηνεία, also Denk- und Ausdrucksvermögen, als besonderes Göttergeschenk an die Menschen gewürdigt (§ 11 f.). Hier sind Ansichten der Stoiker bereits vorgebildet, wobei letztere im Interesse ihrer einheitlichen Kosmologie den Unterschied zwischen Menschen und Tierwelt als nur graduell hinzustellen trachteten – bestritten in Philons *De animalibus*. In der *Vita Homeri* (133; vgl. oben 2.2 zu *De Deo* 7. 117 ff.) findet sich die besondere Würde des Menschen so ausgedrückt: „Mitten zwischen Gott und Tier steht der Mensch". – Wenn also der *De-Jona*-Text sagt, die Niniviten hätten *den wilden Tieren nachgeeifert,* so würde die *Vita Homeri* (a.a.O.) hierfür den Terminus θηριωδία[15] bereitstellen, den Gegenbegriff zum θεοειδής-Sein des Tugendsamen.

Die 322. aesopische Fabel (ed. Chambry) gibt eine Aetiologie der ψυχαὶ θηριώδεις. Cornutus 16 (S. 22 Z. 20 f.) sagt in typisch stoischem Optimismus, Hermes (der Logos) bilde auch die θηριώδεις.

In *Vit. Hom.* 126 zeichnet der Homer-Interpret einen Kontrast zu den ἄφρονες ἄνθρωποι – das sind des Odysseus Genossen, die, wie ihre durch Kirke bewirkte Verwandlung in Schweine anzeigt, bei der Metempsychose eine Einkehr εἰς εἴδη σωμάτων θηριωδῶν zu erwarten haben; der ἔμφρων ἀνήρ jedoch, dargestellt durch Odysseus, wird vom Hermes = Logos bei seiner Einkehr in den Hades (= Luftraum) allem Leid enthoben als τὸ ἀπαθὲς λαβών.

Philon kontrastiert in *QG* II 60 (und überhaupt oft)[16] Menschen gegen Tiere und sagt: Tiere berauben wenigstens nicht ihresgleichen; Menschen aber, die doch alle Brüder sind und ihre λογικὴ φύσις von einer gemeinsamen Mutter haben[17], sollten sich schämen, gegeneinander Krieg zu führen. Philon variiert und steigert damit eine Aussage Hesiods[18], der in *Opera et dies* 276 ff. gesagt hatte: Alle Tiere fressen einander auf, weil sie kein Recht kennen; ἀνθρώποισι δ' ἔδωκε δίκην, ἣ πολλὸν ἀρίστη / γίγνεται – „den Menschen aber gab (Zeus) das Recht, welches bei weitem das Beste ist".

Vgl. noch oben § 41 „Gewissenserforschung", ferner unten den Kommentar zu *De S.* 27 über den Unterschied zwischen Mensch und Tier, der in der Selbstbeherrschung liege.

---

[15] Der Verf. beruft sich auf Aristoteles, wo θηριώδης als Bezeichnung des Mangels an Tugend und Beherrschung üblich ist. Als Substantiv bevorzugt er θηριότης.

[16] Die Belege füllen die zweite Hälfte des Art. θηρίον in Leisegangs Index.

[17] eine seltene Würdigung Evas – bedingt wohl durch jüdisches Recht, wonach Jude ist, wer von einer jüdischen Mutter stammt, und wo ein übergetretener Heide nur mit seiner Mutter für blutsverwandt gilt (letzteres Bill. III S. 65 Mitte).

[18] Philons Vertrautheit mit Hesiod erhellt aus Leisegang, Index unter Ἡσίοδος. Vgl. Spieß, Logos 412 f. (zu 2.Pt 2,12).

Im Alten Testament kann man z. B. Ps 73(72),22 und Dan 4 heranziehen; im
Judentum 4.Makk 12,13 (Gegensatz von ἄνθρωπος εἶναι und θηριωδέστατος
– so der jüdische Märtyrer zu seinem Peiniger) und 4.Esr 8,29f.; im Neuen
Testament Mt 6,26; 12,12; 2.Pt 2,12; Jud 10. – Im 4.Esra ist bemerkenswert,
daß Menschsein und Denkenkönnen dort keineswegs als Glück gilt; in des
Verfassers Lage bedeutet es nämlich Grübeln über die Zerstörung Jerusalems
(4,22; 7,64f.; 8,25).

Im Gnostizismus hießen die Nichtgnostiker ‚Tiere'[19]; doch war der Unterschied zwischen ihnen und den mit der Erkenntnis ihrer höheren Herkunft
Beschenkten vorherbestimmt[20] und nicht durch Buße oder Gebet zu beeinflus-
sen.

§ 121 *was zur Unterhaltung und Freude dient)* Gottes Philanthropie und
Freigebigkeit ist keineswegs nur auf ein „ernstes" Leben ausgerichtet. Der
Bibelleser kann das feststellen, wenn er z. B. das Stichwort ‚Wein' durch beide
Testamente verfolgt; ein Zeitgenosse und Beobachter des antiken Judentums
hat es am Lichterglanz und den kulinarischen Freuden der häuslichen Sabbat-
feiern erkennen können[21]. Der stoisierende Paulus der Apostelgeschichte sagt
in einer Predigt (14,17), Gott habe sich nicht unbezeugt (οὐκ ἀμάρτυρον)
gelassen, „indem er Gutes tut, und vom Himmel herab den Regen gibt und
Erntezeiten (hierzu vgl. Aratos, *Phaenomena* 6–9) und eure Herzen mit
Nahrung und Frohsinn (τροφῆς καὶ εὐφροσύνης) füllt".

§ 123 *der uns nicht nur das Geschenk der Nahrung, sondern überhaupt das
Leben gönnt)* Die Areopagrede verwendet den gleichen Topos (Apg 17,25):
Gott ist διδοὺς πᾶσι ζωὴν καὶ πνοὴν καὶ τὰ πάντα. – Vgl. § 97 mit Kommen-
tar und § 217.

c. 32, § 124 *Welcher Vater … hat seine Söhne unterwiesen?)* In diesem
Paragraphen kommt der Prediger am ehesten auf spezifisch jüdische Pflichten
zu sprechen. Diese hier ist im *šma'* formuliert, Dtn 6,7; vgl. V. 20ff. – Jes 38,19
(Luther): „Der Vater macht den Kindern deine Treue kund".
Zur täglichen Rezitation des *šma'* nach rabbinischer Vorschrift s. Bill. IV/1,
191–195, zum *šma'* in fremden Sprachen ebd. 196. Die Rezitation war nur für

---

[19] vgl. Siegert, Nag-Hammadi-Register S. 99.252.
[20] So jedenfalls nach Clem. Alex., *Exc. ex Theod.* 56, wo es wenige „von Natur" (φύσει)
Gerettete gibt, sehr viele „von Natur" Verlorene und dann noch eine Mittelschicht – da mag
das kirchliche Christentum gemeint sein –, welche Entscheidungsfreiheit (αὐτεξούσιον) hat.
Auf sie dürfte die gnostische Rede von einer μετάνοια (Belege bei Siegert, Nag-Hammadi-
Register) gezielt sein.
[21] So Persius, *Saturae* V 179–184 (Stern, Authors I Nr. 190f.; Siegert, Gottesfürchtige
148), der seine Beobachtungen freilich, in dem Bestreben, amüsant zu sein, ins Negative zieht.

die jüdischen Männer Pflicht (196f.); vgl. hier *welcher Vater*. Für die Diaspora siehe Arist. 160 (*šma'*-Rezitation); 2.Makk 7,6; 4.Makk 18,10–19 (ein Vater lehrt seine Söhne das Gesetz – darin auch das Moselied – und die Propheten); Philon, *Spec*. III 29; Josephus, *C. Ap.* II 204 (jüdische Eltern lehren ihre Kinder die Gesetze). Toraunterricht an Mädchen in der östlichen Diaspora bezeugt Susanna 3 (ZusDan; = Dan 13,3 Vulg.). Zu alledem siehe Delling, HUCA 1974, 145 und dens., Diasporasituation 30 und 94. Nach Delling dürfte immer noch das Alte Testament gemeint sein, wenn es in 2.Tim 3,15 heißt: ἀπὸ βρέφους ἱερὰ γράμματα οἶδας.

Rhetorisch haben wir es mit einer vierfachen τίς-Anapher zu tun. Zur Stilistik der Anaphern in Hellenismus und Judentum siehe Wifstrand, Bildung 32f.

Bei welcher Geburt wurde dem Schöpfer dafür gedankt, daß das Kind wohlge-staltet ist?) Lev 12,1–8 hatte zunächst nur ein Sündopfer zur rituellen Reini-gung der Frau nach dem Wochenbett vorgeschrieben (vgl. Lk 2,22–24). Im Laufe der Zeit ist dieser Brauch als Ausdruck von Dank aufgefaßt bzw. durch Dankgebete überhaupt ersetzt worden[22]. Erst in solcher „Vermenschlichung" des Gottesdienstes fällt dann auch in Betracht, ob das Kind *wohlgestaltet* ist[23].

über welchem Tisch wurde Gott gepriesen?) Über das Tischgebet als Pflicht eines Isrealiten siehe Dtn 8,10; Sib. IV 25f. (zitiert in ps.-Justin, *Cohort*. 16); Arist. 184–186 (das Curiosum eines Tischgebets mit anschließendem Beifall); JosAs 8,5; TestAbr B 5,2 (Gebet nach dem Essen)[24].

Im Rabbinat ist besonders Mischna, Berachoth 6 einschlägig. Die Diskussion dieses Kapitels im Babylonischen Talmud beginnt mit der These Rabbi Akibas, nichts dürfe gegessen werden, was nicht gesegnet ist (Berachoth 35a). Mehr bei Bill. IV/2, 627–634. – Röm 1,21: Man kann Gott nicht erkennen, ohne ihm zu danken.

c. 33, § 125f. *es sei nicht möglich, mit vergänglichen Augen den Unvergängli-chen zu sehen)* Daher ja die Bedeutung der „Augen des Herzens" (oder „des Verstandes") – oben § 70 –, die Gott durchaus zu öffnen vermag; er *schenkt uns selbst die schöne Erkenntnis seiner*. Philon hat viel darüber nachgedacht,

---

[22] Vgl. Soetendorp, Symbolik 16; ferner 4.Esr 9,45. Der Midrasch Rabba zu Lev 12,2 führt breit aus, wie sehr man Gott für die Bewahrung des Kindes in der Zeit der Schwangerschaft dankbar sein müsse: c. 14,2–9; hebr. Bd. II S. 38b–40b der arab. Paginierung; engl. Bd. IV S. 180–187. – Auf einer anderen Ebene liegen die Psychologisierungen von Lev 12,1–8, die Bill. III 119 anführt.

[23] Zum Problem behinderter Kinder im AT vgl. Ex 4,11: auch der Stumme, Taube, Blinde ist von Gott so geschaffen. – In Israels heidnischer Umwelt, wo das Aussetzen von Kindern nicht verboten war, hat man sich des Problems auf solche Weise entledigt.

[24] Delling, HUCA 1974, 139; ders., Diasporasituation 47.

unter welchen Umständen dies geschieht (vgl. Siegert, Philon 39—46); unser Prediger enthält sich solcher fundamentaltheologischen Erwägungen. Er tut uns nicht den Gefallen, das Verhältnis von natürlicher und geschichtlicher Offenbarung, die beide in dieser Predigt vorkommen, näher zu bestimmen. (Vgl. aber zu § 136; ferner 6.2.6.)

Die verwandte Aussage in Joh 1,18 („niemand hat Gott je gesehen...") wird bei Bultmann, Johannes 54 so interpretiert: Einst waren der Logos und das Leben in der Schöpfung erkennbar (Joh 1,4); seit die Welt ihn aber ablehnte (1,5), ist er nur noch im „einziggeborenen Sohn" anschaubar. – Was bei unserem Prediger Übergang ist, ist bei Johannes schroffe Alternative.

Gott als *den Unsichtbaren* zu kennzeichnen, wie im weiteren geschieht, ist innerhalb des Judentums ein nachbiblischer Sprachgebrauch. (Im NT dann Hebr 11,27: ὁ ἀόρατος.) Was heutige Leser aus christlichem, auch philonischem, Sprachgebrauch für ein Wertprädikat halten mögen – ἀόρατος –[25], wurde in hellenistischer Literatur sonst, ja selbst in der Septuaginta (Gen 1,2) eher abwertend gebraucht. Wie oben in 2.2 zu *De Deo* Z. 35 und 56 schon dargelegt, ist es ein stark antihellenisches Element, jede natürliche wie künstliche Verbildlichung des Göttlichen für menschliche Augen abzulehnen und Gott als ‚unsichtbar', ja als *den Unsichtbaren* zu bezeichnen.

Als *der Unvergängliche* (ὁ ἄφθαρτος) begegnet Gott bei Philon[26], noch nicht in der Septuaginta. – Im Neuen Testament wird ἄφαρτος gelegentlich adjektivisch zu Θεός gestellt (Röm 1,23; 1.Tim 1,17 neben ἀόρατος). Beliebt wurde das Wort, auch seine Substantivierung, im Gnostizismus[27].

Unvergänglich sind die homerischen Götter nach *Vit. Hom.* (referiert in 2.2 zu *De Deo* Z. 56) durchaus, aber darum nicht unsichtbar: das Licht der Gestirne, der Schimmer des noch über diesen liegenden Aethers (= des Zeus) macht sie den Menschen bekannt. In *Vit. Hom.* 98 wird der himmlische Olymp – nicht derjenige, der ein Teil der Erde ist – als τοῦ οὐρανοῦ τὸ λαμπρότατον καὶ καθαρώτατον bezeichnet. Die Frage, ob die Götter etwas Transzendentes (νοητόν) seien, wird in *Vit. Hom.* 114 nur zögernd bejaht (s. o. zu *De Deo* Z. 9): Zeus, der „Erste Gott", werde „eher" durch Denken erfaßt, sei νοήσει μᾶλλον καταληπτός.

Hier ist also ein klarer Gegensatz zwischen griechischer und jüdischer Gottesvorstellung faßbar. Er wird auch aus *Vit. Hom.* 112 deutlich, wo in einer Aufzählung von Eigenschaften der Götter zwar deren Unsterblichkeit (ἀθάνα-

---

[25] als Gottesprädikat: Kol 1,15; „Leben Adams und Evas" 35,3 (Denis, Concordance 817a); TestAbr A 16,3f.; Sib III 12; substantiviert τὰ ἀόρατα Röm 1,20; Kol 1,16; dazu μὴ/οὐ βλεπόμενα 2.Kor 4,18 (dort klarer Wertrang); Hebr 11,1.

[26] Belege bei Leisegang, Index unter ἄφθαρτος (Ende), auch bei Kuhr, Gottesprädikationen 3.

[27] Siegert, Nag-Hammadi-Register S. 189.225. Die kopt. Übersetzung *atčōhm* ‚unverderblich' betont hierbei das Qualitative in diesem Begriff; vgl. ebd. S. IX (A. Böhlig).

τοι ὄντες) und sorgenfreies Leben (ῥᾴδιον ... ἔχουσι τὴν τοῦ ζῆν φύσιν) erwähnt werden, aber nicht Unsichtbarkeit. Diese ist vielmehr eine Eigenschaft des Ortes der Totenseelen, der Luft (§ 122: ἀόρατος; vgl. oben zu *De J.* 95).

Damit wäre denn auch das Heiligste der Griechen, ihre Götterbilder – sie müssen ihnen so wichtig gewesen sein wie den Juden der Tempel in Jerusalem – philosophisch gerechtfertigt. Eben weil die griechischen Götter nicht den Mangel der Unsichtbarkeit aufweisen, können sie auch dargestellt werden, wobei, wie *Vit. Hom.* 138 befindet, Schönheit Bestandteil und Ausdruck von εὐδαιμονία und μακαριότης ist. Die Körper der Götter, wie sie von Homer geschildert oder von der bildenden Kunst dargestellt werden, sollen also deren intelligible Eigenschaften ausdrücken – so wäre wohl der lakonische Abschnitt 113 in *Vit. Hom.* wiederzugeben, der besagt, daß die den Göttern „umgelegten" Körper das δεκτικὸν (‚Fähigkeit zu') ... ἐπιστήμης καὶ λόγου bedeuteten: Das gleiche, besonders groß und besonders schön in den Götterbildern (ἀγάλματα) dargestellt, mache auch den Einfältigen klar, ὅτι εἰσὶ θεοί[28].

§ 126 *die Elemente ..., den Himmel, die Sonne, den Mond ...*) Zur „analogen" Gotteserkenntnis aus der Schönheit und Vollkommenheit der Natur siehe Weish 13,5; Röm 1,20 (wie hier, im Kontext einer Strafpredigt); Philon, *Somn.* I 187f.; ferner Schöpfungspsalmen wie 136(135),1–9.

Daß Naturbetrachtung zum Gutsein und zur Gerechtigkeit führen kann, ist auch Philons Überzeugung in *Spec.* II 45 (oben zu *De J.* 28) und *Flacc.* 169ff. (oben zu *De J.* 5 und 98).

Gotteserkenntnis aus den *Elementen* zu gewinnen, lehrte schon der Homer-Unterricht. In der *Vita Homeri* geht ein physikalischer Teil (93–121) dem theologischen (122ff.; s. o. 2.1: Gliederung) voraus. Die Elemente und ἀρχαί, die Gestirne, das Wetter und die Götter bilden einen materiellen und erkenntnismäßigen Zusammenhang. Aufgrund dieser innerkosmischen Einheit wird zur Erkenntnis der Götter kein solcher Abstraktionsvorgang verlangt wie der in Weish 13,5 mit dem Wort ἀναλόγως gemeinte. Ganz stoisch denkt *Vit. Hom.* den Kosmos und die Götter zusammen.

De Jona, das die Unsichtbarkeit Gottes betont, vertritt den jüdischen Standpunkt. Gott ist nicht ein Teil der Welt und darum auch nicht als solcher erkennbar, sondern aus den in ihr vorhandenen Anzeichen seiner schaffenden (§ 91–96 auch: rettenden) Tätigkeit.

---

[28] Die Vermittlung von Einsicht auch an die Masse war oben (2.2) zu *De Deo* Z. 135 als ein „homerisches" Anliegen gewürdigt worden (in der Sicht der *Vit. Hom.*). Solche nichtexklusive Haltung hat der Homer-Interpret mit dem Rhetor von *De Jona* gemeinsam.

den Baumeister) siehe § 2.14.129.

§ 127 *der Himmel ... auf unsichtbare Säulen gegründet)* Vgl. Hi 26,11. Bereits zu § 72 bemerkten wir das wenig wissenschaftliche Weltbild unseres Predigers. Viel sublimer ist Philons stoisierende Lehre vom „Aufgehängtsein" und „Gehaltenwerden" der Elemente durch die sie umgebenden kosmischen „Kräfte"; s. Siegert, Philon 83f.; 136−138. Das Pneuma der stoischen Kosmologie, ein unsichtbarer, halb göttlicher Stoff, ist bei Philon das Bindemittel des Kosmos. An diesem „hängt" der Kosmos; seine „Säulen" verlaufen also nach oben. So lehrte es bereits der Homer-Unterricht: s. o. zu *De Deo* Z. 56f.

Was die Erde betrifft, so spricht das Hiobbuch auch hier von „Säulen" (στῦλοι), auf denen sie ruhe (9,6), alternativ jedoch (26,7) von einem Aufgehängtsein „auf nichts". Wenn das zusammenpassen soll, dann müssen wir *Säule* auch hier schon metaphorisch nehmen, als Ausdruck für das ‚Gehaltenwerden' durch Gott.

§ 128f. *Wäre die Sonne nicht genug, ihren Lenker erkennen zu lassen?)* Das Abbildverhältnis der Sonne zu Gott bzw. zur Sphäre des Göttlichen, das den Kosmos umgibt, ist ein Gemeinplatz antiken Denkens[29]. (Bei den Kirchenvätern wird dann Christus, seinerseits „Abbild des unsichtbaren Gottes" Kol 1,15, mit der Sonne assoziiert.) Daß in § 130−133 der *Mond* folgt (der im Christentum entsprechend Maria zugeordnet erhielt)[30], mag mit einem solaren und lunaren Hintersinn bereits der biblischen Jona-Geschichte zusammenhängen. In der „Religionsgeschichtlichen Schule" (Hans Schmidt, Jona, bes. S. 31.36; ihm folgend Komlós, Jonah legends 46) erkannte man im Jona-Abenteuer eine „mythische Beschreibung des Sonnenuntergangs am Meere" wieder. Nachts sinkt − für Länder mit Meeresküste im Westen − die Sonne ins Meer und wird dort, nach gewissen Mythen, von einem großen Fisch verschlungen und morgens wieder ausgespien. Die fehlenden Haare des Herakles (oben zu § 64) werden in diesem Zusammenhang plausibler: Erlöschen der Sonnenstrahlen. − Und was den Mond betrifft: Man rechnete drei Tage und drei Nächte von der Zeit, wo der abnehmende Mond verschwindet, bis zu seinem erneuten Erscheinen als zunehmender Mond.

Vielleicht hat unser Prediger diese Assoziationsbrücken benützt, abgesehen von den zuvor erwähnten philosophischen.

Die Sonne als *Scheibe,* die Welt (Oekumene) auch als *Scheibe;* das armenische *skteł* bzw. *skowteł* entspricht griechischem σκυτάλη, das in der Grundbedeutung zylindrische Dinge meint, z. B. des Herakles Keule. Hier wären demnach flache Zylinder gemeint.

---

[29] Die Belege würden ein eigenes Buch füllen. Einige Hinweise s. Siegert, Philon 42.
[30] H. Rahner, Symbole 98ff. − Vgl. schon Apk 12,1ff.

Welcher Ausdruck im griechischen Wortlaut der Predigt ursprünglich gebraucht wurde, kann jedoch nicht endgültig entschieden werden. Das Wort σκυτάλη scheint in kosmologischen Kontexten nicht üblich zu sein. Dafür bieten die entsprechenden Abschnitte bei Stobaeus reichlich andere Ausdrücke für die Formen des Rades, des Diskus, des Zylinders (*Anthol.* I 25,1−3 für die Sonne, I 26,1−2 für den Mond; das Kapitel über die Erde − I 34 − ist aus Diels, Dox. 376,20−377,4 zu ersetzen). Meist sind es Autoren aus archaischer oder klassischer Zeit, die von einer Sonnen- und Erdscheibe sprechen; zeitgenössisch zu *De Jona* ist unter den Wissenschaftlern weit eher die These von der Kugelgestalt beider. So auch in den Homer-Auslegungen des Cornutus c. 28 (S. 56 Z. 10): die Erde ist σφαιροειδής. Das heißt jedoch nicht, daß ältere, halb mythische Vorstellungen damit erledigt gewesen wären. Bei Stobaeus I 25,3 k (= Diels, Dox. S. 355,1−4) findet sich die These des Aristarch von Samos (3. Jh. v. Chr.), die Sonnenkugel sei zugleich der Mittelpunkt der Planetenbahnen: dieses uns als „kopernikanisch" bekannte Weltbild (Kopernikus kannte seinen Vorgänger!)[31] hat fast zweitausend Jahre gebraucht, um sich durchzusetzen.

Was die Gestalt der Erde betrifft, so hat noch im 6. Jh. n. Chr. Kosmas Indikopleustes die Auffassung von der Erde als rechteckiger Fläche vertreten gegen das ptolemäische System, das sie als Kugel ansah[32]. Natürlich war das kein Ergebnis seiner Reisen, sondern wörtlichen Festhaltens von Bibelstellen wie Hi 38,13 („Zipfel" der Erde) und Apk 7,1; 20,8 („Ecken" der Erde). Die Konkurrenz zwischen dieser und der ptolemäischen Auffassung zieht sich durch Antike und Mittelalter hindurch bis an die Schwelle der Neuzeit, wie Leithäuser, Mappae mundi 51−100 dargestellt hat. Unser Prediger ist eher von Jes 40,22 inspiriert, wo von einem „Kreis" (γῦρος) der Erde die Rede ist. Auch die Midraschim, die Jona im Meerestier unter der Erde durchfahren lassen (s. zu § 64), gehen davon aus, daß diese, als ein flaches Gebilde, auf dem Wasser schwimmt, allenfalls durch ein paar Stützen nach unten, zur physikalisch nicht näher bekannten Unterwelt, verbunden. − Aus unserem Text vgl. wiederum § 172.

c. 34, § 131 *denjenigen nächtlichen Himmelskörper)* Über den Mond s. o. zu § 128 f. Seine Erwähnung lag einem Juden nahe, dessen religiöser Festkalender ja nach den Mondphasen ausgerichtet war.

§ 132 f. *zusammengehen)* Die Deutung auf den Neumond (Bd. I Anm. 264) bestätigt sich durch den griechischen Ausdruck σύνοδος (II.2 in LSJ), der in

---

[31] s. Kl. Pauly *s. v.* Aristarchos 5.
[32] Altaner/Stuiber, Patrologie 517; ausführlich Leithäuser, Mappae mundi 56−61. Als Konvertit aus dem heidnischen Hellenismus war Kosmas ein ebenso eifriger wie bornierter Anhänger des biblischen Buchstabens. Dennoch − oder deswegen − hat seine „Christliche Kosmographie" fast 1000 Jahre lang Geltung gehabt.

astronomischem Kontext ‚Konjunktion' heißen kann und insbesondere, als Kurzform für σύνοδος ἡλίου καὶ σελήνης, die Neumondphase bezeichnet[33].

§ 133 *Einteilung der (Jahres-)Zeiten in Monate ...)* Vgl. Gen 1,14–18 und v. a. des Aratos *Phaenomena* (ein damals sehr populäres Gedicht, das Schulstoff war)[34], Z. 10–14.

c. 35, § 135 *zur Selbsterkenntnis und zu unserer Würde)* Wohl εἰς γνῶσιν καὶ τιμὴν ἡμῶν. Meine Übersetzung geht von der Annahme aus, daß hier nicht Gnosis im Sinne der Gnostiker, sondern das heilsame Γνῶθι σεαυτόν jener delphischen Maxime gemeint ist, die auch Philon gerne wiederholt hat (*De Deo* Z. 18; vgl. Siegert, Philon 47 f.). So paßt es auch gut in eine Bußpredigt. Mehr oben zu § 120: Menschsein und Gewissen.

die Gabe des Denkens) Das armenische *banakann* dürfte τὸ λογικόν (ergänze: ψυχῆς μέρος) wiedergeben, eine Bezeichnung für den edelsten Teil im Menschen, die sich auch bei Philon häufig findet (Leisegang, Index S. 485 b/ 486 a)[35]. Der Ausdruck ist stoisch: SVF I 202 = III 459; III 259 (Ende). Vgl. die ἐκ λογισμῶν μετάνοια beim Homerausleger Heraklitos 20,5 f.; oben zu *De J.* 118.

§ 136 *Wenn wir nun Gottes Menschenliebe erfahren haben)* Dieser in § 8 eingeführte Begriff bezieht sich hier auf das kontinuierliche Walten Gottes in der Natur, aus welchem konkrete, geschichtliche Eingriffe in einem zweiten Gedankenschritt plausibel gemacht werden. Mit beidem verbindet sich bei unserem Prediger das Wort ‚Rettung' (σωτηρία), *gerettet werden.* Vgl. zu § 6.

den [Dank] der Buße) Norden, Agnostos Theos 134–140, der μετάνοια als positiv wertenden Begriff dem Judentum zuweisen möchte, muß selber μεταμέλεια, verbunden mit σωτηρία, bei Demokrit als Ausnahme gelten lassen (S. 136). Wer den antiken Homer-Unterricht mit in Betracht zieht, dem wird die Würdigung von μετάνοια als Betätigung der φρόνησις und des λογισμός beim Homer-Ausleger Heraklitos (19,7/20,5 f.; 73,9; vgl. noch 28,6) um so auffälliger sein. Die Schrift verrät sonst keinerlei jüdischen Einfluß: also ist wieder einmal das hellenistische Heidentum selbständig in einer Richtung unterwegs zu sehen, die es mit dem Judentum zusammentreffen ließ.

---

[33] Als philonischen Beleg s. *QG* II 33 (S. 111 mit Anm. l bei Marcus). Das armen. Wort ist dort jedoch ein anderes als hier. Unser Autor umschreibt offenbar, wobei auch der am Ende von § 132 gebrauchte Ausdruck ein anderer ist als der vom Anfang des § 133. – Zur Sache vgl. noch H. Rahner, Symbole 101 (σύνοδος als quasi-eheliche Vereinigung).

[34] Marrou, Gesch. der Erziehung 271 f.

[35] Damit berichtige ich Anm. 273 in Bd. I.

Den archaischen Zug im biblischen Jona-Text, daß Gottes Änderung seiner Haltung auch als μετανοεῖν bezeichnet wird (3,9f.), hat *De J.* 144 durch Umformulieren behutsam beseitigt.

§ 137 *die Heilspredigt)* Daß sich die Niniviten eine solche selber halten können, beruht auf dem im Judentum gültigen Grundsatz, Buße sei stets möglich. Siehe Weish 11,24; Bill. I 175–180; auch 1.Clem 8 (Sammlung entsprechender AT-Stellen). Die Botschaft manches biblischen Unheilspropheten hatte anders gelautet; so auch Hebr 12,17: „Er erhielt keine Gelegenheit zur Buße". Auch die dem Jona aufgetragene Botschaft läßt, ihrem Wortlaut nach (Jon 3,4), keinen Ausweg; darüber wird Jona in § 160ff. mit Gott streiten.

Ruft ein Fasten aus und ein Bittgebet . . .) Daß dies eher Joels als Jonas Worte sind, beruht auf einer Ähnlichkeit nicht nur der beiden Stellen Jo 1,14 und Jon 3,5, sondern auf einer Ähnlichkeit der beiden Bücher im ganzen. Bickerman, Jonas 260 verweist darauf, daß die Klage des Propheten in Jon 4,2b bereits Zitat sei aus Jo 2,13; und Jon 4,11, der Schlußsatz, klingt an Jo 2,17 an (Stichwort *ḥus* ‚schonen‘). Man lese den eindringlichen Bußaufruf in Joel 2,12f.

an den Allmächtigen) Hier fließt in das Bibelzitat ein ganz und gar griechischer Ausdruck ein: τὸ κρεῖσσον, ‚das Überlegene‘. (Es sollen ja Heiden sein, die hier sprechen!) Armenisches *lawn* in genau diesem Sinne finden wir bei Philon, *QE* I 20 (S. 463 Z. 8 v.u. bei Awgerean); griechisch erhalten ist *Spec.* I 6: ...τῷ ἀφανεῖ καὶ κρείττονι, δι᾿ οὗ τὰ νοητὰ συνίσταται. Der Sprachgebrauch ist bereits in klassischem Griechisch verankert. So τὰ κρείσσω parallel zu ὁ θεός bei Euripides, *Ion* 972f.; weiteres im Thesaurus *s. v.* κρείσσων Sp. 1938 A[36] und 1939 C; Suda *s. v.* κρείττονος (sofern Genitiv des Neutrums). In *De S.* 16 und 24 könnte auch ὁ κρείσσων zugrunde liegen; das Armenische macht es unentscheidbar. Übernahmen des neutrischen Sprachgebrauchs in christliche Literatur sind erstaunlicherweise nicht selten: s. Lampe, Lexicon unter κρείσσων 2.a, zu erweitern z.B. um Clem. Alex., *Strom.* V 14 § 133,8; Palladios, *Historia Lausiaca* 35,13 Z. 107[37].

Stobaeus, *Anthol.* II 12 bringt als eigene Kapitelüberschrift: Ὅτι τοῖς εὐσεβέσι καὶ δικαίοις βοηθεῖ τὸ κρεῖττον. Der Text fehlt leider. Punktuell entschädigen mag uns *Anthol.* IV 7,66 (= Thesleff, Pythagorean Texts S. 83 Z. 10), ein Auszug aus dem wohl vorchristlichen Pythagoreer (ps.-)Ekphantos, wo in

---

[36] Die Stelle aus Euripides, *Phoenissae* ist zu korrigieren: 1089.

[37] in formelhaftem Zusammenhang, wie bei der Suda. – Auf einem anderen Blatt steht der Plural des Masculinums, οἱ κρείσσονες, für Heroen und auch für Götter (Hesychios, *Lexicon* unter κρείττονας), den der Thesaurus mit der oben behandelten Form teilweise verwechselt. – Anklänge an solchen Sprachgebrauch finden sich bei Philon: τὸ κρεῖττον μὲν ἀγαθοῦ, κάλλιον δὲ καλοῦ (*Leg.* 5; vgl. Kuhr, Gottesprädikationen 17.44).

dorischem Dialekt von einer μίμασις τῶ κρέσσονος die Rede ist. In *Vit. Hom.* 105 ist Helios eine κρείσσων οὐσία; vgl. oben 2.2 zu *De Deo* Z. 56 über die Götter als Aether.

Was sich an diese Vorstellung von den Göttern als den stofflich und in allen Eigenschaften „Besseren" nahtlos anschließt, waren für antikes Denken die politisch Oberen. Auch sie heißen οἱ κρείττονες, z. B. in der Fabel 143 (Chambry) von Aesop. Vgl. hier Anm. 37.

Das Gegensatzpaar τὸ κρεῖττον / τὸ χεῖρον begegnet, allerdings in recht allgemeinem Sinne, bei Cassius Dio 78,20,3: οὕτω που πολὺ τοῖς ἀνθρώποις καὶ αἰδοῦς ἐς τὸ κρεῖττον καὶ καταφρονήματος πρὸς τὸ χεῖρον ἐμπέφυκεν.

§ 138 *streng / mild)* Siehe § 87.

c. 36, § 139 *die Hände zum Gebet zu erheben)* Dies ist die zu § 28 und 64 schon bemerkte, gemeinantike Orantenhaltung. Vgl. 2.Makk 3,20; ferner 1.Tim 2,8[38], wo Wert darauf gelegt wird, daß es „heilige" Hände seien. Integrität des Betenden − in diesem Fall durch Buße erzielt − ist Voraussetzung für die Wirkung seines Gebets. Vgl. zu § 41.

Laßt uns den Propheten selbst bedrängen, Fürsprecher für uns zu werden) Der Widerspruch zu § 114 wurde dort schon bemerkt. Ob hier die Synagogenliturgie, die doch Vorbeter hatte, durchschlägt?

Billerbecks Angaben zu παράκλητος Joh 14,16 (Bill. II 560−62) spiegeln unter Buchst. f einen ähnlichen Widerspruch. Da werden verschiedenerlei *praklitin,* irdische und überirdische, aufgezählt; worauf deren Fürsprache aber beruht, das ist letztlich nur dies: „Buße und gute Werke" (S. 561, nach Schabbath 32 a). So auch hier.

§ 140 *daß wir durch die Gleichstellung mit dir gerettet werden)* Vielleicht steht hier der jüdische Gedanke dahinter, daß Verdienste *(zkut, zkijjot)* übertragbar seien: Bill. I 117−121; Philon, *Praem.* 166 f.[39], so daß es also den Niniviten um Gleichstellung mit dem jüdischen Volk ginge. Oder, wie Duval, Jonas I 81 Anm. 60 zu unserer Stelle bemerkt: die Niniviten wollen Jona nur als eine Art Pfand bei sich behalten.

Zur *Mauer*-Metapher vgl. Jer 1,18; 15,20 und oben zu *De J.* 79.

c. 37−38 In dieser Schilderung, wie eine ganze Stadt Buße tut − Vorlage ist Jon 3,5−8 − waltet wieder eine gewisse Topik, wie der Vergleich mit 3.Makk

---

[38] Parallelen s. Dibelius, Briefe 154 (z. St.).
[39] Die drei Erzväter sind dort − ohne Namensnennung − gemeint: Delling, HUCA 1974, 158. Der Kontext ist eschatologisch.

4f. erweist (dort ist es eine von außen aufgezwungene Notlage der alexandrinischen Juden, die mit ähnlichen Details beschrieben wird) oder auch der mit Ephraem, CSCO 312, Z. 473 ff. ≙ BKV 37, S. 143 und Kontext. – Wir notieren hier nur einige zum Jona-Text hinzugebrachte Motive:

§ 142 *Der König / der Richter / der Herr)* Ihrem Rang gemäß werden sie unter den Büßenden an erster Stelle genannt. Duval, Jonas I 62 bemerkt aufgrund eines Vergleichs vieler jüdischer und v. a. christlicher Jona-Auslegungen: wie positiv oder negativ der König von Ninive gesehen wird, hängt damit zusammen, wie weit der jeweilige Prediger und seine Gemeinde sich im Römischen Reich zu Hause fühlten. – Vgl. noch § 116f.

Der Herr schenkte dem Knecht [genauer: *dem Sklaven*] *die Freiheit.)* Die Einsicht, daß Sklaverei keine Naturgegebenheit sei (wie etwa der megarische Aristokrat Theognis behauptet hatte, *Eleg.* I 535–538), sondern willkürliche menschliche Setzung, hatte sich, getragen v. a. von der Stoa, in der Spätantike weit verbreitet, wie Karl Plepelits in einem kleinen Exkurs seiner Chariton-Ausgabe (S. 169 Anm. 55) darlegt. Vgl. K. H. Rengstorf im ThW II 267,1 f.; zur urchristlichen Haltung 275. Selbst im *Corpus Juris,* das im christlichen 6. Jh. die Sklaverei festschrieb, wurde diese als *contra naturam* qualifiziert (Plepelits a. a. O.). Doch Theorie und Praxis – so will wohl unser Prediger sagen – sind im politischen Leben meist zweierlei. Auch hier ist – wie zu § 128f. – eine zweitausendjährige Verschiebung zu melden. Das britische Weltreich z. B. hat erst 1838 die Sklaverei abgeschafft.

§ 143 *Die Vorhänge vor den Brautgemächern wurden abgerissen)* Ebenso 3. Makk 4,6–8; Ephraem, CSCO 312, Z. 485–491 ≙ BKV 37, S. 143. Jeweils ging Erwähnung der Greise voraus.

die Kinder mit ihren quäkenden Stimmen) Nach dem Schema der drei Lebensalter, wie oben § 16, sind sie jetzt an der Reihe. Ihr Geschrei bzw. ihr Durst nach Muttermilch gehört in den Topos des Erbarmungswürdigen: so 3. Makk 5,49f. und die Midraschim (Ginzberg, Legens IV 251); so Komlós, Jonah legends 52 und 58f. mit Verweis auf islamische Nacherzählungen.

In jüdischen wie christlichen Auslegungen ist dieses Kapitel des Jona-Buchs ein Paradigma für rechte Buße und rechtes Fasten (Duval, Jonas I 93–95). Insbesondere das christliche Fasten galt als Solidarität der Gerechten mit den Ungerechten: außer Duval, Jonas I 170.176 (Tertullian, Hieronymus) und II 547 (weitere Lateiner) siehe Ephraem, CSCO 312, Z. 473 ff. = BKV 37, S 144.

§ 145 *schriftgemäß)* Hier werden keine bestimmten Schriftstellen gemeint sein – die die Heiden ja auch nicht kennen können –, sondern Gesten aufrichtiger Reue und Demut, wie sie das Jona-Buch nun einmal berichtet: Jon 3,5–8. In ähnlichem Anachronismus wie dem von § 86 verhalten sich die Niniviten gemäß dem, was später von ihnen aufgeschrieben werden wird. Vielleicht spielt auch Ps 51(50) herein[40].

Die Midraschim betonen in ihrer Schilderung der Bußübungen Ninives sehr die Wiedergutmachung von Eigentumsdelikten (Ginzberg, Legends IV 251; Bill. I 648): ein ganzer Palast wird abgebrochen, weil ein gestohlener Balke darin verbaut war. – Auf der andern Seite wird jedoch behauptet, die Niniviten hätten ihre Buße nur geheuchelt (s. o. zu § 20), und die Schonung der Stadt durch Gott wird auf vierzig Jahre begrenzt. Das trägt dem Umstand Rechnung, daß Ninive tatsächlich zerstört wurde (612 v. Chr. durch die Meder; Reflex im Nahum-Buch), mehr aber noch einem Mißtrauen gegen religiöses Interesse und Frömmigkeit bei den Heiden, wie es dem Jona-Buch und unserem Prediger fremd ist.

Sie litten mit) Dies ist, wenn richtig übersetzt, mehr als die bloße Schicksalsgemeinschaft zwischen Tier und Mensch, sondern etwas Absichtliches. Den Tieren, so scheint es, wird – im Gegensatz zum Propheten Jona – ein Mitempfinden zugesprochen. Man kann, bei weiterem Ausziehen der Linie, beim συστενάζειν und συνωδίνειν der ganzen Schöpfung mit den vom Geist Gottes getriebenen Menschen in Röm 8,14−25 anlangen. Ebenfalls ist an Gottes Bund mit Noah zu denken (Gen 9,10) oder an den neu zu schließenden Bund der Endzeit (Hos 2,20), in den jeweils die Tiere mit einbezogen sind.

In christlichen Auslegungen, insbesondere bei Johannes Chrysostomos, begegnet das Mitfasten der Tiere in ähnlicher Weise wie hier als ein Mit-Leiden: s. Duval, Jonas I 259 Anm. 89 f. und Index unter *Ninive, jeûne des animaux.*

Bei den Stoikern gab es eine Lehre über den λόγος der Tiere, die Philon in seinem Traktat *De animalibus* zurückweist (bes. § 96). Doch verläuft die Diskussion dort auf einer anderen Ebene, nämlich der des Denkens/Sprechens und nicht der des Empfindens. − Ähnlich hat Origenes dem Celsus zu antworten für nötig gehalten (*C. Cels.* IV 88).

§ 148 *verbannten auch ihre Frauen ... aus ihrem Gesichtskreis)* Ebenso die Pirke Rabbi Eliezer 43 (Bill. I 647), wo die Männer auf die eine Seite (der Straße? der Stadt?) gestellt werden, die Frauen auf die andere. − Im übrigen wird das *leidenschaftlich ergeben*-Sein hier nicht getadelt. Bei Simson hingegen (*De S.* 1) bestand Anlaß hierzu.

§ 149 *keinen gewöhnlichen Tisch)* Gemeint ist wohl: keinen wie üblich aufgestellten und gedeckten Tisch. Ebenso unten: *kein* (sonst so) *geliebtes Gold* (vgl. Bd. I Anm. 306).

---

[40] Hinweis O. Hofius, Tübingen. − In anderer Weise und aufgrund einer andersartigen Hermeneutik assoziiert Kimchi zu Jon 3,7 *miṭ-ṭaʿam ham-melek* anhand des Wortes *ṭaʿam* (,Meinung, Beschluß') die Stellen Hi 12,20 und Ps 34,1 − eine *gzērā šāwā*, die Textdetails ausnützt, die in der LXX nicht erscheinen. (Hinweis Leusden, Jonas illustratus 186 f.)

§ 150 *Festkleider ... als Leichenkleidung)* oder wörtlich: *als Begräbnis.* Wie Bill. I 1048 zu Mt 27,59 anmerkt, war derartiges im Judentum zur neutestamentlichen Zeit nicht mehr üblich[41]. Der Art. ‚Bestattung' A II im RAC (E. Stommel) erwähnt jedoch Festkleider für Leichen bzw. das Anbehalten der Amtstracht als griechisch-römischen Brauch (Sp. 202f.). In Charitons Roman behält Kallirhoë (I 6,2) bei ihrem Begräbnis ihre Brautkleider an; auch ein Teil des Festzugs geht geschmückt. *Festkleider ... als Leichenkleidung* sind ferner ausdrücklich belegt in *Vit. Hom.* 190 aus *Il.* 22,508−515. (Gut stoisch empfiehlt der Autor dort im vorangegangenen Abschnitt, auch bei der Totentrauer, wie überhaupt, Maß zu halten: Dies sei die laut *Vit. Hom.* 135 vom Dichter empfohlene aristotelische μετριοπάθεια).

Hier hat offenbar zwischen Heidentum und Judentum ein Unterschied bestanden, den unser Prediger beobachtet. Im Kleinen Talmud-Traktat *Śmāḥot* „Freuden" (Euphemismus für den eigentlichen Titel *Ēbel rabbāti)* gibt Abba Schaul ben Botnith, ein früher Tannait, die Anweisung: „Begrabt mich zu Füßen meines Vaters und löst den Purpursaum von meinem Gewand" (12,11). Weiteres in der Anm. der Ausg. Zlotnick S. 103f.

§ 152 *und beauftragten die Ältesten)* Die antike Selbstverständlichkeit, daß die Ältesten auch die Sprecher seien, findet *Vit. Hom.* 180 (vgl. 177) bei Homer bestätigt.

Während das Volk beharrlich nach ihnen verlangte) die Wunschsituation des Redners, in Charitons *Callirrhoë* VIII 7,1; 7,3ff. und 8,2 zur *peroratio* des ganzen Romans ausgebaut.

c. 39, § 153 *Soviel an uns lag ..., waren wir schon tot)* Über dieses „Totsein" vgl. den Exkurs zu § 95, auch über die metaphorische Rede von der „Auferweckung" zum rechten Leben. Letzteres bietet auch Charitons *Callirrhoë-*Roman III 2,2; 8,9. In VII 2,4 liest man auch: „Soweit es an meinem Mißgeschick liegt, wäre ich schon tot" (Übers. Plepelits). Auch das dürfte wieder ein Versatzstück aus der Rhetorenschule sein.

durch dieses unser Leben den Dank abstatten) Derselbe Gedanke ausführlicher in § 216f. − Der Prediger arbeitet hier schlagwortartig mit dem Kontrast *tot sein / leben.* Daß das Wort *leben* hier in zwei verschiedenen Bedeutungen vorkommt (Bd. I Anm. 322), übergeht er, um sein Argument nicht kompliziert erscheinen zu lassen.

§ 154 *aus dem Tod ins Leben zurückgekauft)* Die Metaphorik des Sklavenfreikaufs bzw. -einkaufs in etwas Besseres als ihre bisherige Sklaverei − ἀγορά-

---

[41] Olschwanger, Leichenbestattung 47 erwähnt immerhin, daß das jüdische Leichenkleid *(takrik)* weiß, schwarz oder bunt sein konnte; heutzutage sei es weiß. – Schwarze Kleidung für Trauernde ist in *De S.* 43 erwähnt.

ζειν 2.Kor 6,20; 7,23; 2.Pt 2,1; Apk 5,9; 14,3f.; ἐξαγοράζειν Gal 3,12; 4,5; ThW I 125–128; vgl. das Wortfeld um λύτρον Mk 10,45 par.; 1.Pt 1,18ff.[42] – hat von Deißmann, LvO 271–281 reiches Material aus antiker Sozialgeschichte unterlegt bekommen. In unserem Fall, wie auch in den christlichen Parallelen, ist Gott der *Käufer*. Was aber ist der Kaufpreis? Doch wohl nicht die Bußanstrengungen der Niniviten; denn der Rückkauf wird passivisch dargestellt. Also ist es die Entsendung Jonas mit allen damit verbundenen Anstrengungen des Propheten, aber auch Gottes selbst: die Überzeugungsarbeit. S. u. zu § 159.

Durch seine *Güte* (§ 153; wörtlich: *Menschenfreundlichkeit)* kauft sich Gott die Niniviten. Die Abwesenheit eines Verdienstgedankens (Verdienste der Väter – s. zu § 140 – kommen für die Niniviten ja nicht in Betracht) ist um so auffälliger, als *De S.* 3 (Ende) die Parallele für Simson bietet.

§ 155 *eine Teilung der Lebenszeit zugelassen)* Alternativ zu Bd. I Anm. 326 wäre auch eine Teilung in profane und sakrale Zeiten, *ḥol* und *moʿēd,* zu erwägen. Es war nicht jüdische Auffassung, daß das ganze Leben ein Gottesdienst (Röm 12,1ff.) oder eine Buße (Luthers 1. These) sein soll[43]. Vgl. Bill II 237/8 im Gegensatz zu Lk 18,1.

§ 156 *(zur Zeit des) Ungehorsams und der mangelnden Erkenntnis seiner)* Original wohl: ἀσεβοῦντες καὶ ἀγνοοῦντες αὐτόν. Bei der Übersetzung dachte ich an Röm 3,26 ἐν τῇ ἀνοχῇ τοῦ Θεοῦ = „Zur (Zeit der) Geduld Gottes", was ich hiermit als Parallele zu erwägen gebe. – Im Gegensatz hierzu meldet dann § 216f.: nunmehr bringen die Niniviten „Früchte der Frömmigkeit" bzw. „der göttlichen Gerechtigkeit".

mit wieviel Gütern wird er uns jetzt ... nicht ehren?) Ein *argumentum a fortiori*[44], durch die Form der rhetorischen Frage noch zusätzlich unterstrichen; ebenso unten § 180f.; 199.204. Das Jona-Buch (4,10f.) schließt mit einem solchen Argument; Paulus gebraucht es oft, auch in vergleichbarem Zusammenhang (Röm 8,32).

c. 40, § 158 *die Zweige einer Kürbisstaude)* Der „Rizinus" des Urtextes (Jon 4,6), für den es laut Hieronymus weder im Lateinischen noch im Griechischen

---

[42] Unser dt. Wort ‚Erlösung' ist in seinem Vorstellungsgehalt weniger durch σωτηρία bestimmt als durch ἀπολύτρωσις, *redemptio*.

[43] Was Soentendorp, Symbolik 60 über die „Heiligung des Lebens" schreibt, ist eine Idealansicht, aber nicht Halacha. Hingegen läßt Jesu Gleichnis von den „unnützen Knechten" Lk 17,7–10 im Dienste Gottes keine begrenzte Arbeitszeit gelten (wenn auch immerhin einen gewissen Feierabend).

[44] Siegert, Argumentation 70; 190f.

ein geeignetes Wort gab[45], ist demnach aus bloßer Verlegenheit teils in einen „Kürbis" (so die Septuaginta samt unserem Text, so die Peschitta, so (ps.-) Ephraem[46], so der Koran 37,146)[47], teils in einen „Efeu" (Symmachus, Vulgata des Hieronymus)[48] verwandelt worden, obwohl diese, als kriechende bzw. kletternde Pflanzen, sich schwerlich „über das Haupt des Jona" (Jon 4,6) zu erheben vermöchten. Unser Prediger scheint die Schwierigkeit zu erkennen und läßt Jona in § 203 einen Stock unterstellen.

Seine Beschreibung der Pflanze, wie er sie in § 200–204 uns gibt, würde im übrigen genauso gut auf den Rizinus des Urtextes passen, so wie Hieronymus (s. Rahmer, Traditionen II, Jona S. 22f.) und Rabba bar bar Chana (Schabbath 21a)[49] ihn schildern: eine schnell wachsende Staude mit großen, Schatten gebenden Blättern, die in wenigen Tagen von einem Kraut zu einem Busch wachsen und auf eigenem Stengel zu stehen vermag. (Der Urtext des Jona-Buches läßt ihr ja auch 40 Tage Zeit.)

In bildlichen Darstellungen[50] gehört die Laube, unter der Jona ruht, neben Jonas Verschlungen- und Ausgespienwerden durch das Seetier zu den drei Standardmotiven. Inwieweit damit an das spätere Verdorren der Pflanze und an die dem Jona erteilte Lehre erinnert werden soll, bleibt ungewiß; rein ikonographisch ist hier eher an Endymion und an paradiesisch-entspannte ἀνάπαυσις zu denken: s. o. Exkurs zu § 86.

In unserer Predigt drängt sich der Kürbis bis an die Nahtstelle zwischen c. 3 und 4 des Jona-Buches vor; das in Jon 4,5 genannte Zelt wird gar nicht erwähnt.

§ 159 *So kam der Prophet … wieder)* Midraschartige Erweiterung der biblischen Geschichte; sie soll die Situation in Ninive näher vor Jonas (und des Predigthörers) Auge rücken. Der Prediger benützt sie zu einer langen Rede, einer rückblickenden *narratio* (§ 161–175), ganz wie auch Charitons Kallirhoë-Roman mehrere Rückblicke enthält: V 1,1f. (in der 3. Person); ebd. 1,4–7 (in der 1. Pers.); VI 7,8f. (1. Pers.); VIII 7,4–8 (2. Pers.); ebd. 7,9–11 (1. Pers.). Dies war ein gängiges Amplifikationsmittel. Theologisch hat es in unserem Kontext den Sinn, den „Kaufpreis" des in § 154 genannten „Rückkaufs" zu illustrieren, Gottes Arbeit für die Überzeugung der Gottlosen.

---

[45] s. Rahmer, Traditionen I 73 und II, Jona S. 22f. – Hieronymus scheute sich, *ķiķājon* als Fremdwort zu übernehmen (wie Aquila und Theodotion: κικεῶνα). Das griech. κίκι, lat. *cici* ‚Rizinus' (belegt bei Herodot, Platon, Plinius d. Ä. usw.) scheint den Übersetzern nicht zu Gebote gestanden zu haben.

[46] *Commentarium in Jonam prophetam* Sp. 241/42 (Lamy); vgl. die Anm. 1 z. St.

[47] Vgl. Schreiner, Muhammads Rezeption 155 mit weiteren patristischen Verweisen.

[48] Die Auswirkungen davon s. Duval, Jonas I 26–28.

[49] Bill. I 649; Komlós, Jonah legends 54. – Zeit des Rabba b. b. Chana: um 280 n. Chr.

[50] Siehe die Verweise am Ende des Exkurses zu § 63.

c. 41, § 161 *Das ist es, warum ich geflohen bin!)* Vgl. Jon 4,2 f., ferner oben § 20. Der Schmerz des Propheten (§ 160 a = Jon 4,1) gibt die Grundstimmung, das Pathos für den Rest der Nacherzählung an[51].

§ 162 *Ich kenne die Nachgiebigkeit Gottes...)* Vgl. Jon 4,2. Gleich seinem Original, spricht der Prediger hier in synonymen Parallelismen. Es klingen Psalmen an wie 103(102),8; 145(144),8, Zitate von Ex 34,6. Auf die im Original wie in der Nacherzählung liegende feine Ironie habe ich in Bd. I Anm. 340 schon hingewiesen: Jona „protestiert" gegen das, was der Prediger seinen Hörern gerade sagen möchte. In einer Vertauschung der Rollen ist Jona der Sprecher einer sehr unvollkommenen, eher heidnischen Gotteserkenntnis, wohingegen die Niniviten nun Gott wahrhaftig erkannt haben. Dieser Text im Text ist ein Evangelium an die Heiden.

c. 42, § 163−171 *seine Macht über das Meer)* Vgl. Ps 89(88),10 ff.; 104(103),6 ff. und 25 ff. − Dieser neuerliche Exkurs in die Tiefseewelt (vgl. oben § 63−68.74−90 und unten nochmals 179−181), der offenbar hauptsächlich der Unterhaltung des Publikums dienen soll und dem erleichternden Kontrast zum Schmerzens-Pathos, legt nun den Hauptakzent nicht auf Jonas wundersames Fahrzeug, sondern auf die Physik und die Tierwelt der Tiefsee. Als poetische Parallele aus neuerer Zeit (und als ein Text, der wissenschaftlich keineswegs besser informiert ist als der unsere) sei Schillers Ballade „Der Taucher" erwähnt, wo auch zweimal die Bewegtheit und Gefährlichkeit der See beschrieben wird, einmal von oben, einmal von unten gesehen.

Schon Philon hatte Lustgewinn (ἡδονὴν συναυξάνειν) als Motiv benannt, warum Menschen selbst die „Winkel des Meeres" noch erforschen (*Agr.* 23 f.). Und Plutarch sagt in einem Fragment Περὶ μαντείας (Bd. VII S. 113 Bern.; aus Stobaeus, *Anthol.* IV 18/1, 10 − Bd. IV S. 414 W./H.): „Von den Kunstfertigkeiten (τέχναι), so scheint es, hat manche die Not (χρεία) hervorgebracht...; andere jedoch hat eine Lust (ἡδονή) herbeigeführt und besetzt" (worunter Plutarch allerlei Kulturluxus zählt).

Auf einem bekannten Fußbodenmosaik des 4. Jh. n. Chr. in der Basilika von Aquileja[52] findet sich die Jona-Geschichte in Form von inselartigen Einsprengseln in eine große, von Phantasie nur so sprudelnde Darstellung alles möglichen und unmöglichen Meeresgetiers. Unser Text ist das rhetorische Pendant dazu, jedenfalls in diesen Partien, wo die „Lust zum Fabulieren" den theologischen

---

[51] Über *Trauer* als Anlaß zum rhetorischen *genus grande* und als etwas nicht für den griech. Weisen, wohl aber für den Rhetor und für den biblischen Propheten Typisches s. Siegert, Argumentation 120.

[52] abgebildet z. B. bei Bickerman, Four strange books S. 6−8 = ders., Quattro libri stravaganti S. 24−26; besprochen bei Wischmeyer, Vig. Chr. 1981, 264 (ferner Verweise S. 275 Anm. 80; 270 Anm. 18).

Skopos fast aus dem Blick geraten läßt. Vorgegeben ist beide Male der aus vielen Fäden althergebrachten Seemannsgarns (oben Exkurs zu § 63) zusammengewebte Teppich der Tiefsee-Motive; eingetragen wird Jona.

Bezogen auf den Bibeltext, ist diese Passage ein Rückgriff auf Motive des Jona-Gebets Jon 2. Bei Komlós, Jonah legends 51 finden sich entsprechende Text-Expansionen der Midraschim dargestellt.

§ 163 *die Fundamente)* wörtlich: *die Wurzeln* (Bd. I Anm. 345). Vielleicht gibt *armat* hier ῥίζωμα wieder (s. Azarian, Lexikon *s. v.*): also „Ursprünge", „Elemente"[53] des Weltozeans, nicht nur sein räumlich Unterstes. Doch auch mit ῥίζα wäre Derartiges anzunehmen: Aristoteles referiert in seinen *Meteorologica* II 1, 353a 34-b 1 die Meinung der ἀρχαῖοι καὶ διατρίβοντες περὶ τὰς θεολογίας, der Ozean habe eigene Quellen, und diese betrachten sie als ἀρχαὶ καὶ ῥίζαι von Erde und Meer. Bemerkenswert ist, daß unser Prediger in § 168−170 immer noch diese archaischen Vorstellungen verbreitet, die Aristoteles bereits hinter sich gelassen hat. Vgl. seine Inkompetenz in Fragen der Physiologie: oben zu § 32f. und § 64.

§ 164 *den Grund der Unterwelt)* Nach ASA wäre rückzuübersetzen ἀβύσσου (oder βυθοῦ) πυθμένα. Vgl. Jon 2,3 ἐκ κοιλίας ῞Αιδου, 2,6 ἄβυσσος ἐσχάτη und die Midraschim: Bill. I 646 (unten); Ginzberg, Legends IV 249; Komlós, Jonah legends 51. Die rabbinischen Texte vermengen jedoch die ursprünglich getrennten Vorstellungen von einem wertneutralen, der mythischen Kosmologie angehörigen, unterhalb der Erdscheibe lokalisierten Hades (*š'ol*) einerseits und dem aus Prophetie und Apokalyptik bekannten, feurigen Strafort der Bösen, dem *gē Hinnom* (Γέεννα) andererseits. Joachim Jeremias benennt im ThW I 655,34−44 in Kürze den auch fürs Neue Testament noch gültigen Unterschied. Die lange Geschichte der Fusion findet sich bei Bill. IV/2, 1016−1165 dargestellt.

Unser Text handelt eindeutig vom Hades (vgl. § 52); denn wo sollte in dieser nassen Tiefe Feuer herkommen? Die Chaos-Macht, die *ti'amat* der Babylonier, wie sie in Gen 1,2 und in manchen Naturpsalmen wiederkehrt, ist hier gemeint[54].

Im 11. Gesang der Odyssee, V. 13ff., liegt der Eingang zum Hades am Rande des Ozeans, in den Nebeln Kimmeriens.

die Felsen) Vgl. Jon 2,6 σχισμὰς ὀρέων.

zum Vergnügen der Meerestiere) Vgl. § 167 das *Vergnügen* des Jona und, allgemeiner, das Motiv des Spielens der Schöpfung vor Gott: Spr 8,30f. − § 171

---

[53] Vgl. Siegert, Philon 116.129.
[54] Vgl. auch im Bilderverbot (Ex 20,4) die „Wasser unter der Erde", deren Gottheiten nicht abgebildet werden dürfen.

gibt zu, daß die munteren Bewegungen nicht nur Zärtlichkeit, sondern auch Aggressivität erkennen lassen.

§ 167 *im Abgrund)* Dasselbe Wort wie in § 164; ebenso im nächsten Paragraphen *Unterwelt.* § 168 entzieht sich durch undeutliche Syntax einer genaueren Interpretation. Lewys Interpunktion ist nur ein Vorschlag.

§ 168−170 *die Schleusen zu öffnen)* Die Vorstellung scheint zu sein, daß das Meer von unten seine Quellen hat. In der Sinflut-Geschichte gibt es zwei große Richtungen, aus denen das Wasser kommt: αἱ πηγαὶ τῆς ἀβύσσου καὶ οἱ καταρράκται τοῦ οὐρανοῦ (Gen 7,11, expandiert in Apk 9,1 f. und in 4.Esr 4,7, wo dann auch von Kammern im Inneren der See und von Kanälen der Tiefe die Rede ist). Hesiod, *Theog.* 282, ps.-Aristoteles, *De mundo* 396 a 22, Lukrez VI 613 u. a. kennen „Quellen des Ozeans" − wie umgekehrt der Ozean (bei Homer der erdumfließende Fluß Okeanos, *Il.* 21,195−197) durch unterirdische Kanäle und Filter Quelle der Süßwasserflüsse sein soll: Hesiod, *Theog.* 337 ff.; 784−789; Platon, *Phaedon* 111 C-113 C. − Kirk/Raven, Presocratic philosophers 11−19 verfolgt die Vorstellung durch die ältere griechische Literatur. Als hellenistischer Beleg sei Plinius, *Nat. hist.* II 66−68 § 166−171 genannt, wo immerhin a u c h die Regenwolken in Betracht kommen für den Rücktransport des Wassers und als Antwort auf die alte Frage, warum das Meer vom ständigen Fließen der Flüsse nicht voller wird. (Pred 1,7, der sich diese Frage stellt, äußert sich nicht näher über die Art und Weise des Rückflusses; er spricht nur von der Rückkehr − ἐπιστρέφειν − der Flüsse, damit sie aufs neue fließen.) Seneca, *Nat. quaest.* III 14,2 f. lehnt die Vorstellung unterirdischer Rückflußkanäle ab, läßt aber das Meer „seine Adern" haben, „aus denen es gefüllt wird und brandet" (*aestuat,* Hinweis auf Gezeiten?).

Der Kreislauf von Flüssen, Verdunstung aus dem Meer, Wolken und Niederschlag, den Aristoteles in den *Meteorologica* I 13, 349b 2ff. schon eindeutig beschrieben hatte[55], war wohl eine zu einfache Hypothese, als daß sie die Spekulationslust späterer Zeiten befriedigt hätte[56].

---

[55] als Meinung „einiger". Er selbst scheint sich der These, daß gar kein Wasser entstünde, sondern es immer nur gesammelt würde und in den Flüssen abfließe, nicht anzuschließen, sondern spricht auch von einer Verwandlung von Luft in Wasser (Z. 21 ff.; hierzu vgl. oben 2.2 zu *De Deo* Z. 82 Ende). Richtig referiert er in 350a 7−13 die Funktion der Gebirge, die wie Schwämme als Wasserspeicher wirken.

[56] Das 3., ursprünglich 1., Buch von Senecas *Nat. quaest.* beginnt gleich nach der *praefatio* mit der Frage, wo das Wasser herkomme, und bietet eine Fülle von damals umlaufenden Antworten, deren unwahrscheinlichster sich Seneca anschließt: so wenig das Luftelement durch das Wehen des Windes sich erschöpfe, so wenig erschöpfe sich das Wasser der Flüsse vom Fließen (c. 12). − Bei Gronau, Poseidonios 78; 95; 124f.; 130ff. läßt sich der Stand der Verwirrung noch in Gregor v. Nyssas Hexaëmeron ermessen. − Das *Hypomnestikon biblikon* des „Iosēppos" zählt die Frage nach dem unterirdischen Wasser zu den Dingen, „die man nicht fragen darf, weil sie unbegreiflich sind", und setzt nur ein paar Bibelstellen als Antwort hin (MPG 106,132 C).

Als jüdisches Element wird nun in diesen Zusammenhang *Leviathan* eingetragen (§ 169), jenes singuläre Wasser-Ungeheuer aus Hi 40,25−32, das auch in Jes 27,1 und in einzelnen Psalmen wiederkehrt, z. B. Ps 104(103),26: „dieser Drache (δράκων οὗτος / *liwjātān ze*), den du geschaffen hast, um ihn zu necken". Sein namentliches Vorkommen an unserer Stelle und in § 180 ist schon insofern bemerkenswert, als in der Septuaginta sein Name unterdrückt wird[57]. Dafür fehlen hier die gottfeindlichen Züge, die er z. B. an der Jesaja-Stelle hat[58] und die er in christlichen Auslegungen, namentlich bei Origenes, bekam (Duval, Jonas I 201 f.).

Die jüdische Haggada hat ihn zum Paar verdoppelt, wohl in Anlehnung an Jes 27,1, und ihm mancherlei angedichtet[59], worunter jedoch das Zuhalten der Ozean-Quellen nicht erwähnt wird. Ob es eine Erfindung unseres Autors ist?

Der Armenier Anania läßt in seiner Paraphrase unserer Stelle das Mythologem des Leviathan wieder weg, obwohl sie damit unverständlich wird; er schreibt:

„Und von dort brachte das große Seetier den Propheten weiter zur Quelle des Meeres, die aus der Tiefe strömte, ohne Unterlaß emporsprudelnd. Darüber hinweggehend hielt er/es (wer?) ein" − wörtlich: „saß er/es" −, „und mit seiner Masse spaltend (!) pflegte er/es ein (wörtlich: das) Quantum heraufzulassen, damit er nicht durch die Maßlosigkeit der Strudel die Erde bedecke." (nach Sargisean in: Bazmavep 1899, S. 52a, letzter Absatz).

In anderen Quellen, jüdischen (vorige Anm.) wie griechischen, christlichen wie gnostischen, ist Okeanos selbst die große Schlange, die sich um die Erde windet. (Reiches Material in H. Chadwicks Anm. 2 zu Origenes, *C. Cels.* VI 25.) In der *Vita Alexandri* II 41,12 sieht Alexander bei seiner sagenhaften Luftfahrt (vgl oben Exkurs zu § 66) die Erde aus solcher Höhe, daß sie ihm nur noch wie eine kleine Tenne erscheint. Sie ist kreisförmig umgeben von einer Schlange, wozu Alexander die Erklärung erhält: ὁ γὰρ ὄφις ἡ θάλασσά ἐστιν ἡ

---

[57] Die anderen jüdischen Bibelübersetzungen − Aquila, Symmachus, Theodotion − hingegen verwenden verschiedentlich den Leviathan-Namen. Daraus folgt jedoch nicht, daß die *De-J.*-Predigt diese späten Übersetzungen benützt hätte (und selbst danach zu datieren wäre); die Tradition konnte sich selbständig fortpflanzen. Siehe ÄthHen 60,7.

[58] Vgl. RGG (3. Aufl.) IV 337 f. unter ‚Leviathan'. Als Kosmoszerstörer begegnet der ὄφις in Apk 12,15: dort ist er es, der Wasser „wie Ströme" ausspeit, um die Erde darauf schwimmen zu lassen.

[59] s. bei Ginzberg, Legends VII (Index) 285 f. den Katalog der Motive; ferner I 27 f.; V 43−46 (bes. 45: Leviathan umgibt die ganze Erde − wie der griech Okeanos); Bill. IV/2, 1159 f. − Rabbinisches zur Begegnung Jonas mit Leviathan bei Bill. I 645; Ginzberg, Legends IV 249; Rosmarin, Art. Jona 273 f. − Hauptstelle ist im Babylonischen Talmud Baba Bathra 74a−75a, beginnend mit Seefahrts- und Seesturmschilderungen, die sich wie Seemannsgarn lesen. Die engl. Soncino-Ausgabe, Anm. 7 auf S. 289, macht jedoch auf die Möglichkeit aufmerksam, daß es sich um politische Allegorien handelt. Anders wieder ist Origenes' Auslegung beschaffen (Duval, Jonas I 201−203), wo Leviathan mit Jonas Seeungeheuer identifiziert wird.

κυκλοῦσα τὴν γῆν. – Man vergleiche die Abbildung auf dem Titelblatt von Norden, Agnostos Theos und ebd. S. 249; ferner unten den Kommentar zu § 173.

Die unterirdischen Flüsse (§ 170) vgl. mit Jon 2,4 ποταμοὶ ἐκύκλωσάν με. Hier wären nun also die Rückfluß-Röhren gemeint, durch die das Meerwasser wieder hochgedrückt wird in die Flußquellen – eine auch bei Seneca diskutierte, wenngleich abgelehnte Vorstellung (s. S. 199).

wie das Trinkwasser sich ins Salzwasser mischt) Daß dieses Detail seinen Ursprung in den Alexanderzügen haben könnte, wurde im Exkurs zu § 66 erwähnt.

§ 171 *wie sie ... ihre Zähne gegeneinander gebrauchen)* vgl. Plinius, *Nat. hist.* IX 5 § 12 f.

c. 43, § 172 *wie auf dem Meer die schwere Last des Festlands ruht)* Thales vertrat die Auffassung, daß die Erdscheibe auf dem Wasser schwimme: so Aristoteles, *De caelo* 294 a 28 ff.; Kirk/Raven, Presocratic philosophers Nr. 86, lt. Kommentar S. 90 eine orientalische Vorstellung. Um bei biblischen Angaben zu bleiben, müßte unser Autor eher einige nach unten, zu den unterseeischen θεμέλια τῆς οἰκουμένης (Ps 18(17),16) reichende Säulen annehmen; vgl. Jon 2,7 und das orphische Fragment Nr. 168, Z. 29 f. (S. 202 Kern): χθονὸς ῥίζαι im Meer. (Ps 104(103),5 hingegen spricht abstrakter von einem Gegründetsein der Erde auf „ihren Aufrichtungen", *mkonehā;* LXX ἐπὶ τὴν ἀσφάλειαν αὐτῆς.) In Ps 24(23),2 hat Gott die Erde „auf Meeren" und „auf Flüssen" gegründet, in Ps 136(135),6 „auf Wassern".

JosAs 12,2 bestaunt das Wunder: Steine schwimmen auf dem abgrundtiefen Wasser „wie Eichenblätter"; das müssen „lebendige Steine" sein. Λίθοι ζῶντες ist hier natürlich nicht im Sinne von 1.Pt 2,4 f. gemeint, sondern Anspielung an die Pneuma-Kräfte der stoischen Kosmologie, die alles – für eine Zeit – an seinem Platz halten.

Achilles Tatius hat in seinem Kommentar zu den „Phaenomenen" des Aratos eine Doxographie von Äußerungen griechischer Autoren (ab Xenophanes) zusammengestellt zu der Frage, ob die Erde schwimme oder stehe (MPG 19,941 D–944 A). Sublimer ist da Philons stoische Vorstellung von einem insgesamt „hängenden" Kosmos, dessen schweres Innere von Pneuma-Kräften auf Abstand gehalten werde von der feinstofflichen Peripherie. Vgl. oben zu § 127.

§ 173 *wie der äußere Ozean die Erde gleich einem Wall rings umschließt)* Der Ozean setzt der Erde ihre Grenzen, wie zu § 168–170 (Ende) gesagt; vgl. *Vit. Hom.* 103 f. Nach alttestamentlich-jüdischem Glauben begrenzt Gott seinerseits den Ozean; „er hält die Wasser des Meeres zusammen wie einen Schlauch", Ps 33(32),7; vgl. 104(103),6. „Bis hierher sollst du kommen und nicht weiter!" (Hi 38,11 Luther). – Der Anfang des Midrasch Tanchuma läßt durch Gottes „Erste" (rē'šit Gen 1,1), die Weisheit = Tora, das Weltmeer „versiegelt" sein (nach Jer 5,22; ḥoḳ = Tora) und ebenso die Tiefe, „daß sie die Welt nicht überflute" (nach Spr 8,27; Bill II 357). – Vgl. 1.Clem 20,7 (zitiert Hi 38,11).

die rohen Geschöpfe, die angeblich noch jenseits hausen) Das Weltbild der hellenistischen Zeit, wie es in ps.-Aristoteles, *De mundo* exemplarisch dargelegt ist, läßt die uns bekannte οἰκουμένη durch einen unüberquerbaren Ozean, hier der „Atlantische" genannt, von weiteren Welten geschieden sein, die für uns ἀόρατοι sind (392b 22–25). Die einzelnen οἰκουμέναι (392b 31) sind Inseln im feuchten Element; eine Unterscheidung zwischen ‚Inseln' und ‚Kontinenten' sei rein konventionell und habe nicht viel zu besagen. – Ähnlich hatte sich schon Platon geäußert (*Phaedon* 109 A/B mit Kontext). Giovanni Reales Kommentar zu der *De-mundo*-Stelle verfolgt die Vorstellung durch die Antike (S. 213f.). Sie wirkte in späteren Zeiten stimulierend auf die Entdecker von Columbus bis Cook, die, dank verbesserter Seefahrtstechnik, das Verdikt „unüberquerbar" zu widerlegen suchten.

Der 1. Clemensbrief fährt, direkt nach dem Zitat von Hi 38,11 (s.o.), fort: Ὠκεανὸς ἀπέραντος ἀνθρώποις καὶ οἱ μετ᾽ αὐτὸν κόσμοι ταῖς αὐταῖς ταγαῖς τοῦ δεσπότου διευθύνονται, „der für Menschen unüberquerbare Ozean und die nach ihm (kommenden) Welten werden von den gleichen Befehlen des Herrschers regiert". Lightfoot und Harnack haben in ihren Kommentaren zu dieser Stelle das antike Material zusammengetragen[60].

Hier kommt nun das Phantasie-Element hinzu, daß jene anderen Weltteile von *rohen Geschöpfen* bewohnt sein sollen. Auf vielen Weltkarten des Mittelalters sieht man den – durch Wasser von unserer Welt getrennten[61]– Südkontinent mit Fabelwesen bevölkert, wie sie insbesondere aus den Schriften des Gajus Solinus, des „Affen des Plinius" (weil er das Mirakulöse an dessen *Naturalis historia* aufschneiderisch vergröberte) entnommen wurden; s. Leithäuser, Mappae mundi 55 (zu Solinus) und 67ff. (zu den Karten). Schon

---

[60] Ferner Grant, Vig. Chr. 1983, 105. – Harnack erwähnt S. 83 Anm. 1 auch den Tadel des Photios (in der *Bibliotheca,* Cod. 126). Auch Philon hatte in *Opif.* 171 im Interesse der biblischen Schöpfungsgeschichte Spekulationen über „unendliche Welten" abgelehnt. Er benützt polemisch das Wortspiel ἄπειρος ‚unendlich'/‚unerfahren', das Xenophanes aufgebracht hatte (Frg. 21 A 33 Diels/Kranz).

[61] Es ist nicht ohne Folgen für den Mut eines Entdeckers wie Columbus gewesen, daß 4.Esr 6,50.52 nur ein Siebtel der Erde von Wasser bedeckt sein ließ: dann konnte also der Seeweg an den andern Rand der bewohnten Welt nicht weit sein. Ptolemaeus hingegen, Angehöriger einer seefahrenden Nation, hatte richtiger geschätzt: fünf Sechstel Wasser. So Leithäuser, Mappae mundi 53.

Plutarch erwähnt zu Beginn seiner Theseus-Biographie (c. 1) diesen Brauch der Kartenzeichner.

Spekulationen über eine Überquerung des Okeanos sind ebenfalls schon alt. Homer, *Od.* 11,13 und 11,157−159 deutet ein solches Überqueren durch Odysseus' Schiff an; Odysseus kommt dort − im äußersten Norden − freilich an keine bewohnten Gebiete mehr, sondern an den ewig dunklen Eingang des Hades.

§ 174 *Das Geräusch unserer eigenen Unruhe wird von der Gottheit gedämpft)* Der Gedanke, daß die Erde insgesamt ein *Ruheplatz* sei, klingt schon im 96.(95.) Psalm an: „Er stellte den Erdkreis (τὴν οἰκουμένην) richtig, daß er nicht erschüttert werden wird" (οὐ σαλευθήσεται, V. 10). Vgl. Ps 65(64),8. − In unserem Kontext scheint mir ein kulturkritischer Unterton mitzuklingen; denn die *Unruhe* ist ja menschengemacht. Der Gedanke, Naturbetrachtung (wie die des Jona) wirke beruhigend, kann einem Großstadtmenschen, z. B. in Alexandrien, auch damals schon nahegelegen haben. Vgl. Apollonios Rhodios, oben Exkurs zu § 24 (Ende).

Der Alexandriner Philon empfiehlt in *LA* III 18 die Askese, weil sie den Fluß (ποταμόν) der sinnlichen Dinge überquere, „der heranstürmt und mit der Wucht der Empfindungen die Seele durchnäßt". Das kontemplative Leben, dessen Ideal er in *Cont.* gezeichnet hat, setzt die Flucht aus den θόρυβοι καὶ ταραχαί der Großstadt voraus (19).

Gewisse Ähnlichkeit hat auch eine Betrachtung des Älteren Plinius: in *Nat. hist.* II 67 § 170 betont er die Kleinheit unserer bewohnten Welt, verglichen mit dem Weltozean, in moralischer Absicht: dies sei eine *contemplatio apta detegendae mortalium vanitati.*

die ihre Macht als Grenze einsetzt) Vgl. Jes 40,12: Gott mißt die Wasser in seiner hohlen Hand; Hi 38,11 („bis hierher und nicht weiter") usw.

Die Gnostiker haben das hier von der οἰκουμένη Gesagte auf den Kosmos übertragen, haben den ὅρος hypostasiert und mit dem „Einziggeborenen" identifiziert (N. H. XI 2, 25,22 und 27,34). Er ist der *refōrč* („Befestiger/ Einschließer") des ganzen Kosmos − vgl. in unserem Text die Worte *Hüter* und *einschließt.* Bei Philon sind die von den beiden Cherubim symbolisierten „Mächte" (δυνάμεις) des „Seienden" die „Wächter" des Kosmos: *De Deo* Z. 147; vgl. Siegert, Philon 136 f., ferner zur Etymologie ὅρος − οὐρανός ebd. S. 81 Anm. 14.

die Beständigkeit eines Ruheplatzes) Zu diesem eben schon kommentierten Wort sei lexikalisch bemerkt, daß das armenische *kayan* von ASA mit στάσις ‚statio', θέσις ‚situs' und δίαιτα ‚mora' wiedergegeben wird, unter Hinweis auf Hi 39,6: Gott gab dem Wildesel die Steppe als δίαιτα (Lebensraum). Vgl. Jes 34,14 LXX: die ἀνάπαυσις des ὀνοκένταυρος (Art Daemon).

Daß die Erde als unser Lebensraum eine Wohltat Gottes ist, hat Jona *in Gottes Zucht* während seines Seeabenteuers eingesehen — so § 175. Apokalyptische Theologie der Zeit sprach anders von einem *Ruheplatz:* s. o. den Exkurs zu § 86, Ende. Sollte indes στάσις das ursprüngliche Wort gewesen sein (die jeweilige Ableitung von einem Verb für ‚stehen' spricht dafür), so geraten wir in andere Zusammenhänge. Bei Aristobul (Eusebius, *Pr. ev.* VIII 10,9–12) und bei Philon (*Somn.* II 222 u. ö.) ist στάσις das „Stehen", d. h. Bestehen der kosmischen Ordnung. Was als Gottesaussage einer der alttestamentlichen Anthropomorphismen war, wird abstrahiert zur entsprechenden Gotteseigenschaft; und dem Betrachter des Kosmos, der aus diesem Gottes Beständigkeit erkennt, wird selbst *Beständigkeit* geschenkt: Philon, *Post.* 23.

c. 44, § 176 *Welchen Ort meintest du denn frei von Gott zu finden?)* „Fülle ich nicht den Himmel und die Erde?, spricht der Herr" (Jer 23,24). – Die Lehre von der Ubiquität Gottes war in der jüdischen wie heidnischen Spätantike voll ausgebildet. Statt vieler Einzelbelege verweise ich summarisch auf Hengel, Judentum und Hellenismus 266 f.; Walter, Aristobulos 107 f. – Philons „Kräfte"-Lehre, eben erwähnt, diente dem gleichen Zweck: Gottes — feinstofflich gedachte — Präsenz an jedem Punkt des als kugelförmiges Continuum gedachten Kosmos theoretisch zu begründen.

Hast du nicht im Gesetz gelesen . . .?) So lautet die Einleitungsformel für ein Propheten-Zitat — vgl. in 1.Kor 14,21 die Zitierung Jesajas. Noch näher kommt Joh 10,34: „Steht nicht in eurem Gesetz geschrieben . . .?" — es folgt ein Zitat aus dem Psalter. — Vgl. noch Mt 12,5; Mk 12,26.

Die Bezeichnung νόμος, die das hellenistische Judentum wie auch seine Umwelt[62] für die Tora gebrauchte, wird über die semantische Figur der Synekdoche, der „Mitbedeutung", auf das Ganze der Heiligen Schrift übertragen. Erst christliche Theologie hat den Propheten Eigengewicht gegeben gegenüber dem Pentateuch, ja das Übergewicht[63], so daß sie nun „die Propheten" heißen kann (Röm 1,2).

Es ist also eine Beanspruchung mosaischer Autorität, wenn unser Prediger einen Propheten als νόμος zitiert. Philon läßt in *QG* II 43 Jesaja richtiggehend „Schüler des Mose" sein.

So können denn auch neutestamentliche Zeugen im Gespräch bzw. der Auseinandersetzung mit dem Judentum Zitate aus Propheten und Psalmen als νόμος einführen: Paulus Röm 3,19 (Schlußsatz eines Cento aus *ktubim*-Stel-

---

[62] Belege bei Siegert, Argumentation 159 f. Anm. 19; Siegert, Philon 79. Es können hinzugefügt werden: Stern, Authors I Nr. 58 (Diodorus Siculus, *Bibliotheca historica* I 94, 1 f.) und Nr. 115 (Strabon, *Geographica* XVI 2,36–38).
[63] Siegert, Argumentation 162–164.

len); 1. Kor 14,21 (das schon genannte Jesaja-Zitat) und mit deutlichem Unterton von Ironie und Distanz Johannes: 10,34; 12,34; 15,25[64].

§ 177 *Wärst du über die Erde hinausgewandert und über das Himmelsgewölbe emporgestiegen)* Ein deutlicher Anklang an Ps 139(138),9; vgl. Röm 10,6 und das oben zu § 50 Gesagte. Ähnlich betont Philon, *Post.* 5 die Unmöglichkeit, den Kosmos, das „Haus Gottes", zu verlassen, und Chariton, *Callirhoë* III 2,5 die Unmöglichkeit, (zum Zwecke eines Schwurs) „in den Himmel hinaufzusteigen".

Erbauer s. o. zu § 2.14; *alles sehendes Auge* s. o. zu § 21 „Aufseher".

§ 178 *der Menschenjäger)* Dieser Ausdruck, der an Jesu Wort von den „Menschenfischern" Mk 1,17 erinnert − das aramäische ṣajjād heißt sowohl ‚Jäger' wie ‚Fischer' −, war bisher ohne jüdischen Beleg: siehe Hengel, Nachfolge 85 f. Die dort angeführten Verbalsyntagmen haben negativen Klang (wie es auch deutschem Sprachgefühl naheläge) und stehen für das Tun finsterer Mächte.

Die einzige Ausnahme hiervon, JosAs 21,21, ist eine Stelle mit einer gewissen Ironie. Aseneth, inzwischen Josephs Frau geworden, bekennt in einem Bußgebet ihren maßlosen Stolz von früher, wo sie jeden Mann abgewiesen hatte. In diesem Zusammenhang sagt sie: „Er (Joseph) zog mich herab (καθεῖλεν, wie Lk 1,52) von meiner Herrschaft und erniedrigte (ἐταπείνωσε) mich von meinem Hochmut (ὑπερηφανία); mit seiner Schönheit fing er (ἤγρευσε) mich, und mit seiner Weisheit faßte er mich wie einen Fisch an der Angel. Mit seinem Geist (Pneuma) wie einem Lebens-Köder hat er mich geködert" (ἐδελέασέ με − vgl. Christoph Burchards Anm. z. St. in Charlesworth II S. 237f.). Doch sind hier Zweifel am Platze, ob dies ein unbeeinflußter jüdischer Text sei.

Um so bemerkenswerter ist es nun, daß in *De J.* mit positiver Wertung *der Menschenjäger* vorkommt. Zwei Schlüsse aus diesem Befund sind möglich, beide sind von Interesse: Entweder das Jesuswort ist nicht so sprachschöpferisch, wie es nach dem bisherigen Befund dastand (s. Hengel) − wenngleich es dann eine immer noch gewagte Übertragung eines Gottesprädikats auf die Jünger wäre −, oder unser Prediger spielt an christliches Überlieferungsgut an; hierzu vgl. oben 1.7.6.

---

[64] Nachklänge solchen Sprachgebrauchs bei Kirchenschriftstellern s. Lampe, Lexicon unter νόμος II C 2; C 8 b iii; ferner unter προφήτης I Q (S. 1196 a).

c. 45, § 179 *der Lehrer des Nicht-Fliehens vor Gott)* In dieser Formel kompri-miert[65] der Prediger, was Jona auf seiner Seefahrt *in Gottes Zucht* (§ 175) gelernt hat bzw. den Predigthörern zu lernen gibt; vgl. zu § 9, 2. Absatz.

Nun steht unserem Propheten noch die andere, von ihm noch nicht begriffe-ne Lehre (vgl. § 63) bevor, die von Gottes Menschenliebe. Sie füllt von § 182 bis zum letzten Wort (§ 219) den Rest der Predigt, die fast ausschließlich (ohne § 197) als Gottesrede formuliert ist. Da unserer Predigt ein förmlicher Schluß, eine Zusammenfassung fehlt, kann man in den §§ 182–219 eine Art Peroratio erblicken. Auch in dieser lernt Jona nicht durch Hören, sondern erst durch Fühlen, welches unser Prediger in Affekte umsetzt: § 183.197 ff.; 206 ff. Formal ist die Peroratio in Charitons Kallirhoë-Roman vergleichbar, gleichfalls ein langer Dialog, allerdings zwischen dem Helden und der Volksversammlung seiner Heimatstadt; s. u.

§ 181 *So klagte der Prophet)* Die Klage als starker Emotionsträger darf in diesem rhetorischen Text nicht fehlen, so wenig wie in Chariton, *Callirhoë* III 6,8: „So klagte Chaereas..." (Ende einer Apostrophe des Helden an das Meer).

c. 46, § 182 *der Erlöser Aller)* –ein bemerkenswerter Universalismus, der aber nicht erst durch konkurrierende christliche Mission zustandegekommen sein muß: unter den Rabbinen hegte die Schule Hillels ähnliche Ansichten[66]. Unser Prediger hatte schon in § 5 Gott eingeführt als denjenigen, „der jede Stadt lenkt"; vgl. ferner § 43.46. Über Gott als σωτήρ s. o. § 7. In gewisser Polarität hierzu steht seine Funktion als Richter: § 45–47.73.113[67]. –

Von hier bis zum Ende der Predigt erstreckt sich der Schlußdialog, der eher ein Monolog ist, denn die Einreden des Propheten werden von Gott selbst formuliert: § 190.195; vgl. 197. Ebenso verlaufen die Schlußkapitel von Chari-tons Roman (*Callirhoë* VIII 7,3–8,16) im Dialog, hier zwischen dem Helden und der Volksversammlung seiner Heimatstadt – eine dramatisierte Peroratio.

§ 183 *Was bist du denn so traurig, Prophet?)* Nach Jon 4,4.

alten Kummer zu begraben) Situation der Predigt ist ja der Versöhnungstag (oben 1.6.1). Im Zusammenhang mit diesem Festtag gebraucht auch Philon

---

[65] Das didaktische Verfahren, größere Zusammenhänge in Sentenzen zusammenzufassen, läßt sich in der Diatribe, darum auch bei Paulus, häufig beobachten: Siegert, Argumentation 126 mit Anm. 44.

[66] Vgl. Siegert, Gottesfürchtige 119f.: „Rabbinischer Universalismus".

[67] Philon, der sich hierüber systematische Gedanken gemacht hat, ordnet Gottes rettendes Handeln dem richtenden über: s. Siegert, Philon 110–112.

den Kontrast zwischen ‚alt' und ‚neu': *Mos.* II 24 stellt „alte Sünden" gegen „neue Güter".

Zu *jetzt ist es Zeit* vgl. 2. Kor 6,2 ἰδοὺ νῦν καιρὸς εὐπρόσδεκτος, ἰδοῦ νῦν ἡμέρα σωτηρίας – dort bezogen auf jeden Zeitpunkt, an dem das Evangelium laut wird.

§ 184 *wiedergeboren, zu neuem Leben erweckt)* die Metaphorik der Konversion und überhaupt der Buße, wie zu § 96 schon dargestellt. Zur Weigerung, sich mitzufreuen, vgl. den Bruder des Verlorenen Sohnes in Lk 15,24−32. Aus der *Unwissenheit,* die nicht nur nach platonischer Auffassung Ursache des Sündigens (s. o. zu § 5 „Leiden"), sondern viel mehr noch nach jüdischer Lehre Sünde und Gottferne ist (Jon 4,11: οὐκ ἔγνωσαν), werden die Niniviten *zu neuem Leben* erweckt. Vgl. den (ebenso metaphorisch benannten) Kontrast *tot sein* in § 153, ferner den zwischen Tiersein und Menschsein in § 120f.

Ganz ähnlich lädt die Bußpredigt des Paulus auf dem Areopag dazu ein, die Zeit der Unkenntnis (ἄγνοια) nun vorbei sein zu lassen (Apg 17,30). Als des Paulus eigene Worte vgl. 1. Kor 15,34, mit polemischer Spitze gegen den „Gnosis"-Anspruch in Korinth.

§ 185 *... bist du inhuman)* So lautete ja ein gängiger Vorwurf gegen die Juden, wie oben zu § 8 dargestellt.

Die *wenn/wenn*-Alternative hat die argumentative Form eines Dilemmas[68].

Wenn dich aber verwirrt (vgl. Jon 4,1 συνεχύθη (᾿Ιωνᾶς)), *daß die Predigt sich nicht bewahrheitete)* Jona will nicht als Lügenprophet dastehen; dies wurde als Motiv seiner Flucht schon in § 20 benannt. In § 161 beklagt er, sein Ansehen sei geschädigt. Rabbinische Kommentare drücken das gleiche Empfinden aus, wie zu § 20 dargelegt. So mag zunächst ein Exkurs am Platze sein, um, jenseits aller Psychologie und verletzten Eitelkeit, das zugrunde liegende theologische Problem zu sondieren: ob Gott überhaupt lügen könne.

Exkurs zu § 185: Kann Gott lügen?

Die theologische Frage, ob Gott lügen könne − Hebr 6,18 verneint es kategorisch: ἀδύνατον ψεύσασθαι τὸν Θεόν − hat Elias Bickerman zu seinem Aufsatz „Les deux erreurs du prophète Jonas" veranlaßt, worin er auf S. 250−264 ausführlich auf das Jona-Buch und auch auf unsere Jona-Predigt eingeht. Er nennt S. 254 Anm. 80 eine ganze Reihe von jüdischen Auslegern

---

[68] Hierzu Siegert, Argumentation 58 (nach Ch. Perelman) und 128.

und Kirchenvätern[1], denen zufolge Jonas Prophetenspruch gegen Ninive als eine Lüge einzustufen sei, die allerdings Gott auf sich nehme (wie hier in § 185).

Durch die ganze Antike erstreckt sich die philosophische Tradition einer Rechtfertigung der Zwecklüge, *l'idée platonicienne du mensonge noble et utile* (Bickerman, Jonas 255). Gemeint ist damit insbesondere die Lüge des Arztes, die den Kranken schont. Wir finden den Topos wieder bei Philon, *Deus* 63−69, in theologischer Anwendung; der Apparat bei Cohn/Wendland nennt Parallelen von Platon bis zu den Kirchenvätern[2]. Zu der Klage Jeremias (20,7): „Du hast mich betrogen, und ich habe mich betrügen lassen" hat Origenes in seiner 19. Jeremia-Homilie (MPG 13,404 A−B) den Topos herangezogen; nicht minder Hieronymus in der Erläuterung eines bestimmten Punktes in der Auseinandersetzung Jeremias mit dem Pseudopropheten Hananja Jer 28,6 (MPL 24,854 C)[3], mit einem Seitenblick auf Jona.

In der moralischen Beurteilung der Lüge war die Antike sehr viel großzügiger als etwa Kant, der sie, als Widerspruch gegen den Kategorischen Imperativ, ebenso kategorisch ausschloß[4]. Das Problem in bezug auf Gott ist aber weniger ein moralisches, als vielmehr eine zentrale Frage der Gotteslehre: Kann Gott seine Absicht ändern? − was ja hieße, daß er sich ändert.

Während gewisse Propheten (Mi 3,12; Jer 26) und Rabbinen[5] durchaus mit einer Änderung des Willens Gottes auch nach einem eindeutigen Prophetenspruch rechnen, im Kontrast zur philosophischen Auffassung von der „Unveränderlichkeit" Gottes[6], schlägt Bickerman als Religionsgeschichtler eine Lösung vor, die sich des Unterschieds zwischen zwei Sorten von Orakeln bedient: *fata denuntiativa* und *fata condicionalia* (S. 251−253, unter Berufung auf eine Stelle in Servius' Vergil-Kommentar: zu *Aeneis* IV 696). An zahlreichen griechischen und alttestamentlichen Beispielen demonstriert er, daß es Orakel

---

[1] Den von ihm herangezogenen Griechen, Lateinern und Hebräern läßt sich als Syrer (ps.-)Ephraem beigesellen, der in seinem *Commentarium in Jonam prophetam* (Sp. 245/46 Lamy) Jonas Prophetie auch am Ende noch „lügenhaft" *(daggalt)* sein läßt. Im Zweifelsfall katapultiert sich dieser Ausleger (im Gegensatz wohl zum echten Ephraem) durch Allegorisieren aus den Schwierigkeiten heraus.

[2] Vgl. noch Philon, *Cher.* 15: Rechtfertigung der Zwecklüge des Weisen. − Unser Text, obwohl er auf Gottes „ärztliche Kunst" öfters bezug nimmt (§ 5−7.182), zielt auf eine andere Lösung.

[3] So ist die Angabe bei Bickerman, Jonas 256 Anm. 86 zu berichtigen.

[4] Grundlegung S. 20−22 (= Akademie-Ausgabe S. 402f.). − Zur antiken Haltung vgl. Siegert, Argumentation 103 Anm. 81.

[5] Belege bei Bickerman, Jonas 260.264; vgl. Bill. I 648. Als griech. Beispiel zitiert er die Änderung eines Apollon-Orakels bei Herodot VII 139.

[6] Siegert, Philon 43. Beispiele schon aus der Zeit der assyrischen Gottkönige bei Bickerman, Jonas 254; vgl. Dan 6,8.15 zu den Persern. Den philosophischen Satz ῞Οτι ἄτρεπτον τὸ θεῖον hat Philon thematisch behandelt (*Deus*); der Jakobusbrief spielt an ihn an: Jak 1,17. Hierzu noch Siegert, Argumentation 212 mit Anm. 61a.

bzw. Prophetensprüche gibt, die nur e i n e n Ausgang einer Sache zulassen, und solche, die den Ausgang noch von menschlichem Verhalten abhängig machen. Das Thermopylen-Orakel des Sehers Megistias z. B. war eine Warnung, die nur, weil man sie mißachtete[7], in Erfüllung ging (Herodot VII 228). Das Umgekehrte wäre nun, laut Bickerman bzw. seinen Vorgängern[8], für die Niniviten im Jona-Buch anzunehmen.

Nach dieser Interpretation läge der Unheilsdrohung Jonas (Jon 3,4) eine unausgesprochene *condicio* zugrunde, die ihre Aufhebung durch menschliches Verhalten – aber ohne alle Änderung der göttlichen Absicht – ermöglichte. Nicht fern davon ist in der Tat die Lösung unseres Predigers, die gleichfalls in Jonas Prophetenspruch einen weiteren, Jona unbewußten Sinn entdeckt. Gegen Jonas eigene Erwartung, nunmehr ein *unentrinnbares Schauspiel* (§ 157) vor sich zu haben – das wären *fata denuntiativa* –, bewahrheitet sich dieser zweite, verborgene Sinn: § 191–196. Ebenso in der „Verkünd. Jonas", Issaverdens S. 242. Verwirrend ist an unserer Predigt, daß die beiden Antworten, die unterschiedliche und logisch entgegengesetzte Voraussetzungen machen, kumulativ nebeneinandergestellt werden. Solches Verfahren verrät den Rhetor, nicht den Philosophen; es dient der Amplifikation, nicht der logischen Klarheit.

Bickermans Unterscheidung zwischen apodiktischen und konditionellen Orakeln findet in *Vit. Hom.* 120 eine aufschlußreiche Parallele. Zunächst wird, als Vorläufer des stoischen Determinismus, Homer zitiert, der auch schon die Lehre von der εἱμαρμένη gekannt habe: *Il.* 6,488f. (Äußerung des Hektor). „Jedoch bringt er auch als erster, wie nach ihm die angesehensten Philosophen, Platon, Aristoteles und Theophrast, die Lehre auf, daß nicht alles καθ' εἱμαρμένην geschieht, sondern auch etwas bei den Menschen liegt (ἐπὶ τοῖς ἀνθρώποις εἶναι), die nämlich Entscheidungsfreiheit (τὸ ἑκούσιον) haben – wobei mit dieser jedoch das Notwendige (τὸ κατηναγκασμένον) irgendwie (πως) verbunden ist, wenn nämlich jemand, indem er tut, was er will, in etwas verfällt, was er nicht will."[9] Als Beispiele hierfür nennt der Verfasser die Anfänge beider Epen: Die Ilias beginnt mit einem menschlichen Motiv als Auslöser der Tragödie, nämlich dem Zorn des Achill – anhand dessen sich, wie dort gleichfalls gesagt wird, der Wille des Zeus erfüllt (*Il.* 1,1–5 Μῆνιν ἄειδε ... bis Διὸς δ' ἐτελείετο βουλή). Und die Odyssee beginnt 1,7–9 mit der

---

[7] Eine merkwürdige Parallele liefert der Essener Menachem bei Josephus, *Ant.* XV 375: er sagt dem künftigen König Herodes Gutes voraus, falls er fromm, gerecht und bescheiden sein werde, sagt aber zugleich voraus, daß er dies nicht sein werde. – Diese Prophetie, wenn sie wahr sein soll, läßt doch nur e i n e n Ausgang zu.

[8] Eine Stichprobe: Hackspan, Notae II S. 1000 macht seinerseits Ibn Ezra namhaft für die Unterscheidung einer *voluntas absoluta* und einer *voluntas conditionata* bei Gott, nach Jer 18,7f. – Hackspan, Altdorfer Lutheraner, setzt sich im weiteren mit Gegenstimmen aus dem Calvinismus auseinander, die letzteres offenbar dogmatisch nicht unterbrachten.

[9] vgl. Röm 6,16ff.; 7,15.

Torheit (bei *Vit. Hom.* ἀβουλία) der Gefährten des Odysseus, daß sie durch
Schlachten der Rinder des Helios sich die Verweigerung der Rückkehr selbst
zugezogen haben – „wo sie doch die Hände davon hätten lassen können
(ἐξόν); denn es war ja vorhergesagt (προειρημένον): ..." – hier folgt das
Orakel des Tiresias in seinem in *Od.* 11,110ff. referierten Wortlaut, eine
genaue Vorhersage dessen, was in der Odyssee geschieht (und was doch, wegen
jenes ἐξόν, nur ein *fatum condicionale* war). Es beginnt nämlich mit einer
förmlichen Alternative: εἰ μέν κε ... εἰ δέ κε (V. 110.112).

Der Seher weiß die Entscheidung von Odysseus' törichten Gefährten voraus;
dennoch gilt sie als deren Entscheidung. – Viel weiter ist auch die christliche
Theologie beim Nachdenken über Gottes Allwissenheit nicht gekommen.

Abschließend sei noch die Raffinesse eines Origenes erwähnt, der in einem
Jona-Exkurs in seiner 16. Numeri-Homilie (c. 4, zu Num 23,19) im Zusammenhang mit dem Lehrsatz von der Unveränderlichkeit Gottes darauf hinweist,
daß die fraglichen Worte „Noch drei (40) Tage, und Ninive wird zerstört" dem
Propheten gar nicht wörtlich so aufgetragen worden seien: *ut sermo iste, qui
dictus est et non est factus, ab Iona potius quam a Deo prolatus esse videatur.*
(MPG 12,693 A/B; Ausg. Baehrens S. 141,19f.). Damit wäre also Jona, aber
nicht Gott der „Lügner". – Unser Prediger jedoch läßt Gott zunächst eindeutig
in dem Sinn sprechen, den Jona selbst für den einzigen hält (§ 19). Danach
folgen, mehr oder weniger unverbunden, zwei Lösungen des Problems. Es sind
die folgenden:

———

§ 186–189 *ich hatte die Befugnis, ... Gesetze zu ändern)* Zunächst rechtfertigt der Prediger eine Willensänderung Gottes. Dies hatte er in § 115–117, in
einer Rede der Niniviten, vorbereitend schon getan; in § 214 wird er kurz
darauf zurückkommen. Dieser Bescheid hat nichts Überraschendes an sich: die
Bedenken eines Philon hätten wir bei unserem Rhetor nicht erwartet. Eine
Absichtsänderung Gottes, so sagt er uns, ist mit seiner Allmacht verträglich, ja
sogar mit seiner Ehre (§ 189). Und um seine, nicht des Propheten, Ehre geht es
– so schon § 185 und wiederum 214.

Tertullian hat in *Adversus Marcionem* II 24 die „Reue" Gottes im Jona-Buch
in Schutz genommen gegen böswillige Rückschlüsse Markions, die den Gott
des Alten Testaments herabgesetzt hatten (vgl. Duval, Jonas I 160). Er weist
darauf hin, daß das griechische μετάνοια vom Begriff her nichts mit ‚schlech-
tem Gewissen' zu tun hat, sondern ‚Sinnesänderung' heißt; und eine solche sei
hier dazu bestimmt, Gottes Milde auszudrücken.

Im folgenden zieht dieGottesrede nun aber das Problem auf die ethische
Ebene, indem sie fragt:

c.48, § 190f. *Mußtest du dich denn meiner Demütigung bedienen ...?)* Demgegenüber ist nun *ex persona Dei* der Nachweis zu führen, daß die Ehre Gottes

den Kontrast menschlicher Erniedrigung gar nicht nötig hat, ja daß Jona in Wahrheit überhaupt nicht *beschämt* wurde. — Vom Gelingen dieses Nachweises hängt die paränetische Wirkung dieser Predigt ab, die ja darauf zielt, daß ihre jüdischen Hörer sich ihrem Jona-Auftrag nicht entziehen sollen, sich einzusetzen für die *Rettung dieser Stadt* (§ 189), also ihrer hellenistischen Umwelt.

§ 192—196 *Lies nur deine eigene Prophetie)* Auf den Anachronismus, daß das Jona-Buch hier in die Jona-Geschichte rückeingetragen wird, hat Anm. 404 in Bd. I schon hingewiesen; zu § 86 haben wir Hi 19,23f. angemerkt. — Das folgende ist denn auch ein ausgesprochen schriftgelehrtes Kunststück, ein Beispiel dessen, was hellenistische Texthermeneutik an autoritativen Texten vermochte, die nicht im Wortlaut geändert, wohl aber im Sinn umgedeutet werden durften[1] — hier mittels der sog. Etymologie[2].

Einschlägig sind hier die oben im Exkurs zu § 63 (Ende) mitgeteilten Beobachtungen über das ἀκριβῶς-Lesen, worunter *Vit. Hom.* 6 keineswegs die Ermittlung des Wortsinns versteht (das galt damals nicht als Wissenschaft, sondern wurde vom γραμματιστής, vom Grundschullehrer erledigt), sondern die Ermittlung eines möglichen Hintersinns, die allegorische Exegese. In diesem Sinne ist Rabbi Akibas Ausdeutung selbst der Krönchen auf den Tora-Buchstaben (Strack, Einl. 125) ἀκριβής gewesen.

Zur „etymologischen" Exegese, einem Sonderfall der Allegorese, wo mit Hilfe von Wortassonanzen dem Text neue Aussagen abgewonnen werden, hat 2.2 zu *De Deo* Z. 72 aus *Vit. Hom.* Beispiele gebracht.

In unserem Text wird die Mehrdeutigkeit von καταστρέφειν argumentativ eingeführt: siehe § 193 *niedergelegt* gegenüber *umgeschwenkt, Umschlag, Wende;* ebenso § 195 *zerstört* gegenüber *gewendet*. Der Urtext würde das gleiche Argument zulassen, wie es denn auch in rabbinischen Auslegungen tatsächlich gebraucht worden ist. Im Babylonischen Talmud, Sanhedrin 85b, sagt ein Amoräer, Jona habe nicht gewußt, ob er einen ‚Umschlag' im guten oder im schlechten Sinn anzukündigen habe[3]. Ebenso Augustin[4].

Die Etymologie als Argumentationsfigur ist Gemeinbesitz der griechischen wie der hebräischen Antike. Exegetische Wortspiele z.B. bei Philon haben Farrar, Interpretation 151f. und Berger, Exegese 30, letzterer mit Bezug auf

---

[1] vgl. Siegert, Argumentation 160f.

[2] Zum hohen, aber nicht unbegrenzten Evidenzwert der sog. Etymologien und überhaupt der Assonanzen in der Antike s. Siegert, Argumentation 161; 46 mit Anm. 77; 235 mit Anm. 46. Verwandt ist die *distinctio*, die Ausnützung zweier unterschiedlicher Bedeutungen desselben sprachlichen Ausdrucks; Beispiele in § 46f. (Bd. I Anm. 65) und § 153.

[3] Hinweis Bickerman, Jonas 255 mit Anm. 85. — Weitere Beispiele, auf andere Texte bezogen, bei Jastrow, Dictionary unter *HPK*.

[4] *Sermo* 361; MPL 39,1610f., insbesondere § 20: *Ninive juxta prophetiam „eversa", sed per poenitentiam:* Jona verstand *carnaliter,* was doch von Gott *spiritualiter* gemeint war.

unsere Stelle, gesammelt. Patristische Parallelen zur „etymologischen" Lösung des Jona-Problems nennt Duval, Jonas I 81 Anm. 61 sowie II, Index unter *éversion/conversion.*

So lautet denn das Ergebnis der Apologie Gottes – in Revision des vorher (§ 186) Gesagten[5] – daß *die Predigt in Erfüllung ging* (§ 194). Bickerman, Jonas 259 Anm. 92 zitiert des Hieronymus Auslegung von Jon 3,10 (*In Jonam,* z. St.), worin dieser bereits Gottes Verhaltensänderung erblickt, aber fortfährt: „Ist nicht vielmehr Gott bei seinem Plan geblieben *(perseveravit),* da er doch von Anfang an Erbarmen üben wollte?" (Vgl. Jon 4,2.)

Dieses Ergebnis, das auch unser Prediger, getreu seinem Thema ‚Philanthropie', angezielt hatte, wird in § 196 noch amplifiziert durch ein *argumentum a fortiori:* Stadtmauern fallen noch leicht, verglichen mit den „Mauern" des menschlichen Herzens[6].

Gottes Pädagogik hat ihre sicheren Mittel (§ 7.19 usw.), wozu auch die Wahrheit der prophetischen Verkündigung gehört (§ 108 f. und hier).

Lediglich dem Propheten, dem Israeliten gegenüber braucht Gott noch stärkeren Nachdruck. Zum Hören muß das Fühlen kommen:

c. 49, § 197 *Aber weil er wohl nicht glaubte, durch derartige Argumente Jonas Fragen zu lösen...)* Wie Gott nun bei Jona dem Hören durch Fühlen nachhilft, das muß der Redner seinerseits in Affekte für seine Hörer umsetzen. Er tut es mit den Mitteln der diskursiven wie narrativen Amplifikation.

Leider steht uns für den Rest der Predigt kaum Vergleichsstoff aus alten Quellen zur Verfügung: *Rares sont en effet les auteurs qui expliquent la parabole du ricin* (Duval, Jonas II 601).

§ 193 *Von unten)* Das „Unten" der Buße dürfte gemeint sein. In der uns explizit vorliegenden rabbinischen Bußlehre ist Buße eindeutig Menschenwerk: Bill. I 165–170.

Theologisch darf man hier „oben" und „unten" nicht als Gegensatz nehmen, wie etwa in Joh 3,31 (ὁ ἄνωθεν ἐρχόμενος / ὁ ὢν ἐκ τῆς γῆς). Modell ist vielmehr Jes 45,8: „Es freue sich der Himmel von oben, und die Wolken lassen Gerechtigkeit träufeln; / es lasse die Erde Erbarmen sprossen, und Gerechtigkeit gehe mit auf! Ich bin der Herr, der dich gegründet hat" (so LXX). „Wahrheit ist aus der Erde entsprossen", singt Ps 85(84), 12.

---

[5] Rein logisch gesehen, widerspricht sich der Prediger: In § 186 geht er davon aus, daß Gottes Wille sich ändert, hier aber, daß er sich nicht ändert. Argumentationstheoretisch gesehen, benützt er zwei verschiedene Verfahren, eine Unverträglichkeit zu umgehen, die unter sich nicht völlig konvergieren. Vgl. Siegert, Argumentation 81 ff. sowie den vorigen Exkurs.

[6] Vgl. Jo 2,13: „Zerreißt eure Herzen, nicht eure Gewänder!"

§ 199 *durch Vertrocknen der Seelen)* Die Metapher vom ‚Verdorren' des Herzens ist schon alttestamentlich: Ps 102(101),5 usw.; Sachbezug ist zunächst jede Art von Unglück und Not. So auch in Hi 21,23−26, wo V. 24 die umgekehrte Metapher vom ‚Tränken' oder ‚Bewässern'[7] der Gebeine verwendet. Näher bei unserem Text liegen m. E. die in gleicher Bildhaftigkeit gehaltenen moralisch-psychologischen Betrachtungen des Plutarch (*Mor.* 477 B), wo das „unerschrockene, unbefleckte Ethos" als „Quelle des Lebens" (βίου πηγή)[8] gewürdigt wird, und wo durch das Bewußtsein guter Taten das Vermögen, sich zu freuen (τὸ χαῖρον) „bewässert wird und blüht".

Unser Text ist jedoch nicht so platonisch, daß er die Wechselwirkung zwischen Seele und Körper an dieser Stelle übersehen würde: Gott verhindert, *daß durch Vertrocknen der Seelen,* also durch die in § 118ff. beschriebene Gedankenlosigkeit, *die Körper verkommen.*

§ 201 *Sie hat von Natur üppiges Laub)* Rabbinen gaben Jonas Pflanze 276 Blätter, nach dem Zahlenwert des Wortes *ķiķājon* (Ginzberg, Legends IV 252; Komlós, Jonah legends 54).

von selbst) Vgl. αὐτομάτη Mk 4,28, auch den Kontext. Hinter solchen „automatischen" Vorgängen steht nach antikem Verständnis Gottes fortwährendes Einwirken, eine *creatio continua.* Vgl. § 120 (Ende).121; Siegert, Philon 137f.

§ 203 *einen Stecken untergestellt)* Der Ausleger gleicht hier einen Übersetzungsfehler der Septuaginta aus; vgl. zu § 158. − Lewys Emendation (Bd. I Anm. 425), nach der ich übersetze, wird voll unterstützt durch die *Geoponica* des Cassianus Bassus (XII 19,7), wo die Möglichkeit erwähnt ist, eine Kürbispflanze (κολόκυντα) an einem κάλαμος hochranken zu lassen.

c. 50, § 206 ‚*Vater*' *sagen gelehrt)* An die Mütter ist zunächst nicht gedacht. Subjekt (und Assoziationskern) ist Gott. Hier liegt eine gewisse Analogie zu dem „Herr, lehre uns beten" von Lk 11,1, worauf Jesu Antwort heißt: „Wenn ihr betet, so sagt: ‚Vater ...'!" An unserer Stelle ist jedoch zunächst gemeint, daß Gott den Vätern Kinder schenkt und den Kindern Verstand und Sprache. Vgl. § 124.

mit einer Hülle aus Schilf) Ein extrem unklarer Text. Das armenische *ełēn* entspricht lt. ASA griechischem κάλαμος (so Ex 7,12; 17,6: ‚Rohrstab'), auch καλάμη ‚Stroh' (Ps 83(82),14), einmal auch ‚Kalmus' (Ex 30,23). *Bak* ‚Hülle'

---

[7] „Tränken" im MT, „Bewässern" bei Symmachos (s. Hatch/Redpath, Concordance unter ἄρδειν). Die LXX verdirbt die Pointe.

[8] Vgl. noch Ps 36(35),10 und Joh 4,14, wo aber jeweils ζωή steht, nicht βίος.

entspricht περιβολή und einigen anderen, hier weniger passenden Wörtern. Obwohl in Ex 2,3 ff. in der griechischen wie der armenischen Bibel andere Ausdrücke stehen[9], halte ich die in Bd. I Anm. 439 gegebene Interpretation nunmehr für die einzig zutreffende, daß nämlich Moses Aussetzung und Rettung hier gemeint ist. Die Klammer *(der Geburt)*, die von einer irreführenden armenischen Glosse bedingt ist, kann entfallen. Moses Schicksal wäre hier also pluralisch verallgemeinert – seine Rettung ist ja auch die des Volkes Israel –, so wie er bei Philon, *Fug.* 147 als *corporate personality* begegnet: ... Μωυσῆν, τὸ προφητικὸν γένος.

Leider ist die Satzkonstruktion anakoluthisch; daran hat Lewys Konjektur (Bd. I Anm. 437) nichts geändert. Ein neuer Übersetzungsvorschlag wäre dieser: ... *wieviel Verlorene ich gerettet habe, (z. B.) denjenigen, der in ein Behältnis aus Schilf eingewickelt wurde*[10].

Der syntaktisch gewagte Wechsel vom Plural in den Singular, ein *schema per numeros* (Lausberg, Handbuch § 518 f.), hat sein Pendant z. B. bei Philon, *Det.* 13: „Gesetze gottgeliebter Menschen". Hier kann, außer den Gesetzen des Mose, nichts Wichtiges mehr gemeint sein.

In der Auslegungstradition des Jona-Buches sind öfters Parallelen zwischen Jona und Mose gezogen worden: s. Duval, Jonas II, Index unter *Moïse et Jonas.* Berührungspunkte sind die Flucht vor Gottes Auftrag, die Bewahrung durch Gott und das Bestreben, Israel zu erhalten. (Letzteres wurde dem Jona patriotisch zugedacht; s. o. zu § 20.) Beide wurden durch Wunder beglaubigt. – Zusätzlich kann die Kürbislaube, von der immer noch die Rede ist, die Assoziation mit dem Schilfkörbchen veranlaßt haben.

c. 51, § 209 *ob man etwa an einen Obstbaum die Axt legt)* Auch Duval, Jonas I 82 fühlt sich hier an Lk 13,6–9 erinnert. Jedoch steht unsere Aussage nicht, wie dort oder in der Bußpredigt Johannes des Täufers (Mt 3,10 par.), vor eschatologischem Hintergrund. – Vgl. § 216.

§ 211 *einen Trichter anlegen)* Vgl. Lk 13,8 σκάψω περὶ αὐτήν. Zu Awgereans Wiedergabe des Verbums *bažakel* mit ‚einen Kelch machen' (Bd. I Anm. 457) vgl. Palladius, *Opus agriculturae* XI 12,3: Einpflanzen von Pistazienkernen in *pertusos caliculos et stercorata terra repletos,* ebenso XII 7,11 das Einbetten von Piniensamen *in caliculis terra et fimo repletis.* (Ein griechischsprachiger Beleg ist mir, auch in den *Geoponica,* nicht begegnet.)

---

[9] Die LXX hat θίβις, was nach LSJ ein papyrusgeflochtener Korb wäre. – Rabbinisches bei Ginzberg, Legends II 265: Korb aus Binsen.

[10] So mit den Codices, wobei ich *patēr* passivisch nehme. Lewy will emendieren: *pateal* ‚umwickelt', wozu man das Hilfsverb *ē* hinzudenken müßte; der Sinn ist der gleiche.

Das Darstellen der Landarbeit, insbesondere des Technischen an ihr, ist nach Drögemüller, Gleichnisse 248 auch in epischer Dichtung hellenistischer Autoren beliebt gewesen.

c. 52, § 214 *den wahren Retter zu ehren)* Jona, der um seine eigene Ehre besorgt war (vgl. oben zu § 185—191), wird hier belehrt, daß Gott gerade durch seine Milde und Menschenfreundlichkeit sich Ehre verschafft. Bickerman, Jonas 264 zitiert in gleichem Sinne Kimchi zu Jon 4,10. Kimchi zu Jon 4,11 verweist weiterhin auf den Propheten Joel (2,17) in einem nun schon öfters zitierten Kontext. Joel seinerseits wiederholt Argumente des Mose aus Ex 32,11.13; Num 14,13f.

§ 215 *mit diesem Beispiel dürfte ich dich überzeugt haben)* Ganz so offen wie das Jona-Buch schließt unsere Jona-Predigt nicht; wenigstens in dieser Parenthese läßt der Prediger den Propheten — und dessen Verwandte, die jetzt seine Predigt hören —, überzeugt sein.

§ 216 *einen Baum, der nutzlos ist, fällt man)* wie in Lk 13,6—9 (oben zu § 209 genannt) oder in der Bußpredigt Johannes des Täufers, Mt 3,10 par. — Als „für die Menschen nützlich" wurde die Prophetie oben in § 1 gewürdigt.

§ 216 *Früchte der Frömmigkeit)* Vgl. „Früchte der Buße" Mt 3,8 par. und Jesu Wort vom Baum, dem seine Früchte entsprechen (Mt 7,16—20). Die Metaphorik ist schon alttestamentlich: Jes 57,19 („Frucht der Lippen" = Lobgebet); Jer 17,7f. (ähnlich Ps 1,3) usw. — Bei Plutarch, in dem zu § 5 schon herangezogenen Traktat *De sera numinis vindicta*, finden wir die Rede von dem „besseren Richter" (ὁ βελτίων κριτής), der nicht gleich abhaue und beschneide, sondern „den Mitarbeiter von Verstand und Tugend, das rechte Alter (ἡλικίαν καὶ ὥραν)" erwarte, „wo die Natur ihre eigene Frucht liefert (τὸν οἰκεῖον ... καρπὸν ἀποδίδωσι)", *Mor.* 552 D.

Nach dem ganzen oberen Kontext halte ich es in unserem Text für möglich, daß hier die *Früchte* nicht allein aus den Kräften der Pflanzen, sprich Menschen, sprossen sollen, sondern daß, ähnlich wie in der paulinischen Paränese, Gott selbst als der im Verborgenen Fruchtbringende gilt. Vgl. § 120 *ptłabern* = ὁ καρποφορῶν (von Gott). Jedoch läge unserem Prediger, so wahr es ein jüdischer Theologe ist, eine Opposition von „Früchten" und „Werken" (wie Gal 5,22) fern.

die Frucht der göttlichen Gerechtigkeit) Klaus Berger hat in ZNW 1977 diese Stelle, wenngleich aufgrund einer fehlerhaften Übersetzung (vgl. Bd. I Anm. 472), zu Vergleichen herangezogen: mit Lk 13,6—9 (vgl. oben zu § 209), mit Mk 11,13f. par. („was dort von Jerusalem gilt, ist hier schon auf Ninive bezogen"), mit Mt 3,8 par., Phil 1,11 (dort auch der Zusammenhang mit der

Ehre Gottes), Jak 3,18 (Hebr 12,11 läßt sich danebenstellen) und Herm.sim. IX 19,2. „Die ‚Frucht der göttlichen Gerechtigkeit' dürfte daher jene Gerechtigkeit sein, die die göttliche Gerechtigkeit fordert, die sie vorschreibt und zum Inhalt hat — im Falle der Niniviten Umkehr wie in Mt 3,8 par." (Berger S. 267). Als möglicher alttestamentlicher Hintergrund ist Hos 10,12 zu erwägen (γενήματα δικαιοσύνης, von Paulus in 2.Kor 9,10 zitiert).

In einer vielleicht noch jüdischen Partie der späten Sedrach-Apokalypse begegnet, parallel zum Partizip μετανοήσας, das Syntagma ποιεῖν καρπὸν δικαιοσύης (12,5; Denis, Concordance S. 874b; Charlesworth I 612).

Die Bußpredigt, die die Niniviten sich in § 111–140 selber halten, bestimmt die mit ihrer Umkehr verbundenen Erkenntnisse (vgl. auch hier, § 216b, das Verbum *kennen*) näher. Die zugehörige Praxis (§ 141–150) ist freilich zunächst katastrophenbedingt und nicht ohne weiteres verallgemeinerungsfähig für das tägliche Leben. Jedoch hat der Prediger in der zweiten Rede der Ältesten von Ninive (§ 153–156), die sie sich nach erfolgter Rettung halten, das normale Leben der Frommen skizziert und auf die Formel gebracht, wir sollten *durch unser Leben den Dank abstatten* dafür, daß wir überhaupt leben. Dies ist denn auch — in thematischer Klammer zu § 1 — der Gesichtspunkt, unter dem diese Predigt ausklingt.

Auf eine gewisse Ähnlichkeit zu einer paulinischen Passage über die Rechtfertigung des Gottlosen, Röm 3,21–26, wurde zu § 156 schon hingewiesen. Die Gerechtigkeit der Niniviten kommt auch hier insofern χωρὶς νόμου, als Jona ihnen keinerlei Belehrung aus der schriftlichen oder mündlichen Tora gegeben hat. Ἑαυτοῖς εἰσιν νόμος, wie in Röm 2,14, hier aber in positivem, rechtfertigendem Sinne.

Wie weit also konkreter Tora-Gehorsam gemeint ist, bleibt Interpretationssache; die Hörer der Predigt werden in dieser Richtung nicht gedrängt. Für griechische Ohren wäre *göttliche Gerechtigkeit,* von Menschen ausgeübt, eine Nachahmung (ζηλοῦν) des Göttlichen und Angleichung (ἀφομοιοῦν ἑαυτόν) an dessen Vorzüglichkeit (ἀρετή): über solche Menschen „freut sich Gott, läßt sie wachsen und gibt ihnen Anteil an seiner eigenen εὐνομία, δίκη, ἀλήθεια, πραότης" (Plutarch, *Mor. 781 A*).

Die hellenistische Welt war auf die jüdische und paulinische Predigt von der *Gerechtigkeit* durch ihre eigenen Theologen vorbereitet. Hören wir nochmals Plutarch: „Zeus hat nicht die Gerechtigkeit (Δίκη) zur Throngenossin, sondern er selbst ist Gerechtigkeit und ist von allen Gesetzen das älteste und vollkommenste" — ἀλλ' αὐτὸς Δίκη καὶ Θέμις ἐστὶ καὶ νόμων ὁ πρεσβύτατος καὶ τελειότατος, ebd. 781 B[11]. Er trifft sich hier mit dem Stoizismus: SVF II 1076, Z. 10 (dort als Meinung des Chrysippos) und überbietet ältere Aussagen wie

---

[11] Zu dieser aufschlußreichen Passage, wo Plutarch sich sowohl gegen bloße Mythologie als auch gegen das stoische Einschmelzen der religiösen Überlieferungen in einer Art Physik abgrenzt, vgl. Barrow, Plutarch 140.

etwa die des Kleanthes in seinem Zeus-Hymnus (SVF I 537, S. 123 Z. 1 Δίκης μέτα) oder die bei Philon zu findende, sicher nicht von ihm geprägte Formulierung ἡ πάρεδρος Θεοῦ Δίκη (*Mut.* 194). Noch Clemens von Alexandrien zitiert das Pindar-Wort, das Themis als σωτῆρος ... ἄλοχον Διός bezeichnet (*Strom.* V 14 § 137,1 = Frg. 30,5 Schroeder; vgl. noch Pindars *Olympia* 8,22; 9,15; 13,8). – Vgl. 2.2 zu *De Deo* Z. 12.

die Ehre, die dem Schöpfer gebührt, erwiesen sie dieser Welt) Diese Kernaussage jüdischer Religionskritik (vgl. Weish 13,2f. sowie – umgekehrt und als Lob für die Juden – Arist. 139) war bisher in derart sentenzenhafter Verdichtung nur bei Paulus zu lesen gewesen (Röm 1,25) – und nun hier. In christlicher Tradition begegnet er wieder bei Aristides, *Apol.* 3 (S. 11 Hennecke) u. ö.

§ 217 *halten der wärmenden (Kraft der) Elemente keinen Gottesdienst mehr)* Duval, Jonas I 82 hat nicht richtig beobachtet, wenn er meint, unser Prediger denke bei den „Niniviten" nur an seine jüdischen Hörer und nicht an Heiden – die doch in der damaligen Synagoge auch Hörer sein konnten[12]. Duvals Begründung: „niemals werden ihre Götzen auch nur erwähnt" widerlegt sich an dieser Stelle.

Der Ausdruck *wärmend,* den ich mit dem Interpretament *(Kraft)* ergänzt habe, versteht sich auf dem Hintergrund der – damals weit verbreiteten – stoischen Kosmologie, die ein „schaffendes Pneuma" in allen Dingen der Natur wahrnahm und dieses mit Wärme gleichsetzte: siehe Siegert, Philon 87f.; 100ff.[13] Der Gebrauch von *tarr* = στοιχεῖον (als Kultobjekt) begegnet ganz gleich in Gal 4,9.

Nun war der heiße Stoff, der Aether, für griechisches Denken am Himmelsgewölbe und in den Gestirnen konzentriert; der Polytheismus war zu einer Art Sternenglaube geworden. Das gibt den Hintergrund zum Verbot des θεοπλαστεῖν bei Philon (Siegert, Philon 59–61) und zu einer Philon-Stelle wie *Cont.* 3–9, wo die physikalischen Elemente, die Gestirne und die heiligen Tiere und Gegenstände der ägyptischen Religion das Beispiel sind für solche menschliche Verirrung. – Patristische Nachklänge hat Conybeare, Philo About the Contemplative life S. 195f. zusammengestellt.

den Geber der Früchte) ptłatown = ὁ καρποδότης, ein äußerst seltenes Wort, für dessen maskuline Form (sie fehlt ganz in LSJ) wir hier indirekt den wohl ältesten Beleg haben. Als καρποδότειρα ist in den Sibyllinischen Orakeln die Erde angesprochen worden (III 280/81), ebenso in den Orphischen Hymnen

---

[12] oben 1.4.2 Anm. 12.
[13] Zu idolartigen Darstellungen dieser Energie, nämlich dem Phallos, s. ebd. S. 125f. Was vielleicht nur ein apotropäisches Zeichen war aus Zeiten früheren Spiritismus, ist in der Spätantike kosmologisch (um)gedeutet worden.

(43,9) die (Erd-)Mutter, im Gegenüber zu Zeus. Wenn Gregor v. Nazianz, der erste, von dem ich den Gebrauch dieses Wortes für Gottvater feststellen kann (s. Thesaurus und Lampe, Lexicon *s. v.*), der alten Muttergöttin dieses Epitheton wegnimmt (neuerdings würde er dafür Tadel ernten), folgt er, wie wir hier sehen, jüdischen Spuren: MPG 36,617 D[14].
Aus Philon vgl. den Preis des „Seienden" als φιλόδωρος (*Det.* 138 und sonst oft), φιλοδωρότατος (*De Deo* Z. 150/51), δωρητικὸς τῶν ἁπάντων (*Cher.* 123) oder πλουτοδότης (*Post.* 32)[15]. All diese Worte wird man in der weniger elaborierten Sprache der Septuaginta oder des Neuen Testaments vergeblich suchen. – Zur Sache vgl. oben § 120–124. Es bleibt theologischer Interpretation überlassen, ob nicht auch die in § 216 genannten *Früchte der Frömmigkeit* bzw. *der Gerechtigkeit* hier letztlich auf Gott zurückgeführt werden.

Baumeister) s. o. zu § 2 u. ö.

c. 53, § 218 f. *ein erbarmungsloses Wort / ein freundliches Wort)* Zu dieser Gegenüberstellung habe ich keine wörtliche Parallele gefunden, sofern man sich nicht an dem allgemeinen Gegensatz von Gerechtigkeit und Güte Gottes (oben zu § 87) genügen lassen will. Für die Formulierung ‚hartes Wort' hat Bill. II 485 zu Joh 6,60 ein paar Bemerkungen beigebracht. In Weish 16,12–14 findet sich folgende Überlegung über das gesprochene Wort (λόγος): Gott verfügt über den „Logos, der alle heilt; der Mensch hingegen tötet mit seiner Bosheit. Den ausgehenden Hauch bringt er nicht mehr zurück."
Aufschlußreich ist aber das Syntagma ἀποστέλλειν λόγ(ι)ον, wie es Ps 107(106),20; 147,15–18 (LXX V. 4–7) und Apg 10,36 bieten: jedesmal ist eindeutig eine Heilsbotschaft gemeint. Vgl. das Senden von λόγοι bei Philon, *Somn.* I 60 (Siegert, Philon 139). In hellenistischer Religion ist das Syntagma λόγον ἀποστέλλειν gleichfalls belegbar: siehe 2.2 zu *De Deo* Z. 151 f.
Wörtlich heißt es in unserem Text: *mardasēr ban aŕak'esc'owk'* = φιλάνθρωπον λόγον ἀποστελοῦμεν (der Satz ist im *pluralis majestaticus* gehalten). Auch hier kann man, wenn man will, eine Konkurrenz zum persongewordenen Logos der Christen heraushören, den Gesandten des Johannesevangeliums.
Der Struktur nach handelt sich's um ein *argumentum a pari*[16], hier wie im nächsten Satz.

---

[14] In einem hexametrischen Gedicht begegnet bei ihm ferner καρποδότης als (vermutlich traditionelles) Epitheton für den Nil (MPG 37, 1572 A). Der Rückschluß auf ägyptisches Lokalkolorit wäre jedoch verfehlt. Auch in Prymnessos in Pisidien haben wir auf einer Inschrift: Διὶ μεγίστῳ καρποδότῃ εὐχαριστήριον (MDAI Athen 7, 1882, S. 134f., ohne Datierung). Andere Epitheta des Zeus waren εὔκαρπος, ἐπικάρπιος. Offenbar ist er hier als der Wettergott gemeint, als der Geber des Regens.
[15] Weniger spezifisch, aber doch beachtenswert ist in *Vit. Hom.* 137 die Bezeichnung der Götter als δωτῆρες ἐάων, τουτέστι τῶν ἀγαθῶν (aus *Od.* 8,325).
[16] Vgl. Siegert, Argumentation 54f. (§ 52.53 der Perelmanschen Einteilung).

die Predigt von Gottes Menschenliebe) Eine solche hat der unbekannte Prediger soeben selbst gehalten. Wirkungsvoll stellt er das positive Hauptthema seiner Predigt (vgl. § 8 usw.) in zweifacher Wiederholung an den Schluß.

Daß dies der Schluß der Predigt ist (wie auch bei Awgerean ein eingeklammertes *kataṙec'aw = explicit,* wohl Kopistennotiz, angibt), scheint mir auch trotz des Fehlens einer förmlichen *peroratio* und eines liturgischen Schlusses (oder wenigstens eines Amen) sicher. Eine Erzählpredigt kann so schließen; und was Doxologien betrifft, so weiß man wenig über deren Frühgeschichte im Judentum. (Vgl. Bill. III 64 zu Röm 1,25; Delling, Diasporasituation 46 mit Anm. 295). Auch können christliche Abschreiber eine jüdische Doxologie weggelassen haben.

Als sprachliche Parallele zum Predigtschluß, wie er ist, vgl. den Schluß des sog. *Evangelium Veritatis* von Hag Hammadi (I *2,* 43, 19−24): „Und seine (*sc.* des „Vaters") Kinder sind vollkommen und seines Namens würdig; denn solche Kinder liebt der Vater." Kein Amen, keine Unterschrift[17].

---

[17] Die gnostische Predigt N. H. XI *1* („Die Interpretation der Gnosis") schließt in 21,34 gleichfalls ohne Doxologie und Amen, hat lediglich im Codex noch einen Schlußtitel.

Beigabe:
Die armenische „Verkündigung Jonas in Ninive",
Deutsche Übersetzung

Der folgende kleine Midrasch, der im Abschnitt über die Wirkungsgeschichte von *De Jona* (1.8.2) schon erwähnt und im Kommentar zum Vergleich
herangezogen wurde, ist bisher nur im armenischen Original und in einer
englischen Übersetzung – an entlegener Stelle[1] – zugänglich gewesen. Er ist in
keiner der gängigen Pseudepigraphensammlungen enthalten[2], für die er auch
zu spät ist. Duval, Jonas kennt ihn nicht.

Der Text ist frei von Gräzismen[3], dafür reich an echt armenischen Redewen-
dungen[4], was für eine original-armenische und damit christliche Komposition
spricht, die sich freilich sehr stark aus jüdischen Materialien speist.

Die Sprache ist ein nicht mehr klassisches Altarmenisch mit einigen Ein-
schlägen, für die man bereits mittelarmenische Nachschlagewerke benützen
muß[5]. Der vorliegende Wortlaut ist jedenfalls nicht älter als die *De-Jona*-
Übersetzung, wohingegen die verarbeiteten jüdischen Jona-Traditionen es
durchaus sein können.

Eindeutig nichtjüdisch ist nur der 2.–4. Satz auf S. 250 (Issaverdens), eine
pauschale Polemik gegen die Juden. Was sonst über den Schlußsatz des biblischen Jona-Buches (4,11) hinaus weitererzählt wird, hat seine jüdischen Vorla-
gen. Denn nur in 3.Makk 6,8 wird vorausgesetzt, Jona sei von seiner Mission
wieder heimgekehrt. Den rabbinischen Schriften ist diese Auffassung fremd[6].
Das Jona-Kapitel der *Vitae prophetarum* läßt Jona aus Scham über seine
unerfüllte Prophetie[7] eine neue Heimat suchen (10,2f.)[8] Aus diesem Überlie-
ferungskreis stammt auch der Schlußsatz unseres kleinen Midrasch.

---

[1] Issaverdens S. 241–250.

[2] nicht in Charlesworth, auch nicht in Stone, Apocrypha (vgl. aber dort S. 172 Fußnote).

[3] Einzige Ausnahme ist *yEllada* = εἰς Ἑλλάδα (p. 343 Y.).

[4] So *yač'ac'n elan* (‚sie gingen aus den Augen fort') für ‚sie machten sich verhaßt' (p. 343 Y);
antes aŕnē (‚er macht unsichtbar') für ‚er mißachtet' (p. 346 Y.)

[5] Späte Formen: p. 343 Y. *p'axeal* ‚er war geflohen' (Hilfsverb *ēr* weggelassen; vgl. Bd. I
Anm. 99); p. 344 Y. *mełac* für ‚gestorben, tot'; p. 345 Y. *bank'* ‚Worte' mit Verb im Singular;
p. 346 Y. *daŕnank'* statt *daŕnamk'* usw. Unklassisch ist auch das oft weggelassene anlautende *y*,
Anzeichen für dessen Verstummen in der Aussprache; ebenso die Namensformen *Yownan*
(gesprochen /hunan/) bzw. *Ownan* für klassisches *Yovnan*. Die Schreibung *k'owrc'* für *k'owrj*
(so die Wörterbücher) p. 346 Y. schließlich weist auf westarmenische Aussprache. Wieweit
diese Details nicht nur für den Codex, sondern auch für dessen ursprüngliche Vorlage etwas
besagen, bleibt Ermessenssache.

[6] So Ginzberg, Legends VI 351 Anm. 38.

[7] S. o. zu *De J.* 20 über Jona als „Lügenprophet".

[8] Charlesworth II S. 392; griech. Text in Denis, Concordance 868–871, hier 869 a. Am
Ende von Theophylakts Jona-Kommentar (MPG 126) kehren dieselben Traditionen wieder.
Näheres wird zu gegebener Zeit aus Eva Maria Schwemers dt. Ausg. der *Vitae prophetarum* zu
entnehmen sein. Einstweilen danke ich Frau Schwemer für privat mitgeteilte Auskünfte.

Was jedoch vorher zu lesen steht, Jonas Scham über die „Unfreundlichkeit" seines Volkes: hier erkennen wir den Vorwurf wieder, der dem jüdischen Volk von außen stets gemacht wurde (s. o. zu *De J.* § 8, Ende). Er mag im vorliegenden Fall aus vergröberter Selbstkritik hervorgegangen sein. Als Vorlage für den armenischen Midrasch ist hier vor allem Ephraems Predigt „Über Jona und Ninive" zu nennen, die in ihrem letzten Viertel[9] in eine noch viel drastischere Schmährede gegen das jüdische Volk ausläuft. Bekanntlich sind Werke Ephraems in Armenien früh übersetzt und viel gelesen worden. Der Beweis fällt für unseren Text besonders leicht; denn die (verkürzende) armenische Fassung der in Rede stehenden Ephraem-Predigt liegt gedruckt vor, in einer Chrestomathie, die T'adēos T'oṙnean, Erzabt der Wiener Mechitaristen, für den Unterricht des armenischen Gymnasiums zusammengestellt und 1910 veröffentlicht hat. S. 502–519 seiner Sammlung entspricht S. 125–157, Z. 9 in BKV 37 (= V.1–1710 im CSCO). An genau der Stelle, wo der armenische Text, Ephraems Schmährede abkürzend, einen eigenen Schluß anhängt, geht auch die „Verkündigung Jonas" eigene Wege. – Die Übersetzung der Werke Ephraems dürfte zeitlich vor der Hellenophilen Schule liegen (so T'oṙnean S. 11).

Es folgt nun die „Verkündigung Jonas in Ninive", übersetzt nach dem armenischen Text, wie er bei Yovsēp'ean S. 343–348 aus einem *codex unicus* der Venediger Mechitaristen abgedruckt ist. Die Übersetzung ist so wörtlich wie möglich. Unterschiede zu den Freiheiten in Issaverdens' englischer Fassung werden nicht eigens angemerkt, auch da nicht, wo er die 3 Tage von Jon 3,4 LXX in 40 abändert. Die Seitenzahlen bei Yovsēp'ean und bei Issaverdens werden nach Philologenmanier in Klammern mit angegeben (p. ...), wobei die kürzeren Seiten bei Issaverdens, als Zitiereinteilung, fett gesetzt sind. Die Absätze hingegen sind genau die der armenischen Ausgabe, zum Zurechtfinden in dieser letzteren.

(p. 343 Y./ **p. 241** Iss.)

Verkündigung des Propheten Jona in der Stadt Ninive

Denn Ninive war eine große Stadt und (lies: in) Assyrien, die König Ninos gebaut hatte; und sie wurde nach seinem Namen Ninive genannt. Und dieser König Ninos hatte eine Frau (mit) Namen Šamiram (Semiramis). Und Ninos, vor seiner Frau sich fürchtend wegen ihrer unersättlichen Unzucht, ließ das Königtum und floh nach Hellas. Und Šamiram war Königin fünfzehn Jahre, und danach wurde sie getötet von ihren Söhnen.

---

[9] BKV 37 (Ephraem, Bd. I) S. 156ff.; Ausg. Beck (CSCO) V. 1723ff. Auch sonstige Zutaten, wie Blitz und Donner während der Bußfrist (S. 148), das Erdbeben (S. 149), die Huldigung an Jona und das Geleit (S. 153) kann man dort finden.

Und in sieben Tagen ging man von Babylon nach Ninive, vom Süden her nach Osten. Und es war der Ort fruchtbar und reich, gleich der Erde von Sodom. Sie aßen und tranken und fütterten den Leib (zur) Nahrung ruheloser Würmer. Sie ließen die Reinheit beiseite und die rechtmäßige Ehe und folgten der Unzucht. Sie machten sich Gott verhaßt und machten Gott zornig, der, obwohl der dem Sünder zürnt, (doch) zurückhält (**p. 242** Iss.) und nicht strafen will; sondern er wartet auf Umkehr und Buße, wie er sagt: „Ich will nicht den Tod des Sünders, sondern das Umkehren und Leben" (Ez 33,11). Deswegen verschonte er Ninive und wollte erst einen Herold senden; und wenn sie nicht umkehrten, dann strafen.

(p. 344 Y.) Und es sprach der Herr zu Jona, dem Propheten: Geh nach Ninive, einer großen Stadt, und verkünde dort Buße; denn ihr (Plur.) Lärm ist vor mich gekommen!

Und Jona wollte nicht gehen, aus zwei Gründen. (Der) erste: weil er nicht anderen Völkern verkündigen und sich bei Unbeschnittenen aufhalten wollte; (denn er sagte:) ich verkünde; meinen Baum lasse ich trocken, den Anderer wässere ist – was ist es mir nütze? Und der zweite Grund: Ich finde, sagte er, daß du gnädig bist und langmütig (Ps 103,8; 145,8) und Reue empfindest über die Menschheit. Ich gehe, sagte er, (und) verkünde, daß die Stadt zerstört wird: sie bereuen und tun Buße, und du zerstörst nicht! Meine Prophezeiung bleibt unerfüllt, und mein Name wird ‚falscher Prophet'! Ich bin besser tot, als daß mein Name ‚falscher Prophet' wird!

Aus diesen beiden Gründen wollte er nicht gehen; sondern er stieg hinab nach Joppe und (**p. 243** Iss.) kam auf ein Schiff zu den Kaufleuten und wollte nach Tarsis fliehen. Und als er an Bord kam, warf Gott (der) Herr Aufruhr und hohen Seegang auf das Meer, und es begann jeder zu schreien zu seinen nicht-Göttern. Und nicht ruhte das Meer, sondern erregte sich noch mehr zum Aufruhr. Und Jona, niedergestiegen in eine Ecke des Schiffes, schlief und schnarchte. Und sie weckten ihn auf und sprachen: Was schläfst du? Steh auf, ruf den Herrn, deinen Gott, ob er uns vielleicht befreit und wir nicht zugrunde-gehen! Und nicht ruhte das Meer vom Aufruhr. Und sie warfen den Proviant ins Meer und danach die Fracht, um das Schiff zu erleichtern; doch es geschah keine Beruhigung.

Und sie sprachen: Laßt uns Lose werfen und sehen, wegen wessen Sünden dieses Übel über uns ist. Und sie warfen Lose, und es kam heraus das Los Jonas.

Und sie sprachen zu ihm: Was für ein Mensch bist du, aus welcher Nation oder aus welchem Volk?

Und Jona sprach: Ein Sklave Gottes bin ich, und ich verehre den Herrn des Himmels, der die Erde geschaffen hat.

Und sie fürchteten sich mit großer Furcht, da sie erkannten, daß er vor dem Angesicht Gottes geflohen war; denn er sagte es ihnen. Und sie sprachen zu ihm: Warum hast du das getan? (**p. 244** Iss.) Und sie (p. 345 Y.) wollten das

Schiff zurücklenken und an Land ziehen und vermochten es nicht. Und sie sprachen: Das sei ferne, Herr; bring über uns nicht unschuldiges Blut! Denn du – wie du wolltest, hast du auch gehandelt.

Und Jona sprach: Werft mich ins Meer! Und der Sturm wird von euch ablassen.

Und sie nahmen Jona und warfen (ihn) ins Meer. Und augenblicklich befahl der Herr dem Meerestier *(ket),* dem großen Drachen-Fisch, und er verschlang Jona. Und die Männer kamen an Land, opferten dem Herrn Opfer und baten um den Erlaß (ihrer) Verfehlungen. Und der Drache, der Jona (auf)genommen hatte, stieg ab in die Tiefe der Erde; und das Meer (durch)fahrend, umrundete er das Land der Neger. Und durch den Fluß der Inder trug er (ihn) in das Meer der Perser; und durch das Meer der Perser kam er in den Fluß Sarankas in einem Augenblick; (das) war ein Weg von fünfzehn Tagesmärschen zu Fuß. Und Jona war im Bauch des Seetiers drei Tage und drei Nächte. Aufrecht, mit ausgebreiteten Armen, betete er, lebend durch die Kraft Gottes. Und nach drei Tagen, als der Drache Jona (bis) gegenüber der Stadt Ninive (**p. 245** Iss.) getragen hatte, spie er (ihn) aufs Trockene, drei Tage Weges entfernt von der Stadt; und er kehrte zurück an seinen Ort. Und Jona kannte das Land nicht – damit Jona erführe, daß man nicht fliehen kann vor Gott. Denn an alle Orte gelangt seine allmächtige Hand.

Und es geschah das Wort des Herrn zum zweiten Mal zu Jona und sprach: Steh auf, geh nach Ninive, einer großen Stadt, und verkünde dort Buße! Als Jona ging, einen Weg von drei Tagen gelangte er in die Stadt; und er begann zu verkünden und zu sagen: Siehe, drei Tage, und Ninive wird zerstört werden! (Jon 3,4 LXX) Und es sahen (die) Bewohner der Stadt das Gesicht Jonas strahlender als die Sonne (vgl. Ex 34,29), und flammendes Feuer kam aus seinem Munde. Und sie liefen, berichteten dem König und sagten: Ein Mann, fremd und von schrecklichem Aussehen, ist gekommen; und so verkündet er. Und der König sprach: Wahr ist seine Rede.

Und als er das sagte, begann die Stadt zu (p. 346 Y.) zittern. Und zunächst wollte sie (oder: er) fliehen; und eine feurige Wolke, herabsteigend, umschloß wie eine Mauer rings die Stadt, und niemand konnte fliehen. Der König sprach: Fürchtet euch nicht! Der Gott, der den Propheten gesandt hat – wenn er unsere Vernichtung wollte, hätte er (uns) sofort (**p. 246** Iss.) vernichtet und uns nicht einen Boten und Propheten gesandt, daß er durch die Verkündigung des Propheten uns warnte, daß wir Reue empfänden über (unsere) Sünden und Buße täten. Wir kehren um von Sünden, und Gott vom Zorn.

Und es wurde verkündet in Ninive vom König und von ihren Vornehmen, daß ein jeder, Mann und Frau, Greis und Kind, drei Tage lang nicht essen sollten und den Tieren kein Futter geben sollten und die Mütter den Kindern die Brüste nicht geben sollten. Und alle zogen Säcke an, der König und die Fürsten und die ganze Stadt insgesamt.

Die Wolke der Finsternis donnerte sowohl und blitzte; und sie begannen

einander aufzuheitern und sprachen: Gott ist mitleidig, menschlich[10]; er mißachtet nicht (die) Geschöpfe (seiner) Hand (Ps 138[137],8 armen.). Die Kinder
fragten die Mütter: Wann wird jener Tag des Endes kommen, wo unsere Stadt
zerstört wird? Die Mütter antworteten und sprachen – sie machten den Kindern diese Hoffnung –: Gott ist mitleidig, erbarmungsvoll; er wird seinen
Sklaven nicht verachten. Die Eltern sagten den Kindern: Fleht zu Gott, (daß)
es geschieht, daß durch Erbarmen mit euch auch wir noch befreit werden. (**p.
247 Iss.**) Und alle wandten sich von ganzem Herzen an Gott; und sie bereuten
ihre Bosheiten und sprachen: Wer weiß (‚ob) es Gott reuen wird und er
umkehren wird von seinem Zorn? Und so, (sich an) die Brust schlagend,
weinten und wehklagten sie inmitten der Finsternis.

Und Jona ging aus der Stadt mitten durch die feurige Wolke und litt keinen
Schaden; und er setzte sich gegenüber der Stadt, um das Ende zu sehen. Und er
wünschte, die Stadt würde zerstört und seine Prophetie würde erfüllt.

Jedoch (die) Bewohner der Stadt kannten drei Tage und drei Nächte (p. 347
Y.) einander selbst nicht; sondern hungrig, Mensch und Tier, mit Reue und
Buße in Tränen, suchten sie das Gericht des Gotteszorns zurückzuhalten. Und
nach drei Tagen hob sich die Wolke, und das Beben kam zur Ruhe, und es
schien ihnen die Sonne, und es zerstreute sich die Todesfurcht und Niederge-
schlagenheit. Und sie begannen, Gott zu preisen und ihm zu danken.

Und Jona war niedergeschlagen, und es fiel Sonnenhitze auf sein Haupt, und
ihm schwanden die Sinne. Und Gott sprach zu Jona: Bist du sehr betrübt? (Jon
4,4) Und Jona sprach: Sind nicht das meine Worte, (die) ich noch in meinem
Lande gesprochen habe? (Jon 4,2) (**p. 248 Iss.**) Denn ich wußte, daß du
mitleidig bist und erbarmungsvoll bist und dich das Übel der Menschen reut
(ebd.).

Der Herr wollte durch ein Beispiel dessen erbarmungslose Worte bloßstel-
len. Und am nächsten Morgen sproßte ein Kürbis (Jon 4,6 LXX); er ging (auf)
und bildete ein Schattendach über Jonas Kopf. Und er saß unter seinem
Schattendach und erholte sich ein wenig. Und als jener Tag vorbei war, am
nächsten Tag, durch den Befehl Gottes, stach ein Erdwurm den Kürbis, und er
vertrocknete (Jon 4,7), und Sonnenhitze fiel auf sein Haupt, und ihm schwanden die Sinne.

Und Jona sprach: Besser wäre es mir gewesen zu sterben, als ein derartiges
Leben!

Und der Herr sprach zu Jona: Bist du sehr betrübt wegen des Kürbis? (Jon
4,9)

Und Jona sprach: Sehr bin ich betrübt; denn jenes war meine Erholung.

Und der Herr sprach: *Du* hattest Mitleid mit dem Kürbis, mit dem du nicht
eine Stunde Mühe gehabt hast, sondern bei Nacht ging er (auf) und zur

---

[10] Eine Fußnote bei Yovsēpʻean gibt hierzu als Glosse (wohl des Hg.) ‚menschenfreundlich‘.

nächsten Nacht ging er zugrunde. Ist nicht der Verlust des Kürbis dir derartig schwer geworden und peinvoll (...)[11]? sprach der Wohltäter. Wie (soll) *ich* Ninive nicht verschonen, eine große Stadt, worin mehr als zwölf Myriaden Menschen wohnen, die rechts und links (**p. 249** Iss.) nicht auseinanderkennen, und sehr viele Tiere? (Jon 4,11) Wenn ich die Sünder strafe, sprach er, wie (sollte) ich die sündlosen Kinder nicht verschonen? Hast du dich nicht wegen der Vernichtung des Kürbis (p. 348 Y.) gewandelt, sprach er; um wieviel mehr (sollte) mir die Vernichtung eigener Geschöpfe (nicht) leid tun?

Daraufhin wurde Jona weich. Die Bewohner Ninives jedoch, die der Strafe entgangen waren durch Buße, erschienen vor dem heiligen Propheten und erwiesen ihm göttliche Anbetung und Ehre. Und der Prophet blieb sechs Tage in ihrer Mitte. Und er wollte gehen; und es sprachen die Bewohner der Stadt: Du bist unser Erleuchter, strahlende Leuchte und Sonne! Geh nicht fort und entferne dich nicht von uns, damit nicht wieder Sündenfinsternis und Unglaube uns umfange! Und wenn du nicht bei uns bleiben willst, nimm uns mit dir! Und er wollte nicht bei ihnen bleiben oder auch sie (mit sich) nehmen, indem er (die) jährlichen (Winde)[12] des Landes vorgab. Das Brot unseres Landes ist ...[13], sagte er; wenn jemand davon ißt, bekommt er Bauchschmerzen und kann nicht (mehr). (**p. 250** Iss.) Und sie gingen weinend hinter dem Propheten her und geleiteten ihn mit Liebe. Sie hielten die Nation Israels und sein Volk für glücklich. Und der Prophet wollte sie nicht führen, damit gegenüber den Assyrern ihre (der Israeliten) Unfreundlichkeit nicht bekannt würde, (die) Ungläubigkeit und Widerspenstigkeit der israelitischen Nation. Und er ging nicht in sein Land; sondern der Prophet nahm seine Mutter[14], ging und nahm Herberge im Land Ismaels. Denn so, sprach er, will ich meine Schmach aufheben, daß ich gelogen haben in meinem Prophezeien über die Stadt Ninive. Und es starb seine Mutter auf dem Weg; und er begrub sie nahe bei der Eiche von Rukel[15].

---

[11] Es folgt ein mir nicht identifizierbares Wort *(t'vac')*.

[12] αἱ ἐτήσιαι (s. ASA unter *tarekan*) = ‚der Monsun'. Damit erledigt sich teilweise Issaverdens' Anm. z. St.

[13] Hier wird kontextwidrig das Wort *tarekan* wiederholt. Der usprüngliche Ausdruck muß anders gelautet haben.

[14] Dies war nach jüdischer Überlieferung die Witwe von Sarepta; Ginzberg, Legends IV 197; VI 318; *Vitae prophetarum* 10,6.

[15] In den *Vitae prophetarum* 10,8 ist es „Deborahs Eiche". Die erste der *Vitae* nennt jedoch als Begräbnisstätte Jesajas eine „Eiche Rogel" (1,1); dazu Charlesworth II S. 385 Anm. d. – Die Vertauschung von *g* und *k'* deutet wieder auf westarmenische, d. h. nicht mehr klassische Aussprache; vgl. Anm. 5. – Die Schlußanmerkung bei Yovsēp'ean bezieht sich auf den im Manuskript folgenden Text, eine Vergleichung Christi mit Jona, die nicht mit abgedruckt worden ist.

4. Kommentar zum Fragment „Über Jona"

(deutscher Text: Bd. I S. 49 f.)

Das Wichtigste zu diesem kurzen Stück, das anscheinend eine Alternative zu *De J.* 59 bieten soll, ist in der Einleitung dieses Bandes schon gesagt (1.7.8). Christliche Vergleichstexte zu dem *Gericht auf dem Meere* haben Hans Lewy (De Jona S. 6 Anm. 27) und Yves-Marie Duval (Jonas I S. 82 Anm. 62) genannt. Wer hier seine Ideen von wem geholt hat, ist nicht mehr rekonstruierbar, weil es sich hier offenbar um eine Übung der Rhetorenschule handelt; man könnte sie überschreiben: „Das improvisierte Gericht". Die Situation in all ihrer Ungewöhnlichkeit wird in einer ἔκφρασις geschildert; in diese wiederum ist eine − möglichst auch noch paradoxe − Gerichtsrede eingehängt[1].

Das Konventionelle selbst im Paradox läßt sich an Chariton, *Callirhoë* I 5,4 f. erkennen, wo Chaereas, edelmütig wie er ist, in seinem eigenen Prozeß die erste schuldig-Stimme abgibt: Statt die ihm gewährte Zeit zu einer Verteidigungsrede zu nützen, sagt er: „Steinigt mich öffentlich! ... Es ist zu human, wenn ihr mich dem Henker übergebt! ... Versenkt meinen fluchbeladenen Körper im Meer!" So die Übers. Plepelits, deren Anm. 35, S. 165 f., auf das Unerhörte des freiwilligen Verzichts auf Bestattung aufmerksam macht.

Auch der „sich selbst anklagende Held" war, wie man sieht, ein Topos, und zwar ein auf der Ethos- wie der Pathosebene höchst wirksamer. Ethos: Edelmut, geschärftes Schuldbewußtsein kommen zum Ausdruck; Pathos: hohe Werte − der eines besonderen menschlichen Lebens, das religiöse Recht auf Bestattung − stehen auf dem Spiel.

Soviel zum gedanklichen und sprachlichen Ursprung unseres Fragments. Eine zeitlich nach unten reichende Vorbildbeziehung ist in der armenischen Literatur nachgewiesen, in der Jona-Predigt (oder dem Jona-Traktat) des Anania, oben 1.8.3. Bei Sargisean in: Bazmavep 1899, S. 52 Abs. 3 (Ende) lesen wir:

---

[1] Siehe das zu *De J.* 56 bereits Gesagte. Den rhetorischen Schulbetrieb in der Antike samt seiner graduellen Entfernung vom politischen und bald auch vom normalen gesellschaftlichen Leben schildert Marrou, Gesch. der Erziehung 299 f. mit Kontext; dort auch Einiges über die Verschrobenheit der Übungsthemen in der Spätantike. Man vergleiche die erhaltenen Deklamationen und Kontroversen von Seneca dem Älteren *(Seneca Rhetor)*, ps.-Quintilian u. a.

„Als sie (die Seeleute) die *apstambowt'iwn* (ἀποστασία, treulose Flucht) des Propheten erfuhren, trafen sie die Vorkehrungen für ein Gerichtsverfahren: Das Schiff war wie ein Richterpodium (*bem* = βῆμα), das Meer, wie ein (Prozeß)gegner, wurde mit dem Tosen der Wellen der Ankläger und überführte den Propheten seiner Übertretung. Die Winde, wie Folterknechte, bereiteten (ihn? sich?) zur Tötung vor."

Aus den auf Griechisch erhaltenen Ausführungen dieses Topos, jeweils in Jona-Predigten, sei diejenige des Johannes Chrysostomos in der 5. Homilie *De poenitentia*[2] zitiert:

„Obwohl solches Getümmel herrschte und solcher Schrecken, errichteten sie, als ob sie völlige Ruhe genössen, solchergestalt einen Gerichtshof auf dem Schiff. Sie erteilten ihm (Jona) das Wort; sie erwarteten (seine) Verteidigung und prüften alles mit Sorgfalt, als ob sie nachher jemandem Rechenschaft ablegen würden über ihren Beschluß. Höre sie, wie sie in der Weise eines Gerichts alles prüfen: *Was ist deine Beschäftigung? Woher kommst du? Wohin gehst du? Aus welchem Land und welchem Volk bist du?* (Jon. 1,8)
Dabei führte das brüllende Meer (bereits) Anklage und überführte ihn das Los als Zeuge gegen ihn. Dennoch, obwohl das Meer (ihn) niederschreit und das Los gegen (ihn) Zeugnis gibt, fällen sie die Entscheidung noch nicht; sondern, wie in einem Gericht, in Anwesenheit (der) Ankläger und im Beisein von Zeugen, in ordentlichem Ermittlungsverfahren fällen die Richter (ihre) Entscheidung, (und zwar) nicht eher, als der Angeklagte (selbst) Verteidiger seiner Verfehlung gewesen ist.
So haben da selbst die Seeleute, barbarische und verstandlose Menschen, die gute Ordnung der Gerichtshöfe eingehalten − und das unter dem Ansturm solcher Angst, solchen Seegangs, solchen Schreckens, wo das Meer sie kaum zum Atmen kommen ließ, so tobte es, wütete hinter (ihnen) her, schrie (sie) nieder, warf Woge auf Woge über sie.
Woher nun kam derartige Umsicht (πρόνοια), ihr Lieben, zugunsten des Propheten? Von der Heilsordnung (οἰκονομία) Gottes. Gott hatte es eingerichtet (ᾠκονόμει), daß dies geschehen solle, um den Propheten durch all dies zu erziehen, menschenfreundlich (φιλάνθρωπος) zu sein und milde − geradezu als ob er ihm zuriefe: Mach's diesen unverständigen Seeleuten nach! Sie verachten auch nicht eine einzige Seele und geben nicht einen Körper preis − den deinen −; du aber hast eine ganze Stadt, die so viele Zehntausende umfaßt, für dein Teil preisgegeben!"

Die Betonung liegt hier ähnlich auf der Fairness und auf der providentiellen Sinnhaftigkeit des ganzen − historisch genommenen − Vorgangs. Der christliche Begriff der Heils-„Ökonomie" bringt ein spezifisch kirchliches Element ins Spiel, einen Ausblick auf das Neue Testament. − Zum Einzelnen:

wie mit Zähnen knirschend sprang . . . das Meer) Derlei mißratene Analogien und Metaphern waren eine Spezialität des „Asianismus". Awgereans Anm. 3 auf S. 612 seiner Textausgabe weist hin auf das *mare − stridens* in Vergils *Georgica* IV 262. Nur ein Beispiel noch: In Chariton, *Callirhoë* V 3,8 lesen wir:

---

[2] MPG 49,310, untere Hälfte der Kolumne. Zu diesem Text: Duval, Jonas I 261 mit Anm. 99.

„Zugleich renkten sich alle nicht nur die Augen (!), sondern sozusagen die Seele (!) aus ..." (Übers. Plepelits).

fielen sie nicht über den Gerechten her) − eine paradoxe Bezeichnung des Jona, der sich doch eben mit gutem Grund schuldig gesprochen hatte! In Bd. I, Anm. 479 habe ich schon die Vermutung geäußert, daß hier nicht Jona persönlich, sondern sein höherer Auftrag zu positiven Qualifikationen Anlaß gibt. Das läßt sich verallgemeinern: In einem gewissen Sinn gelten die Glieder des jüdischen Volkes insgesamt als ‚gerecht‘, insofern sie nämlich an einem Überschuß guter Werke *(zkut)* Abrahams, Isaaks und Jakobs teilhaben. Das ist z. B. in der Anrede des „Gebets Manasses" (LXX ed. Rahlfs II 180) vorausgesetzt: „Gott Abrahams, Isaaks und Jakobs καὶ τοῦ σπέρματος αὐτῶν τοῦ δικαίου. Ebenso wird dort in V. 8 Gott als ὁ θεὸς τῶν δικαίων angeredet. Mehr zu jüdischen Auffassungen von Gerechtigkeit bei Bill. IV/1, S. 5f. mit Kontext und Verweisen; Spicq, Supplém. 124.

Nicht zuletzt ist der Jona-Text selbst maßgeblich gewesen: Im Gebet der Seeleute, bevor sie Jona dem Meer aussetzen, heißt es (Jon 1,14): Μὴ δῷς ἐφ᾽ ἡμᾶς αἷμα δίκαιον.

Im Midrasch Rabba zu Ps 26 § 7 gilt Jona als „vollkommener Gerechter", weil er im Meerestier (dort sind es sogar deren mehrere) „geläutert" worden sei (Bill. I 646; ThW III 411 Z. 9)[3] − ein Gedanke, der in unserem Kontext freilich eine kühne Prolepse darstellen würde.

der einst den widerspenstigen Pharao vernichtet hat, ... die aufrührerischen Korachiten ...) Eine Eigentümlichkeit unseres Fragments ist dieser leicht komisch wirkende Negativkatalog unrühmlicher Verhaltensbeispiele. Im Munde des Jona, der sich darin einreiht, ist es ein Ausdruck seiner Sündeneinsicht und Buße. Derartige Kataloge sind in jüdischer Literatur nicht so häufig zu finden wie die positiv gehaltenen. Vgl. immerhin Sir 16,6−10, Beispiele strafender Gerechtigkeit Gottes an Gruppen, aus denen *a fortiori* auf Gottes Gerechtigkeit gegenüber Einzelnen geschlossen wird (V. 11ff.). Im Neuen Testament ist v. a. Jud 5−11 danebenzuhalten: Kain, Sodom und Gomorrha, Rotte Korah, Bileam. Lk 17,26−29 nennt die Generation Noahs und Sodom. Weitere jüdische Belege bei Thyen, Stil 114f.

Den Beispielen oder vielmehr negativ-Vorbildern[4] unseres Textes ist insofern noch eine besondere Bildhaftigkeit eigen, als es alles Personen sind, die − wie Jona − in der Tiefe versanken.

---

[3] Vgl. Duval, Jonas I 23 mit Anm. 54 (aus lat. Kirchenvätern). Es wäre denkbar, in meinen Augen aber nicht wahrscheinlich, daß der Prediger die Mission des Jona insgesamt als einen Opfergang auffaßt, der ihm diesen Titel verschafft.
[4] Vgl. Siegert, Argumentation 71 unten; 209−211; nach Ch. Perelman.

Übersicht über *De Sampsone*

(Überlegungen, die die Erzählung unterbrechen bzw. ihr vorausgehen, sind durch Einrük-
kung kenntlich gemacht)

A. Einleitende Gesichtspunkte

    c. 1 Simson Opfer einer Frau (Ri 16,16f.)

    c. 2 Bitte des Predigers um Weisheit

    c. 3 (apologetischer Gesichtspunkt:) Gottes Gnade ist immer partiell

    c. 4 (dito) Gottes Gnade steht unter Bedingung, ist nicht unverlierbar

B. Die Mission des Engels

    c. 5 Der Wunsch Manoahs und seiner Frau nach einem Kind (Ri 13,2)

    c. 6 Sendung des Engels, Wort-Schöpfung (Ri 13,3)

        c. 7 Gott als Arzt und Pädagoge

    c. 8 Anweisung des Engels (Ri 13,4); Bericht der Frau an Manoah (Ri 13,6f.)

    c. 9 Erneute Erscheinung des Engels gegenüber der Frau und Manoah (Ri 13,8−11)

        c. 10 Lob des Engels ist Lob Gottes

        c. 11−12 Unterschied der beiden Engelerscheinungen. Gottes Rücksichtnahme
        auf menschliches Fassungsvermögen

    c. 13 Rede des Engels; Anweisungen zum Nasiräat (Ri 13,5.13f.)

    c. 14 Mahl mit dem Engel (Ri 13,15f.)

    c. 15 Der Engel lehnt ab, seinen Namen zu nennen (Ri 13,17f.)

        c. 16 Apostrophe an Gottes Weisheit

    c. 17 Manoahs Opfer (Ri 13,19)

    c. 18 Aufstieg des Engels im Opferfeuer (Ri 13,20). Die Frau tröstet den ängstlichen
    Manoah (Ri 13,22f.)
    Paradox: Die Frau ist stärker als der Mann

C. Simsons Geburt, Begabungen und Schwäche

    c. 19 Geburt und körperliche Vorzüge Simsons (Ri 13,24); seine Pneuma-Gabe (Ri
    13,25)

    c. 20 Pneuma-Gabe gefährdet durch Begehrlichkeit

    c. 21 Simsons Heranwachsen (Ri 13,24), Schönheit und sexuelles Begehren

    c. 22 Simson verliebt sich in eine Ausländerin (Ri 14,1)

        c. 23 Gott ist nicht schuld an Simsons Schwäche (zu Ri 14,3f.)

        c. 24−25 Simsons Pneuma-Gabe ist nur partiell. Die 7 Gaben des Geistes (nach
        Jes 11,2 LXX). Väterkatalog

    c. 26 Invektive gegen Verleumder der Heiligen Schrift

D. Simsons Kraftbeweis und Beweis seiner Klugheit

E. Simsons Fall und Rache

5. Kommentar zur Predigt „Über Simson"

Zur Überschrift, zur gattungsmäßigen Einordnung als Enkomion und zum improvisierten Charakter der Predigt s. o. 1.2.5 und 1.6.4f.

c. 1 *Fortgerissen . . .)* Ein mitreißender Anfang ohne alle Umschweife, der in dieser Form gewollt sein dürfte (vgl. 1.6.5). Die souveräne Beherrschung der Kunstregeln erlaubt es unserem Redner, sie nach Bedarf zu ignorieren. *Ars est celare artem.* Der Prediger holt aus der biblischen Handlung das Höchste an Spannung heraus, ehe er in einem zweiten, förmlicheren Prooemium (2−4) die leitenden Gesichtspunkte formuliert. Möglicherweise möchte er damit dem zu erwartenden Mangel vorgreifen, daß seine Improvisation in der zur Verfügung stehenden Zeit das Ende der biblischen Geschichte nicht mehr erreichen wird[1].

Wie sehr er ab c. 5 dann kunst- und schulmäßig verfährt, lehrt ein Blick auf die Standardgliederung eines Enkomions (einer Lobrede) auf eine Person, wie sie z. B. bei Marrou, Gesch. der Erziehung 293f. aus den *Progymnasmata* des Theon wiedergegeben wird[2] (ich verkürze etwas):

Von der zu lobenden Person waren abzuhandeln

I   die äußeren Güter
    a) adlige Abkunft, εὐγένεια
    b) Geburtsstadt, Familie
    c) persönliche Vorzüge: Erziehung, Freunde, Ansehen, Ämter
II   die leiblichen Güter
    a) Gesundheit
    b) Stärke
    c) Schönheit
    d) Lebhaftigkeit der Empfindung, εὐαισθησία

---

[1] Es dürfte nicht seine Absicht gewesen sein, den ganzen Simson-Zyklus durchzubehandeln, zumal solche Bestandteile wie der Streich mit den Füchsen oder die Sache mit dem „Eselskinnbacken" einer so veredelnden Interpretation, wie sie hier vorgenommen wird, kaum fähig gewesen wären. Ein Allegorisieren in der Art Philons vermeidet unser Prediger. Das Aushängen der Stadttore von Gaza (Ri 16,1−3), das christlicher Auslegung als Typos diente für den Sieg Christi im Totenreich − die Auferstehungsikonen bilden zerbrochene Stadttore ab; vgl. EKG 82,3; 87,3 − berührt er nicht mehr, vielleicht aus Ablehnung einer schon bestehenden christlichen Theologie. Vgl. den Exkurs zu c. 13.

[2] Vgl. Lausberg, Handbuch § 245.

III die seelischen Güter
  a) die tugendhaften Gefühle (Weisheit, Mäßigung, Mut …)
  b) die Handlungen, die daraus erwachsen, in ihrer Qualität
    α) hinsichtlich des Objekts (interesselos, gerichtet allein auf das Gute, auf den öffentlichen Nutzen)
    β) hinsichtlich der Umstände (zweckmäßig, ohne Hilfe, aber nicht ohne Mühe; erstaunlich für das Alter, unerwartet usw.)

Von dieser Art ist offenkundig die kreative Matrix, die unserem Redner mit dem Moment seiner Aufforderung zum Improvisieren vorschwebt. Natürlich hat er sie dem Fall angepaßt und z. B. εὐγένεια durch die Mitwirkung des Engels ersetzt. Wir sind hier an der Wurzel dessen, was als Hagiographie in der christlichen Kirche noch eine große Zukunft vor sich haben sollte.

Bis zum Einstieg in das Schema sind nun zunächst die leitenden Gesichtspunkte zu fixieren, insbesondere diejenigen, die die Schwächen eines so unvollkommenen Helden wie Simson entschuldigen helfen. Auf dessen eigener Seite ist die *Sinnenlust,* auf der anderen Seite ist es die *Frau,* die ihn *zwang.* Beides stürzt ihn in einen *Abgrund der Begierde*[3], der im folgenden, in gegenläufiger Metaphorik, als Kreuzigung beschrieben wird: *Eine Frau errichtete die Begierde wie einen Balken …* Damit ist auch schon gesagt, wem die Hauptschuld gelten soll.

Die Kreuzigungsstrafe, schon aus persischer Zeit den Juden bekannt (Esr 6,11; Est 7,9 f.), war ein der hellenistischen Welt seit ihren Anfängen vertrautes, ekelhaftes öffentliches Schauspiel[4]. Curtius Rufus IV 4,17; IX 8,16 berichtet von Kreuzigungen – einzeln und in Massen –, die auf Alexanders eigenen Befehl hin erfolgten. Charitons *Callirhoë* spricht häufig von ihr; denn nach römischem Recht durften Herren ihre Sklaven kreuzigen (III 3,12; 4,18; IV 2,6 f. – mit Kreuztragen –; 3,9 f. – dort seelische Qualen schlimmer als eine Kreuzigung –; 4,10; dazu Plepelits' Bemerkungen auf S. 8). In der biblischen Erzählung vgl. Ri 16,16.

Wir besitzen aus Malta die antike Mosaikdarstellung einer derartigen Szene. Sie wurde in einer Villa ausgegraben, die auch eine Büste des Kaisers Claudius (41–54 n. Chr.), des notorischen Judenfeindes, enthält. Hier spricht nichts für einen jüdischen Besitzer oder Auftraggeber. Man sieht eine oben sehr leicht bekleidete junge Frau, die einem kräftigen nackten Mann den Kopf zurückbiegt; ihre andere Hand hält eine Schere bereit. Interessant für uns ist die Haltung des Mannes: zurückgebogen, wie wenn er Qualen litte; die Hände scheinen hinter dem Rücken gefesselt. Die voreilige Identifizierung des Mannes mit dem biblischen Simson[5] ist von Pierre Prigent (Image 100–102) korrigiert worden. Er weist auf die in den Abbildungen bisher weggelassene dritte

---

[3] Vgl. Spr 30,16 LXX: ῞Αιδης καὶ ἔρως γυναικός.
[4] Näheres bei Hengel, Crucifixion 22 ff.
[5] Cohn-Wiener, Die jüd. Kunst 106 f. (mit Abb.); Leveen, Hebrew Bible in art 60 und Taf. XVII.

Person hin, eine hinter „Simson" stehende Frau, die ihn fesselt: davon ist in der jüdischen Simson-Geschichte nichts überliefert. In einer der beiden griechischen Ausformungen des Wandermotivs können wir die zweite Frau jedoch identifizieren. Hans Schmidt (Jona 37) schreibt: „Durch sein rotes Haar war Nisos, durch sein goldenes Haar Pterelaos unbesiegbar, bis beiden durch den Verrat einer Frau (hier ist es die Tochter) das Haar abgeschnitten ward". Belege sind Pausanias I 19,4 und Apollodoros, *Bibl.* II 4,7. Mit ersterer Variante identifiziert Prigent die Mosaikdarstellung auf Malta: es ist Nisos, dessen Tochter Skylla und ihre Magd.

Daß nun der *De-Sampsone*-Anfang so sehr der maltesischen Nisos-Darstellung ähnelt, muß uns nicht wundern. Die inner- und außerbiblischen Mythologien und Sagenstoffe sind nicht nur von ihrem Ursprung her oftmals ähnlich (Jona/Herakles s. o.; Simson/Herakles s. u.), sondern die Züge ihrer Ausgestaltung blieben eine interkulturelle Leistung, Gegenstand eines stillen und friedlichen Austauschs. Ein jüdischer Rhetor, der irgendwann in seiner Ausbildung sicherlich auch einmal über „Frauenlisten" zu deklamieren hatte, griff auf denselben internationalen Fundus von Vorstellungen zurück wie ein heidnischer Maler oder Mosaikleger beim Darstellen von Nisos und Skylla.

Was das Eindringen *bis ins Innerste der Eingeweide* (vgl. Bd. I Anm. 490) betrifft, so sagt ganz ähnlich die Köchin und Zauberin Palaestra in ps.-Lukians „Lucius oder der Esel" (c. 6), sie sei Meisterin im Schlachten und Weichkochen von Männern; „am liebsten aber fasse ich ihre Eingeweide und ihr Herz an" (Text bei Apulejus, *Metam.*, Anhang S. 538).

Sollte es uns übertrieben erscheinen, daß unser Prediger die sinnliche Verlockung durch eine Frau mit einer Kreuzigung vergleicht, so läßt ein Blick in Artemidors Traumbuch selbst hier noch das Konventionelle erkennen. Er behauptet nämlich: Wenn ein Unverheirateter davon träume, gekreuzigt zu werden, bedeute ihm das die Ehe, und zwar eine unglückliche (*Onirocriticon* II 53).

Im übrigen soll schon Homer gelehrt haben, ein Hauswesen habe dann am ehesten Bestand (σῴζεσϑαι), wenn nicht die Frau mit den geheimsten Gedanken (ἀπόρρητοι διάνοιαι) ihres Mannes zu intrigieren und ohne seine Zustimmung etwas ins Werk zu setzen versuche (*Vit. Hom.* 187). Das wäre also Punkt 1 eines Tugendspiegels für Frauen: Respektierung der *unaussprechlichen Gedanken*.

Für die Predigt ist damit der „rote Faden" angeknüpft, eine bestimmte Apologetik: Belastung der Frau – und der Heiden –, Entlastung Simsons – und der Juden. Einen gewissen, aber verblümten Tadel muß sich Simson in c. 20f. gefallen lassen. Entschieden vor allen Angriffen in Schutz genommen wird nur die Ehre Gottes (c. 23), der Heilige Geist (c. 24f.) und die Heilige Schrift (c. 26). Als Ergebnis der intellektuellen Arbeit steht im Schlußsatz Simson als Gerechter da.

Im übrigen ist die Predigt keineswegs grundsätzlich frauenfeindlich. Über die Frau Manoahs, eine Jüdin, weiß sie Erstaunliches zu sagen (c. 18).

der intelligible Barbier, Satan) Diese Kennzeichnung Satans ist sicherlich einmalig und nur aus dem Kontext zu erklären. Das Stichwort *begleitete* läßt zwei Betrachtungsebenen unterscheiden, die der Fakten und die der Wirkungen. Psychologisch genommen, liegt hier nämlich eine gewisse Erklärung auf die Frage, was Simsons Haare mit seiner Kraft zu tun haben. Simson bricht sein Gelübde: vielleicht darf man hier *Satan* als mythologische Chiffre nehmen für das unausweichliche schlechte Gewissen. Jedenfalls läßt unser Prediger in c. 13, wo er die Bedingungen des Nasiräats darstellt, alles Magische weg und rationalisiert.

Wenn wir noch ein Argument gegen philonische Urheberschaft dieser Predigt nötig hätten: Philon gebraucht den Namen *Satan* nirgends, so wenig wie sich bei ihm ein „Engel der Unterwelt" findet (*De J.* 52); und διάβολος begegnet bei ihm nur einmal, als Adjektiv und im moralischen Sinn (*Sacr.* 32).

schnitt samt den Haaren auch die Stärke ab) Dies ist wohl eher im Sinn einer moralischen Folge als in dem der Naturkausalität oder einer magischen Kausalität gemeint.

Letztere wäre der archaische Ur-gedanke beim Tragen langer Haare durch kriegerische Helden. Von den homerischen Kriegern, die sicher nicht nur zum Schmuck die Haare lang trugen, bis zu den letzten Federbüschen auf neuzeitlichen Helmen reichen die Beispiele (Sommer, Haar, bes. S. 7−52; Gruppe, Religionsgeschichte II 882 Anm. 3). Nilsson I 21 spricht von einer *external soul,* einer „Außen-Seele". Aus griechischer Mythologie wurden die Beispiele des Nisos und des Pterelaos vorhin schon genannt: durch lange, übrigens auch hellfarbene Haare seien diese Helden unbesiegbar gewesen. Diese alte Auffassung reicht bis in byzantinische Zeit. Das *Hypomnestikon* des Ioseppos (MPG 106, 73/74 C) stellt zu Simson einfach fest: „In den Haaren hatte er die Kraft"[6].

Abgelöst und unauffällig verabschiedet wird sie bei Josephus, der in *Ant.* V 312 Simsons Stärke auf eine Verheißung Gottes zurückführt; vgl. auch die Rede von der πρόνοια im Kontext. Die Haare − Clemens v. Alexandrien (*Strom.* VI 17) sagt es dann deutlicher − sind hier nur noch ein Zeichen für gottgegebene Fähigkeiten. Ambrosius, *De spiritu sancto,* II *prol.* § 14: „Es ist nicht so, daß

---

[6] Bei Prokopios von Gaza, dem Archivar der altkirchlichen Exegese, finden wir beide Auffassungen nebeneinander. Er sagt von den Haaren Simsons: Durch sie gelangte das Pneuma in ihn (? − MPG 87/1, 1072 D), und: sie sind Zeichen eines Gelübdes seiner Mutter, wie bei Samuel (1073 A, mit Bezug auf 1.Sam 1,11; ferner 1077 D). Die Haare als Zeichen, aber in ganz mirakulösem Kontext, begegnen im jüdischen Midrasch: Sooft der Geist über Simson kam, so lesen wir (Ginzberg, Legends IV 48), wurde es durch sein Haar angezeigt: es wallte und gab einen Klang wie eine Glocke. − Über die symbolische Beziehung der Haare Simsons zu Sonnenstrahlen vgl. den Exkurs zu c. 20.

wir wähnen müßten, solche Kraft sei körperlichen Haaren eigen; (sondern) es sind gewissermaßen die ‚Haare' der Religion und des Glaubens." Mit anderen Worten: Das Scherenlassen als Akt des Ungehorsams läßt wohl die Stärke verlorengehen; aber nicht, weil jetzt die Haare fehlen, sondern weil es Ungehorsam ist. So auch unser Text in c. 4.

c. 2 *so wollen wir von dem, der ihm die Kraft gab, unsererseits Weisheit erbitten)* Dies ist das monotheistisch-jüdische Pendant zur Anrufung der Musen und der Vorläufer des christlichen Kanzelgebets. Ein Stoiker wie Aratos fing lieber „bei Zeus an" (*Phaenomena* 1), dem kosmischen Gott, der freilich eher Betrachtungsgegenstand als Gebetspartner war. In der *Vita Homeri*, einem ursprünglich stoischen Werk, ist von späterer Hand eine Widmung an die Musen nachgetragen (§ 218).

Der Anruf der inspirierenden Gottheit war für den Redner (oder Dichter) die Verpflichtung, von wichtigen und auch von schicklichen Dingen zu reden. Heraklitos 77,5–11 tadelt am Musenanruf in Platons *Phaedrus* (237 A), daß er als Einleitung diene zu einer homoerotischen Liebeserklärung.

Ausleger verläßlicher Geschehnisse) Wer im Altertum einen Erzähltext auslegte, betrachtete sich nicht als Ausleger eines Textes, sondern der berichteten Ereignisse[7]. Kein jüdischer Theologe, soweit ich sehe (Aristobul, von dem wir nur wenige Fragmente haben, ist die Ausnahme) hat es gewagt, in den historischen Büchern der Heiligen Schrift den Wortsinn aufzugeben – etwa um einer allegorischen Erklärung willen. Auf einem anderen Blatt steht, daß unser Prediger die von ihm auszulegenden *Geschehnisse* stillschweigend so ausgewählt hat, daß allerlei Mythenreste und Schwankhaftes aus dem Simson-Zyklus entfallen; vgl. Anm. 1.

Von der Verantwortung des Auslegers handelt auch c. 26. Er verteidigt Simsons Gnadengabe gegen die „Verleumder der Heiligen Schrift". So auch hier: es geht darum, daß die *Gnade Gottes* nicht *verleumdet* wird (so wörtlich).

c. 3 *nur eines von allen zu vollbringen)* Ausführlicher c. 24f., die Apologie des Pneumas: es ist in seinen einzelnen Manifestationen vollkommen, ist jedoch immer nur eine partielle, auf bestimmte Betätigungen begrenzte Gabe.

seine Menschenliebe) Zentralbegriff in *De Jona* ab § 8. In unserem Text vgl. noch c. 4.6.9.11.18.43 (Bd. I Anm. 863).

---

[7] Vgl. oben die Exkurse zu *De J.* 63 und 86. Die typologische Methode hat die gleiche Voraussetzung: nicht nur Texte, sondern Ereignisse verweisen aufeinander. S. Siegert, Argumentation 220/21 mit Anm. 94. – Nur sehr ausnahmsweise wurde ein Erzähltext als fiktionaler Text eingestuft, als Gleichnis; so Hiob bei einigen Rabbinen (Babylonischer Talmud, Baba Bathra 15 a/b).

die Güter, die zum Genuß der Gerechten aufbewahrt liegen / das Gericht ...,
das für die Sünder bereitgehalten wird) Dies ist die wohl deutlichste Anspielung
an Eschatologie in unserer Predigt. In *De J.* vgl. § 95 f. mit diesbezüglichem
Exkurs.

seine ganze Macht) Wie in Bd. I Anm. 498 vermerkt, steht hier wahrscheinlich das griechische ἀρετή dahinter, wie bei Philon in *De Deo* Z. 50. Philon
kannte zwei solche göttlichen „Mächte" (bei ihm sonst δυνάμεις genannt). Im
„Testament Hiobs" 50,2 ist Gott der δεσπότης τῶν ἀρετῶν.

Gaben, die er dem noch Ungeborenen verlieh) Diese Gnadenlehre scheint
beinahe neutestamentlich zu sein (vgl. Lk 1,15; Röm 9,11; Gal 1,15: Begna-
dung noch im Mutterleib), d. h. die eben genannten Stellen vertreten e i n e Art
der jüdischen Gnadenlehre, die in prophetischer Tradition stehende. Vgl. Jer
1,5 sowie, im großen Bußgebet des Daniel-Buches, Dan 9,18: „Nicht aufgrund
unserer gerechten Taten liegen wir vor dir im Gebet, sondern um deines
Mitleids willen". Zu der letztgenannten Stelle, die in *De J.* 71 eine Entsprechung hat, findet man in keiner rabbinischen Schrift der Antike irgendeinen
Kommentar. So wie die Vergebung von Schuld nicht nur Buße zur Voraussetzung hatte, sondern auch die Verdienste der Erzväter (Bar 2,19 wagt ausnahmsweise *nicht*, sich darauf zu berufen), so waren auch auf der positiven
Seite besondere Begabungen nach der Auffassung gewisser Rabbinen Antwort
Gottes auf menschliche Verdienste. Rabbi Schimon ben Azzai meinte: „Nicht
nur mit Mose hat (Gott) gesprochen wegen des Verdienstes Israels, sondern
auch mit allen Propheten hat er nur gesprochen wegen des Verdienstes Israels"[8].
   Mir scheint, die Lehre von Gottes unverdienter Gnade sei besonderes Eigentum des hellenistischen Judentums gegenüber dem rabbinischen. Vielleicht hat
dieses letztere sich vom Christentum abzusetzen versucht − nicht ohne nach-
träglich im Glauben an die Verdienste der Heiligen (vgl. oben zu *de J.* 71) einen
heimlichen Sieg zu erringen.
   Wie dem sei, die theologischen Begründungen für Simsons besondere Begabung gehen in charakteristischer Weise auseinander. Der Midrasch Rabba zu
Num 6,2 (c. 10 § 5, engl. Ausg. V 363 oben)[9] läßt es das Verdienst und die
Frömmigkeit von Simsons Mutter sein, was Gott mit den besonderen Gaben
Simsons belohnt. Dem widerspricht der Schlußsatz unseres Abschnitts ausdrücklich.

---

[8] *Wlo' 'im Moše bilbad hājā mdabbēr bizkut Jiśrā'ēl ellā' 'im hannbi'im kullām lo' dibber
ellā' bizkut Jiśrā'ēl,* Mechilta zu Ex 12,1, S. 5 Z. 14 f.; vgl. Bikerman, Jonas 239 mit Anm. 27. −
Bill. II 280 zitiert aus dem Kontext dieser Stelle, wie sehr Mose und die Propheten, auch Jona,
sich ihrerseits mit Leib und Leben für Israel eingesetzt hätten.
[9] Hinweis Ginzberg, Legends VI 205 Mitte.

Unser Ausleger illustriert mit seinen Worten den Grundsinn von χάρις ‚Gnade', *Geschenk*, das ja von χαρίζεσθαι ‚*schenken*' kommt. So sind in c. 4 *Gaben* und *Gnade* synonym, in c. 4 und 5 *schenken* und *Gnade;* vgl. noch *Geschenk* in c. 11 und 13., *schenken* in c. 6.

Die christliche Auslegung der Simson-Geschichten folgt dieser Linie. Ambrosius spricht davon, daß bei Simson die Gnade „vorausgegangen" sei; ein „göttliches Orakel" habe sich in seinen Großtaten Glaubwürdigkeit verschafft (Epist. 19 § 10). Augustin eröffnet eine Predigt über Simson als Typos Christi (MPL 39, 1639–1643) mit der Feststellung: *Samson fortitudinem habuit de gratia, non de natura* (vgl. unten Exkurs II zu *De S.* 24; Rondet, Notes 474). Der rabbinische Gedanke, daß Simson seine Stärke mit den Philisterfrauen fortpflanzen könne (Ginzberg, Legends IV 49; vgl. Exkurs zu c. 20)[10], hätte diesen christlichen Theologen ebenso fern gelegen wie unserem Prediger.

Im Babylonischen Talmud, Nedarim 38a, sagt Rabbi Jochanan: „Gott läßt seine Gegenwart nur auf dem Starken, dem Reichen, dem Weisen und dem Bescheidenen ruhen"[11], mit welchen vier Eigenschaften sich z. B. Mose zum Propheten qualifiziert habe. Der weitere Kontext nennt als Beispiel für vorgängige Qualifikation unpassenderweise auch Jona: Weil er das Fahrgeld nach Tarschisch bezahlen konnte (Jon 1,3), wird er unter die Reichen im Sinne dieses Lehrsatzes eingereiht. Vielleicht ist das ein Versuch, gegen christliche Theologie, insbes. 1. Kor 1,26 ff., zu opponieren[12].

Nach unserem Text, c. 20, ist „Tadellosigkeit des Handelns" in Simson „eingeschrieben", also nicht dessen Leistung oder persönliches Werk. Ebenso gilt in *De J.* 196 die Buße der Niniviten als „das Werk einer göttlichen Hand".

das Wohlgefallen des Lebendigen Gottes) wird ausgelöst durch dessen eigene Gnadengabe. Beim Menschen steht es lediglich, sie zu ihrem *Zwecke* zu gebrauchen – oder zu verlieren: c. 13.20.26.

Die hier verwendete Gotteskennzeichnung, im Alten Testament sehr häufig (Num 14,21.28; Jos 3,10; Ps 42(41),3; Hos 2,1; Est 8,12 q LXX usw., vor allem in Schwurformeln), im Neuen Testament mit gleichem Nachdruck gebraucht (Mt 16,16; 26,23; 2. Kor 3,3; 6,16; Hebr 10,31; Missions-Topos Apg 14,15), unterscheidet unsere Predigt nochmals von philonischem Sprachgebrauch, wo ich diese Wortgruppe gerade einmal gefunden habe[13].

---

[10] Auch Hieronymus zitiert diese Auffassung als „von Hebräern" stammend, MPL 24,454 C/D.

[11] Bill. III 327; Ginzberg, Legends VI 349 Anm. 28.

[12] Vgl. des Celsus Opposition gegen die Seligpreisung der Armen und den Tadel der Reichen und Hochgestellten bei Jesus in Origenes, *C. Cels.* VII 18. Wir würden gerne Celsus' Quelle kennen.

[13] *Decal.* 67: τοῦ ζῶτος ἀεὶ Θεοῦ. Vgl. Kuhr, Gottesprädikationen 51; Leisegang, Index *s. v.* ζῆν 3. Philon konnte mit dem Begriff ‚leben' in bezug auf Gott wenig anfangen; vielleicht erschien er ihm zu kreatürlich. Vgl. ThW II 861 f. – Anders der kosmische Gott der Stoiker,

Verkürzt zu *der Lebendige* erscheint diese Gotteskennzeichnung in c. 25, wo sie im Zitat von Gen 15,6 ὁ Θεός ersetzt.

c. 4 *Angehörige fremder Völker)* Die Verlockung der ἀλλόφυλοι – so übersetzt die Septuaginta verallgemeindernd den Philister-Namen – kommt in c. 22 bei Simsons Heiratsabsichten zum Tragen.

samt ihnen auch ihre höheren Helfer besiegen) Zu *verakac'ow* (Bd. I Anm. 505), das für ἐπιστάτης, προϊστάμενος usw., auch für ἐπίσκοπος und ἔφορος stehen kann (ASA), s. o. zu *De J.* 21 sowie in unserem Text c. 5 (Bd. I Anm. 517) und c. 13 „der Helfer aller Bedrängten" mit Anm. 567. Für Philons Theologie befinden sich die „Wächter" der Schöpfung und des Gottesvolkes eine Stufe unterhalb des „Seienden" – *De Deo* Z. 147f.

Hier aber finden wir ganz ungeschützt die populäre Auffassung *(es ist doch klar, daß)* ausgedrückt, daß es *Götter* gebe (vgl. 1.Kor 8,5), und zwar für jedes größere menschliche Gemeinwesen oder jedes Gebiet einen besonderen. Im Alten Testament machen die Syrer einen Test, ob JHWH nur ein Berggott sei oder auch ein Gott der Ebenen: 1.Kön 20(LXX 3.Kön 21),23–30. – Nach einer Niederlage, die Israel in große Zweifel stürzte, weil sie die Zions-Ideologie auflöste, hatte (Deutero-)Jesaja einen neuen Machterweis JHWHs durch die Hand des Kyros anzukündigen (Jes 40f.) – mit Ausweitungen des Machtanspruchs JHWHs ins Kosmische. Dan 10,13.20 kennt einen Engel des Perserreiches und den des jüdischen Volkes, Michael. Vgl. noch 1QM 7,6; 13,10ff.; 17,7.

In der römischen Kaiserzeit waren es unter den Philosophen die Platoniker, die die Lehre von den Einzelgöttern der Länder festhielten (s. o. zu *De J.* 21). In politischer Ideologie hatten die Kaiser ihre höheren Helfer; so wird z. B. die Entscheidungsschlacht zwischen Konstantin und Maxentius in heidnischen wie christlichen Quellen dargestellt (Lietzmann III 60f.).

endgültig und unaufhebbar) In Verlängerung einer prophetischen Linie (Jes 40,9; 49,15f.; 50,1 usw.) hat auch Paulus so gedacht: Röm 8,28f.; 11,29[14]. In 1.Sam 15,29 ist der Lehrsatz, daß Gott niemals Reue empfinde über seine Entscheidungen, offenkundige Glosse gegenüber dem Anthropomorphismus des Kontextes. Wie der *De-Jona*-Prediger die „Reue" Gottes über seine Androhung an Ninive stillschweigend beseitigt (s. zu § 85), so läßt auch unsere Predigt eine entwickeltere Dogmatik erkennen.

---

die Ζεύς von ζῆν ableiteten, SVF II Nr. 1021.1062; Cornutus 2, S. 3 Z. 5ff. Wieder anders läßt *C. H.* I 21 (vgl. 17) den „Gott und Vater" aus φῶς καὶ ζωή wie aus zwei Substanzen bestehen.

[14] Siegert, Argumentation 212 mit Anm. 61a. Calvin hat zusätzlich eine Unaufhebbarkeit pränataler Verdammungsurteile Gottes vertreten, die man in der Antike noch nicht findet; vgl. ebd. S. 130 mit Anm. 70; 137 mit Anm. 104; 258 Punkt 6.11.

Jüdische Materialien s. bei Bill. I 981–983; III 294; christliche Gesichtspunkte zur „Unabänderlichkeit des göttlichen Heilsratschlusses" bei Hofius, ZNW 1973.

sein Kriterium bekannt gemacht) Vorgriff auf die Bedingungen des Nasiräats, c. 13. Wir finden hier die zu c. 1 schon erläuterte, nicht-magische Auffassung von der Stärke Simsons. Die Haare stehen zu lassen, war für ihn Teil seines *Auftrags;* und dessen Verletzung – nicht die Verletzung der Haare – brachte das *Gericht* über ihn. Also nicht das Schermesser des Barbiers, sondern Simson selber brachte sich um seine übermenschliche Stärke. Vgl. hierzu die recht differenzierte und verinnerlichte Auffassung der Sünde in c. 20 (Ende).

nur noch einen Tropfen Gnade) Der gleiche Ausdruck auch in c. 25. Gottes Gericht ist genauso partiell wie vorher die Gnadengabe. Er hält seinem einmal Erwählten die Treue – s. vorletzten Absatz.

Wir haben hier, wenn auch in metaphorischer Form, ein quantifizierendes Denken von Gottes Gnade vor uns, wie es, zur Dogmatik geworden, im lateinischen Mittelalter seltsame Blüten getrieben hat. Paulus (2.Kor 12,9) drückt sich vorsichtiger aus.

Im Gnostizismus hatte die Metapher vom Tropfen – nämlich vom „Lichttropfen" im Gnostiker – ihre eigene Gechichte. Belege bei Siegert, Nag-Hammadi-Register 102 unter *tltile.*

bis zuletzt) im Sinne von ‚gänzlich' ist ein Anklang an Septuaginta-Sprache: vgl. Ps 9,19 LXX; 12,2 LXX usw.

c. 5 *die weibliche Ackerscholle)* Im Guten wie im Schlechten ist der Unterkörper der Frau als ἄρουρα bezeichnet worden; man beachtete oder kannte noch nicht den funktionalen Unterschied zwischen pflanzlichem und tierischem *Samen.* Vgl. Platon, *Timaeus* 91 D usw. (Siegert, Philon 54 Anm. 2, auch Philonisches); Artemidor I 51 (S. 58 Z 12f.); als pejorative Aussage vgl. Spr 30,16. *Unfähig* im Falle einer Unfruchtbarkeit war nach antiker Konvention in jedem Fall die *Scholle;* denn es war ja „gepflügt" worden.

Gottes Einwirken) Hierzu vgl. das Ende des Absatzes, wo *Gottes Gnade und seine Natur* zusammenwirken, sowie *De J.* 97f.; 120.

die Erde der Frau) griechische Redeweise (s. o.). Platon, *Leges* 839 A: ἄρουρα θηλείας πάσης.

(Wirtschafts)leiter) wörtlich: *Aufseher:* hier begegnet in der Bildhälfte einer Analogie, was sonst in der Sachhälfte Gottesbezeichnung ist: *De S.* 4.13 (Bd. I Anm. 567); vgl. zu *De J.* 21.

c. 6 *einen Freudenboten)* Wenn die armenische Übersetzung (s. Bd. I Anm. 520) hier genau ist, müßte im Urtext εὐάγγελος gestanden haben, ein gut griechisches Wort, das in jüdischem Sprachgebrauch bisher noch nicht und in christlichem nur spärlich nachgewiesen ist (Lampe, Lexicon *s. v.*).

wie es schien / in Wahrheit aber) S. zu *De J.* 67. Theologie des verborgenen Wirkens Gottes in der Natur.

Geschenk einer Stimme Gottes) synonym mit *Dienst von Engeln*. Der zu Manoahs Frau kommende Engel ist namenlos (c. 16), nur eine gestaltwerdende Stimme. Der bisher vorgetragenen Gnadenlehre entspricht es, daß Gott der *Bildner* ist (dazu unten) und die Eltern die *Werkzeuge*. Das Kind ist eine *Wort-Schöpfung*. Dieser im Kontext zweimal verwendete Neologismus (vgl. Bd. I Anm. 525) hat eine grammatische Parallele in der „Formschöpfung" von c. 10[14a].

Nach Philons Auffassung von Gen 1 ist der Logos das Urbild der Schöpfung (*Opif.* 25.31.36 usw.); die „Kräfte" sind die Werkzeuge (Siegert, Philon 62−64). Doch kann in dieser Rolle auch der Logos Gottes auftreten: *LA* I 21; III 96; *Cher.* 127 u. ö. In dieser Form, die dem Stoizismus nahestand (oben 2.2 zu *De Deo* Z. 121), ist das hellenistisch-jüdische Lehrstück im Neuen Testament (Joh 1,3) und in der Hermetik übernommen worden: Ἅγιος εἶ, ὁ λόγῳ συστησάμενος τὰ ὄντα, singt der *Poemandres* (*C. H.* I 31). Selbst im Gnostizismus, der von der Schöpfung nichts hielt, ist ein Echo davon geblieben[15].

Unser Prediger macht von dieser Lehre nur eine auf den Einzelfall bezogene Anwendung. Hellenistische Quellen verschiedener Art sprechen von einem besonderen „Entsenden" des Logos; oben 2.2 zu *De Deo* Z. 151f.

der Bildner) s. o. zu *De J.* 2.14.126.129.217. Sein Werkzeug ist der kosmische und geschichtliche Logos, sein Geschöpf darum eine *Wort-Schöpfung*. Zu letzterem Ausdruck vgl. Bd. I Anm. 525 sowie unten Anm. 14a.

c. 7 *Ich muß mich wundern)* Zum Staunen hinzureißen, ist Aufgabe des Enkomions. Vgl. *De J.* 1; unten c. 44.

Wie die Ärzte …, so heilt auch Gott) Vgl. zu *De J.* 5−7. Die *Weisheit* des Arztes, Menschenkenntnis und Kunst des Gesprächs wird gewürdigt z. B. von Platon, *Leges* 720 D−E, von Hippokrates im Traktat *De decenti habitu*[16].

[14a] Man kann noch Clem. Alex., *Strom* V 13, 89, 3 vergleichen: Gott ist λόγῳ ποιητής. − Auf ein anderes Gebiet führt der Ausdruck λογοποιία in der Symmachus-Übersetzung von Ps 102(101),1, wo er ein „eindringliches Gebet" meint.

[15] Siegert, Nag-Hammadi-Register 154.

[16] Ausschnitte hieraus bei Müri, Arzt im Altertum 24−30.

Die Frau Manoahs) Anders als in rabbinischen Schriften[17] und im *Liber Antiquitatum Biblicarum* (43,1) erhält sie in unserer Predigt, trotz ihrer Bedeutung, keinen Namen[18]. Ganz entsprechend unterstreicht c. 15 die Weigerung des Engels, sich einen Namen zu geben bzw. geben zu lassen.

Im Midrasch Bemidbar Rabba 10,5 zu Num 6,2 (Nasiräatsgesetz) wird der Umstand, daß der Engel zuerst zu Manoahs Frau kommt, als Bestätigung dafür gewertet, daß *sie* die Unfruchtbare war (Ri 13,2). Im übrigen habe sie die Engelsbegegnung durch Gerechtigkeit verdient. – Anders wird in unserer hellenistisch-jüdischen Predigt Manoahs Frau qualifiziert als:

diejenige, die bereitwilliger glaubte) Diese Aussage steht zunächst in Spannung zu der bisher vorgetragenen Gnadenlehre, die keine besondere Qualifikation für den Empfang eines Gottesgeschenkes vorsah. Offenbar ist aber eine gewisse Rezeptivität nach Meinung unseres Predigers doch erforderlich (wie c. 11: „die Bereitschaft der Frau"); Gott zwingt nicht die menschliche Natur. Bereitwilligkeit wäre wohl auch nicht als Verdienst einzustufen, jedenfalls nicht als Werk. Manche christlichen Auslegungen von Marias γένοιτο in Lk 1,38 haben in dieser Richtung übertrieben und aus anthropologischem und ekklesiologischem Interesse heraus Maria, den Typos der Kirche, zur *corredemptrix* gemacht. In unserer Predigt würde der Kontext eine analoge Überzeichnung der Rolle von Manohs Frau klar verbieten.

Was folgt, ist eine Beobachtung zu den psychosomatischen Bedingungen einer Empfängnis. Aus dem Neuen Testament können wir noch Hebr 11,11 danebenstellen: Πίστει καὶ αὐτὴ Σάρρα ... δύναμιν εἰς καταβολὴν σπέρματος ἔλαβεν.

c. 8 *im Geiste schwanger durch gute Hoffnung)* Die Wirkung der Engelsbotschaft wird, abseits alles Mirakulösen, so dargestellt wie die psychosomatische Wirkung von Worten des Arztes auf einen Patienten. Vgl. oben zu c. 7; ferner im Text c. 13 bei Anm. 568 (Bd. I).

die Erscheinung des Engels) Wie schon das grammatische Geschlecht von *mal'āk* / ἄγγελος zu erkennen gibt, galten Engel im Altertum als männlich. So auch hier: *ein Mann Gottes.* Die biblischen Parallelen reichen von Gen 19,5 bis 2.Makk 3,26.33. Vgl. darüber hinaus *Vitae prophetarum* 16,2 (von Maleachi = ‚mein Engel'); JosAs 14,9 usw.; im Neuen Testament den νεανίσκος von Mk 16,5.

---

[17] Ginzberg, Legends IV 47; VI 205 Anm. 111.
[18] Unter rund 3000 namentlich genannten Personen in der Bibel begegnen nur rund 130 Frauen. Weitere vierzig teilen mit Manoahs Frau das Schicksal, ohne eigenen Namen aufzutreten. So Chené/Greimas, Femmes 191 Anm. 2.

Das europäische Barock (anfangsweise schon die Renaissance) hat im Sinne eines betont weiblichen Schönheitsideals geändert, was einst aufgrund von Zweckmäßigkeit (der Beruf eines Boten[19] setzte Zähigkeit im Dauerlauf voraus), aber auch aus einem entgegengesetzten Schönheitsideal heraus Sache junger Männer war. Josephus, der in *Ant.* V 277 (vgl. 279) z. St. von einem νεανίας καλός spricht, erweitert die biblische Geschichte um das romanhafte Motiv einer Eifersucht Manoahs auf den Mann, der seiner Frau so eindrucksvoll erschienen war. (Bei ihm ist es dann die Frau, die den Engel zurückzukommen bittet − § 280 −, damit Manoah sich davon überzeugen könne, daß es bestimmt ein Engel sei.) Der Midrasch Rabba zu Num 6,2[20] zieht aus Ri 13,6, unserer Stelle, den Schluß, „daß die Schechina nur auf Männern von schönem Aussehen ruht". Er schließt sich damit seinerseits einer Auffassung von Schönheit an, wie sie etwa im Bildanhang von Wendland, Kultur, Taf. V/2 auf einem Steinrelief der Kaiserzeit dokumentiert ist. Was Hans Lietzmanns Begleittext (S. 423) als „ein Genius" bezeichnet, ist ein großer, muskulöser, bartloser junger Mann mit Flügeln. Die *Größe* und − auf Stein nicht darstellbar − das Licht (Text: der *Schein*) solcher Erscheinungen wird in vielen Quellen betont.

Als Einspruch gegen das griechische Schönheitsideal (und, wenn man will, Vorläufer der sog. Nazarener) sei Theodoret zitiert, der in seiner *Curatio Graecarum affectionum* III 88−91 von den Engeln angibt, sie seien weder männlich noch weiblich, mit der Begründung, sie hätten ja keine Fortpflanzung nötig.

c. 9 *Als das Manoah hörte, freute er sich)* Während der Bibeltext nichts von Manoahs Gefühlen meldet, läßt Josephus sie ins Gegenteil von Freude ausschlagen, in Eifersucht (*Ant.* V 277; s. o.)[21]. Cyprianus Gallus bleibt in seiner metrischen Bibelparaphrase (5. Jh.) auf der Seite unseres Rhetors, wenn er Manoah mit beklommener Freude seiner Frau folgen läßt (*Heptateuchos, Judicum,* V. 513):

hic sequitur pavitans sanctumque invisere gaudens.

An der Rückübersetzung in Bd. I Anm. 545 möge man den Prosarhythmus bemerken: θέλων γενέσθαι (. . . / − ∪ − / −).

ein Zeichen der Wahrheit) Dies ist, wie auch die Worte *symbolisch* und *andeuten* erkennen lassen, die Argumentations- und Denkfigur der „Symbolbeziehung"[22]: Dinge verweisen aufeinander aufgrund einer ihnen gemeinsa-

---

[19] Vgl. 2.Sam 18,19−27 und hierzu wiederum *De S.* 12; *De J.* 101f.
[20] c. 10 § 5, oben zu *De S. 3* zitiert. Vgl. Bill. II 666 oben.
[21] Ambrosius, der diese Stelle kennt und Josephus als einen *quidam* zitiert, verwirft sie in *Epist.* 19 § 12.
[22] Siegert, Argumentation 68f. (nach Ch. Perelman); 218−224.

men Ähnlichkeit. Ein Spezialfall davon ist die Allegorese, bis zu deren Schwelle — aber nur bis — unser Autor hier geht.

der . . . lüftedurchschreitende . . . Engel) Ἀεροπόρος (Bd. I Anm. 549) bezieht sich normalerweise auf alle Arten von fliegenden Tieren[23]. Die Vorstellung ist hier die eines fliegenden Menschen, wie auf dem zu c. 8 genannten römischen Bildrelief.

Milde und Menschenfreundlichkeit . . . in den Engel gesät) Hier wie auch in c. 12 und 17 spürt man die Rhetorenerziehung unseres Predigers durch. *Milde* (armen. *hez* und *hezowt'iwn* dürfte hier ἐπιεικής, ἐπιείκεια entsprechen; vgl. ASA) ist nicht nur ein Begriff des politischen Sprachgebrauchs — lat. *clemens, clementia* —, dem Wortfeld um ,Wohltäter' zugehörig[24], sondern es ist auch ein Terminus der Rhetorik: er bezeichnet eine besondere Art des rhetorischen Ethos, nämlich die Zurückhaltung[25]. Nachbarbegriff ist die ἀφέλεια (Einfalt), Gegenbegriff τὸ βίαιον (die Gewaltsamkeit). Es ist also die Anpassung (Akkommodation)[26] Gottes an menschliches Fassungsvermögen gemeint. Der Prophet Maleachi, ,mein Engel', ist in den *Vitae prophetarum* nicht nur schön (wie zu c. 8 erwähnt), sondern auch milde, πρᾷος, in Anspielung an Ri 13,8f.

Milde und Menschenfreundlichkeit, ἐπιείκεια καὶ φιλανθρωπία begegnen als Eigenschaften des Herrschers im Hellenismus häufig (jüdische Beispiele: Arist 290 und 2.Makk 9,27); wir finden sie als Gotteseigenschaften nebeneinander bei Philon, *Mos.* I 198. In *De Deo* Z. 34 erscheint der „Seiende" in den drei Männern, die Abraham besuchen, „in vertrauter Gestalt". Weiteres über ἐπιείκεια als Eigenschaft Gottes (LXX, Arist.), des Propheten (2./4.Kön 6,3 von Elisa; bei Philon häufig von Mose), Christi (2.Kor 10,1; 1.Clem 13,1) der Maria (bei Origenes) sowie anderer menschlicher Träger siehe ThW II 585—87; Spicq, Lexicographie I 265—267; Bauer/Aland, Wörterbuch und Lampe, Lexicon *s. v.*

nach dem Abbild des göttlichen Angesichts geschaffen) Die Gottesebenbildlichkeit des Menschen (Gen 1,26f.) wird in graduelle Beziehung zu der der Engel gesetzt. Hellenistisches Denken hätte – wenn Baeck, Predigt 68 recht hat

---

[23] Metaphorisch nennt Philon auch den Menschen einmal so (*Opif.* 147), mit Bezug auf seinen aufrechten Gang.
[24] Danker, Benefactor 351 f. mit Belegen; Apg 24,4. – In c. 43 (Bd. I Anm. 863) gilt Simson selbst als „menschenfreundlich", an einer paradoxen Stelle.
[25] Hermogenes S. 321 Z. 19 ff.; 345 Z. 6 ff. Rabe; vgl. Ernesti, Lexicon 123: *virtus moratae orationis..., cum orator ex instituto ostendit se de jure suo cedere.* – Das gleiche auf der inhaltlichen, nicht der interaktionellen, Ebene hieße *concessio.*
[26] Die Wurzel ist εἰκ-; vgl. ἔοικα ,gleiche', εἰκός das ,Passende, Wahrscheinliche'. Gemeint ist, einem schwächeren Partner gerecht zu werden.

– die Gottesebenbildlichkeit den Heroen vorbehalten[27]. Unser Text jedenfalls kennt in der Nähe des Abbildverhältnisses Abstufungen, ähnlich wie das Neue Testament in christologischen Aussagen wie 2.Kor 4,2 und Kol 1,15. Philons Ansicht zu diesem Thema ist die, daß der menschliche Verstand die εἰκών Gottes sei (*Her.* 56 usw.; Siegert, Philon 106–108). Zum Sprachgebrauch bleibt zu bemerken, daß das Wort εἰκών je nach Kontext nicht nur das ‚Abbild' meinen kann, sondern auch das ‚Urbild'; so im Schlußsatz unseres Abschnitts.

Die Frage,wie ein kleinerer oder *größerer Anteil an Gottähnlichkeit* sein könne, wird mit der räumlichen Vorstellung beantwortet: *Je näher sie an Gottes Wohnung heranreichen.* Das zugrundeliegende Weltbild ist oben 2.2 zu *De Deo* Z 54f.; 3. zu *De J.* 4 skizziert. Was hier metaphorisch *Gottes Wohnung* heißt (vgl. Dtn 26,15; Jes 63,15; Joh 14,2.23; „Thron" Gottes Mt 5,34 usw.), ist das Firmament, die lichtartige äußerste Begrenzung dessen, was wir sehen können. (Daß dahinter ein weites, weites Dunkel kommt, ist ein Gedanke, den erst spätere Generationen verkraften mußten.)

c.10 *liebe Freunde)* ῏Ω ἀγαπητοί (Bd. I Anm. 554) ist eine bisher nur in christlichen Quellen belegte Anrede. In genuin-griechischem Sprachgebrauch wäre ἀγαπητός etwas, ‚womit man sich begnügt-, ein ‚einzig(es Kind)'; so in der Himmelsstimme bei der Taufe Jesu (Mk 1,11 parr.) oder in Mk 12,6 par. Als Anrede im Plural finden wir es bei Paulus (Röm 12,19; vgl. 1,7 usw. und den Sprachgebrauch der Deuteropaulinen und der Pastoralbriefe) und auf Papyri. Naldini, Cristianesimo 18f. nimmt diese Anrede – im Singular oder Plural – als Anzeichen für christliche Herkunft des betreffenden Dokuments.

In den Pseudepigraphen, wo singularisches ἀγαπητέ einige Male belegt ist (mit υἱέ oder dem Esra-Namen als nomen regens), ist das einzige Vorkommen von pluralischem ἀδελφοί μου ἀγαπητοί (Test Abr. A 20,15) bei Charlesworth I 895 als christliche Glosse gekennzeichnet; der Satz endet in einer trinitarischen Doxologie. Unsere Stelle ist demgegenüber unverdächtig. Auch hier ist also, wenn die Übersetzung nicht trügt, jüdischer Sprachgebrauch dem christlichen vorausgegangen; denn abhängig von ihm kann er kaum sein. Der theologische Gedanke bei dieser eigentümlichen Redeweise ist offenbar der der Erwählung – für die Juden in Abraham, für die Christen in Christus.

preisen, Lobrede) Vgl. 1.2.5, die Gattungsbestimmung.

---

[27] Freilich ist die stoische Aussage, wir Menschen seien „seines Geschlechts" (des Zeus), aus Aratos zitiert in Apg 17,28, nicht mehr weit unterschieden von der alttestamentlich-jüdischen. Die griechische These bezieht sich auf den Logos, die Fähigkeit des Denkens/ Sprechens, ganz wie es auch Philon im Alten Testament auffaßte und wie man es m.E. auch nur auffassen kann. Der Unterschied reduziert sich auf Worte und Akzente.

Standbild, Modell) Diese Analogie zur Verdeutlichung des Rangunterschiedes zwischen einem Schöpfer und seiner Schöpfung war im ästhetisch-philosophischen Denken der Antike so verbreitet, daß selbst Juden sie benützten, in deren Kultur und Religion für *Standbilder* gar keine Verwendung war[28]. Vgl. Siegert, Philon 112 f. zur selben Analogie in *De Deo;* ebd. 120–122 zur Vorstellung vom ganzen Kosmos als *Standbild* (ἀνδριάς „Menschengestalt", eigentlich „Mannesgestalt"). Die Einschränkung, solche Einsichten nicht in künstlerisches Schaffen umsetzen zu können, jedenfalls nicht auf dem Gebiet der Plastik, muß für das Judentum spürbar gewesen sein; vgl. zu *De J.* 125 f.

Formschöpfung) Sachlicher Bezug ist Simson als Gottes besonderes *Kunstwerk;* vgl. das Lob seiner Begabungen und seiner Schönheit in c. 19 und 21.

Hinter dem armenischen *kerparanin gorc* dürfte ein griechisches Compositum stehen. Die Wörterbücher stellen zunächst εἰδοποίημα, εἰδοποίησις und v. a. εἰδοποιία zur Verfügung; man erwartet aber eher ein zu μορφοποιεῖν (Galenos; Justin, *Apol.* I 9,2) zugehöriges Substantiv[29]. Die Lexika bieten aus sehr späten christlichen Quellen μορφοποιία. Wieder einmal ergibt sich die Vermutung, daß wir es nicht erst mit einer byzantinischen, sondern mit einer hellenistisch-jüdischen (oder überhaupt hellenistischen) Wortschöpfung zu tun haben[30].

c. 11 *die sanfte, geschickte Verhaltensweise)* Über das armenische *hez* = πραῦς, ἐπιεικής s. o. zu c. 9. Was wir hier mit *Verhaltensweise* unvollkommen übersetzen, ist *matakararowt'iwn* = χορηγία, οἰκονομία, διοίκησις, διακονία (ASA), wovon das letzte mir am passendsten erscheint. Hierzu vgl. zu *De J.* 62.

in gemäßigtem Äußerem) wie bei Cyprianus Gallus, *Heptateuchos, Judicum,* V. 516: *ore sereno* spricht der Engel zu Manoah. – Es folgen Überlegungen über die Angemessenheit der Mitteilungsweise in bezug auf den Empfänger und in bezug auf den Inhalt, worin wir zu c. 9 schon die Rhetorenschulung erkannten.

---

[28] Delling, HUCA 1974, 173 Anmm. 287; die jüdische Kunst in den Synagogen ging bis zu Reliefs, aber kaum zu freistehenden Skulpturen. – Prigent, Image 17 erwähnt eine solche für Nehardea (Babylonien), äußert sich aber nicht zu deren Ausnahmecharakter.

[29] σχηματοποιία und σχηματουργία, im Thesaurus nachgewiesen, passen weniger: damit ist eher die Wiedergabe einer Tanzfigur, einer Bewegung oder eines Zueinander-Stehens im Raum gemeint. In rhetorischer Terminologie war es die Bildung einer Redefigur, so wie εἰδοποιία bei ps.-Longinos, *De sublimi* 18,1 die Detailarbeit an einer spezifischen Form meint.

[30] Ähnliches würde gelten bei der Entscheidung für eines der Composita mit εἰδο-; denn in philosophischen Kontexten, die unserem vergleichbar wären, weisen die Wörterbücher sie erst bei Iamblichos, Proklos und Syrianos aus, also bei späten Neuplatonikern.

damit die Furcht nicht die Erinnerung an das Gebot überdeckte) Vgl. 1.6.3: „psychologische" Exegese.

die Schrift als Beweis) Beispiele minutiösen Lesens der Heiligen Schrift finden sich auch in c. 14.24.38.41; *De J.* 192–196. Zu ἡ Γραφή (was nach griechischem Sprachgebrauch eher ‚die Zeichnung' bedeutete) und αἱ Γραφαί vgl. Siegert, Philon 47 und oben 2.2 zu *De Deo* Z. 17.

c. 12 *der Milde)* s. zu c. 9.

Wie ein Diener des Königs) Die Analogie ‚Gott/König (Großkönig)' ist zu Philon, *De Deo* Z. 48f. und zu *De J.* 112–117 kommentiert. – Im gegenwärtigen Kontext wird vor allem die Herablassung des Gottesboten betont – das, was die christliche Theologie mit einem der Rhetorik entlehnten Ausdruck συγκατάβασις nannte und an Christus illustrierte. S. Lampe, Lexicon *s. v.*

c. 13 *Der Helfer)* wörtlich: *Aufseher;* s. o. zu c. 4.

Geschenk / Gegengeschenk) Mit diesen Interpretamenten macht der Prediger die rituellen Auflagen des Himmelsboten menschlich einsichtig. Inhaltlich werden sie auf zwei reduziert: *Die Mutter muß den Rausch meiden und das Kind das Schermesser,* wozu jeweils noch weitere Begründungen gegeben werden.

Zu dieser Art von Rationalisierung paßt gut, daß mit keinem Wort das Gesetz vom Nasiräatsgelübde erwähnt wird, auch nicht zur Auslegung von Ri 13,5 ἡγιασμένον ναζιραῖον ἔσται τῷ Θεῷ (Cod. B: ναζὶρ Θεοῦ ἔσται), das auf Num 6,2 verweist. In rabbinischen Texten gilt Simson ohne Frage als Nasiräer, wobei freilich seine lockere Handhabung der Regeln (wir kümmern uns hier nicht um die historisch-alttestamentlichen Probleme) zur Spezifizierung eines eigenen Simson-Nasiräats geführt hat. Details bei Bill. II 79–88 (zu Luk 1,15, Johannes dem Täufer). Die hebräische Auslegung von Ri 13,3–5 hat sich bemüht, mit allen Tricks damaliger Philologie eine Wort-für-Wort-Entsprechung zum Nasiräatsgesetz herzustellen: Ginzberg, Legends III 204f.; Bill. IV/ 1, 448 Anm. 24.

Exkurs zu c. 13: Nasiräer und Nazarener

Was unseren Autor gehindert haben kann, von Simsons Nasiräat ausdrücklicher zu sprechen, ist außer der Tendenz zur Rationalisierung des Rituellen und außer der Scheu jedes gut griechischen Sprechers vor barbarischen Fremdworten möglicherweise eine gewisse christliche Inbesitznahme dieses Wortes zum Zwecke einer Simson-Christus-Typologie.

Schon in der Verkündigung des Engels an Maria, Mt 2,23, scheint das Ναζωραῖος anzuklingen an das ναζιραῖος in der analogen Situation Ri 13,5, die der Erzählung wohl als Vorbild diente. Der ältere Beiname Jesu, Ναζαρηνός (Mk 1,24 usw.), der sich lediglich auf die Stadt Nazareth bezogen hatte, wird damit ersetzt; soviel ist trotz aller textlichen Schwankungen heute noch zu erkennen[31].

Der Rhetor Tertullus nennt in Apg 24,5 die Christen abschätzig ἡ τῶν Ναζωραίων αἵρεσις[32]. Die hebräische Bezeichnung wurde *Nåṣrim*. Der Spottname bestätigt ungewollt das Faktum einer sprachlichen Besitznahme. Die *Demonstratio evangelica* des Eusebius läßt Jesus sowohl aus Nazareth sein, als auch Nasir, als auch den *neṣer* („Sproß") von Jes 11,1 (so VII 2, zitiert nach Lampe, Lexicon *s.v.* Ναζιραῖος). Begründung: Weil er keine Salbung von Menschenhand brauchte, wurde er in einem Ort geboren, dessen Name seine Bestimmung zum Ausdruck bringt[33]. Hieronymus erklärt zu Jes 11,1 (MPL 24,144 B/C): dies ist die Stelle, die das rätselhafte Prophetenzitat „er soll *Nazaraeus* heißen" (Mt 2,23) meint! Das Textwort ist *neṣer*. Hieronymus gibt zusätzlich an, die *eruditi Hebraeorum*, also Rabbinen, hätten ihm diesen Schlüssel vermittelt. Das spricht, wenn es wahr ist, nicht für ein Konkurrenzempfinden; aber vielleicht war die Vermittlung eher indirekt. Im weiteren diskutiert Hieronymus dann den hörbaren, aber etymologisch nicht unüberwindlichen Unterschied zwischen ṣ und z.

Die Typologie hat sich lange gehalten. Ein Beispiel sind Luthers Randglossen in seiner Dt. Bibel zu Lev 21,12 und Num 6,2: Christus, auch Paulus, der „Abgesonderte" (Röm 1,1), seien „rechte" Nasiräer. Bezugswort in Lev 21,12 ist *nezer* (wurzelverwandt mit *nāzir*) ,Weihe, Absonderung', metonymisch auch ,Weihezeichen, Diadem'. Diese Beobachtung ergänzt vollends das Argument des Eusebius. Nicht weniger als vier Bibelstellen haben aufgrund teils ungewollter, teils gewollter Assonanzen denselben Sachbezug erhalten.

In jüdischer Haggada finden wir Überlegungen Jakobs anläßlich seines Segens über Dan (Gen 49,17f.), der ja Simson, dem großen Daniten, mit gelten mußte. Dort vermutet Jakob zunächst, Simson werde der Messias sein. Als er jedoch von Simsons künftigem Ende erfährt, verschiebt er seine Erwartungen

---

[31] Im ThW IV 879−884, bes. 883,35ff. gibt Heinrich Schaeder über alles Philologische erschöpfende Auskunft. Eine Erkärung wert wäre noch der von Celsus gebrauchte Ausdruck ὁ Ναζωραῖος ἄνθρωπος, Origenes, *C. Cels.* VII 18. Aus der *Palea Historica* sei angeführt, daß sie in ihrer Nacherzählung von Ri 13,5 statt ναζιραῖον ein – gleichfalls neutrisches – ναζωραῖον schreibt (S. 265 Vassiliev).

[32] Nach Hegesipp (bei Eusebius, *H. e.* II 23,4−65) galt der Herrenbruder Jakobus, „der Gerechte", als persönlicher Nasiräer; s. Zuckschwerdt, ZNW 1976. − Von judenchristlichen, vielleicht sektiererischen Gruppen, die „Nazoräer" genannt wurden, auch von gewissen Mönchsbewegungen dieses Namens ist hier nicht weiter zu reden.

[33] Zu dieser Art, mit (für uns) zufälligen Details zu argumentieren, s. Gal 3,16, diskutiert bei Siegert, Argumentation 161. Weiteres zu den Typologien, die christliche Auslegung auf Jes 11,1 häufte, s. Rüger in: ZNW 1981, S. 262.

bis auf (den wiederkommenden) Elia. So Ginzberg, Legends II 144; IV 48. Weitere Berührungen zwischen Judentum und Christentum in diesem Punkt vermutet Ginzberg V 368 Anm. 392 in der merkwürdigen Tradition, der Antichrist werde aus dem Stamme Dan kommen (Irenaeus V 30,2). Dem Davidssohn, der ja aus dem Stamm Juda war, wird aufgrund gewisser Prophetien ein Antichristus aus dem Stamm Dan gegenübergestellt, und die Frage erhebt sich: sollte das Simson gewesen sein? Hippolyts Antwort ist: Nur teilweise (μεϱικῶς) ist Simson gemeint; die Haupterfüllung der düsteren Ankündigungen steht noch aus (De Antichristo 13). –

Nach alledem läßt sich erwägen, ob es vielleicht Absicht ist, daß unser Prediger alle Berührungen mit christlicher oder christlich gewordener Typologie vermeidet. Er übergeht Ri 13,5, jenes alttestamentliche Vorbild der Verkündigung an Maria, das ja auch an Jes 7,14 und andere „Weihnachtstexte" erinnern könnte. Vgl. 1.7.6.

Unabhängig davon läßt sich auch denken, daß der Prediger an Simsons Nasiräat überhaupt Zweifel hatte. Theodorets Quaestiones in Judicum (MPG 80, 509c) nennen das Problem, wie Simson aus der Leiche eines Löwen gegessen oder aus der eines Esels (doppelt unrein!) getrunken haben könne (Ri 14,8f.; 15,19). – Die Mischna, Nazir I 2, behilft sich mit der Einrichtung eines eigenen Simson-Nasiräats, worin das Kürzen der Haare absolut verboten, Verunreinigung an Leichen aber erlaubt ist.

Unser Prediger umgeht den Konflikt, wie ihm überhaupt legalistische (halachische) Überlegungen fremd zu sein scheinen.

Das Gebot des Seligen) wird inhaltlich verkürzt – Essen von Unreinem entfällt – und überdies mit rationalen Gründen unterlegt; beides wäre nicht die Art der Halacha.

Die Gotteskennzeichnung der Selige ist hellenistischer Sprachgebrauch. Die griechischen Götter sind οἱ μάϰαϱες (Spicq, Supplém. 436). Die jüdische Sibylle spricht es nach (III 1): Μάϰαϱ οὐϱάνιε usw. Für ὁ μαϰάϱιος gibt es Belege innerhalb des Judentums[1]. Leisegangs Philon-Index weist einige Beispiele aus, einmal auch neutrisches τὸ μαϰάϱιον. Für griechisches Sprachgefühl kann hier leicht eine gewisse Weltentrücktheit gemeint sein, so wie Epikur die Götter τὸ μαϰάϱιον ϰαὶ ἄφϑαϱτον sein läßt (Κύϱιαι δόξαι 1). In unserem Text läßt sich immerhin annehmen (die armenische Sprache vermag es nicht wiederzugeben), daß ursprünglich das Masculinum stand, das das Moment des Per-

---

[1] Nicht in der Septuaginta, aber bei Josephus: C. Ap. II 190. Wenn 1.Tim 6,15 (vgl. schon 1,11) die Gotteskennzeichnung ὁ μαϰάϱιος ϰαὶ μόνος δυνάστης gebraucht, so meint dies „nach griechisch-hellenistischem Sprachgebrauch die selige Erhabenheit Gottes über irdisches Leid und irdische Vergänglichkeit" (ThW IV 373,4f.). Vgl. noch Martin Dibelius im HNT zu 1.Tim 1,11.

sönlichen mit enthält – so wie ὁ῎Ὢν (Ex 3,14 LXX) gegenüber platonischem τὸ ὄν.

In christlichem Sprachgebrauch ist μάκαρ, μακάριος verschiedentlich nachgewiesen (Lampe, Lexicon sowie Schweizer, Thesaurus *s. vv.*). Theodoret, MPG 82, 828 C gewinnt aus 1.Tim 6,15 die Gotteskennzeichnung ὁ φύσει μακάριος.

seine Haare tragen als Erkennungszeichen) Dies ist eine auffällige Rationalisierung von Zusammenhängen, die vordem eher magisch gedacht worden waren (oben zu c. 1). Josephus meint, die σωφροσύνη bei der Ernährung und das Herabhängenlassen der Haare habe Simson als Propheten ausgewiesen (*Ant.* V 285). Unserem Ausleger geht es, noch einfacher, um Simsons Sichtbarkeit als Anführer im Kriegsgetümmel. Er soll ein *Sammelpunkt* sein, bei dessen Verlust *Vielen die Kräfte schwinden* werden. – Noch von Andreas Hofer, dem Tiroler Freiheitskämpfer, wird berichtet, er sei groß und schwarzhaarig gewesen, mit langem Bart und einem wagenradgroßen Hut, an dem man ihn als „Oberkommandant" – so die Aufschrift auf dem heute noch erhaltenen Stück – erkannte[2].

Am Rande sei bemerkt, daß Religionsgeschichtler in Simsons Haaren ein Stück Solarsymbolik erblicken[3]. Bereits die Rabbinen leiten seinen Namen von *šemeš* her (Ginzberg, Legends, VI 206) und ziehen von dort einen Bogen zu Ps 84,12 „Sonne und Schild ist JHWH Gott" (eine Aussage, die in Ps 83,12 LXX abgeändert ist)[4]. Vgl. die Schilderung Josephs mit Helios-Motiven in JosAs 5,4f.; 6,6[5]. In 14,9 erscheint ein Engel als „Mann ganz wie Joseph", außer daß „sein Gesicht wie ein Blitz" ist und „seine Augen wie der Schein der Sonne und die Haare seines Hauptes wie Feuerbrand einer brennenden Lampe" usw. In Apk 1,16 scheint Christi Gesicht „wie die Sonne". Es ist für die nachher noch zu besprechende Ähnlichkeit Simsons mit Herakles nicht ohne Bedeutung, daß diesem „Feuerschein aus den Augen strahlt" (Apollodoros, *Bibl.* II 4,9).

In altorientalischer Ikonographie sind lange Locken das Zeichen übernatürlicher Kraft, das Zeichen des Helden – offenbar weil man sich eine Verbindung

---

[2] ZEIT-Magazin 8. 6. 1984, S. 17.26.

[3] Gruppe, Religionsgeschichte I 185.248–251 (mit der von Nilsson nicht wiederholten Frage, ob Simson vielleicht der gazäische Sonnengott wäre); ferner II 1244 Anm. 1 über die goldenen Locken des Apollon als Sonnengottes, mit vielen Quellenbelegen. – Es fehlt nicht an jüdischen Helios-Darstellungen: Prigent, Image 160f. (Abbildungen: der Sonnenwagen inmitten des Tierkreises); 167. Das „Medusenhaupt" in der Synagoge von Chorazin (bei Prigent nicht erwähnt) ist – nach M. Hengels privater Auskunft – ein Helios-Halbrelief. Die Locken symbolisieren die Sonnenstrahlen; sie spielen hinüber in die Vorstellung vom „gelockten" Elia (Ginzberg, Legends VI 317 Anm. 5, nach 2.Kön 1,8). – Joseph wird in JosAs mit Helios-Motiven geschildert (s. u.); vgl. Delling, HUCA 1974, 156 Anm. 170.

[4] Dort heißt es stattdessen: ἔλεον καὶ ἀλήθειαν ἀγαπᾷ Κύριος ὁ θεός – offenbar eine antipolytheistische Korrektur. – Die rabbinische Etymologie kehrt wieder bei Hieronymus, *De nominibus Hebraicis,* MPL 23,811 a.

[5] Delling, HUCA 1974, 156 Anm. 170.

zum Sonnengott dachte[6]. – Diese Symbolik, wenn sie unserem Prediger überhaupt noch bewußt war, wird in c. 21 entmythisiert und ins Ästhetische verla-
gert: dort begegnet die Sonne beiläufig im Zuge einer Beschreibung von
Simsons Schönheit.

c. 14 *die Verschiedenheiten, die es zwischen den Gerechten gibt)* Verschiedenheiten in der Begabung durch Gott sind gemeint, keine Konkurrenz selbster-
worbener Verdienste. (In dieser stünde Simson schlecht da.) Zur Bezeichnung
Simsons als eines *Gerechten,* die nicht selbstverständlich ist, vgl. unten zu c. 46.

Die Abstufung *Manoahs* gegenüber *Abraham* hätte keine Parallele in Josephus, der Manoah, in wenig variierender Lobtopik, als ἐν ὀλίγοις ἄριστος
einführt (*Ant.* V 276). Die Rabbinen hingegen ziehen einen ähnlichen Vergleich mit Abraham anhand der auch hier gemachten Beobachtung, daß die
Reihenfolge von Empfang der Verheißung und Essen mit dem Engel unterschiedlich ist. Von Manoah gilt: *Erst nahm er, dann dankte er. ... Abraham aber
... gab früher als er empfing.* Der Vorrang Abrahams liegt in seiner großen
Gastfreundschaft, die schon vor jedem Anlaß zum Dank *seine Art war.* Die bei
Ginzberg, Legends VI 206 Anm. 111 zitierten Midraschim bringen den Vergleich ebenfalls, wenn auch auf einer etwas anderen Ebene: Manoahs Angebot
mitzuessen wird vom Engel deswegen abgelehnt, weil nicht der Anschein einer
Belohnung entstehen soll. Nur falsche Propheten nehmen Lohn für ihre Verkündigung.

gaben sich den Anschein zu essen) Hier gelangen wir zu der einstmals heiß
diskutierten Frage, ob Engel essen können, und wenn ja, was. Hierauf eine
Antwort zu wissen, hätte Schlüsse zugelassen auf die Beschaffenheit dieser
seltenen Gäste; ja, für christliche Ausleger ergaben sich noch weiter reichende
christologische und eschatologische Konsequenzen (nächster Exkurs).
In Gen 18,8 heißt es von Abraham und den drei Fremden, die ihm erschienen
(man deutete sie als Engel): „Er legte ihnen vor, und sie aßen." Philon erklärt
dies als Schein: „Erstaunlich ..., daß die, die nicht aßen, den Anschein/die
Vision (φαντασίαν) erweckten, sie äßen" (*Abr.* 118). Ganz so unser Text, der
damit die Unschicklichkeit vermeidet, so etwas Feinstoffliches wie Engel würde unsere grobe Nahrung zu sich nehmen[7]. C. 18 läßt den Engel mit der Spitze
seines Stabes das dargebrachte Opfer in Brand setzen. Vgl. bei Philon, *De Deo*
Z. 72.76ff. die Seraphim als „Brandlegung"[8].

---

[6] Wenning/Zenger in: Bibl. Notizen 1982, 43.53.

[7] Anders manche Rabbinen, die, metaphysischen Fragen abhold, einfach meinten: „Gott
öffnete ihnen den Mund, und sie aßen" (Siegert, Philon 76/77).

[8] In symbolischer Beziehung zur Gottheit, der stets das Element des Feuers zugeordnet war
(vgl. zu c. 13), war Feuermachen oder -entstehenlassen eine der ältesten Priesterkünste, wie
noch in manchen alttestamentlichen Opferszenen (Gen 15,14; 1.Kön 18,34–38) durchscheint.

Eine andere Lösung für das Problem des Essens der Engel bietet JosAs 16,15: dort ißt der Engel Honig, und zwar solchen, den er durch sein Wort gerade zuvor erst erschaffen hat. In 17,3 geht die Wabe durch Berührung des Engels in Feuer auf. – Weish 16,20 bezeichnet das Manna der Exodus-Geschichte als „Engelnahrung", ἀγγέλων τροφή. In Joh 6,31ff. begegnet dann, in provokanter Weiterentwicklung des Gedankens, der Gottgesandte selbst als „Speise", βρῶσις.

Die rabbinische Diskussion des Themas wird von Ginzberg, Legends V 236 Anm. 143 referiert, mit vielen Details bis hin zu Nachklängen im Koran (11,73, bzw. 11,70). Die meisten von ihnen stimmen der hellenistisch-jüdischen Auffassung bei, wonach das Essen der Engel eine φαντασία war (s. o.) oder ὑπόληψις (Philon, *Abr.* 116), ein δοκεῖν (ebd. 167) o. ä.[9].

Eine Minderheit jedoch dachte anders[10] und befand sich damit in der Nähe der christlichen Theologie, die zu jener Zeit eine analoge Frage über das Essen Christi, besonders des Auferstandenen, verfolgte. Ihr gilt der folgende

EXKURS zu c. 14: Können Engel essen?

Der Stoiker Chrysippos hat sich über das Ambrosia-Essen der Götter Gedanken gemacht und es für nötig befunden, Zeus davon auszunehmen (SVF II 1068). Er glaubt, daß die Götter tatsächlich essen, um sich am Leben zu erhalten; nur der ewige Zeus, das Weltfeuer, „verzehrt" die gesamte Materie, indem es sie in sich selbst überführt – bei der Ekpyrose. Philon in *De Deo* nähert sich dieser Vorstellung so weit wie möglich, mit Ausnahme der These von einem periodischen Neuentstehen des Kosmos (Siegert, Philon 114).

Nun ergab sich für christliche Bibelausleger ein neuer Aspekt dieser Frage durch die Auferstehungsberichte. Während in Joh 21,12f. Jesus die Jünger zwar zum Essen einlädt, aber offenbar nicht mitißt[11], konstatiert Lk 24,43 ausdrücklich: καὶ λαβὼν ἐνώπιον αὐτῶν ἔφαγεν. Dies zur Dämpfung verblei-

---

[9] Philon, *QG* IV 9; ferner TestAbr A 4,9, Charlesworth I 884 mit Anm. e. Literatur: R. Grant, Miracle 228 Anm. 5; Hruby, RScRel 1973, 362f.; 367–369; Thunberg, Three angels 562f. (zu Kirchenvätern, u. z. der Antiochenischen Schule).

[10] Nach Midrasch Bemidbar Rabba 10,5 § 38 (Ende) hätten die Engel von Gen 18,8 durchaus gegessen, nicht jedoch der Engel aus der Manoah-Geschichte: dieser hatte seine Botschaft schon gesagt und wollte nicht den Anschein erwecken, er nehme Belohnung. Noch Prokopios v. Gaza will in seinem Genesis-Kommentar das Essen der drei Engel vor Abraham keinen bloßen Schein sein lassen, sondern τὴν θείᾳ δυνάμει τῶν παρατεθέντων ἀνάλωσιν (MPG 87/1, 364 C). Eben hier setzen die philosophisch denkenden Ausleger ein und fragen: was heißt hier ‚verzehren'? Philons Antwort in *De Deo* Z. 90ff. lautet: grobe Materie in feine, in Feuer überführen.

[11] Ähnlich schwebend die Emmaus-Perikope – Lk 24,30 – und die vom Ungläubigen Thomas: „Lege deinen Finger hierher", sagt Jesus (Joh 20,27), aber es wird nicht gesagt, daß er es täte; vielmehr antwortet er sofort: „Mein Herr und mein Gott" (28).

bender Zweifel bei den Jüngern. Religionsgeschichtlich ist hier die Abwehr einer gängigen Vorstellung zu erkennen, es handle sich um Begegnungen mit einem Totengeist. Jesus als βιοθάνατος (‚gewaltsam Getöteter') gab antikem Denken zu solchem Mißverständnis Anlaß[12].

Auslegungsgeschichtlich haben wir hier eine Parallele zur Nachgeschichte von Gen 18,8 (vgl. 19,3) vor uns, wo von den ungewöhnlichen Besuchern Abrahams gesagt wird: „und sie aßen". Um diese Stelle ging in den ersten Jahrhunderten ein christlich-jüdischer Streit (bei Siegert, Philon 76/77 referiert); er betraf die genauere Identität der Gäste. Im TestAbr A 4,7 (Denis, Concordance S. 825 b), das die Drei als Erzengel auffaßt, erhält Michael den ausdrücklichen Auftrag: συνέσθιε καὶ σὺ μετ' αὐτοῦ. Auf die Frage: wie soll ich das anfangen? verheißt ihm Gott, einen Allesfresser-Geist (πνεῦμα πάμφαγον) zu schicken; dieser werde „durch deinen Mund" alles verzehren (V. 9f.). Pneuma ist bekanntlich Feuer.

Der Erzengel Raphael im Tobitbuch steht dahinter nicht zurück; er ißt mit Tobit Fisch: so 6,5 im Codex Vaticanus und Alexandrinus. Der Sinaiticus läßt nur Tobit essen (vgl. 12,19 in beiden Fassungen). Der Vorsicht des letzteren entspricht Joh 21,13: Jesus gibt den Jüngern Fisch zu essen. Die Zurückhaltung des Vierten Evangelisten stimmt überein mit der Art, wie er den Auferstehungsleib Jesu letztlich als unberührbar darstellt (20,17; auch V. 27f.).

Der Smyrnäerbrief des Ignatius hingegen expandiert Lk 24,43: Μετὰ δὲ τὴν ἀνάστασιν συνέφαγεν αὐτοῖς καὶ συνήσθιεν ὡς σαρκικός (3,3). Johannes Chrysostomos als sorgfältiger Exeget bemerkt den Unterschied zwischen der johanneischen und lukanischen Weise, Jesu Auferstehung mehr als eine Vision sein zu lassen: „Und er (Jesus) läßt von den Fischen auftragen, um zu zeigen, daß das Gesehene keine Selbsttäuschung war (δεικνὺς ὅτι τὸ ὁρώμενον οὐκ ἦν φάντασμα). Es heißt hier jedoch nicht: ‚er aß mit ihnen'. Lukas hingegen sagt an einer anderen Stelle, er habe mit ihnen Speise (‚Salz') genommen (συναλιζόμενος αὐτοῖς ἦν; vgl. Apg 1,4). Wie, das steht uns nicht zu, zu sagen. Auf eine höchst ungewöhnliche/wunderbare Weise (τρόπῳ τινὶ παραδοξοτέρῳ) geschah dies, nicht als ob die Natur (Jesu) Speise nötig hätte. Sondern es geschah eine Herablassung (συγκατάβασις) zum Erweis der Auferstehung" (*Hom.* 59 *in Joh.*, MPG 59, 476 [A]). Ammonios v. Alexandrien hat es wiederholt.[13] – Theophylakts Auslegung von Lk 24,43 läßt das Essen kein Naturgeschehen, sondern einen besonderen Eingriff Gottes, ein Wunder sein (MPG 123, 1121 A–C). Und da Paulus gesagt hatte, himmlische Körper seien etwas anderes als irdische (1.Kor 15,40), sieht er sich genötigt, eine Kompromißtheorie zu entwerfen, inwiefern auch der Auferstehungsleib wieder Fleisch und Knochen habe.

---

[12] H. D. Betz, Hellenismus 241 ff.
[13] Reuß, Johannes-Kommentare S. 355/56.

Augustin in *De civitate Dei* XIII 22 bringt die Engel, den auferstandenen Christus und die zu erwartende Leiblichkeit der Auferstandenen in einen dogmatischen Zusammenhang. Die Engel, meint er, hätten nicht nur zum Schein gegessen, wenngleich Tob 12,19 dies behaupte (dort ist es eine bloße ὅϱασις; in Augustins Latein: *visus*). Und wenn man auch bezüglich der Engel verschiedener Meinung sein könne, so sei doch festzuhalten, daß Christus auch in seinem Geist-Leib gegessen habe. Dieser habe zwar kein Bedürfnis, aber durchaus noch die Fähigkeit zu essen. Der Geist-Leib sei auch ein Leib, ein ganz und gar von Pneuma belebter. –

Die Frage, was ein solcher Leib mit den zu sich genommenen Speisen anfange, könnte man überhaupt nur philonisch beantworten: durch Verwandeln in Feineres. Oder sollte an Ausscheidungen gedacht werden? Wir mögen schmunzeln, aber auch diese Frage ist gestellt worden. Valentin, der Gnostiker, scheint sie als Aporie empfunden zu haben; denn er behauptet sogar vom irdischen Jesus: „Er aß und trank auf eigene Art, ohne die Speisen von sich zu geben" (Frg. bei Clem. Alex., *Strom.* III 59,3). Theophylakt a.a.O. setzt ein Essen, das hintennach den ἀφεδϱών nötig hat, einem οἰκονομικῶς-Essen entgegen, also wieder einem Wunder der Offenbarungsgeschichte. Dies mag der Grund sein, warum Honig als Engelspeise gilt (JosAs 16; vgl. Lk 24,42 Mehrheitstext): Honig wird ganz im Körper aufgelöst und aufgenommen.

Mit einer ähnlichen[14] Frage hatten noch die Reformatoren sich zu befassen. Hirsch, Hilfsbuch Nr. 394 zitiert ein von Melanchthon verfaßtes Gutachten im Ansbacher Streit um leibliches Essen und Verdauen, das die „widersinnige Rede" abwehrt, der Leib Christi komme nach der Kommunion „in den Bauch". Man mußte sich ernstlich überlegen, für welchen Zeitraum der Leib Christi mit dem Brot zusammengehe (die „Synekdoche" der lutherischen Abendmahlslehre). Der mittelalterliche Sakramentsglaube hatte Peinlichkeiten erzeugt, deren Behebung die Mühe wert schien.

———

c. 15 *weil er zugleich den Engel ehren wollte)* Der Prediger verteidigt mit narrativen Mitteln den jüdischen Monotheismus (vgl. *De J.* 114–117) gegen die auch innerhalb des Judentums starke Tendenz, Engel zu verehren[1]. Im Neuen Testament wendet sich Kol 2,18 gegen ϑϱησκεία τῶν ἀγγέλων; in Apk 19,10; 22,8f. verbietet sie der Engel selbst: „Ja nicht! Ich bin (nur) dein Mitsklave

———

[14] genauer: sie verhält sich zur bisherigen komplementär.

[1] Sie ist dokumentiert z. B. in Chadwicks engl. Ausg. von Origenes, *C. Cels.*, S. 26 Anm. 2 (zu I 26). Zahllose antike Amulette mit jüdisch klingenden Engelnamen weisen in die gleiche Richtung; gesammelt bei Goodenough, Symbols Bd. II S. 208–295.

[2] Selbst Jesu göttliche Verehrung war im Neuen Testament zunächst nichts Selbstverständliches: Mk 10,18 parr.; Mt 14,33 (wo πϱοσκυνεῖν gegenüber Mk hinzugefügt ist); Joh 20,28 (Durchbruch beim Ungläubigen Thomas).

(σύνδουλος)"[2]. Rabbinische Ablehnungen von Engelverehrung zitiert Bill. I 452 unten; III 377 unten. Für unseren Richter-Text ist einschlägig Midrasch Bemidbar Rabba 10,5 § 38 zu Num 6,2.

damit wir wenigstens diesem (dem Namen des Engels) *ein ehrenvolles Angedenken weihen)* Mit Engelnamen wurde in der Antike ein weit verbreiteter Zauber getrieben; vgl. Anm. 1. Die theoretische Voraussetzung, daß Namen eine „Kraft" hätten, ist so sehr antike Gemeinauffassung, daß wir sie sogar in der abgeklärten Theologie eines Origenes wiederfinden: *C. Cels.* V 45; vgl. I 24f.[3] Neutestamentliches über den Namen als Macht s. ThW V 271 und Kontext. Zu der besonders interessanten Stelle Joh 17,11 vgl. Bultmann, Johannes 384f. mit Verweisen S. 385 Anm. 1. – Als gnostischen Beleg – einen für viele – s. das „Apokryphon des Johannes", N. H. II 15,11f. par. (engl. Übers. S. 107), wo die Archonten sprechen: „Laßt uns ihn Adam nennen, damit sein Name uns eine Licht-Kraft werde".

O göttliche Gespräche im Himmel, wo der Prophet die Heerscharen der Engel die göttliche Weisheit lehrt!) Mit der Erklärung dieser Stelle kann noch ein Preis verdient werden; vgl. die Fragen in Bd. I Anm. 578f. Der Ausbruch in mystische Sprache kommt überraschend; ist er durch entsprechende Herakles-Würdigungen der Epoche bedingt? (Vgl. unten den Exkurs zu *De S.* 20.) Vielleicht möchte der Prediger hier eine starke Erwartung seiner Gemeinde abfangen, ohne ihr inhaltlich nachzugeben. Wenn *der Prophet* der (namentlich nicht bekannte) Verfasser des Richter-Buches sein soll, so läßt sich dies aus der Einteilung des jüdischen Bibelkanons stützen, der die Geschichtsbücher ab Josua die ‚Vorderen Propheten' nannte. Zum griechisch-jüdischen Sprachgebrauch s. den Prolog zu Sirach, V. 1: „das Gesetz – die Propheten – andere"[4]. So wäre denn der *Prophet*, an den unser Prediger denkt, am ehesten Samuel. Ihm, der die Reihe der Richter beschließt und die der nachmosaischen „Propheten" (im Sinne von ‚Schriftpropheten') eröffnet (Bill. II 627 zu Apg 3,24), traute man die Abfassung des Richterbuches zu.

c. 16 *Nicht sagt er: der Name ist Michael, auch nicht den anderen Namen, Gabriel)* Von den traditionellen drei Erzengelnamen gebraucht der Prediger nur die beiden, die im hebräischen Kanon enthalten sind: *Michael* in Dan 10,13.21; 12,1 (NT: Jud 9; Apk 12,7); *Gabriel* in Dan 8,16; 9,21 (NT: Lk 1,19.26). Den nur dem Buche Tobit eigenen Namen ‚Raphael' (Tob 3,16 bzw.

---

[3] Basilius und Gregor v. Nazianz wiederholen beide Passagen in der von ihnen herausgegebenen *Philocalia Origenis* 17,1–4. – Gegenpol ist eine gewisse Gleichgültigkeit gegenüber Götternamen in der antiken Theokrasie. Dort mußte man die Bindung an traditionelle Namen lockern, um der Idee des einen, kosmischen Gottes näher zu kommen.

[4] Datierung des Prologs: um 130 v. Chr. – 2. Makk 2,13 gab noch eine andere, sehr lose Einteilung. Mehr bei Bill. IV/1, 417 und Kontext. Im NT vgl. Lk 24,27.44.

17 u. ö.) übergeht er, wie auch das Neue Testament[5]. Das bestätigt die eben gemachte Beobachtung zum Kanon (voriger Absatz).

Die Abneigung gegen Engelspekulation ist so stark, daß auch diese „kanonischen" Namen negiert werden – ganz davon zu schweigen, wie der *Liber Antiquitatum Biblicarum* für unsere Stelle einen Engelnamen erfindet (42,1: „Phadiel"). Für unseren Prediger sind Aussagen wie Gen 32,30 (Auskunftsverweigerung des Engels an Jakob) und Ex 3,14 LXX (wo der Gottesname verschwindet)[6] maßgeblich. Auch das Spielchen in Tob 5,13 ff., wo der Erzengel, dessen Namen der Leser bereits kennt, der handelnden Person gegenüber sich ein Pseudonym gibt, würde er nicht mitmachen, auch nicht die Selbstvorstellung Tob 12,15: „Ich bin Raphael, einer der sieben Engel", die neugierig macht auf mehr[7].

Das Neue Testament ist nicht so vorsichtig, vor allem nicht die volkstümliche Denkweise der Weihnachtslegende: „Ich bin Gabriel..." (Lk 1,19).

auch wieder nicht ,der Starke hat gesprochen') Hier gibt uns der Prediger, wie es zunächst scheint, doch noch ein angelologisches Rätsel auf; denn dieser Name ist weder als Erzengel- noch als gewöhnlicher Engelname belegt[8]. Nach meiner Meinung ist jedoch das Rätsel eher eine Falle für diejenigen, die jetzt gerne spekulieren möchten. Der Prediger nimmt den vermeintlichen Namen nicht aus einer Tradition, sondern erfindet *ad hoc* – vielleicht mit Ps 103(102),20 im Sinn – eine Formulierung, die besagen soll: Diesem Engel kommt selbst die theophore Silbe *-ēl* oder eine so vage Umschreibung wie *der Starke hat gesprochen* (womit nichts anderes gemeint ist als Auftrag und Tätigkeit des Engels) in dem Moment nicht mehr zu, wo Menschen sich anschicken, einen Gegenstand der Verehrung daraus zu machen.

Bleibt nur noch, der Gotteskennzeichnung *der Starke* nachzuspüren. Wir finden sie in 2.Sam (2.Kön) 22,33 belegt: ὁ ἰσχυρός. Die Vulgata hat *fortis* für hebr. ṣur in diesem Kontext noch öfter: 22,3.32.47, v. a. in 23,3: *mihi locutus est fortis Israel.* Vgl. 2.Makk 1,24 in einer Gebetsanrede: ὁ φοβερὸς καὶ

---

[5] Von menschlichen Personen namens Michael und Raphael (letzteres 1.Chron 26,7) ist hier nicht zu reden.

[6] In Ri 6,18 LXX begegnet der Ersatzausdruck ἐγώ εἰμι wieder, u. z. als Übersetzung eines bloßen *ānoki* im Munde eines Engels. Sonst bleibt es beim Ersatz des JHWH-Namens durch Κύριος.

[7] Zu den „7 Engeln" und ihren Beziehungen auf die Planetensphären vgl. Bill. III 305 f. (zu Apk 8,2).

[8] Zumindest nicht in Peterson, Engel- und Dämonennamen (enthält nur Namen auf *-ēl*), Davidson, Dictionary of angels (wo ich besonders die Erzengel-Listen S. 338 verglichen habe) und Schwab, Vocabulaire; dort erscheint höchstens ein *MLTJ'L parole de Dieu* und *M'NJ'L*, von Schwab *N'M'L parole de Dieu* gelesen, S. 286 und 293. Unzählige Engelnamen bietet Goodenough, Symbols II, bes. in dem koptischen Zaubertext S. 174–188. Auch hier war ich nicht fündig, was bei der magischen Ausrichtung dieser Texte nicht wundert: es geht dort nicht um Mitteilung einer Botschaft.

ἰσχυρός κτλ[9]. Bauer/Aland unter ἰσχυρός 1.a sowie das ThW III 400–405 geben weitere Belege zur Verwendung als Gottesattribut. Sie reicht über Apk 18,8 (vgl. schon 1.Kor 1,25) bis in die byzantinische Liturgie, die Gott als ἅγιος ἰσχυρός anredet (Lampe, Lexicon unter ἰσχυρός)[10]. Nach ASA wäre freilich auch δυνατός, δυνάστης, κραταιός für armen. *hzōr* zu erwägen.

Merkwürdigerweise sagt Josephus, *Ant.* V 285 vom Namen Simsons: ἰσχυρὸν δ' ἀποσημαίνει τὸ ὄνομα; warum, ist mir unerfindlich[11].

Der ist wunderbar — das heißt...) Verschiedentlich wurde vorgeschlagen, Ri 13,18 so zu verstehen: „der ist ‚Wunderbar'"; so daß also *PL'J* (so das *ktib*) der Engelname wäre[12]. Unser Prediger hingegen nimmt die Antwort des Engels als Auskunftsverweigerung zu Ehren des allein zu ehrenden Gottes.

durch Wechseln) Ähnlich erklären die bei Kasher, Encyclopedia III 7 z. St. zitierten rabbinischen Exegeten, Gott wandle ständig die Beschaffenheit seines Engels: mal Wind, mal Feuer (Ps 104,4), mal ein Mann; der Name sei *wunderbar* wegen dieser erstaunlichen Wechsel und wegen der erstaunlichen Dinge, die jeweils zu verrichten seien. Der Midrasch Bemidbar Rabba 10,5 § 39 läßt den Engel aus Ri 13 sagen: „Ich weiß dir meinen Namen nicht zu sagen; denn je nach den Sendungen (*lfi šlihot*), zu denen der Heilige, gepriesen sei er, uns sendet, gibt er uns einen Namen." Der Name oder die Eigenschaft *PL'J* wird sodann aus dem Verbum *PL'* (II) in Num 6,2 (Nasiräatsgesetz) hergeleitet.

solche Erkenntnis) nämlich daß wir den Engelnamen gerade nicht erkennen, auch nicht erkennen sollen. Der Prediger nimmt hier eine sokratische Haltung ein gegenüber der vielleicht schon konkurrierenden Gnosis[13].

den nicht irrenden Geist) muß sich auf den menschlichen Geist beziehen. Ganz ähnlich reflektiert Clemens von Alexandrien, *Strom.* V 12,81 auf die Na-

---

[9] Vgl. Dtn 10,17. Delling, Diasporasituation 72 nennt dies ein „offenbar ungewöhnliches Gottesprädikat". Die atl.-hebr. Formeln mit *abir,* die im rabbinischen Judentum durchaus eine gewisse Nachwirkung hatten, sind in der LXX entweder verändert (Jes. 49,26; 60,16; Ps 132 [131], 5; vgl. Ps 78 [77],25), oder sie sind uneinheitlich übersetzt: Gen 49,24 δυνάστης; Jes 1,24 ὁ δεσπότης.

[10] Die himmlische Liturgie des 3.Hen 48 B (Charlesworth I 310) hingegen hat unter den 70 Namen JHWHs, die sie aufzählt, nichts Vergleichbares. – Im Gnostizismus war die überkosmische Kraft eine δύναμις, ein τριδύναμος: Siegert, Nag-Hammadi-Lexikon 192f.

[11] Auch die Rabbinen finden in Simsons Namen ein theophores Element: *Šimšon — šemeš — Gott* (vgl. Ps 84,12 MT), Sota 10a (Hinweis in der Loeb-Ausgabe des Josephus, z. St.; Ginzberg, Legends VI 206 unten). Vgl. oben Exkurs zu c. 13 und unten zu c. 20.

[12] Grimm in: Biblica 1981. – Den gleichen Vorschlag machte schon der Midrasch Bemidbar Rabba 10,5 § 39 (= Ende); s. Weiteres.

[13] Über deren Archonten- und Engelspekulationen s. Jonas, Gnosis I 228/9; 231; 336; Siegert, Nag-Hammadi-Register 202.

menlosigkeit Gottes: All die Benennungen, die es gibt – ‚das Eine' oder ‚das Gute' oder ‚der Verstand' oder ‚das Seiende selbst' oder ... oder – sie bestehen nur aus Verlegenheit, ἵν᾽ ἔχῃ ἡ διάνοια, μὴ περὶ ἄλλα πλανωμένη, ἐπερείδεσθαι τούτοις.

In der rechten *Verherrlichung* Gottes ist auch das rechte Wissen um Gott impliziert. Die Selbstbezeichnung der östlichen Kirchen als ‚orthodox' wäre zu eng aufgefaßt, wollte man sie nur von δόξα = ‚(Lehr)meinung' herleiten – als definierte sie sich über die richtige Dogmatik oder, wie schon Josephus es ausgedrückt hat (*C. Ap.* II 256), über die ὀρθὴ δόξα (Auffassung) περὶ Θεοῦ. Die armenische Kirche nennt sich selbst *owłłapʻaṙ* ‚recht verherrlichend', leitet das Wort also von δόξα = ‚Herrlichkeit' her. Daß dies keine Willkür ist, lehrt die zweisprachige Novelle 146 Justinians, in deren Prooemium der Ausdruck ὀρθὴ δόξα lateinisch mit *recta gloria* wiedergegeben wird. Sowohl Lampes Lexicon als auch dem Thesaurus ist das entgangen. Unser Text gibt eine inhaltliche Bestätigung. Das verwendete Wort lautet im übrigen *pʻaṙabanowtʻiwn* = δοξολογία.

unveränderlich) Dies ist, bei allem Anklang, doch nicht die aristotelisch-philonische Vorstellung vom Göttlichen als einer den Kosmos einschießenden, unbeweglichen Kugel[14]. Es wäre nicht Sache unseres Autors, einen philosophischen Lehrsatz gegen biblische Texte durchzusetzen, wenn nötig mit dem Mittel der Allegorisierung. Wenn man *De Jona* vergleichen darf: dort ändert Gott sich in seinen Äußerungen durchaus (§ 186.188), bleibt sich jedoch in seiner Absicht treu. So auch Midrasch Bemidbar Rabba 10,5 § 37 in einem Exkurs zur Simson-Geschichte, anknüpfend an die Engelantwort „Ich" (= „Ja!") in Ri 13,11: „Ich bin (es) am Anfang und ich bin (es) am Ende, denn ich ändere meine Worte nicht."

Unser Satz behauptet Gottes Unveränderlichkeit nicht absolut, sondern *gegenüber den ihn Anbetenden;* sein Kontrast sind die *wechselnden Namen* der Engel, und sein Ziel ist die rechte, verläßliche, von wechselnden Elementen menschlicher Neugier gereinigte *Erkenntnis* Gottes. – Mehr unter 6.2.10.

c. 17 *auf seinem prachtvollen Wagen)* Zutat des Predigers, wie bei Josephus, *Ant.* V 284: dort steigt der Engel „durch den Rauch wie durch ein Vehikel" (ὄχημα) zum Himmel auf. Sicher hat Elias Wagen (2./4.Kön 2,11: ἅρμα) und überhaupt die verbreitete Vorstellung vom Sonnenwagen hier mit Pate gestanden; s. Philon, *De Deo* Z. 53f. den „Flügelwagen" der Cherubim und das bei Siegert, Philon 80f. hierzu beigebrachte Material. Aus der jüdischen „Gemeindeliteratur" der Zeit findet man die Belege bei Denis, Concordance *s. v.* ἅρμα: TestHiob 33,9; 52,6–10; ApkBar(gr) 6,2; Griechische Esra-Apokalypse 7,6 u. a.

---

[14] Siegert, Philon 43.52.81f. Thematisch Philons Traktat *Quod Deus sit immutabilis*.

im Opferfeuer) wie Ri 13,20. Von den drei Engeln aus Gen 18 hatte oben c. 14 gesagt, sie seien „voll Feuer" gewesen. Ps 104(103),4 steht im Hintergrund: Gott macht seine Diener und Boten zu „brennendem Feuer" (πῦρ φλέγον, in Hebr 1,7 zitiert als πυρὸς φλόξ). Die *Palaea Historica* vollzieht die naheliegende Fusion: γενόμενος δὲ ὁ ἄγγελος φλὸξ πυρὸς ἀφανὴς ἐγένετο (Vassiliev, Anecdota 266, zu Ri 13,20).

damit er ... überzeugte, ... Vertrauen ... einflößte) Man erkennt wieder die Gesichtspunkte der Rhetorenausbildung. Nicht durch gewaltigen Eindruck, durch δεινότης, sollte der Engel den leicht einzuschüchternden Manoah überzeugen, sondern die Glaubwürdigkeit lag ἐν τῷ ἤθει τοῦ λέγοντος (vgl. Lausberg, Handbuch I § 355, nach Aristoteles). *Es war angebracht* deutet auf den rhetorischen Gesichtspunkt des πρέπον (Lausberg, Handbuch I § 258 u. ö.) Vgl. c. 9.

c. 18 *mit der Spitze seines Stabes)* Diese Zutat zum Bibeltext, die aus Ri 6,21 übernommen ist, bieten auch Josephus, *Ant.* V 284, der *Liber Antiquitatum Biblicarum* 42,9 und die *Palaea Historica* S. 266 (Vassiliev). Über quasi-Selbstentzündungen von Opfern, eine alte Priesterkunst, war zu c. 14 schon die Rede.

Das Opfer eines zum Tode Verurteilten wird nicht angenommen) Vgl. ähnliche Überlegung in *De J.* 71 und 111–113. Die *Annahme des Opfers* besteht im Vorgang des Verbrennens, d. h. des Aufsteigens in leichterer Form. So schon Gen 4,4 f.

der Menschenfreund) Leitbegriff der anderen ps.-philonischen Predigt; s. o. zu *De J.* 8.

etwas ganz Neues) Das sonst nirgends nachgewiesene armenische Compositum[15] *norogsk'anč'* fordert ein griechisches Vorbild aus καινο- und θαῦμα, das sich aber nicht nachweisen läßt. Vielleicht war es ein Neologismus, der sich nicht durchsetzte.

der Mann ist der Furchtsame und die Frau die Mutige) Unser Prediger nimmt den Text hier viel genauer wahr als Josephus, der in stereotyper Lobtopik Manoah einen Aristokraten sein läßt (*Ant.* V 276; s. o. zu c. 14) und an dessen Frau die Schönheit rühmt (ebd.), nicht aber den Mut oder den Verstand. Anders im folgenden:

---

[15] Es in zwei Wörtern zu schreiben, würde die dann fehlende Endung -*k'* am 2. Wortbestandteile *sk'anč'* verbieten. – Composita dieser Art sind typisches Produkt der Hellenophilen Schule, also Nachahmung griechischer Wörter, wie Manandean 107 ff. dargestellt hat.

*Nicht umsonst hat jemand gesagt, die äußere Erscheinung könne die in ihr
wohnende Seele wechseln und eine weibliche Seele das Äußere eines Mannes
annehmen, eine Seele aber, die für einen Mann gepaßt hätte, das einer Frau.)*
Dieses einzige profane Zitat in den ps.-philonischen Predigten bereitet nachzu-
weisen große Mühe. Die im Wortlaut nächste Parallele habe ich bei einem
Kompilator des 1. Jh. v. Chr. gefunden, den (bzw. dessen Quellen) unser Autor
freilich kaum gelesen haben dürfte. Diodorus Siculus schreibt in seiner *Bibliotheca historica* XXXII 10,9 von einer Araberin Herais, die später Diophantos
hieß, und ihrem Ehemann: „Die als Frau Geborene nahm Mannesruhm und
-mut an, der Mann jedoch wurde schwächer als eine weibliche Seele"[16]. Der
Fall, in der frühen Diadochenzeit gelegen, war ein medizinisches Curiosum:
Was im Jugendalter wie ein Mädchen aussah, erwies sich, bald nach der
Verheiratung, durch Aufplatzen einer Verwachsung als Mann. Herais, ihren
Namen wechselnd, wurde Reitersoldat. Ihr Mann hingegen, der den Wechsel
psychisch nicht verkraftete, nahm sich das Leben. Dies veranlaßt Diodor zu der
zitierten Sentenz.

Doch dürfte unserem Autor sein Zitat eher aus einer anderen Richtung
zugekommen sein. In der Sophistik, deren Gedankengut ja von den Rhetorenschulen tradiert wurde, lief seit Antisthenes, einem Schüler des Gorgias und
des Sokrates, die These um: ἀνδρὸς καὶ γυναικὸς ἡ αὐτὴ ἀρετή (Diog. Laërt.
VI 12)[17]. Das ist ein typischer Diskussionsanstoß von seiten derjenigen Intelligenz, die als konventionell (θέσει) hinzustellen liebte, was bis dahin als natur-
gegeben (φύσει) gegolten hatte. Der Sophist Agathon, auch ein Gorgiasschü-
ler und seinerzeit elegantester Mann von Athen[18], hat in einem seiner geist-
reichen Aperçus eine gewisse Vertauschung der Geschlechterrollen festgehalten: Eine Frau könne, trotz schwächerem Körper, doch stark sein von Verstand:

> ... γυνή τοι σώματος δι᾽ ἀργίαν
> ψυχῆς φρόνησιν ἐντὸς οὐκ ἀργὰν φορεῖ[19].

Athenaeus, *Dipn.* XIII 46 (584 A) zitiert dies als Kommentar zu einer
Sammlung geistesgegenwärtiger Antworten, womit Frauen sich in Männerge-
sellschaft überlegen erwiesen. In der Kaiserzeit haben dann so verschiedene
Autoren wie der Stoiker Musonius und der Platoniker Plutarch (*Mulierum
virtutes, Mor.* 242 E – 263 C, bes. 245 C–F über die Argiverinnen) Glanzlei-

---

[16] τὴν μὲν γυναῖκα γεγενημένην ἀνδρὸς ἀναλαβεῖν δόξαν καὶ τόλμαν, τὸν δ᾽ ἄνδρα
γυναικείας ψυχῆς ἀσθενέστερον γενέσθαι.

[17] Zitiert auch in Platons *Menon* 73 C. – Aristoteles, unterstützt von antiker Mehrheitsmei-
nung, widersprach dem in *Politica* 1260 a 21 ff.; 1277 b 20 ff. usw.

[18] Über ihn s. PW Bd. 1 (1894) Sp. 760–769. Monographie: Lévêque, Agathon. Fragmente
seiner Theaterstücke bei Nauck, Tragicorum Graecorum fragmenta S. 763–769.

[19] Frg. 14 (Nauck); γυνή τοι σώματος ist Konjektur anstelle von γυνὴ τὸ σῶμα. Logisch ist
in der 2. Zeile eine Adversativpartikel wie οὐδὲν ἧττον hinzuzudenken.

stungen von Frauen gepriesen. Schmidt/Stählin II/1, 514 mit Anm. 5 weist mit einigen Titelangaben inzwischen verlorener Schriften eine recht frauenfreundliche Strömung in der Literatur der frühen Kaiserzeit nach. Zu Musonius im besonderen siehe Henses Ausgabe, S.14 Apparat sowie Vogt, Gleichwertigkeit und Klassen, Musonius. Eine Sentenz wie die zitierte habe ich in diesen Zusammenhängen nicht gefunden.

Ein dritter Traditionsstrang kommt in Betracht, ein historischer. Herodot VII 99, VIII 68f. und 87f. erzählt von Artemisia, der Herrscherin und Feldherrin von Halikarnassos, sie habe selbst die Perser das Staunen gelehrt. Xerxes habe auf den Bericht von einem ihrer Husarenstücke in einer Seeschlacht geantwortet: Οἱ μὲν ἄνδρες γεγόνασί μοι γυναῖκες, αἱ δὲ γυναῖκες ἄνδρες – so der Schlußsatz des Berichts (VIII 88). In VIII 101–104 folgen weitere Nachrichten über diese ungewöhnliche Frau.

Das Echo dieser Erzählungen durchzieht die ganze Antike; man muß nur ein griechisches Namenwörterbuch unter Ἀρτεμισία nachschlagen. Noch in dem byzantinischen Traktat *De mulieribus* (Westermann, ΠΑΡΑΔΟΞΟΓΑΦΟΙ 213–218) hat Artemisia ihren gebührenden Platz (c. 13). Was die Schlußsentenz im besonderen betrifft: deren Nachklänge und Parallelen sind in einer langen Fußnote von Baehrs Herodot-Ausgabe z. St. (Bd. IV S.131f.) zusammengestellt. Die Reihe wird bei den Lateinern eröffnet durch einen Vers des Ennius, zitiert bei Cicero, *De officiis* I 18:

> *Vos etenim, juvenes, animum geritis muliebrem;*
> *illa virago viri –*

hier bezieht es sich auf Cloelia, die sich aus römischer Geiselhaft befreite, indem sie ihren Bewachern durch den Tiber davonschwamm. Weitere Beispiele bei Hengel, Rabbinische Legende 51.

Daneben gab es in hellenistischer Zeit noch eine ganze Reihe von Frauen, die v. a. in Politik und Kriegführung sich hervortaten; so die Sikyonierin Kratesipolis (sprechender Name!) bei Diodorus Siculus, *Bibl.* 19,67 und Plutarch, *Demetrius* 9. Als Jüdin sei z. B. Alexandra Salome genannt: Sie war Königin in Judaea als Nachfolgerin des Alexander Jannai (Josephus, *Ant.* XIII 405ff.)[20]. So wie Diodor der Kratesipolis eine τόλμα μείζων ἢ κατὰ γυναῖκα zuschreibt, so ist Alexandra Salome bei Josephus „eine Frau, die die Schwäche ihres Geschlechts in keiner Weise an sich hatte" (*Ant.* XIII 430).

Außer den Genannten gibt es in jüdischer Tradition natürlich die biblischen Heroinnen[21] Debora, Jael (Ri 4,17–23), Esther sowie – außerkanonisch und wenig beachtet – Judith[22]. Eine der unseren vergleichbaren Sentenz ist, soweit ich sehe, nur der Mutter der sieben makkabäischen Märtyrer gewidmet wor-

---

[20] Über sie auch Hengel, Rabb. Legende 38–40.

[21] Bei Philon, der fast nur die Tora auslegt, ist Sara diejenige Frau, der er, als große Ausnahme, hohe Tugenden wie φρόνησις zuschreibt; d. h. ihr Name steht allegorisch für diese. *Cher.* 5.7; *Migr.* 126 u. ö.

den: ὦ ἀρρένων πρὸς καρτερίαν γενναιοτέρα καὶ πρὸς ὑπομονὴν ἀνδρειοτέρα (4.Makk 15,30).

c. 19 *Simson, den Befreier)* wörtlich: *Simson, die Rettung* − damit dieses theologische, politische und sogar metaphysische Modewort der Zeit hier nicht fehle; s. o. 2. zu *De Deo* Z. 90 f.; 3. zu *De J.* 7. Ab hier ist, nach all den geistigen Vorbereitungen der bisherigen Kapitel, Simson selber im Spiel.

daß ihm das Pneuma anstelle einer Seele diente) Ganz hält unser Prediger diese interessante These nicht durch; in c. 20 (Schlußsatz) ist dann doch von einer vom Pneuma verschiedenen, zu Schwächen fähigen *Seele* die Rede. Sie muß seine Verführbarkeit durch Frauen erklären. Hier aber gilt es, Simsons Stärken zu begründen, wofür der biblische Text (Ri 13,25) die Vorstellung vom Mitgehen des πνεῦμα anbietet. Hierunter stellte sich die Spätantike etwas „Heißeres", Energiegeladeneres vor als die einer „Abkühlung" (ψυχή von ψῦξις) entstammende, dem Luft-Element angehörige Seele[23]. Man nahm an, mindestens ein Teil der Seele sei Pneuma, jenes Ätherische, Göttliche, das zugleich Materie und Bewegung war. Von ihm hat − so will unser Prediger offenbar sagen − Simson einen besonders großen Anteil mitbekommen.

Wir sehen hier eine typische *interpretatio Graeca,* weit hinausgehend etwa über Josephus, *Ant.* V 285 und noch viel weiter über die Septuaginta. Es wird zum Besitz und zur angeborenen Natur gemacht, was im Bibeltext vorübergehende Zustände gewesen waren. „Und es begann das Pneuma, mit ihm (aus-) zugehen (συμπορεύεσθαι, συνεκπορεύεσθαι): daraus wird ein permanentes Haben, was um so mehr auffällt, als bei den Großtaten Simsons, sobald von ihnen die Rede ist, der Bibeltext, nicht jedoch unser Prediger, erneutes „Hingelangen" (Verbum κατηυθύνετο) des Pneumas zu Simson berichtet[24].

Exkurs zu c. 19: Simson und die Christologie des Apollinaris von Laodicea

Den Historiker wird es kaum überraschen, daß christliche Bibelausleger eine analoge Antwort gefunden haben auf die Frage, wie das Besondere am Wirken Christi zu erklären sei. Denn natürlich sind auch die Berichte über Jesu Wun-

---

[22] Mayer, Frau 86 f. − Auf S. 101 f. gibt er exemplarisch den Lebenslauf der Berenike, der Schwester Agrippas II, erwähnt in Apg 25,13.23; 26,30. Sie war übrigens zeitweise Nasiräerin, u. z. für 30 Tage; Josephus, *Bell.* II 313 f. Später war sie eine zeitlang die Geliebte des Titus.
[23] Pneuma „heiß": Siegert, Philon 85.88; Psyche „Abkühlung": oben 2. zu *De Deo* Z. 121; Seelen aus der Luft: oben 3. zu *De J.* 97.
[24] Die Fassung des Cod. B, die unser Prediger bis c. 41 nicht benützt, sagt sogar: das Pneuma „sprang ihn an", Ri 14,6.19; 15,14. − Vgl. unten zu c. 27, ferner die Abwandlung in Lk

dertaten – und die über sein Leiden – einer *interpretatio Graeca* unterzogen worden; ihr verdanken wir unsere sog. Christologie[25].

Bevor von den ohnehin vorhandenen religionsgeschichtlichen Ähnlichkeiten zwischen Herakles, Simson und Christus die Rede sein soll (nächster Exkurs), soll hier auf das Beispiel einer bis in gewisse Worte hinein gleichen Christologie hingewiesen werden, der des Apollinaris von Laodicea. Von ihm[26] ist das Denkexperiment überliefert, das Göttliche in Christus, also den einwohnenden Logos, Ersatz sein zu lassen[27] für eine menschliche Seele oder doch wenigstens für deren feineren Teil, den νοῦς. (Man bemerkt das gleiche Schwanken wie in unserem *De S.* 19/20.) Mitten in den christologischen Streitigkeiten des 4. Jh. hat er, unter Rückgriff auf den arianischen Begriff eines σῶμα ἄψυχον, mit welchem der Logos in Christus sich bekleidet habe, die These aufgestellt, „in dem geschichtlichen Christus habe der Logos die Stelle der ψυχή ausgefüllt, der Logos habe also nur σάρξ angenommen. Später hat er, vielleicht infolge der Stellungnahme der Synode von Alexandria (362), deren Erklärung gegen das σῶμα ἄψυχον er sich anzueignen vermochte, seine Gedanken modifiziert: die dichotomische Anschauung vom Wesen des Menschen mit der trichotomischen vertauschend, lehre er nun, daß Christus zwar außer der σάρξ auch eine ψυχὴ σαρκική mit eigenem, dem νόμος τοῦ νοός widerstreitendem Triebleben, aber keinen menschlichen νοῦς gehabt habe." So Loofs, Leitfaden 210[28].

In Apollinaris' eigenen Worten lesen wir dies z. B. in *De unione* 5 (S. 187 Z. 5–14 bei Lietzmann, Apollinaris): eine gemeinsame Natur kommt zustande aus einer ἐνέργεια…, τοῦ Λόγου (dies ist das Göttliche, in *De S. das Pneuma*),

---

2 (in manchem ein Nachklang zu Ri 13), V. 40: „Der Knabe wuchs und wurde stark, gefüllt von Weisheit; und Gnade Gottes war auf ihm."

[25] Das Wort, das erst in der Neuzeit gebildet wurde (Lampe, Lexicon kennt es nicht), ist eigentlich ein Unding, denn -logien gibt es nur von mehrfach vorkommenden, vergleichender Forschung zugänglichen Gegenständen. Menschen von antikem Sprachempfinden muß es ferngelegen haben. ‚Theologie', ein seit Platon belegtes Wort, meinte eben „Götterkunde". Vgl. noch unten im Exkurs II zu *De S.* 24 die Ἡράκλεια δόγματα, also die „Herakleologie" der griechischen Moral- und Popularphilosophen.

[26] Über Vorläufer innerhalb der christlichen Theologie berichtet Kamp, Pneuma-christologie 10 f., 32 u. ö. (dt. Zusammenfassung 270 f.). Er zitiert Ignatius, den 2.Clem. u. a. für die – nach antikem Sprachgebrauch eigentlich unumgängliche – Auffassung, daß das Göttliche in Christus πνεῦμα war (vor, während und nach der Inkarnation), das Menschliche hingegen, in biblischer Bennenung, σάρξ. Doch befinden wir uns hier noch nicht in den Fragestellungen der Zwei-Naturen-Christologie.

[27] Vgl. Philons Satz: ἐξοικίζεται ἐν ἡμῖν ὁ νοῦς κατὰ τὴν τοῦ θείου πνεύματος ἄφιξιν, *Her.* 265, diskutiert bei Siegert, Argumentation 252 (Kontrast zu Paulus); Philon 88–91; Studia Philonica Annual 1990.

[28] Als neueren Beitrag zu dem Komplex s. Lorenz in ZKG 1983. Der nicänischen Partei, die auf die menschliche Seele Christi Wert legte, ging es um das Verständnis der Passion. Bei den Arianern hatte der Logos gelitten, was ihnen ein Argument war für dessen Kreatürlichkeit. Aus diesem Streit kommt das ὁμοούσιος ἡμῖν ins Chalcedonense. – Lit. über die menschliche Seele Christi bei den Kirchenvätern bei Lorenz S. 1 Anm. 1.

aus σάρξ und aus ψυχή, wobei der genaue Exeget, der Apollinaris auch war, die Bemerkung hinzufügt, jede der drei Benennungen könne für das Ganze stehen. – Und im Frg. 25 (S. 210 Z. 23–25) sagt er: „Da er als Pneuma, d. h. als Nus, Gott hatte, wird Christus samt Seele und Leib zu recht ‚Mensch vom Himmel‘ genannt (1.Kor 15,47).“

Mit diesen Zitaten soll in keiner Weise eine Abhängigkeit zwischen dem jüdischen und dem christlichen Theologen suggeriert werden. Die ihnen beiden gemeinsamen Denkvoraussetzungen haben zwangsläufig zu analogen Ergebnissen geführt. Wenn die trichotomische Anthropologie von einem Pneuma als bestem Teil im Menschen sprach, warum sollte dies nicht schon natürlicherweise eine Verbindung zur Gottheit sein[29] – und in ganz besonderem Maße, in einem auch qualitativen Sprung, bei besonderen Gottesmännern? Freilich, der Vorschlag des Apollinaris wurde von dessen Zeitgenossen als zu einfach empfunden: Wenn Christus eine nicht ganze menschliche Natur hat, dann hat er uns auch nicht ganz erlöst. So hat der Westen i. J. 377, der Osten in den Folgejahren diese Lehre und ihre Verfechter verurteilt und aus der Kirche ausgeschieden (Loofs 213). Es wäre denn auch sonderbar gewesen, wenn eine Lehre, die genausogut auf Herakles und auf Simson paßt, Grundlage christlicher Theologie hätte sein sollen.

Sein Körper aber war so wenig zu beschädigen oder zu ritzen wie ein Diamant)
Es folgt nun, nach den theologischen Ausführungen zu Simsons Geburt und Abkunft, die Schilderung seiner körperlichen und moralisch-geistigen Vorzüge, ganz wie das Aufbauschema eines Enkomions (s. o. zu c. 1) es vorsieht. Hier muß sogleich die Vorsicht auffallen, die der Prediger im Darstellen des Mirakulösen walten läßt. Während im Talmud[1] Simsons erster Kraftbeweis darin besteht, daß er zwei große Berge ausreißt und aneinander reibt, würdigt *De S.* an ihm hauptsächlich die defensiven Fähigkeiten: Unverletzlichkeit, Unempfindlichkeit. Aus dem Vergleich *wie ein Diamant* muß nicht unbedingt auf eine ungewöhnliche Beschaffenheit seines Körpers gefolgert werden; sondern es kann auch der höhere Schutz gemeint sein, wie es Cyprianus Gallus (*Heptateuchos, Judicum*, V. 496f.) schon in der Ankündigung des Engels ausdrückt:

> *... nullique licebit*
> *invictum violare caput vel laedere ferro.*

Das Motiv ist, wie die Siegfried-Sage erweist, ein Wandermotiv. Achilles, Sohn einer Göttin und damit selbst Halbgott, war nur an der Ferse verwundbar (Homer, *Il.* 22,396ff.), und sein frühzeitiger Heldentod geschah freiwillig (9,410ff.).

---

[29] Vgl. Siegert, Philon 88 und Kontext.
[1] s. Ginzberg, Legends IV 47f. mit Anm. 116 in Bd. VI S. 207.

Wie uns diejenigen, die von ihm erzählen, versichern) eine von mehreren Traditionsformeln in unseren Predigten, leider ebenso vage wie etwa bei Philon, *Abr.* 253: ὡς δ' οἱ σαφέστατα διηγούμενοί φασιν, was sich dort auf Bibelausleger aller Art beziehen kann[2] und nicht nur auf mündliche Gemeindetradition. – Unser Prediger bleibt, wie auch der Bezug auf inner- und außergemeindliche Diskussionen in c. 23 und 24 erkennen läßt, auf einem bestimmten, recht anspruchsvollen Niveau, das fabelhafte Übersteigerungen (oder sind es Allegorisierungen?) ausschließt wie die bei den Rabbinen zu findenden, Simson sei allein zwischen seinen Schultern 60 Ellen breit gewesen (Ginzberg, Legends IV 47; vgl. I 59).

ohne Schmerzempfinden und gefühllos) Ein Wanderelement aus Heldensagen, bei uns mit dem Namen Siegfrieds verbunden, wird auf Simson übertragen – nicht vom Prediger selbst, wie dieser betont. In der griechischen Antike heftete es sich an die Namen des Kaeneus (Palaephatos, Περὶ ἀπίστων 11; Heraklitos, Περὶ ἀπίστων 3)[3] und des Kyknos (Palaephatos a.a.O.; er wurde mit einer List ums Leben gebracht). Beide galten, wie Simson hier im Kontext, als *unverwundbar*, ἄτρωτοι.

In *ohne Schmerzempfinden* (armen. *anaxt* = ἀπαθής, ASA) kommt nun ein ins Ethische hinüberreichender griechischer Idealbegriff ins Spiel, den die Septuaginta noch nicht kannte, auch nicht in den Märtyrergeschichten der Makkabäerbücher[4]. Er bedeutete nicht nur die Leidens- sondern auch die Leidenschaftslosigkeit. Die *Vita Homeri* 134 möchte diese oberste stoische Tugend schon in Griechenlands klassischem Poeten gepriesen sehen, nicht ohne anschließend, in dem zeittypischen philosophischen Synkretismus, die aristotelische μετριοπάθεια ebenfalls aus Homer zu belegen (§ 135). Die „Apathie" im ethischen Sinne ist nach Meinung unseres Predigers dem biblischen Helden natürlich auch eigen; siehe c. 28 (keine Aufregung beim Sieg über den Löwen) und 44 (Bestrafung der Philister ganz bedacht und gelassen).

Wer ihn schlug, dem wurde er zum Schlag) Simsons defensive Qualitäten werden in c. 44 näher illustriert; vgl. auch c. 34 Ende. Die hier gewählte Formulierung appelliert stark an das Gerechtigkeitsempfinden[5].

---

[2] Vgl. auch sonstige Erwähnungen jüdischer Lehrer bei Philon: Siegert, Philon 114.

[3] Er soll übrigens ursprünglich ein Mädchen namens Kaenis gewesen sein; erst eine Wunscherfüllung durch den Meeresgott machte einen Mann aus ihr, ja einen unverletzlichen: Ovid, Metamorphosen XII 203–207.

[4] Vgl. Delling, HUCA 1974, 154 (z. St.): Treue zum Gesetz ist das jüdische Ideal, nicht Apathie.

[5] Philosophisch-Argumentationstheoretisches hierzu bei Siegert, Argumentation 55 (nach Ch. Perelman): das „Argument der Entsprechung".

Doch hielt sich Simson fest daran, mit niemanden ... *in den Kriegszustand zu treten)* Dies ist ein für seine Zeit erstaunlicher pazifistischer Zug unserer Predigt. Noch an Simsons Rache (c. 44 f.) betont sie die Mäßigung. Für Näheres verweise ich auf R. Grant, War, ferner auf zwei hier sehr naheliegende Quellen: der 7. Brief ps.-Heraklits, der in § 6–8 den Gegensatz zwischen Schwert und Pflug (vgl. Jes 2,4; Mi 4,3) ausführt, betont die grundsätzliche Ungerechtigkeit von Eroberungskriegen. Bei Cornutus hingegen, im Ares-Kapitel 21, wird der Krieg als οὐκ ἄχρηστον gewertet (S. 40 Z. 9 ff.): er erweise die Tüchtigen und mache das Gut des Friedens wertvoll.

Überwindergelüst, Ruhm des Selbstherrschers) eine kleine politische Spitze, nach meinem Empfinden die deutlichste in unseren Predigten. Zu deutlich durften solche Töne in einer öffentlichen Rede der Römerzeit, zumal im explosiven Alexandrien, nicht werden (vgl. 1.7.3). Αὐτοκράτωρ war ein Titel, den in hellenistischer Zeit verschiedenerlei Monarchen bekamen; er übersetzte lateinisches *dictator* und *imperator* (LSJ). Solche Leute – hier übertreibt des Predigers Modernisierung nun freilich gewaltig – habe Simson abblitzen lassen. Mir scheint, er kitzelt hier nationalistische Gefühle seiner jüdischen Zuhörer.

Daneben und zeitlich sogar früher hatte αὐτοκράτωρ eine ethische Bedeutung, etwa: ,selbstverantwortlich, erwachsen'. Xenophon, *Mem.* II 1,21 erzählt den Mythos von Herakles am Scheidewege so: Als er in das Alter kam, wo die jungen Leute αὐτοκράτορες zu sein anfangen und wo sich ihre inneren Qualitäten an ihren Entscheidungen zu zeigen beginnen, da ging er einst aus ... usw. Da unser Prediger vor sich hat, einen ähnlichen Ausgang Simsons nachzuerzählen (c. 27), mag ihm auch von da her das Wort in den Sinn gekommen sein. In der Septuaginta begegnet es nur im 4. Makkabäerbuch, in ethischer Bedeutung. Die These des ganzen Buches lautet: αὐτοκράτωρ ἐστὶ τῶν παθῶν ὁ εὐσεβὴς λογισμός (1,7; 16,1). Solche innere Größe soll nun auch an Simson bewiesen und den Hörern illustriert werden.

c. 20 *Man sagt ja, es sei nur natürlich, daß auf große Taten der Neid folgt.)* Was hier wie ein Sprichwort dargeboten wird, konnte ich – obwohl für diesen Satz der griechische Wortlaut überliefert ist – in älteren Quellen nicht nachweisen, nicht im Thesaurus und nicht in Stobaeus' *Anthologium* III 38 περὶ φθόνου[6]. Dreimal hingegen findet sich der Satz aus unserem Text griechisch zitiert, in Handschriften der *Sacra parallela* des (ps.-)Johannes von Damaskus[7]. Er lautet: Πέφυκε τοῖς μεγάλοις ἀκολουθεῖν φθόνος. Philon hat es ähnlich ausgedrückt: φθόνος δὲ ὁ ἀεὶ ταῖς μεγάλαις εὐπραγίαις ἀντίπαλος ... *(Jos.* 5).

---

[6] Dort findet sich nur eine inhaltliche, aber nicht wörtliche Parallele: § 13.

[7] S. o. 1.7.1 Anm. 1. Aus dieser Quelle hatte schon Mangeys Philon-Ausgabe (II 668) den Satz zitiert, wie Rendel Harris nachweist.

Die Funktion des Zitats in unserem Kontext scheint darin zu bestehen, daß eine Motivation gegeben werden soll für die Boshaftigkeit der „Fremdstämmigen", die Simson zu Fall bringen — dieses *Denkmal für Tadellosigkeit des Handelns* (wörtlich: *vollkommenes Handeln,* Bd. I Anm. 618) vom Sockel zu stürzen. Der Prediger läßt ihn am Ende wenigstens moralisch triumphieren (c. 45 f.)

Geschützt in diesem festen Rahmen, kann nun auch Simsons e i n e Schwäche zugegeben und dargestellt werden: *die Seele aber erwies sich als schwach und allzu nachgiebig gegenüber dem Begehren des Fleisches*[8]. Das wurde natürlich auch von den Rabbinen als seine Schwäche erkannt (Ginzberg, Legends IV 48). Die *Palaea Historica* stellt es so hin: „Simsons war ein starker Mann, solange er die Enthaltsamkeit zur Gefährtin hatte"; später jedoch wurde er das Opfer der ἐμπαθὴς λαχνία (= λαγνεία), S. 266 f. Vassiliev.

Die *Seele* also ist bei Simson, dessen πνεῦμα und dessen σῶμα so besondere Eigenschaften aufweisen, der schwächste Teil. Es mag sein, daß hier eine anthropologische Einsicht mitgedacht ist, die bei den griechischen (nicht den lateinischen) Kirchenvätern in die Lehre vom *Begehren,* von den πάθη mündet: sie haben ihren Sitz und Ursprung nicht im Fleisch und nicht in bestimmten, besonders verdächtigen Organen desselben[9], sondern in der *Seele.* Clemens von Alexandrien definiert: die Leidenschaften sind eine παρὰ φύσιν ... κίνησις ψυχῆς, und zwar sind sie der Ungehorsam gegenüber dem Logos (*Strom.* II 13). In unserem Text vgl. c. 21, den nächsten Satz: *das triebhafte Begehren der Seele,* ferner § 34 *den Betrug der seelischen Begierde.*

Die Vorstellung von Simsons Persönlichkeit ist nun abgeschlossen; der Prediger geht über zur Erzählung seiner Taten (vgl. in dem zu c. 1 gegebenen Schema III a/b). Dies mag der rechte Ort sein, um zwei ursprungsverwandte Persönlichkeiten der mythischen Geschichte miteinander zu vergleichen, deren Ähnlichkeit früh bemerkt worden ist:

---

[8] Die letzte Wortgruppe wäre wörtlicher übersetzt: *fleischliche Begierden.* Es liegt also kein Anklang an Joh 1,13 vor.

[9] So Augustin, *Civ. Dei* XIV 16—19. Schon Philon, *QG* I 99 ließ ganz eindeutig das „Fleisch" Sitz der Begierden sein. — Die Frage war in der Philosophie umstritten; das zeigt der — leider mitten im Gedankengang abbrechende — ps.-plutarchische Traktat Πότερον ψυχῆς ἢ σώματος ἐπιθυμία καί λύπη (*Mor.,* ed. Bernardakis, Bd. VII S. 1—11). Alkinoos ist ganz weise und läßt von den Lüsten manche „durch den Körper", manche „durch die Seele" gehen: *Didask.* p. 186 (H.) Z. 36 ff.

Exkurs zu c. 20: Herakles und Simson

In religionsgeschichtlicher Betrachtungsweise ist Simson der semitische Herakles[10]. Es ist offensichtlich, daß Simson, dessen Zugehörigkeit zur Reihe der „Richter" nur eine sehr lose ist[11], vielerlei mythische Züge auf sich gezogen hat. Seine langen Haare deuten auf eine Art Sonnengott (vgl. oben zu c. 1; 13; 16)[12]; und tatsächlich ist die Symbolik Herakles-Löwe-Sonne von den antiken Mythographen bemerkt bzw. durch Theokrasie und physiko-theologische Interpretation noch verstärkt worden. Eusebius referiert darüber in der *Praeparatio evangelica* III 11,25 und ausführlicher III 13,15−18. Ab Justin, *Dial.* 69 finden wir die Assoziationsreihe Herakles − Christus − Sonne (der „Held" von Ps 19[18],6).

Simsons Ähnlichkeit zu Herakles, einem der populärsten Heroen und Halbgötter der Antike, ist gleichfalls nicht erst neuerdings bemerkt worden. In der Chronik des Eusebius/Hieronymus lesen wir unter dem Jahr 840 nach Abraham eingetragen: *Sampson fortissimus omnium* (sc. *judicum*) *fuit, ita ut a quibusdam facta ejus cum gestis Herculis comparentur* (S. 62 a Helm)[13]. Das gleiche weiß Augustin zu berichten: ... *Hebraeorum judex Samson, qui cum mirabiliter fortis esset, putatus est Hercules* (*Civ. Dei* XVIII 19)[14]. Wir werden der Spur folgen und die Entsprechungen der beiden sagenhaften Lebensläufe im folgenden mit notieren[15]. Am interessantesten sind die Berührungen, die sich zwischen der *interpretatio Graeca* der Herakles-Mythen bei den Stoikern und derjenigen des Simson-Zyklus bei beim jüdischen Prediger ergeben.

---

[10] Carus, Samson, bes. S. 130; Margalith in: VT 1987. Margalith plädiert dafür, die in sich stimmigeren Herakles-Überlieferungen als die älteren und ursprünglicheren anzusehen (S. 63); es folgt eine Zusammenstellung der Entsprechungen: Herakles wird durch Deianira verraten, Simson durch Delila usw. − Einen entgegengesetzten, nämlich evangelikal-konservativen Standpunkt vertritt Cohen in: Evangelical Quarterly 1970, bes. S. 141: *Samson is of history; Hercules is of fantasy* − womit das höhere Alter der Herakles-Überlieferungen nicht bestritten wird.

[11] Sie besteht in nichts als der Schlußnotiz in Ri 16,31, die Simson eine runde Zahl von 20 Amtsjahren zuweist.

[12] Ein merkwürdiger Zufall führt uns hier in die geographische Nachbarschaft der Städte Gaza (für Simson) und Joppe (für Jona). Simson ist − wenn schon nicht der Sonnengott, so doch mindestens − der Herakles von Gaza; und Joppe, Jonas Hafen, ist Schauplatz einer der Taten des Herakles, nämlich der Besiegung des Meeresungeheuers. S. o. zu *De J.* 63; Gruppe, Religionsgeschichte I 185.

[13] Dort S. 312,3−5 auch der griech. Text aus *Pr. ev.* X 9,7 (Selbstzitat) und aus dem *Chronicon Paschale*.

[14] Rondet, Notes 475. − Umgekehrt wurde Herakles als angeblicher Ehemann einer Enkelin Abrahams in die jüdische Genealogie eingetragen: Kleodemos/Malchos bei Josephus, *Ant.* I 241; Stern, Authors III Nr. 560 c. Eine Abraham nicht erwähnende, rein pagane Parallelüberlieferung bietet Plutarch, *Sertorius* 9,4.

[15] Die Ähnlichkeiten reichen bis hin zum Lebensende durch Treulosigkeit einer Frau. Der Delila entspricht Deïanira, die „Männervernichterin". − Als griech. Vorlage scheint mir Apollodor, *Bibl.* sehr ergiebig zu sein. Zu c. 1 wurde schon daraus zitiert.

Die stoische Mytheninterpretation hat den Heldentaten des Herakles sehr
wohlwollende Aufmerksamkeit geschenkt; sie hat sie natürlich ins Vorbildhaft-
Ethische gezogen[16]. Für Heraklitos (33,1) ist er σοφίας οὐρανίου μύστης (wer
dächte hier nicht zurück an die *göttliche Weisheit* von *De S.* 15 Ende?)[17]; seine
Körperkraft ist Allegorie der Geisteskraft. Dies wird in 33,1−34,7 an den
Großtaten des Herakles durchgeführt; aus ihm wird der Urheber aller Weisheit, Forschung und Philosophie. Cornutus steht nicht zurück: er läßt den Sohn
der Alkmene und des Amphitryon durch Tüchtigkeit (ἀρετή), und nicht etwa
durch die mythische Abstammung von Zeus, die er gar nicht erwähnt, „dieselbe
Anrede wie Gott verdienen …, so daß ununterscheidbar (δυσδιάκριτα) wurde, was Gott zugehörte und was von dem Heros zu erzählen war" (30, S. 63 Z.
8ff.)[18].

Hier hatte, wie mir scheint, unser Prediger Vorbilder zum Umgang mit den
Simson-Geschichten[19]. Man vergleiche das Bisherige, und auch die folgende
Darstellung der Jugend Simsons, mit Apollodoros' Erzählung der Jugend des
Herakles, *Bibliotheca* II 4,9 f.: Herakles, von der Vatersseite von Zeus abstam-
mend und darum παῖς Διός, hatte, sobald er herangewachsen war, eine Größe
von vier Klaftern, und „Feuerschein leuchtete aus seinen Augen". Er lernte
Wagenfahren, Ringen, Bogenschießen, Fechten und zur-Kithara-Singen, wur-
de aber zunächst als Hirte eingesetzt, denn sein (Zieh-)Vater Amphitryon
fürchtete sich vor seiner Kraft. Weder beim Bogenschießen noch beim Speer-
wurf traf er jemals daneben. Mit 18 Jahren tötete er den Kithaeronischen
Löwen. Dieser bedrohte die Rinder des Amphitryon und die des Thestios, des
Königs der Thespier. (§ 10) Der beherbergte Simson fünfzig Tage lang, ließ ihn
auf die Jagd gehen und legte ihm nachts nacheinander jede seiner fünfzig
Töchter ins Bett; er wollte, daß sie alle von Herakles Kinder kriegen sollten.
Herakles, in der Meinung, es sei immer dieselbe, schlief mit allen fünfzig.
Danach erschlug er den Löwen mit der Hand, zog sein Fell ab und benützte es
als Mantel; das offene Maul wurde die Helmöffnung usw.

Dieser Teil der Herakles-Sage, der noch vor den berühmten zwölf Arbeiten
liegt (der Nemeische Löwe kommt später), ist für unseren Zweck der interes-

---

[16] Zeller, Philosophie III/1, 344. Vgl. schon den Mythos des Prodikos über Herakles am
Scheidewege bei Xenophon, *Mem.* II 1,21−34. Die Rezeption der Herakles-Mythen war in
der Antike unterschiedlich; s. Malherbe, Herakles.
[17] Der samaritanische Anonymus, den Eusebius, *Pr. ev.* IX 17,2−9 unter dem Namen des
Eupolemos zitiert, läßt Abraham und letztlich auch Henoch die Urheber der Astrologie sein.
(Text auch bei Denis, Concordance 917 a.)
[18] Ich riskiere, die Frage anzumerken, ob hier nicht die christologische *communicatio
idiomatum* vorgedacht sei. Auch Herakles galt als Gott und Mensch.
[19] Ein anderes Beispiel ist der erfundene Lebenslauf des Juda im TestJuda: Als junger
Mann tötet er einen Löwen und andere wilde Tiere (c. 2); als Krieger ist er allein stärker als
mehrere gepanzerte Gegner (c. 3) usw. − Die sprachlich wie gedanklich äußerst simple
Machart dieses Midrasch lädt zu einem Stilvergleich ein: deutlicher läßt sich kaum mehr
zeigen, was das Fehlen oder Vorhandensein rhetorischer Bildung ausmacht. Vgl. 6.1.1.

santeste. Nicht nur, daß er seinen Ursprung noch ahnen läßt, der in einem vorgeschichtlichen Pubertätsritus und Totem-Erwerb liegen muß; vor allem finden wir hier Vorstellungen wieder, mit denen jüdische Ausleger ihre vergleichsweise ja magere Simson-Geschichte ausschmückten. Das letztgenannte Verfahren z. B., viele starke Enkel zu bekommen, wird in rabbinischen Quellen den Philistern zugetraut (oben zu c. 3). Die Ähnlichkeit der Sagenzyklen ist bemerkt worden, auch bei den Juden, und hat dazu geführt, daß der biblische Simson beim Nacherzählen manche Züge des griechischen Halbgottes eingetragen bekam.

Die Schilderung von Simsons Jugend in unserem Text läßt es spüren; und aus hellenistischer Herakles-Allegorisierung dürfte das Lob für Simsons Weisheit in c. 31 inspiriert sein, dort hervorgerufen durch eine allegorische Äußerung Simsons selbst.

---

c. 21 *Auf dem Höhepunkt seiner Kraft, von welcher auch ein Teil zur Fortpflanzung bestimmt war)* Diese Ausmalung eines im Bibeltext ganz oder fast fehlenden Details[1] erklärt sich aus dem eben Gesagten sowie aus dem Bedürfnis, Simsons Fehltritt als Auswirkung seiner besonderen Stärke zu erklären und zu entschuldigen.

weder Halbwüchsige ... noch Greise ..., sondern gerade dieses Lebensalter) s. o. zu *De J.* 21.

die jugendliche Blüte ... die Schönheit) Dieses Moment ästhetischen, ja erotischen Wohlbehagens hat seine Wurzeln ganz und gar im Enkomion und im hellenistischen Roman. Das ist hier noch eindeutiger als bei der Schönheit des Engels in c. 8[2]. Als jüdische Parallele kann JosAs 5−7 genannt werden, die Beschreibung der Schönheit Josephs, die sich in den Details jedoch mit unserem Text nicht deckt. − Die Rabbinen hingegen haben Simson sogar häßliche Züge angedichtet: seine Füße seien verkrüppelt gewesen (Ginzberg, Legends III 204; IV 47).

Die Kontur seiner Augenbrauen glich den Bögen des Mondes) Das erinnert an manche Porträtmalereien aus römischer Zeit, die sich aus Ägypten oder aus Pompeji erhalten haben. Literarisch findet sich das Detail in einem Drama in Prosa des Neuplatonikers Eustathios (Hercher, Erotici II 184, Z. 4f.): in der

---

[1] Die Septuaginta hat nur: „Gott segnete ihn, und der Knabe wuchs", Ri 13,24 Cod. A. Statt ηὐξήθη setzt der Cod. B ἡδρύνθη „er wurde reif/stark" usw.

[2] Es ist zu bedauern, daß M. Augustin, der schöne Mensch, Simson ausläßt. − Allgemein ist zu unterscheiden zwischen hebräischen Beschreibungen von Schönheit, die mit ihren Metaphern eher Bewegungen und Reaktionen festhalten (so im Hohenlied), und griechischen, die statisch sind, wie die Kunstwerke von ihrem Material her auch.

Beschreibung eines Mädchengesichts sehen wir eine „schwarze Augenbraue von der Form eines Regenbogens oder einer Mondsichel". Auch hier ein schwieriger Ausdruck: κατὰ σελήνην μηνοειδής; das letztere Wort wird vom Thesaurus bezogen auf die Form des Mondes, bevor er zum Halbmond wird.

c. 22 *eine ausländische Frau)* Die Beseitigung des Philister-Namens in der Septuaginta, Cod. A, war schon bemerkt worden (zu c. 4)[3]. Der Ersatz durch ἀλλόφυλοι verallgemeinert und aktualisiert den Text; vgl. Delling, Diasporasituation 13 mit Anm. 36. − 3.Makk 6,10 beklagt, daß nichtjüdische Umgebung in Sünden ziehe; und Philon erklärt in *Spec.* IV 159: „die höchste Verwandschaft ist e i n e Verfassung und dasselbe Gesetz und e i n Gott" (vgl. Delling S. 82). Dies ist die auch in *Spec.* III 155; *QE* II 2 (Ende) bezeugte Offenheit für Proselyten, aber nicht für solche heidnischen Nachbarn, die bei ihrer Lebensweise verbleiben. Das 2. Makkabäerbuch prägt hierfür, in polemischer Abwandlung des Wortes Ἑλληνισμός, den Ausdruck ἀλλοφυλισμός (4,13; 6,24)[4].

Wenn nämlich die Augen ... die Begierde genährt haben) Vgl. c. 34 sowie oben zu c. 20 die Bemerkungen über den Sitz der Begierden in der Seele; dazu die reizende *Altercatio cordis et oculi* Philipps des Kanzlers (Raby, Medieval Latin verse Nr. 257), ein von Shakespeare und Herder nachempfundenes Gedicht[5]. Rabbinisches s. u. zu c. 23.

Die verwundete Seele wird von frommen Bedenken geplagt) Verwundet ist gängige Metapher für ‚verliebt'; s. Thesaurus *s. v.* τιτρώσκω Sp. 2243 C. − Mit *fromme Bedenken* umschreibt der Prediger den Begriff des Gewissens; hierzu vgl. *De J.* 41 mit Kommentar.

c. 23 *Einige von den Weisen sagen ... Andere halten dagegen ...)* Wie in c. 19 läßt der Prediger eine gewisse Schulüberlieferung, ja Diskussion durchblicken. Es geht um die Theodizeefrage: Ist Simson *durch den Willen der Gottheit verleitet* (Position A) oder war seine Handlungsweise *nicht der Wille der Gottheit* (Position B)? Ersteres wird durch den Bibeltext gestützt, der von Simsons Begehren nach einer fremdstämmigen Frau konstatiert, ὅτι παρὰ Κυρίου ἐστίν (Ri 14,4)[6]. Das mag einst Ausdruck eines gewissen Fatalismus gewesen sein;

---

[3] Der Cod. B läßt an manchen Stellen den Philisternamen stehen, z.B. in Ri 14,2 bei der Herkunftsangabe der Braut Simsons. − Im kirchlichen Latein konnte *allophyli* für ‚Heiden' gebraucht werden; so − von den Niniviten − ps.-Cyprian, *Ad Novatianum* 12 laut Duval, Jonas I 177 Anm. 4. Weitere Belege bei Blaise, Dictionnaire *s. v.*

[4] Vgl. Delling, Diasporasituation 13 Anm. 35; Amir, Homer und Bibel 93.

[5] Shakespeare, Sonnett 47; Herder, Volkslieder II 1,23. Eine antike Vorlage wäre zu vermuten, ist mir aber im Moment nicht nachweisbar. Vgl. immerhin *Anthol. Pal.* XII 91 f.; 106.

[6] So nach einhelliger Überlieferung., − Freudenthal, Schrift 10 Anm. 1 vermutet, der Vers habe in der Bibel unseres Predigers gefehlt.

die Entscheidungsfreiheit des Menschen wird im Alten Testament oft sehr gering angesetzt[7]. Vor allem scheint es der Anlaß zu sein, über den Gott durch sein Werkzeug Simson den Philistern eine Niederlage zufügt. (In den folgenden tätlichen Auseinandersetzungen ist Simson ja der einzige Tote auf israelitischer Seite.) Doch diese archaische Auffassung samt allem, was die *Weisen* dazu sagen mögen, übergeht unser Prediger mit Stillschweigen. Meine Erklärung ist: sie war nach den Maßstäben der Zeit nicht mehr θεοπρεπής (vgl. 2.1). Position B scheint dies empfunden zu haben; und sie drückt es in typisch jüdischer Weise so aus: *Wille der Gottheit* kann das nicht sein, denn der ist an die Tora gebunden.

Wir wüßten gerne mehr über die hier angedeutete Diskussion. Frage ist, warum Simson, Gottes auserwähltes Werkzeug, nicht eine *gesetzesgemäße Ehe* einging. (Die einschlägigen Vorschriften der Schriftlichen und Mündlichen Tora siehe bei Bill. II 372–384; IV/1 378–383.) Wenigstens die Spur einer Diskussion über den Fall Simsons finden wir im Babylonischen Talmud, Sota 9b. Die *rabbānan*, also die Mehrheitspartei, beschuldigt Simson, er habe mit seinen Augen gesündigt (und sei darum zu recht an den Augen bestraft worden)[8]; die Gegenposition entschuldigt ihn unter Zitierung von Ri 14,4. Die Antwort lautet, er sei doch eigenem Gutdünken gefolgt *(bātar jašrutēh ᵃzal)*[9].

In eben die Richtung zielt auch unser Prediger: *aus eigenem Willen* verfiel Simson auf eine fremde Frau[10]. Er fügt jedoch hinzu – und das ist überhaupt erst die Antwort auf die Frage –: es *verwandelte Gott, dem alles möglich ist, die Sünde Simsons* (sie wird also letztlich nicht entschuldigt) *in eine Strafe für die Übergriffe der Fremden.* Was im Bibeltext wie eine Urheberschaft Gottes aussieht, wird umgesetzt in den Topos des (guten) Zwecks[11].

Die ethische Sensibilität der Spätantike mußte mit den anderthalb Jahrtausende älteren, dynamistischen *ruᵃḥ*-Vorstellungen des Richterbuches Schwierigkeiten bekommen. Das zeigt sich in folgendem:

c. 24 *Andere aber ...)* Die Diskussion setzt sich fort mit Zweiflern und Gegnern des jüdischen Glaubens. Sie *folgern aus der Sünde Simsons eine Anklage gegen das Pneuma.* Es gab sie offenbar noch zu Zeiten des Prokopios v. Gaza; denn dieser wendet sich (MPG 87/1, 1078 C z. St.) gegen sie: Πρὸς τοὺς κατηγοροῦντας (sc. τὸ ἅγιον πνεῦμα) ῥητέον... Prokopios' Antwort an

---

[7] Vgl. Siegert, Argumentation 64 mit Verweis auf Jer 10,23 und Spr 21,1.

[8] Vgl. Ginzberg, Legends VI 208 Anm. 121.

[9] Jastrow, Dictionary unter *jašrutā'* gibt nur unsere Stelle nebst deren Weiterzitierung im Jalkut. Es handelt sich um ein Wortspiel mit der Wurzel *JŠR* im vorangehenden Vers.

[10] Das αὐτεξούσιον des Menschen festzuhalten und damit auch seine Verantwortlichkeit, war für stoisches Denken, ebenso wie für das der Kirchenväter, besonders im griechischen Bereich, unabdingbar. Vgl. Siegert, Argumentation 144–148. Auch die extremsten westlichen Fassungen der Erbschuldlehre haben keine Entschuldigung sein wollen.

[11] Argumentationstheoretisch vgl. hierzu die „Technik der Dämpfung", die *rupture de liaison* und das Finalargument: Siegert, Argumentation 66.77.61f.; ferner, zum Problem der Verstockung es Pharao (nach Röm 9,17), 131.

sie ist die am Text gemachte Beobachtung, daß der Geist ja nicht ständig mit Simson „zusammengewohnt" habe.

Unser Prediger, so sehr er dieser letzteren Auffassung zuneigt (c. 19), antwortet anders. Er gibt zu – *es steht ja da* (wenn man Ri 13,25 für den unteren Kontext mit gelten läßt) –, *daß er* (Simson) *im Besitz des Pneuma sündigte.* Dieser *concessio* folgt erst einmal eine zünftige rhetorische Beschimpfung der Gegner, und dann das Argument.

Das Argument ist, formal gesehen, eine Dissoziation[12]: ein vom Gegner einheitlich gesehener Komplex wird zerlegt in Teile, die sich unterschiedlich werten lassen. Da die Teile, nach einer vorgegebenen Liste, vollständig aufgezählt werden, kann man es in diesem Fall auch als ‚Zerlegungsargument' bezeichnen[13]: Es gibt den *Geist der Gerechtigkeit* und auch den *der Besonnenheit* und weitere Arten, wovon der *Geist der Stärke* nur einer ist. Dieser letztere, der Simsons besondere Gabe war, war nicht dafür zuständig und auch nicht in der Lage, *Sünden zu vermeiden*. Die Anklage gegen den Geist ist also fehlgezielt, ist global und blasphemisch.

Und was ist mit Simsons Weisheit? Vorgreifend auf c. 31f. und 42, wo die Klugheit, ja Weisheit (Bd. I Anm. 839) des Rätselmachers Simson gerühmt wird, können wir antworten: auch dies hat das Zerlegungsargument des Predigers bedacht. Er weist nämlich die Vermeidung von Sünden dem *Geist der Gerechtigkeit* zu. Wir sehen hier den hellenistischen Schriftgelehrten in seinem Element. Er verfährt nämlich nicht willkürlich, sondern hält sich an eine biblische Vorlage, die ihrerseits die einzelnen Arten des Geistes unterscheidet, und zwar, wie man es auffaßte, vollständig: Jes 11,2. Da dies zugleich eine der großen messianischen Prophetien ist, haben wir Anlaß nicht nur zu einem Exkurs, sondern zu deren zwei.

Exkurs I zu De S. 24: Die „Sieben Gaben des Geistes" (Jes 11,2)

Die Geistbegabungen des Messias besehen nach Jes 11,2 (LXX) aus:

σοφία καὶ σύνεσις,
βουλὴ καὶ ἰσχύς,
γνῶσις καὶ εὐσέβεια.

Das folgende, summierende[14] φόβος Θεοῦ wurde von christlicher Exegese als siebente Geistgabe gezählt – nicht im Sinne des Urtextes, dessen zweimal

---

[12] Siegert, Argumentation 77 (nach Ch. Perelman).
[13] ebd. 58 (§ 56a). Die antike *partitio* (μερισμός, Lausberg, Handbuch I § 671,1) würde hier gleichfalls passen; s. nächsten Exkurs. – Eine andere Spielart dieses Arguments teilt auf ohne den Anspruch, dies erschöpfend zu tun; Siegert a.a.O. § 56b. Antike Beispiele bei Lausberg; in unserem Text vgl. c. 3: unterschiedliche Gnadengaben Gottes.
[14] Der Targum z. St. (Rabbinerbibel) baut die Struktur umgekehrt auf: er nennt voraus den

gebrauchtes *jir'at JHWH* von der Septuaginta erst diversifiziert wird in εὐσέβεια und φόβος Θεοῦ. Unsere Predigt repräsentiert die jüdische Vorstufe zu dieser Lehre; hier sind es noch sechs Glieder:

Weisheit[15]

Erkenntnis und Einsicht

Stärke und Macht[16]

Gottesfurcht.

Klaus Berger, der zu unserer Stelle in der Simson-Predigt treffende Beobachtungen beisteuert (Exegese 46 f.), bemerkt an diesem Gedächtniszitat zunächst einmal die Form der „Aufteilung" (μερισμός, oben Anm. 13). Hier ist von Teilen eines Ganzen die Rede, im Gegensatz zu sonstigen Zitaten von Jes 11,2 in jüdischer Tradition, die das Ganze aus den Augen verlieren und nur einzelne Teile zurückbehalten.

Jedenfalls ist die Aufzählung im Bibeltext als komplett zu nehmen; denn Jes 11,1 ff. spricht vom Messias – wenn auf irgendeinem Menschen die Fülle der Geistesgaben ruht, dann auf ihm. Auch in hebräisch-jüdischer Tradition, worüber Gradwohl, Bibelauslegungen III 142−147 ausführlich informiert, ist Jes 11 als herausragende messianische Prophetie verstanden worden. Trotzdem wurde meist verkürzt zitiert[17] (ob man sich von der christlichen Exegese unterscheiden wollte?). Mir ist nur *ein* sechsgliedriges Zitat bekannt: Midrasch Rabba zu Num 7,13 (c. 13 § 11; Bill. I 20). Dort wird im Zusammenhang einer Zahlenspekulation um den Buchstaben $W = 6$ die Sechsgliedrigkeit (3×2) des Satzes bemerkt und dieser, leider ohne nähere Ausführungen, auf den Messias bezogen.

Im übrigen vermieden es die Rabbinen, aus Jes 11,2 Gesichtspunkte für eine Lehre vom Heiligen Geist zu gewinnen – offenbar weil es die Christen schon taten. In Peter Schäfers gründlicher Untersuchung (Hl. Geist) erscheint die Stelle nur in einer einzigen Fußnote, und nicht im Zusammenhang mit Simson. Wir haben es also mit einer hellenistisch-jüdischen Sonderlehre zu tun.

„Geist der Prophetie *(ruᵃḥ nbu'ā)* von vor JHWH" und bildet dann Paare: „Weisheit und Verstand, Königssinn *(melak* zu lesen) und Stärke, Erkenntnis und (Gottes)furcht".

[15] So zu übersetzen! Das Wort *Wahrheit* in Bd. I, S. 66 Z. 9 v. u. ist ein Lapsus von mir, bedingt durch johanneische Formulierungen, die aber im Judentum kaum ihresgleichen haben. Vgl. immerhin Ch. Burchards Anmerkung zu JosAs 19,11 in Charlesworth II 233/34.

[16] Dies ist ein themabedingter Lapsus unseres Predigers, der ja aus dem Gedächtnis zitiert. Richtig wäre: *Rat und Macht.*

[17] Die von Gradwohl, Bibelauslegungen 143−147 zitierten rabbinischen Auslegungen bevorzugen ein Dreierschema, das aus Ex 31,3, einer auch von Philon gern herangezogenen Stelle, entlehnt ist. Dort erhält Bezaleel zum Bau der Stiftshütte ein πνεῦμα θεῖον σοφίας καὶ συνέσεως καὶ ἐπιστήμης. Vgl. Philon, *Gig.* 23; *QG* I 90 (zu Gen 6,3) u. ö. An letzterer Stelle sagt Philon von Bezaleel, der Gottesgeist habe nicht auf Dauer in ihm wohnen können, denn auch dieser Mensch sei „Fleisch", was für Philon Sinnlichkeit bedeutet (oben Anm. 9 zu c. 20); Weisheit vertrage sich nicht mit der ἐπιθυμία.

Christliche Theologen haben, ausgehend von der Siebenzahl, eine ausführliche Typologie aufgestellt: Die Menora — jener siebenarmige Leuchter, der Symbol des Judentums ist[18] — sei *figure de la Loi et de l'Esprit aux sept dons,* weiterhin *figure du Christ* und *figure de l'Eglise* — so legt es Martine Dulaey in Rev.Et.Augustiniennes 1983, 11 ff. dar. Schon die „sieben Pneumata" in Apk 1,4; 3,1; 4,5 und 5,6 scheinen darauf zu deuten. Die Ἐπίδειξις des Irenaeus führt es aus (c. 9): Sieben Sphären des Kosmos beten zu Gott an; sieben Arme des Leuchters, der ja ein himmlisches Urbild hat (Ex 25,40), stellen sie dar; sieben Gaben des Heiligen Geistes, sieben „Weisen des Dienstes"[19] lassen sich, nach Jesajas Prophetie, nieder auf dem Sohn Gottes.

Diese Typologie war sehr verbreitet; siehe, außer Dulaey, Schlütz, Die sieben Gaben 20 ff.; Škrinjar in: Biblica 1935, 2—10. Wenn wir sie in diesem Exkurs in Erinnerung rufen, dann mit folgendem doppeltem Ergebnis:

1. Wieder einmal hat christliche Theologie lediglich einen jüdischen Gedanken aufgegriffen und weitergedacht; sie hat ihm in Christus einen neuen Bezug gegeben, mit neuen Konsequenzen;
2. Die Vergleichbarkeit wie auch die Unvergleichlichkeit Simsons mit Christus werden zugleich deutlich: besondere Träger des Heiligen Geistes waren beide; aber seine „Weise des Dienstes" war nur e i n e im Vergleich zu deren vollkommener Siebenheit in Christus.

Exkurs II zu c. 24: Simson und Christus. Der „heilige" Simson

Von hier aus lassen sich die sehr unterschiedlichen Wertungen der Person und Leistung Simsons in der Auslegungsgeschichte des Richter-Buches[20] leicht begreifen.

Ben-Sira übergeht Simson in seinem großen Vorbilderkatalog (Sir 44—50) mit Schweigen. Es werden nur die Richter summarisch erwähnt (46,11).

Josephus bietet in *Ant.* V 276—317 eine in ihren Ausschmückungen von unserer Predigt völlig verschiedene Nacherzählung des Simson-Zyklus, an deren Ende er die ἀρετή, ἰσχύς und μεγαλοφροσύνη, ja sogar den auf seine Feinde gerichteten Zorn des Helden lobt. (Hier steht der griechische Herakles im Hintergrund, s. u.) „Daß er aber von einer Frau gefangen wurde, ist der

---

[18] Einiges zu deren reicher Symbolik — worüber der Talmud anscheinend schweigt — s. bei Simon, Verus Israel 72: archäologische und hellenistisch-jüdische Belege. Ausführlich Prigent, Image 70—75; Bildbelege in Goodenough, Symbols III und IV *passim.*

[19] *paštmanc' jews* entspräche λατρείας σχήματα.

[20] Monographie: Crenshaw, Samson, bes. S. 137 ff.; Krouse, Samson, bes. S. 36—52. — Rabbinisches bei Ginzberg, Legends IV 47—49 mit Anmerkungen in Bd. VI (besser als der Art. ‚Samson in the Aggadah' in der Encyclopedia Judaica 14, Sp. 773 f.). Besonders aufschlußreich ist die homilieartige Besinnung über den Simson-Text im Babylonischen Talmud, Sota 9 b—10 a.

Natur der Menschen zur Last zu legen, die Sünden nicht widersteht; man muß ihm aber die Vortrefflichkeit seiner Tugend in jeder anderen Hinsicht bestätigen" (§ 317).

Hier zeigt sich eine Tendenz der originär-griechischen (nicht der rabbinischen) Quellen, Simsons Nachruhm zu erhöhen. Ich möchte annehmen, daß die Konkurrenz des griechischen Herakles (Exkurs zu c. 20!) Mutter des Gedankens war.

Im Neuen Testament erscheint Simson namentlich nur ein einziges Mal, aber in sehr positivem Kontext. Er wird genannt in der Reihe derer, die durch ihren Glauben (πίστει) Großes vollbrachten: Hebr 11,32. Das mag den Leser des Neuen Testaments wundern; wenn man aber den Glauben als Geistgabe auffaßt (Röm 8,14), mag *De S.* 24 einschließlich der folgenden Väter-Liste 25 den nötigen Kommentar liefern.

Kritik an Simsons Person war damit nicht ausgeschlossen. Für Clemens von Alexandrien, *Paed.* III 9 ist Simson das negative Gegenstück zum keuschen Joseph, ebenso im 2. ps.-clementinischen Brief *De virginitate,* c. 9[21]. Starken jüdischen Einfluß verrät m. E. Ambrosius' 19. Brief, eine ausführliche Nacherzählung des Simson-Zyklus unter dem Gesichtspunkt einer Warnung vor Ehen zwischen Christen und Nichtchristen[22]. Noch die Palaea Historica (S. 267–269 Vassiliev) warnt vor einem συνεσθίειν ἀλλοφύλοις. Das von Rainer Stichel besprochene Simson-Mosaik aus Mopsuestia[23] zielt auf eine Warnung vor Frauen und vor der Trunksucht.

Derselbe Ambrosius nun, der in *Epist.* 19 § 26 an Simson tadelt, er habe sich die Enttäuschung mit der philistäischen Frau nicht zur Lehre dienen lassen, sondern sei auf Delila erneut hereingefallen – er wird an anderen Stellen, so im Prolog seines 2. Buches *De Spiritu Sancto,* zum Klassiker der Simson-Christus-Typologie. Hier werden die Simson-Geschichten zerlegt in Einzelzüge, die zu einer christologischen Allegorisierung geeignet erscheinen. Diesen Überlieferungsstrang haben Krouse, Samson 39–45 und Crenshaw, Samson 138ff. dargestellt. Uns genüge der Verweis auf den *Sermo de Samsone,* der unter Augustins Predigten überliefert ist (MPL 39, 1639–1643)[24] und der eigentlich Christus zum Gegenstand hat.

---

[21] Krouse, Samson 34; syr. Text mit lat. Übers. bei Wettstein II Anhang, S. 22.

[22] MPL 16,1026–36, wo übrigens als ein *quidam* auch Josephus zitiert wird. In der gleichfalls die Mauriner-Ausgabe nachdruckenden Ausgabe von Caillau wird auf S. 515 Anm. 116 ein gesetzliches Verbot gleichen Inhalts durch Ambrosius' Zeitgenossen, den Kaiser Theodosius, zitiert; Datum: 388 n. Chr.

[23] Es wurde ausgegraben in einer christlichen Basilika des ca. 5. Jh. Leider stellt der erhaltene Rest nur solche Simson-Szenen dar, die in unserer Predigt nicht behandelt werden. Zum Thema „Warnung vor der Frau" verweist Stichel, Samson-Mosaik 53 Anm. 21 auf unseren Text. – Zum Mopsuestia-Mosaik s. auch Prigent, Image 92–100, bes. 96f.

[24] Krouse, Samson 41f. (Inhaltsangabe), mit weiteren Verweisen auf Augustin und lateinische Kirchenväter. Zu Augustin vgl. auch Rondet, Notes.

Im christlichen Osten begegnet Simson als ἅγιος bei Athanasius, MPG 25, 588 B, natürlich unter Berufung auf Hebr 11,32. Siehe Krouse, Samson 29 ff. Zahlreiche Darstellungen, die Simson mit Heiligenschein zeigen, hat Brigitta Björnberg-Pardo gesammelt[25]. Ihre Belege beginnen mit Fresken in der Via-Latina-Katakombe in Rom[26], für die alexandrinischer Einfluß angenommen wird, und setzen sich fort mit Mosaiken, Buchilluminationen, Reliefs und Stoffen meist östlichen Ursprungs.

Die syrische Tradition − um nur eine Stichprobe zu nehmen in der unter Ephraems Namen laufenden Catene[27] − macht aus Simson einen Typos Christi in der gleichen allegorisierenden Weise wie Ambrosius; sie läßt Simsons fremde Frau die Kirche sein, den Löwen das jüdische Volk usw.

Ich möchte mit dieser Übersicht die gleiche These verbinden wie schon im Exkurs „Herakles und Simson" (oben zu c. 20): Hier hat der griechische Halbgott, der ἥρως θεός (Pindar, *Nemea* 3,22)[28], der Gott und Mensch zugleich war[29] (wenn man nicht, wie Homers Epen und Herodot II 44 es tun, beide in zwei Personen auseinandernimmt), auf sein biblisches Pendant abgefärbt, hat ihm von seinem Glanz mitgeteilt. Herakles zählte in die Reihe populärer Gottheiten der hellenistischen Ära, die man als ‚Heiland' (σωτήρ) anredete. Der altkirchlichen Lehre von Christus gingen − vielleicht sogar als Modell-῾Ηράκλεια δόγματα zur Seite (um es mit einem Ausdruck des Mittelplatonikers Attikos, Zeitgenossen Mark Aurels und des Irenaeus, zu benennen)[30]. Klassiker für diese − wenn wir es so nennen wollen − Herakleologie muß Prodikos gewesen sein mit seiner von Xenophon nacherzählten Geschichte von Herakles am Scheidewege (*Mem.* II 1,21−34).

---

[25] Björnberg-Pardo, Simson. Leider ist der Text, schwedisch geschrieben, mir unverständlich.

[26] hierzu auch Kenfield, Samson, Bild 1 auf S. 180 (aus einer Veröffentlichung von Ferrua). Die Darstellung, wie Samson den Löwen zerreißt, ist bis auf sein Bekleidetsein identisch mit entsprechenden Darstellungen des Herakles. Bei Prigent, Image s. S. 315−344; zu Simson S. 337 f.; 341 f.

[27] Deutsch bequem zugänglich in der anonymen Ephraem-Ausgabe Kempten 1842 (s. Lit.-Verzeichnis), hier S. 99−106. Die literarkritischen Fragen sind behandelt bei Ortiz de Urbina, Patrologia Syriaca S. 68 Nr. 5.

[28] Diesen Hinweis und das weitere im Kl. Pauly, Art. ‚Herakles'. − Zwischen den Nemeischen Oden, den betr. Spielen und Herakles, dem Erleger des Nemeischen Löwen besteht natürlich auch ein Zusammenhang; s. Kl. Pauly, Art. ‚Nemea' 4.

[29] Vgl. Cornutus' Meinung, zitiert im Exkurs zu c. 20. Unvermeidlich, daß in der geistigen Auseinandersetzung des Christentums mit dem Heidentum Herakles zum Streitobjekt wurde. Beide Seiten versuchten, den populären Helden für sich zu vereinnahmen; s. Malherbe, Herakles, bes. 578 f.

[30] Eusebius, *Pr. ev.* XV 4,16. Diese Dogmata, soweit Eusebius sie uns mitteilt, betreffen Gemeinplätze der stoischen Ethik, wie sie eben an Herakles verdeutlicht wurden. Daß jedoch eine Ähnlichkeit zwischen Herakles und Christus auch auf zentral-theologischem Gebiet empfunden (oder unbewußt geschaffen) wurde, lehrt Justin, *Dial.* 69, der nicht nur die doppelte Abstammung, sondern auch eine Himmelfahrt als Gemeinsames aufführt.

Simsons christliche Verklärung, der die hellenistisch-jüdische Theologie vorarbeitete, war also keineswegs beispiellos. Die Linie verläuft von Ri 13—16 und Jes 11,2 über Lk 1,26—38 und Hebr 11,32 in die Patristik und Kunstgeschichte. Wie sehr auch auf diesem Gebiet Herakles die Vorstellungen beflügelte, zeigt einer der jüngsten Räume der Via-Latina-Katakombe, benannt O. Er ist ganz und gar mit Darstellungen aus dem Herakles-Zyklus geschmückt, die deswegen nicht heidnisch sein müssen, wie Prigent betont (Image 318.339). Vielmehr stehen sie für „allgemeine Werte" der Zeit, für eine „entmythisierte Botschaft", die interkulturell verständlich war. Prigent sagt von den Herakles-Szenen: *Comme les scènes bibliques de la salle B, elles parlent du salut* (S. 343).

---

c. 25 *nur einen Tropfen)* ein Understatement, wenn es immerhin eine von sieben Gaben war. Der Rhetor amplifiziert das von Simson nicht Erhaltene zum *Meer*. Zu *Tropfen* vgl. noch oben zu c. 4.

anhand von Beispielen) Zu „Väterkatalogen", ihrer Beliebtheit und Verbreitung ist oben zu *De J.* 91—95 schon einiges gesagt[1]. Sir 44—50 ist einer der ältesten und längsten. Von Hebr 11 zeigen sich abhängig die Expansionen in 1.Clem 9,3—12,8 und 17,1—18,17. Es können aber auch nur ganz kurz Abraham, Isaak und Jakob erwähnt werden, 1.Clem 31,2—4. Der Katalog in *De S.* 25 zählt zu den kürzeren, nennt aber immerhin — was häufig war — außer den Namen und dem inhaltlichen Vergleichspunkt noch *dicta probantia* aus der Bibel, oder er macht sonstwie die gemeinte biblische Geschichte kenntlich.

Der vereinigende Gesichtspunkt ist in unserem Katalog die Partikularität der Gaben. Dies ist besonders am *Geist des Eifers* zu erkennen, für den Simeon und Levi herangezogen werden. Wenn er auf das Sechserschema aus Jes 11,2 (oben Exkurs I zu c. 24) bezogen werden soll, so könnten wir, TestLev 2,3 und 7,2 folgend, das πνεῦμα συνέσεως geltend machen gegenüber der Heidenstadt Sichem, der πόλις ἀσυνέτων. — Der *Geist der Gerechtigkeit* bei Abraham war oben (24) schon als *Geist der Gerechtigkeit und der Besonnenheit* (vgl. Bd. I Anm. 656) genannt worden. Auch er ist nicht wörtlich in der Sechserliste enthalten, kann aber leicht mit deren Anfangsglied und Überschrift, der *Weisheit,* zusammengelegt werden, die ja nach jüdischem Verständnis nichts anderes ist als der Toragehorsam. Vgl., gerade zu Abraham, Bill. III 186. Daß unser Prediger im Gedächtniszitat von Gen 15,6 Gott als *den Lebendigen* bezeichnet, hat oben zu c. 3 (Ende) schon seinen Kommentar gefunden. Vgl. besonders Num 14,21: ‚Ζῶν' τὸ ὄνομά μου; Apk 1,18.

Joseph ist in der gegenwärtigen Liste besonders am Platze, er ist ja in seiner Beherrschung der Sexualität das Gegenstück zu Simson, wie im vorigen Exkurs erwähnt. Seine σωφροσύνη (Bd. I Anm. 667) wäre gleichfalls nicht in den sechs

---

[1] Vgl. noch Thyen, Homilie 18; 76f.; 115. Exempla-Reihen in der Liturgie ebd. 112—114.

Begriffen enthalten, sondern unter ‚Rat' (im Gedächtniszitat versehentlich durch ‚Stärke' ersetzt) unterzubringen. Mit dem fünften Glied der Liste, Simson selbst, kommt der Prediger wieder auf sein Thema zurück. Simson hat das, was er zeigen sollte, *auf das Vollkommenste erwiesen,* q. e. d.

c. 26 *sagt (die Schrift)* subjektloses λέγει, wie auch in c. 24; s. Bd. I Anm. 651 sowie Bill. III 365 f. (zu 1.Kor 6,16). Der zitierfreudige Hebräerbrief hat diese Formel häufig. Es liegt in ihr ein vorsichtiges Verschweigen des Gottesnamens. – In unserem Fall könnte man auch übersetzen: *heißt es (im Text)* oder *besagt (unsere Geschichte);* denn wörtlich sagt sie es erst später, in Ri 16,20.

daß der Geist von Simson wich) Dies betonen, zur Apologie des Geistes, auch die Kirchenväter. Theodoret schreibt unter Bezug auf Ri 16,20 („er wußte aber nicht, daß der Herr von ihm gewichen war"): Αὕτη (sc. ἡ ἡδονὴ) καὶ τῆς θείας ἐγύμνωσε χάριτος (MPG 80, 512 B). Diodor von Tarsus (MPG 33, 1587 f.) und nach ihm Prokopios von Gaza (MPG 87/1, 1077 C)[2] erklären: τὸ Πνεῦμα τὸ ἅγιον οὐ συνοικεῖ καθάπερ ἡ ψυχὴ τοῖς σώμασιν ἀλλὰ πάρεστι μὲν ὡς ἀπερίγραφον, ἐνεργεῖ δὲ ὅσα βούλεται.

schärfen … gegen Gott selbst die Zunge) Warnung vor Theomachie, etwas ganz Aussichtslosem und obendrein Gefährlichem. Euripides, *Bacchae* 45 u. ö.; 2.Makk 7,19; Apg 5,39; Epiktet, *Diss.* III 24,24; Plutarch, *Mor.* 168 C.

Sie spricht vielmehr zu rechtschaffenen und einfältigen Menschen) Der Topos der *sancta simplicitas,* worüber Amstutz, ΑΠΛΟΤΗΣ, der Art. ‚Einfalt' in RAC IV (1959), Sp. 821–840 (Heinrich Bacht) u. a.[3] Auskunft gibt. Im Munde eines wohlgeschulten Rhetors, der sich's vorbehält, im Bedarfsfalle jedes Iota in die Waagschale zu werfen (c. 24 und v. a. 39), ist diese Aussage zwangsläufig etwas ironisch, ist „Rhetorik gegen die Rhetorik"[4].

c. 27 *ein sehenswürdiges Ringen des jungen Löwen … mit Simson)* Religionsgeschichtlich gesehen, ist diese erste Mut- und Kraftprobe Simsons das Pendant zu Herakles' Ringen mit dem Löwen von Kythaeron; s. Exkurs zu c. 20. Eine bildliche Darstellung dieser Szene, die sich in Rom in der Katakombe an der Via Latina gefunden hat, ähnelt genau entsprechenden Darstellungen des Herakles, verrät aber durch das Bekleidetsein ihres Helden, daß es Simson sein soll. (Zeit: Mitte des 4. Jh. n. Chr.; Kenfield, Samson 179 f.; vgl. Exkurs II zu *De S.* 24.). Mitten in Judäa, in der Hinterlassenschaft von Teilnehmern des

---

[2] Dort findet sich kurz zuvor (B) auch ein allegorisierender Versuch, ein Verbleiben des Geistes auf Simson ἐπὶ ταῖς γυναιξίν zu rechtfertigen. Es gab offenbar keine alleingültige Auslegungsweise.

[3] Zitate und Verweise bei Siegert, Argumentation 249 Anm. 7.

[4] Siegert, Argumentation 80 (nach Walter Jens), 249–251.

Bar-Kochba-Aufstandes, hat man einen Siegelring gefunden, worauf des Herakles Kampf mit dem (Nemeischen) Löwen dargestellt ist (Prigent, Image 16 Anm. 12).

Das Motiv selbst ist ein Wandermotiv. Auch David gibt vor Saul an, er habe schon einen Löwen mit der Hand getötet und die Beute wieder seinem Maul entrissen; 1.Sam 17,34—36. Er will damit den Anspruch begründen, es dem „Andersstämmigen", dem ἀλλόφυλος (LXX), nämlich Goliath, genauso ergehen zu lassen.

Unser Prediger benützt nun Gesichtspunkte, die die stoische Philosophie auf Herakles angewendet hatte (Exkurs zu c. 20), zu seiner Nacherzählung der Taten Simsons. Das Zerreißen des Löwen wird nicht nur ein Erweis von Mut und Kraft, sondern auch von Selbstbeherrschung und Besonnenheit, einer mehr philosophischen Tugend. C. 28 wird es zeigen, aber auch schon die folgende Besinnung auf den Unterschied zwischen Mensch und Tier. Vgl. noch c. 43.

unvernünftige Lebewesen sind reizbar, vernünftige dagegen beherrscht) Die Unterscheidung von ἄλογα ζῷα und λογικά, als Topos der Diatribe erscheinend in Jud 10 und 2.Pt 2,12, ist stoisches Schulgut, wie aus dem Thesaurus unter ἄλογος ersichtlich. Eine saubere Definition bietet z.B. SVF II 223, wo die Fähigkeit der Tiere, Laute als Zeichen zu gebrauchen (λόγος προφορικός), unterschieden wird von der Fähigkeit nachzudenken (λόγος ἐνδιάθετος). Diese stellt Simson unter Beweis mit seinem zunächst paradoxen Vorgehen, den Löwen bei seiner gefährlichsten Stelle zu packen und damit gleich am ersten Zubeißen zu hindern. Die Eigenschaft, *beherrscht und überlegen* zu sein, wäre in griechischer Rückübersetzung τὸ ἐνάρετον καὶ δυνατώτερον (vgl. ASA): die Überlegenheit durch Anwendung der ἀρεταί. Zu ἐνάρετος s. SVF III Nr. 295.

Der Unterschied zwischen Mensch und Tier wird in ähnlich stoischer Weise auch in *De J.* 120f. und 135 bedacht.

In unserem Text ersetzen diese Überlegungen das ereignishafte, punktuelle „Hingelangen" (nach Cod. B sogar: „Anspringen") des Pneumas in Ri 14,6. Vgl. oben zu c. 19.

c. 28 *völlig ruhig ... in unerschütterlicher Beherrschung)* Man erkennt hier ohne weiteres die stoische Einfärbung, den philosophischen Herakles. *Ruhig* wäre βέβαιος, *unerschütterliche Beherrschung* ἀσάλευτος καρτερία — um aus den Angaben bei ASA die passendsten auszuwählen. Zu dem ethischen Ideal und dem zugehörigen Wortfeld vgl. SVF I Nr. 202 = III Nr. 459.

Daß Simson sein künftiges Rätsel *bereits im Sinn trug,* beweist den zum vorigen Kapitel schon genannten λόγος ἐνδιάθετος. — In c. 34 freilich wird Simson gemahnt werden müssen: „sei mir künftig vorsichtiger und beherrschter", nämlich gegenüber Frauen.

c. 29 *Bienen ... im Bauch des Tieres*) Was in Ri 14,8 f. sich noch im Maul des getöteten Löwen befand, ist im Laufe der Ausschmückungen und Übertreibungen über die Brust (Josephus, *Ant*. V 288) bis in den *Bauch* gewandert; bei Ambrosius, *Epist*. 19 § 14 schließlich befindet sich die Bienenkolonie *in utero*. Übrigens gab es in der Antike die Meinung, Bienen entstünden aus Rinderkadavern: Belege in Chadwicks Übersetzung von Origenes, *C. Cels*. S. 231 mit Anm. 4 (zu IV 57).

beim Hochzeitsmahl) Was die Septuaginta in Ri 14,10 nur πότος „Gelage" nannte (hebr. *mište;* vgl. Bill. II 372: jüdischer Sprachgebrauch), wird hier zu ἑστίασις γάμου vereindeutigt (so nach ASA zu übersetzen). Mit einem Sprung sind wir bei der Hochzeit, deren halachische Probleme, in c. 23 kurz gestreift, mit keinem Wort mehr berührt werden. Von den Reinheitsvorschriften beim Essen mit Heiden (Bill. IV/1, 374−378; Apg 10,28) ist keine Rede, so wenig übrigens wie in JosAs 21,8, wo Pharao und die Mächtigen Ägyptens auch nicht erst Proselyten werden, ehe sie zu Josephs und Aseneths Hochzeitsmahl kommen. Arist 143−157.161−166 (Theorie) und 184 (behauptete Praxis) ist hier sorgfältiger.

In der Praxis des jüdisch-heidnischen Alltags der Diaspora dürfte Verweigerung der Tischgemeinschaft hingegen durchaus häufig gewesen sein; sie war das deutlichste Zeichen der Selbstabgrenzung des Judentums (Delling, HUCA 1974, 150 Anm. 127). *Separati epulis, discreti cubilibus,* heißt es in Tacitus' Charakterisierung des Judentums (*Historiae* V 5,2; Stern, Authors II Nr. 281 S. 19), die diesen der römischen Völkergemeinschaft entgegengesetzten Zug recht böswillig kommentiert.

c. 30 *Ihr Freunde ...*) Dieses ganze Kapitel ist die Expansion von Ri 14,12−14 zu einer förmlichen Rede, einer familiären Kasualrede. Gerne gab man bei Gastmahlen Rätsel zu raten; Gellius XVIII 2 berichtet mit Beispielen, die er auf athenischen Festen erlebt hat. So auch der biblische Simson: *Ich will euch ... ein Rätsel vorlegen*. Als andere jüdische Ausgestaltung einer solchen Szene vgl. die Erzählung von den Drei Pagen, 3. Esr 3−4 ≙ Josephus, *Ant*. XI 33−67, ferner die Fragerunde Ptolemaeus' II mit seinen jüdischen Gästen in Arist 187−294.

Das biblische Simson-Rätsel hat auch auf die Exegeten stimulierend gewirkt und Spezialliteratur hervorgerufen. Crenshaw, Samson 112−120 interpretiert das Rätsel unter der Fragestellung, was damalige Zuhörer in der gegebenen Situation als Lösung hätten finden können − unter Einbeziehung des psychologischen Aspekts, daß der Anlaß einer Hochzeitsfeier jedenfalls auch nach einem sexuellen Hintersinn suchen ließ. Damit war die Irreführung komplett, denn Simson wollte ja von sich reden, von einer Tat, die er bisher sorgfältig verschwiegen hatte.

Unser Autor gibt die Psychologie der Wette, die Simson mit dem Rätsel

verbindet, in der zweiten Hälfte von c. 31. Zum Rätsel selbst bringt er den Zusatz: *kein erfundenes, sondern ein wahres. Daß der Spruch wahr ist,* damit möchte Simson prunken. Er hat seine Heldentat verheimlicht (c. 28 Ende), um sie an um so wirkungsvollerer Stelle selbst auszuposaunen.
Der Wortlaut des Rätsels folgt LXX Cod. A.

c. 31 ist eine Apostrophe an Simson, den Helden nicht nur der *Stärke,* sondern auch des *Scharfsinns* (s. o. zu c. 24.27). Die Anm. 724 in Bd. I hat auf die Fortsetzung des simsonschen Gedankenspiels durch den Redner schon aufmerksam gemacht. Weiteres unten zu c. 42.

um die Hörer zu fangen) Wie Simsons Angebot einer Wette auf die Hörer wirkt, ist dem psychologisch geschulten Rhetor natürlich klar, und er vermag es darzustellen. Das Wettverhältnis 30:1, die Chance von Gewinn und Verlust werden den intellektuell vielleicht nicht sehr ehrgeizigen „Andersstämmigen" das Salz bei der Sache – und Simson verschafft sich die Gelegenheit, sich als *den Stärksten bekanntzumachen.*

Als ihm, wie man ja weiß, die Pointe mißrät, ergreift er sofort die Gelegenheit zu einem erneuten Beweis seines *Scharfsinns* (c. 42) und seiner *Stärke* (c. 46).

c. 32 *Eingeengt zwischen zwei Übeln, dem Wunschdenken und dem Rausch)* Wie schon bemerkt (Bd. I Anm. 842), ist *Wunschdenken* freie Wiedergabe des armenischen Wortes für *Hoffnung: yoys* = ἐλπίς. Ob das eine Spitze ist gegen einen der Hauptbegriffe, in denen christlicher Glaube sich zusammenfaßte – Apg 23,6; 26,7; Röm 4,18; 5,2–5; 8,20.24; 1.Thess 4,13; Eph 2,12; 1.Pt 1,3; 3,15 usw.[5]? Es gibt aber auch, wie schon Freudenthal[6] zu unserer Stelle bemerkt, eine innergriechische Tradition, die man so benennen kann:

Exkurs zu c. 32: Hoffnung als Übel

Wie Stobaeus, *Anthol.* IV 46 (Περὶ ἐλπίδος) oder der entsprechende Artikel im Thesaurus (bes. Sp. 787 D) zu erkennen geben, war ἐλπίς in griechischem Denken eine ambivalente Sache. Sie konnte als κακόν (Menander), ja κάκιστον gelten (Euripides; s. u.). Bultmann hat im ThW II 516 Anm. 11 und 516/17

---

[5] In jüdischer Tradition vgl. Weish 14,6 (Noahs Hoffnung trägt ihn durch die Sintflut) und bei Philon die Personen des Enos und der Mirjam, die für ihn in gutem Sinne Hoffnung verkörpern: *Det.* 138; *Abr.* 8 (dort wird der Unterschied des Menschen vom Tier in der Hoffnung gesehen); *Somn.* II 142.
[6] Schrift 32 unter Nennung der klassischen Hesiod-Stelle (s. u.).

Anm. 13 hierauf hingewiesen. Es gab eine κακή, eine κενὴ ἐλπίς[7], πονηραὶ ἐλπίδες; ja sogar die Septuaginta tritt dem in einer ihrer Abweichungen vom Urtext bei und übersetzt Jes 28,19 so: καὶ ἐν νυκτὶ ἔσται ἐλπὶς πονηρά. Nach griechischem Sprachgebrauch wird das freilich bedeuten: „die Befürchtung des Bösen". Oftmals heißt die Hoffnung von ihrem Gegenstand her ‚schlecht‘, ohne deswegen als menschliche Haltung verurteilt zu werden.

Sieht man das Material durch – die Spezialuntersuchungen von Lachnit, Nebe, van Menxel, Clark und schließlich Spicq, Supplém. 270 Anm. 3 helfen hier mehr oder weniger –, gelangt man für den Bereich der griechischen Literatur, die stets von einem fatalistischen Einschlag gekennzeichnet ist, zum Facit einer *perennity of man's condition, who, als the Greeks knew, is tormented by the two grimmest tyrants: Hope and Fear* (Elias Bickerman, Studies III 244).

Klassiker dieser skeptischen Einschätzung menschlichen Hoffens ist Hesiod, *Opera et dies* 90–105. Er erzählt den Mythos von Pandoras Büchse, einem Faß voller Übel, die Pandoras Neugier alle herausließ a u ß e r der ἐλπίς. Sie wird also negativ gewertet; die Aussage ist jedoch paradoxerweise, ἐλπίς sei der von allen Übeln geplagten Menschheit erspart geblieben. Lachnit, Elpis 48 f., der zu dieser Stelle eine Spezialbibliographie gibt, macht die negative Wertung von ἐλπίς daraus begreiflich, daß sie „als richtige Voraussicht für die Menschen ein Übel ist."

Ἐλπίς, bemerkt Clark (Spes 85), *was among the oldest and most ambiguous personifications.* Er bemerkt dies gegenüber einem gewissen Kult der SPES, der im römischen Reich politisch forciert wurde. Vielleicht fand auch hier unser Prediger einen Widerpart.

Wenn Sophokles sagte (Frg. 862 Nauck; Stobaeus a.a.O. § 14), Hoffnung „weide" die Menschen (βόσκειν), so differenziert der Mutterwitz der Aesop-schen Fabeln in typisch griechischem Pessimismus diese Metapher in zwei Hälften[8]: βουκολεῖν μὲν οἶδε, τρέφειν δὲ οὐδαμῶς (Fabel 160 Chambry). Weiteres im Thesaurus unter βουκολέω Sp. 353 D/354 A: dieses Verb als Metapher für ‚betrügen, hinters Licht führen‘ bei Aristophanes, *Ecclesiazusae* 81 sowie (ps.)-Plutarch, *Mor.* 13 E.

Zwei Stellen scheinen mir besonders nahe bei der Aussage unseres Predigers zu liegen; mit ihnen sei dieser Exkurs beschlossen. Der Homer-Ausleger Hera-klitos 33,7 sagt von Herakles – der Halbgott verfolgt uns bis hierher –: Die Vögel, die er verscheuchte, seien „die windgetriebenen Hoffnungen, die unser Leben hinhalten (βόσκουσι)" – siehe Aesop! Und bei Euripides, *Supplices* (Ἱκετίδες) 479 f. lesen wir vom Leichtsinn der Bürger, die sich zu einem Krieg begeistern lassen – jeder meint, er selber bleibe wohl ungeschoren –:

ἐλπὶς βροτοῖς κάκιστον, ἣ πολλὰς πόλεις
ξύνηψ᾽, ἄγουσα θυμὸν εἰς ὑπερβολάς.

---

[7] Auch bei Philon einmal: κεναὶ ἐλπίδες, *Mos.* I 195.
[8] Dissoziation; Siegert, Argumentation 77 (nach Ch. Perelman).

Hoffnung als Verleitung zum Leichtsinn – hier sind wir bei der Aussage unseres Predigers.

––––––––

Ein psychologisches Detail des Kontextes in *De S.* 32 verdient noch Beachtung: *Eingeengt zwischen zwei Übeln, dem Wunschdenken und dem Rausch,* so hieß der Text. Hellenistische Rhetorik hat sich darin gefallen, Dilemmata auszumalen, insbesondere psychische Auswegslosigkeiten. Wir haben dies zu *De J.* 60 („Zwangslage") und 62 („ausweglose Gefahr") schon vermerkt.

Der Rausch wird nun mit der leichtsinnigen Hoffnung in direkte, ja ursächliche Verbindung gebracht: hinreißen lassen sich *wenigstens diejenigen, die durch Trinken das Denken weggeschwemmt haben.* Hierzu vgl. Philons allegorische Überlegung in *QG* II 29 (zu Gen 8,2) zu einem ψυχῆς κατακλυσμός sowie diverse Theorien über die Wirkung des Weines, die es der unseren an Vagheit gleichtun[9]: Philon, *LA* II 183; *Spec.* I 98 f.; Plinius, *Nat. hist.* XIV 28 § 141 f. Dort heißt es von den Betrunkenen u. a.: *mortifera elocuntur,* etwa: „sie reden sich um Kopf und Kragen".

Ausmalen der Folgen übermäßigen Weingenusses war, wie der Seesturm und andere Themen, eine der Standardübungen der Rhetorenschule: Vgl. das vermutlich ganz traditionelle Stück bei Philon, *Plant.* 142–177 und, um nur ein patristisches Beispiel anzuführen, Basilius' Predigt „Wider die Trunkenbolde" in MPG 31,444–446; deutsch in BKV 47, 317–330.

c. 33 *So ist die Fremde, Simson: Zur Gemeinschaft der Körper ist sie allemal bereit …, jedoch)* Ab hier wird die Predigt zu einer pauschalen Schmährede gegen Fremdstämmige und insbesondere gegen fremdstämmige Frauen. Sexuelle Wahllosigkeit ist einer der Topoi, von den Rabbinen auch reichlich benützt (Bill. IV/1, 356–364), von heidnischen Schriftstellern auf ihre Weise den Juden zurückgegeben. Die Fortsetzung des zu c. 29 beigebrachten Tacitus-Zitats *Hist.* V 5,1 lautet: *projectissima ad libidinem gens.*

Keinen läßt sie heil davonkommen) ist eine der Verallgemeinerungen, die ich im folgenden nicht mehr einzeln kommentieren möchte. Zum Topos der ‚gefährlichen Frau' vgl. dessen spiritistische Variante in dem jüdischen Roman des Buches Tobit (6,14 ff.).

„Bitterer als den Tod finde ich die Frau" sagt Kohelet 7,26 (LXX; vgl. 28). Zu theologischen Würden stieg diese Ansicht auf in Sir 25,24: ἀπὸ γυναικὸς ἀρχὴ ἁμαρτίας; vgl. Philon, *Opif.* 151 f.; 165; 1. Tim 2,14. Die Frau wird hier Ursache der Erbsünde, vor der freilich keiner *heil davonkommt.*

––––––––

[9] Vgl. oben zu *De J.* 33: *ad-hoc*-Theorien ohne jeden Hintergrund methodischer Beobachtung.

Der Gedanke selbst ist griechisch. Pausanias, *Descriptio Graeciae* I 24,7 sagt von Pandora, der Bringerin aller Übel, sie sei die erste Frau. Er beruft sich auf Hesiod, bei dem wir in *Theog.* 561−593 folgendes lesen: Die Frau sei von Zeus den Menschen (= Männern) gegeben zur Strafe für den Raub des Feuers. In Z. 535 bezeichnet er sie als καλὸν κακόν, in Z. 591 als ὀλώιον γένος, „verderbenbringendes Geschlecht". Vgl.:

c. 34 *Grausam ... und unberechenbar ist das weibliche Geschlecht.)* Nach den eben genannten Allgemeinheiten können auch spezifischere Warnungen verglichen werden, so die vor fremden Ehefrauen in Spr 5,1−8,27 oder vor Frauen und Trunkenheit ebd. 31,3−6. Im sog. 3.Esra (LXX: 1.Esra) 4,13−33 findet sich eine geradezu humorvolle Beschreibung der Macht und des Einflusses von Frauen, die auch Könige zu beherrschen vermögen. In unserem Text: *Nur Frauen ist es leicht, Helden zu bändigen.*

Über den *Betrug der seelischen Begierde* (und nicht einfach der ‚fleischlichen') ist zu c. 20 das Nähere gesagt. Hier heißt sie auch *die geistige Verlockung* (armen. *dawowmn anjin),* wörtlicher: *Verlockung/Nachstellung der Seele* oder *Selbstverlockung, Selbstnachstellung.* Der Versuch zu fangen wird zur Falle; der Versuch zu treffen wird zur eigenen Wunde (vgl. c. 19 Ende). So hat es auch Ovid in den *Remedia amoris* gesehen (V. 615):

Dum spectant laesos oculi, laeduntur et ipsi.

So ist denn, ganz wie bei Ovid, auch hier der Rat: Lieber nicht (mehr) hinsehen, *unbeachtet lassen, ohne weitere Gedanken vorüberziehen.* Zur Metaphorik vom *Wundenschlagen,* welches über den Gesichtssinn geschieht, s. o. zu c. 22.

c. 35 ist nochmals eine Reflexion des Redners auf seine Tätigkeit, wie c. 2.4.10 und später 42. Sie ist apologetisch gefärbt: er möchte dem Eindruck vermeiden, zu sehr heroisiert zu haben[10]. Ein reiner Sophist hätte hier wenig Bedenken gehabt: Isokrates sagt zu Beginn seiner *Helena,* er wolle zeigen, daß es möglich sei, die Frau, die durch ihre Untreue Auslöserin des Trojanischen Krieges wurde, als bewundernswert hinzustellen[11]. Unser Prediger nennt in seinem Zwischenresümee den Zweck seiner Predigt in zwei Punkten:

---

[10] Wie ambivalent die Person Simsons in jener Zeit gesehen wurde, hat der Exkurs II zu c. 24 behandelt.

[11] Etwa nach dem Motto: ‚Das muß erst mal jemand nachmachen'. Die Sophisten waren erfolgsorientiert; Wahrheit hielten sie für Konvention. Ihre Art von Irrationalismus setzt sich fort bei denjenigen Rhetorikern neueren Datums, die philosophische Gesichtspunkte wie den Unterschied von Überredung und Überzeugung ablehnen.

1. *die Heiden anzuklagen,* d. h. vor Kontakt mit ihnen zu warnen; und
2. die Rede soll *nützen* — der Topos der *utilitas*[12].

Dieser zweite Punkt wird hier näher ausgeführt als ein Lernen aus der Geschichte; *denn die Fehler der Alten sind die beste Gewähr für die Rechtschaffenheit und Vernunft der Jungen.* Hierin sah auch Josephus ein Motiv zum Lesenlernen (*C. Ap.* II 204). Der hermeneutische Grundsatz, der aus der Geschichte niemals einen „Graben" werden läßt, lautet: *Das Leben ist eines, und die Neigungen der Menschen sind stets dieselben* usw. Dies hat mit Hilfe gewisser Abstraktionen in unserem Jahrhundert die „existenziale Hermeneutik" vertreten.

Der Warnung vor den Verlockungen der „Andersstämmigen" wird die Warnung vor den Fehlern der eigenen Vorfahren zur Seite gestellt. Das Enkomion Simsons läuft also nicht auf ein bloßes Bestaunenlassen hinaus (wie man dieser Redegattung und überhaupt dem *genus demonstrativum* gerne vorwirft), sondern auf ein Lernen aus Fehlern anderer.

c. 36 *wir sind deine Landsleute)* wörtlich: *deine Stadt.* Wie in 1.7.7 schon bemerkt, ist das ländliche Ambiente des Simson-Zyklus in dieser Nacherzählung völlig abgestreift; der Prediger redet offenbar zu Städtern.

Im folgenden werden die beiden Bindungen der Frau, die an ihre *Landsleute* und die an Simson, *einen Fremden,* als Dilemma dargestellt: vgl. zu c. 32, nach dem Exkurs, zur Beliebtheit dieses Dramatisierungsmittels.

Inhaltlich gesehen, wäre der Konflikt in der Tora zugunsten des Ehepartners entschieden worden: Gen 2,24; vgl. die Bekräftigungen im Neuen Testament, Mt 19,5 u. ö. Im Rabbinat hingegen, das ja sehr die Frühehe begünstigte (Bill. II 373—375), ist diese Stelle durch Erweiterungen entschärft und durch Fragen zerlöchert worden; s. Bill. I 802f. und III 346. Im Bibeltext scheint Simson selbst die Bindung an seine Eltern als vorrangig zu empfinden: Ri 14,16b. So auch Sophokles' Iphigenie V. 911—915.

c. 37 *werden wir den Wettpreis aus deinem elterlichen Besitz bezahlen)* Im Sinne der Gewinn/Verlust-Bilanz, mit der unser Prediger die Fremdstämmigen argumentieren läßt, wird die Drohung, das Haus anzuzünden (Ri 14,15), abgewandelt und amplifiziert in die Androhung von Raub und Todesstrafe.

c. 38 *Nun möchte vielleicht der eine oder andere Zuhörer einwenden)* Dies ist das *argument prévu*[13], die Antizipation eines Einwands, vorgetragen in der Art, die insbesondere in der Diatribe beliebt war[14]. Die gleiche Art, einen Zweifel aufzufangen und die Zweifler im folgenden auf genaue Bibellektüre zu

---

[12] Lausberg, der diesen Topos in seinem Handbuch oft erwähnt, hat ihn in der Behandlung des *genus demonstrativum* § 239—254 m. E. etwas zu kurz kommen lassen. S. immerhin § 252.
[13] Siegert, Argumentation 81 (§ 98b), nach Ch. Perelman.
[14] Ebd. 133 mit Literaturangaben in Anm. 82.

verweisen, finden wir z. B. bei ps.-Basilius in de Vis, Homélies coptes II 224 Z.
7–11.

Lies die Schrift genau …!) Diese Art von Schrifthermeneutik, nämlich das
Pressen des Buchstabens, war auch Bestandteil der antiken Rhetorenausbildung, die ja zugleich Juristenausbildung war[15]. Sie wußte mit Gesetzestexten
nicht weniger virtuos umzugehen als mit den Epen Homers.

Wir haben Beispiele solch minutiösen Lesens bzw. Memorierens der Schrift
in *De J.* 192–194 und *De S.* 7.11.14.24.41 gefunden. Philon gibt sie auf jeder
Seite; die Rabbinen ebenfalls. Als patristisches Beispiel ist die eben zitierte ps.-
Basilius-Homilie besonders anschaulich: S. 224,7–11; 226,15/227,1; 227,5 f.;
228,4 ff.; 228,14–229,9.

Das Fündlein des Exegeten besteht in unserem Fall im Wörtlichnehmen von
Ri 14,17: „und sie weinte bei ihm die sieben Tage (ἐπὶ τὰς ἑπτὰ ἡμέρας), an
denen sie das Gelage hatten". Das wird zwar im Text erst gesagt, nachdem die
Philister den halben Zeitraum lang der Frau mit Drohungen zugesetzt haben.
Es ist inkonsequent und vielleicht nur ein gedanklicher Lapsus, danach noch
von siebentägigem Weinen zu sprechen. Unser Autor macht aus diesem Neben-
aspekt eine Aussageabsicht des Textes.

So beschaffen ist die Argumentation des **c. 39.** Wir erkennen außerdem das
in c. 24 f. angewendete Verfahren der *partitio* wieder, hier als Aufteilung der
Verantwortung zwischen der Frau und ihren Verwandten, genau nach Tagen
vorgerechnet: Es *gehen die ersten drei Tage auf ihre Bosheit zurück und nur die
übrigen vier auf die Bitten.*

c. 40 *Abscheuliche, niederträchtige Frau!)* Nun ist eine zünftige Scheltrede
fällig, hier in Form einer Apostrophe (Anrede an Abwesende, an andere als das
Publikum). Kein Detail entgeht dem Redner, das nicht dienen könnte zur
Auslösung von Emotionen: *Brautfackeln, Brautkrone, Ehebett* usw. Hier, wo
eine Fremde zu beschimpfen ist, steigert er sich noch gegenüber c. 34.

Darum hast du auch … die Ehegemeinschaft aufgelöst und zersprengt) ein
Vorgriff auf Ri 14,20 in der Fassung des Codex A, der, abweichend vom Urtext
und vom etwas wörtlicheren Codex B, der Frau Simsons die Initiative bei der
Scheidung beilegt: „Und die Frau Simsons zog zu (συνῴκισεν) seinem Braut-
führer". Ambrosius veredelt bei diesem Anlaß Simsons Haltung noch weiter:
„Er enthielt sich aber der Ehe mit der Frau, deren Untreue er entdeckt hatte,
und zog sich in sein Elternhaus zurück (*Epist.* 19 § 18).

Beispiele für derartige kleinere Geschichtsklitterungen zu apologetischen
Zwecken sind nicht selten; schon Kinder erzählen so, warum nicht auch Schrift-

---

[15]　Ebd. 158–161; zu unserem Abschnitt im besonderen 160/61.

gelehrte! Artapanos läßt den Totschlag eines Ägypters, den Mose beging (Ex 2,11 f.), eine Handlung der Notwehr sein (bei Eusebius, *Pr. ev.* IX 27,18); und Ezekiel der Tragiker (ebd. IX 29,12; S. 533 Z. 5–9 Mras) läßt in seiner Erzählung des Exodus die bei den Ägyptern gemachte Beute (Ex 12,35 f.) eine Lohnzahlung für die geleistete Arbeit sein; so auch Philon, *Mos.* I 141 f. Geschichte wird „gestaltet" nach eigenem Gerechtigkeitsempfinden.

c. 41 *der Sieg aber gehört einer Frau, nicht Männern)* Diese Expansion von Simsons Antwort zielt, noch ganz im Zuge des vorigen Kapitels, auf die Emotionen: Es ist unfair, ja schmählich, wenn Männer eine Frau für sich siegen lassen. Simsons originelle Antwort wird mit einem *Denn* hieran angeschlossen.

Josephus hat, bei gleicher Tendenz, den Eindruck von Geistesgegenwart bei Simson noch verstärkt. Er läßt Simson direkt nach der Mitteilung des Rätsels (nichts sei süßer als Honig und nichts stärker als ein Löwe) mit einer Fortsetzung dieses Spruches antworten: „und nichts ist treuloser als eine Frau; denn ..." (*Ant.* V 294; ohne Herkunftsangabe zitiert bei Ambrosius, *Epist.* 19 § 17).

„Hättet ihr nicht mit meiner Kuh gepflügt [Ri 14,18 LXX Cod. B], *hättet ihr mein Rätsel nicht gelöst* [wörtl. *gefunden,* ebd. Cod. A]") Der Wechsel zwischen zwei Textfassungen der Septuaginta der verbreiteteren des Codex A, der die Predigt bisher gefolgt war (siehe c. 18.30.40), und der wörtlicheren des einen Codex B, die in c. 42 auch für die zweite Hälfte des Spruchs zitiert wird, ist in Bd. I Anm. 838 und 844 schon vermerkt. Dorival/Harl/Munnich, Septante 140 f. und 276–280 belegen die jahrhundertelange Koexistenz mehrerer Textformen der Septuaginta, ebenso Stichel, Samson-Mosaik 51–56, der noch in russischen Menäen des 16. Jh. „eine Mischform der Rezensionen A und B" der Septuaginta als Textgrundlage erkennt. Nicht einmal der Wechsel der Textform innerhalb eines Satzes ist ohne Beispiel: Die beinahe wörtliche, nur stilistisch etwas glättende Nacherzählung der Jotham-Fabel (Ri 9,8–15) in Aesop Nr. 252 (Chambry) folgt eindeutig der Fassung A bis auf den Schlußsatz, wo das Wort ὑπόστητε dem Codex B entspricht. Es scheint also, auch wo die gedruckten Texte dies nicht erkennen lassen, Mischtexte zwischen der A-Fassung und dem Codex B gegeben zu haben, und sei es nur in der Erinnerung von Lesern beider.

c. 42 *Welcher erneute Scharfsinn!)* Wörtlich ist hier von Simsons *Weisheit* die Rede (Bd. I Anm. 839), wie auch in c. 36 (Anm. 791) und 40 (Anm. 825). Der Ausdruck wird weiter unten, in der Mitte des Kapitels, wiederkehren, sowie in c. 43.45. Weitere Stellen s. o. zu c. 31. Die Rätsel-Episode einschließlich ihres Ausgangs erlaubt es unserem Prediger, an Simson nicht nur die Kraft, sondern auch die intellektuellen Fähigkeiten hervorzuheben – mehr als es seiner heidnischen Konkurrenz an den Herakles-Mythen möglich gewesen sein dürfte.

Hier ist eine ganze Portion jüdischen Stolzes zu spüren: *es ist für Heiden vielleicht angebracht, Simsons Sprüche nicht zu begreifen; wir aber, seine Ver-*

wandten, sollten sie verstehen. Diese Stelle ist einer der stärksten Beweise für den jüdischen Ursprung unserer Predigt. Denn es sind nicht nur Geistesverwandte gemeint, wie Christen sich auch verstehen könnten, sondern ὁμόφυλοι (Bd I Anm. 846). Innertextlich ist das natürlich der Gegenbegriff zu ἀλλόφυλοι.

Jüdisches Selbstlob für besondere Intelligenz ist ein Topos des Diaspora-Schrifttums: 3.Esr. 3−4 (≙ Josephus, *Ant.* XI 33−67); Arist 295f. − Biblische Modelle sind die Traumdeuter Joseph (Gen 41,12.38f.) und Daniel (Dan 2,27f.).

Textpragmatisch gesehen, werden hier die Hörer, die sicher schon zu ermüden beginnen, zu einer letzten intellektuellen Anstrengung herausgefordert, was nach der betonten Emotionalität der letzten Abschnitte auch sehr am Platze ist. Zwei allgemeine Skopoi jeder Predigt, ja jeden jüdischen Gottesdienstes werden genannt:

− der *Dank gegen Gott;*
− das *Erinnern der Weisheit.*

Vgl. oben 1.4.1.

Gib uns Suchenden zu erkennen, was deine Erwähnung der ‚Kuh' will…!) Apostrophe an Simson, ein rhetorisches Mittel der Vergegenwärtigung[16], das nichts mit einer Anrufung von Heiligen zu tun hat (wenngleich diese letztere hier eine ihrer Wurzeln haben kann); vgl. die andere Apostrophe in c. 40.

die ‚pflügende' Kuh) und nicht die ‚gepflügt werdende': Das in Bd. I Anm. 850 benannte Wortspiel heißt rückübersetzt οὐ γὰρ ἀροτριωμένην[17], ἀλλ᾽ ἀροτριῶσαν βλέπομεν δάμαλιν. Es nimmt als *argument prévu* (c. 38) den Einwand derer auf, die sagen möchten: Simsons Antwort stellt die Frau aber in einer passiven Rolle dar! Unser Prediger hatte ja, in einer etwas gewagten Interpretation, es anders hingestellt. So muß er nun nochmals interpretieren, inwiefern das *Pflugtier*[18] mit eigener Initiative auch Anteil an der Schuld und den Vorwürfen bekommt. Die Frage hat noch ein Schriftargument für sich, Ri 14,15.

Der Prediger antwortet mit einer erneuten Aufteilung (s. zu c. 39), diesmal einer Aufteilung der Rollen: Wohl kam die Frau durch ihre Verwandtschaft unter Druck; Simson aber kam durch die Frau unter Druck − und das, wie oben behauptet, vorher schon (c. 39).

---

[16] Ebd. 40(unten)−42 und 49; Ch. Perelmans Begriff der *présence.*
[17] Diese Form war möglich, wie Jes 7,25 LXX zeigt.
[18] *arōradir* wird in ASA mit ἀροτήρ wiedergegeben, was aber in unserem Kontext nicht paßt. Es ist m. E. ein akustischer Lapsus der Lexikographen, die ihre eigene Sprache westarmenisch und das Griechische itazistisch aussprachen; das gibt die armenisch-griechische Angleichung/aroratir/ − /arotir/.

c. 43 *Da ja der fremde Volksstamm als Einheit gelten konnte)* Vorurteile aufgrund von Gruppenzugehörigkeit[19] und damit Sippenhaft war in der Antike selbstverständlicher als heute, wo sie wenigstens theoretisch bestritten werden.

in Schwarz gehen) Über Trauerkleidung in der Antike s. o. zu *De J.* 150.

keineswegs unbedacht) Simson wird nun, wie griechische Ausleger mit ihrem Herakles taten, als Vorbild der Selbstbeherrschung gefeiert. Vgl. oben zu c. 27. Gerade in dem Moment, wo er anfängt, Rache zu üben, bezeichnet ihn unser Redner als *menschenfreundlich* (Bd. I Anm. 863; vgl. oben zu c. 3). Der Urtext von Ri 14,19 läßt hier eher den heiligen Zorn erkennen: „Und es drang in ihn der Geist des Herrn …" Unser Prediger macht aus Simson ein Vorbild der Mäßigung. Das mag in der explosiven Lage Alexandriens (oben 1.7.3) nicht ohne Grund gewesen sein.

Die Rabbinen haben andere Sorgen verfolgt, als sie sich zu unserer Stelle im Richter-Buch fragten, wie Simson wohl dreißig Philister erschlagen und ausgezogen haben könne, ohne sich an Leichnamen zu verunreinigen (Babylonischer Talmud, Nazir 4 b Ende).

Unser Prediger, der nicht von ungefähr die Gattung des Enkomion gewählt hat, da er sich in einer apologetischen Situation gegenüber seiner hellenistischen Umwelt befindet, verfolgt mit seinen Mitteln das Ziel, *daß mir keiner den Weisen tadle.* Zu dieser Bezeichnung Simsons vgl. zu c. 42 mit Verweisen, ferner *der Gerechte* im Schlußsatz (c. 46).

angedroht, das Haus der Frau in Brand zu stecken) Ri 14,15.

c. 44 *gerecht)* siehe den Schlußsatz (c. 46).

nach dem Willen der Heiligen Schrift) Was wir in Pred 10,8 und Parallelen als Erfahrungssatz auffassen würden, nimmt unser Ausleger als Willensäußerung Gottes. Die Heilige Schrift ist eben im Ganzen der νόμος; s. o. zu *De J.* 176. Simson setzt ein eigenes Handeln um, was die Schrift für den Willen Gottes erklärt.

Als Lebensweisheit wäre der zitierte Spruch auch in pagan-griechischem Bewußtsein gut verankert. Stobaeus widmet ein (nicht erhaltenes) Kapitel der Überschrift, „Daß die, die anderen nachstellen, unbemerkt sich selber schaden" (*Anthol.* II 16); und Aesops 16. Fabel (Chambry) schließt mit dem Satz: „Wer gegen einen anderen Listen schmiedet, wird sich selbst zum Urheber der Übel."

erstaunlich) vgl. oben zu c. 7: das Enkomion soll Staunen wecken. Durch seine *Rätsel,* also Klugheit, ist Simson nicht weniger erstaunlich als durch seine

---

[19] Siegert, Argumentation 67 (nach Ch. Perelman). Vgl. das in Tit 1,12 zitierte Vorurteil gegen die Kreter.

Heldentat. Zu dieser Zweigleisigkeit, die die ganze Predigt durchzieht, s. o. zu c. 42.

nicht durch das Blutvergießen unbrauchbar machte) Der Prediger denkt praktisch, wo der Talmud eher halachische Probleme verfolgt: oben zu c. 43. Hier die Brauchbarkeit der Gewänder, dort die Frage nach der rituellen Reinheit eines Totschlägers. Mitgefühl mit den „Fremdstämmigen" oder Bedauern über ihre Verluste herrscht auf keiner Seite.

c. 45 *Klug, wie er war) ibrew imastown* = ὡς σοφός; s. o. zu c. 42. Simsons Überlegtheit wird hervorgehoben, wie schon beim Kampf mit dem Löwen in c. 27. Hierzu gehört die Wahl des rechten Zeitpunkts und die Fähigkeit zu warten. Dies ist die *interpretatio Graeca* von Simsons Rache, immerhin einem dreißigfachen Totschlag, der im Bibeltext ganz anders dargestellt worden war: nämlich daß der Geist ihn überkam. S. zu § 43.

wie es sich für einen Weisen gehört und nicht minder für einen Gerechten) Hier sind die beiden Leitbegriffe des Predigtschlusses genannt. Von der Darstellung der Stärke Simsons über die seiner Weisheit gelangt der Prediger zum Zielbegriff der Gerechtigkeit, der in seiner Charakterisierung Simsons sowohl biblisch-jüdisch als auch griechisch-philosophisch gefüllt ist.

Vergeltung/Unrecht, Unrecht/Vergeltung) ein eleganter Chiasmus.

c. 46 *geistbegabten Männern / in seinem Geist)* Gottesgeist und Menschengeist wirken in der Auffassung des Predigers reibungslos zusammen. Der armenische Text zumindest bleibt bei derselben Wortwurzel.

es hätte zu seinem Charakter nicht gepaßt) nochmals das πρέπον, ein dem Rhetor wohlvertrauter Gesichtspunkt. *Charakter* etwa παιδείας τρόπος (vgl. ASA unter *xrat, bark').*

der Gerechte) Die Analyse der intellektuellen Leistung dieser Predigt läßt hier durchaus ein angesteuertes Ziel erkennen (s. o. zu c. 1, Ende) und nicht nur ihrem Abbruch. Zu Simsons Bezeichnung als *Gerechter* s. o. zu c. 3 (Gnadengabe), 14. In c. 44 trägt Simson sie zweimal, in 45 ein weiteres Mal. Inhaltlich ist nicht viel anderes gemeint als die Besonnenheit (σωφροσύνη), neben δικαιοσύνη eine der vier griechischen Kardinaltugenden. Doch ist anzunehmen, daß bereits die bloße Zugehörigkeit zum Volk der Erwählten und das Betrautwerden mit einer besonderen Rolle in dessen Geschichte ausreichend war zu einer derart ehrenden Qualifizierung; wie bei Jona[20].

· [20] S. o. den Kommentar zum *De-Jona*-Fragment, ferner 2.2 (zu *De Deo* Z. 41 f.) über den griechischen Nationalhelden Odysseus.

6. Theologische Würdigung der hellenistisch-jüdischen Predigten

Neben Philon und Josephus steht nun eine Person – oder eine Schule – von gleichem geistigem Format vor uns wie diese beiden, philosophisch einem Josephus ebenbürtig, rhetorisch beiden überlegen. Neben den Philosophen und den Historiker tritt der Prediger. Das griechischsprachige Judentum der Antike gewinnt ein Profil, das ihm in der exegetischen und judaistischen Literatur weithin versagt blieb – um als Beispiel nur das ThW zu nennen, das unsere Texte nicht kennt, und jene Tendenz der neueren Philon-Forschung, die den Alexandriner als Außenseiter des Judentums hinstellen möchte und als Einzelgänger.

Die folgenden Abschnitte sind ein erster Versuch, die charakteristischen Linien nachzuziehen, die das antike Judentum griechischer Sprache durch die ps.-philonischen Predigten erhält. Dem Unbefriedigenden eines Kommentars, immer nur *ad hoc* und unsystematisch seine Materialien anzuhäufen, soll wenigstens provisorisch gegengesteuert werden, und die Predigten sollen als das gewürdigt werden, was sie sind: als Rede von Gott.

6.1. Ihre Rhetorik und Homiletik

6.1.1 Bereits aus der Antike sind uns zwei Arten von Predigt überliefert: bei der einen darf gelacht werden, bei der anderen nicht. Unsere Predigten pflegen die erste: nicht durch Tiefsinn, sondern durch Ergötzen suchen sie ihre Hörer zu fesseln (*docere et delectare*)[1]. Es sind förmliche Erzählpredigten[2] – Exemplare einer Gattung, die man heute wieder schätzen gelernt hat. Der sprachliche Stil mit seinen Manierismen ist Geschmackssache. Eines aber merkt auch der heutige Leser: daß der Redner an seiner Arbeit und an seinem Gegenstand Freude hatte.

Er predigt populär, weit mehr als der manchmal auch kräftig rhetorisierende Philon, der immerhin auch vorhat, die Heiligtümer des Mose der Menge (τοῖς

---

[1] Vgl. oben 1.6.3 und 2.2 zu *De Deo* Z. 135.

[2] Vgl. Berger, Formgeschichte 310 über „die erzählende Gattung Epideixis/Demonstratio: Zu dieser Gattung rechnen wir alle Texte, in denen ein Geschehen so berichtet wird, daß am Ende die (Augen- oder Ohren-)Zeugen darauf mit Verwunderung reagieren."

πολλοῖς) zu öffnen[3]. Näher ist unserem Redner das 2. Makkabäerbuch, welches ψυχαγωγία (‚Unterhaltung‘)[4] und Einprägsamkeit des historischen Stoffes oder jedenfalls ὠφέλεια zu seinen Zielen erklärt (2,25). Wir hatten auch Anlaß, das romanhafte, ebenfalls asianisch-schwülstige 3. Makkabäerbuch[5] zu vergleichen, ein alexandrinisches Produkt. Dort liegt der gleiche sprachliche Geschmack vor; inhaltlich hingegen, als historisierende politische Allegorie, liegt es auf der Ebene vieler anderen Pseudepigraphen, die man als „Gemeindeliteratur" qualifiziert, als erbauliche Legende.

Eine unseren Predigten vergleichbare Eloquenz beim Paraphrasieren und Ausgestalten von biblischer Geschichte haben wir in der „Weisheit Salomos", insbesondere c. 17, bemerkt (s. o. zu *De J.* 41), auch die gleiche psychologische Beobachtungsgabe. Gegenbeispiele liefert die Masse der Pseudepigraphen; man vergleiche etwa die Beschreibung eines Helden in *De S.* 19 und 27f. mit der im TestJuda 2f. – wenigen und trockenen Sätzen, ohne jeglichen Witz oder Reiz.

Demgegenüber sind die ps.-philonischen Predigten ganz eindeutig ein Produkt der Rhetorenschule. Was uns im Neuen Testament nur in verkürzenden Wiedergaben und in sekundär-literarischen Kompositionen von Kernsätzen begegnet, ist hier in einem blühenden Beispiel belegt: mündliche Rede, und zwar von einem, der genau dies professionell gelernt hat. Bis zu Melitons Passa-Homilie hat die christliche Kirche nichts Gleiches aufzuweisen.

Zu würdigen ist hierbei nicht nur der Stil, sondern auch der trotz allen Erzählens stark argumentative Charakter der Predigt – besonders in der abschließenden Gottesrede von *De Jona* (§ 183–219), aber auch in den zahlreichen anderen Reden in der Rede. Das 4. Makkabäerbuch, eine Rede über die Geschichte von den sieben makkabäischen Märtyrern, ist nur an seinem Anfang scheinbar noch argumentativer; es arbeitet zunächst mit Definitionen und Distinktionen ganz nach Art der Philosophenschule. Später jedoch fällt es umso mehr zurück und läßt den argumentativen Apparat des 1. Kapitels unbenützt. In dieser Hinsicht sind unsere Predigten homogen, ja, *De Jona* steigert sich gegen Ende.

---

[3] *Spec.* III 6. Dieser Tendenz hält bei Philon eine andere die Waage, die wir aus den Homer-Allegorikern kennen: daß nämlich der große Autor nur den Begabteren verständlich zu machen sei. Vgl. Siegert, Philon 44 (zu *De Deo* Z. 9 f.) und 92: Stilisierung nach einer Mode der Zeit. Immerhin wird damit eine Richtung angegeben, in die der Sprecher sich bewegt: *aus* der Masse, nicht in sie hinein.

[4] Vgl. die Deutung dieses Wortes und der Stelle bei Delling, HUCA 1974, 148 Anm. 104, mit Verweis auf Arist 78.

[5] Zu diesem Buch, dem alexandrinischen Pendant zum babylonischen Esther-Buch, vgl. Delling, HUCA 1974, 150–152. – Noch typischer, stilistisch gesehen, ist ein rein hellenistischer Roman wie Charitons *Callirhoë.* Wir haben ihn darum, stellvertretend für seine ganze Gattung, mitverglichen.

6.1.2 Aus verschiedenen Gründen sind Schriftzitate bei unserem Prediger weit seltener als etwa bei Philon oder den Rabbinen. Zum einen hält er keinen Lehrvortrag vor mehr oder weniger gehobenen Schülern, sondern er spricht zu einer größeren Menge, sicherlich auch zu Frauen. Und zweitens: Für seine stilistischen Ambitionen war die Septuaginta nicht zitierfähig. So wie ps.-Plutarch mit seinem Homer, konnte er mit der griechischen Bibel nicht umgehen. Er mußte Mose und die Propheten auf lakonische Apophthegmen reduzieren, um das Unmögliche der Septuaginta-Diktion nicht weiter hervortreten zu lassen.

Philon äußert in diesem Punkt eher Sympathie mit den Therapeuten, die – wie er sagt – auf jede δεινότης λόγων verzichten und sich dafür umso mehr um Genauigkeit der Ausdrucksweise bemühen (*Cont.* 31.75)[6]. Ihm ist Mose ein Philosoph, ja der früheste aller Philosophen[7].

Für diesen apologetischen Topos hat unser Autor keine Verwendung. Bei ihm gilt die Heilige Schrift als Gesetz, νόμος (unten 6.2.4), und nicht zusätzlich als eine in Gesetzesform verkleidete Philosophie.

Der Gegenstand seiner Darstellung, die Gattung einer populären Rede und, wie gesagt, das Stilgefühl des Redners verhindern jedoch jene juristische Zitierwut, die wir bei den Rabbinen, ja auch in mancher cento-artigen Pauluspassage finden. Vergleichbar in der Häufigkeit, manchmal auch in ihrer nur bestätigend-zusätzlichen Funktion, sind die Homerzitate in Charitons *Callirhoë*.

6.1.3 Deutlich ist an Stellen wie *De J.* 150f. oder 217 das missionarische Bemühen. Die letztgenannte Stelle ist geradezu eine Botschaft an die Gottesfürchtigen; und die ganze Predigt gilt Ἰουδαίῳ τε πρῶτον καὶ Ἕλληνι. Wenn man im Judentum seit Esra zwei Tendenzen unterscheiden kann: die der Isolierung, wofür die Person Esras steht, und die einer Erneuerung des prophetischen Universalismus[8], so gehört die *De-Jona*-Predigt fraglos in die zweite Gruppe. *De Sampsone* hingegen schließt sich der ersteren Richtung an, was nicht heißt, daß diese Predigt einen anderen Autor haben müßte. In erster Linie ist der jeweilige biblische Text maßgeblich; der Ausleger ist sein Sprachrohr. Rhetoren sind nie auf eine einmal geäußerte Meinung festlegbar: sie haben ihren Gegenstand zu amplifizieren und nicht ein System zu vertreten. Selbst Philon ließe sich kaum auf ein solches festlegen.

---

6 Dazu Delling, HUCA 1974, 140. In Anm. 51 zieht er Paulus zum Vergleich heran: 1.Kor 1,17; 2,1; 4,13. – Zu Philons Anspruch der Genauigkeit wird unten (6.1.6) noch ein kritisches Wort zu sagen sein.

7 Siegert, Philon 109; 113f.; vgl. ferner 4.Makk 5,35; 7,9.21 über die Tora als „Philosophie"; ferner Aristobul.

8 Vgl. Trencsényi-W., Apanthropie 131 und überhaupt seine Beobachtungen am LXX-Text des Jona-Buches.

6.1.4 Herbert Braun hat gegen Philon eine Polemik geschrieben mit dem Titel: „Wie man über Gott nicht denken soll"[9]. Er sieht in Philon einen „Mann, der das ‚Gott allein' leidenschaftlich vertritt. Es gibt Gott, und eigentlich gibt es nur Gott. Das ist Philos Pathos. Was bei dieser Parole herauskommt, scheint mir auf der Hand zu liegen: Die Existenz des Menschen wird vernichtigt, die ethische Lauterkeit des Wandels wird vergleichgültigt." – Man kann zwar mindestens das letzte stark in Frage stellen: gerade für Philon ist κατόϱϑωσις τϱόπων (*De Deo* Z. 19) Voraussetzung für all die inneren Erhebungen der Gotteserkenntnis. Es soll uns jetzt auch nicht darum gehen, vom Katheder der Existenzphilosophie herab einen antiken Autor dafür zu tadeln, daß er nicht von Gott redet, *indem* er vom Menschen redet[10]. Es mag aber die Frage angemessen sein, wie weit unser Prediger seine Hörer als konkret-soziale Wesen anspricht, mit ihren bestimmten Prägungen und ihren Bedürfnissen.

Hier muß gleich nachgeschoben werden, daß Situationsbezogenheit nicht zu den angestrebten Tugenden einer antiken Predigt gehörte – weder bei den Kirchenvätern, noch, wie wir hier sehen, in der Synagoge. Für letztere gehört mitbedacht, daß Konkretheit politisch gefährlich sein konnte: vgl. die Darstellung der Lage oben in 1.7.1–3 und 1.7.7. Es hat seinen Grund, daß Apokalypsen wie z. B. die jüdischen Sibyllinen ins Allegorische und Kosmische projizieren, was sie ganz konkret vom Römischen Reich erwarten (so ist mein Eindruck).

Anders und viel direkter ist der Situationsbezug in den Reden, die antike Geschichtsschreiber den handelnden Personen in den Mund legen. Denn es sind die handelnden Personen! Hier darf mit jüdischen Predigten und Traktaten nicht verglichen werden. Ferner empfanden sich antike Menschen lange nicht in dem Maß als Individuen wie heutige westliche Großstädter. Festreden (ἐγκώμια, γένος ἐπιδεικτικόν) waren möglichst abgehoben, führten nicht *in* den Alltag, sondern aus ihm heraus.

An Philons Hermeneutik, wie er sie in *Cont.* 78 und *Abr.* 119–121 formuliert, kann man es sehen: Nach Aktualität und Bezug zum Zeitgeschehen, womit heutige Prediger sich so große Mühe geben, wird nicht gefragt. Wahrheit wird im allgemein-Menschlichen und vor allem im ewig-Göttlichen gesucht. Vgl. noch Lietzmann IV 109–111 über die sehr verhaltene Art des Johannes Chrysostomos, auf Zeitereignisse, und seien es die allerdrängendsten, Bezug zu nehmen.

Man muß also allgemeiner fragen: wie weit geschieht so etwas wie persönliche Kommunikation zwischen dem Redner und seinem Auditorium? – Hier gilt es, die Ethos-Momente (in der rhetorischen Definition des Wortes) zu würdi-

---

[9] Braun, Philo.
[10] Entwürfe wie Philons *Opif.* oder Nemesius v. Emesas *De natura hominis* versuchen ja eher das umgekehrte Verfahren.
[11] Brief vom 22. 10. 1980.

gen. Der Tübinger Altphilologe Hildebrecht Hommel bemerkt[11] zu *De Jona*, der Sprecher lasse hier „Gemütstöne erklingen, wie denn überhaupt diese Predigt ‚De Jona‘, wie mir scheint, die anderen Stücke (*scil. De S.* und *De Deo* – F. S.) weit überragt." Er bezieht sich auf die Passage § 195 ff., wo Jonas verletzter Stolz behandelt wird. Hier zeigt sich – so möchte ich diese Bemerkung interpretieren – Einfühlungsvermögen in die Gefühle der Hörer, Identifizierung mit ihnen.

Die *De Jona*-Predigt hält überhaupt den Kontakt zu ihren Hörern in einer wirkungsvoll-dezenten Weise. Sie läßt Jona und die Niniviten Gedanken denken und Gefühle äußern, die den Hörern nicht weniger zu eigen gewesen sein dürften; und sie antwortet mit einem Aufruhr zur Buße und zur Menschenliebe, in den der Prediger in seiner nicht-konfrontativen Art sich stillschweigend mit einschließt.

Demgegenüber sind einige floskelhafte Elemente, in denen das Wort ‚ich‘ auftaucht, wie jenes dem Asianismus geschuldete „ich glaube…"[12] an ganz banalen Stellen (§ 4.100) von geringer Bedeutung. Persönlicher wirkt die blühende Phantasie des Predigers, seine „Lust zum Fabulieren", wobei wir freilich nur unvollkommen wissen, in welchem Maße diese wiederum ihre Quellen hatte. Typischer für die ganze Predigt ist das „Erbauliche", Ermunternde[13] an ihr. Auch ein Philon bemüht sich darum: vgl. den Schluß des *De-Deo*-Fragments oder Verarbeitungen von Ps 23 in *Agr.* 50–52 und *Mut.* 115. Doch sind bei ihm die inhaltlichen Voraussetzungen für eine Zuwendung zum Einzelnen ungünstig (vgl. 6.2.2).

6.1.5 Wenig Ehrgeiz zeigt unser Sprecher auf wissenschaftlichem Gebiet. Sein Weltbild ist archaisch-alttestamentlich (§ 72.127.163.172). Das unterscheidet ihn von Philon, der zwar auch kein Forscher ist, der aber doch bereitwillig sein Lehrbuchwissen ausbreitet (fast so wie der Autor der *Vita Homeri*, der ein förmliches Lehrbuch aus Lehrbüchern hergestellt hat).

Ähnlich ist später der christliche Theologenstand in zwei Richtungen zerfallen[14]: Nach Clemens von Alexandrien wanderte die Bildungsbeflissenheit ab nach Antiochien, und in Alexandrien wurde eher unbekümmert „biblische Exegese" betrieben.

Hier hinein paßt in *De S.* der Topos der *simplicitas*: die Heilige Schrift spreche „zu rechtschaffenen und einfältigen Menschen" (c. 26).

Ein Widerspruch fällt freilich auf, wenn wir in *De Jona* den Hauptgegenstand der Amplifikationen, das Meer, betrachten. Teils noch ganz mythisch aufgefaßt (§ 168–170), wird es doch bereits zum Gegenstand der Forschung – so der Kontext. Da hat sich nun doch ein inhaltlich-hellenistisches Element kräftig in

---

[12] Ähnlich in der – stilistisch niedrigeren – Diatribe; vgl. Berger, Formgeschichte 110.
[13] Die Rhetorenschule hätte es genannt: προτρέπειν, Paulus: παρακαλεῖν.
[14] Wifstrand, Bildung 53.

die Kreise der biblischen Betrachtung hineingedrängt. Zwei Welten lösen sich
ab.

6.1.6 Zur Ausdrucksweise und insbesondere zur Metaphorik von *De Jona*
und *De Sampsone* sei noch festgehalten, daß diese Predigten, anders als etwa
Philon, so gut wie gar keine Anleihen bei Sprache, Bildwelt und Esoterik der
Mysterien machen. Man könnte aus *De J.* gerade das Wiedergeburts-Thema
(§ 95; rein ethisch § 184) und aus *De S.* die *exclamatio* c. 15 (Ende) erwähnen
mit der folgenden, esoterisch klingenden, aber Esoterik gerade abwehrenden
Passage. Dies stimmt zu der eingangs schon gewürdigten rhetorischen Grund-
haltung, die nichts Exklusives an sich hat oder anstrebt. So ergeben sich auch
keine Berührungen mit beginnendem oder schon vorhandenem Gnostizismus,
wie sie bei Philon häufig festzustellen sind. Zum Gnostizismus gehört der
Rückzug aus der Öffentlichkeit.

So kann man denn unserem jüdischen Rhetor, bei allem Schwulst, eines nicht
vorwerfen: den semantischen Sprachverschleiß, wie ihn Philon durch wohltö-
nende Plerophorien betreibt und durch metaphorisches Verwässern von Ausdrücken, die ehedem philosophische Termini waren[15]. Dies ist, wie mir scheint,
eine Untugend in der Sprache der Theologen von Philon bis heute. Daß z. B.
seine Rede von den „Kräften" (δυνάμεις) des „Seienden" sich noch steigern
ließ, nämlich nach der aristotelischen Dissoziation δύναμις / ἐνέργεια[16], hat zu
der Steigerung auch geführt und zum zweifelhaften theologischen Gewinn
einer Rede von Gottes „ungeschaffenen Energien" im sog. Palamismus[17]. Die
Spätantike übertraf sich so lange selber, bis alle Worte verblaßten. Demgegenüber reden die ps.-philonischen Predigten, trotz aller „asianischen" Fülle, von
Gott eher vorsichtig. Mysterienhafte Stilisierung, bei Philon fast auf jeder
Seite, ist bei ihnen die Ausnahme. Auch jene fade Rhetorik der drei- und
vierfachen Genitivketten oder der Anaphern mit scheinbar theologisch gefüllten Partikeln (z. B. ἐν Eph 3,21), die wir aus den Deuteropaulinen kennen und
wo ein Satzglied durch Überfluß das andere entwertet[18], findet sich kaum.

In zentralen Belangen vorsichtig, ist die Rhetorik unserer Texte es allerdings
anderweitig um so weniger, wie in Bd. I S. 4 schon beklagt. Katachresen auf
semantischem Gebiet und Diffusität auf syntaktischem kennzeichnen die Dik-
tion. Man denke sich, welche Schwierigkeiten der Neutestamentlichen Wissenschaft entstünden, wenn das ganze Neue Testament ein asianischer Wort-

---

[15] Siegert, Philon 107f.; 138 mit Festugière. Es dient zu Philons Entschuldigung, daß auch
in dieser Hinsicht ihm die Homer-Exegese vorgearbeitet hat. S. o. 2.2 Anfang, Anm. 7.

[16] Aufschlußreich ist hier die kleine Glosse in Porphyrios' *Vita Plotini* 23, Z. 17f.: ἐνεργείᾳ
ἀρρήτῳ [καὶ οὐ δανάμει] habe Plotin viermal die Ekstase erreicht.

[17] Siegert, Philon 63.

[18] Zum Stil der Deuteropaulinen siehe z. B. Norden, Kunstprosa II 506f. – Ansätze zu
deren Pleonasmen finden sich bei Paulus selbst (denn sprachschöpferisch waren sie nicht):
1.Kor 9,8; 2.Kor 4,1–6; Phil 1,3f., 9.23 u. a.

schwall wäre! Die neutestamentlichen Autoren haben sich in – sei es gewollter, sei es ungewollter – Beschränkung auf die kommunikative Ebene eingestellt, der der urchristlichen Mission entsprach, ja der stillem Lesen bis heute entspricht. Denn jenes Getön hatte nur in großen Hallen oder Stadien bei Festversammlungen seinen Sitz im Leben.

6.2 Ihre Hermeneutik und Theologie

6.2.1 *De J.* und *De S.* lassen sich inhaltlich charakterisieren als eine Verbindung von alttestamentlichem und stoischem Denken, wobei das letztere jedoch nicht in Form der Terminologie in den Vordergrund tritt[1], wie bei Philon. Ausnahme ist der Begriff der Vorsehung, πρόνοια. Im hebräischen Kanon des Alten Testaments noch selten und niemals in theologischem Sinne begegnend, war er unentbehrlicher Bestandteil des spätantiken Interpretationsuniversums geworden, ein Element des *common sense*. Der Rhetor Tertullus gebraucht es, um einem Politiker zu schmeicheln (Apg 24,2). Selbst der Neuplatonismus hat es verwendet, obwohl das System hierfür gar keine Notwendigkeit vorsah.

Προνοεῖ τοῦ κόσμου ὁ Θεός, heißt einer der fünf Punkte, in denen Philon (*Opif.* 170f.) seine Theologie zusammenfaßt, ehe er – nach einer Wiederholung dieser Punkte in § 172 – ein Eudämonieversprechen daran knüpft. Die vorangehenden vier Punkte, welche die Existenz und Einheit Gottes sowie die Kreatürlichkeit und gleichfalls die Einheit des Kosmos betreffen, werden von unseren Predigten nicht ausdrücklich behandelt, aber doch, mit Einschränkung[2], vorausgesetzt. In *De J.* 4 (vgl. 21) begegnet der große Begriff zunächst metaphorisch verkleidet (‚Steuermann‘), in Auflösung der Metapher dann ab § 91. In *De S.* ist inhaltlich c. 23 zu vergleichen. Es steht für unsere Texte außer Frage, daß sich diese Vorsehung auch um Kleines und Einzelnes kümmert, um Handlungen und Ergehen einzelner Menschen. Die Bibelparaphrasen im ganzen sind dazu die Illustration. Darum sprechen die Ereignisse für sich und müssen nicht erst allegorisiert werden.

Zu dieser einfachen und eindeutigen theologischen Haltung kontrastiert die Populärtheologie der hellenistischen Romane. Dem Leser von Charitons *Callirhoë* z. B. muß auffallen, wie beliebig und ohne erkennbaren Maßstab mal von der ‚Vorsehung‘ gesprochen wird, mal von ‚Gott‘, mal von ‚Göttern‘, mal von ‚Tyche‘ – jenem bei Homer noch nicht benannten, seit Euripides jedoch die eigentliche Allmacht erhaltenden blinden Zufall. Isolde Stark, Roman 140f.

---

[1] Nur einem Anfänger konnte das Urteil unterlaufen: „Anleihen bei der Schulphilosophie, wie wir sie aus Philon, Aristobul oder dem 4. Makkabäerbuch gewöhnt sind, fehlen in diesen Texten ebensosehr wie bei Paulus" (Siegert, Argumentation 159). Sieht man näher zu, steckt viel mehr in der harmlos-populären Verpackung, als das Etikett verrät.

[2] Was die Einheit des Kosmos betrifft, diese wird in *De J.* 173 bei Spekulationen betreffs überseeischer Welten nicht streng genommen.

stellt es dar, ebenso Karl Plepelits' Einleitung S. 4 und 10 f. Sogar der Krieg gilt bei Chariton einmal als „der gerechte Richter", „der beste Schiedsrichter" (VIII 4,2, in unbemerktem Widerspruch zu VII 5,15). Was Volkes Stimme von der Pronoia-Lehre der Politiker und Philosophen hielt, läßt sich etwa aus der Fabel von den Affenkindern entnehmen (Aesop Nr. 307 Chambry): Affenmütter bringen zwei Junge zur Welt; das eine pflegen sie zu Tode – das steht für die Pronoia –, das andere, um das sie sich nicht kümmern, gedeiht bestens. Dazu die Sentenz: Πάσης προνοίας ἡ τύχη δυνατωτέρα καθέστηκε.

Unser jüdischer Autor konnte hier viel klarer sprechen. Πρόνοια ist ihm der Name für das Wirken des aus Geschichte und Tora bekannten Einen Gottes.

6.2.2 Anders als Philon gründet unser Prediger seine Lehren nicht auf Kosmologie, sondern auf Geschichte. Diese wird nicht erst in Philosophie verwandelt, ehe der Ausleger sie für die Hörer umsetzt. Die historischen, d. h. der biblischen Geschichte entnommenen Exempel von *De J.* 91–95; *De-J.-Frg.* (Ende); *De S.* 25 belegen jeweils analoges Eingreifen Gottes und bedürfen zu ihrer Applikation keiner verallgemeinernden Zwischenschritte, weder in Metaphysik, noch in Physik, Psychologie oder Moral, wie sie bei Philon nötig wären. Freilich beruht das Fehlen hermeneutischer Zwischenschritte auf der Annahme, der Text sei reine Historie und illustriere als solcher die göttliche Vorsehung.

6.2.3 Das Fehlen jeglicher Allegorisierung ist die Konsequenz des Gesagten auf dem Gebiet der Hermeneutik. Wir haben keinen Philon vor uns, auch keinen Kirchenvater, der das Jona-Buch von Christus sprechen läßt, auch nicht den *Midraš Jonā*, der Jon 1-2 auf die menschliche Seele allegorisiert (Duval, Jonas I 106 ff.). Unser Autor – lassen wir ihn, der sprachlichen Einfachheit halber, für *De J.* und *De S.* dieselbe Person sein – kann um so leichter darauf verzichten, als er keinerlei Bedürfnis hat, das im Bibeltext implizierte Weltbild auf den Stand seiner Zeit zu bringen (oben 6.1.5). Das Verhältnis von Vernunft und Offenbarung[3] ist nicht sein Problem. Seiner Hermeneutik nach zählt er wohl zu den Theologen, von denen Aristobul gesagt hätte, sie seien die τῷ γραπτῷ μόνον προσκείμενοι, diejenigen, die sich immer an den Buchstaben halten. (Bekanntlich war dies später Luthers ganzer Stolz gegenüber der Elaborierungen der Scholastik). Auch wenn unser Prediger, wo nötig, ein Wort dehnt und preßt (wie καταστρέφειν in *De J.* 192–194 und ein Handlungsdetail in *De S.* 38 f.), ist er doch Literalist.

Und nicht nur die Worte, auch den Kontext beachtet er sorgfältig und bleibt so dem Skopos des Buches treu – jenem universalen Evangelium, wie es

---

[3] Hingegen C. Colpe im Art. ‚Philo' in RGG (3. Aufl.) V 345: „Erstmalig in der Geistesgeschichte wußte er zwei radikal verschiedene Ansprüche, Wahrheit zu sein, nämlich Vernunft und Offenbarung, miteinander zu befriedigen."

korrekt der 1. Clemensbrief wiedergibt: Ἰωνᾶς Νινευΐταις καταστροφὴν ἐκή-
ρυξεν· οἱ δὲ μετανοήσαντες ἐπὶ τοῖς ἁμαρτήμασιν αὐτῶν ἐξιλάσαντο τὸν
Θεὸν ἱκετεύσαντες καὶ ἔλαβον σωτηρίαν καίπερ ἀλλότριοι τοῦ Θεοῦ ὄντες
(7,7). Die zusätzlichen Akzente auf der Unentrinnbarkeit Gottes (in den
Seefahrt-Szenen) und auf seiner Menschenfreundlichkeit in *De J.* entsprechen
durchaus dem biblischen Text; mit φιλανθρωπία wird einer seiner Schwer-
punkte zeitgemäß auf den Begriff gebracht. – Das ist bemerkenswert angesichts
all dessen, was in rabbinischer und patristischer Auslegung aus dem Text her-
ausallegorisiert bzw. auch verschwiegen worden ist: In den Pirke Rabbi Eliezer 10 z. B. fehlt gänzlich die Reue der Niniviten; und bei vielen Kirchenvätern
wird unter Absehung vom Heidenevangelium allegorisiert auf Christus und die
(vorhandene) Kirche. Deutlich ist auch der Kontrast zur Ikonographie: Nicht
die wunderbare Errettung des Jona (deretwegen er der einzige bei Mohammed
erwähnte Schriftprophet ist), sondern die Güte Gottes gegenüber den Niniviten, d. h. gegenüber allen Menschen, ist in *De Jona* das Hauptthema.

Die Simson-Predigt hat es schwerer mit der Texttreue. Lernen aus der
Geschichte, auch aus Fehlern der Vorfahren (c. 35) ist einer ihrer leitenden
Gesichtspunkte, der dann allerdings mehr und mehr von dem apologetischen
Bestreben, Simson zu feiern (Gattung des Enkomion!), überdeckt wird. Der
Geist der Stärke, zunächst schriftgemäß von anderen Geistgaben unterschie-
den und in seiner Partikularität eingegrenzt (c. 4f.), wird durch Beherrschung
(27f.; 44 bis Ende) und durch Weisheit (31.42), auch dies Gaben Gottes (28),
ergänzt, womit Simson, wie in der anderen Predigt Jona, am Ende als „der
Gerechte" dasteht (46). Das mutet uns willkürlich an, ist es allerdings auf dem
Hintergrund der zeitgenössischen Herakles-Würdigungen, der Ἡράκλεια δόγματα (s. Exkurs II zu c. 24), weniger.

6.2.4 Das Verhältnis des Predigers zur Heiligen Schrift wurde oben schon
(6.1.2) mit dem Begriff νόμος angegeben. Für Philon wäre dies zugleich
Philosophie; und er bildet tatsächlich, analog zu πάτριος νόμος, das – gar nicht
stoisch-weltbürgerliche – Syntagma πάτριος φιλοσοφία[5].

Für unseren Autor hat der Bibeltext die Stützen philosophischer Plausibilität
nicht nötig. Wo er argumentiert – und er tut es oft –, wird die Aussage des
Textes nur verstärkt, aber nicht erst ermittelt. Es entfällt bei ihm jene Zusatz-

---

[4] Eusebius, *Pr. ev.* VIII 10; vgl. Walter, Aristobulos 132f. – Kontext ist Aristobuls
Entmythisierung der biblischen Rede von so etwas wie „Händen", einem „Gesicht" Gottes
usw.

[5] Delling, HUCA 1974, 153 Anm. 150. Der Art. πάτριος im Thesaurus bestätigt dies: von
Gebräuchen ist die Rede, allenfalls von einem πάτριος λόγος (= Denken/Begründung im
Sinne des Herkömmlichen), aber nicht von einer ‚herkömmlichen Philosophie'.

Offenbarung, die für den Allegoristen Ausgangspunkt seines Denkens und Erweiterns ist[6], Legitimation eines *sensus plenior*.

Gesetzbücher werden nicht erst zu Theorien verarbeitet, ehe man sie anwendet: so ist die Haltung unseres Autors. Daß sie auch auf gattungsmäßig andersartige Texte wie Prophetie und Weisheit ausgedehnt wird, konnten wir an *De J.* 176 (Prophetie) und *De S.* 44 (Weisheit) beobachten. Die Hermeneutik, gerade weil der Wortsinn ihr Gesetz ist, ist Gesetzeshermeneutik im gemeinantiken Sinne. Darum verbietet sich für unseren Prediger ein Loben des zitierten Textes mit Formeln wie εὖ δ᾽ εἴρηται oder εὐθυβόλως / τηλαυγῶς λέγει, womit Philon von seiner hohen Warte aus dem Mose schulterklopfend beipflichtet. Hartwig Thyen[7]: „Auffällig ist . . . , daß solches Lob der zitierten Worte nur in den philonischen Traktaten und im Barn(abasbrief) begegnet, also ausschließlich in allegorischer Schrifterklärung. Das ist nur möglich, weil es dem Homileten darum geht, seine schon von vorneherein feststehenden Lehren und Lieblingsmeinungen biblisch zu begründen. . . . Wo es um echte Aus-legung geht, ist die Autorität der Heiligen Schrift zu groß für solch ein Urteil." – Nur im Zorn läßt die Apostelgeschichte den Paulus einmal sagen: Καλῶς τὸ πνεῦμα τὸ ἅγιον ἐλάλησεν διὰ Ἠσαΐου πρὸς τοὺς πατέρας ὑμῶν λέγων . . . (28,25 f.)

Unserem Autor ist die Heiligkeit völlig ausreichend, die einem νόμος in der Alten Welt, zumal im Judentum, zugesprochen wurde. Hier verdient Beachtung, daß schon die Septuaginta νόμος konsequent im Singular gebraucht, auch wo der Urtext einen Plural hat[8]. Das macht sie zur Einheit, aus der kein Teil herauslösbar ist. Vgl. den Kommentar zu *De S.* 44.

Der zitierte Text in unseren Predigten ist die Septuaginta, wie wir sie kennen, und zwar, soweit sich das sagen läßt, in der Abgrenzung des hebräischen Kanons (s. o. zu *De S.* 15 und 16). Es wird nichts außerhalb dieses Kanons Gelegenes als „Schrift" oder als „Gesetz" zitiert. Im Falle des Richter-Buches divergieren die Textfassungen genau so, wie wir es aus den heute noch erhaltenen, christlichen Handschriften kennen (zu *De S.* 42). Diese Divergenzen stehen in einem – für uns heute – problematischen Verhältnis zu ausdrücklichem Wörtlichnehmen der Heiligen Schrift von Seiten des Auslegers (s. o.). Doch war hierfür auch bei den meisten Kirchenschriftstellern kein Problembewußtsein, ja auch nicht in den ersten Jahrhunderten lutherischer oder reformierter Theologie. –

---

[6] Siegert, Philon 89 mit Anm. 14; vgl. 27 (zu *Cher.* 72) und 92 (zu *Spec.* III 1–6): Privatoffenbarungen Philons.

[7] Stil 58 mit Anm. 145. Vgl. Siegert, Argumentation 159–161.

[8] Amir, Jb. f. Bibl. Th. 1987, 70. Als Unterschied zu anderen hellenistischen Gesetzescorpora gibt Amir dies an, daß das mosaische Gesetz in ganz unphilosophischer Weise bis in Einzelheiten des täglichen Lebens hineinreicht. – Belege zur offenbarungsähnlichen Geltung überlieferter Gesetze in der Antike gibt Burkhardt, Inspiration 173 Anm. 79 aus Platon, Diodorus Siculus, Strabon und Josephus. Vgl. noch nächste Seite.

Die Heilighaltung von Gesetzen – nun wieder im Plural benannt – war etwas der Alten Welt durchaus Geläufiges. Das Judentum stellt hier, abgesehen vom Inhalt der Gesetze, keine Besonderheit dar. Der Stoiker Chrysipp kannte drei Quellen der Gotteserkenntnis; es waren – in Fritz Wehrlis Worten – „die Betrachtung der zweckmäßigen Einrichtung der Natur, die mythologischen Erzählungen und die Existenz staatlicher Gesetze"[9]. Alle drei Quellen hat auch unser Prediger, und zwar unter der Benennung der dritten. Auf die erste, die sog. „natürliche Theologie", werden wir bald zurückkommen; sie ist in *De Jona* stark ausgeprägt. Der zweite Punkt ist in jüdischer Auffassung insofern anders zu fassen, als man den zugrundegelegten Erzählungen nicht mythischen, sondern historischen Charakter zubilligt. (Den Mittelbegriff, der für das Jona-Buch nach heutiger Einsicht angemessen wäre – Beispielgeschichte mit fiktivem Charakter, aber Skopos in der Gegenwart – stand nicht zur Verfügung; er setzt historisches Verständnis des Unhistorischen voraus, wie es sich bei uns erst nach der Kritik der Aufklärung bildete.) Vom dritten Punkt handeln wir hier, um daran zu erinnern, daß für einen griechisch Gebildeten der damaligen Zeit der Begriff eines ‚heiligen Gesetzes' durchaus geläufig war und nicht erst der Vermittlung bedurfte. Die Meinung der Sophisten, denen Gesetze nur θέσεις, Konventionen, waren, blieb in der Minderheit; im allgemeinen werden die Namen der Gesetzgeber der Alten Welt – Minos auf Kreta, Lykurgos in Sparta, Solon in Athen – mit nicht geringerem Respekt erwähnt als bei den Juden der des Mose (wenngleich nicht so häufig). Es entsprach hellenistischer Auffassung, wenn bei Philon Mose als der große Weise der Vorzeit, der göttliche Weisheit auf Erden bringt, so sehr herausgestellt wird[10]. In Gesetzen, und nicht nur in *ad-hoc*-Orakeln, wurde nach antiker Auffassung höhere Offenbarung zum geschichtlichen Text.

Die Bindung, die ein Bürger der hellenistischen Welt zu den Gesetzen seines Heimatlandes empfand[11], addiert zur Verbundenheit eines damaligen Gebildeten mit seinem Homer[12], ergibt etwa das Verhältnis eines Juden zu seiner ‚Gesetz' genannten Heiligen Schrift.

---

[9] oben 2.2 zu *De Deo* Z. 51; 3. zu *De J.* 4.

[10] Siegert, Philon 46 Anm. 21; 114 (mit Yehoshua Amir). Vgl. Anm. 8.

[11] Josephus, *C. Ap.* II 276f. (und Kontext) versucht, Loyalität bei den Heiden möglichst gering einzustufen oder überhaupt in Abrede zu stellen; er ist hierin, wie in seinem ganzen Buch *Contra Apionem*, polemisch.

[12] Zeller, Philosophie III/1, 345 sagt über die stoischen Homer-Allegorisierungen: „soviel uns darin als eine augenfällige und höchst wertlose Spielerei erscheinen muß: den Stoikern selbst war es mit ihren Erklärungen bitterer Ernst. Sie galten ihnen für das einzige Mittel, um den Glauben ihres Volkes zu retten[,] um die härtesten Vorwürfe von den Überlieferungen und den Dichterwerken abzuwehren, mit denen sich der Grieche von Kindesbeinen an genährt hatte." Er nennt hierzu Heraklitos 74 (vielmehr 76ff.) – Gleicher Meinung sind Heinisch, Einfluß Philos 13 (von Zeller ungenannterweise zitiert) und Leipoldt in: Fs. Sommerlath S. 9. Vgl. noch oben 2.1 Anm. 15.

Über dem Gesetz steht Gott als der Gesetzgeber, der „Herr des Gesetzes" (*De Jona* 115). Betont wird sein Recht, das Gesetz nicht nur zu erlassen, sondern auch zu ändern (§ 185 f.), zumindest in seiner Anwendung. Der kundgegebene Gotteswille erstarrt nicht zur angeblich unveränderlichen Metaphysik.

6.2.5 Wir können noch einige Beobachtungen über unseres Autors Auffassung von der Offenbarung anfügen, wenngleich dieses Wort nur beiläufig erscheint (*De J.* 130 das Verbum, im Kontext einer natürlichen Theologie). Die Sache ist vielfach präsent, jedoch nicht in jener Ausdrücklichkeit, aus der wir erfahren könnten, wie der Verfasser sich das Verhältnis von natürlicher Offenbarung und Heiliger Schrift denkt, also das Verhältnis des ersten Punkts der eben besprochenen Dreiheit von Offenbarungsquellen zu den beiden anderen. Ein Bindeglied stellt immerhin der *De J.* 136 dar, wo aus dem allgemeinen Walten Gottes in der Natur, das kontinuierlich ist, konkrete Eingriffe plausibel gemacht werden sollen.

Das „Licht" der philonischen Einsicht, eine Art Kraftsubstanz[13], begegnet andeutungsweise in *De J.* 94 „ein Mensch, der vom Licht überwältigt ist". Jedoch ist der Versuch, Gottes Wirken stofflich zu denken, im hellenistischen Judentum, so weit ich sehen kann, Philons Eigentum geblieben.

In anderer Weise stofflich ist im Neuen Testament das φῶς τοῦ κόσμου Joh 8,12 (vgl. 1,9; 9,5), nämlich als inkarnierter Logos; und dieser Logos wiederum ist nicht Weltstruktur, sondern – anders als bei Aristobul[14] und Philon – gesprochenes oder vielmehr sprechendes Wort.

In unseren Predigten verkörpert sich ein Sprechen Gottes in der Rolle des Propheten; in *De J.* ist es Jona selbst (§ 20 usw.); in *De S.*, wie es scheint, der Verfasser des Richterbuchs (c. 15).

6.2.6 Daneben bemerken wir in *De Jona* die Ausbildung einer natürlichen Theologie, also einer Lehre von der Erkennbarkeit Gottes aus Strukturen und Vorgängen in der Natur. Die starke Hervorhebung dieser Lehre auf Kosten von Würdigungen der Schriftoffenbarung und des göttlichen Gesetzgebers Mose ist motiviert durch die heidnischen „Niniviten" als Adressaten der Überlegungen; wir dürfen hier also nicht auf „die" Theologie des Autors verallgemeinern.

---

[13] Siegert, Philon 45 (nach R. Bultmann).

[14] Fragment bei Eusebius, *Pr. ev.* XIII 12,3: Δεῖ γὰρ λαμβάνειν τὴν θείαν φωνὴν οὐ ῥητὸν λόγον, ἀλλ᾽ ἔργων κατασκευάς, für welche Verallgemeinerung sich Aristobul auf Gen 1 stützt. Dies ist die förmliche Entmythisierung eines dem wissenschaftlichen Denken schwierig gewordenen Textes. Leider ist es zugleich eine Verbeugung vor jener griechischen Auffassung von Gott, die besagte: Ἅπαντα σιγῶν ὁ θεὸς ἐξεργάζεται „die Gottheit ist immer nur schweigend wirksam" (Menander, Frg. 462, bei Stobaeus, *Anthol.* I 1,11). Vgl. K. Schneider, Die schweigenden Götter.

Doch bleibt bemerkenswert, zu sehen, wie weit er in Passagen wie § 12—14 und 125—136 gehen kann, nämlich weiter als Philon und weiter als der aufs Moralische gerichtete, elenktische Gebrauch dieses Lehrstücks bei Paulus in Röm 1,19ff.; 1,28. Für Philon reicht natürliche Gotteserkenntnis nur bis zur Einsicht ὅτι ἔστιν (sein 1. Glaubenssatz: oben 6.2.1); das τί ἐστιν muß jedoch unter allen Umständen aus übernatürlicher Offenbarung kommen[15].

Philons Interesse gilt der Transzendenzlehre. Was unser Prediger bloß bildhaft sagt: „über allem sitzt, hoch erhaben, der Steuermann..." (§ 4), ist bei ihm bevorzugter Gegenstand physikalischer und metaphysischer Spekulationen. Philon versucht, die natürliche Theologie wiederum aus der Schrift zu begründen, und zwar aus deren verborgenem Hintersinn. Bei unserem Autor ist sie einfach da, ist Bestandteil des ihm und den Hörern gemeinsamen *universe of interpretation*.

Zu der Aussage des Paulus: „Wenn Heiden, die (das) Gesetz nicht haben, von Natur aus die (Forderungen) des Gesetzes erfüllen, sind sie, die kein (Mose-)Gesetz haben, sich selbst (das) Gesetz" (Röm 2,14), bietet *De J.* 118 ff. den besten Kommentar. Freilich, anders als unser Prediger schränkt Paulus die Bestandteile natürlicher Theologie, die er mehr oder weniger nur referiert, in 1. Kor 1,21 stark ein: „In der Weisheit Gottes (obwohl sie da ist – F.S.) hat die Welt doch nicht durch die Weisheit Gott erkannt."

Um hiermit *De S.* zu vergleichen: Simsons Weisheit wird nicht als Mutterwitz eingestuft, wie es uns vielleicht naheläge, sondern als geschichtlich-kontingente Pneuma-Gabe (*De S.* 19.24).

Was die Rabbinen neben der schriftlichen Offenbarung haben, nämlich die „mündliche Tora", begegnet in unseren Predigten gar nicht. Es bleibt Vermutungssache, ob bei anderen Themen und Predigttexten Elemente davon aufgetaucht wären. Jedenfalls waren die Rabbinen, was die Einschätzung der Gotteserkenntnis bei den Heiden betrifft, sehr negativ: die Tora sei am Sinai – außerhalb des Landes Israel – auch den Heiden angeboten worden, und diese hätten sie abgelehnt[16]. Da bleibt, wir mir scheint, für das Einräumen einer natürlichen Gotteserkenntnis nicht viel Raum. Billerbeck (III 34—36) zitiert zu diesem Thema nur gewisse kleinere Midraschim. In *De Jona* hingegen ist es fundamental, wobei der Prediger sich jeglicher Herabsetzungen des Polytheismus enthält. In einer solch offenen Haltung ist kein Rabbi, sondern der Christ Clemens v. Alexandrien sein Erbe geworden[17].

---

[15] Siegert, Philon 69 f., 88. – Auch von den Vorübungen für die Gotteserkenntnis (Stichwort μελέτη – Siegert, Philon 47 f.) ist in *De Jona* nicht die Rede, es sei denn, man wolle die Gewissensprüfung der Schiffspassagiere (§ 41 und Kontext) und der Niniviten (§ 111—119 und weiter) mit Philons Gebrauch des ΓΝΩΘΙ ΣΕΑΥΤΟΝ vergleichen.

[16] Mechilta zu Ex 19,2. Mehr bei Bill. III 42.

[17] Duval, Jonas I 189 und Kontext.

6.2.7 Einen Zusatz zu unseren Betrachtungen über die Offenbarungslehre macht *De J.* 67f. nötig. Jona benützt dort die Zunge des Seeungeheuers zu seinem Gebet, „wie ein Musiker sein Instrument mit dem Finger zupft". Genau so stellte sich, wie wir wissen, Philon den Vorgang der Inspiration vor[18], wobei wir den eben gebrauchten Terminus sofort in Klammern setzen müssen: es sind ja Worte, die gegeben oder vielmehr durch das jeweilige Sprechorgan hindurchgeschickt werden, und nicht Geist. Letzterer wirkt hier bei Philon nur mehr als das materielle Werkzeug Gottes, als jener Pneuma-Stoff, dessen physikalische Wirkungen die Zungenbewegungen, hörbar für menschliche Ohren, hervorrufen. Von hier ist, wie mir scheint, das stoisch-materielle ‚Pneuma', ein Synonym für ‚Kraft' (δύναμις bei Philon), aber nicht für ‚Sinn', unbemerkt in gewisse Extreme der protestantischen Inspirationslehre[19] eingeflossen und bewegt so noch heute in fundamentalistischen Kreisen die Zungen.

Ich wage nicht zu behaupten, daß der *De-Jona*-Prediger diese Vorstellung (als theologische Lehre) teilt, auch nicht, daß er sie parodiert oder bekämpft. Um dies zu entscheiden, müßte man wissen, an welchen Stellen unserer Predigt die Zuhörer tatsächlich geschmunzelt haben. Trotzdem wollte ich die Frage hier anzeigen; denn ganz von ungefähr kann die Ähnlichkeit der Vorstellungen kaum kommen.

6.2.8 In der Gotteslehre ist der Vergleich mit Philon besonders aufschlußreich. Der Alexandriner hatte im Zuge seines Denkexperiments, das Wirken des Schöpfers im Kosmos stoisch-materiell zu fassen, zwei Kräfte von ihm unterschieden, deren eine ‚Gott', die andere ‚Herr' heißt, und damit dem ‚Seienden' eine Transzendenz zugesprochen, die über den Gott der gewöhnlichen (und vor allem der stoischen) Vorstellung weit hinausgeht. Einen zweifachen Preis hat er dafür bezahlt: Einmal, daß der Kosmos ins Dämmerlicht des Nichtseins versinkt – denn der bzw. das Seiende ist ja außerhalb seiner –; zum andern, daß der so konstruierte Jenseitige „nicht viel mehr" ist „als ein bloßes Gedankending" (Paul Heinisch)[20]. Festugière, *Révél.* IV 136 gibt aus paganen

---

[18] Siegert, Philon 88–91.

[19] Deren orthodoxe, nicht so extreme Form bei den altprotestantischen Dogmatikern s. Hutterus redivivus § 44, bes. S. 82f.: Dort wird zwar (Anm. 2) von einem *dictamen Spiritus Sancti* gesprochen, aber im selben Kontext hinzugesetzt, die biblischen Autoren seien nicht *mente alienati* = von Sinnen gewesen. Übrigens hat Philon diese Art von Geisteinwirkung hauptsächlich von den Propheten angenommen und von Mose beim Empfang des Dekalogs, nicht aber in den mosaischen Büchern durchweg. Je mehr es ins Einzelne ging, desto mehr konnte er Mose als Autor gelten lassen, ja feiern (vgl. oben Anm. 10). Burkhardt, Inspiration hat dies herausgestellt, bes. auf S. 152–171. Wirkungsgeschichtlich bleibt festzuhalten, daß nicht so sehr Mose als vielmehr die Schriftpropheten das Modell wurden für frühchristliche Auffassungen von Inspiration. Vgl. Siegert in: Studia Philonica Annual 1990 (Rezension zu Burkhardt), S. 207f.

[20] Einfluß Philos 135. – Zwar hatte die griechische Theologie (wir verdanken ihr das Wort θεολογία) den Ansatz zur Hochreligion ausgebildet; doch fehlte ihr der entsprechende Kult: dieser blieb vielmer polytheistisch. Darum: „Gedankending".

Quellen des 2. Jh. n. Chr. eine Zehn-Punkte-Skizze, wie dieses Gedankending bei den Philosophen jener Zeit gedacht wurde: ein νοητόν *avec glissement de ce* νοητόνη *à un* νοῦς.

Dieser hat nun, wie bei Philon (oder vielmehr umgekehrt: bei Philon wie in der späthellenistischen Gotteslehre) seine „Satelliten" – die im Neuplatonismus dann so bedeutenden Mittelinstanzen, denen auch Philons Denken auf so weiten Strecken gilt[21]. Ferner findet sich auf dieser Liste der aus Philon bekannte Widerspruch zwischen dem Aufstellen von Attributen des Höchsten Wesens einerseits und Leugnen aller Attribute andererseits.

Nichts von diesen Spekulationen und Abstraktionen begegnet bei unserem Prediger. Zwar merkt man ihm an, daß mit dem Aussprechen des Namens Θεός oder Κύριος auch für ihn keineswegs alles gesagt ist; er führt diese *nomina sacra* in seiner Paraphrase nur sehr zögernd ein. Dafür stehen ihm aber eine große Reihe von Metaphern und Kennzeichnungen[22] zur Verfügung.

Wir verfolgen nochmals die schrittweise Einführung von Gottesbenennungen am Predigtanfang von *De Jona*: Dort wird genannt § 2 „derjenige, der vor allen geistbegabten Propheten zu loben ist" (nämlich als der Geber des Geistes)[23]; „der Zitherspieler", „der Baumeister", „der Steuermann"; § 4 nochmals „der Steuermann", nunmehr charakterisiert durch seine Haupttätigkeit: Vorsorge, πρόνοια. Es folgt „der Arzt" (§ 5), eine Charakterisierung von Gottes Tätigkeit als Philanthropie, usw. All das ruft in viel stärkerem Maße Erfahrungen wach, als Philons Rede vom „Seienden" und seinen „Kräften" es vermöchte.

De Sampsone, improvisierte Rede, ist in dieser Hinsicht weniger kunstvoll. In c. 1 nennt sie als erstes den Satan, ehe in c. 2 der „an Taten Große" erwähnt wird. Über den Genitiv „Gnade Gottes" kommt – ab c. 3 ohne weitere Umschweife genannt – der Name „Gott" ins Spiel. Es fehlt aber auch dann nicht an Kennzeichnungen und Metaphern: „der Bildner/Künstler" (c. 6; vgl. *De J.* § 2.14.126.129.177.217; weniger bildlich „der Schöpfer", „der Weltschöpfer" *De J.* 124.131. 135.216); „der Aufseher" (*De S.* 4; 5 in der Bildhälfte einer Analogie; 13 mit dem Zusatz „... aller Bedrängten"; vgl. *De J.* § 21 usw. sowie „das alles sehende Auge" *De J.* § 161.177; ähnlich schon § 86); ὁ Κρείσσων (so wahrscheinlich im Urtext von c. 16.24; vgl. *De J.* § 137 – dort anscheinend

---

[21] Nimmt man die Chronologie der philonischen Schriften zur Hilfe, so zeigt sich, daß der Logos-Begriff je später, je mehr durch den der beiden „Kräfte" ersetzt wird (die ja auch Inhalt der in Anm. 6 genannten philonischen Privatoffenbarung waren). In den späten *Quaestiones* begegnen sie auf Schritt und Tritt.

[22] Den Terminus verwende ich im Sinne von Kamlah/Lorenzen, Log. Propädeutik 104f. – ‚Der Herr der Heerscharen' z.B. ist eine Kennzeichnung, die unter vielerlei Herren einen bestimmten meint und aussondert. (Voraussetzung ist Eindeutigkeit des Ausdrucks ‚Heerscharen' im Sinne von ‚himmlischen Heerscharen', was wiederum eine Kennzeichnung ist.)

[23] In Festugières Liste findet sich die abstraktere Aussage: Er ist kein Ding, sondern Ursache von Dingen.

neutrisch); „der Selige" (c. 13). All dies ist mehr oder weniger griechisch gedacht, ebenso wie der vage Ausdruck „die Gottheit" (τὸ θεῖον) in c. 10.23; *De J.* § 14.174.180[24].

Weniger griechisch, sei es in der Sprache oder in der Vorstellung, sind die Gottesbezeichnungen „der Unvergängliche" (*De J.* 125 – wegen des Masculinums), „der Unsichtbare" (ebd.), „der Allweise" (*De J.* 7).

Die biblische Kennzeichnung „der Lebendige Gott" begegnet in *De S.* 3, in der Verkürzung zu „der Lebendige" in *De S.* 25. Sachlich gesehen, sind wir damit wieder im Überschneidungsbereich zur griechischen Religion; denn auch der stoische Universalgott Zeus bekam seinen Namen von ζῆν hergeleitet (Anm. 13 zu *De S.* 3). In die Schnittmenge fallen auch die σωτήρ-Stellen *De J.* 7.182.214 (themabedingt gibt es in *De S.* keine; vgl. c. 23), die natürlich, gut jüdisch, sich auf keinen Vermittler beziehen, weder griechischer noch christlicher noch gnostischer Prägung.

Daß alle hier aufgezählten Ausdrücke, die der Gottesbeschreibung oder -kennzeichnung dienen, männlichen Geschlechts sind, mag uns zwar auffallen; doch wird es nicht weiter betont. Anders bei Philon. Gottes Personsein, bei Philon in der neutrischen Kennzeichnung τὸ ῎Ον oftmals aufgegeben – auch das Masculinum ὁ ῎Ων hat sein männliches Geschlecht bei ihm nur zum Anzeichen seiner Schöpferkraft –, ist hier sehr viel biblischer als ein Sprechen wiedergegeben, nämlich in den Gesprächen Gottes mit seinem Propheten. Wie deren Ablauf des näheren vorzustellen sei, diese Frage bewegt unseren Prediger nicht. Er gibt keine Theorie dazu. Philon, der es versucht, macht aus dem Gespräch einen physikalischen Vorgang.

Unter den verschiedenen Gottesmetaphern hat die des „Technikers" (*De J.* § 14) das zeitgeschichtliche Kolorit des zivilisationsfreudigen Hellenismus. In dieser Vorstellung liegt – wenn vieles andere weggedacht wird – ein Ansatz für den späteren europäischen Deismus.

All diese Metaphern drücken ein Verhältnis Gottes zur Welt und zu den Menschen aus. Was demgegenüber unterbleibt, ist die Spekulation über Mittelinstanzen. *De Sampsone*, das über einen Engel zu sprechen hat, wehrt solche Spekulation in c. 16 deutlich ab. Was damit auch fehlt, ist der Ansatz zu hierarchischem Denken, wie die Theologie der Kirchenväter es später aus paganen Autoren sowie aus Philon übernommen hat[25].

---

[24] Der LXX ist dieser Ausdruck fremd; bei Denis, Concordance ist er nur für jüdische Imitationen griechischer Dichter nachgewiesen. Das Wort θεότης/θειότης begegnet in Weish 18,9, Arist 95 und der späten, eher christlichen Sedrach-Apokalypse.

[25] Siegert, Philon 75 ff. – Der Pythagoreer ps.-Onatas begründete den Polytheismus so: Die Transzendenz des obersten Gottes sei um so höher, über je mehr „Gleiche" er regiere – Festugière, Révél. IV 118/119; Thesleff, Pythagorean texts S. 139 Z. 19 f. (aus Stobaeus, *Anthol.* I 1,39).

6.2.9 In Treue zum Skopos des Jona-Buchs betont *De Jona* zwei Gottes-eigenschaften besonders: die – auf Israel nicht beschränkte – Menschenliebe und die Unentrinnbarkeit. Es sind hauptsächlich die Niniviten, die die erstere illustrieren (als deren Empfänger), und der Prophet die letztere. Die Polarität dieser beiden Gotteseigenschaften – entfernt mag sie an Philons beide „Kräfte" und überhaupt an die jedem Bibelleser bekannte Antinomie von Güte und Strenge Gottes erinnern – ist, bei allen Längen und Abschweifungen, ein sehr einfacher theologischer Schlüssel für die ganze Rede. Dies kontrastiert höchst angenehm zu den zerstreuenden, mirakulösen Ausschweifungen in den Pirke Rabbi Eliezer c. 10 oder gar im Midrasch Jona.

Jede der beiden Predigten bezieht, inhaltlich gesehen, Spannung aus einer Polarität auf dem Gebiet der Gnadenlehre. In *De Jona* stehen Gottes Güte und Strenge gegeneinander – erstere mit einem Lieblingswort der Zeit als φιλαν-θρωπία bezeichnet –, in *De Sampsone* ist es Gnade/Begnadung und die allzu schwache menschliche Natur. Den Überlegungen aus *De J.* § 71 lassen sich systematisch-theologisch diejenigen aus *De S.* 18 zur Seite stellen: Gottes Menschenliebe akzeptiert Opfer und Gebete auch von kleinen und unwürdigen Leuten. Es mag demgegenüber bezeichnend sein, daß die im Alten Testament nächstkommende Stelle, Dan 9,18, keinerlei rabbinischen Kommentar aus der Antike erfahren hat. Darüber hinaus bietet *De S.* 3,6 und 24–26 eine ausdrück-liche Lehre von den Gnadengaben, die jeglichen Verdienstgedanken beiseite läßt und so eine starke Alternative zu der rabbinischen Auffassung dieses Punktes darstellt. Die Jona-Predigt stimmt bei: Nicht nur Leben und Mensch-sein sind Geschenke Gottes (§ 97 f.; 120), sondern sogar die Werke der Buße, genannt „Früchte der Frömmigkeit", werden mit auf Gott zurückgeführt (§ 216 f.; vgl. 154). Paulus mit seiner Unterscheidung von ,Werken' und ,Früch-ten' (Gal 5,16-25) geht freilich einen kritischen Schritt weiter; er erst sprengt den Rahmen jüdischen Denkens.

6.2.10 Ohne Konzessionen an Denknotwendigkeiten damaliger Philosophie bleibt unser Autor in der Frage der „Unwandelbarkeit" Gottes. Für Philon war deren Beantwortung im positiven Sinne sehr wichtig[26]; im Neuen Testa-ment wüßte ihm nur der Jakobusbrief (1,17) Beifall zu spenden, ohne indes die Aussage zu leugnen, die auch einem Plutarch wichtig war: daß nämlich Gott ein leidenschaftlicher, kein gefühlloser Gott sei[27]. Man darf die Stelle nicht apo-diktischer nehmen, als sie gemeint ist. Auch in *De S.* 16 gilt Gott einmal als „unveränderlich", allerdings „gegenüber den ihn Anbetenden"; Kontrast sind die wechselnden Namen (und Funktionen) der Engel. In *De Jona* 186 erklärt

---

[26] Siegert, Philon 43.52.
[27] Letzteres anzunehmen, war die verdeckte Gottlosigkeit des Epikur: so Plutarch, *Mor.* 1101 B. Vgl. Barrow, Plutarch 101, der hier einen Angelpunkt von Plutarchs Religiosität erblickt.

Gott: „Ich bin mein eigener Herr... Ich hatte die Befugnis, sowohl Gesetze zu ändern (andere Übersetzungsmöglichkeit: (neu) zu erlassen), als auch ein Todesurteil aufzuheben." Gott „ändert" dort – nach einer der gegebenen Erklärungen für die Nichtzerstörung Ninives – seine Absicht; er ist derjenige, der „seine eigenen Grenzen verrückt" (188).

Dies ist für den christlichen Leser jener alten jüdischen Predigt von besonderem Interesse. Denn der Gott des Neuen Bundes mußte sich im Sinne des philosophischen Terminus κινεῖν tatsächlich bewegen = verändern, um in Jesus Christus seine Grenze gegenüber der Menschheit zu verschieben. Mit einem allgemein-philonischen „Erstrecken" von „Kräften" war es hier nicht getan; er begab sich in die anstößige Kontingenz einer Geburt durch eine jüdische Frau.

Es fällt nicht schwer, zu erraten, welche „Torheit" griechisch gebildete Hörer der Predigt des Paulus vorgeworfen haben (1. Kor 1,20-24). In Origenes' *Contra Celsum* wird sie näher ausgeführt (IV 18), wo Celsus sagt: „Entweder verwandelt sich Gott wahrhaftig, wie sie (die Christen) sagen, in einen sterblichen Leib – was, wie gesagt, unmöglich ist (ἀδυνατεῖ) –, oder er verwandelt sich nicht, sondern läßt es die Zuschauer nur meinen (δοκεῖν) und führt sie mit Lüge in die Irre." – Origenes antwortet, der Logos gleiche sich eben an menschliches Fassungsvermögen an: τὴν τοῦ ... Λόγου δύναμιν (οὐσίαν brauchte er nicht zu sagen!) ὁ Θεὸς ἀνθρώποις ἑκάστῳ κατ᾽ ἀξίαν μεταβάλλει – womit eine gewisse Selbstverwandlung Gottes wiederum zugegeben ist, wenn auch eine, die Gottes selbstgesetztem Zweck dient. – Nicht zufällig wird hierbei Phil 2,5-9 zitiert, jene Stelle, die das Anstößige der Erniedrigung schon deutlich ausgedrückt hatte.

Mehr zu dem vieldiskutierten Problem kann man bei Lampe, Lexicon unter πάσχω 2.b und unter ἀπαθῶς 2. ersehen[28].

Luther wird in der Heidelberger Disputation deutlicher: An Gottes Werken (*operibus,* Röm 1,20) hat sich die menschliche Weisheit geirrt; also offenbart sich Gott *passionibus* (These 20; Clemen V 388). Dies ist ihm die Torheit der Verkündigung gemäß 1. Kor 1.

6.2.11 Eine Überlegung für sich verlangt der Begriff σωτηρία ‚Rettung/ Heil‘, ein Modewort der Zeit. Christliche Tradition hat ihn in seiner eschatologischen Färbung aufbewahrt, die den philosophischen Schriften ebenso fremd war wie Philon und wie unseren Predigten. Was für πρόνοια ‚Vorsehung‘ in 1.7.7 gesagt wurde, daß nämlich der Sprachgebrauch der Oberschichten hier die Erhaltung des Bestehenden, der politisch unzufriedenen Unterschich-

---

[28] Als neuen Beitrag zu dieser weitläufigen Frage, dogmatisch wie dogmengeschichtlich, vgl. z. B. C. Grant, Passibiblity. Mir scheint, gerade in diesem Punkt war die Hellenisierung nicht nur des Christentums, sondern schon des Judentums besonders weit gegangen.

ten eher dessen künftige Umstürzung meinte[29], läßt sich ebenso an σωτηρία beobachten. Auch wenn einmal der scheinbar bekannte Ausdruck ‚Seelenheil' vorkommt, sind kaum die christlichen Vorstellungen damit verbunden, sondern die des Stoizismus und Mittelplatonismus: siehe zu *De J.* 7 und 9. Hier, wo die Religion ins Politische hinüberreicht, erweist sich unser Prediger, anders als viele anonyme Verfasser von Pseudepigraphen-Literatur, als Kind der Oberschicht und Optimist des Bestehenden. Dies sei gesagt trotz einer gewissen sozialkritischen Tendenz in *De J.* 142, ja es wird von ihr ergänzt.

Wir stehen hier an einem Knotenpunkt des religiösen Interpretationsuniversums der Antike, den uns sogar diejenige Minderheit bezeugt, die sich dagegen absetzte, die Atheisten. Der Bühnenautor Kritias, ein Verwandter Platons, läßt in seinem Satyrspiel „Sisyphos" eine seiner Figuren die Meinung aussprechen, ein schlauer Mensch habe die Furcht vor Göttern überhaupt erst erfunden, und zwar „damit die Bösen sich fürchten müssen, auch wenn sie im Verborgenen handeln, reden oder denken" (Frg. 88 B 25 Diels/Kranz). Demnach wären Götter eine Erfindung zugunsten der Herrschenden, damit diese ihre Untertanen selbst in ihrer unbeobachteten Zeit beherrschen können. Kritias kleidet diesen Gedanken in den Kontext eines (vielleicht ironischen) Lobs von Gesetz und Ordnung überhaupt gegenüber der Anarchie und der Herrschaft des Stärkeren. Polybios weiß allen Ernstes an den Römern zu rühmen, daß sie δεισιδαιμονία, ungewisse Ängste, Hades-Vorstellungen usw. zur Einschüchterung der Massen zu gebrauchen wüßten (VI 56). Als eindeutige Ablehnung jeder Religion hat der französische Pfarrer Jean Meslier[30] den Gedanken in seinem berüchtigten, postum erschienenen „Testament" auf der Länge von drei Bänden wiederholt.

Unser jüdischer Rhetor, dessen Heilsvorstellungen ganz auf der konservativen Seite liegen, arbeitet bemerkenswerterweise überhaupt nicht mit Mitteln der Einschüchterung, obwohl im Falle der Jona-Predigt die Vernichtungsdrohung an Ninive oder eine Passage wie § 209 (vgl. mit Lk 3,9 oder 13,6-9!) durchaus Anlaß dazu geboten hätten. Er bleibt positiv: Sein Enkomion preist Gottes Vorsehung (hauptsächlich in der Schöpfung) und Gott den Retter (hauptsächlich in biblischen Exempeln).

---

[29] Tendenziell zu verstehen. Auch Philon kennt ein künftiges Weltgericht (*Prov.* I 34−36), dann freilich als Auflösung der ganzen Kosmos-Ordnung (und nicht als messianisches Ereignis) mit Bestrafung all derer, die sie bis dahin gestört hatten. Hier darf ich präzisieren, was ich in Philon S. 137 über dessen Eschatologie gesagt habe (die in der Regel aus der Schöpfungslehre folgt bzw. in ihr aufgeht): Es gibt daneben durchaus Formulierungen wie *Cher.* 114: εἰς παλιγγενεσίαν ὁρμήσομεν; vgl. *Praem.* 79−117 (individuelle und nationale Heilserwartung, 93−97 Messianismus) u. a. Doch ist σωτηρία bei ihm vorwiegend präsentisch belegt. − Monographie: Fischer, Eschatologie, insbes. S. 184−213.

[30] Lebensdaten: 1678−1733. In Auszügen wurde das „Testament" 1762 von Voltaire veröffentlicht, vollständig in 3 Bänden bei Meijer, Amsterdam 1864.

In der christlichen Theologie haben sich dann die Tätigkeiten des Schaffens und des Rettens auf zwei göttliche Personen geteilt[31], wenngleich sich, zumindest im Neuen Testament, noch die trinitarisch undifferenzierte Rede vom σωτὴρ Θεός findet: 1. Tim 2,3. – ,Retten' aber, σῴζειν / σωτηρία, verengte sich, analog zum Übergang in der Philosophie vom Stoizismus zum Neuplatonismus und diesem noch vorgreifend, zu einem je privaten „Seelenheil". Der Ausdruck σωτηρία ψυχῶν begegnet 1. Pt 1,9 noch im Plural; die Haltung der Märtyrer setzte den Akzent dann auf den Singular. Joseph Bidez (Julian 94f.) hat im pagan-hellenistischen Denken den Unterschied zwischen einem kosmischen Geborgensein bei Mark Aurel und einer Rettung der eigenen Seele bei Julian dem Apostaten herausgestellt. Der Gnostizismus, extrem wie meistens, sah das Gerettetsein des Gnostikers von vornherein in seiner Nichtzugehörigkeit zum Kosmos.

6.2.12 Unser Autor hat, bei aller rhetorischen Verwässerung der Partien, die sich ,Gebete' nennen und keine sind (*De J.* 69–98; 115–140), doch eine ausdrückliche Lehre vom Gebet (115–117), im Gegensatz zu Philon, wo sie schwach entwickelt ist[32]. Sie besagt, daß das Gebet keiner Vermittlung bedarf (Gegensatz dazu wäre eine Engelspekulation à la Tob 12,12 oder vielleicht auch das ἐντυγχάνειν Christi für seiner Gläubigen 1. Kor 8,34; Hebr 7,25), und ferner, daß die Kraft des Gebets keinen Gesetzesgehorsam voraussetzt. Letzteres hätte ein Rabbi wohl nicht gesagt; zumindest habe ich in hebräischen Jona-Auslegungen nichts davon gefunden. Freilich kann durch eine grobe, handfeste Sünde, nämlich die des Jona, auch für unseren Autor ein Gebet vereitelt werden (§ 41).

Im Zusammenhang mit ,Buße' und ,Gebet' finden sich bei unserem Prediger einige der erstaunlichsten Universalismen[33]. *De J.* § 216f., von Heiden sprechend, meint in gewissem Sinne eine Rechtfertigung der Gottlosen. Es setzt keine Kenntnis der schriftlichen oder mündlichen Tora voraus, sondern nur die

---

[31] So z. B. das Nicaeno-Constantinopolitanum: ποιητής im 1., σωτηρία im 2. Artikel. – Die Altprotestantische Orthodoxie hat die Rollenteilung nur noch innertrinitarisch aufgefaßt in dem Lehrsatz: *Opera Trinitatis ad intra sunt divisa, ad extra sunt indivisa*. Genaueres in: Hutterus redivivus § 71 (S. 141).

[32] Vgl., was Bréhier, Philon 141 und 229 Anm. 6 zu Stellen wie *Abr.* 6.53.129, *Sacr.* 53 sagt. – Daraus folgt freilich nicht, daß es für ihn gar keine persönlichen Beziehungen zwischen Mensch und Gott gäbe, wie Joshua Gutmann, Art. ,God', Sp. 653 zu Philon meint, sondern nur, daß das Gebet für Philon kein theoretisches Problem war und kein lohnender Gegenstand der Theologie. Man vergleiche jedoch seine Ekstase-Theorie (Siegert, Philon 91–94), die manches aus den späteren, in Zeiten des Neuplatonismus und der „Theurgie" entstandenen Traktaten über das Gebet vorwegnimmt.

[33] Vgl., für die Rabbinen, Siegert, Gottesfürchtige 119f., 141. Es gab u. U. sogar gewisse Vorteile für Nichtjuden, die dem Höchsten Gott opfern durften, auch nachdem der jüdische Opfergottesdienst nach der Zerstörung des Jerusalemer Tempels unmöglich geworden war. Man machte ihnen auch Aussichten auf die Zukünftige Welt, jedoch unverbindlich.

Abkehr von einer Lebensweise, die dem eigenen Gewissen des Handelnden verwerflich ist, und Verehrung des einen Gottes. An letzterer Stelle wird unser Prediger deutlich und hart in der Sache: Man darf nicht die Schöpfung anstelle des Schöpfers verehren. Dies ist die Grenze zum Polytheismus, an der es keine Kompromisse mehr gibt.

6.2.13 Was schließlich die Rolle des G e w i s s e n s betrifft – das Wort begegnet nicht, wohl aber die Sache (*De J.* 22; 41–46) – so traut diesem der Prediger eine erstaunliche Autonomie zu. Wir haben sie im Zusammenhang mit der natürlichen Gotteserkenntnis schon gewürdigt (6.2.6). Die natürliche Erkenntnis des Guten oder doch zumindest des nicht akzeptablen Schlechten hängt hiermit zusammen. Ein Anwendungsbeispiel solcher Erkenntnis sind die – keineswegs halachisch begründeten, sondern menschlichen – Gebetspflichten in *De J.* 124 mit dem Negativkontrast § 12 und 18.

Stoische Anthropologie und Ethik, die das Menschsein als Ideal auffaßte (bei den deutschen Klassikern dann: ‚Humanität‘), bemerken wir in *De J.* 120 und *De S.* 27. An Einzeltugenden verkörpert Jona die der Gerechtigkeit (*De J.* 57), auch der Menschlichkeit (58), Simson die der Beherrschung (*De S.* 27f.) und der Klugheit (31.42), um nur das Wichtigste herauszuheben.

6.3 Schlußgedanken

6.3.1 Um noch einige Konsequenzen zu ziehen aus den gewonnenen Ergebnissen, knüpfen wir an die Einleitung an, die bildungssoziologische Einordnung unseres Predigers in 1.7.7. Das Vorhandensein zweier nach allen Regeln damaliger Kunst gehaltenen Synagogenreden wirft für unser Bild des antiken Judentums die historische Frage auf: Wo hat unser Autor seine hervorragende Schulung erhalten? Wo hat ein Mann wie er oder Philon die Grundlage allen Sprachunterrichts erhalten, den Unterricht in den Epen des Homer und ihren Auslegungsmöglichkeiten? Welcher Rhetor hat ihn vor welchem Auditorium in die praktischen Erfordernisse seines Berufs eingeführt?

Man kann sich jüdische Lehrer im Allegorisieren der Tora vorstellen, und Philon erwähnt gelegentlich welche, wenn auch ohne Namen; aber ein jüdischer γραμματικός, welcher die Gewandtheit im Griechischen an den holzigen Sätzen der Septuaginta zu vermitteln vermöchte, oder auch ein jüdischer Rhetoriklehrer warten noch auf den Anschein einer historischen Plausibilität[1].

---

[1] Statt dessen wurde schon in vor-ntl. Zeit Unterricht in der Tora als Alternative zum griech. Homer-Unterricht aufgebaut; s. Hengel, Judentum und Hellenismus 151 (und Kontext). Daß man, aller Wahrscheinlichkeit nach, mit dem Buch Leviticus den Unterricht begann, zeigt, ein wie wenig poetisches Unternehmen dieser hebräische Unterricht gewesen sein muß. – Was es mit den 500 jüdischen Schülern auf sich haben mag, die im Hause Gamaliels II „griechische Weisheit" gelernt haben sollen (Bill, IV/1, 412 Buchst. 1), bleibt

Nein: es waren die heidnischen Lehrer in heidnischen Schulen, wo Leute wie unser Prediger ihre Fähigkeiten erworben haben, allen Spannungen zum Trotz, die noch im 2. vorchristlichen Jahrhundert, dem Bericht des 2. Makkabäerbuchs zufolge, Ἑλληνισμός als ἀλλοφυλισμός, also blankes Heidentum, erscheinen ließen (4,13).

Es muß, zumindest in der jüdischen Diaspora, einen praktischen Kompromiß mit dem Heidentum gegeben haben, ein Arrangement mit dem Polytheismus bei der Einführung in griechische Kultur und Literatur. Ähnlich wie Theateraufführungen immer eine Art Götterdienst waren, wo Apoll, den Musen usw. gehuldigt wurde, so ging auch der Griechischunterricht der damaligen Zeit nicht ohne ständige Nennung von Götternamen ab. Inschriftliche Ephebenlisten, die uns aus der antiken Cyrenaica erhalten sind, verzeichnen Dutzende jüdischer Namen und nichtsdestoweniger am Ende die obligatorische Widmung: Ἑρμᾷ, Ἡρακλεῖ[2]. Ich weiß nicht, wie die jüdischen Schüler, die in diesen Verbänden mitgingen, sich des aktiven Götzendienstes haben enthalten können; vielleicht hat man ihnen eine Möglichkeit eingeräumt[3]. Die Kaiser waren in dieser Hinsicht ja auch tolerant: in der Provinz Judaea verzichteten sie bis zum Jüdischen Krieg auf das Aufstellen ihrer eigenen Standbilder.

Für die Christen war die Situation lange Zeit keine andere: sie hatten keine eigenen Institutionen für gehobene Bildung, sondern besuchten die heidnischen mit[4]. Man weiß z. B., daß der geschworene Heide Libanios einen Chrysostomos zum Schüler hatte (und den jüdischen Patriarchen zum Freund – oben 1.7.2). Das ging nur mit Kompromissen ab, von denen die Geschichte wenig berichtet.

Es ist hierbei nicht ohne Interesse, daß es auch für einen antiken Philosophen oder vielmehr für einen jungen Mann, der es werden wollte, einen Kompromiß

---

eine von vielen judaistischen Vexierfragen. – Zum Verhältnis der Rabbinen gegenüber griech. Kultur und Sprache vgl. Bill. IV/1, 401–414, zur Vorgeschichte Hengel a.a.O. 130 ff. Die Stellung des hellenistischen Judentums zur παιδεία ist zu entnehmen z. B. aus Delling, Diasporasituation 61 f.; Mendelson, Education, S. XVII–XXV.

[2] Lüderitz, Cyrenaika S. 11–21 (Texte, Übersetzung, Literatur). Leider sind aus Alexandrien keine entsprechenden Listen erhalten. Mehr über jüdische Athleten und Epheben bei Reynolds/Tannenbaum, Aphrodisias 57 mit Anm. 239, S. 75. Philon äußert in *Spec.* II 230 offenes Lob für diejenigen Eltern, die ihre Söhne zum Sportunterricht schicken, und empfiehlt in *Ebr.* 20–29 die Teilnahme an heidnischem Vereinsleben, der Bildung halber.

[3] In Antiochien bemühten sich die jüdischen Epheben wenigstens um „reines" Öl: Josephus, *Ant.* XII 120; Delling, Diasporasituation 60 f. – Daß das Beschnittensein für die hellenistische Umwelt anstößig war, erfahren wir aus 1.Makk 1,15; vgl. Dover, Homosexuality 128 f. In Reaktion auf griechischen Ästhetizismus warnt Philon in *Ebr.* 95 vor einem θεοπλαστεῖν τὸ σῶμα, wie übrigens auch vor einem θεοπλαστεῖν und Verehren des „ägyptischen Unsinns" (τῦφος), womit Typhon und die ihm offenbar dargebrachten Prozessionen gemeint sind (Philon vergleicht sie mit dem Tanz um das Goldene Kalb). Hier wäre die Grenze überschritten.

[4] Bidez, Julian 56; Marrou, Gesch. der Erziehung 458–460. Über erste christliche Lehrer ebd. S. 467 f.

bedeuten konnte, die höheren Kulturtechniken der Antike – Klassikerlektüre, Rhetorik – zu erlernen. Seneca dem Jüngeren (dem Philosophen; sein Vater war Rhetor) muß es so ergangen sein, wenn er, im Rückblick auf seine *liberalia studia*, die ἐγκύκλια, bemerkt (*Epist* 88,2): *non discere debemus ista, sed didicisse*[5]. (Genau das war die Haltung der Kirchenväter noch nach Jahrhunderten!) Für Seneca waren die *grammatici* sowohl in der unverbindlichen Beliebigkeit ihrer Lehren als auch in ihrer privaten Lebensführung zu unmoralisch.

6.3.2 Für die urchristliche „Predigt", was immer das in der Anfangszeit gewesen sein mag (1.2.1), ist der Kontrast zu der hier vorliegenden schulmäßigen Rede auch in anderer Hinsicht bedenkenswert. Wenn wir ‚Predigt' als *öffentliche* Rede definieren wollen, dann war das meiste, was die urchristlichen Apostel auf dem Gebiet der Verkündigung geleistet haben, keine Predigt in diesem Sinne. Stanley Kent Stowers (Public speaking) hat gezeigt, daß den ersten Aposteln kaum je das Auditorium zur Verfügung stand, das ein antiker Redner haben konnte – abgesehen von der Synagoge (auf die wohl auch unser Prediger die Ausübung seiner Kunst beschränkt hat), solange man sie dort nicht hinauswarf. An Orte wie den Areopag oder ein Theater mußte man eingeladen werden – im Namen der Stadtverwaltung, des römischen Präfekten oder sonstiger einflußreicher Personen. Apg 17,19 f. bietet – mit welcher historischen Wahrscheinlichkeit, ist hier nicht zu entscheiden – dieses Detail in der Erwähnung des Dionysios.

Daß hingegen in den *Acta Johannis* 30 f. der Apostel selbst es ist, der die Menge ins Theater einlädt, und daß dann der Prokonsul, nachdem er vom Zusammenlauf im Theater seiner Stadt Ephesus erfährt, sich eilig auch dorthin begibt, ist nicht der einzige unhistorische Zug an diesem frommen Roman. Übrigens wird man Gästen, die ein derart ungeschliffenes Griechisch sprachen wie der *Acta-Johannis*-Verfasser oder auch der Apostel selber, kaum länger als wenige Minuten zugehört haben. Die Rhetoren waren das Massenmedium von damals: was sie darboten, mußte gekonnt sein, wie heute das Fernsehen. Hier war das Publikum unerbittlich. Aus Epiktets Vorlesung, die lediglich die Stilebene der Diatribe pflegte, entfernte sich enttäuscht einer der Hörer mit der Bemerkung: Οὐδὲν ἦν ὁ Ἐπίκτητος· ἐσολοίκιζε, ἐβαρβάριζε. Er hatte – was übertrieben ist – die Anforderungen an eine „große" Rede in den vergleichsweise kleinen Hörsaal mitgebracht. Um so berechtigter mag uns jetzt das Urteil der Athener über den „Körnchenleser" auf dem Areopag erscheinen: Τί ἂν θέλοι ὁ σπερμολόγος οὗτος λέγειν; Apg 17,18.

Stowers – auf dessen Aufsatz ich mich nochmals berufe – zieht aus den soziologischen Gegebenheiten der hellenistischen Welt den Schluß, daß Männer wie Paulus froh sein mußten, wenn man ihnen ein größeres Wohnzimmer

---

[5] Mehr bei Bréhier, Philon 280 f.

zur Verfügung stellte. Wenn Apg 20,20 den Paulus δημοσίᾳ sprechen läßt, so bezieht sich das auf die Schule des Tyrannos, in die er eingeladen worden war. Der Unterschied in den rhetorischen Anforderungen zwischen einer σχολή und der breiten Öffentlichkeit ist oben in 1.5 anhand einer Aesop-Fabel schon dargestellt worden. Auch Werkstätten waren wichtig als Orte des Informationsaustauschs in der Übergangszone zwischen Privatheit und Öffentlichkeit[6]. So war es im klassischen Athen zu Zeiten des Sokrates (Xenophon, *Mem.* IV 2,1ff.), der ja nicht ohne Grund viel mit Paulus verglichen worden ist.

Eine zunehmende Stilisierung des Paulusbildes, die schon in der Apostelgeschichte des Lukas beginnt, hat aus der Verkündigungstätigkeit des Paulus so etwas wie ein Auftreten in Londons Speakers' Corner gemacht. Das ἀποφθέγγεσθαι (‚Weg-Tönen‘) der Pfingstgeschichte (Apg 2,14) in Verbindung mit dem εὐκαίρως ἀκαίρως von 2. Tim 4,2 hat den Typ des Straßenpredigers hervorgebracht. dem man noch heute begegnen kann. Er hat wenig gemeinsam mit der paulinischen Missionspraxis.

Wenn Jesus im Jerusalemer Tempel ungefragt Reden hält (Mk 11,27-12,40 usw.). so ist diese Darstellung hingegen durchaus glaubhaft; er hat auch noch anderes Ungebührliche getan. Man hat ihn, im Gegensatz zu Jeremia, nicht zu entfernen gewagt. Das Verhalten des Petrus in der Säulenhalle Salomos, womit er einen Volksauflauf hervorruft (Apg 3,11ff.; vgl. 5,12), war von der Art, die jederzeit das Einschreiten der Polizei provozieren konnte.

Außerhalb des Tempels war die Lage weniger brisant. Doch wer auf den Straßen reden wollte, mußte mit den Händlern um die Wette schreien. Joh 7 erinnert an den verkleideten Wasserverkäufer von Jes 55.

6.3.3 Nach diesen Beobachtungen, die dazu bestimmt waren, unser Bild von der jüdischen und urchristlichen Verkündigung, insbesondere von ihrem „Sitz im Leben", zu verfeinern, sei abschließend hingewiesen auf die hohe Selbständigkeit der ps.-philonischen Predigten, was ihre Theologie betrifft. Schon in ihrer Schrifthermeneutik sind sie eine ganz eigene Frucht der jüdisch-hellenistischen Kultursynthese; und sie sind trotz gleichen Wurzelbodens durchaus verschieden von jener anderen, die wir durch Aristobul und Philon kennen.

Schüler fand sie – soweit die Quellen es heute noch ausweisen – bei den Christen; hier ist die Antiochenische Schule der Bibelexegese zu nennen, die das Allegorisieren vermied, wohingegen die Alexandrinische Schule bekanntlich Philon folgte. Die Vermittlungsvorgänge im einzelnen bleiben leider bei der Spärlichkeit der erhaltenen Nachrichten im Dunkeln. Um so deutlicher aber wird jetzt, daß die christliche Bibelauslegung in ihrer Methodik absolut unoriginell war. Bei den jüdischen Vorbildern, die sie hatte, brauchte sie weit weniger zu riskieren als diejenigen gebildeten Juden griechischer Sprache, die

---

[6] Schmeller, Diatribe 95 Anm. 187; thematisch: Hock, Workshop. Vgl. das Celsus-Zitat oben in 1.5.

das im Literaturunterricht Gelernte erstmals auf die Bibel übertrugen. Inhaltlich gesehen, mußten die christlichen Schriftausleger nicht viel anderes tun, als Christus an der Stelle einzusetzen, wo in hellenistisch-jüdischer Theologie der – vormals stoische – Logos gestanden hatte. Celsus hat es bemerkt[7].

In ihrer Enthaltsamkeit von jeglichem Allegorisieren stehen die hellenistisch-jüdischen Predigten der urchristlichen Schrifthermeneutik näher, als es Philon tut; dessen erstes christliches Pendant ist der Barnabasbrief. Wenn es darum ging, nicht eine Idee oder einen Begriff, sondern eine historisch bezeugte Person in das sich bildende theologische System einzusetzen, war die in den Predigten bezeugte Art, bei der Geschichte zu bleiben, weit eher ein Vorbild als die Verwandlungskünste, denen Philon oder die Rabbinen ihre Texte unterzogen.

Hier möchte ich dem Eindruck entgegentreten, der dem unbefangenen Benützer von Kittels „Theologischem Wörterbuch zum Neuen Testament" aus so vielen Artikeln entsteht: als gebe es auf der einen Seite die vom Alten Testament ausgehende, hebräisch-aramäische, eigentlich biblische Tradition, und auf der anderen Seite deren griechische Verfremdung, nämlich das Hereinlassen von Einflüssen der Fremdreligionen, der Philosophie und Profanliteratur seit der Septuaginta. Man fühlt sich genötigt, durch kräftiges Hebraisieren des (unglücklicherweise griechisch geschriebenen) Neuen Testaments, möglichst anhand der Materialien des Billerbeckschen Monumentalwerkes, das Fremdartige wieder zurückzudrängen. Als ob (wie man in der Barockzeit glaubte) Gottes Muttersprache das Hebräische wäre!

Dem widerspricht die historische Beobachtung, daß die hellenistisch-jüdische Hermeneutik die ältere ist[8] und zu ihrem Verständnis der rabbinischen Halacha nicht bedarf. Diese letztere ist vielmehr eine doppelte Reaktion: sie ist die nachträgliche Abwehr einer Inkulturationsleistung, die immerhin ein halbes Jahrtausend lang ihre Bedeutung hatte; und sie ist der – von Christen leider forcierte – Rückzug aus Geschichte und Geschichtsdeutung in die angenommene Zeitlosigkeit eines Gesetzbuches, von dem nunmehr jeder Buchstabe Gottes eigenste Setzung sein sollte.

Doch vorher schon, ehe die christliche Kirche, Alleinerbin der hellenistisch-jüdischen Theologie, mit Unverständnis und Brutalität ihre ältere Konkurrenz verdrängte, war es die Tragik des hellenistischen Judentums, den Hauptpreis zahlen zu müssen für die Folgen einer jüdischen Radikalität, der nichts fremder gewesen wäre als der Geist Philons oder des Predigers von *De Jona*.

---

[7] S. o. 1.7.3 bei Anm. 28; Origenes, *C. Cels.* II 31. Vgl. den Johannesprolog, worin die ἀρχή τοῦ εὐαγγελίου von Mk 1,1 mit Hilfe einer abgewandelten Logoslehre gefüllt und vergrundsätzlicht wird.

[8] Was diesen Punkt betrifft, pflegt das ThW nicht selten einen merkwürdig freien Umgang mit der Chronologie. Z. B. I 750,52f.: „Es ist zu beachten, daß αἱ ἱεραὶ γραφαί spezifisch rabbinische Ausdrucksweise ist, sich sodann bei Philo und auch sonst im hellenistischen Judentum findet …" Man sollte erwarten, daß hierfür wenigstens e in vorphilonischer Rabbi angeführt wird.

Literaturverzeichnis

Nur solche Titel sind aufgeführt, die nicht im Literaturverzeichnis der RGG³ in gleicher Auflage ausgewiesen sind. Bei nicht wörtlich zitierten klassischen Autoren wird gleichfalls von Literaturangaben abgesehen.

Es gelten die in Bibliographien und Katalogen üblichen Abkürzungen. Bei den Reihen CSEL, GCS, MPG und MPL wird von Orts- und Verlagsangaben abgesehen, bei MPG und MPL auch vom Erscheinungsjahr, da es sich um Nachdrucke älterer Ausgaben handelt. Römische Zahlen sind umgewandelt in arabische, Verlagsangaben sind vereinfacht.

BT = Bibliotheca Teubneriana
LCL = Loeb Classical Library, London: Heinemann/Cambridge, Massachusetts: U. P.
r   = reprint
U. P. = University Press

Aboth

Pirke Aboth. The ethics of the Talmud. Sayings of the Fathers, ed. with introd., transl. and comm. by R. Travers Herford. New York: Schocken (1945, r) 1978

Achilles Tatius

Achilles Tatius: Isagoge ad Arati Phaenomena, in: MPG 19, 933–1002

Acta Johannis

Acta apostolorum apocrypha, post Constantinum Tischendorf denuo ediderunt Ricardus Adelbertus Lipsius et Maximilianus Bonnet. Partis alterius volumen prius. Lipsiae: Mendelssohn 1898, S. 151–216

Aeschylos

Poetarum scenicorum Graecorum, Aeschyli, Sophoclis, Euripidis et Aristophanis fabulae superstites et perditarum fragmenta, ex recensione et cum prolegomenis Guilelmi Dindorfii, ed. quinta correctior. Lipsiae: Teubner 1869 (getrennt paginiert)

Aesop

Esope: Fables. Texte établi et traduit par Emile Chambry. 2ᵉ éd. Paris: Les Belles Lettres 1960 (Coll. Budé)

Alkinoos (olim: Albinus), Didask(alikos)

Alcinoos: Enseignement des doctrines de Platon. Introd., texte établi et comm. par John Whittaker et trad. par Pierre Louis. Paris: Les Belles Lettres 1990 (Coll. Budé)
– Vgl. Platon, ed. Hermann, VI 151–189; dessen Seitenzählung Whittaker beibehält

Allenbach, Jonas

Allenbach, Jean: La figure de Jonas dans les textes préconstantiniens ou l'histoire de l'exégèse au secours de l'iconographie. in: Benoît, André/Prigent, Pierre (Hg.): La Bible et les Pères. Colloque de Strasbourg 1er–3 oct. 1969. Paris: Presses universitaires (Bibl. des Centres d'Etudes Supérieures Spécialisés, Travaux du Centre d'Etudes Supérieures Spécialisés d'Histoire des Religions de Strasbourg), S. 97–112

Alon, Jews

Alon, Gedalyahu: Jews, Judaism and the Classical world. Studies in Jewish history in the times of the Second Temple and Talmud, transl. from the Hebrew by Israel Abrahams. Jerusalem: Magnes/Hebrew Univ. 1977

Alt in ZDMG 1932

Alt, Albrecht: Hic murus aheneus esto, in: ZDMG 86, 1932, S. 33–48

Altaner/Stuiber, Patrologie

Altaner, Berthold/Stuiber, Alfred: Patrologie. Leben, Schriften und Lehre der Kirchenväter, 8. Aufl. Freiburg/Basel/Wien: Herder (1978)

Ambrosius, *De fuga saeculi*

Sancti Ambrosii opera, pars altera, rec. Carolus Schenkl (CSEL 32,2), 1897, S. 161–207

Ambrosius, *De Spiritu Sancto*

dito, pars nona: De Spiritu Sanco libri tres; De incarnationis Dominicae sacramanto, rec. Otto Faller (CSEL 79), 1964, S. 1–222

Ambrosius, *Epist(olae)*

S(ancti) Ambrosii Mediolanensis episcopi operum pars IV (und) pars V: Epistolae, Classis I. Parisiis: Parent-Desbarres 1839 (Coll. selecta ss. (sanctorum) Ecclesiae Patrum... accurantibus D. A. B. Caillau... nonnullisque cleri Gallicani presbyteris, Bd. 61 = Ambrosius, Bd. 8)
– Text auch in MPL 16 (Epist. 19: Sp. 1026–36)
– In der noch unvollständigen CSEL-Ausgabe wird der 19. Brief die Nr. 62 führen.

Amir, Homer und Bibel

Amir, Yehoshua: Homer und Bibel als Ausdrucksmittel im 3. Sibyllinenbuch, in: ders.: Studien zum antiken Judentum, mit e. Geleitwort v. Michael Mach. Frankfurt a. M./New York: Peter Lang (1985) (Beitr. z. Erforsch. d. AT u. d. antiken Judentums, 2), S. 83–100

Amir in: Jb. f. Bibl. Th. 1987

Amir, Yehoshua: Der jüdische Eingottglaube als Stein des Anstoßes in der hellenistisch-römischen Welt, in: Jahrbuch f. Biblische Theologie 2, Neukirchen 1987, S. 58–75

Amir, Philon

Amir, Yehoshua: Die hellenistische Gestalt des Judentums bei Philon von Alexandrien. Neukirchen (Vluyn): Erziehungsverein 1983

Amstutz, ΑΠΛΟΤΗΣ

Amstutz, Josef: ΑΠΛΟΤΗΣ. Eine begriffsgeschichtl. Studie zum jüdisch-christlichen Griechisch. Bonn: Hanstein 1968 (Theophaneia 19) (Diss. Pontificia Univ. Gregoriana, Rom 1956)

Anania d. Übersetzer s. Sargisean

Andresen, Logos

Andresen, Carl: Logos und Nomos. Die Polemik des Kelsos wider das Christentum. Berlin: de Gruyter 1955 (AKG 30) (Habil-Schr., Univ. Kiel 1953)

Anthol(ogia) Pal(atina)

Anthologia Graeca (Bd. 1): Buch I–VI, 2., verb. Aufl., griech.-dt. ed. Hermann Beckby. München: Heimeran (1957) (Tusculum)
– dito (Bd. 4): Buch XII–XVI, 1. Aufl. 1958

Apollodoros, *Bibl(iotheca)* s. Mythographi Graeci

Apollonios Rhodios, *Argonautica*

ΑΠΟΛΛΩΝΙΟΥ ΤΟΥ ΡΟΔΙΟΥ ΑΡΓΟΝΑΥΤΙΚΑ. Apollonii Rhodii Argonautica, in:

ΗΣΙΟΔΟΥ ΠΟΙΗΜΑΤΑ, Hesiodi carmina (usw.), Graece et Latine... ed. F. S. Lehrs.
Parisiis: Firmin-Didot 1878 (mit eigener Paginierung)
 – Apollonios Rhodios, Die Argonauten, verdeutscht von Thassilo von Scheffer. Leipzig:
Dieterich (1940) (Slg. Dieterich, 90)

Apostolische Väter
Die Apostolischen Väter. Neubearb. der Funkschen Ausg. von Karl Bihlmeyer, 2. Aufl. m.
e. Nachtr. v. Wilhelm Schneemelcher, 1. Teil: Didache, Barnabas, Klemens I und II,
Ignatius, Polykarp, Papias, Quadratus, Diognetbrief. Tübingen: Mohr 1956
 – Die Apostolischen Väter, 1.: Der Hirt des Hermas, [griech. Text] hg. v. Molly Whittaker,
2., überarb. Aufl. (GCS) 1967
 – vgl. auch Harnack; Lightfoot; Wengst

Appel, Abraham:
Appel, Katrin: „Abraham als dreijähriger Knabe im Feuerofen des Nimrod", in: Kairos,
N. F. 25, 1983, S. 36–40 (mit 8 Abbildungsseiten vor S. 41)

Apulejus, *Metam(orphoseon libri)*
Apuleius lateinisch und deutsch. Der Goldene Esel, Metamorphosen, hg. u. übers. v.
Edward Brandt, zum Druck besorgt von Wilhelm Ehlers, 2. Aufl. (München:) Heimeran
(1963) (Tusculum) (S. 529–607: [ps.-Lukian:] Lukios oder der Esel)

Aratos, *Phaenomena*
Callimachus and Lycophron (griech.) with an Engl. transl. by A. W. Mair; Aratus (griech.)
with an Engl. transl. by G. R. Mair (LCL), 1921, S. 357–473 (reproduziert den griech. Text
von E. Maass, Berlin 1893)

Arist(easbrief)
Aristeae ad Philocratem epistula, cum ceteris de origine versionis LXX interpretum testi-
moniis. Ludovici Mendelssohn schedis usus ed. Paulus Wendland. Lipsiae: Teubner 1900
(BT)
 – Lettre d'Aristée à Philocrate. Introd., texte critique, trad. et notes, index complet des
mots grecs par André Pelletier, Paris: Cerf 1962 (SC 89)
 – Text auch bei Denis, Concordance 880a–892b

Aristides, *Apol(ogia)*
Die Apologie des Aristides. Recension und Rekonstruktion des Textes von Edgar Hennek-
ke. Leipzig: Hinrichs 1893 (TU 4, Fasz. 3)

Aristoteles *(Met. = Metaphysica)*
Aristoteles Graece, ex rec. Immanuelis Bekkeri ed. Academia regia Borussica, 2 Bde.
Berolini: Reimer 1831
 – vgl. Bonitz, Index

ps.-Aristoteles, *De mundo* (=voriges, S. 391a–401b)
Aristotele: Trattato sul cosmo per Alessandro, traduzione con testo greco al fronte, introdu-
zione, commento e indici di Giovanni Reale. Napoli: Loffredo (1974) (Filosofi antichi, 5)

Arrian (Flavius Arrianus), Ἰνδική
Arrian: Der Alexanderzug [und:] Indische Geschichte, griech. u. dt. hg. v. Gerhard Wirth
u. Oskar v. Hinüber. München u. Zürich: Artemis (1985) (Tusculum)

Artemidoros
Artemidori Daldiani Onirocriticon libri V, recogn. Roger A. Pack. Lipsiae: Teubner 1963
(BT)

Asclepius = Corpus Hermeticum (s. u.) Bd. 2, S. 259–401

A. I. E. A. Newsletter

Association Internationale des Etudes Arméniennes, Newsletter 8, (o. O.; Leiden?) Octobre 1987)

Athenaeus, *Dipn(osophistae)*

Athenaei Naucratitae Dipnosophistarum libri XV, rec. Georgius Kaibel, 3 Bde., ed. stereotypa editionis prioris ‚1890'. Stuttgardiae: Teubner 1966 (BT)

Augustin, *(De) civ(itate) Dei*

Sancti Aurelii Augustini episcopi De civitate Dei libri XXII, rec. Emanuel Hoffmann, CSEL 40/1.2, 1898.1900

M. Augustin, Der schöne Mensch

Augustin, Matthias: Der schöne Mensch im Alten Testament und im hellenistischen Judentum. Frankfurt (M.) usw.: Lang (1983) (theol. Diss., Univ. Heidelberg)

ASA

Awetik'ean, Gabriēl/Siwrmelean, Xač'atowr/Awgerean, Mkrtič': Nor baṙgirk' Haykazean lezowi, 2 Bde. Venetik (Venedig): S. Lazzaro 1836.1837

Avi-Yonah, Geschichte

Avi-Yonah, Michael: Gesch. der Juden im Zeitalter des Talmud, in den Tagen von Rom und Byzanz. Berlin: de Gruyter 1962 (Studia Judaica, 2)

Awgerean s. Philon

Azarian, Lexikon

Nuovo dizionario Ellenico-Italiano-Armeno-Turco, compilato dai fratelli Aristace e Stefano Azarian. Vienna: Mechitaristi 1848 (Hauptt. griechisch)

Bacher, Proömien

Bacher, Wilhelm: Die Proömien der alten jüdischen Homilie. Beitr. z. Gesch. d. jüdischen Schriftauslegung u. Homiletik. Leipzig: Hinrichs 1913 (BWAT 12)

Bacher, Terminologie I.II

Bacher, Wilhelm: Die exegetische Terminologie der jüdischen Traditionsliteratur. (Leipzig 1899.1905, r) Darmstadt: Wiss. Buchgesellschaft 1965)

Baeck, Predigt

Baeck, L[eo]: Griechische und jüdische Predigt, in: Zweiunddreißigster Bericht der Lehranstalt für die Wissenschaft des Judentums in Berlin: Berlin: Itzkowski 1914, S. 57–75

Baeck, MGWJ 1925

Baeck, Leo: Zwei Beispiele midraschischer Predigt, in: MGWJ 69 (NF 33), 1925, S. 258–271

Bammel in: Fs. G. Wirth

Bammel, Ernst: Der Zeuge des Judentums, in: Zu Alexander dem Großen, Fs. Günther Wirth, Bd. 1. Amsterdam 1987, S. 279–287

Barnes in: Latomus 1973

Barnes, E. J.: Petronius, Philo and Stoic rhetoric, in: Latomus 32, 1973, S. 787–798

Barrow, Plutarch

Barrow, R. H.: Plutarch and his times. London: Chatto & Windus 1967

Barthélemy, Hoshaya Rabba

Barthélemy, Dominique: Est-ce Hoshaya Rabba qui censura le „Commentaire allégorique"?, in: Philon d'Alexandrie. Lyon 11–15 Sept. 1966. Paris: Ed. du Centre National de la Recherche Scientifique 1967 (Colloques nationaux du Centre National de la Recherche Scientifique), S. 45–78 (discussion S. 79)

Bauer/Aland, Wörterbuch

Griech.-dt. Wörterbuch zu den Schriften des NT und der frühchristl. Lit. von Walter Bauer, 6., völlig neu bearb. Aufl. ... hg. v. Kurt Aland und Barbara Aland. Berlin/New York: de Gruyter 1988

Baumgartner, ZDMG 1886

Baumgartner, Adolf: Über das Buch „Die Chrie", in: ZDMG 40, 1886, S. 457–515

Bedrossian, Dictionary

Bedrossian, Matthias (Petrosean, Matat'ia): New dictionary Armenian-English. (Venice: S. Lazzaro 1875–79, r) Beirut: Librairie du Liban o. J. [1973]

Berger, Exegese

Berger, Klaus: Exegese des Neuen Testaments. Neue Wege vom Text zur Auslegung. Heidelberg: Quelle & Meyer (1977) Uni-Tb., 658)

Berger, Formgeschichte

Berger, Klaus: Formgeschichte des Neuen Testaments. Heidelberg: Quelle & Meyer (1984)

Berger, Gattungen

Berger, Klaus: Hellenistische Gattungen im NT, in: Temporini, Hildegart/Haase, Wolfgang (Hg.): Aufstieg u. Niedergang der Römischen Welt II 25/2. Berlin/New York: de Gruyter 1984, S. 1031–1342

Berger, ZNW 1977

Berger, Klaus: Neues Material zur „Gerechtigkeit Gottes", in: ZNW 68, 1977, S. 266–275

H. D. Betz, Hellenismus

Betz, Hans Dieter: Hellenismus und Urchristentum. Gesammelte Aufsätze, Bd. 1. Tübingen: Mohr (1990)

Bibel (vgl. Einheitsübersetzung; Hamabarbaṙ; Luther; Lutherbibel; Miḳrā'ot gdolot; Novum Testamentum; Septuaginta; Vulgata)

(Psalmen, armen.:) Girkʿ saɫmosacʿ Dawtʿi, Viēnna: Mechitharisten 1865
(Evangelien, armen.:) Nor ktakaran Teaṙn meroy Yisowsi Kʿristosi, Viēnna: Mechitharisten 1864
(Apg., Briefe, Apk. armen.:) Gorckʿ aṙakʿelocʿ (usw., titelblattlose Ausg., beginnend S. 265) [Wien: Mechitharisten 1906]
Biblia Hebraica Stuttgartensia, ed. K. Elliger et W. Rudolph, Lfg. 1–15. Stuttgart: Württembergische Bibelanstalt 1968–76

Bibelkonkordanz, armen.

Hamabarbaṙ Hin ew Nor Ktakaranacʿ, (ed.) Tʿadēos Astowacatowrean. Yerowsaɫēm: St. Jakobus 1895

Bickerman, Demetrios

Bickerman, E[lias] J.: The Jewish historian Demetrios, in: Christianity, Judaism and other Graeco-Roman cults. Studies for Morton Smith at sixty, ed. by Jacob Neusner, Bd. 3. Leiden: Brill 1975, S. 72–82

Bickerman, Jonas

Bickerman, E[lias]-J.: Les deux erreurs du prophète Jonas, in: RHPhR 45, 1965, S. 232–264. (Verkürzte engl. Fassung in: Elias Bickerman, Four strange Books of the Bible. Jonah/Daniel/Koheleth/Esther. New York: Schocken (1967), S. 1–49

ital. in: Elias J. Bickerman: Quattro libri stravaganti della Bibbia. Giona – Daniele – Kohelet – Ester. Bologna: Pàtron (1979), S. 19–64

Neuester Abdruck des – kaum veränderten – Originalbeitrags in: Bickerman, Studies I, S. 33–71

Bickerman, Studies I.III

Bickerman, Elias: Studies in Jewish and Christian history, part (= Bd.) 1 (bzw.) 3. Leiden: Brill 1976.1986 (Arb. z. Gesch. d. antiken Judentums u. des Urchristentums, 9,1.3)

Bidez, Julian

Bidez, Joseph: Julian der Abtrünnige (La vie de l'empereur Julien, dt.). München: Callwey (1940)

Björnberg-P., Simson

Björnberg-Pardo, Birgitta: Simson i fornkristen och bysantinsk konst. Stockholm 1982 (Katolsk arsskrift), S. 81–272

Bischoff, Anecdota

Bischoff, Bernhard (Hg.): Anecdota novissima. Texte des vierten bis sechzehnten Jahrhunderts. Stuttgart: Hiersemann 1984 (Quellen u. Unters. zur lat. Philol. des Mittelalters, 7)

Black, HThR 1988

Black, C. Clifton, II.: The rhetorical form of the hellenistic Jewish and early Christian sermon. A response to Lawrence Wills, in: HThR 81, 1988, S. 1–18

Blaise, Dictionnaire

Blaise, Albert: Dictionnaire Latin-Français des auteurs Chrétiens, revu... par Henri Chirat, Turnhout: Brepols (1986) (S. 1–865 ist r der Erstaufl. 1955)

Blech, Kranz

Blech, Michael: Studien zum Kranz bei den Griechen. Berlin/New York: de Gruyter 1982 (RVV 38)

Boll, Lebensalter

Boll, Franz: Die Lebensalter. E. Beitr. z. antiken Ethologie u. z. Gesch. der Zahlen. Mit e. Anhang „Zur Schrift Περὶ ἑβδομάδων". Leipzig/Berlin: Teubner 1913 (Neue Jb. f. d. Klass. Altertum, Gesch. u. Dt. Lit., hg. v. Johannes Ilberg, 16. Jg., 31. Bd.), S. 89–145 mit Tafel I.II vor S. 145

Bonitz, Index

Bonitz, H[ermann]: Index Aristotelicus. (Berlin 1870, r) secunda editio, Graz: Akadem. Druck- u. Verlagsanstalt 1955 (vorher: Aristoteles Graece, ed. Academia Regia Borussica, Bd. 5)

Borgen, Bread from heaven

Borgen, Peder: Bread from heaven. An exegetical study of the concept of manna in the Gospel of John and the writings of Philo. Leiden: Brill 1965 (NovText, Suppl. 10) (eine 2. Aufl. erschien 1981)

Bornkamm, Glaube und Vernunft

Bornkamm, Günther: Glaube und Vernunft bei Paulus (1957, wiederabgedr.) in: Das Paulusbild in der neueren dt. Forschung, in Verb. mit Ulrich Luck hg. v. Karl Heinrich Rengstorf. Darmstadt: Wiss. Buchgesellschaft 1969 (Wege der Forschung, 24), S. 591–612 auch erschienen in: Bornkamm, Günther: Studien zu Antike und Urchristentum. Ges. Aufs., Bd. 2. München: Kaiser 1970 (BEvTh 28), S. 119–137

Bousset, Schulbetrieb

Bousset, W[ilhelm]: Jüdisch-christlicher Schulbetrieb in Alexandria und Rom. Literarische Untersuchungen zu Philo und Clemens von Alexandria, Justin und Irenäus. Göttingen: Vandenhoeck & Ruprecht 1915 (FRLANT, NF, 6) (ein Nachdruck erschien in Hildesheim u. New York: Olms 1975)

Bowers, NovTest 1980

Bowers, Paul: Paul and religious propaganda in the first centuries, in: NovTest 22, 1980, 316–323

Boyancé, Echo des exégèses

Boyancé, Pierre: Echo des exégèses de la mythologie grecque chez Philon, in: Philon d'Alexandrie (s. o. Barthélemy), S. 169–186 (discussion S. 187f.)

Brandenburger, ZThK 1988

Brandenburger, Egon: Pistis und Soteria. Zum Verstehenshorizont von „Glaube" im Urchristentum, in: ZThK 85, 1988, S. 165–198

Braun, Philo

Braun, Herbert: Wie man über Gott nicht denken soll. Dargelegt an Gedankengängen Philos von Alexandria. Tübingen: Mohr 1971

Bréhier, Philo

Bréhier, Emile: Les idées philosophiques et religieuses de Philon d'Alexandrie. Thèse pour le doctorat, Faculté des Lettres de Paris. Paris: Picard 1907 (Eine 2. Aufl. erschien 1925, eine 3. Aufl. 1950 als Etudes de philosophie médiévale, Bd. 8)

Brox, Der einfache Glaube

Brox, Norbert: Der einfache Glaube und die Theologie. Zur altkirchl. Gesch. eines Dauerproblems, in: Kairos 14, 1972, S. 161–187

Büchmann, Geflügelte Worte

Geflügelte Worte. Der Zitatenschatz des Deutschen Volkes, gesammelt u. erl. v. Georg Büchmann..., 32. Aufl., vollständig neubearb. v. Gunther Haupt u. Winfried Hofmann. Berlin: Haude & Spener (1972)

Bultmann, Exegetica

Bultmann, Rudolf: Exegetica. Aufsätze zur Erforschung des Neuen Testaments, hg. v. Erich Dinkler. Tübingen: Mohr 1967

Bultmann, Johannes

Bultmann, Rudolf: Das Evangelium des Johannes, erklärt. Unveränd. Nachdr. d. 10. Aufl. (1941) (mit Ergänzungsheft, 1968), Göttingen: Vandenhoeck & Ruprecht 1968 (Krit.-exeget. Komm. über d. NT, 2, 19. Aufl.)

Burkhardt, Inspiration

Burkhardt, Helmut: Die Inspiration heiliger Schriften bei Philo von Alexandrien. Gießen u. Basel: Brunnen (1988) (Theol. Diss., Univ. Göttingen)

Carmen de Jona: siehe Cyprianus Gallus

Carus, Samson

Carus, Paul: The story of Samson and its place in the religious development of mankind. Chicago: Open Court 1907

Cassianus Bassus s. Geoponica

Cassius Dio

Dionis Cassii Cocceiani Historia Romana cum annotationibus Ludovici Dindorfii, vol. 4. Lipsiae: Teubner 1864

Chadwick vgl. Origenes, *C. Cels.*

Chadwick, Gewissen

Chadwick, Henry: Betrachtungen über das Gewissen in der griech., jüd. u. chr. Tradition. Opladen: Westdt. Verlag 1974 (Rhein.-westfäl. Akad. d. Wiss. (Düsseldorf), Geisteswissenschaften, Vorträge, G 197) (vgl. dens.: Some reflections on conscience, Greek, Jewish and Christian. London: The Council of Christians and Jews, Robert Waley Cohen Memorial Lectures 1968)

Chadwick, Philo

Chadwick, Henry: Philo and the beginnings of Christian thought, in: The Cambridge history of later Greek and early medieval philosophy, ed. by A[rthur] H[ilary] Armstrong. London: Cambridge U. P. 1967, S. 133–192

Chariton, *Callirhoë*

Charitonis Aphrodisiensis De Chaerea et Callirhoe amatoriarum narrationum libri octo, rec. et emendavit Warren E. Blake. Oxford: Clarendon 1938
– Chariton von Aphrodisias: Kallirhoe, eingel., übers. u. erl. v. Karl Plepelits. Stuttgart: Hiersemann 1976 (Bibl. d. griech. Lit., 6)
– griech. Text auch in Hercher, Erotici II S. 1–157

Charlesworth I.II

The Old Testament Pseudepigrapha, (engl. Übers.) ed James H. Charlesworth, 2 Bde. London: Darton, Longman & Todd (1983, 1985)

Chené/Greimas, Femmes

De Jésus et des femmes. Lectures sémiotiques, (hg. v.) Adèle Chené (u.) Algirdas Julien Greimas, Montréal: Bellarmin/Paris: Cerf 1987 (Recherches, N. S., 14)

Christian, Meaning and truth in religion

Christian, William: Meaning and truth in religion. Princeton (New Jersey): U. P. 1964

ps.-Chrysostomos, *Opus imperfectum in Matthaeum*
in: MPG 56, 611–946

Cicero, *De natura deorum*

M(arci) Tulli Ciceronis De natura deorum libri III. M. Tullius Cicero Vom Wesen der Götter, drei Bücher, lat.-dt. hg., übers. u. erl. v. Wolfgang Gerlach u. Karl Bayer. Darmstadt: Wiss. Buchges. (Lizenz: Heimeran, München) 1978 (Tusculum)

Cicero, *De re publi(ica)*

Marcus Tullius Cicero: Vom Gemeinwesen, lat. u. dt. hg. v. Karl Büchner, 2. Aufl. Zürich: Artemis 1960 (1. Aufl.: 1952)

Clark, Spes

Clark, Mark Edward: Spes in the early imperial cult: „the Hope of Augustus", in: Numen 30, 1983, S. 80–105
ders.: Spes in the later imperial cult, in: Society of Biblical Literature, Seminar papers, Annual meeting 119, 1983, S. 584

Clem(ens) Alex(andrinus)

Clemens Alexandrinus, hg. v. Otto Stählin, 3 Bde. (GCS) 1905.1906. 1909 (*Protrepticus, Paedagogus* in Bd. 1, *Stromata* I–VI in Bd. 2, *Stromata* VII f. und *Excerpta ex Theodoto* in Bd. 3)

Coenen, Art. ‚Verkündigung‘

Coenen, L(othar): Art. ‚Verkündigung‘ in: Theologisches Begriffslexikon zum NT, hg. v. Lothar Coenen, Erich Beyreuther u. Hans Bietenhard, Bd. 2. Wuppertal: R. Brockhaus (1971, r 1979), S. 1276–1287

Cohen in: Evangelical Quarterly 1970

Cohen, Gary C.: Samson and Hercules. A comparison between the feats of Samson and the labours of Hercules, in: Evangelical Quarterly 42, 1970, S. 131–141

Cohn-Wiener, Die jüd. Kunst

Cohn-Wiener, Ernst: Die jüdische Kunst. Ihre Geschichte von den Anfängen bis zur Gegenwart. Berlin: Wasservogel (1929)

Colorni, L'uso del greco

Colorni, Vittore: L'uso del greco nella liturgia del giudaismo ellenistico e la novella 146 di Giustiniano, in: Annali di storia del diritto 8, 1964, 19–80

Conybeare, Philo About the contemplative life

Philo About the contemplative life, or the fourth book of the treatise concerning virtues, critically ed. with a defence of its genuineness by Fred[erick] C. Conybeare. Oxford: Clarendon Pr. 1895

Conzelmann, 1. Korinther

Conzelmann, Hans: Der erste Brief an die Korinther. Göttingen: Vandenhoeck & Ruprecht 1969 (MeyerK)

Cornutus

Cornuti Theologiae Graecae compendium, rec. Carolus Lang. Lipsiae: Teubner 1881 (BT)

C. H.

Corpus Hermeticum (Umschlagtitel statt dessen: Hermès Trismégiste), texte établi par A[rthur] D[arby] Nock et trad. par A[ndré]-J[ean] Festugière, 4 Bde. Paris: Les Belles Lettres (1946–54, r) 1972 (Bd. 1 und 2 durchpaginiert; die 18 Traktate des byzantinischen *Corpus Hermeticum* reichen nur bis Bd. 2, S. 255)

Corpus Juris

Corpus Iuris civilis, ed. stereotypa secunda, vol. 3: Novellae, recogn. Rudolfus Schoell (et) Guilelmus Kroll. Berolini: Weidmann 1899

Crenshaw, Samson

Crenshaw, James L.: Samson. A secret betrayed, a vow ignored. Atlanta: John Knox Pr. (1978)

Curtius Rufus

Quinti Curti Rufi Historiarum Alexandri Magni Macedonis libri qui supersunt, recogn. Theodorus Vogel. Leipzig: Teubner 1904 (BT)

Cyprianus Gallus

Cypriani Galli poetae Heptateuchos..., rec. Rudolphus Peiper. (CSEL 23) 1881 (vielm. 1891) (darin S. 297–301: *Carmen de Jona*)
– Der Text wird in MPL 2, 1165–1172 als ps.-Tertullian geführt

Dähne, Bemerkungen

Dähne, August Ferdinand: Einige Bemerkungen über die Schriften des Juden Philo, angeknüpft an eine Unters. über deren ursprüngl. Anordnung, in: ThStKr 1833, S. 984–1040

Danker, Benefactor

Danker, Frederick W.: Benefactor. Epigraphic study of a Graeco-Roman and New Testament semantic field. (St. Louis, Missouri:) Clayton (1982)

Dashian, Catalog

Dashian, J. (Tašean, Yakovbos): Catalog der armenischen Handschriften der Mechitaristenbibliothek zu Wien, Bd. 1. Wien: Mechitaristen 1895 (Haupttitel armen.)

Dassmann, Sündenvergebung

Dassmann, Ernst: Sündenvergebung durch Taufe, Buße und Martyrerfürbitte in den Zeugnissen frühchristlicher Frömmigkeit und Kunst. Münster: Aschendorff (1973) (Münstersche Beiträge zur Theologie, 36) (Habil.schr., kath.-theol. Fak., Univ. Münster)

Dibelius, Briefe
Handbuch zum NT, hg. v. Hans Lietzmann (u. a.), 3. Bd.: Die Briefe des Apostels Paulus, 2.: Die neun kleinen Briefe, erkl. v. Martin Dibelius. Tübingen: Mohr 1913

Davidson, Dictionary of angels
A dictionary of angels including the fallen angels, by Gustav Davidson. New York: Free Press/London: Collier-Macmillan (1967)

Delatte, litt. pythagoricienne
Delatte, Armand: Etudes sur la littérature pythagoricienne. Paris: Champion 1915 (Bibl. de l'Ecole des Hautes Etudes, 217)

Delcourt, Hermaphrodite
Delcourt, Marie: Hermaphrodite. Mythes et rites de la bisexualité dans l'antiquité classique. Paris: Presses universitaires de France 1958 (Mythes et religions, 36)

Delling, Diasporasituation
Delling, Gerhard: Die Bewältigung der Diasporasituation durch das hellenistische Judentum. Berlin: Ev. Verlagsanstalt (1987) (auch Lizenzausgabe: Göttingen: Vandenhoeck & Ruprecht 1987)

Delling, HUCA 1974
Delling, Gerhard: Perspektiven der Erforschung des hellenistischen Judentums, in: HUCA 45, 1974, 133–176

Denis, Concordance
Concordance grecque des Pseudépigraphes d'Ancien Testament. Concordance, corpus des textes, indices par Albert-Marie Denis avec la collab. d'Yvonne Janssens et le concours du CETEDOC. Louvain-la-Neuve, Univ. Catholique, Institut Orientaliste 1987

Denzinger
Enchiridion symbolorum, definitionum et declarationum de rebus fidei et morum, ed. Henricus Denzinger, … auxit … Adolfus Schönmetzer, 36. Aufl. Barcelona (usw.): Herder 1967

Dey, ΠΑΛΙΓΓΕΝΕΣΙΑ
Dey, Joseph: ΠΑΛΙΓΓΕΝΕΣΙΑ. Ein Beitrag zur Klärung der religionsgeschichtlichen Bedeutung von Tit 3,5. Münster: Aschendorff 1937 (NTA 17, Fasz. 5)

Diagoras
Diagorae Melii et Theodori Cyrenaei reliquiae, ed. Marcus Winiarczyk. Leipzig: Teubner 1981 (BT)

Dibelius, Formgeschichte
Dibelius, Martin: Die Formgeschichte des Evangeliums, 4. Aufl. … mit e. Nachtrag v. Gerhard Iber hg. v. Günther Bornkamm. Tübingen: Mohr 1961

Diels/Kranz
Die Fragmente der Vorsokratiker, griech. u. dt. (hg. v.) Hermann Diels, 3 Bde., 8. Aufl., hg. v. Walther Kranz. Berlin: de Gruyter 1956

Dihle, Auge
Dihle, Albrecht: Vom sonnenhaften Auge, in: Platonismus und Christentum. Festschr. f. Heinrich Dörrie, hg. v. Horst-Dieter Blume u. Friedhelm Mann. Münster: Aschendorff 1983 (JAC, ErgBd 10), S. 85–91

Dindorf
Poetarum scenicorum Graecorum Aeschlyi, Sophoclis, Euripidis et Aristophanis fabulae superstites et perditarum fragmenta, ex rec. … Guilelmi Dindorfii, ed. quinta. Lipsiae: Teubner 1868

Diodorus Siculus, *Bibl(iotheca historica)*
　　Diodori Siculi Bibliothecae historicae quae supersunt, ex nova recensione Ludovici Dindor-
　　fii Graece et Latine ..., 2 Bde. Parisiis: Firmin-Didot 1878

Diog(enes) Laërt(ius)
　　Diogenis Laertii Vitae philosophorum, ed. H. S. Long, 2 Bde. Oxonii: Clarendon (1964, r
　　1966) (Scriptorum Classicorum Bibl. Oxoniensis)

Dittenberger s. OGIS

Dörrie, ZNW 1974
　　Dörrie, Heinrich: Zur Methodik antiker Exegese, in: ZNW 65, 1974, S. 121–138 (nicht in
　　der Teils. Platonica minora)

Donfried, Second Clement
　　Donfried, Karl Paul: The setting of Second Clement in early Christianity. Leiden: Brill 1974
　　(NovTest, Suppl. 38) (theol. Diss., Univ. Heidelberg 1968)

Dorival/Harl/Munnich, Septante
　　Dorival, Gilles/Harl, Marguerite/Munnich, Olivier: La Bible grecque des Septante. Du
　　judaisme hellénistique au christianisme ancien. Paris: Cerf 1988 (Initiations au christianis-
　　me ancien)

Dover, Homosexuality
　　Dover, K(enneth) J.: Greek Homosexuality. (London:) Duckworth (1978, r 1979)

Drögemüller, Gleichnisse
　　Drögemüller, Hans-Peter: Die Gleichnisse im hellenistischen Epos. Phil. Diss., Univ.
　　Hamburg 1956

Dröscher, Der Wal
　　Dröscher, Vitus B.: „... Und der Wal schleuderte Jona an Land". Die Tierwunder der
　　Bibel naturwissenschaftlich erklärt. Hamburg u. Zürich: Rasch & Röhring 1987

Droge, Homer or Moses
　　Droge, Arthur J.: Homer or Moses? Early Christian interpretations of the history of
　　culture. Tübingen: Mohr 1988 (Hermeneutische Untersuchungen zur Theol., 26)

Duchatelez, Philanthropia
　　Duchatelez, K.: La „philanthropia" de Dieu dans l'Antiquité grecque, surtout patristique,
　　in: Communio 9, Sevilla 1976, S. 233–255

Dübner
　　Theophrasti Characteres, Marci Antonini Commentarii, Epicteti Dissertationes ab Arriano
　　literis mandatae, Fragmenta et Enchiridion cum Commentario Simplicii, Cebetis Tabula,
　　Maximi Tyrii Dissertationes. Graece et Latine cum indicibus (ed.) Fred(ericus) Dübner.
　　Parisiis: Didot 1840 (die einzelnen Autoren sind getrennt paginiert)

Dulaey in: Rev. Et. Augustiniennes 1983
　　Dulaey, Martine: Le chandelier à sept branches dans le christianisme ancien, in: Rev. Et.
　　Augustiniennes 29, 1983, S. 3–26

Duval, Jonas
　　Duval, Yves-Marie: Le livre de Jonas dans la littérature chrétienne grecque et latine.
　　Sources et influence du Commentaire sur Jonas de saint Jérôme, 2 Bde. Paris: Etudes
　　Augustiniennes 1973

Einheitsübersetzung
　　Einheitsübersetzung der Heiligen Schrift. Die Bibel. Gesamtausgabe. Psalmen und Neues
　　Testament ökumenischer Text. Stuttgart: Kathol. Bibelanstalt (usw.) (1980)

Eliasberg, Erzählungen
Jiddische Erzählungen in der Übersetzung von Alexander Eliasberg, mit e. Einl. v. Rudolf
Neumann. Birsfelden/Basel: Schibli-Doppler o. J. (Lizenz: Slg. Dieterich)

Encyclopaedia Judaica
Encyclopaedia Judaica, 16 Bde., Jerusalem: Encyclopaedia Judaica 1971/72

Ephraem, CSCO 311.312
Des heiligen Ephraem des Syrers Sermones, Bd. 2 (in 2 Fasz.), hg. (bzw.) übers. v. Edmund
Beck. Louvain: CSCO 1970 (CSCO 311.312 = Scriptores Syri 134.135)
– Eine dt. Übers. der Predigt „Über Jona und Ninive" findet sich auch in BKV 37 (=
Ephraem der Syrer, Bd. 1), S. 125–164

(ps.-)Ephraem
Sancti Ephraem Syri Hymni et sermones... edidit, Latinitate donavit... Thomas Josephus
Lamy, Bd. 2. Mechliniae: Dessain 1886
– Der Text der Sp. 229–246, bei Ortiz de Urbina, Patrologia Syriaca 68, Punkt 5, unter die
opera dubia eingereiht, findet sich in dt. Übers. (nach der älteren Römischen Ausg.) in
folgendem: Sämmtliche Werke der Kirchen-Väter, aus dem Urtexte in das Teutsche über-
setzt, Bd. 28: Sämmtliche Schriften des heiligen Ephräm aus Syrien, [Bd. 2]. Kempten:
Kösel 1842, S. 99–107

Epiktet s. Dübner

Epikur
Epicurus. The extant remains, with short critical apparatus, transl. and notes by Cyril
Bailey. (Oxford: Clarendon 1926, r) Hildesheim/New York: Olms 1975

Ernesti, Lexicon
Ernesti, Io[annes] C[hristianus] T[heophilus]: Lexicon technologiae Graecorum rhetori-
cae. (Leipzig 1795, r) Hildesheim: Olms 1962

4. Esra
Jüdische Schriften aus hellenistisch-römischer Zeit, Bd. 5: Apokalypsen, (Lfg. 4: Josef
Schreiner (Übers.): Das 4. Buch Esra. Gütersloh: Mohn 1981
   lat. Text auch in Vulgata (s. d.) S. 1165–1184

Eunapios, *Vitae soph.*
Eunapii Vitae sophistarum. Ioseph Giangrande recensuit. Romae: Istituto Poligraphico
1956 (Scriptores Graeci et Latini consilio Academiae Lynceorum editi)

Euripides s. Aeschylos; Nauck

Eusebius, Chronik
Eusebius, Werke, siebenter Band: Die Chronik des Hieronymus, hg. u. in 2. Aufl. bearb. v.
Rudolf Helm (GCS) 1956

Eusebius, *Ctr. Hieroclem*
Εὐσεβίου τοῦ Παμφίλου πρὸς τὰ ὑπὸ Φιλοστράτου εἰς Ἀπολλώνιον τὸν Τυανέα, in:
Philostratus: The life of Apollonius of Tyana, the Epistles of Apollonius and the Treatise of
Eusebius, with an Engl. transl. by F[rederick] C. Conybeare, 2 Bde. (LCL) 1912, Bd. 2,
S. 484–605 (griech. Text nach der Ausg. C. L. Kayser, Leipzig 1870)

Eusebius, *H(istoria) e(cclesiastica)*
Eusebius: Kirchengeschichte, (griech. Text) hg. v. Eduard Schwartz, kleine Ausg., 5. Aufl.
(r der 2. Aufl.) Berlin: Akademie/Leipzig: Hinrichs 1952

Eusebius, *Pr(aeparatio) ev(angelica)*
Eusebius, Werke, achter Band: Die Praeparatio evangelica, hg. v. Karl Mras, 1. (u.) 2. Teil
(= Teilband (GCS) 1954.1956

Text auch in: MPG 21; vgl. Denis, Concordance; Holladay, Fragments; Kern, Orphicorum Fragmenta

Faesi/Franke s. Homer, Ilias

Farrar, Interpretation

Farrar, Frederic W.: History of interpretation. Eight lectures... on the foundation of... John Bampton. London: Macmillan 1886

Festa s. Mythographi Graeci

Festugière, Révél.

Festugière, [André-Jean]: La révélation d'Hermès Trismégiste, 4 Bde. (Bd. 1 in 3. Aufl.) Paris: Lecoffre, Gabalda 1949–1953

Fischer, Eschatologie

Fischer, Ulrich: Eschatologie und Jenseitserwartung im hellenistischen Diasporajudentum. Berlin: de Gruyter 1978 (ZNW, Beih. 44)

Freudenthal, Schrift

Freudenthal, J[acob]: Die Flavius Josephus beigelegte Schrift über die Herrschaft der Vernunft ⟨IV Makkabäerbuch⟩, eine Predigt aus dem ersten nachchr. Jh., untersucht. Breslau: Schletter 1869

Gärtner/Heyke, Bibliographie

Bibliographie zur antiken Bildersprache, unter Leitung von Viktor Pöschl bearb. v. Helga Gärtner u. Waltraut Heyke. Heidelberg: Winter 1964 (Heidelberger Akademie d. Wiss.)

Galenos, *De naturalibus virt(utibus)*

Galen: On the natural faculties, (griech.) with an Engl. transl. by Arthur John Brock (LCL) (1916, r) 1947 (griech. Text nach C. G. Kühn, Leipzig 1821 ff. bzw. G. Helmreich, Leipzig 1893)

Gellius, *Noctes Atticae*

The Attic Nights of Aulus Gellius, with an Engl. transl. by John C. Rolfe, 3 Bde. (LCL 1927, r 1948–1952)

Geoponica (Περὶ γεωργίας ἐκλογαί)

Geoponica sive Cassiani Bassi Scholastici De re rustica eclogae, rec. Henricus Beckh. Lipsiae: Teubner 1895 (BT)

Gernentz, Dichtung

Religiöse deutsche Dichtung des Mittelalters, hg. u. erl. v. Hans Joachim Gernentz. Berlin: Union (1964)

Ginzberg, Legends

Ginzberg, Louis: The legends of the Jews, transl. from the German Manuscript by Henrietta Szold, 6 Bde. Philadelphia: Jewish Publication Society (1909–1928, r) 1968; Bd. 7: Index by Boaz Cohen, ebd. 1938 (Bd. 5 u. 6 enthalten die Anmerkungen)

Glockmann, Homer

Glockmann, Günter: Homer in der frühchristlichen Zeit bis Justinus. Berlin: Akademie 1968 (TU 105) (phil. Diss., Humboldt-Univ. Berlin 1965)

Goodenough, Symbols

Goodenough, Erwin R.: Jewish symbols in the Greco-Roman period, 13 Bde. New York: Pantheon 1953–68 (Bollingen Series, 37)

Gottwaldt, Fehler in der Bibel?

Gottwaldt, Wilhelm: Fehler in der Bibel? Bad Liebenzell: Liebenzeller Mission (1970) (Liebenzeller Taschenbücher, 12)

Gradwohl, Bibelauslegungen III

Gradwohl, Roland: Bibelauslegungen aus jüdischen Quellen, Bd. : Die alttest. Predigttexte des 5. Jahrgangs. Stuttgart: Calwer V. (1988)

Graetz, Gesch. der Juden

Graetz, H[einrich, *alias* Hirsch]: Gesch. der Juden von den ältesten Zeiten bis auf die Gegenwart, aus den Quellen neu bearb., 9. Bd. Leipzig: Leiner 1866
- dito, 4. Bd., 4. Aufl., bearb. v. S. Horovitz, ebd. 1908

C. Grant, Passibility

Grant, Colin: Possibilities for divine passibility, in: Toronto Journal of Theology 4, 1988, S. 3−18

M. Grant, Jews

Grant, Michael: The Jews in the Roman world. New York: Scribner's (1973)

R. Grant, Miracle

Grant, Robert M.: Miracle and natural lew in Graeco-Roman and early Christian thought. Amsterdam: North-Holland 1972

R. Grant, VigChr 1983

Grant, Robert M.: Homer, Hesiod, and Heracles in pseudo-Justin, in: VigChr 37, 1983, S. 105−109

R. Grant, War

Grant, Robert M.: War − just, holy, unjust − in Hellenistic and early Christian thought, in: RHE 74, 1979, S. 173−189

Grimm in: Biblica 1981

Grimm, Dieter: Der Name des Gottesboten in Richter 13, in: Biblica 62, 1981, S. 92−98

Groß, Natur

Groß, Josef: Philons von Alexandreia Anschauungen über die Natur des Menschen. Phil. Diss., Univ. Tübingen 1930

Großmann, De Philonis... serie I.II

Grossmann, Chr[istian] Gottlob Leber[echt]: De Philonis Iudaei operum continua serie et ordine chronologico comment[um], part[icula] 1 (bzw.) 2. Lipsiae: Staritz 1841.1842 (Univ.-Programm, Univ. Leipzig)

Gruppe, Religionsgeschichte II

Gruppe, Otto: Griechische Mythologie und Religionsgeschichte, 2. Bd., München: Beck 1906 (HAW 5,2,2, 1. Aufl.)

Güttgemanns, Offene Fragen

Güttgemanns, Erhardt: Offene Fragen zur Formgeschichte des Evangeliums. Eine methodologische Skizze der Grundlagenproblematik der Form- und Redaktionsgeschichte. München: Kaiser 1970 (BEvTh 54)

Gutmann, Art. ‚God'

G[utmann], Y. (Joshua): Art. ‚God' in hellenistic literature, in: Encyclopaedia Judaica 7, Sp. 652−654

Guyot, Eunuchen

Guyot, Peter: Eunuchen als Sklaven und Freigelassene in der griech.-röm. Antike. Stuttgart: Klett/Cotta 1980 (Stuttgarter Beitr. z. Gesch. u. Politik, 14) (phil. Diss., Univ. Stuttgart, 1979)

Hackspan, Notae II

Theodorici Hackspanii... Notarum philologico-theologicarum in varia et difficilia Scripturae loca, pars (= Bd.) 2. Altdorffi: Hagen 1664

Hamabarbaŕ

Hamabarbaŕ hin ew nor ktakaranac' (Konkordanz des Alten u. Neuen Testaments, hg. v.) T'adēos Astowacatowrean, Erowsałem (Jerusalem): St. Jakobus 1895

Hamerton-Kelly in: Studia Philonica 1972

Hamerton-Kelly, Robert G.: Sources and traditions in Philo Judaeus. Prolegomena to an analysis of his writings, in: Studia Philonica 1, 1972, S. 3–26

Harl s. Dorival/Harl/Munnich

Harnack, 1. Clem.

Harnack, Adolf von: Einführung in die Alte Kirchengeschichte. Das Schreiben der röm. Kirche an d. korinthische aus der Zeit Domitians ,1. Clemensbrief', übers. u. den Studierenden erklärt. Leipzig: Hinrichs 1929

Harnack, Gesch. I/2 (bzw.) II/2

Harnack, Adolf: Gesch. der altchristlichen Literatur bis Eusebius, 2., erw. Aufl., Teil 1: Die Überlieferung u. der Bestand, 2. Halbbd. (bzw.) Teil 2: Die Chronologie, Bd. 2, Leipzig: Hinrichs 1958 (r der 1. Aufl. von 1893 bzw. 1904)

Harnack, Mission I

Harnack, Adolf von: Die Mission u. Ausbreitung des Christentums in den ersten drei Jahrhunderten, 1. Bd.: Die Mission in Wort u. Tat, 4., verb. u. verm. Aufl., Leipzig: Hinrichs 1924

Harris, Fragments

Fragments of Philo Judaeus, newly ed. by J. Rendel Harris. Cambridge: U. P. 1886

Hase s. Hutterus redivivus

Hatch/Redpath, Concordance

A concordance to the Septuagint and the other Greek versions of the O. T. ⟨including the apocryphal books⟩ by Edwin Hatch and Henry A. Redpath, assisted by other scholars, 3 Bde. (in 2). (Oxford, Clarendon 1897, r) Graz: Akad. Druck- u. Verlagsanst. 1975

Heinemann, Allegoristik

Heinemann, Isaak: Altjüdische Allegoristik, in: Bericht des Jüdisch-Theologischen Seminars ⟨Fraenckelsche Stiftung⟩, Hochschule für Jüdische Theologie, für das Jahr 1935. Breslau: Jüd.-Theol. Seminar 1936, S. 1–88

Heinemann/Petuchowski, Literature of the Synagogue

Heinemann, Joseph/Petuchowski, Jakob J.: Literature of the Synagogue, edited with introductions and notes. New York: Behrman (1975) (Libr. of Jewish Studies)

Heinisch, Einfluß Philos

Heinisch, Paul: Der Einfluß Philos auf die älteste christl. Exegese ⟨Barnabas, Justin und Clemens von Alexandria⟩. E. Beitr. z. Gesch. der allegorisch-mystischen Schriftauslegung im christl. Altertum. Münster: Aschendorff 1908 (ATA Bd. 1 H. 1.2)

Hengel, Achilleus

Hengel, Martin: Achilleus in Jerusalem, unter Mitarb. v. Ruth Peled vorgelegt am 28. Nov. 1981. Heidelberg: Winter 1982 (SAH, phil.-hist. Kl., 1982 Nr. 1)

Hengel, Atonement

Hengel, Martin: The atonement. A study of the origins of the doctrine in the New Testament. (London:) SCM (1981)

Hengel, La crucifixion
Hengel, Martin: La crucifixion. Paris: Cerf 1981 (Lectio divina, 105)

Hengel, Hellenization
Hengel, Martin: The ‚Hellenization' of Judaea in the first century after Christ, in collab. with Christoph Markschies. London: SCM/Philadelphia, (Pa.): Trinity (1989)

Hengel, Judentum und Hellenismus
Hengel, Martin: Judentum und Hellenismus. Studien zu ihrer Begegnung unter bes. Berücks. Palästinas bis z. Mitte d. 2. Jh. v. Chr., Tübingen: Mohr 1969 (WUNT 10) (neuere Auflagen sind textlich gleich)

Hengel, Messianische Hoffnung
Hengel, Martin: Messianische Hoffnung und politischer „Radikalismus" in der „jüdisch-hellenistischen Diaspora". Zur Frage der Voraussetzungen des jüdischen Aufstandes unter Trajan 115−117 n. Chr., in: Apocalypticism in the Mediterranean world and the Near East. Proceedings of the international collóquium on Apocalypticism, Uppsala, Aug. 12−17, 1979, ed. by David Hellholm. Tübingen: Mohr 1983, S. 65−686

Hengel, Nachfolge
Hengel, Martin: Nachfolge und Charisma. Eine exegetisch-religionsgeschichtliche Studie zu Mt 8,21f. und Jesu Ruf in die Nachfolge. Berlin: Töpelmann 1968 (BZNW 34)

Hengel, Proseuche
Hengel, Martin: Proseuche und Synagoge. Jüdische Gemeinde, Gotteshaus u. Gottesdienst in der Diaspora u. in Palästina, in: Tradition und Glaube. Das frühe Christentum in seiner Umwelt. Festg. für Karl Georg Kuhn zum 65. Geburtstag, hg. v. Gert Jeremias, Heinz-Wolfgang Kuhn und Hartmut Stegemann. Göttingen: Vandenhoeck & Ruprecht (1971), S. 157−184

Hengel, Rabbinische Legende
Hengel, Martin: Rabbinische Legende und frühpharisäische Geschichte. Schimeon b. Schetach und die achtzig Hexen von Askalon, in: AAH, philos.-hist. Kl., 1984, 2. Abhdlg.

Hengel/Lichtenberger, Hellenisierung
Hengel, Martin/Lichtenberger, Hermann: Die Hellenisierung des antiken Judentums als Praeparatio Evangelica, in: Humanistische Bildung, Ostfildern b. Stuttgart 1981, H. 4, S. 1−30

Heraklit, ps. – siehe Malherbe

Heraklitos, Περὶ ἀπίστων s. Mythographi Graeci

Heraklitos (Heraclitus Stoicus, *olim* Heraclides)
Héraclite: Allégories d'Homère (Ὁμηρικὰ προβλήματα, griech. u. frz.), texte établi et traduit par Félix Buffière. Paris: Les Belles Lettres (1962) (Coll. Budé)

Hercher, Erotici I.II
ΕΡΩΤΙΚΩΝ ΛΟΓΩΝ ΣΥΓΓΡΑΦΕΙΣ. Erotici scriptores Graeci, recogn. Rudolphus Hercher, 2 Bde. Lipsiae: Teubner 1859.1859

Hermogenes
Hermogenis opera, ed. Hugo Rabe. (1913, r) Stuttgardiae: Teubner 1969 (BT)

Herodot
Herodoti Historiarum libri IX, ed. Henr. Rudolph. Dietsch, editio altera, curavit H. Kallenberg, 2 Bde. Lipsiae: Teubner 1899.1898 (BT)
Herodoti Halicarnassensis Musae. Textum ad Gaisfordii editionem recognovit, perpetua tum Fr. Creuzeri tum sua annotatione instruxit... J. C. F. Baehr, 2. Aufl., Bd. 4. Lipsiae: Hahn 1861 (= voriges, Buch VIII.IX mit Kommentar)

Hersman, Greek allegorical interpretation
Hersman, Anne Bates: Studies in Greek allegorical interpretation. Chicago: Blue Sky 1906 (phil. Diss., Univ. of Chicago 1905)

Hesiod, *Theog(onia); Opera et dies*
Hesiodi carmina, rec. Aloisius Rzach, ed. stereotypa editionis tertiae ⟨1913⟩... Stuttgardiae: Teubner 1958

Hesychios, *Lexicon*
HΣYXIOΣ. Hesychii Alexandrini Lexicon, post Ioannem Albertum rec. Mauricius Schmidt, 5 Bde., Ienae: Mauk (bzw.) Dufft 1858−68

Hieron(ymus), *Epist(olae)*
in: MPL 22

Hieron(ymus), *In Jonam*
Saint Jérôme: Sur Jonas. Introd., texte lat., trad. et notes de Paul Antin. Paris: Cerf 1956 (SC 43)
− vgl. MPL 25, Sp. 1117−1152

Hippolyt
Hippolytus: Werke, 1. Bd., hg. v. G. Nath(anael) Bonwetsch u. Hans Achelis, 1. Hälfte: Die Kommentare zu Daniel u. zum Hohenliede; 2. Hälfte: Kleinere exeget. u. homilet. Schriften. (GCS) 1987 (darin S. 1−47: *De Antichristo*)

Hippolyt, *Ref(utatio omnium haeresium)*
Hippolytus: Werke, Bd. 3: Refutatio omnium haeresium, hg. v. Paul Wendland. (GCS) 1916

Hirsch, Hilfsbuch
Hirsch, Emanuel: Hilfsbuch zum Studium der Dogmatik. Die Dogmatik der Reformatoren und der altevangelischen Lehrer quellenmäßig belegt und verdeutscht (1937; erweiterter r) Berlin u. Leipzig: de Gruyter 1951

Hirschler-Fs. 1950
Etudes orientales à la mémoire de Paul Hirschler, ed. par O(tto) Komlós. Budapest: (Gewirz) 1950 (Titel auch ungar. u. hebr.)

Hock, Workshop
Hock, R. F.: The workshop as a social setting for Paul's missionary preaching, in: CBQ 41, 1979, S. 438−450

Hofius, ZNW 1973
Hofius, Otfried: Die Unabänderlichkeit des göttlichen Heilsratschlusses. Erwägungen zur Herkunft eines ntl. Theologumenon, in: ZNW 64, 1973, S. 135−145

Holladay, Fragments
Fragments from Hellenistic Jewish authors, vol. I: Historians (griech. u. engl. hg. v.) Carl R. Holladay. Chico (Calif.): Scholars pr. 1983 (Society of Biblical Lit., Texts and translations, 20; Pseudepigrapha series, 10)

Homer, *Il(ias)*
Homers Iliade, (griech. Text) erklärt von J[ohann] U[lrich] Faesi, 4 Bde. (in 1), 5. Aufl., besorgt v. F. R. Franke. Berlin: Weidmann 1871−1877

Homer, *Od(yssea)*
Homers Odyssee, (griech. Text) erklärt von J(ohann) U(lrich) Faesi, 2 Bde. (in 1), 4. Aufl. Berlin: Weidmann 1860.1862

Homeri Odyssea, recogn. P[eter] von der Muehll, ed. stereotypa editionis tertiae ⟨1962⟩. Stuttgart: Teubner 1984 (BT)
- Vita Homeri s. (ps.-)Plutarch

Hutterus redivivus

Hutterus redivivus, oder Dogmatik der ev.-luth. Kirche. Ein dogmatisches Repertorium für Studirende. 11., verb. Aufl. Leipzig: Breitkopf & Härtel 1868

Jackson/Lake, Beginnings III (bzw.) V

The beginnings of Christianity, part I: The Acts of the Apostles, ed. by F. J. Foakes Jackson and Kirsopp Lake, vol. 3: The text of Acts, by James Hardy Ropes. London: Macmillan 1926
- dito, vol. 5: Additional notes to the commentary, ed. by Kirsopp Lake and Henry J. Cadbury. London: Macmillan 1933

Jalkut Schimoni

Jalḵuṭ Šim'oni. Midraš 'al torā nbi'im uktubim..., ḥeleḵ šēni: nbi'im ri'šonim w'aḥ°ronim. Jrušālajim 720 (= 1960) (r einer nicht näher bezeichneten Ausgabe des 19. Jh., ohne Verlagsangabe)

Jastrow, Dictionary

Jastrow, Marcus (Hg.): A dictionary of the Targumim, the Talmud Babli and Yerushalmi, and the Midrashic literature, 2 Bde. (1903, r) New York: Pardes 1950

Ibn Ezra s. Miḵrāot gdolot

Jonas, Gnosis I

Jonas, Hans: Gnosis und spätantiker Geist, 1. Teil: Die mythologische Gnosis, 3. verb. u. verm. Aufl. Göttingen: Vandenhoeck & Ruprecht 1964

Jos(eph und) As(eneth)

Burchard, Christoph (Hg.): Ein vorläufiger griech. Text von Joseph und Aseneth, in: Dielheimer Blätter zum Alten Testament 14, Okt. 1979, S. 2−52 (wiederabgedr. in Denis, Concordance 851 a−859 a)

Josephus, *Ant(iquitates Judaicae)*

Josephus in nine volumes, (griech.) with an Engl. transl. by H. St. J. Thackeray (u. a.), Bd. 4−9 (LCL) 1930−1965 (u. Nachdrucke)

Josephus, *(De) Bell(o Judaico)*

Flavio Giuseppe: La Guerra Giudaica (griech. u. ital.) a cura di Giovanni Vitucci, 2 Bde. (o. O.:) Mondadori (1974, r 1978)

Josephus, *C(ontra) Ap(iōnem)*

wie Josephus, Ant., jedoch Bd. I (1926, r 1976), S. 161−411

Josephus, *Vita*

voriges, S. 2−159

Iōsēppos, *Hypomnestikon biblion (memorialis libellus)*

in: MPG 106, Sp. 9−176

Irenaeus

Sancti Irenaei... libros quinque adversus haereses... ed. W. Wigan Harvey, 2 Bde. Cantabrigiae: Typis Academicis 1867 (zitiert wird nach der – am äußeren Rand mit angegebenen – Einteilung von Massuet)

Des heiligen Irenäus Schrift zum Erweise der apostolischen Verkündigung, ΕΙΣ ΕΠΙΔΕΙΞΙΝ ΤΟΥ ΑΠΟΣΤΟΛΙΚΟΥ ΚΗΡΥΓΜΑΤΟΣ, in armenischer Version entdeckt, hg. u. ins Dt. übers. v. Karapet Ter-Mĕkĕrttschian und Erwand Ter-Minassiantz, m. e. Nachw. u. Anmerkungen v. Adolf Harnack. Leipzig: Hinrichs 1907

Issaverdens

The uncanonical writings of the Old Testament found in the Armenian mss. of the library of St. Lazarus, transl. into Engl. by Jacques Issaverdens [Yakovbos Isavertencᶜ]. Venice: St. Lazarus 1901 (vgl. Yovsēpʿean, ferner die Beigabe zu Teil 3 des vorliegenden Bandes).

Julian, *Epist(olae)*

The works of the emperor Julian, (griech.) with an Engl. transl. by Wilmer Cave Wright, Bd. 3 (LCL) (1923, r 1953)

Justin, *Dial(ogus cum Tryphone)*

Goodspeed, Edgar (Hg.): Die ältesten Apologeten. Texte mit kurzen Einleitungen. Göttingen: Vandenhoeck & Ruprecht 1914 (auch r 1984), S. 90–265

ps.-Justin, *Cohortatio ad Gentiles*

S(ancti) Justini philosophi et martyris opera, rec. … Joann. Carol. Theod. Otto, Bd. 1. Jenae: Mauke 1842

Justinian s. Corpus Juris

Kahlmeyer, Seesturm

Kahlmeyer, Johannes: Seesturm und Schiffbruch als Bild im antiken Schrifttum. Hildesheim: Fikuart 1934 (Phil. Diss., Univ. Greifswald 1934)

Kaiser, Steuermann

Kaiser, Karl Heinz: Das Bild des Steuermannes in der antiken Literatur. Phil. Diss., Univ. Erlangen 1954

Kalbfleisch, Neuplat. Schrift

Kalbfleisch, Karl: Die neuplatonische, fälschlich dem Galen zugeschriebene Schrift Πρὸς Γαῦρον περὶ τοῦ Πῶς ἐμφυχοῦται τὰ ἔμβρυα, aus der Pariser Hs. zum ersten Male hg., AAB 1895, Anhang. (Der Hg. ermittelt Porphyrios als Verf.)

ps.-Kallisthenes s. Vita Alexandri

Kamlah/Lorenzen, Log. Propädeutik

Kamlah, Wilhelm/Lorenzen, Paul: Logische Propädeutik oder Vorschule des vernünftigen Redens, revidierte Ausg. Mannheim: Bibliograph. Institut (1967)

Kamp, Pneuma-christologie

Kamp, Gerrit Cornelis van de: Pneuma-christologie. Een oud antwoord op een actuele vraag? Een dogma-historisch onderzoek naar de preniceense pneuma-christologie als mogelijke uitweg in de christologische problematiek bij Harnack, Seeberg en Loofs en in de meer recente litaratuur. Amsterdam: Rodopi 1983 (Theol. Proefschrift, Vrije Universiteit, Amsterdam) (dt. Zusammenfass. S. 270–276)

Kant, Grundlegung

Kant, Immanuel: Grundlegung zur Metaphysik der Sitten (hg. v. Karl Vorländer 1906 nach den Ausg. von 1785 u. 1786, r) Leipzig: Meiner (1947) (Philosophische Bibliothek)

Kasher, Encyclopedia

Encyclopedia of Biblical interpretation. Torā šlēmā (engl.). A millennial anthology by Menahem M. Kasher, transl. under the editorship of Harry Freedman, Bd. 1 ff. (noch unvollst.). Jerusalem 1953 ff.

Kasher, Jews

Kasher, Aryeh: The Jews in Hellenistic and Roman Egypt. The struggle for equal rights. Revised and transl. from the Hebrew original. Tübingen: Mohr 1985 (Texte u. Studien zum antiken Judentum, 7) (Jhudē Miṣrajim hāhellenistit whāromit bimʿabbḳām ʿal zkujjotēhem, Tel Aviv 1978, dt.)

Kassel, Nasenheilkunde I

Kassel, Karl: Gesch. der Nasenheilkunde von ihren Anfängen bis zum 18. Jh., Bd. I. Würzburg: Kabitzsch 1914

Kenfield, Samson

Kenfield, John F., III: An Alexandrian Samson. Observations on the new catacomb on the Via Latina, in: RivAC 51, 1975, S. 179–192

Kennedy, Persuasion

Kennedy, George: The art of persuasion in Greece. Princeton: U. P. 1963

Kern, Orphicorum fragmenta

Orphicorum fragmenta, collegit Otto Kern. Berolini: Weidmann 1922
– (vgl. noch: Orphische Hymnen. Text des Frg. 247 (S. 261 f.) auch in: Denis, Concordance 911 a

Kirk/Raven, Presocratic philosophers

The Presocratic philosophers. A critical history with a selection of texts, by G. S. Kirk & J. E. Raven. Cambridge (usw.): U. P. (1957, r 1981)

Klassen, Musonius

Klassen, William: Musonius Rufus, Jesus, and Paul: Three first-century feminists. in: From Jesus to Paul. Studies in Honour of Francis Wright Beare, ed. by Peter Richardson and John C. Hurd. (Waterloo, Ontario:) Wilfried Laurier U. P. (1984), 194–206

Kleine Pauly, der: s. Pauly

Klostermann, Matthäus

Handbuch zum NT, 2. Bd.: Die Evangelien, 1.: Matthäus, unter Mitw. v. Hugo Greßmann erkl. v. Erich Klostermann. Tübingen: Mohr 1909 (durchpag. mit dem Mk- und dem Lk.-Kommentar derselben Autoren als S. 147–357)

Komlós, Jonah legends

Komlós, Ottó: Jonah legends, in: Fs. Hirschler 1950 (s. o.), S. 41–61

Koran

Der Koran, aus dem Arab. übertragen v. Max Henning, Einl. u. Anmerkungen v. Annemarie Schimmel. Stuttgart: Reclam (1960, r 1966) (Diese Ausgabe folgt der gängigen Zählung)
– Der Koran. Übersetzung von Rudi Paret. 3. Aufl., Stuttgart (usw.): Kohlhammer 1983

Korteweg in: Vermaseren, Studies

Korteweg, Th.: The reality of the invisible. Some remarks on St John xiv 8 and Greek philosophic tradition, in: Vermaseren, M. J. (Hg.): Studies in Hellenistic religions. Leiden: Brill 1979 (Etudes préliminaires aux religions orientales dans l'Empire romain, 78), S. 50–102

Krauss, Studien

Krauss, Samuel: Studien zur byzantinisch-jüd. Geschichte, in: 21. Jahresbericht der Israelitisch-Theol. Lehranstalt in Wien für das Schuljahr 1913/1914. Wien: Israel.-Theol. Lehranstalt 1914, S. 35–139

Krouse, Samson

Krouse, F. Michael: Milton's Samson and the Christian tradition. (Princeton: U. P. 1949; r o. O.:) Archon Books 1963

Kuhr, Gottesprädikationen

Kuhr, Friedrich: Die Gottesprädikationen bei Philo von Alexandrien. Ev.-theol. Diss. (lic. theol.), Univ. Marburg 1944 (nur S. I–X, 1–54 ausleihbar) (Umdruck)

Kuntzmann/Schlosser, Etudes

Kuntzmann, R(aymond)/Schlosser, J(acques): Etudes sur le judaïsme hellénistique. Congrès de Strasbourg ⟨1983⟩. Paris: Cerf 1984 (Lectio Divina, 119)

Lachnit, Elpis

Lachnit, Ottmar: ELPIS. Eine Begriffsuntersuchung. Phil. Diss., Univ. Tübingen 1965

Lamberton, Homer

Lamberton, Robert: Homer the theologian. Neoplatonist allegorical reading and the growth of the epic tradition. Berkeley: Univ. of California Press [1986] (Transformation of the Classical heritage, 9)

Lamirande, Ages de l'homme

Lamirande, Emilien: Ages de l'homme et âges spirituels selon saint Ambroise. Le Commentaire du Psaume 36, in: Science et Esprit 35, Bruges 1983, S. 211–222

de Lange, Origen

de Lange, N(icholas) R. M.: Origen and the Jews. Studies in Jewish-Christian relations in third-century Palestine. Cambridge: UP (1976) (Univ. of Cambridge Oriental Publications, 25) (phil. Diss., Univ. Oxford 1970)

Lausberg, Handbuch

Lausberg, Heinrich: Handbuch der literarischen Rhetorik. Eine Grundlegung der Literaturwissenschaft. 2 Bde., 2. Aufl. (München:) Hueber (1973)

Leipoldt in: Fs. Sommerlath

Leipoldt, Johannes: Der Homerdeuter Herakleitos, in: Bekenntnis zur Kirche. Festg. f. Ernst Sommerlath zum 70. Geburtstag. Berlin: Ev. Verlagsanstalt (1960), S. 9–14

Leipoldt/Morenz, Hl. Schriften

Leipoldt, Johannes/Morenz, Siegfried: Heilige Schriften. Betrachtungen zur Religionsgeschichte der antiken Mittelmeerwelt. Leipzig: Harrassowitz 1953

Leisegang, Gnosis

Leisegang, Hans: Die Gnosis. Leipzig: Kröner 1924 (Kröners Taschenausgabe, 32)

Leisegang, Index

Philonis Alexandrini opera quae supersunt, ed. Leopoldus Cohn et Paulus Wendland, Bd. 7: Indices ad Philonis Alexandrini opera, composuit Ioannes Leisegang, 2 Bde. (durchpaginiert). Berolini: de Gruyter 1926.1930

Leithäuser, Mappae mundi

Leithäuser, Joachim G.: Mappae mundi. Die geistige Eroberung der Welt. (Berlin: Safari 1958)

Leusden, Jonas illustratus

Leusden, Johannes: Jonas illustratus per paraphrasin Chaldaicam, Masoram magnam et parvam, et per trium praestantissimorum Rabbinorum Schelomonis Jarchi, Abrahami Aben Ezrae, Davidis Kimchi... et per Michlal Jophi..., Trajecti ad Rhenum: Halma 1692 (enthält die genannten Texte auch in lat. Übers.)

Leveen, Hebrew Bible in Art

Leveen, Jacob: The Hebrew Bible in art. London: British Academy 1944 (The Schweich Lectures of the British Academy 1939)

Lévêque, Agathon

Lévêque, Pierre: Agathon. Paris: Les Belles Lettres 1955 (Annales de l'Univ. de Lyon, 3ᵉ sér., lettres, fasc. 25)

Lewy s. (ps.-)Philon, *De Jona*

L(iber) A(ntiquitatum) B(iblicarum)

Pseudo-Philon: Les antiquités bibliques, tome 1: Introd. et texte critique par Daniel J. Harrington, traduction par Jacques Cazeaux, revue par Charles Perrot et Pierre-Maurice Bogaert. Paris: Cerf 1976 (SC 229)

– dito, tome 2: Introd. littéraire, commentaire et index par Charles Perrot et Pierre-Maurice Bogaert avec la collab. de Daniel J. Harrington. Paris: Cerf 1976 (SC 230)

– vgl. Charlesworth II S. 304–377

Licht, Sittengeschichte

Licht, Hans (Pseud. f. Paul Brandt): Sittengeschichte Griechenlands, neu hg., bearb. u. eingel. v. Herbert Lewandowski (2. Aufl.) Stuttgart: Günther (1960)

LSJ

Liddell, Henry George/Scott, Robert/Jones, Henry Stuart: A Greek-English lexicon. Oxford: Clarendon 1940 (und Nachdrucke)

– dito, A supplement, ed. by E. A. Barber (u. a.), ebd. 1968

Lietzmann, Apollinaris

Apollinaris und seine Schule. Texte u. Untersuchungen (hg. bzw. verf.) von Hans Lietzmann, Bd. 1. Tübingen: Mohr 1904 (m. n. e.)

Lietzmann,

Lietzmann, Hans: Geschichte der Alten Kirche, 4 Bde., 3. Aufl., (Bd. 1: 4. Aufl.), Berlin: de Gruyter 1961

Lightfoot, Joseph Barber: S(aint) Clement of Rome. The two epistles to the Corinthians. A revised text with introduction and notes. London/Cambridge: Macmillan 1869 (eine 2-bändige 2. Aufl. erschien 1890)

ps.-Longinos, *De sublimi*

Pseudo-Longinos: Vom Erhabenen, griech. u. dt. (hg.) von Reinhard Brandt. Darmstadt: Wiss. Buchgesellschaft 1966

Longos, Daphnis und Chloë

Daphnis & Chloe by Longus, with the Engl. transl. of George Thornley, rev. and augmented by J. M. Edmonds (und weitere Werke), (LCL) (1916, r) 1955

Loofs, Leitfaden

Loofs, Friedrich: Leitfaden zum Studium der Dogmengeschichte, 1. u. 2. Teil (in 1 Band): Alte Kirche, Mittelalter und Katholizismus bis zur Gegenwart, hg. v. Kurt Aland, 7. erg. Aufl., Tübingen: Niemeyer 1968

L'Orange, Iconography

L'Orange, H[ans] P[eter]: Studies on the iconography of cosmic kingship in the ancient world. Oslo (usw.): Aschehoug (usw.) 1953 (Instituttet for Sammenlignende Kulturforskning, Serie A, 13) (Ein r erschien in New Rochelle, 1982)

Lorenz in: ZKG 1983

Lorenz, Rudolf: Die Christusseele im Arianischen Streit. Nebst einigen Bemerkungen zur Quellenkritik des Arius und zur Glaubwürdigkeit des Athanasius, in: ZKG 94, 1983, S. 1–51

Lüderitz, Cyrenaika

Lüderitz, Gerd: Corpus jüdischer Zeugnisse aus der Cyrenaika, mit e. Anh. v. Joyce M. Reynolds. Wiesbaden: Reichert 1983 (Beihefte zum Tübinger Atlas des Vorderen Orients, Reihe B, 53)

Lukian, *Vera historia* (Ἀληϑοῦς ἱστορίας λόγος α' β')
Luciani Samosatensis opera, ex recognitione Caroli Iacobitz, Bd. 2, Lipsiae: Teubner 1883, S. 30−74 (BT)

Lukrez
T(iti) Lucreti Cari De rerum natura libri sex, recogn. Iacobus Bernaysius (Bernays). Lipsiae: Teubner 1890

Luther, Dt. Bibel
Luther, Martin (Übers.): Die gantze Heilige Schrifft Deudsch, Wittenberg 1545. Letzte zu Luthers Lebzeiten erschienene Ausgabe, (neu) hg. v. Hans Volz (u. a.), 2 Bde., 1 Anhang. Darmstadt: Wiss. Buchgesellschaft (1972)

Lutherbibel
beliebige Ausgaben; AT revidierter Text 1912 bzw. 1964; NT revidierter Text 1984

Luther, Heidelberger Disputation
Luthers Werke in Auswahl, 5. Bd.: Der junge Luther, hg. v. Erich Vogelsang. Berlin: de Gruyter 1933, S. 375−404 (Bd. 1−4 dieser Serie sind hg. von Carl Clemen)

Lykophron, *Alexandra*
s. o.: Aratos, S. 475−644 (Ausg. ohne Auskünfte zur Textkonstitution)

Magaß, Exempla
Magaß, Walter: Exempla ecclesiastica. Beispiele apostolischen Marktverhaltens. Mit e. Bibliogr. z. Analyse der Kirchensprache. Bonn: Linguistica Biblica 1972 (Forum Theologiae Linguisticae, 1)

Magaß, Natur
Magaß, Walter: Die „Natur" als Argument in der Sprache der Kirche. Metaphorik u. Emblematik, in: Linguistica Biblica 32, Sept. 1974, S. 91−112

Magaß, Patristik
Magaß, Walter: Rhetorik und Philosophie in der Patristik, in: Schanze, Helmut/Kopperschmidt, Josef (Hg.): Rhetorik und Philosophie. München: Fink (1989), S. 75−97

Mahé, Hermès II
Hermès en haute-Egypte, Bd. 2: Le fragment du Discours parfait et les Définitions hermétiques arméniennes ⟨NH VI, 8.8a⟩, (hg. u. übers. v.) Jean-Pierre Mahé. Québec, Univ. Laval 1982 (Bibliothèque copte de Nag Hammadi, section „textes", 7) (Thèse de doctorat ès-lettres, Strasbourg 1981)

Mai, De cophini festo
Philonis Judaei De cophini festo et De colendis parentibus cum brevi scripto De Jona, editore Angelo Maio... Mediolani: Regiis typis 1818

Maier/Schreiner, Frühjudentum
Maier, Johann/Schreiner, Josef (Hg.): Literatur u. Religion des Frühjudentums. Eine Einführung. Würzburg: Echter/Gütersloh: Mohn (1973)

Malherbe, Cynic epistles
The Cynic Epistles. A study edition by Abraham J. Malherbe. (Missoula, Montana:) Scholars Press (1977) (Society of Biblical Lit., Sources for Biblical study, 12) (reproduziert für den 4. ps.-herakliteischen Brief − S. 190−193 − den Text von Mondolfo/Taran, Eraclito, Fiorenza 1972)

Malherbe, Herakles
Malherbe, Abraham J.: Art. ‚Herakles' in: RAC 14, 1988, Sp. 559−583.

Malherbe, Medical imagery
  Malherbe, Abraham J.: Medical imagery in the Pastoral Epistles, in: Texts and testaments. Critical essays on the Bible and early Church Fathers. A volume in honor of Stuart Dickson Currie, ed. by. W. Eugene March. San Antonio: Trinity U. P. (1980), S. 19–35

Manandean
  Manandean, Yakob: Yownaban dprocʿə ew nra zargacʿman šrǰannerə (Die Hellenophile Schule und die Perioden ihrer Entwicklung, neuarmen.), Vienna: Mechitaristen 1928

Mani-Codex
  The Cologne Mani codex ⟨P. Colon. inv. nr. 4780⟩ „Concerning the origin of his body", transl. by Ron Cameron and Arthur J. Dewey. (Missoula, Montana:) Scholars Press (1979) (reproduziert den von A. Henrichs und L. Koenen in der Zs. f. Papyrologie u. Epigraphik 1975 und 1978 veröff. griech. Text)

Margalith in: VT 1986 (bzw.) 1987
  Margalith, Othniel: Samson's riddle and Samson's magic locks, in: VT 36, 1986, S. 225–234

ders.: More Samson legends, ebd. S. 397–405

ders.: The legends of Samson/Heracles, in: VT 37, 1987, S. 63–70

Mark Aurel s. Dübner

Marrou, Gesch. der Erziehung
  Marrou, Henri-Irénée: Geschichte der Erziehung im klassischen Altertum, hg. v. Richard Harder (Histoire de l'éducation dans l'antiquité, dt.) Freiburg/München: Alber (1957)

Maximus v. Tyrus s. Dübner

May, Schöpfung
  May, Gerhard: Schöpfung aus dem Nichts. Die Entstehung der Lehre von der Creatio ex nihilo. Berlin (usw.): de Gruyter 1978 (AKG 48) (theol. Habil.-Schr., Univ. München)

Mayer, Frau
  Mayer, Günter: Die jüdische Frau in der hellenistisch-römischen Antike. Stuttgart (usw.): Kohlhammer 1987

Mechilta
  Mechilta d'Rabbi Ismael, ed. H. S. (Ḥajim Šā'ul) Horovitz. Defuncti editoris opus exornavit et absolvit I. A. (Jiśrā'ēl Ābrāhām) Rabin (1930, r) Jerusalem: Wahrmann 1970) (Haupttitel und Text hebr.)

Meeks/Wilken Antioch
  Meeks, Wayne A./Wilken, Robert L.: Jews and Christians in Antioch in the first four centuries of the common era. (Missoula, Montana:) Scholars Press (1978) (Society of Biblical Literature, Sources for Biblical study, 13)

Meichsner, Steuermannstopos
  Meichsner, Irene: Die Logik von Gemeinplätzen, vorgeführt an Steuermannstopos und Schiffsmetapher. Bonn: Bouvier 1983 (Abhandl. z. Philos., Psychologie u. Pädagogik, 182) (phil. Diss., Univ. Köln 1982)

Meliton, Passa-Predigt
  Méliton de Sardes: Sur la Pâque et fragments. Introd., texte critique, trad. et notes par Othmar Perler. Paris: Cerf 1966 (SC 123)

Menander, Frg. (Fragmente)
  Menandri quae supersunt, pars (= Bd.) altera: reliquiae apud veteres scriptores servatae, ed. Alfredus Koerte. Opus postumum retractavit... Andreas Thierfelder. Leipzig: Teubner 1953 (BT)

Mendelson, Education

Mendelson, Alan: Secular education in Philo of Alexandria, Cincinnati: Hebrew Union College Pr. 1982 (Monographs of the Hebrew Union College, 7)

van Menxel, Elpis

Menxel, François van: Elpis, espoir, espérance. Etudes sur la préhistoire de l'emploi paulinien du vocabulaire de l'espérance. Frankfurt (usw.): Lang 1983. (Europäische Hochschulschriften, Reihe 23: Tehologie, Bd. 213) (kath.-theol. Diss., Univ. Münster)

Meyer, Anthropologie

Meyer, Rudolf: Hellenistisches in der rabbinischen Anthropologie. Rabbinische Vorstellungen vom Werden des Menschen. Stuttgart: Kohlhammer 1937 (BWANT, Folge 4, H. 22; der ganzen Slg. H. 74)

Midrasch Rabba

Sēfer midraš rabbā, 2 Bde., Jrušalājim 5730 (= 1970) (r der Ausg. Romm, Wilna, 19. Jh.)
– Midrash Rabbah, transl. into Engl. with notes, glossary and indices under the editorship of H. Freedman and Maurice Simon, 10 Bde. (1938 ff., r) London u. New York: Soncino 1983

Midrasch Tanchuma

Midraš Tanḥumāʿal hamiššā ḥomšē torā... mēʾēt... Ḥ^anok ZWNDL (Sundel). Jrušālajim: Lewin-Epstein 729 (= 1969) (r einer älteren Ausgabe, vermutlich Wien 1863)

Miḳrāʾot gdolot ʿim 1„b pērušim... bidfos hārabbāni... Joʾēl LʿBʿNṢʿHN (Lebenzahn, r) Jrušālajim: ʿam ʿolām 721 (= 1961)

Minucius Felix, *Octavius*

Des Minucius Felix Dialog Octavius, für den Schulgebrauch bearb. u. erl. v. Joseph Köhm. Bielefeld/Leipzig: Velhagen & Klasing 1927 (beruht auf der Ausg. v. Joh. P. Waltzing, Leipzig: Teubner 1912, 2. Aufl. 1926)

Mischna

Mišnājot. Šiššā sidrē Mišnā ʿim nkudot wʿim targum ašknāzi... (hg. v.) ŠNJʾWR PJJBŠ (Šneior Pheibuš). Wien: Meorah 787 (= 1927) (r einer Ausgabe Berlin 1832−34)

Mitius, Jonas

Mitius, Otto: Jonas auf den Denkmälern des christl. Altertums. Freiburg/Leipzig/Tübingen: Mohr 1897 (Archäol. Studien z. chr. Altertum u. Mittelalter, 4) (phil. Diss., Univ. Straßburg)

Momigliano, Alien wisdom

Momigliano, Arnaldo: Alien Wisdom. The limits of Hellenization. Cambridge (usw.) U. P. (1975)
– dt. u. d. T.: Hochkulturen im Hellenismus. Die Begegnung der Griechen mit Kelten, Römern, Juden u. Persern. München: Beck 1979 (Beck'sche Schwarze Reihe, 190)

Momigliano in: Athenaeum 1985

Momigliano, Arnaldo: The new letter by „Anna" to „Seneca", ⟨Ms. 17, Erzbischöfliche Bibliothek in Köln⟩, in: Athenaeum, N. S. 63, 1985, S. 217−219

Momogliano, Biography

Momigliano, Arnaldo: The development of Greek biography. Four lectures (Carl Newell Jackson Classical Lectures, April 1968). Cambridge (Mass.): Harvard U. P. 1971 (auch Leiden: Brill 1971)

Mühl in: Klio 1929

Mühl, Max: Die Gesetze des Zaleukos und Charondas, in: Klio 22, 1929, S. 105−124.432−463

Müri, Arzt im Altertum

Der Arzt im Altertum. Griech. u. lat. Quellenstücke von Hippokrates bis Galen mit der Übertragung ins Dt., hg. v. Walter Müri, m. e. Einf. v. Hermann Grensemann. München/ Zürich: Artemis (5. Aufl. 1986) (vorher: München: Heimeran) (Tusculum)

Musonius

C. (Gaji) Musonii Rufi reliquiae, ed. O[tto] Hense. Lipsiae: Teubner 1905 (BT)

Mythographi Graeci, vol. 1: Apollodori Bibliotheca, Pediasimi libellus de duodecim Herculis laboribus, ed. Richardus Wagner. Stuttgart: Teubner (1926, r) 1965 (BT)

Mythographi Graeci, vol. 3, fasc. 2: Palaephati ΠΕΡΙ ΑΠΙΣΤΩΝ, Heracliti qui fertur libellus ΠΕΡΙ ΑΠΙΣΤΩΝ, Excerpta Vaticana ⟨vulgo Anonymus De incredibilibus⟩, ed. Nicolaus Festa. Leipzig: Teubner 1902 (BT)

N. H. (Nag-Hammadi-Texte)

The Nag Hammadi library in English, transl. by members of the Coptic Gnostic Library Project of the Institute for Antiquity and Christianity, James M. Robinson, director, 2. ed., Leiden: Brill 1984 (r der Erstaufl. San Francisco [bzw.] Leiden 1977. – Eine revised 3. ed. erschien 1988)

– Bibliographie der Urtextausgaben bis 1983 bei Siegert, Nag-Hammadi-Register XVII – XXIII

Naldini, Cristianesimo

Naldini, Mario: Il Cristianesimo in Egitto. Lettere private nei papiri dei secoli II–IV. Firenze: Le Monnier 1968

Nauck, Tragicorum Graecorum fragmenta

Tragicorum Graecorum fragmenta, rec. Augustus Nauck, supplem. adiecit Bruno Snell. Hildesheim: Olms 1964 (S. V-1022 ist r der Ausg. Leipzig: Teubner 1889)

Nebe, Hoffnung

Nebe, Gottfried: „Hoffnung" bei Paulus. Ἐλπίς und ihre Synonyme im Zusammenhang der Eschatologie. Göttingen: Vandenhoeck & Ruprecht 1982 (Stud. z. Umwelt d. NT, 16) (theol. Diss., Univ. Heidelberg)

Neuburger/Pagel, Handbuch

Handbuch der Gesch. der Medicin, begr. v. Th. Puschmann, bearb. v. Arndt, Bartels, Becher etc., hg. v. Max Neuburger und Julius Pagel. 3 Bde. Jena: Fischer 1902.1903.1905

Norden, Agnostos Theos

Norden, Eduard: Agnostos Theos. Untersuchungen zur Formengeschichte religiöser Rede. Leipzig/Berlin: Teubner 1913

Norden, Kunstprosa

Norden, Eduard: Die antike Kunstprosa vom VI. Jh. v. Chr. bis in die Zeit der Renaissance. 2 Bde., 7. unveränd. Aufl. Darmstadt: Wiss. Buchgesellschaft 1974 (r der 2. und, für den Anhang, der 3. Aufl. 1909.1915)

Novellae s. *Corpus Juris*

Novum Testamentum Graece. Post Eberhard Nestle et Erwin Nestle communiter ediderunt Kurt Aland, Matthew Black (u. a.). Stuttgart: Dt. Bibelstiftung (1979)

Öffner, 2. Klem.

Öffner, Ernst: Der Zweite Klemensbrief. Moralerziehung und Moralismus in der ältesten christlichen Moralpredigt. (theol. Diss., Univ. Erlangen-Nürnberg 1976; Nachtrag – S. 152–154 – datiert 1982)

Olschwanger, Leichenbestattung

Olschwanger, Immanuel: Die Leichenbestattung bei den Juden, sprachlich u. sittenge-schichtl. untersucht. Bern: Dürrenmatt 1916 (phil. Diss., Univ. Bern 1916)

Oracula Sibyllina

Die Oracula Sibyllina, bearb. . . . von Joh[annes] Geffcken (GCS) 1902
– Text von Buch III.IV auch in Denis, Concordance 893 a–900 b; engl. Übers. von Buch III ff. bei Charlesworth I 362–472

OGIS

Orientis Graeci Inscriptiones selectae. Supplementum Sylloges Inscriptionum Graecarum, ed. Wilhelmus Dittenberger, Bd. 2 (Leipzig 1905, r) Hildesheim/New York: Olms 1970

Origenes, *C(ontra) Celsum*

Origenes: Werke, Bd. 1.2, hg. v. Paul Koetschau (GCS) 1899
– Origène: Contre Celse. Introd., texte critique, trad. et notes par Marcel Borret. 5 Bde. Paris: Cerf 1967–76 (SC 132.136.147.150.227; letzter Bd. mit dem Untertitel: Introd. générale, tables et index)
– Origen: Contra Celsum, transl. with an introd. and notes by Henry Chadwick. Cambridge (usw.); U. P. (1953, r 1980)

Origenes, Hesekiel-Homilie

Origenes, Werke, 8. Bd.: Homilien zu Samuel I, zum Hohenlied und zu den Propheten, hg. v. W. A. Baehrens (GCS) 1925, S. 319–454

Origenes, *In Numeros homilia* (bzw.) *In librum Jesu Nave homilia*

Origenes, Werke, 7. Bd.: Homilien zum Hexateuch in Rufins Übers., ed. W. A. Baehrens, 2. Teil (GCS) 1921, S. 1–285 (bzw.) 286–463

Orphische Hymnen

The Orphic Hymns. Text, transl. and notes by Apostolos N. Athanassakis. (Missoula, Montana:) Scholars Press (1977) (Soc. of Biblical Lit., Texts and translations, 12, Graeco-Roman series, 4) (reproduziert den griech. Text von Wilhelm Quandt, Berlin: Weidmann 1955)

Ortiz de Urbina, Patrologia Syriaca

Ortiz de Urbina, Ignatius: Patrologia Syriaca. Romae: Pontificium Inst. Orientalium Studiorum 1958

Ovid, *Remedia amoris*

P(ublius) Ovidius Naso, ex Rudolphi Merkelii recognitione ed. R. Ehwald, Bd. 1. Lipsiae: Teubner 1916 (BT), S. 247–269

Ovid, *Metamorphoses*

wie voriges, Bd. 2, 1915

Palaea Historica

s. Vassiliev, Anecdota

Palaephatos s. Mythographi Graeci

Palladios, *Historia Lausiaca*

Palladio: La Storia Lausiaca. Introd. di Christine Mohrmann, testo critico e commento a cura di G. J. M. Bartelink, traduzione di Marino Barchiesi. (Verona:) Mondadori (1974, r 1975) (Vite dei Santi, 2)

Palladius Rutilius, *Opus agriculturae*

Palladii Rutilii Tauri Aemiliani . . . opus agriculturae, de veterinaria medicina, de insitione, ed. Robert H. Rodgers. Leipzig: Teubner 1975 (BT)

Pape III

W[ilhelm] Pape's Wörterbuch der griechischen Eigennamen, 3. Aufl., neu bearb. v. Gustav
Eduard Benseler. Braunschweig: Vieweg 1911 (W. Pape's Handwörterbuch der Griech.
Sprache, Bd. 3)

Pape IV

W[ilhelm] Pape's Deutsch-Griechisches Handwörterbuch, 3. Aufl., bearb. v. M[aximilian]
Sengebusch, 3. Abdruck. Braunschweig: Vieweg 1894 (W. Pape's Handwörterbuch der
Griech. Sprache, Bd. 4)

Parkes, Foundations

Parkes, James: The foundations of Judaism and Christianity. London: Valentine, Mitchell
(1960)

Kl. Pauly

Der Kleine Pauly. Lexikon der Antike. Auf der Grundlage von Pauly's Realencyclopädie
der class. Altertumswiss. ... hg. v. Konrat Ziegler u. Walther Sontheimer, 5 Bde. (München:) Dt. Taschenbuchverlag 1979 (r der Ausg. München: Artemis 1964–1975)

Pépin, Christianisme et mythologie

Pépin, Jean: Christianisme et mythologie. Jugements chrétiens sur les analogies du paganis-
me et du christianisme, in: ders.: De la philosophie ancienne à la théologie patristique.
London: Variorum Reprints 1986, S. 17–44 (r eines Art. aus dem Dict. des Mythologies,
Bd. 1, S. 161–171

Pépin, Survivances mythiques

Pépin, Jean: Survivances mythiques dans le christianisme ancien, ebd. (s. voriges),
S. 45–59 (r eines Art. aus dem Dict. des Mythologies, Bd. 2, S. 469–475)

Perrot, Lecture

Perrot, Charles: La lecture de la Bible dans la synagogue. Les anciennes lectures palesti-
niennes du Shabbat et des fêtes. Hildesheim: Gerstenberg 1973 (Publ. de l'Inst. de Recherche et d'Hist. des Textes, sect. biblique et massorétique. Coll. Massorah, éd. par Gérard
E. Weill, sér. 1, no. 1) (Im Index – S. 291 ff. – sind alle Seitenzahlenangaben um 2 zu
vermindern)

Peschitta

Ktābā' kaddišā', Dijatikē' 'attiktā', London: Trinitarian Bible Soc. (1852, r 1954)

Petersen, ΑΡΣΕΝΟΚΟΙΤΑΙ

Petersen, W. L.: Can ΑΡΣΕΝΟΚΟΙΤΑΙ be translated by „Homosexuals"? 〈I Cor 6,9; I
Tim 1.10〉, in: VigChr 40, 1986, S. 187–191

Peterson, Engel- und Dämonennamen

Peterson, Erik: Engel- und Dämonennamen. Nomina barbara, in: RheinMus 75, 1926,
S. 393–421

Pfister, Alexander der Große

Pfister, Friedrich: Alexander der Große in den Offenbarungen der Griechen, Juden, Mo-
hammedaner und Christen. Berlin: Akademie 1956 (Dt. Akad. d. Wiss. zu Berlin, Schriften
der Sektion f. Altertumswiss., 3)

Pfister, Kleine Schriften

Pfister, Friedrich (Teils.): Kleine Schriften zum Alexanderroman (hg. v. Reinhold Merkel-
bach u. a.) Meisenheim a. Glan: Hain 1976 (Beiträge z. Klass. Philol., 61) (dort S. 301–347
Wiederabdruck des vorgenannten Beitrags)

Philocalia Origenis

The Philocalia of Origen. The text revised with a critical introd. and indices by J. Armitage Robinson. Cambridge: U. P. 1893 (griech. Text)

Philon

Philonis Alexandrini opera quae supersunt, ed. Leopoldus Cohn et Paulus Wendland, 6 Bde. (Bd. 6 ed. Leopoldus Cohn et Sigofredus Reiter). Berolini: Reimer 1896–1915 (r Berlin: de Gruyter 1962)
– vgl. noch Leisegang, Index und Mayer, Index
– Philonis Judaei sermones tres hactenus inediti, ex Armena (sic) versione... nunc primum in Latium (sic)... translati per Jo(annem) Baptistam Aucher *(Mkrtič* Awgereanc'. Venetiis: S. Lazzaro 1822 (Haupttitel armen.) (enthält *Prov.* I.II und *Anim.* armen. u. lat.)

Philonis Judaei paralipomena Armena (sic)..., opera hactenus inedita, (ed.) per Jo(annem) Baptistam Aucher (Mkrtič' Awgereanc'). Venetiis: S. Lazzaro 1826 (Haupttitel armen.) (enthält *QG, QE, De S., De J., De Deo* armen. u. lat.)

Philon, *Anim.*

Philonis Alexandrini De animalibus. The Armenian text with an introd., transl. and comm. by Abraham Terian. (Chico, California:) Scholars Press (1981) (Studies in Hellenistic Judaism. Supplements to *Studia Philonica*, ed. by Earle Hilgert and Burton L. Mack, 1) (ev.-theol. Diss., Univ. Basel).

Philon, *Her.*

Les Œuvres de Philon d'Alexandrie, publ. sous le patronage de l'univ. de Lyon par Roger Arnaldez, Jean Pouilloux, Claude Mondésert, Bd. 15: Quis rerum divinarum heres sit. Introd., trad. et notes par Marguerite Harl. Paris: Cerf 1966

Philon, *Prov.*

Les Œuvres de Philon (wie voriges), Bd. 35: De providentia I et II... par Mireille Hadas-Lebel... 1973 (Weiterübersetzung von Awgereans lat. Kolumne [1822] unter gelegentlicher Mitarbeit des Armenisten Charles Mercier)
– Wendland, Paul: Philos Schrift über die Vorsehung. Ein Beitr. z. Gesch. der nacharistotelischen Philosophie, Berlin: Gaertner 1892

Philon, *QG, QE*

Philo in ten volumes (and two supplementary volumes), Suppl. 1.2: Questions and answers on Genesis (bzw.) on Exodus, transl. from the ancient Armenian version of the original Greek by Ralph Marcus (LCL) 1970, 1971 (enthält in Bd. 2 auch die griech. Fragmente von *QG* und *QE*)

Philon, *De Deo* s. Siegert, Philon

vgl. ferner Conybeare, Philo On the contemplative life; Harris, fragments.
Philon d'Alexandrie. [Colloque de] Lyon 11–15 Sept. 1967 s. Boyancé

ps.-Philon, *De Jona*

Lewy, Hans (Hg.): The pseudo-Philonic De Jona. Part I: The Armenian text with a critical introduction. London: Christophers (1936) (Studies and documents, ed. by Kirsopp Lake and Silva Lake, 7) (m. n. e.)
– Dt. Übers. dieses Textes in Bd. 1 des vorliegenden Werkes, S. 9–50

ps.-Philon, *LAB* s. Liber Antiquitatum Biblicarum

Philostorgius: Kirchengeschichte, mit dem Leben des Lucian von Antiochien und den Fragmenten eines arianischen Historiographen hg. v. Joseph Bidez (GCS) 1913

Philostratos, *Vita Apollonii*

Philostratus: The life of Apollonius of Tyana, the Epistles of Apollonius and the Treatise of

Eusebius, with an Engl. transl. by F[rederick] C. Conybeare, 2 Bde. (LCL) 1912 (der griech. Text folgt der Ausg. C. L. Kayser, Leipzig: Teubner 1870)

ps.-Phokylides

Theognis, ps.-Pythagoras, ps.-Phocylides, Chares, Anonymi Aulodia, Fragmentum teliambicum, post Ernestum Diehl iterum ed. Douglas Young (2, verb. Aufl.) Leipzig: Teubner 1971 (BT), S. 95–112
  – Text auch bei Denis, Concordance 909 a–910 a

Pirke Rabbi Eliezer

Sēfer Pirḳē rabbi ᴱliᶜezer…, WW'RŠ' (Warschau) 612 (= 1852), r Jrušālajim 730 (= 1970) (Die hebr. Anmerkungsziffern werden als Satzzählung benützt)

Platon (*res p.* = *res publica* = Πολιτεία; *Tim.* = *Timaeus*)

Platonis dialogi secundum Thrasylli tetralogias dispositi, ex recogn. Caroli Friderici Hermanni, 6 Bde. Lipsiae: Teubner (1868–92 (BT)
  – Platon: Sämtliche Werke, in der Übers. v. Friedrich Schleiermacher (Bd. 6: nach der Übers. von Hieronymus Müller) mit der Stephanus-Numerierung hg. v. Walter F. Otto, Ernesto Grassi (u.) Gert Plamböck. 6 Bde. (Hamburg:) Rowohlt (1957–1959 und Nachdrucke) (Rowohlts Klassiker der Lit. u. der Wiss.)
  – ΠΛΑΤΩΝΟΣ ΤΙΜΑΙΟΣ. The Timaeus of Plato, ed. with introd. and notes by R. D. Archer-Hind. London/New York: Macmillan 1888
  – A word index to Plato, by Leonard Brandwood. Leeds: Maney 1976 (Compendia. Computer-generated aids to literary and linguistic research, 8)

Plinius, *Nat(uralis) hist(oria)*

C. (Gaji) Plinii Secundi Naturalis historia, D. Detlefsen recensuit. 6 Bde. Berolini: Weidmann 1866–1882 (es gelten die Paragraphen- und die eingeklammerten Kapitelzahlen)

Plut(arch), *Mor(alia)*

Plutarchus: Moralia, recogn. Gregorius N. Bernardakis. 7 Bde. Lipsiae: Teubner 1889–1908 (BT)
  – Plutarchi Vitae parallelae, recognoverunt Cl. Lindskog et K[onrat] Ziegler, Vol. 1, fasc. 1 u. 2, rec. Cl. Lindskog. Stuttgart: Teubner 1914 (BT)
  – Wyttenbach, Daniel: Lexicon Plutarcheum. Plutarchi Moralia [et Vitae]. Operum tomus VII: Index Graecitatis. 2 Bde. (Oxford 1830, r) Hildesheim: Olms 1962

ps.-Plutarch, *Vit(a) Hom(eri)*

in: Plutarch, Moralia, ed. Bernardakis (s. o.), Bd. 7, 1896, S. 337–462 (praefatio S. IX–XLVII)
  – ⟨Plutarchi⟩ De Homero, edidit Jan Frederik Kindstrand. Leipzig: Teubner 1990 (BT)

Pohlenz, Kl. Schriften I

Pohlenz, Max: Kleine Schriften, hg. v. Heinrich Dörrie. Bd. 1, Hildesheim: Olms 1965

Porphyrios, *Vita Plotini*

in: Plotini opera, ed. Paul Henry et Hans-Rudolf Schwyzer, Bd. 1. Oxonii: Clarendon 1964 (Scriptorum Classicorum Bibl. Oxoniensis), S. 1–38

Prado, El sentimiento

Prado, Juan: El sentimiento de la naturaleza en san Pablo, in: Studiorum Paulinorum congressus internationalis catholicus 1961, Bd. 2. Romae: Pontificium Institutum Biblicum 1963 (Analecta Biblica, 18), S. 359–372

Prigent, Image

Prigent, Pierre: Le judaisme et l'image. Tübingen: Mohr (1990) (Texte u. Studien z. antiken Judentum, 24)

Prijs, Jeremia-Homilie

Prijs, Leo: Die Jeremia-Homilie Pesikta Rabbati Kapitel 26. Eine synagogale Homilie aus nachtalmudischer Zeit über den Propheten Jeremia und die Zerstörung des Tempels. Krit. Edition nebst Übers. u. Komm. Stuttgart (usw.): Kohlhammer (1966) (Studia Delitzschiana, 10) (Habil-Schr., Univ. Münster, 1962)

Prokopios, *Commentarii in Judices*

in: MPG 87/1, Sp. 1041–1080

Prokopios, Genesis-Kommentar *(Commentarii in Genesin)*

in: MPG 87/1, Sp. 21–512

Quintilian

The Institutio oratoria of Quintilian, with an Engl. transl. by H. E. Butler. 4 Bde. (LCL) (1920–22, r 1966–69) (beruht auf der Ausg. von Halm, Leipzig 1868)

Quintus v. Smyrna, *Posthomerica* (Τὰ μεϑ᾽Ὁμηρον)

in: ΗΣΙΟΔΟΥ ΠΟΙΗΜΑΤΑ (s. o. unter Apollonios Rhodios) (mit eigener Paginierung)

Rabbinerbibel s. Miḳrā'ot gdolot

Raby, Medieval Latin verse

The Oxford book of Medieval Latin verse, newly selected and ed. by F. J. E. Raby. Oxford: Clarendon (1959, r 1966)

Rahmer, Traditionen I.II

Rahmer, Moritz: Die hebräischen Traditionen in den Werken des Hieronymus. 1. Teil: „Quaestiones in Genesin". Breslau: Schletter 1861
– [2. Teil:] Die Commentarii zu den zwölf Kleinen Propheten, kritisch beleuchtet. Heft 1: Hosea, Joël, Amos (jeweils getrennt pag.); Heft 2: Obadja, Jona, Micha (durchpag.) Berlin: Poppelauer 1902 (Angaben auf dem Schutzumschlag abweichend. Im 2. Teil fährt der Reihentitel fort: Durch Vergleichung mit den jüdischen Quellen und ältesten Versionen kritisch beleuchtet.) (m. n. e.)

H. Rahner, Griech. Mythen

Rahner, Hugo: Griechische Mythen in christlicher Deutung. Zürich: Rhein-V. (1957, r o. J.)

H. Rahner, Symbole

Rahner, Hugo: Symbole der Kirche. Die Ekklesiologie der Väter. Salzburg: Otto Müller (1964)

Raschi (Rabbi Šlomo Jiṣḥāḳi) s. Miḳrā'ot gdolot

Reisiger, J. G. Herder

Reisiger, Hans (Hg.): Johann Gottfried Herder. Sein Leben in Selbstzeugnissen, Briefen und Berichten. Berlin: Propyläen (1942)

Reuß, Johannes-Kommentare

Johannes-Kommentare aus der griechischen Kirche, aus Katenenhandschriften gesammelt und hg. v. Joseph Reuß. Berlin: Akademie 1966 (TU 89)

Reynolds/Tannenbaum, Aphrodisias

Reynolds, Joyce/Tannenbaum, Robert: Jews and God-fearers at Aphrodisias. Greek inscriptions with commentary. Cambridge: Cambridge Philological Society 1987 (Cambridge Philological Society, supplementary vol. 12)

Rondet, Notes

Rondet, Henri: Notes d'exégèse Augustinienne, in: RechScRel 1952, S. 472–477

Rosmarin, Art. ‚Jona'

Rosmarin, A.: Art. ‚Jona', in: Encyclopaedia Judaica. Das Judentum in Gesch. u. Gegenwart, Bd. 9. Berlin: Eschkol (1932), Sp. 268–274

Ross, Alexander Romance

Ross, D[avid] J. A. (Teils.): Studies in the Alexander Romance. London: Pindar 1985

Rost, Einleitung

Rost, Leonhard: Einleitung in die atl. Apokryphen und Pseudepigraphen einschließlich der großen Qumran-Handschriften. 2., unveränd. Aufl. Heidelberg: Quelle & Meyer 1979 (1. Aufl. 1970)

Royse, Spurious texts

Royse, James R.: The spurious texts of Philo of Alexandria. A study of textual transmission and corruption with indexes to the major collections of Greek fragments. Leiden (etc.): Brill 1991 (Arbeiten z. Lit. u. Gesch. d. hellenist. Judentums, 22)

Royse in: Studia Philonica 4

Royse, James R.: The original structure of Philo's Quaestiones, in: Studia Philonica. The annual publication of the Philo Institute. Chicago, Illinois, 4, 1976/77, S. 41–78

Rüger in: ZNW 1981

Rüger, Hans Peter: ΝΑΖΑΡΕΘ / ΝΑΖΑΡΑ / ΝΑΖΑΡΗΝΟΣ / ΝΑΖΩΡΑΙΟΣ, in: ZNW 72, 1981, S. 257–263

Runia in: Studia Philonica Annual 1991

Runia, David T.: How to search Philo, in: Studia Philonica Annual 2, 1991, S. 109–139

Runia, Timaeus

Runia, Douwe Theunis: Philo of Alexandria and the Timaeus of Plato. 2 Bde. Amsterdam: V(rije) U(niversiteit) Boekhandel (1983) (Akademisch proefschrift, doctor in de letteren, Vrije Universiteit, Amsterdam 1983) (erschien, neu gesetzt, auch in Leiden: Brill 1986)

Runia in: VigChr 1989

Runia, David T., (Rez. von)f Siegert, Philon, in: VigChr 43, 1989, S. 398–415

Sarason, JJS 1982

Sarason, Richard S.: The Petiḥtot in Leviticus Rabba: „Oral homilies" or redactional constructions? in: JJS 33, 1982, 557–567

Sargisean in: Bazmavep 1899

S[argisean], B[arsel]: Anania tʿargmaničʿn ew iwr grakan gorcocʿ mēk nmoyšn (Ananias der Übersetzer und eine Probe seines schriftstellerischen Werkes, armen.), in: Bazmavēp 57, Venetik (Venedig) 1899, S. 18b–24a und 49a–53a

Schäfer, Gottesdienst

Schäfer, Peter: Der synagogale Gottesdienst, in: Maier/Schreiner, Frühjudentum (s. d.), S. 391–413

Schäfer, Hl. Geist

Schäfer, Peter: Die Vorstellung vom Heiligen Geist in der rabbinischen Literatur. München: Kösel 1972 (Studien z. Alten u. Neuen Testament, 28) (phil. Diss., Univ. Freiburg 1968)

Schlütz, Die sieben Gaben

Schlütz, Karl: Isaias 11,2 ⟨die sieben Gaben des Hl. Geistes⟩ in den ersten vier christlichen Jahrhunderten. Münster: Aschendorff 1932 (ATA 11,4)

Schmeller, Diatribe

Schmeller, Thomas: Paulus und die „Diatribe". Eine vergleichende Stilinterpretation. Münster: Aschendorff 1987 (NTA, NF 19)

Schmid/Stählin

Wilhelm v. Christs Geschichte der griechischen Litteratur, 6. Aufl., (bearb. v.) Wilhelm Schmid (und) Otto Stählin, 2. Teil: Die nachklassische Periode der griech. Litteratur, 2 Hälften (= Bde.) (durchpaginiert). München: Beck 1920.1924 (HAW 7,2,1.2)

C. Schmidt, Koptisch-gnostische Schriften I

Koptisch-gnostische Schriften, 1. Bd.: Die Pistis Sophia und die beiden Bücher des Jeû, unbekanntes altgnostisches Werk. hg. v. Carl Schmidt (GCS) 1905

E. G. Schmidt, Zenon-Schrift

Schmidt, Ernst Günther: Die altarmenische „Zenon"-Schrift. Berlin: Akademie 1961 (AAB, Klasse f. Sprachen, Lit. u. Kunst, Jg. 1960 Nr. 2)

Hans Schmidt, Jona

Schmidt, Hans: Jona. Eine Untersuchung zur vergleichenden Religionsgeschichte. Göttingen: Vandenhoeck & Ruprecht 1907 (FRLANT 9)

Helmut Schmidt, Anthropologie

Schmidt, Helmut: Die Anthropologie Philons von Alexandreia. Würzburg: Triltsch (1933)

Schneider, Geistesgesch. II

Schneider, Carl: Geistesgeschichte des antiken Christentums, Bd. 2. München: Beck 1954

K. Schneider, Die schweigenden Götter

Schneider, Klaus: Die schweigenden Götter. Eine Studie zur Gottesvorstellung des religiösen Platonismus. Hildesheim: Olms 1966 (Spudasmata 9)

Schreiner, Muhammads Rezeption

Schreiner, Stefan: Muhammads Rezeption der biblischen Jona-Erzählung, in: Judaica 34, 1978, S. 149−172

Schürer/Vermes, History II.III

Schürer, Emil: The history of the Jewish people in the age of Jesus Christ ⟨175 B. C. − A. D. 135.⟩ A new English version revised and edited by Geza Vermes (u. a.), Bd. 2 u. 3,1.2 (letztere durchpag.), Edinburgh: Clark (1979.1986.1987)

Schüssler in: ZKG 1907

Schüssler, Walther: Ist der Zweite Klemensbrief ein einheitliches Ganzes? in: ZKG 28, 1907, S. 1−13

Schütz, Predigt

Schütz, Werner: Geschichte der christlichen Predigt. Berlin/New York: de Gruyter 1972 (Slg. Göschen, 7201)

Schwab, Vocabulaire

Schwab, Moise: Vocabulaire de l'angélologie d'après les manuscrits hebreux de la Bibl. Nationale, in: Mémoires présentés par divers savants à l'Académie des Inscriptions et Belles-Lettres de l'Institut de France, 1. sér., tome 10, 2ème partie, Paris: Imprimerie Nationale 1897, S. 113−430

Schweizer, Thesaurus

Joh(annis) Caspari Suiceri Thesaurus ecclesiasticue e Patribus Graecis ordine alphabetico concinnatus, ed. secunda. 2 Bde., Amstelaedami: Wetstein/Smith 1728

Seeck, Libanius
Seeck, Otto: Die Briefe des Libanius, zeitlich geordnet. Leipzig: Hinrichs 1905 (TU, N. F. 15, 1/2)

Seneca, Epist(ulae)
L(ucii) Annaei Senecae ad Lucilium epistularum moralium quae supersunt, iterum ed. Otto Hense. Lipsiae: Teubner 1914 (L. Annaei Senecae opera quae supersunt, 3) (BT)

Seneca, Nat(urales) quaest(iones)
L(ucii) Annaei Senecae Naturalium quaestionum libros VIII ed. Alfred Gercke. Leipzig: Teubner 1907 (dito, 2)

Septuaginta, id est Vetus Testamentum Graece iuxta LXX interpretes, ed. Alfred Rahlfs, 2 Bde., editio sexta. Stuttgart: Württembergische Bibelanstalt o. J. (r der Erstauflage 1935)

Sextus Empiricus ex recensione Immanuelis Bekkeri. Berolini: Reimer 1842

Siegert, Argumentation
Siegert, Folker: Argumentation bei Paulus, gezeigt an Röm 9-11. Tübingen: Mohr 1985 (WUNT 34) (ev.-theol. Diss., Univ. Tübingen 1984)

Siegert, Gottesfürchtige
Siegert, Folker: Gottesfürchtige und Sympathisanten, in: Journal for the Study of Judaism 4, 1974, S. 109−164

Siegert in: Ling. Bibl. 55
Siegert, Folker: Lukas − ein Historiker, d. h. ein Rhetor? Freundschaftliche Entgegnung auf Erhardt Güttgemanns, in: Linguistica Biblica 55, Sept. 1984, S. 57−60

Siegert, Nag-Hammadi-Register
Siegert, Folker: Nag-Hammadi-Register. Wörterbuch zur Erfassung der Begriffe in den koptisch-gnostischen Schriften von Nag Hammadi. Tübingen: Mohr 1982 (WUNT 26)

Siegert, Philon
Philon von Alexandrien: Über die Gottesbezeichnung „wohltätig verzehrendes Feuer" ⟨De Deo.⟩ Rückübersetzung aus dem Armenischen, dt. Übers. u. Komm. von Folker Siegert. Tübingen: Mohr (1988) (WUNT 46)

Siegert in: Studia Philonica Annual 1990
Siegert, Folker, (Rez. von) Helmut Burkhardt: Die Inspiration heiliger Schriften bei Philo von Alexandrien, in: Studia Philonica Annual 2, 1990, S. 204−208

Siegert in: Theol. Beiträge
Siegert, Folker: Prophetie und Diakonie. Über das „Amt" im Neuen Testament, verglichen mit heutiger kirchlicher Praxis, in: Theologische Beiträge 22, 1991, S. 174−194

Siegert in: ZKG 1989
Siegert, Folker: Der armenische Philon. Textbestand, Editionen, Forschungsgeschichte, in: ZKG 100, 1989, S. 353−369

Simon, Judaïsme alexandrin
Simon, Marcel: Situation du judaïsme alexandrin dans la diaspora, in: Philon d'Alexandrie (wie oben: Barthélemy), S. 17−31 (discussion S. 32f.)

Simon, Verus Israel
Simon, Marcel: Verus Israel. Etude sur les relations entre chrétiens et juifs dans l'empire romain ⟨135−425⟩. Paris: de Boccard 1948 (Bibl. des Ecoles françaises d'Athènes et de Rome, 166) (vorher Thèse de doctorat ès-lettres, Univ. Strasbourg) (die 2. Aufl. 1964 ist um ein post-scriptum − S. 477−518 − erweitert; r der 2. Aufl.: ebd. 1983)

Simplikios s. Dübner

352 *Literaturverzeichnis*

Škrinjar in: Biblica 1935

Škrinjar, Alb.: Les sept esprits ⟨Apoc. 1,4; 3,1; 4,5; 5,6⟩, in: Biblica 16, 1935, S. 1–24

Smith, Rhetoric

Smith, Robert W.: The art of rhetoric in Alexandria. Its theory and practice in the ancient world. The Hague: Nijhoff 1974

Soetendorp, Symbolik

Soetendorp, Jacob: Symbolik der jüdischen Religion. Sitte und Brauchtum im jüdischen Leben (Symboliek der Joodse religie, dt.) Gütersloh: Mohn (1963)

Sommer, Haar

Sommer, Ludwig: Das Haar in Religion und Aberglaube der Griechen. Münster: Westf. Vereinsdruckerei 1912 (Phil. Diss., Univ. Münster)

Spicq, Lexicographie I

Spicq, Ceslas: Notes de lexicographie néo-testamentaire, Bd. 1, Fribourg (Schweiz): Editions Universitaires/Göttingen: Vandenhoeck & Ruprecht 1978 (Orbis Biblicus et orientalis, 22/1)

Spicq, Supplém.

dito, supplément, ebd. 1982 (dito, 22/3). – Vgl. jetzt: ders.: Lexique théologique du Nouveau Testament. Réédition en un volume des Notes de lexicographie néo-testamentaire. Fribourg (Schweiz): Editions Universitaires/[Paris:] Cerf 1991

Spieß, Logos

Spieß, Edmund (Hg. u. Übers.): Logos spermaticós. Parallelstellen zum NT aus den Schriften der alten Griechen. Ein Beitrag zur christl. Apologetik u. zur vergleichenden Religionserforschung. Leipzig: Engelmann 1871

Stark, Roman

Stark, Isolde: Religiöse Elemente im griechischen Roman, in: Der antike Roman. Untersuchungen zur literarischen Kommunikation und Gattungsgeschichte, von einem Autorenkollektiv unter Leitung von Heinrich Kuch. Berlin: Akademie 1989, S. 135–149

Steffens, Historia

Steffens, Karl: Die Historia de preliis Alexandri Magni, Rezension J[3]. Meisenheim a. Glan: Hain 1975 (Beitr. z. Klass. Philol., 73)

Stendahl, conscience

Stendahl, Krister: The apostle Paul and the introspective conscience of the West, in: ders.: Paul among Jews and Gentiles, and other essays. Philadelphia, Pennsylvania: Fortress (1976), S. 78–96

Stern, Authors

Greek and Latin authors on Jews and Judaism, ed. with introd., translations and commentary by Menahem Stern. 3 Bde., Jerusalem: Israel Academy of Sciences and Humanities 1976–84

Stichel, Samson-Mosaik

Stichel, R[ainer]: Die Inschriften des Samson-Mosaiks in Mopsuestia und ihre Beziehungen zum biblischen Text. in: ByZ 71, 1978, S. 50–61; dazu Taf. 9.10

Stobaeus, *Anthol(ogium)*

Ioannis Stobaei Anthologium, rec. Curtius Wachsmuth et Otto Hense, 5 Bde., editio altera ex editione anni 1884 lucis ope expressa (1958, r 1974), o. O. [Einsiedeln (Schweiz)]: Weidmann (Bd. 5 enthält auch: Ioannis Stobaei editionis Weidmannianae appendix, indicem auctorum in tertio libro et quarto laudatorum continens, 1923, r 1958/1974)

Stone, Apocrypha

    Armenian Apocrypha relating to the Patriarchs and Prophets, ed. with introd., transl. and comm. by Michael E. Stone. Jerusalem: Israel Academy of Sciences and Humanities 1982

SVF

    Stoicorum veterum fragmenta, collegit Ioannes ab (Hans von) Arnim. 3 Bde. Lipsiae: Teubner 1905.1903.1903; dito, Bd. 4: indices, conscripsit Maximilianus Adler, ebd. 1924 (zitiert wird nach Band und Nummer)

Stowers, Public speaking

    Stowerd, Stanley Kent: Social Status, public speaking and private teaching. The circumstances of Paul's preaching activity, in: NovTest 26, 1984, S. 59−82

Studia Philonica vgl. Royse

Suda (*olim* Suidas)

    Suidae Lexicon, ex recognitione Immanuelis Bekkeri. Berolini: Reimer 1854

Sueton

    Suétone: Les douze Césars (*Duodecim Caesares*, lat. u. frz.), texte traduit et annoté par Maurice Rat. 2 Bde. Paris: Garnier 1954/55 (Classiques Garnier) (Hg. des lat. Textes nicht genannt)

Talmud

    Talmud Bābli, 10 Bde. Jrušālajim: Torā miṣṢion 728 (= 1968) (r einer nicht genannten Ausg. des 19. Jh.)
    − The Babylonian Talmud, transl. into English with notes, glossary and indices, ed. I(sidore) Epstein, 35 Bde. London: Soncino 1935−1952 (r o. J.)

Tarr, Trompete

    Tarr, Edward: Die Trompete. Ihre Geschichte von der Antike bis zur Gegenwart. Bern/ Stuttgart: Hallwag (1977)

Terian, Hellenizing school

    Terian, Abraham: The Hellenizing School, its time, place, and scope of activities reconsidered, in: East of Byzantium. Syria and Armenia in the formative period, (hg. v.) Nina G. Garsoian, Thomas F. Mathews and Robert W. Thomson. Washington: Dumbarton Oaks Center 1982, S. 175−186

Testament Hiobs

    Testamentum Iobi, edidit S[ebastian] P. Brock; Apocalypsis Baruchi Graece, edidit J.-C. Picard. Leiden: Brill 1967 (Pseudepigrapha Veteris Testamenti Graece, ed. A. M. Denis et M. de Jonge, Bd. 2)
    − Text auch in: Denis, Concordance 875a−879b

Testamenta XII Patriarcharum, edited according to Cambridge University Library MS F f 1.24 fol. 203a−262b, with short notes by M[arinus] de Jonge. Leiden: Brill 1964 (Pseudepigrapha Veteris Testamenti Graece, 1)
    Text auch in: Denis, Concordance 832a

Theodoret, *(Graecarum affectionum) curatio*

    Théodoret de Cyr: Thérapeutique des maladies helléniques. Texte critique, introd., trad. et notes de Pierre Canivet. Paris: Cerf 1958 (SC 57)

Theodoret, *Quaestiones*

    Beati Theodoreti episcopi Cyrensis in loca difficilia Scripturae sacrae quaestiones selectae, in: MPG 80, Sp. 75−858

Thesaurus

ΘΗΣΑΥΡΟΣ ΤΗΣ ΕΛΛΗΝΙΚΗΣ ΓΛΩΣΣΗΣ. Thesaurus Graece linguae ab Henrico Stephano constructus. Post editionem Anglicam novis additamentis auctum, ordineque alphabetico digestum ed. Carolus Benedictus Hase (u. a., ab Bd. 2 Guilelmus Dindorfius u. Ludovicus Dindorfius), 8 Bde. (in 9), Graz: Akadem. Druck- u. Verlagsanst. 1954 (r der Ausg. Paris: Didot 1831–1865; der Nachdruck numeriert die Bände als 1–9)

Thesaurus linguae Graecae. Canon of Greek authors and works, ed Luci Berkowitz/Karl A. Squitier, 2. Aufl., Oxford: U.P. 1986 (Literaturliste zum gleichnamigen elektronischen Speicher)

Thesleff, Introduction (bzw.) Pythagorean texts

Thesleff, Holger: An introduction to the Pythagorean writings of the Hellenistic period. Åbo: Akademi 1961 (Acta Academiae Aboensis, Humaniora, 24,3)
ders. (Hg.): The Pythagorean texts of the Hellenistic period, collected and edited, ebd. 1965 (dito, 30,1)

Thukydides

Thucydidis Historia, rec. Carolus Hude, 2 Bde., ed. maior. Lipsiae: Teubner 1901 (BT)

Thyen, Stil

Thyen, Hartwig: Der Stil der jüdisch-hellenistischen Homilie. Göttingen: Vandenhoeck & Ruprecht 1955 (FRLANT 65, NF 47)

Tʿoŕnean, Tʿadēos (Hg.): Hatəntir əntʿercʿowackʿ i matenagrowtʿeancʿ naxneacʿ... (ausgewählte Abschnitte aus den Schriften der Vorfahren), Bd. 2. Vienna: Mechitharisten 1910

Trencsényi-W. Apanthropie

Trencsényi-Waldapfel, Emeric: Défense de la version des Septante contre l'accusation d'apanthropie, in: Fs. Hirschler 1950 (s. d.), S. 122–136

Treu, Kairos 1973

Treu, Kurt: Die Bedeutung des Griechischen für die Juden im römischen Reich, in: Kairos, NF 15, 1973, S. 123–144

Tronzo, Via Latina catacomb

Tronzo, William: The Via Latina catacomb. Imitation and discontinuity in fourth-century Roman painting. University Park (Pennsylvania) u. London: Pennsylvania State U. P., 1986 (Monographs on the fine arts, 38)

Vassiliev, Anecdota

Anecdota Graeco-Byzantina. Pars prior (m. n. e.), collegit digessit recensuit A(thanasius) Vassiliev. Mosquae: Universitas 1983 (darin S. 188–292 die Palaea Historica oder Ἱστορία παλαιοῦ περιέχων (sic) ἀπὸ τοῦ Ἀδάμ; S. 292–316 ein Text des TestAbr.)

van Veldhuizen in: Reformed Review 1985

van Veldhuizen, Milo: Moses, a model of Hellenistic philanthropy, in: Reformed Review 38, 1985, S. 215–224

Vergil

P(ublii) Vergili Maronis opera. Post Ribbeckium tertium recogn. Gualtherus Ianell. Ed. maior, iterum recognita. Lipsiae: Teubner 1930 (BT)

Verkünd(igung) Jonas s. Issaverdens

Vian, Rev. de Philol. 1954

Vian, Francis: Les comparaisons de Quintus de Smyrne, in: Revue de Philologie... 28, 1954, S. 30–51 und 235–243

de Vis, Homélies coptes II

Homélies coptes de la Vaticane. Texte copte publ. et trad. par Henri de Vis, Bd. 2. Hauniae (Kopenhagen): Gyldendal 1929 (Coptica consilio et impensis Instituti Rask-Oerstediani edita, 5)

Vita Alexandri Magni. Recensionem Graecam codicis L edidit, transtulit...; Leben u. Taten Alexanders v. Makedonien. Der griech. Alexanderroman nach der Hs. L hg. u. übers. v. Helmut van Thiel. Darmstadt: Wiss. Buchgesellschaft 1974 (Texte zur Forschung, 13)

Vit. Hom. (De vita et poesi Homeri) s. Plutarch

Vitae Prophetarum

in: Denis, Concordance S. 868a–871a (eine von vielen Fassungen); engl. Übers. bei Charlesworth II S. 379–399

de Vogel, Pythagoras

de Vogel, C[ornelia] J[ohanna]: Pythagoras and early Pythagoreanism. An interpretation of neglected evidence on the philosopher Pythagoras. Assen: van Gorcum 1966

Vogt, Gleichwertigkeit

Vogt, Joseph: Von der Gleichwertigkeit der Geschlechter in der bürgerlichen Gesellschaft der Griechen, in: AAM, Geistes- u. sozialwiss. Kl., Jg. 1960, H. 2
– wiederabgedr. in: Siems, Andres Karsten (Hg.): Sexualität und Erotik in der Antike. Darmstadt: Wiss. Buchgesellschaft (1988) (Wege der Forschung, 605), S. 118–167

Vulgata

Bibliorum Sacrorum iuxta Vulgatam Clementinam nova editio..., curavit Aloisius Gramatica. (Rom:) Typis polyglottis Vaticanis (1913, r) 1959

Wacholder, Nicolaus of Damascus

Wacholder, Ben Zion: Nicolaus of Damascus. Berkeley u. Los Angeles: Univ. of California Pr. 1962 (Univ. of California Publ. in History, 75)

Walter, Aristobulos

Walter, Nikolaus: Der Thoraausleger Aristobulos. Untersuchungen zu seinen Fragmenten und zu pseudepigraphischen Resten der jüdisch-hellenistischen Literatur. Berlin: Akademie 1964 (TU 86)

Wehrli, Homer

Wehrli, Fritz: Zur Geschichte der allegorischen Deutung Homers im Altertum. Borna b. Leipzig: Noske 1928 (phil. Diss., Univ. Basel 1928)

Weische, Rhetorik

Weische, Wilhelm: Rhetorik und Philosophie in der Antike. *amplificatio – dilatatio* und die stoische Forderung der *brevitas*, in: Schanze/Kopperschmidt (wie Magaß, Patristik), S. 23–33

Wendland, Kultur

Wendland, Paul: Die hellenistisch-römische Kultur in ihren Beziehungen zu Judentum und Christentum. Die urchristlichen Literaturformen (Bilderanhang von Hans Lietzmann.) 2. u. 3. Aufl. Tübingen: Mohr 1912 (HNT 1,2.3)

Wendland, Philos Schrift von der Vorsehung s. Philon

Wengst, Schriften II

Wengst, Klaus (Hg.): Schriften des Urchristentums, 2. Teil (= Bd.): Didache ⟨Apostellehre⟩, Barnabasbrief, zweiter Klemensbrief, Schrift an Diognet. Eingel., hg., übertr. u. erläutert. Darmstadt: Wiss. Buchgesellschaft 1984

Wenning/Zenger in: Bibl. Notizen 1982

Wenning, Robert/Zenger, Erich: Der siebenlockige Held Simson. Literarische u. ikonographische Beobachtungen zu Ri 13–16, in: Biblische Notizen 17, 1982, S. 43–55

Westermann, ΠΑΡΑΔΟΞΟΓΡΑΦΟΙ

Westermann, Antonius (Hg.): ΠΑΡΑΔΟΞΟΓΡΑΦΟΙ. Scriptores rerum mirabilium Graeci. Brunsvigiae: G. Westermann/Londini: Black & Armstrong 1839

Wettstein

Η ΚΑΙΝΗ ΔΙΑΘΗΚΗ. Novum Testamentum Graecum editionis receptae cum lectionibus variantibus… nec non commentario pleniore… opera et studio Joannis Jacobi Wetstenii, 2 Bde. (Amstelaedami: Dommer 1751/52, r) Graz: Akad. Druck- u. Verlagsanstalt 1962

Whittaker, Proclus

Whittaker, John: Proclus and the Middle Platonists, in: Proclus – lecteur et interprète des Anciens. Paris: C. N. R. S. 1987 (Colloques internationaux du C. N. R. S.), S. 277–291

Wifstrand, Bildung

Wifstrand, Albert: Die Alte Kirche und die griechische Bildung. Bern/München: Francke 1967 (Umschlagt.: Dalp Taschenbücher, 388 D) (Fornkyrkan och den grekiska bildningen, Lund 1957, dt. – Text der Olaus-Petri-Vorlesungen Uppsala 1951)

Wilamowitz-M., Asianismus

Wilamowitz-Moellendorff, U[lrich] von: Asianismus und Atticismus, in: Hermes 35, 1900, S. 1–52 (wiederabgedr. in: ders.: Rhetorika. Schriften zur aristotel. u. hellenist. Rhetorik. Hildesheim: Olms 1968, S. 350–401; ebenfalls in: ders.: Kleine Schriften, Bd. 3: Griechische Prosa. Berlin: Akademie 1969, S. 223–273)

Wilamowitz-M., Teles

Philologische Untersuchungen, hg. v. A. Kiessling und U. v. Wilamowitz-Moellendorff, 4. Heft: Antigonos von Karystos. Berlin: Weidmann 1881 (als Autor unterzeichnet auf S. 6 Ulrich von Wilamowitz-Moellendorff), darin S. 292–319: Excurs 3: Der kynische Prediger Teles

Wills, HThR 1984

Wills, Lawrence: The form of the sermon in Hellenistic Judaism and early Christianity, in: HThR 77, 1984, S. 277–299

Winston/Dillon

Winston, David/Dillon, John (Hg.): Two treatises of Philo of Alexandria. A commentary on De Gigantibus and Quod Deus sit immutabilis. Chico (Calif.): Scholars Pr. (1983) (Brown Judaic Studies, 25)

Winter, Origenes

Winter, F[riedrich] J[ulius]: Origenes und die Predigt der drei ersten Jahrhunderte. Ausgewählte Reden. Mit einer Einl. in dt. Übers. hg. Leipzig: Richter 1893 (Die Predigt der Kirche. Klassikerbibliothek der christl. Predigtliteratur. Mit einleitenden Monographien hg. v. Gustav Leonhardi, 22)

Wischmeyer, VigChr 1981

Wischmeyer, Wolfgang: Die vorkonstantinische christl. Kunst in neuem Lichte: Die Cleveland-Statuetten, in: VigChr 35, 1981, S. 253–287

Wischmeyer, ZKG 1981

Wischmeyer, Wolfgang: Das Beispiel Jonas. Zur kirchengeschichtl. Bedeutung von Denkmälern frühchristlicher Grabeskunst zwischen Theologie und Frömmigkeit, in: ZKG 92, 1981, S. 161–179

Wolbergs, Hymnen

Wolbergs, Thielko: Griechische religiöse Gedichte der ersten nachchristlichen Jahrhunderte, hg. u. erläutert. Bd. 1: Psalmen und Hymnen der Gnosis u. des frühen Christentums. Meisenheim a. Glan: Hain (1971) (Beiträge z. Klass. Philol., 40)

Wolfson, Philo

Wolfson, Harry Austryn: Philo. Foundations of religious philosophy in Judaism, Christianity, and Islam, 2 Bde., Cambridge, Massachusetts: Harvard U. P. 1948

Woschitz, Elpis

Woschitz, Karl Matthäus: Elpis, Hoffnung. Geschichte, Philosophie, Exegese, Theologie eines Schlüsselbegriffs. Wien/Freiburg/Basel: Herder (1979) (kath.-theol. Habil-Schr., Univ. Graz)

Wunderer, Polybios-Forschungen

Wunderer, Carl: Polybios-Forschungen. Beiträge zur Sprach- u. Kulturgeschichte. Bd. 3: Gleichnisse und Metaphern bei Polybios nach ihrer sprachlichen, sachlichen u. kulturhistor. Bedeutung bearbeitet. Leipzig: Dieterich 1909

Xenophon, *Conv(ivium)*

Xenophontis scripta minora, fasc. 1, post Ludovicum Dindorf iterum edidit Th. Thalheim. Lipsiae: Teubner 1925 (BT), S. 89−135

Xenophon, *Mem(orabilia)*

ΞΕΝΟΦΩΝ: ΑΠΟΜΝΗΜΟΝΕΥΜΑΤΑ ΣΩΚΡΑΤΟΥΣ. Xenophon: Erinnerungen an Sokrates, griech.-dt. hg. v. Peter Jaerisch. Darmstadt: Wiss. Buchgesellsch. (2. Aufl. 1977; Lizenz: Heimeran, München) (Tusculum)

Yovsēpʿean

[Yovsēpʿean, S. (Hg.):] Ankanon girkʿ Hin Ktakaranacʿ (Unkanonische Bücher des Alten Testaments, armen.) Venetik: S. Lazzaro 1896 (engl. Übers. siehe Issaverdens; dt. Übers. von S. 241−250 im vorliegenden Band, Beigabe zu Teil 3)

Zeller, Philosophie III/1

Zeller, Eduard: Die Philosophie der Griechen in ihrer geschichtlichen Entwicklung dargestellt. 3. Teil, 1. Abt.: Die nacharistotelische Philosophie . . . , 5. Aufl. (r der 4. Aufl. 1909), Leipzig: Reisland 1923

Zlotnick, Dov (Übers.): The Tractate „Mourning" ⟨Šěmaḥot⟩ Regulations relating to death, burial, and mourning, transl. from the Hebrew, with introd. and notes. New Haven/ London: Yale U. P. 1966 (Yale Judaica series, 17)

Zuckschwerdt in: ZNW 1976

Zuckschwerdt, Ernst: Das Naziräat des Herrenbruders Jakobus nach Hegesipp ⟨Euseb., h. e. II 23, 5−6⟩, in: ZNW 67, 1976, S. 276−287

Berichtigungen zu Bd. I

a) Druckfehler und kleinere Versehen (soweit mitteilenswert)

Seite	Zeile	statt	lies
2	22	(5 Ende)	(4 und 5)
4	18	gezieht	geziemt
6	19	stengen	strengen
7	15	dem dem	dem
43	14	eigenen	eigene
63	10	(sterbte)	(strebte)
89	Anm. 960	a.c.i.	n.c.i.
94	12 von unten	Žaxžaxean	Jaxjaxean
95	16 von unten	šržanne-	šrjanne-
99	2	Gottesprädikte	Gottesprädikate
105	20 von unten	verstehen 25;	verstehen 25, 75, 79;
106	11	Weisheit 51, 55, 60, 79	Weisheit 52, 55, 60, 66, 79

b) Berichtigungen an der Übersetzung

De Jona	Zeile	statt	lies
§ 13	3	bringen,	bringen, die Bäume ausschlagen,
§ 30	2	Brand,	Brand, glaube ich,
§ 73	1–3	doch wenn … quälenden	(neue Übers. hier S. 151/152)
ebd.	5	hast mir verziehen	wirst (mir) verzeihen
§ 111–113			(neue Übers. hier S. 177)
§ 206	5	(der Geburt)	(zu streichen, vgl. hier S. 214)

De Sampsone			
c. 24	drittletzte	Wahrheit	Weisheit (vgl. hier S. 275 Anm. 15!)

Die Übersetzung von *De Deo* (S. 84–93) ist insgesamt überholt durch Siegert, Philon (WUNT 46), S. 33–37. In diesem letztgenannten Band bitte ich zu berichtigen:

Seite	Zeile	statt	lies
3	9	947	946 f.
4	Anm. 7	4 Jahre	14 Jahre

6	Anm. 15	Schmidt/Stählin S. 625	Schmid/Stählin S. 635
23	Anm. 12	IV 151,3f.	VI 151,3f.
25	Anm. 34	II 12,22	IV 206,10f.
26	62 (Rand)	ἀρχοντικῇ	ἀρχικῇ
27	72 (Rand)	ὀνόματα	ὀνόματα μὲν
30	117 (Rand)	φυσικώτατον	φυσικώτατα
ebd.	121 (Rand)	τῆς οἰκουμένης	(zu streichen, vgl. hier S. 85 Anm. 9)
	ebd.	περατα	πέρατα
45	1	QE IV 1	QG IV 1

Die Verbesserungen am griechischen Text verdanken sich einer Rezension von David Runia in VigChr 43, 1989, S. 398−405, wo auch vorgeschlagen wird, die Perfecta τετύπωκε, παρατέθεικεν, ἀνατέτακε und ἦρκε (Textzeilen 74,84 und 147 zweimal) in die entsprechenden Aoriste zu ändern.

Register

Kursiv gedruckte Seitenzahlen verweisen auf Nennungen *nur* in der Anmerkung. Indirekte Nennungen sind eingeklammert.

1. Bibelstellen

A. Altes Testament
B. Nachkanonische Schriften der Septuaginta
C. Neues Testament

Weitere Kontexte kommen vor engeren. Wo nötig, sind die Stellenangaben hier präzisiert worden.

A. Altes Testament

in der Reihenfolge des hebräischen Kanons; abweichende Zählungen der Septuaginta in Klammern.

B. Nachkanonische Schriften der Septuaginta

C. Neues Testament

in der Reihenfolge des griechischen Kanons (Aland).
Synoptisches wird vorzugsweise bei Markus genannt, Q-Gut bei Matthäus.

2. Stellen aus antiker Literatur

A. Griechische und römische Autoren; Textsammlungen
B. Jüdische Literatur:
  a) Autoren
  b) Anonymes und Pseudonymes
  c) Rabbinisches
C. Christliche Literatur
D. Gnostische Literatur
E. Hermetische Literatur
Anhang: Inschriften; Koranstellen

Alle Namen sind in ihrer lateinischen Form gegeben. Namen, die hier vermißt werden, siehe im Namenregister.

Wo nötig, sind die Stellenangaben präzisiert worden. Zwischenträger von Zitaten sind in Klammern angegeben. Die Abkürzung SVF steht da in Klammern, wo es sich *nicht* um Stoiker handelt.

A. Griechische und römische Autoren

Achilles Tatius

Leucippe et Clitophon
p.90,12–14 Her-
cher   128
90,14f.   122
90,21f.   124
91   128

Achilles Tatius (Astronom)

In Aratum
MPG19,941D–
944A   201

Aesopus

Fabulae
Nr.16 Chambry[2] (=
18 Halm)   291
45 (48)   121, 131
48 (–)   120
57 (–)   181
62 (67)   125
143 (–)   191
156 (193)   28
160 (197)   284
191 (–)   128
252 (–)   289

311 (–)   122
322 (383)   182

Agathon
Frg. 14 (Nauck)   261

Alcinous (*olim*: Albinus)

Didascalicus
p. 161 (H.)   *67*
162,36   69
165,2f.   81
168   *67*
172,10   98
186   *268*

(Anonymus)

De incredibilibus (Festa, Mythogr. III)
12,15.16   *139*

Anthologia Palatina
XII 91f.; 106   *272*
(vgl. Simonides)

Antiphon
Oratio V 82   120

Apollodorus

Bibliotheca historica
II 4,7   235, *269*
II 4,9   235, 251, *269*
II 9,4f.   270

Textsammlungen

B. Jüdische Literatur

a) Autoren und nach Autoren Benanntes
Zitierweise wie oben (A)

ps.-Philo *(alius)*

Liber antiquitatum Biblicarum

ps.-Phocylides s. Phocylides (Register 2. A)

b) Anonymes und Legendäres; Apokalypsen
(christliche Bestandteile sind mangels eindeutiger Unterscheidbarkeit nicht kenntlich gemacht)
vgl. noch Register 1. B (Septuaginta)

Abraham: Apokalypse Abrahams

Abraham: Testament Abrahams

Adam: Leben Adams und Evas

Aristeasbrief

C. Christliche Literatur
Zitierweise wie oben (A)

D. Gnostische Literatur

E. Hermetische Literatur

in der Reihenfolge von Nock/Festugière, Corpus Hermeticum.

Corpus Hermeticum

Anhang: Inschriften, Koranstellen

Für Ikonographisches siehe die Ortsnamen im Namenindex sowie das Stichwortregister unter „Ikonographie".

a) Inschriften, inschriftliche Quellen

3. Namen

in Auswahl. Im Stellenregister genannte Autorennamen sind nach Möglichkeit nicht wiederholt. Quasi-Namen wie „der Seiende", „Kosmos" usw. siehe Stichwortregister. Es gilt: i = j; ä = ae; ö = oe; ü = ue.

4. Stichworte

in Auswahl; von Composita ist manchmal nur ein Bestandteil aufgeführt. Es gelten die Alphabetisierungsregeln des Namenregisters. Ziffern in Klammern verweisen auf das Vorkommen eines synonymen Ausdrucks.

5. Griechische Worte

Wörter in Umschrift (Logos, Pneuma usw.) siehe auch im Stichwortregister.

Wissenschaftliche Untersuchungen zum Neuen Testament

Alphabetisches Verzeichnis
der ersten und zweiten Reihe

Appold, Mark L.: The Oneness Motif in the Fourth Gospel. 1976. *Band II/1.*

Bachmann, Michael: Sünder oder Übertreter. 1991. *Band 59.*

Bammel, Ernst: Judaica. 1986. *Band 37.*

Bauernfeind, Otto: Kommentar und Studien zur Apostelgeschichte. 1980. *Band 22.*

Bayer, Hans Friedrich: Jesus' Predictions of Vindication and Resurrection. 1986. *Band II/20.*

Betz, Otto: Jesus, der Messias Israels. 1987. *Band 42.*

– Jesus, der Herr der Kirche. 1990. *Band 52.*

Beyschlag, Karlmann: Simon Magnus und die christliche Gnosis. 1974. *Band 16.*

Bittner, Wolfgang J.: Jesu Zeichen im Johannesevangelium. 1987. *Band II/26.*

Bjerkelund, Carl J.: Tauta Egeneto. 1987. *Band 40.*

Blackburn, Barry Lee: 'Theios Anēr' and the Markan Miracle Traditions. 1991. *Band II/40.*

Bockmuehl, Markus N. A.: Revelation and Mystery in Ancient Judaism and Pauline Christianity. 1990. *Band II/36.*

Böhlig, Alexander: Gnosis und Synkretismus. Teil 1 1989. *Band 47* – Teil 2 1989. *Band 48.*

Büchli, Jörg: Der Poimandres – ein paganisiertes Evangelium. 1987. *Band II/27.*

Bühner, Jan A.: Der Gesandte und sein Weg im 4. Evangelium. 1977. *Band II/2.*

Burchard, Christoph: Untersuchungen zu Joseph und Aseneth. 1965. *Band 8.*

Cancik, Hubert (Hrsg.): Markus-Philologie. 1984. *Band 33.*

Capes, David B.: Old Testament Yaweh Texts in Paul's Christology. 1992. *Band II/47.*

Caragounis, Chrys C.: The Son of Man. 1986. *Band 38.*

Dobbeler, Axel von: Glaube als Teilhabe. 1987. *Band II/22.*

Ebertz, Michael N.: Das Charisma des Gekreuzigten. 1987. *Band 45.*

Eckstein, Hans-Joachim: Der Begriff der Syneidesis bei Paulus. 1983. *Band II/10.*

Ego, Beate: Im Himmel wie auf Erden. 1989. *Band II/34.*

Ellis, E. Earle: Prophecy and Hermeneutic in Early Christianity. 1978. *Band 18.*

– The Old Testament in Early Christianity. 1991. *Band 54.*

Feldmeier, Reinhard: Die Krisis des Gottessohnes. 1987. *Band II/21.*

Fossum, Jarl E.: The Name of God and the Angel of the Lord. 1985. *Band 36.*

Garlington, Don B.: The Obedience of Faith. 1991. *Band II/38.*

Garnet, Paul: Salvation and Atonement in the Qumran Scrolls. 1977. *Band II/3.*

Gräßer, Erich: Der Alte Bund im Neuen. 1985. *Band 35.*

Green, Joel B.: The Death of Jesus. 1988. *Band II/33.*

Gundry Volf, Judith M.: Paul and Perseverance. 1990. *Band II/37.*

Hafemann, Scott J.: Suffering and the Spirit. 1986. *Band II/19.*

Heckel, Ulrich: siehe *Hengel.*

Heiligenthal, Roman: Werke als Zeichen. 1983. *Band II/9.*

Hemer, Colin J.: The Book of Acts in the Setting of Hellenistic History. 1989. *Band 49.*

Hengel, Martin: Judentum und Hellenismus. 1969, [3]1988. *Band 10.*

Hengel, Martin und *Ulrich Heckel* (Hrsg.:) Paulus und das antike Judentum. 1991. *Band 58.*

Hengel, Martin und *Anna Maria Schwemer* (Hrsg.): Königsherrschaft Gottes und himmlischer Kult. 1991. *Band 55.*

Herrenbrück, Fritz: Jesus und die Zöllner. 1990. *Band II/41.*

Hofius, Otfried: Katapausis. 1970. *Band 11.*

– Der Vorhang vor dem Thron Gottes. 1972. *Band 14.*

– Der Christushymnus Philipper 2,6 – 11. 1976, [2]1991. *Band 17.*

– Paulusstudien. 1989. *Band 51.*

Holtz, Traugott: Geschichte und Theologie des Urchristentums. Hrsg. von Eckart Reinmuth und Christian Wolff. 1991. *Band 57.*

Hommel, Hildebrecht: Sebasmata. Band 1. 1983. *Band 31.* – Band 2. 1984. *Band 32.*

Kamlah, Ehrhard: Die Form der katalogischen Paränese im Neuen Testament. 1964. *Band 7.*

Kim, Seyoon: The Origin of Paul's Gospel. 1981, [2]1984. *Band II/4.*

– »The ›Son of Man‹« as the Son of God. 1983. *Band 30.*

Kleinknecht, Karl Th.: Der leidende Gerechtfertigte. 1984, [2]1988. *Band II/13.*

Klinghardt, Matthias: Gesetz und Volk Gottes. 1988. *Band II/32.*

Köhler, Wolf-Dietrich: Rezeption des Matthäusevangeliums in der Zeit vor Irenäus. 1987.
  Band II/24.
Kuhn, Karl G.: Achtzehngebet und Vaterunser und der Reim. 1950. *Band 1.*
Lampe, Peter: Die stadtrömischen Christen in den ersten beiden Jahrhunderten. 1987, [2]1989.
  Band II/18.
*Lieu, Samuel N. C.:*Manichaeism in the Later Roman Empire and Medieval China. 1992. *Band 63.*
Maier, Gerhard: Mensch und freier Wille. 1971. *Band 12.*
– Die Johannesoffenbarung und die Kirche. 1981. *Band 25.*
Marshall, Peter: Enmity in Corinth: Social Conventions in Paul's Relations with the Corinthians.
  1987. *Band II/23.*
Meade, David G.: Pseudonymity and Canon. 1986. *Band 39.*
Mengel, Berthold: Studien zum Philipperbrief. 1982. *Band II/8.*
Merkel, Helmut: Die Widersprüche zwischen den Evangelien. 1971. *Band 13.*
Merklein, Helmut: Studien zu Jesus und Paulus. 1987. *Band 43.*
Metzler, Karin: Der griechische Begriff des Verzeihens. 1991. *Band II/44.*
Niebuhr, Karl-Wilhelm: Gesetz und Paränese. 1987. *Band II/28.*
– Heidenapostel aus Israel. 1992. *Band 62.*
Nissen, Andreas: Gott und der Nächste im antiken Judentum. 1974. *Band 15.*
Okure, Teresa: The Johannine Approach to Mission. 1988. *Band II/31.*
Pilhofer, Peter: Presbyteron Kreitton. 1990. *Band II/39.*
Probst, Hermann: Paulus und der Brief. 1991. *Band II/45.*
Räisänen, Heikki: Paul and the Law. 1983, [2]1987. *Band 29.*
Rehkopf, Friedrich: Die lukanische Sonderquelle. 1959. *Band 5.*
Reinmuth, Eckhardt: siehe *Holtz.*
Reiser, Marius: Syntax und Stil des Markusevangeliums. 1984. *Band II/11.*
Richards, E. Randolph: The Secretary in the Letters of Paul. 1991. *Band II/42.*
Riesner, Rainer: Jesus als Lehrer. 1981, [3]1988. *Band II/7.*
Rissi, Mathias: Die Theologie des Hebräerbriefs. 1987. *Band 41.*
Röhser, Günter: Metaphorik und Personifikation der Sünde. 1987. *Band II/25.*
Rüger, Hans Peter: Die Weisheitsschrift aus der Kairoer Geniza. 1991. *Band 53.*
Sänger, Dieter: Antikes Judentum und die Mysterien. 1980. *Band II/5.*
Sandnes, Karl Olav: Paul – One of the Prophets? 1991. *Band II/43.*
Sato, Migaku: Q und Prophetie. 1988. *Band II/29.*
Schimanowski, Gottfried: Weisheit und Messias. 1985. *Band II/17.*
Schlichting, Günter: Ein jüdisches Leben Jesu. 1982. *Band 24.*
Schnabel, Eckhard J.: Law and Wisdom from Ben Sira to Paul. 1985. *Band II/16.*
Schutter, William L.: Hermeneutic and Composition in I Peter. 1989. *Band II/30.*
Schwartz, Daniel R.: Studies in the Jewish Background of Christianity. 1992. *Band 60.*
Schwemer, A. M.: siehe *Hengel.*
Scott, James M.: Adoption as Sons of God. 1992. *Band II/48.*
Siegert, Folker: Drei hellenistisch-jüdische Predigten. Teil 1 1980. *Band 20.* – Teil 2 1992. *Band 61.*
– Nag-Hammadi-Register. 1982. *Band 26.*
– Argumentation bei Paulus. 1985. *Band 34.*
– Philon von Alexandrien. 1988. *Band 46.*
Simon, Marcel: Le christianisme antique et son contexte religieux I/II. 1981. *Band 23.*
Snodgrass, Klyne: The Parable of the Wicked Tenants. 1983. *Band 27.*
Speyer, Wolfgang: Frühes Christentum im antiken Strahlungsfeld. 1989. *Band 50.*
Stadelmann, Helge: Ben Sira als Schriftgelehrter. 1980. *Band II/6.*
Strobel, August: Die Studie der Wahrheit. 1980. *Band 21.*
Stuhlmacher, Peter (Hrsg.): Das Evangelium und die Evangelien. 1983. *Band 28.*
Tajra, Harry W.: The Trial of St. Paul. 1989. *Band II/35.*
Theißen, Gerd: Studien zur Soziologie des Urchristentums. 1979, [3]1989. *Band 19.*
Thornton, Claus-Jürgen: Der Zeuge des Zeugen. 1991. *Band 56.*
Wedderburn, A. J. M.: Baptism and Resurrection. 1987. *Band 44.*
Wegner, Uwe: Der Hauptmann von Kafarnaum. 1985. *Band II/14.*
Wilson, Walter T.: Love without Pretense. 1991. *Band II/46.*
Wolff, Christian: siehe *Holtz.*
Zimmermann, Alfred E.: Die urchristlichen Lehrer. 1984, [2]1988. *Band II/12.*

Ausführliche Prospekte schickt Ihnen gern der Verlag
J. C. B. Mohr (Paul Siebeck), Postfach 2040, D-7400 Tübingen